Adolf Neubauer

Mediaeval Jewish Chronicles and Chronological Notes

Vol. 2

Adolf Neubauer

Mediaeval Jewish Chronicles and Chronological Notes
Vol. 2

ISBN/EAN: 9783337103613

Printed in Europe, USA, Canada, Australia, Japan

Cover: Foto ©Lupo / pixelio.de

More available books at **www.hansebooks.com**

סדר החכמים וקורות הימים

מגלת תענית.   סדר עולם

כתאב אלתאריך.   ספר ..... יוחסין

ועוד לקוטים אחרים

חלק שני

אוקספורד
בבית דפוס קלארינדון
תרנ״ג לפ״ק

Oxford
PRINTED AT THE CLARENDON PRESS
BY HORACE HART, PRINTER TO THE UNIVERSITY

I.

❖ [אתחיל מגלת תענית בס״ד] ❖

אילין יומיא דלא להתענאה[1] בהון ומקצתהון דלא למספד בהון מן ריש ירחא דניסן ועד תמניא ביה איתוקם[2] תמידא. דלא למספד בהון: (שהיו *צדוקין אומרים מביאים תמידים משל יחיד זה מביא שבת אחד וזה מביא שתי שבתות וזה מביא שלשים יום ומה היו דורשים אמרו כתוב בתורה את הכבש אחד תעשה בבקר ליחיד משמע. אמרו להם חכמים אין אתם רשאים לעשות כן לפי שאין קרבן צבור בא אלא משל כל ישראל שנ׳ צו את בני ישראל וגו׳ קרבני זה הדם לחמי אלו חלבים לאשי זה הקטורת ריח זו הלבונה ניחוחי אלו הנסכים וכל שהוא כריח ניחוחי תשמרו להקריב לי במועדו שהיו כולם באים מתרומת הלשכה. ר׳ עקיבא אומר מניין שלא יצא וירעה בעדר ת״ל תשמרו להקריב לי במועדו ולהלן הוא אומר והיה לכם למשמרת עד ארבעה עשר יום מה להלן מבקרין אותו ארבעה ימים קודם לשחיטתו אף כאן מבקרין אותו ארבעה ימים קודם לשחיטתו וכשנגברו עליהם ונצחום התקינו שוקלים שקליהם ומניחים אותם בלשכה והיו תמידין קריבין משל צבור וכל אותן הימים שדנום עשאום ימים טובים)[3]: ומתמניא[4] ביה ועד סוף מועדא איתותב[5] חגא (דשבועייא) די לא למספד *ודלא להתענאה[6]: *ואיזו[7] [חג] זו[8] [יום טוב] העצרת (ולא נצרכו לכתוב כל הימים הטובים שבמגלה אלא) [מפני][9] שהיו (דנין כנגד הביתוסין)[10] שהיו [הצדוקין][10] אומרים [אין] עצרת [אלא] לאחר השבת[11] נטפל להם רבן יוחנן בן זכאי [ו]אמר להם (שוטים זו) מניין לכם

---

[1] P. לאתענאה. [2] μ. איתקם. [3] μ. (from צדוקין, l. 3) חכמים אומרין אין התמידים באין משל צבור וביתוסין אומרין משל יחיד הן באין שנ׳ את הכבש אחד תעשה בבקר ליחיד משמע. וחכמים אומ׳ תשמרו לי להקריב לי לרבים משמע התקינו שיהא היחיד שוקל שקליו ונותנן כל שנה ושנה ויהיה תמיד קרב משל צבור והיינו דאמ׳ איתוקם תמידא. [4] P. מן תמניה. [5] P. איתקין. [6] From μ. [7] P. ואיזה. [8] P. זה. [9] μ. omits from ואיזו, l. 14. [10] μ. ביסותים. [11] μ. continues שנ׳ וספרתם לכם ממחרת השבת. אמרו להם חכמים שבת בראשית קרויה שבת ויום טוב קרוי שבת שנ׳ ביום הראשון שבתון ויום הכפורים קרוי שבת שנ׳ תשבתו שבתכם והכל קרוי

*ולא היה בהן אדם שהחזיר לו דבר חוץ מזקן[1] אחד שהיה[2] מפטפט כנגדו ואמר [מפני שהיה] משה (רבינו) אוהב את ישראל וידע[3] ש(ה)עצרת יום אחד הוא *לפיכך עמד ותקנה[4] (ל)אחר השבת כדי *שיתענגו[5] שני ימים [טובים] (זה אחר זה). קרא לו[6] [רבן יוחנן בן זכאי] המקרא הזה אחד עשר יום מחורב דרך הר שעיר עד קדש ברנע [ו]אם משה (רבינו) אוהב את ישראל (היה) מפני מה עכבם ארבעים שנה [במדבר][7] אמר לו *ר׳ ובכך אתה פוטרני[8] אמר לו שוטה שבעולם (ו)לא תהא תורה שלימה שלנו כשיחה בטלה שלכם אמר לו *ובמה אתה פוטרני[9] אמר לו [לאו] (ה)כתוב [אחר] אומר (וספרתם לכם ממחרת וגו׳) [שבע שבתות תמימות תהיינה וכתוב אחר אומר תספרו חמשים יום] (יכול לא יהא המניין תלוי אלא בשבתות ת״ל תספרו חמשים יום) הא כיצד אירע[10] יום ט״ו (להיות) בשבת מונה[11] שבע שבתות חל להיות אחר השבת מונה חמשים יום וכשאתה קורא [וספרתם לכם] (ממחרת השבת) ממחרת[12] יום טוב הראשון של פסח. (ור׳ אליעזר אומר אינו צריך הרי הוא אומר תספור לך מהחל הספירה התלויה בבית דין יצאתה שבת בראשית שספירתה בכל אדם רבי יהושע אומר אמרה תורה מנה ימים וקדש ראש חדש מנה ימים וקדש עצרת מה ראש חדש סמוך לביאתו ניכרת וכו׳. ר׳ ישמעאל אומר אמרה התורה הבא עומר בפסח והבא שתי הלחם בעצרת מה להלן רגל אף כאן רגל ותחלת רגל. ר׳ יהודה בן בתירה אומר נאמר שבת למטה ונאמר שבת למעלה מה להלן רגל ותחלת רגל בסמוך לו וכו׳ וכשאתה קורא ממחרת השבת ממחרת יום הראשון של פסח): [ר׳

שבת שנ׳ מלבד שבתות ה׳ ואו׳ שבע שבתות תמימות תהיינה ועוד כתיב שבעה שבועות תספר לך ואו׳ וחג שבועות תעשה לך בכורי קציר חטים. וביום הבכורים בהקריבכם מנחה חדשה לה׳ בשבעותיכם. ועוד כתיב וספרתם לכם ממחרת השבת מיום הביאכם. ואו׳ תספרו חמשים יום. לא יהיה ספירתך אלא גם כן חמשים וגם כן נמצאת כי פעמים חמשים ואחד פעמים חמשים ושנים עד חמשים וששה. ועוד בעינן ספירה תלויה בב״ד. ועוד כתוב אחד אומר שבעת ימים מצות תאכלו וכתיב ששת ימים תאכלו מצות היאך נתקיימו שניהם אלא שבעה בישן וששה בחדש ואם תאמר אחד בשבת הונף העומר אינן ששה בחדש. אמר חד ביתוסא לרבנן יוחנן בן זכאי אוהב היה את ישראל והיה יודע שעצרת אינו אלא יום אחד וקבעה להם אחר השבת שיהיו נחים שני ימים זה אחר זה נטפל לו רבן יוחנן בן זכאי ואמר לו אחד עשר יום מחורב אם משה אוהבן היה למה אחרן במדבר ארבעים שנה אמר לו רבי בכך אתה פוטרני אמר לו שוטה שבעולם לא תהא תורה שלמה שלנו כשיחה בטלה שלכם והיינו דאמ׳ איתותב חגא דשבועיא. End of the chapter.

[1] P. ולא היו יודעים להביא ראיה מן התורה אלא. [2] M. שהוא. [3] P. ויודע. [4] P. יעשו אותה. [5] P. שיהו להם. [6] P. עליו. [7] In ed. after עכבם. [8] P. הרי אתה משחק בנו. [9] P. בכך אתה מוציאני. [10] P. חל להיות. [11] P. מונין. [12] P. מאחר.

יהודה אומר כתוב אחד אומר ממחרת השבת וכתוב אחד אומר ממחרת הפסח מה ממחרת שנ׳ להלן מאחר יום טוב הראשון של פסח אף ממחרת שנ׳ כאן ממחרת יום טוב הראשון של פסח וכו׳ בתורת כהנים]:

(פרק ב׳. אייר.) *בשבעה באייר[1] חנוכת שור[2] ירושלים [ו]דלא למספד: *(בשני מקומות כתוב במגלה הזאת חנוכת ירושלים דלא למספד[3] אחד כשעלו *ישראל מהגולה[4] ואחד כשפרצוהו מלכי יון [וחזרו][5] וגדרוהו *בית חשמונאי[6] שנאמר ותשלם החומה בעשרים וגו׳ ואף על פי שנבנתה *החומה עדיין השערים לא עמדו[7] שכן הוא אומר גם עד העת ההוא דלתות לא העמדתי בש׳ ואומר הוא יבננו ויטללנו ויעמיד [דלתותיו] מנעוליו וגו׳. ואומר ויפקדו השערים והמשררים). [מפני שבאו גוים ונלחמו על ירושלים ולא יכלו לה וסתרו מחומתה] *וכשנמרו למנותם אותו היום[8] עשאוהו יום טוב[9]: *בארבעה עשר ביה (נכיסת)[10] פסחא זעירא [ו]דלא למספד[11]: (ו)זו [תשובה] השיב ר׳ יהושע את ר׳ אליעזר שהיה רבי אליעזר אומר אבר מן החי טמא (ו)אבר מן המת טהור אמר לו רבי יהושע אם אבר מן החי טמא [אבר מן המת] לא [יהיה טמא] (כל שכן קל וחומר מן חמת מה אם החי שהוא טהור אבר הפורש ממנו טמא המת שהוא טמא לא כל שכן) (ו)כתוב במגלת תענית פסחא זעירא דלא למספד [ואם פסחא זעירא דלא למספד][12] קל וחומר *לפסחא רבא[13]. *(ו)עוד דבר אחר השיב[14] (ר׳ יהושע) *שהיה ר׳[15] אליעזר אומר זכין לקטן ואין זכין לגדול אמר לו ר׳ יהושע אם לקטן (אמרת) [זכין] קל וחומר לגדול וכמצות פסח גדול כך מצות פסח קטן. [ועוד דבר אחר השיבו ש׳ר׳ אליעזר אומר מעשה המת עושין בשבת קל וחומר בחול][16]: בכ׳ ותלתא ביה נפקו *בני חקרא[17] מירושלים (הוא דכתיב וילכוד דוד את מצודת ציון היא עיר דוד זה הוא מקום *הקראים עכשיו)[18] *[מפני] שהיו מצרים[19] [להם] לבני ירושלם *ולא היו ישראל יכולין[20] לצאת ולבא מפניהם ביום אלא בלילה[21] *וכשנברה בית חשמונאי הגלו אותם *משם ואותו היום שעקרום[22] עשאוהו יום טוב[23]: (בעשרים ושבעה ביה *אתנטילו

---

1 P. ה׳ לאייר.
2 Ed. שיר; μ. העיר.
3 μ. adds ופעמים באייר.
4 μ. בני הגולה.
5 From μ.
6 μ. omits.
7 μ. לא נבנו השערים.
8 P. יום שהתחילו לבנות.
9 μ. omits from וכשנמרו, l. 10.
10 μ. P. omit.
11 μ. adds ודלא להתענאה.
12 μ. omits from וזו, l. 11.
13 P. לפסח גדול; μ. בניסן משום פסחא רבא.
14 P. השיבו.
15 P. שרבי.
16 μ. omits from ועוד, l. 18, and adds מקל וחומר נמצא פסח שני מן התורה ופסח ראשון.
17 μ. הקראים.
18 M. μ. הגליין; μ. omits עכשיו.
19 P. מצילין.
20 P. ולא יכלו.
21 μ. omits from מפני, l. 21.
22 P. יום שיצאו משם.
23 μ. omits from משם, l. 23.

*כלילאי מיהודה ומירושלם[1]: שבימי מלכות יון היו *מביאין עטרות של וורד ותולין אותן על פתחי בתי עׄאׄ[2] שלהם ועל פתחי החנויות ועל פתחי החצירות[3] ושרין בשיר לעׄאׄ וכותבין על מצחו[4] של שור ועל מצחו של חמור[5] שאין לבעליהם חלק *באלהי ישראל[6] כמו שהיו פלשתים עושין כמו שנאמר וחרש לא ימצא וגו׳ והיתה הפצירה פים וגו׳. וכשנברה יד בני חשמונאי בטלום *ויום שבטלום עשאוהו יום טוב)[7]:

(פרק ג׳. סיון.) *בשבעה[8] עשר[9] (ב)סיון אחידת מגדל צור[10] זו[11] קסרי (בת ארום שהיתה יושבת בין החולות והיא היתה לישראל יחד רעה[12] בימי יונים) [מפני שלא היו יכולין לכבשה מה שהיו בה גבורים] (וכשנברה יד בני חשמונאי כבשום והוציאום משם והושיבו ישראל בתוכה ואותו) היום[13] שכבשוה[14] עשאוהו יום טוב: *בחמשה עשר ביה ובשיתא עשר ביה[15] גלו *אנשי בית שאן[16] *ואנשי בקעתה[17] (ואף הם היו יתר רעה[18] לישראל בימי יונים *כלפי הערבים) מפני שלא נתחייבו *גלות בראשונה[19] (ולא הגלה אותם לא יהושע בן נון ולא דוד מלך שראל) *וכיון שנתחייבו גלות[20] *גברה[21] ידם של בית[22] חשמונאי והגלו אותם *ואותו היום[23] [שהגלו אותם] עשאוהו יום טוב (ששמחה היא לפני המקום *שמלכותם נעקרה[24] מן העולם שנאמר ועלו מושיעים בהר ציון וגו׳ ה׳ מלך עולם ועד אימתי כשיאבדו גוים מארצו ואומר יתמו חטאים מן הארץ וגו׳: בעשרים וחמשה ביה אתנטילו[25] [בני] דימסנאי[26] *מיהודה ומירושלים[27] כשבאו *בני ישמעאל לעורר על ישראל על הבכורה[28] ובאו עמהם שתי משפחות *רעות כנעניים ומצרים[29] *אמרו מי ילך וידון עמהם[30] אמר להם (נביהא) בן פסיסא (שוער[31] הבית) לחכמים [תנו לי רשות] (אני אלך) ואדון עמהם[32] (אמרו לו הזהר שלא תחלוט את ישראל אמר להם אלך

---

[1] μ. איתנטילת כלילא מירושלם ומיהודה דלא למספד; M. איתנטולו כלילא מירושלים מלכות יון נוצחת. [2] M. עׄז. [3] μ. (from מביאין, l. 1) עושין עטרות בפתחי חניות והצרות. [4] μ. קרניו; M. omits וכותבין. [5] M. adds וכותבים. [6] M. μ. בעליון. [7] μ. omits. [8] M. P. בארבעה. [9] μ. בארביסר. [10] M. שר; P. צר. [11] μ. P. היא. [12] μ. adds תקועה. [13] P. והיום. [14] P. שכבשוהו. [15] μ. בחמיסר ביה ובשיתסר ביה. [16] M. שן. [17] P. ובקעתה; μ. גלו בית בקעתא. [18] μ. adds תקועה; M. יותר. [19] P. בראשונה לגלות. [20] P. אבל באחרונה שנתחייבו לגלות. [21] μ. omits from כלפי, l. 11, and reads וכשנברה. [22] P. תקפה יד בני. [23] P. יום. [24] μ. שמלכות הרשעה מסתלקת. [25] P. נטלו. [26] M. המוסנאי; P. דימוסנאי; μ. דמתונאי. [27] P. מן ירושלים. [28] μ. כנעניים לדון עם ישראל לפני אלכסנדרוס מוקדון. [29] μ. מצריים וישמעאלים. [30] P. אלו בני אפריקאה שבאו לדון בימי אלכסנדרוס מוקדון לאמר ארץ כנען שלנו היא שכן כתוב בתורת משה ארץ כנען לגבולותיה. [31] M. שומר. [32] P. עמם.

וארון עמהם) [אם נצחתים יאמרו תורתו של ישראל נצחתנו] אם ינצחוני[1] אמרו[2] (להם) *הדיום שבנו נצחתם[3]. [נתנו לו תורה[4] חכמים רשות הלך ודן עמהם][5] (אמרו ישמעאלים כתוב בתורה ביום ההוא כרת ה׳ את אברם ברית לאמר לזרעך אתן את הארץ הזאת ואנו מזרעו של אברהם שישמעאל בן אברהם ונחלוק עמכם). השיב[6] להם (נביהא בן פסיסא)[7] [כלום אתם מביאין לי ראיה אלא מן התורה אף אני לא אביא לכם ראיה אלא מן התורה] (כתוב בתורה ולבני הפילגשים אשר לאברהם נתן אברהם מתנות וכתוב בתורה ויתן אברהם את כל אשר לו ליצחק ברחו להם כנעניים אמרו *ארץ כנען שלנו היא שכן[8] כתוב בתורה ארץ כנען לגבולותיה[9] אמר להם גביהא בן פסיסא וכי יש גזר דין שמקצתו בטל ומקצתו קיים[10] הרי כתוב בתורה) ויאמר ארור כנען עבד עבדים יהיה לאחיו. (עבד שקנה נכסים עבד)[11] *למי[12] (ונכסים למי ולא עוד אלא שיש לכם שנים הרבה שלא עבדתם אותנו) [ולא דייכם שאכלתם כל השנים תבואתה ואתם צריכים להעלות לנו שכר מכל אותן שנים]. אמר להם אלכסנדרום[13] [מה אתם משיבים להם] (תשובה נצחת השיב אתכם אם אתם מחזירין תשובה הרי מוטב ואם לאו הרי אתם לו לעבדים) אמרו [לו] תן לנו זמן *שלשה ימים[14] [נתן להם זמן] הלכו [ושבו בינם לבין עצמם וראו שנתחייבו להם עבדים לישראל] (ולא מצאו תשובה) *מיד הניחו[15] (בתיהם כשהם מלאים) *שדותיהם כשהם זרועות[16] כרמיהם כשהם נטועות [באותה שנה] (הלכו) וברחו (להם) [משם]. (תנא) *אותה שנה שביעית היתה[17] ועשו אותו היום יום טוב[18]. *(באו המצרים ואמרו מתורתם אנו מביאין עליהם ראייה שנאמר[19] ושאלה אשה משכנתה *ששים רבוא אנשים יצאו מאצלנו כולם טעונין כסף וזהב שכן כתוב בתורתם וינצלו את מצרים[20] *יתנו לנו כספנו וזהבנו[21] אמר[22] להם גביהה בן פסיסא *כלום אתם מביאין ראיה אלא מן התורה כתוב בתורה ומושב בני ישראל אשר ישבו במצרים[23] *שלשים וארבע מאות שנה ששים רבוא היו אבותינו והעבידום בחומר ובלבנים ובכל עבודה חנם בלא שכר ראו כמה שוה פעולתנו לנו לכל יום ויום סלע לכל אחד ואחד ביום ישבו פילוסופים וחשבו

---

[1] P. נצחוני. [2] P. תאמרו. [3] P. לא נצחתם אלא לארם הדיוט. [4] So. [5] μ. omits from אמרו מי, p. 6, l. 18. [6] P. אמר. [7] μ. adds שומר הבית. [8] μ. omits from ארץ. [9] μ. adds שמע נביהא בן פסיסא שומר הבית ואמר חזרו לנו את שלנו. [10] μ. adds ואם כתוב בתורה ארץ כנען לגבולותיה. [11] μ. ומה שקנה עבד קנה רבו ואני ואתם לאדנינו המלך מיד ברחו להם. [12] P. של מי. [13] P. אלסכנדרום. [14] P. עד למחר. [15] P. והניחו. [16] P. את הארץ שזרעו. [17] P. ערב שבת בין השמשות היה. [18] P. יום שברחו עשאוהו יום טוב; μ. omits from למי, l. 10. [19] μ. אמרו מצריים כתוב בתורה. [20] μ. omits from ששים. [21] μ. החזירו לנו את שלנו. [22] μ. השיב. [23] μ. omits from כלום.

ולא הניעו למאה שנה עד שהיתה מצרים שלהם והלכו משם בבשת פנים)[1]. [אף בני ישמעאל אמרו אחיכם אנחנו נחלוק עמכם בארץ שכך כתוב בתורת משה אלה תולדות ישמעאל בן אברהם וגו׳ ואומר בלדת הגר את ישמעאל לאברהם. אמר להם גביהא בן פסיסא לחכמים תנו לי רשות ואלך וארן עמהם וכו׳ כדכתיב בפרק חלק. והלא אברהם כתבה מתנה לבנו ליצחק שנאמר ויתן אברהם את כל אשר לו ליצחק ולבני הפלגשים אשר לאברהם נתן אברהם מתנות]. (ובקש אלכסנדרוס מוקדון לעלות לירושלם *חלכו הכותיים ואמרו לו[2] *הזהר שאינן[3] מניחין אותך להכנס לבית קדשי הקדשים *שלהם מפני שאתה ערל וכיון שהרגיש[4] גביהא בן פסיסא הלך ועשה לו שתי אנפילאות [זהב][5] *ונתן בהם שתי אבנים טובות ובהם[6] רבוא כסף וכיון שהגיע להר הבית[7] אמר לו אדני המלך שלוף מנעליך *ונעול שתי אנפילאות[8] הללו מפני שהרצפה חלקה *שלא תחלק רגלך[9] וכיון שהגיע *לבית קדשי הקדשים[10] אמר לו *אדוני המלך עד כאן יש לנו רשות להכנס[11] מיכן *ואילך אין לנו רשות לכנס[12] אמר לו הרי אני נכנס וכשאצא אשוה לך גביהתך אמר לו אם אתה עושה כן רופא אומן תקרא ושכר הרבה תטול אמרו לא זזו משם עד שהכישו נחש. אמרו חכמים לגביהא בן פסיסא עליך הכתוב אומר ישמח אביך ואמך ותגל יולדתך וכתיב חכם בני ושמח לבי ואשיבה חרפי דבר):

(פרק ד׳. תמוז.) *בארבעה (עשר) בתמוז עדא ספר גזירתא (דלא למספד): מפני שהיה[13] כתוב ומונח [להם] לצדוקים ספר גזירות אלו *שנסקלין ואלו שנשרפין אלו שנהרגין ואלו שנחנקין[14] *וכשהיו כותבין אדם שואל והולך ורואה בספר אומר להם[15] מניין (אתם יודעין) שזה חייב סקילה וזה חייב שריפה (וזה חייב הריגה וזה חייב חניקה) לא[16] (היו) יודעין להביא ראייה מן התורה (אשר יורוך וגו׳ שאין כותבין הלכות בספר) [אלא שכתוב ומונח להם ספר גזירות][17]. (ועוד[18] שהיו ביתוסים אומרים עין תחת עין שן תחת שן

---

[1] μ. (from שלשים, p. 7, l. 21) ארבע מאות ושלשים שנה שנשתעברו ישראל אצלכם שש מאות אלף רגלי ותנו לכל אחד מהם מאתים זוז בשנה שהם שמונה מאות ששים רבוא מנה לכל אחד ואחד ונחזיר לכם את שלכם יצאו כולם בפחי נפש.
[2] μ. אמרו לו כותיים.
[3] μ. שרי יהודה אינן.
[4] μ. מה עשה.
[5] From μ.
[6] M. משתים.
[7] μ. ובהם חמשת רבוא מנה.
[8] μ. ואנעלך באנפליאות.
[9] μ. omits from שלא.
[10] μ. למקום שאי אפשר ליכנס ממנו ולפנים.
[11] μ. omits from אדוני.
[12] μ. ולפנים אי איפשר ליכנס.
[13] P. שכך.
[14] P. שהן נשרפין אלו שהן נהרגין אלו שהן נחנקין.
[15] P. ומי שאומר להם.
[16] P. אין.
[17] μ. בעשרה בתמוז בטילת ואעדיאת את ספר גזירתא שהיו ביתוסין כותבין הלכות בספר ואדם שואל ומראין לו בספר אמרו להם חכמים והלא כבר נאמר על פי הדברים האלה כרתי אתך ברית ואת ישראל על פי התורה אשר יורוך וגו׳ מלמד שאין כותבין בספר.
[18] μ. דבר אחר ספר גזירתא.

הפיל אדם שנו של חברו יפיל את שנו סמא את עינו של חברו יסמא את עינו שיהו[1] שוים כאחד[2]. ופרשו השמלה לפני זקני העיר *הדברים ככתבן[3] וירקה בפניו שתהא רוקקת בפניו אמרו להם חכמים והלא כתוב[4] התורה והמצוה אשר כתבתי להורותם התורה אשר כתבתי והמצוה להורותם וכתיב ועתה כתבו לכם את השירה הזאת ולמדה זה מקרא שימה בפיהם אלו הלכות. ואותו) יום שבטלוהו עשאוהו יום טוב:

(פרק ה. אב.) בחמשה עשר באב זמן אעי כהניא [ו]דלא למספד [בהון]:

*מפני שכשעלתה גלות[5] [ב]ראשונה (לא היו מביאין בו קרבן עצים) [התקינו להם את יום תשעה באב שיהו מביאין בו קרבן עצים] אמרו חכמים למחר כשיעלו הגליות אף הם (יהיו) צריכין (להביא) התקינו להם (חכמים) את יום חמשה עשר באב שיהו מביאין בו קרבן עצים וכל *מי שהוא מעלה[6] קרבן למקדש אפילו עצים פטור מאותו[7] הספד[8] *של אותו[9] היום (ואינו צריך לומר חטאות ואשמות נדרים ונדבות בכורות ומעשרות תודות ושלמים) לכך הוא אומר *כל אינש דאתי עלוהי אעין או בכורים[10] (*ומה הוא זמן אעי כהניא[11] זה הוא שאתה אומר בט֗ו בו בני זתואל[12] בן יהודה ועמהם כהנים ולוים וישראלים גרים ועבדים[13] ונתינים וממזרים וכל מי שטעה בשבטו ובני גונבי עלי ובני קוצעי קציעות *ובני סלמי הנטופתי[14]. ומה הן בני גונבי עלי *ובני קוצעי קציעות אלא פעם אחת גזרה מלכות *יון על ישראל[15] שלא יעלו בכורים לירושלם והושיבו מלכי יון פרדסאות על הדרכים כדרך[16] שהושיב ירבעם בן נבט משמרות *על התחומין[17] שלא לעלות לירושלם *ולא היה אדם מעשרת השבטים יכול לעלות לירושלים מה עשו הכשרים שבאותו הדור ויריאי חטא שבאותו הדור הביאו ביכורים ונתנום בסלים וחיפו אותם בקציעות ונוטלים הסלים והעלו על כתיפם כיון שהגיעו למשמר אמרו להם לירושלם אתם עולים אמרו להם לאו אלא לעשות שני פילחי דבילה במכתשת זו שלפנינו ובעלי הלז שעל כתפינו וכיון שעברו מהם עטרום בסלים והעלום לירושלם[18]. *ומה הן בני סלמי הנטופתי אלא פעם אחת גזרה מלכות יון הרשעה[19]

---

[1] μ. ושניהם. [2] μ. omits. [3] μ. שמלה נמורה. [4] μ. כבר נאמר.
[5] P. גולה. [6] P. המתנרב. [7] P. מן. [8] P. ההספד. [9] P. באותו.
[10] P. ואנש דילהוין עלוהי אעין או בכורין; μ. omits from מפני, l. 7. [11] μ. חהו ששנינו.
[12] μ. זתיא; M. נתנאל. [13] μ. adds משוחררים. [14] μ. omits. זמן עצי הכהנים.
[15] M. and ep. הרשעה; ep. adds שמד על ישראל. [16] μ. reads from ובני, l. 15, נונבים העלי והבכורים בימי ירבעם בן נבט. [17] μ. omits. [19] μ. (from ולא, l. 17) והיו מעטרין סליהם בתאנים ועלי עץ על כתפיהם מצאו משמרות ואמרו להם להיכן אתם הולכין אמרו להם למקום פלוני לעשות צמוקין במכתשת שלפנינו ובעלי שעל כתפינו הגיעו לירושלים הורידום והניחום לפני המזבח בסלים לבכורים והגוזלות לקיץ המזבח על דבר זה נכתב להם שם במגלה לדורות. [19] M. adds שמד.

שלא יביאו עצים למערכה והושיבו מלכי יון פרדסאות על הדרכים כדרך שעשה ירבעם בן נבט משמרות על התחומין שלא לעלות לירושלם ולא היה אדם אחד מעשרת השבטים יכול לעלות לירושלם מה עשו הכשרים ויריאי חטא שבאותו הדור היו מביאין שני גיזרין ועושים אותם כמין סולמות ומניחים אותם על כתפם ועולין. כיון שבאו לאותו המשמר אמרו להם לירושלם אתם עולין אמרו להם לאו אלא להביא גוזלות מן השובך הזה שלפנינו בסולם הזה שעל כתפינו וכיון שעברו מהם היתירו השלבים ופרקום והשליכום מעל· כתיפם ונטלו הגיזרים ועלו לירושלם ולפי שמסרו עצמם על המצות לכך נכתב להם שם טוב במגילה הזאת חכר טוב לדורות ועליהם ועל כיוצא בהם נאמר זכר צדיק לברכה ועל ירבעם בן נבט[1] נאמר ושם רשעים ירקב[2]. *ומה ראו בני זתואל[3] בן יהודה ליטול להם שם טוב וזכר טוב לדורות אלא שכל הרוצה ליטול את השם יטול וכשעלו[4] בני הגולה ולא מצאו[5] עצים בלשכה עמדו אלו והתנדבו עצים *משל עצמם[6] *ומסרו אותם[7] לציבור *וקרבו מהם קרבנות צבור[8] *וכך התנו[9] *עמהם הנביאים שביניהם[10] שאפילו הלשכה מלאה עצים *ואפילו משל צבור[11] *יהו אלו מתנדבים עצים זמן הזה ומביאין כל זמן שירצו ולא יהיה קרבן מתקרב אלא משלהם תחלה שנ׳ והגורלו ׃ הפלנו על קרבן העצים הכהנים הלוים והעם להביא לבית אלהינו לבית אבותינו לעתים מזומנים שנה בשנה לבער על מזבח ה׳ אלהינו ככתוב בתורה. ואומר כי עזרא הכין לבבו לדרוש את תורת ה׳ ולעשות וללמד בישראל חוק ומשפט[12]. *ראה שהסכימו עליהם הרבים ועשו אותו[13] יום טוב *ואותן הימים אסורין בהספד ובתענית *בין משחרב הבית בין שלא חרב ר׳ יוסי אומר[14] משחרב הבית מותרין מפני שאבל הוא להם[15] אמר רבי אלעזר בר צדוק אני הייתי מבני בניו של סנואה בן בנימן ואירע[16] תשעה באב להיות בשבת *והתענינו בו ולא השלמנוהו מפני שיום טוב שלנו היה[17]): בעשרים וארבעה ביה תיבנא לדיננא: (בימי מלכות יון היו דנים בדיני נכרים) *מפני שהצדוקים אומרים[18] *תירש הבת עם[19] הבן[20] (נטפל להם רבן יוחנן בן זכאי) אמר להם [רבן יוחנן בן זכאי] (שוטים זו) מנין לכם *ולא היה בהם אחד שהחזיר לו דבר[21] חוץ (מזקן)[22] אחד

---

[1] M. adds וחביריו. [2] μ. omits from ומה הן, p. 9, l. 22. [3] M. נתנאל.
[4] μ. שכשעלו. בני זתוא בן יהודה למה נכתבו. [5] μ. היה להם. [6] μ. omits.
[7] μ. ומסרום. [8] μ. omits. [9] μ. התקינו. [10] μ. omits. [11] μ. omits.
[12] μ. (from יהו אלו, l. 13) יתנדבו עצים למערכה כל זמן שאינן. [13] μ. אחר שנתמנו להם הרבים עשאום. [14] M. omits from בין. [15] μ. omits from ואותן, l. 17. [16] μ. וחל.
[17] μ. (from והתענינו, l. 20) ודחינוהו לאחר השבת והיו מתענין ולא משלימין מפני שהיו מימים טובים שלהן. [18] P. שהיו הצדוקין דנין בדיניהם לאמר. [19] M. בת, like P.
[20] P. הבת יורשת עם בת הבן. [21] P. ולא היו יודעים להביא ראיה מן התורה.
[22] P. אלא.

שהיה מפטפט כנגדו ואומר [לו] *ומה בת בני הבאה מכח כחי תירשני בתי[1] הבאה מכחי לא כל שכן [שתירשני]. קרא עליו[2] [רבן יוחנן בן זכאי את] המקרא הזה (ואלה בני שעיר החרי יושבי הארץ וכתוב אחד אומר ואלה בני צבעון ואיה וענה) [הוא ענה אשר מצא את הימים במדבר ברעותו את החמורים לצבעון אביו] (אלא מלמד שבא צבעון על אמו והוליד ממנה ענה) אמר לו *ובכן אתה פוטריני[3] אמר לו שוטה (שבעולם) ולא *תהא תורה[4] (שלמה) שלנו כשיחה בטלה שלכם אמר לו (ו)בכך אתה פוטריני[5] [אמר לו לאו] אמר לו *ומה בת בני שכן יפה[6] כחה (במקום אחים) [לחלוק עם הבנים] תאמר *בבתי שכן הורע[7] כחה (במקום האחים) [לחלוק עם הבנים הואיל ואין כחה יפה לחלוק עם הבנים] (דין הוא ש)לא תירשני[8]. (וכשנגברה יד בית חשמונאי בטלום והיו דנין כדיני ישראל ואותו) היום[9] שבטלו[10] עשאוהו יום טוב:

(פרק ו׳ אלול.) בשבעה[11] באלול (יום) חנוכת שור ירושלם[12] ודלא למספד: *מפני *שסתרוהו נכרים[13] (וגברה ידם של ישראל ובנאוהו שכן הוא אומר ותשלם החומה בעשרים וחמשה לאלול ואף על פי שנבנתה החומה עדיין השערים לא נבנו שכן הוא אומר הוא יבננו ויטללנו ואומר ויפקדו השוערים והמשררים והלוים לפי[14] שאין מוסיפין על העיר ועל העזרות אלא במלך ובנביא ובכהן גדול *ובאורים ותומים[15] ובסנהדרין של שבעים ואחד ובשתי תודות ובשיר שנ׳ והתודה השנית ההולכת למואל ואני אחריה ובית דין מודדין והולכין אחריהן *שנאמר וילך אחריהם הושעיה וחצי שרי יהודה וגו׳ הפנימית נאכלת והחיצונה נשרפת ואם לא נתקדשה בכל אלו הנכנס לשם אינו חייב אבא שאול אומר שתי מקומות היו בהר המשחה אחת למעלה ואחת למטה התחתונה נתקדשה בכל אלו והעליונה לא נתקדשה אלא בבני הגולה שלא במלך ושלא באורים ותומים התחתונה שלא היתה קדושתה גמורה חברים ועמי הארץ נכנסין לשם ואוכלין שם קדשים קלים לא כל שכן מעשר שני. התחתונה חברים נכנסין לשם ואין אוכלין שם לא קדשים קלים ולא מעשר שני אלא למה לא קדשים מפני שהוא חורפה של ירושלם ולשם היו מוציאין כל תורפות של ירושלם) *וכשגמרו[16] לבנותו (אותו היום) עשאוהו יום טוב[17]: בשבעה עשר ביה איתנטילו[18] רומאי[19] (מיהודה ו)מירושלם[20]: *מפני שהיו מצירים לבני ירושלם ולא *היו יכולין[21] לצאת ולבוא

---

[1] P. (from ומה, l. 1) אם בת הבן הבאה מחמת אביה הבא מכחי יורשתני בת.
[2] P. לו. [3] P. הרי אתה משחק בנו. [4] P. יהו דברי תורה. [5] P. מוציאני.
[6] P. אמרת בבת הבן שיפה. [7] P. בבת שלא יפה. [8] μ. omits from מפני שהצדוקים, p. 10, l. 21. [9] P. יום. [10] P. שנצחום. [11] M. P. בארבעה. [12] μ. הבית.
[13] P. שסתרו אותו גוים. [14] μ. omits from מפני שסתרוהו, l. 12. [15] μ. omits.
[16] P. יום שהתחילו. [17] μ. omits from שנאמר וילך, l. 17. [18] P. נפקו.
[19] μ. רומא ביהודאי. [20] μ. adds בימי מלכות יון. [21] P. יכלו.

מפניהם ביום אלא בלילה. (וכמה היו מצרים להם מלכי יון מושיבין[1] קסטריאות[2] בעיירות *להיות מענין את הכלות[3] *ואחר כך היו נשואות לבעליהן ומנעו את ישראל שלא לשמוח עם נשותיהן[4] לקיים מה שנאמר אשה תארש ואיש אחר ישכבנה *ולא היה אדם מבקש לישא אשה מפני הקסטריאות[5] *חזרו ומכניסין אותן בחשאי שנ׳ *והאבדתי מהם קול ששון וקול שמחה קול חתן וקול כלה קול רחים ואור נר[6] וכשהיו שומעין *קול רחיים בבורני היו אומרים שבוע הבן וכשהיו רואים אור נר *בברור[7] חיל היו אומרים משתה שם משתה שם[8] *ובת אחת היתה למתתיהו בן יוחנן הכהן הגדול וכשהגיע זמנה להנשא בא הקסטרין לטמאה ולא הניחו אותו וקנאו מתתיה ובניו ונברה ידם על מלכות יון ונמסרו בידם והרגום) *ובאותו היום שבטלום[9] עשאוהו יום טוב[10]: בעשרין ותרין[11] ביה תבנא[12] לקטלא רשיעייא[13] *מפני שהיו יוונים[14] שרויים בארץ ישראל ולא *היו ישראל יכולין[15] לשלוח יד ברשעים שבהם עד שיצאו משם המתינו להם שלשה ימים אם יעשו תשובה (ולא עשו כיון שראו שלא עשו תשובה) נמנו עליהם והרגום (ואותו) היום[16] שהרגום עשאוהו יום טוב[17]. אמר *ר׳ אליעזר בן יעקב[18] שמעתי שבית דין *מלקין והורגין שלא מן התורה[19] *דבית לוי אמר ר׳ שמעון שמעתי שבית דין עונשין ממון ומכים שלא מן התורה לא מפני שכתוב בתורה אלא משום שנאמר ובערת הרע מקרבך. ומעשה באחד שהטיח באשתו תחת התאנה והוליכוהו לבית דין והלקוהו וכי חייב היה אלא שהיתה השעה צריכה לכך כדי שילמדו אחרים מפני שנהגו מנהג זנות. שוב מעשה באחד שרכב על הסוס בשבת והביאוהו לבית דין וסקלוהו וכי חייב היה אלא שהיתה השעה צריכה לכך *כדי שילמדו אחרים[20]. שמעון בן שטח תלה שמונים נשים באשקלון וכי חייבות הריגה ותלייה היו אלא שהיתה השעה צריכה לכך כדי שילמדו ממנו אחרות וכל ישראל ישמעו וייראו[21]:

(פרק ז. תשרי.) בתלתא[22] בתשרי איתנטילת אדרכתא מן שטריא[23] [מפני] *שפעם אחת גזרה[24] מלכות יון הרשעה גזרה[25] על ישראל[26] *ואמרו להם[27] *אין לכם חלק

---

[1] μ. omits from מפני, p. 11, l. 25. [2] μ. קופנואות. [3] μ. לענות הבתולות.
[4] μ. omits from ואחר, l. 2. [5] μ. omits from ולא, l. 3. [6] μ. והשבתי כל משושה חנה חדשה ושבתה. [7] Ep. בכל יד חיל; M. בבלירי. [8] μ. קול מניסת בבורני שם משתה שם אור הנר בברור חיל שבוע הבן ויש נו׳ ישוע הבן נוטלו בימי יון והיו מתאוין וגו׳ לשבת פת למועד ושבת יין. [9] P. יום שיצאו. [10] μ. omits from ובת, l. 7. [11] P. ותרתין. [12] P. תבו. [13] P. משמדיא; μ. מטמאא. [14] P. גוים. [15] P. יכלו ישראל. [16] P. יום. [17] μ. omits from מפני שהיו, l. 10. [18] M. ר׳ שמעון. [19] μ. מכין ועונשין שלא מן הכתוב.
[20] M. omits. [21] μ. omits from דבית לוי (M. כבית), l. 13. [22] Ed. בשלשה.
[23] P. שטרא. [24] P. שגזרה. [25] P. שמד. [26] μ. omits from שפעם, l. 22.
[27] μ. adds בימי מלכות יון כותבין בשטרות.

באלהי ישראל[1] (ולא היו מזכירין שם שמים בפיהם)[2] וכשנברו[3] בית חשמונאי ונצחום[4] *התקינו שיהו[5] כותבין *שם שמים (ואפילו) בשטרות וכך היו כותבין[6] בשנת כך וכך *ליוחנן כהן גדול (שהוא משמש) לאל עליון[7] *(וכששמעו חכמים בדבר) אמרו [חכמים ז״ל] *וכי מזכירין[8] שם שמים בשטרות (למחר פורע זה את חובו וקורע את שטרו ונמצא שם שמים מוטל באשפה) [נמנו עליהם וגנזום] (ובטלום ואותו) היום[9] [שגנזום] *עשו אותו[10] יום טוב[11]:

(פרק ח. מרחשון.) בעשרים *ותלתא למרחשון[12] איסתתר[13] סוריגה[14] *מן עזרתא[15]: *מפני שבנו [שם] יוונים[16] מקום (בעזרה) *והיו מעמירין[17] בתוכו[18] [את הזונות[19] *וכשתקפה יד[20] בית חשמונאי *נטלוהו מהן[21] *וסתרוהו ומצאו שם] אבנים טובות שהיו[22] מונחות [עד היום הזה] עד שיבא אליהו ויעיד עליהם אם טמאות [הן] ואם טהורות (הן ונמנו עליהם וגנזו אותן ובאותו) היום[23] שגנזו[24] עשאוהו יום טוב[25]: בעשרים וחמשה[26] ביה אחידת (שורת)[27] שמרון[28] *ומה הוא אחידת שומרון [רבה] מפני[29] *(ש)כשעלתה גלות [ב]ראשונה הלכו[30] (להם) למטלית[31] (זו) של כותיים ולא הניחום כאו *לים בוסטי[32] *וישבו אותה[33] והקיפוה ערי חומה ונסמכו לה עיירות רבות[34] (מישראל) והיו קורין אותה[35] ערי נברכתא[36]: בעשרין ושבעה ביה תבת סולתא[37] למיסק *על מדבחא[38] *מפני שהיו הצדוקין [אומרין] אוכלין מנחת בהמה (נטפל להם רבן יוחנן בן זכאי) אמר [להם רבן יוחנן בן זכאי] (שוטים זו) מנין לכם ולא *היה בהם אחד שהחזיר לו דבר חוץ מזקן[39] אחד שהיה מפטפט כנגדו ואומר מפני שהיה משה אוהב את[40] אהרן

---

[1] P. כפרו במלכות שמים ואמרו אין לנו חלק באלהינו שבשמים; μ. שלא יהיה חלק לשונאי ישראל בעה. [2] μ. like P. [3] P. וכשתקפה יד. [4] P. נטלוהו מהן; μ. omits. [5] P. והיו; μ. omits. [6] μ. omits from שם, l. 2. [7] μ. לכהן גדול דהוא כהן לאל עליון. [8] P. אפשר שיכתב. [9] P. יום. [10] P. עשאוהו. [11] μ. וכשראו בית דין שאדם נוטל שטרו כשהוא פרוע חרקו לאור או לאשפה תקנו שלא יכתב שם בשטרות. [12] Ed. ושלשה במרחשון. [13] P. סתור; μ. סיתרו. [14] P. סורניא; μ. יח טירתא. [15] μ. דעזרתא ואותיב ענא. [16] M. P. נוים. [17] P. והעמידו. [18] P. עליו. [19] μ. omits from מפני, l. 8. [20] μ. וכשגברו. [21] μ. הוציאום משם. [22] P. והן. [23] P. יום. [24] P. שסתרוהו. [25] μ. omits from וסתרוהו, l. 9. [26] μ. וחמניא. [27] Ep. continues שורא. [28] μ. like P. [29] M. μ. omit from ומה, l. 12. [30] P. באו. [31] P. למטלת. [32] M. ליסבוסטי. [33] P. ושבוה. [34] P. הרבה. [35] P. לה. [36] μ. (from כשעלתה, l. 13) כשעלו בני ישראל מן הגולה לא רצו לישב במטלית של כותיים אלא באו לסיתסטא וישבוה ועשו שם חומה בצורה ונסמכו להם עיירות הרבה ומלאו כל עיר נרבונא. [37] μ. מטא. [38] P. למדבחא. [39] P. היו יודעין להביא ראיה מן התורה אלא. [40] P. adds ישראל.

(אחיו) אמר אל יאכל סלת לבדה אלא יאכל סלת ובשר כאדם שאומר[1] (לחברו) הילך רכיך (הילך בשר הילך רכיך הילך בשר) קרא עליו[2] [רבן יוחנן בן זכאי] (המקרא הזה)[3] ויבאו אילימה ושם שתים עשרה עינות מים (ושבעים תמרים) אמר לו *(ר׳) [הרי] אתה משחק בנו[4] אמר לו (שוטה שבעולם) ולא תהא תורה שלמה שלנו כשיחה בטלה שלכם[5] *אמר לו (רבי) ובכך אתה פוטרני[6] אמר לו לאו[7] *אמר לו הכתוב אומר[8] [יהיה עולה לה׳ וגו׳] ומנחתם ונסכיהם לריח ניחוח אשה לה׳:

(פרק ט׳. כסלו.) בתלתא בכסלו איתנטלו[9] סימואתא[10] מן דרתא: *מפני שבנו [שם] יוונים[11] סימואות[12] (בעזרה וכשנברה יד בית חשמונאי בטלום והוציאום משם[13] ובאותו) היום[14] שבטלום[15] עשאוהו יום טוב: בשבעה ביה (יום טוב) יום שמת הורודוס[16]: מפני שהיה הורודוס[16] *שונא את החכמים[17] (ששמחה היא לפני המקום כשהרשעים מסתלקין מן העולם שנאמר[18] וגם יד ה׳ היתה בם להמם וגו׳ *וכתיב ויהי כאשר תמו כל אנשי המלחמה למות מקרב העם וכתיב וידבר ה׳ אלי לאמר וכן הוא אומר איש טוב זה ואל בשורה טובה יבוא ואומר ויצו המלך את בניהו בן יהוידע ויפגע בו וימיתהו וגו׳. ובאותו היום שמת הורודוס עשאוהו יום טוב[19]): *בעשרין וחד ביה[20] יום הר גריזים (דלא למספד): *יום שבקשו[21] הכותיים את בית אלהינו[22] מאלכסנדרוס[23] מוקדון (לחחריבו ואמרו לו מכור לנו חמשת כורים ארץ בהר המוריה) ונתנו להם ובאו [ישראל] והודיעו את שמעון הצדיק (מה עשה) לבש בגדי כהונה (ונתעטף בגדי כהונה) [ויצא לפניו הוא ויקירי[24] ירושלם (עמו ואלף בוליטין מכוסין בלבנים ופרחי כהונה מקישין בכלי שרת ואבוקות של אור דולקות לפניהם כל הלילה בולה הללו מהלכין מצד זה והללו מהלכין מצד זה)[25] [וכשהם מהלכים בהרים ראו אבוקות של אור] *אמר (להם) [המלך] *מי הללו[26] אמרו

---

[1] P. שהוא אומר. [2] P. לו. [3] μ. (from מפני, p. 13, l. 16) אמרו ביתוסין לרבן יוחנן בן זכאי אוהב משה לאהרן שנתן לו סלת ובהמות משל לאדם שאומר לחברו הילך בשר הילך רכיך אמר לו. [4] μ. הביתוסי מה ענין זה אצל זה. [5] P. שלך. [6] P. מוציאני. [7] μ. omits from אמר, l. 1. [8] P. הרי הוא אומר; μ. והלא כבר נאמר. [9] μ. עדו. [10] M. סימונותא. [11] P. גוים. [12] P. סמואתא; μ. בימי מלכות יון עשו סמותא. [13] μ. adds וכן הוא אומר ואת מסד השבת אשר בנו בבית. [14] P. יום. [15] P. שנטלוהו. [16] P. הדורוס; μ. הודורוס. [17] P. ישראל; μ. רצחן של תלמידי חכמים. [18] μ. adds באבוד רשעים רבה ונאמר. [19] μ. omits from וכתיב ויהי, l. 11. [20] P. בעשרים ואחד בו. [21] P. ששאלו. [22] P. המקדש. [23] P. מאלסכנדרוס. [24] P. וכל גדולי. [25] μ. (from יום, l. 15) שבאו כותיים ואמרו לאלכסנדרוס מוקדון חמש כורין שבהר המוריה תנם לנו נתן להם כשבאו יצאו יושבי ירושלם ודחפום במקלות עד שהגיעו לאנטפטרס הביאו עליהן אלכסנדרוס מוקדון שמע שמעון הצדיק ונהג עמו אלף בליטין מירושלם מכוסין ואלף פרחי כהונה מלובשין בכלי שרת ואבוקות אור בידם. [26] P. מה זה.

לו המסורות הללו[1] [הם] היהודים[2] שמרדו בך *כיון שהגיעו[3] לאנטיפרס[4] זרחה (להם) חמה[5] (הגיעו למשמר הראשון *נפנעו זה בזה[6] אמרו להם מי אתם אמרו להם אנו אנשי ירושלם ובאנו להקביל פני המלך כיון ש)ראה (אלכסנדרוס מוקדון) את שמעון הצדיק [שהוא לבוש בגדי כהונה] ירד[7] ממרכבתו[8] והשתחוה [לארץ] לו[9] אמרו לו[10] (*מלך גדול כמותך ישתחוה ליהודי[11]) אמר להם דיוקנו[12] *של זה אני רואה[13] *בשאני יורד[14] במלחמה ונוצח[15] *אמר להם[16] *למה באתם[17] אמרו[18] לו מקום[19] שאנחנו מתפללים [בו] (עליך ו)על מלכותך (שלא תחרב) יתעוך[20] הללו[21] ותתנו[22] להם אמר להם ומי *הם הללו[23] אמרו לו הללו[24] הכותיים (שעומדין לפניך) אמר להם[25] הרי (הם) מסורין[26] בידכם[27] (מה עשו)[28] *נקבום בעקביהם[29] ותלאום *בזנבי סוסיהם[30] *והיו מגררים אותם[31] *על הקוצים ועל הברקנים עד (שהגיעו) להר[32] נריזים [כיון שהגיעו שם להר נריזים][33] חרשוהו וזרעוהו (כרשינין)[34] *כדרך שבקשו[35] לעשות לבית אלהינו[36] (ובאותו ה)יום שעשו (לו) כך[37] עשאוהו יום טוב[38]: בעשרים וחמשה ביה חנוכת תמניא יומין דלא למספד[39]: [מפני] (שכשנכנסו יוונים להיכל) *טמאו כל השמנים[40] שבהיכל[41] וכשנברה[42] יד[43] בית חשמונאי (ונצחום) בדקו[44] *ולא מצאו אלא פך אחד[45] (שהיה מונח בחותמו של כהן גדול שלא נטמא ולא היה בו להדליק אלא[46] יום אחד ונעשה בו נס) והדליקו [בו את הנרות] *שמנה ימים *לשנה אחרת קבעום שמנה ימים טובים[47]. (*ומה ראו לעשות חנכה שמנה ימים)

---

[1] P. הם. [2] P. יהודאין. [3] P. הגיע. [4] P. לאנטפטרס. [5] P. החמה; μ. omits from אמר, p. 14, l. 20. [6] μ. omits from נפנעו. [7] P. נפל; μ. omits. [8] μ. omits. [9] P. לפניו; μ. נשתטח לפניו. [10] μ. adds עבדיו. [11] μ. P. לזה אתה משתחוה והלא בן אדם הוא. [12] P. בדמותו; μ. דמות דיוקנו. [13] μ. omits from של. [14] P. כשארד; μ. משחת לפני. [15] μ. ומוציאני לשלום. [16] P. לו. [17] P. מה אתה מבקש. [18] P. אמר. [19] P. בית. [20] P. המעוף. [21] P. גוים. [22] P. ונתתו. [23] P. הטעוני. [24] P. הן הן. [25] P. לו. [26] P. נתונים. [27] P. לך. [28] μ. omits from למה, l. 6. [29] P. נקב את נקביהן; μ. מיד נתנו חדין ברגלי הכותיים. [30] P. אחרי סוסים; μ. omits. [31] P. ונררום. [32] P. הר. [33] μ. (from על, l. 9) ונתן הר גריזים שהיה בית תפלתם ביד ישראל. [34] μ. מלח. [35] P. שחשבו. [36] P. המקדש. [37] P. כן. [38] μ. omits from כדרך, l. 11. [39] μ. adds בימים הראשונים חנוכת משה וזאת חנוכת המזבח. משלמה ואילך חנוכת משה וחנוכתו שנ׳ כי חנוכת המזבח עשו שבעת ימים ושמונה. משנטל בית הלבנון חנוכת בית חשמונאי לדורות ולמה נוהגת לדורות שעשאום בצאתם מצרה לרוחב ואמרו בה הלל והדליקו בה נרות בטהרה. [40] μ. הכלים. [41] P. שטמאו גוים את בית המקדש; μ. adds ולא היה שמן במה להדליק. [42] P. וכשתקפה. [43] P. מלכות. [44] P. בדקוהו. [45] P. adds ומצאו בו שמן טהור. [46] M. omits. [47] P. כל אותן ימים שהדליקו בהן את הנרות עשאום יום טוב; μ. ומצאו מזבח סתור ותקנוהו כל שמונה וכלי שרת ולכך נוהגת שמנה.

והלא חנכה שעשה משה (במדבר) *לא עשה[1] אלא שבעת[2] (ימים) שנאמר (ומפתח אהל מועד לא תצאו שבעת ימים וגו׳ ואומר) ויהי המקריב ביום הראשון את קרבנו וגו׳ ובשביעי [בשבת] הקריב אפרים *וכן מצינו בחנוכה[3] שעשה שלמה *שלא עשאה[4] אלא שבעת[5] (ימים) שנאמר כי חנוכת המזבח עשו שבעת ימים והחג שבעת ימים *ומה ראו לעשות (חנוכה) זו ח׳ ימים אלא בימי (מלכות) יון נכנסו בית חשמונאי להיכל[6] (ובנו את המזבח ושדוהו בשיד ותקנו בו כלי שרת והיו מתעסקים בו שמנה ימים ומה ראו להדליק את הנרות אלא בימי מלכות יון שנכנסו בני חשמונאי להיכל) ושבעה שפודין של ברזל [היו בידם[7] וחפום[8] בעץ (והדליקו בהם את הנרות) [והיו מתעסקין בהם כל שמנה] ומה ראו לגמור בהם את ההלל (אלא) [ללמדך] שכל תשועה ותשועה *שהקב״ה עושה להם לישראל[9] הן[10] מקדימין לפניו בהלל (בשיר) ובשבח (ובהודאה) *כענין שנאמר[11] (בספר עזרא ויעשו בהלל ובהודות לה׳ כי טוב וגו׳) [ויענו בהלל ובהודות לה׳ . . . על הוסד בית ה׳ ואומר לה׳ הישועה על עמך ברכתך סלה]. מצות [נר] חנוכה נר [אחד] *איש וביתו[12] והמהדרין נר אחד לכל נפש (וגפש) והמהדרין מן המהדרין (בית שמאי אומרים יום ראשון מדליק שמונה מכאן ואילך פוחת והולך ובית הלל אומרים מדליק א׳ מכאן ואילך מוסיף והולך) [וכו׳ כדאיתא בבמה מדליקין] (שני זקנים היו בצידן אחד עשה כדברי בית שמאי ואחד כדברי בית הלל זה נותן טעם לדבריו וזה נותן טעם לדבריו זה אומר כפרי החג וזה אומר מעלין בקודש ואין מורידין. מצות הדלקתה משתשקע החמה עד שתכלה רגל מן השוק ומצוה להניחה על פתח ביתו מבחוץ ואם היה דר בעליה מניחה בחלון הסמוכה לרשות הרבים ואם מתירא מן הלצים מניחה על פתח ביתו מבפנים ובשעת הסכנה מניחה על שולחנו ודיו[13]) :

(פרק י׳. טבת.) בעשרים *ותמניא לטבת[14] יתיבא[15] [בי]כנישתא על דינא: *מפני שהיו [ה]צדוקין יושבין בסנהדרין[16] (שלהם ינאי המלך ושלמינון[17] המלכה יושבת אצלו ולא אחד מישראל יושב[18] עמהם חוץ משמעון בן שטח[19] והיו שואלין תשובות והלכות) *ולא היו[20] יודעין להביא[21] *ראייה מן התורה אמר להם שמעון בן שטח כל מי שהוא יודע להביא ראייה מן התורה (יהא) ראוי[22] לישב בסנהדרין[23] (וכל מי שאינו

---

[1] P. אינו. [2] P. שבעה. [3] P. והלא חנוכה. [4] P. אינו. [5] P. שבעה. [6] P. להר הבית. [7] P. בידיהם. [8] M. והכום; P. וחברום. [9] P. שעשה הקב״ה לישראל. [10] P. היו. [11] P. וכן הוא אומר. [12] P. לכל בית. [13] μ. omits from ומה ראו לעשות, l. 4. [14] Ed. ושמונה בטבת. [15] M. P. יתיבת. [16] P. בסנדרי. [17] M. ושלמירון everywhere. [18] μ. בימי ינאי המלך ושלציון המלכה היו יושבין ולא היה. [19] μ. adds והביא מתלמידיו עד שנתמלאה. [20] P. ואינן. [21] μ. מה להשיב. [22] P. כשר. [23] P. בסנדרי.

יודע להביא ראייה מן התורה אינו ראוי לישב בסנהדרין פעם אחת) נפל דבר (של) מעשה [אחד] ביניהם *ולא היו[1] יודעין להביא ראייה מן התורה חוץ[2] (מזקן) אחד שהיה מפטפט כנגדו אמר לו תן לי זמן ולמחר (אני) משיבך[3] נתן לו [זמן] הלך וישב לו בינו לבין עצמו [ואינו יכול להביא ראייה מן התורה] (וכיון שראה שלא היה יודע להביא ראייה מן התורה) למחר נתבייש[4] מלבוא[5] ומלישב[6] בסנהדרין[7] (גדולה)[8] *והעמיד שמעון בן שטח אחד מן התלמידים והושיבו במקומו[9] אמר להם אין פוחתין מסנהדרין[10] *של שבעים[11] ואחד וכך *היה עושה[12] [להם] (בכל יום ויום) עד שנסתלקו[13] כולם (וישבה סנהדרי ישראל על דעתה ובאותו ה)יום שנסתלקה סנהדרין[14] של צדוקים (וישבה סנהדרין של ישראל) עשאוהו יום טוב:

(פרק יא. שבט.) בתרין[15] בשבט יום טוב ודלא למספד: [ובזה כתוב בו ודלא למספד] ולמה שינו זה מזה אלא שבראשון [אינו כתוב ולא למספד ובזה כתוב. בראשון] מת הורודוס[16] ובזה מת ינאי המלך (ששמחה היא לפני הקבה כשהרשעים מסתלקין מן העולם. אמרו כשחלה ינאי המלך) שלח ותפש שבעים זקנים מזקני ישראל (נטלן) וחבשן בבית האסורין (ואמר לו לשר בית האסורין) אם מתי הרוג את הזקנים הללו[17] ועד שישראל שמחים לי[18] ידוו על ריבותם[19] אמרו אשה טובה היתה לו (לינאי המלך) ושלמינון[20] [המלכה] שמה (וכשמת סלקה טבעתו מעל ידו ושלחה לשר בית האסורין) אמרה לו רבך בחלום התיר אותם[21] הזקנים התירם והלכו להם לבתיהם (ואחר כך) אמרה[22] מת[23] ינאי המלך (ואותו ה)יום שמת [בו] ינאי המלך עשאוהו יום טוב. (כל הכתוב במגלה דלא למספד מתענין לאחריו ואין מתענין לפניו. ר׳ יוסי אומר לא לפניו ולא לאחריו וכל שאין בו דלא למספד אלא דלא להתענאה לחוד מתענין לפניו ולאחריו ר׳ יוסי אומר לאחריו אבל לא לפניו אבל בימים טובים ובראשי חדשים מותר לפניו ולאחריו ולמה באלו אסרו ובאלו התירו אלא אלו דברי תורה ואין דברי תורה צריכין חזוק ואלו דברי סופרים ודברי סופרים צריכין חזוק. ר׳ יוסי בן דוספתאי אומר משום ר׳ יוסי הגלילי כל הנשבע להתענות בערבי שבתות ובערבי ימים טובים הרי זו שבועת שוא שמקצת ערב שבת כשבת ומקצת ערב יום טוב כיום טוב)[24]: בעשרין ותרין ביה בטילת עבידתא דאמיר סנאה להיתאה

---

[1] P. ואינן. [2] P. אלא. [3] P. אשוב. [4] P. בוש. [5] P. לבוא. [6] P. ולישב. [7] P. בסנדרי. [8] μ. omits from ראייה, p. 16, l. 24. [9] μ. והביאו שמעון בן שטח והביא מתלמידיו עד שנתמלאה סנהדרין, with which the chapter ends. [10] M. מסנהדרין; P. בסנדרי. [11] P. משבעים. [12] P. עשה. [13] P. שנסתלקה. [14] P. סנדרי. [15] Ed. בשנים. [16] P. הורדוס. [17] P. ההם. [18] M. לא יראו; P. לה. [19] P. רבותיהם. [20] P. שלמנצון. [21] P. את. [22] P. הודיעום. [23] P. שמת. [24] μ. from the

להיכלא דלא[1] למספד: *יום[2] ששלח נסקלגס[3] את הצלמים להעמידם בהיכל (ובאתה שמועה לירושלים ערב יום טוב הראשון של חג. אמר להם שמעון הצדיק עשו מועדיכם בשמחה *שאין אחד מכל הדברים הללו ששמעתם יקוים כי[4] מי ששכן שכינתו בבית הזה *כשם שעשה נסים לאבותינו בכל דור ודור כך יעשה לנו נסים בזמן הזה מיד שמע קול מבית קדשי הקדשים שהוא אומר בטילת עבידתא דאמר סנאה להיתאה להיכלא אקטיל נסקלגס ובטלו גזרותיו וכתבו אותה שעה וכיונו וכיון שראה[5] שהיו ממשמשין ובאין *אמר להם צאו[6] וקדמו לפניהם)[7] *וכשנודע (להם) הדברים[8] יצאו (מ)לפניו כל גדולי ירושלם אמרו נמות (כולנו) ולא תהא (לנו) כזאת[9] והיו צועקים ומתחננים לשליח אמר להם [השליח] עד שאתם צועקים ומתחננים לשליח[10] התחננו וצעקו לאלהיכם שבשמים (להושיע אתכם) [והיו מקדימין אותו לכל כרך וכרך] וכיון שהגיע לכרכין (ראה בני אדם שהן מקדימין אותו מכל כרך וכרך) כיון שראה אותם היה תמה אמר[11] *כמה מרובין אלו[12] אמרו לו המסורות אלו[13] הן היהודים[14] *שהקדימו לפניך[15] מכל[16] כרך וכרך *וכיון שנכנס לכרך ראה[17] [את] בני אדם שהיו[18] מוטלין בשוקים[19] על השק[20] ועל האפר לא הגיע לאנטיפרס[21] עד שבאת לו *אגרת שנהרג נסקלגס[22] (ובטלו גזרותיו) מיד בטלו את הצלמים [ונתנם לישראל] *וגררו אותם[23] (ואותו ה)יום [שגררו אותם] עשאוהו יום טוב[24]: בעשרים ותמניא ביה אינטיל[25] אנטיוכוס (מלכא) מן ירושלם: *[שהיו בירושלם] *והיו מצרין[26] [להם] *לבני ירושלם[27] (ובא להחריב את ירושלם ולהשמיד את כל היהודים)[28] *ולא *היו (ישראל)

---

beginning of the chapter: בתרתין בשבט יום טוב שבו מת ינאי המלך ששמחה היא לפני המקום באבוד רשעים; M. omits from כל הכתוב, p. 17, l. 18, but the passage is to be found on p. 22, l. 15; see note 25.

[1] P. ולא. [2] P. מפני. [3] P. קסנלגס; μ. שבימי קלוסקום נזרו. [4] μ. אין דבר מכל מה ששמעתם מוציאין יום טוב אל האולם ואמרו. [5] μ. omits from כשם, l. 4. [6] μ. רחם נא יצאו מלכים. [7] μ. adds מלאך אחר והשני לצור והשלישי לצירון והרביעי לכזיב ואמרו עד שתמות תהוי דא ושמע שמעין קל עבידתא דאמר סנאה להיתאה להיכלא בטילת קלקלתם ובטלו גזירותיו. [8] P. הדבר. [9] P. זו. [10] P. לי. [11] P. היה השליח אומר. [12] P. רק הם ישראל מרובין. [13] P. הן. [14] P. יהודאין. [15] P. שהן מקדימין אותך. [16] P. לכל. [17] P. נכנסו לכרכין וראה. [18] P. שהן. [19] P. בשוק. [20] P. שקין. [21] P. לאנטפטרס. [22] P. שמועה שמת קסגלגס; M. קסקלגס everywhere. [23] P. וגררום. [24] μ. omits from וכשנודע, l. 7. [25] M. איתנטיל; P. נטל. [26] Ed. M. שהיה מצר. [27] P. לישראל; μ. omits from שהיו. [28] μ. שבא להשמיד ולהרוג ולהחריב ירושלם וכל עמר.

יכולין[1] לצאת ולבוא [מפניהם] ביום אלא בלילה (ושמע[2] שמועות רעות והלך לו ונפל במקומו ואותו ה)יום שנטלוהו[3] משם עשאוהו יום טוב:

(פרק יב. אדר.) בתמניא ובתשעה באדר יום תרועת מיטרא: ואם התריעו בראשון[4] למה מתריעין[5] בשני[6] אלא [ה]ראשון[7] משנה זו[8] ו[ה]שני[9] משנה אחרת ולא *כל הכתוב[10] (במגלה הזאת)[11] ראשון הוא ראשון (שני הוא שני שלישי הוא שלישי)[11] *[אחרון הוא אחרון][12] *אלא תפסו[13] (להם) [ואמרו להם] חדש ראשון[14] וכל שיש בו [שני וכל שיש בו שלישי וכל שיש בו]. (בתרין עשר ביהן יום טוריינוס שתפס את לוליינוס ואת פפוס אחיו בלודקייא אמר אם מעמיו של חנניה מישאל ועזריה אתם יבא אלהיכם ויציל אתכם מידי כדרך שהציל לחנניה מישאל ועזריה מיד נבוכדנצר אמרו לו חנניה מישאל עזריה צדיקים כשרין היו ונבוכדנצר מלך הגון היה וראוי לעשות נס על ידו. אבל אתה מלך רשע אתה ואין ראוי לעשות נס על ידך ואנו חייבין מיתה ואם אין אתה הורגנו הרבה הורגים יש למקום הרבה דובים הרבה אריות הרבה נחשים הרבה עקרבים שיפגעו בנו ואם אתה הורגנו עתיד הקב״ה לתבוע דמינו מידך. אמרו לא נסע משם עד שבאת עליו דיופלה של רומי ופצעו את מוחו בגיזרין ובבקעות). בתליסר[15] ביה (יום) ניקנור[16] *אמרו [על] ניקנור [פולמורכוס] (אחד מאפרכיא) של מלכי יונים[17] היה [והיה] (עובר לאלכסנדריא בכל יום ויום היה)[18] *מניף ידו כנגד ירושלם וכנגד בית המקדש[19] *ומחרף ומגדף (ומנאין ואמר) מתי יפלו[20] בידי *ואהרוס את המגדל הזה[21]. וכשגברה[22] [יד] (מלכות) בית חשמונאי (ונצחום) נכנסו[23] *לחילות שלו[24] (והיו הורגים עד שהגיעו לקרובין שלו וחתכו את ראשם וקצצו את בהונות ידיהם ורגליהם)[25] וחתכו[26] את ראשו *וקצצו *בהונות ידיו ורגליו[27] ותלאוהו [כ]נגד[28] ירושלם[29] וכתבו[30] (מלמטן)[31] הפה שדבר בגאוה[32] *וידים שהיו מניפות נגד יהודה וירושלם ועל בית המקדש[33] *נקמה זו תעשה[34] בהם (ובאותו ה)יום שעשו (לו)

---

1 P. ולא יכלו. 2 μ. (from ולא היו, p. 18, l. 17) ויבהילו בו. 3 P. שיצא. 4 μ. בשמיני. 5 Ed. התריעו; μ. למה הוצרכו להתריע. 6 μ. בתשיעי. 7 μ. שמיני. 8 P. אחת; M. omits. 9 μ. ותשיעי. 10 P. כך כתוב; M. הכתובים. 11 M. omits. 12 μ. like P. 13 P. וכך תפסו. 14 M. omits from אלא. 15 P. בתלת עשר. 16 μ. adds ומלכותא דיונאי. 17 P. יון. 18 μ. omits from אמרו, l. 14. 19 μ. שהן מניפין ידיהן על ירושלם והר ציון. 20 P. תפול. 21 P. ואהרסנה. 22 P. וכשתקפה. 23 P. ירדו. 24 P. לתוך חילותיו. 25 μ. (from ומחרף, l. 16) וקבע אחד מבית חשמונאי. 26 μ. ופסק. 27 P. את איבריו; μ. omits from וקצצו. 28 μ. בשער. 29 P. בית המקדש. 30 P. ואמרו; μ. ואמר. 31 μ. omits. 32 P. בנאיות; μ. adds תעשה בו נקמה. 33 P. ויד שהניפה כנגד בית המקדש. 34 P. נקמות יעשה; μ. תקצצנה.

כך עשאוהו[1] יום טוב: בארבעה עשר ביה ובחמשה עשר ביה יומי פוריא אינון
דלא למספד *ימים שנעשו בהם נסים לישראל על ידי מרדכי ואסתר ועשאום ימים
טובים[2]. (אמר ר׳ יהושע בן קרחה[3] מיום שמת משה לא עמד[4] נביא וחידש מצות לישראל
חוץ ממצות פורים אלא שגאולת מצרים נוהגת שבעת ימים וגאולת מרדכי ואסתר אינה
נוהגת אלא יום אחד. *ר״א ומה גאולת מצרים שלא נגזרה גזירה אלא על הזכרים [בלבד
שנ׳ כל הבן הילוד היארה תשליכוהו וגו׳][5] גאולת *מרדכי ואסתר[6] שנגזרה גזרה[7] על
הזכרים ועל הנקבות [שנ׳][8] מנער ועד זקן טף ונשים ביום אחד על אחת כמה וכמה שאנו
חייבין לעשות אותם ימים טובים בכל שנה ושנה)[9]: בשיתת[10] עשר ביה שריו[11] למבני
שור ירושלם דלא למספד: *מפני שסתרוהו אויבים[12] וכשהתחילו לבנותו (אותו היום)
עשאוהו יום טוב[13] (ששמחה היא לפני ה׳[14] שירושלם נבנית שנאמר *כה אמר ה׳ שבתי
אל ציון ושכנתי בתוך ירושלם ונקראה ירושלם עיר האמת והר ה׳ צבאות הר הקדש. ואומר
שבתי לירושלם ברחמים ביתי יבנה בה נאם וגו׳ *ואומר הוא יבנה עירי וגלותי ישלח לא
במחיר ולא בשוחד אמר ה׳ צבאות)[15]. בשבעה עשר ביה קמו עממיא על פליטת
ספריא במדינת בליקו[16] ובית[17] זבדאי והוה פורקן (לבית ישראל). *שכשירד
ינאי המלך להרוג את החכמים[18] (ברחו מלפניו והלכו להם לסוריא *ושרו במדינת
קוסליקום[19] ונכנסו[20] האויבים[21] עליהם שבאותו מקום וצרו עליהם להרגם והזיעו בהם זיע
גדול והכו בהם מכה [גדולה][22] רבה *והשאירו בהם פליטה)[23] והלכו להם לבית זבדי
וישבו שם עד שחשכה וברחו משם רבי יהודה אומר סוס *קשור היה להם בפתח[24] וכל מי
שהוא[25] רואה אותו[26] כמדומה שאין שם יהודי וישבו (להם) [שם] עד חשכה[27] וברחו
(להם) [משם][28] (ובאותו ה)יום שברחו משם עשאוהו יום טוב. (רבי חידקא אומר יום
שבקשו אויבים[29] להרוג חכמי ישראל עלה הים והשחית שליש בישוב)[30]. בעשרין ביה

---

[1] Ed. עשו אותו. [2] μ. omits from ימים, l. 2. [3] μ. לוי. [4] μ. מת.
[5] From O. [6] O. אסתר. [7] O. omits. [8] From O. [9] μ. omits from ר״א, l. 5.
[10] O. בשיתא. [11] M. שבו; P. שריאו. [12] M. O. P. גוים. [13] μ. omits from
מפני, l. 9. [14] O. המקום. [15] O. omits from ואומר, l. 12; μ. from כה אמר,
l. 10, בונה ירושלם ה׳ נדחי ישראל יכנס. [16] P. כלבוס; O. קליקום; μ. בליקות; M.
קליקום and כליקום. [17] P. בבית; so μ. [18] P. מפני שבקשו גוים להרוג את חכמי
ישראל; O. את חכמי ישראל; μ. כשראה ינאי המלך הרג בוקינוס ובוקיוס אחיו. [19] M. O.
קליקום. [20] O. ונתכנסו. [21] M. הגוים; O. קוצים. [22] From O. [23] O. ומהם
השאירו פליטה. [24] P. היה קשור על הפתח; O. להם בפתח. [25] O. שהיה. [26] P.
את הסוס. [27] P. O. שחשכה. [28] O. like P. [29] M. O. גוים. [30] μ. (from ושרו,
l. 15) ובמדינת בליקום נתכנשו כל אנשי המקום להורגן והרעיש עליהן הקב״ה רעש גדול
והיתה בתוכם מכה גדולה; M. omits בישוב.

צמו עמא[1] למטרא[2] *ונחת להון[3] *מפני שהיה רעבון ובצורת[4] בארץ ישראל [ולא
ירדו להם גשמים] שלש שנים זו אחר זו (והתפללו ולא ירדו גשמים [עד שירד חוני
המעגל לפני החיבה והחפלל וירדו גשמים] וכיון שראו שיצא רוב אדר ולא ירדו גשמים
הלכו להם אצל חוני המעגל אמרו לו התפלל שירדו גשמים[5] אמר להם צאו והכניסו
תנורי פסחים בשביל שלא ימקו התפלל ולא ירדו גשמים עג עוגה ועמד בתוכה כדרך
שעשה חבקוק הנביא שנאמר על משמרתי אעמודה ואתיצבה על מצור ואצפה לראות מה
ידבר בי ומה אשיב על תוכחתי אמר רבונו של עולם בניך שמו פניהם עלי שאני כבן בית
לפניך נשבע אני בשמך הגדול שאיני זז מכאן עד שתרחם על בניך התחילו הגשמים יורדין
טיפין טיפין אמרו לו *רבונו של עולם[6] ראינוך לא נמות כסבורים אנו לומר אין הגשמים
הללו באין אלא להתיר שבועתך אמר להם בני אל תמותו. אמר רבונו של עולם לא כך
שאלתי אלא גשמי בורות שיחין ומערות התחילו הגשמים יורדין כמלא פי חבית ושערו
חכמים טיפה אחת לוג אמרו לו[7] ראינוך לא נמות כסבורין אנו לומר אין הגשמים הללו
באין אלא להחריב את העולם כולו אמר להם בני אל תמותו אמר רבונו של עולם לא כך
שאלתי אלא גשמי רצון ברכה ונדבה. ירדו כתקנן עד שעלו ישראל מירושלם להר הבית
מפני רוב הגשמים אמרו לו כשם שהתפללת עליהם שירדו כך התפלל עליהם שלא ירדו
וילכו להם אמר להם אין מתפללין על רוב הטובה אלא לכו והביאו לי פר הודיות
הלכו והביאו לו פר הודיות סמך שתי ידיו עליו ונתפלל ואמר רבונו של עולם ראה עמך
ישראל ונחלתך אשר הוצאת בכחך הגדול ובזרועך הנטויה שאין יכולין לעמוד לא ברוב
כעסך ולא ברוב טובך כעסת עליהם אין יכולין לעמוד השפעת עליהם טובך אין יכולין
לעמוד יהי רצון מלפניך שיהא רוח מיד נשבה הרוח ונתפזרו העבים חרחה החמה ונתנגבה
הארץ ויצאו הכל לשדה וראו את המדבר שהוא מלא כמהין ופטריות שלח לו שמעון בן
שטח אלמלא חוני המעגל אתה גוזרני עליך נידוי שאילו היו שנים כשני אליהו לא נמצא
שם שמים מתחלל על ידך. אבל מה אעשה שאתה מתחטא לפני המקום כבן שהוא מתחטא
על אביו ועושה לו רצונו אמר לו הבא לי חמין והביא לו הבא לי צונן והביא לו תן לי
אגוזים ונתן לו. תן לי רימונים ונתן לו. תן לי אפרסקין ונתן לו. עליך הכתוב אומר ישמח
אביך ואמך ותגל יולדתך ואותו ה)יום [שירדו גשמים] עשאוהו יום טוב (לפי[8] שאין הגשמים
יורדין אלא בזכותן של ישראל[9] שנאמר יפתח ה' לך את אוצרו הטוב. *לך בזכותך ובך

---

[1] O. צמא; μ. omits. [2] P. על מטרא. [3] O. omits. [4] M. O. ובצרון.
[5] O. adds וכול עד ישמח אביך ואמך ותגל יולדתך, and omits the following like P.
[6] M. רבי. [7] M. adds רבי. [8] μ. omits from מפני שהיה, l. 1. [9] O. P. omit
from לפי, l. 26.

הדבר תלוי. ואומר ונברכו בך כל משפחות האדמה ובזרעך בך בזכותך הגשמים יורדין והטללים יורדים בזכותך. ואומר ונתתי גשמיכם בעתם[1] ומעשה *שנתענו בימי שמואל[2] *הקטן[3] וירדו להם גשמים קודם הנץ החמה כסבורים העם לומר שבח *הוא להם[4] אמר להם הרי אתם דומים למלך שכעס על בנו אמר לאפוטרופוס שלו אל תתן פרנסתו עד שיבכה ויתחנן לפני): בעשרים ותמניא ביה אתת בשורתא טבתא[5] ליהודאי[6] *דלא יעידון *מפתגמי אורייתא[7] *די לא[8] למספד: מפני *שגזרו מלכי יון[9] [שמד] על ישראל שלא (יעסקו[10] בתורה *ושלא) ימולו את בניהם ושלא ישמרו את השבת ושיעבדו לאלילים[11] (וברית כרותה לישראל שלא ימוש ספר תורה מתוכם שנאמר כי לא תשכח מפי זרעו. ואומר אם ימושו החוקים האלה מלפני [ואו][12] ואני זאת בריתי אותם וגו) *מה עשה[13] יהודה בן שמוע וחבריו (עמדו[14] והלכו) אצל מטרוניתא[15] אחת[16] (שכל גדולי רומי מצויין אצלה) *ונטלו עצה ממנה[17]. (אמרה להם) באו והפגינו בלילה. (עמדו והפגינו בלילה) [ואמרו] אי שמים לא אחיכם אנחנו לא בני אב אחד אנחנו בני אם אחת אנחנו. מה נשתנינו מכל *אומה ולשון[18] שאתם גוזרים עלינו גזירות (קשות) [הללו] ולא זזו משם עד שהתירו[19] (להם) *שלש מצות[20] למול[21] את בניהם[22] ולשמר[23] את השבת ושלא יעבדו לאלילים[24] (אותו ה)יום שהתירו [להם] (שלש מצות הללו) עשאוהו יום טוב[25]. לכן[26] (כל) אינש דאיתי עלוהי (מן קדמת דנא) יאסר[27] בצלו כיצד[28] יחיד[29] שקבל עליו (תענית) להיות מתענה *(בשני ובחמישי הרי זה מתענה ומשלים)[30]. *פגעו בו ימים טובים

---

[1] μ. omits from לך, p. 21, l. 27. [2] μ. וזה היה בימי שמעון הצדיק; O. ומעשה בשמואל. [3] O. adds וכו׳, omitting the following passage to החמה. [4] O. כמו ציבור הוא וכו׳ (so; see fol. 25b) שכתוב בסדר תעניות האילו דקנהו תרגוייני (so) ושמואל הקטן; O. P. omit the following words to לפני; μ. omits from הקטן, l. 3. [5] P. טבא. [6] O. omits. [7] P. מן אורייתא; μ. omits from דלא. [8] P. ולא. [9] P. שגזרה מלכות הרשעה. [10] μ. קרא אדם. [11] O. P. ע״ז; μ. omits from ושלא, l. 7. [12] From O. [13] P. עד שהלך. [14] O. omits. [15] P. מטרונית. [16] O. to לכן, l. 16, וכו׳ עד לא זזו משם עד שהיתירום לעסוק בתורה והתירו שלשה דברים הללו ואותו היום עשאוהו יום טוב. [17] P. ונתנה להם עצה. [18] P. האומות. [19] P. שהותרו. [20] P. לישראל, omitting להם. [21] P. שימולו. [22] Ep. adds לעסוק בתורה. [23] P. ושישמרו. [24] M. מעסוק בתורה והתירו להם שלש מצות למול את ב׳ ולשמור . . . ושלא יעבדו ע״ז. [25] Here follows in M. the passage beginning כל הכתוב to כיום טוב (p. 17, ll. 18–25), with the following words . . . לכן כל אינש דאותי עלוה. [26] O. להן. [27] P. אסיר; O. ייסר עצמו. [28] μ. omits from מה עשה, l. 10. [29] μ. כל. [30] μ. בשבוע אינו מפסיק לימים שבתוכה אבל מפסיק לימים טובים שבתוכה.

הכתובים[1] במגלת תענית הרי זה מספיד[2]. זה הכלל כל שנדרו קודם [ל]נזרתנו[3] תדחה[4] נזרתנו מפני נדרו *ואם נזרתנו קודם נדרו[5] ידחה[6] נדרו מפני נזרתנו[7]. (ואין בין אדר הראשון לאדר השני אלא מקרא[8] מגלה ושילוח מתנות לאביונים רבן שמעון בן גמליאל אומר כל *מצוה שנוהגת באדר ראשון אינה נוהגת באדר שני[9] חוץ מן ההספד ותענית *שנוהגים זה כזה[10] וכותבין בשטר[11] אדר ראשון. אלא שכותבין [את השיני][12] תניין [חוץ מן הספד ותענית][12] *ר׳ יוסי אומר[13] אין כותבין אלא תניין רבי יהודה אומר אדר השני נכתב. ומי כתב [זו][14] מגלת תענית) סיעתו *של רבי אליעזר בן חנניא[15] בן חזקיהו *בן גרון[16] [הם] כתבו מגלת תענית (ולמה כתבוה) מפני שאין למודים[17] בצרות ואין הצרות מצויות לבוא עליהם [לפרך] (אבל[18] בזמן הזה שהם[19] למודים בצרות והצרות באות עליהם) אם היו[20] כל הימים דיו [וכל הנחלים קנים] (וכל האגמים[21] קולמוסים) וכל *בני אדם[22] לבלרים אינם מספיקין לכתוב הצרות הבאות עליהם (בכל שנה ושנה) [ותשועות הנעשות להם]. ר״א אין [ה]שוטה נפגע ולא[23] בשר המת מרגיש באיזמל:

◆ [נגמרה מגלת תענית בס״ד] ◆

(ואלו הימים[24] שמתענין בהן מן התורה. *וכל המתענה בהם לא יאכל ולא ישתה עד הערב[25] באחד בניסן מתו בניו של אהרן: [נדב ואביהו][26]: *בעשרה בו מתה מרים הנביאה ונסתם[27] הבאר[28]: בעשרים וששה בו מת יהושע בן נון: בעשרה באייר מת עלי הכהן ושני[29] בניו ונשבה[30] ארון הברית: בעשרים ותשעה[31] בו מת שמואל הנביא וספרו לו כל ישראל: בעשרים ושלשה בסיון בטלו[32] הביכורים מלעלות לירושלם בימי ירבעם בן נבט:

---

[1] P. אירע יום טוב. [2] M. מותר; P. מפסיק. [3] O. like P. [4] P. תבטל. [5] O. קודמת לנדרו; P. וכל שנזרתנו לנדרו. [6] P. בטל. [7] μ. (from פנעו, p. 22, l. 17) וכל הכתוב במגלת תענית דלא למספד לפניו אסור לאחריו מותר. ר׳ יוסי אומר בין לפניו בין לאחריו אסור אבל בימים טובים וראשי חדשים מותרין לפניהן ולאחריהן ולמה התירו באלו ואסרו באלו שדברי סופרים צריכין חיזוק ודברי תורה אין צריכין חיזוק. א״ר יוסי בן דוסתאי משום ר׳ יוסי הגלילי כל שנשבע בתעניות בערב שבת הרי זו שבועת שוא שמקצת ערב שבת כשבת ומקצת ערב יום טוב כיום טוב. [8] O. קריאת. [9] O. מצוות הנוהגות בראשון נוהגות בשני. [10] O. שאינן נוהגות בראשון כבשיני. [11] O. בשטרות. [12] From O. [13] O. שאמר ר׳ יוסי אומר. [14] From O. [15] O. של חנניה. [16] P. איש גורון. [17] P. למדין. [18] O. אלא. [19] O. שאין. [20] P. O. יהיו. [21] O. היערות. [22] P. העולם. [23] P. ואין. [24] O. ימים; o. ימי תעניות. [25] o. O. m. M. omit from וכל, l. 14. [26] So M. m. o. [27] O. ונסתלקה; M. M 1. ונסתלק. [28] m. omits from בעשרה, l. 15. [29] o. ונהרגו שני. [30] m. ונלקחה; o. ונלקח. [31] M. ושבעה; O. omits. [32] O. ניטלו.

בעשרים וחמשה בו נהרג רבן שמעון בן גמליאל ור׳ ישמעאל בן אלישע ור׳ חנינה סגן הכהנים. בעשרים ושבעה בו נשרף ר׳ חנינא בן תרדיון *וספר תורה עמו[1]: בשבעה עשר בתמוז נשתברו הלוחות ובטל התמיד [והובקעה העיר][2] ושרף אפוסתמוס את התורה והעמיד[3] צלם בהיכל [ונתבטלו הקרבנות][4]: באחד באב מת אהרן *כהן גדול[5]. בתשעה באב נגזר על אבותינו שלא יכנסו[6] לארץ וחרב הבית בראשונה ובשנייה ונלכדה ביתר ונחרשה העיר. *בשמונה עשר בו כבה נר מערבי בימי אחז[7]: בשבעה באלול מתו מוציאי דבת הארץ רעה במגפה: בשלשה בתשרי נהרג גדליה בן אחיקם בן שפן והיהודים אשר *היו עמו[8] במצפה. בחמשה בו[9] מתו עשרים אנשים[10] מישראל[11] ונחבש רבי עקיבא בן יוסף בבית האסורין ומת[12]. בשבעה בו נגזר על אבותינו *חרב ורעב[13]. בעשרה בו נתכפר[14] מעשה העגל: בששה במרחשון עורו את עיני צדקיהו מלך יהודה ושחטו בניו לעיניו: בשבעה[15] בכסלו שרף יהויקים את המגלה *שכתב ברוך בן נריה מפי ירמיהו[16]: בשמונה[17] בטבת נכתבה התורה יונית בימי תלמי המלך והחשך בא לעולם שלשה ימים. *בתשעה בו[18] לא כתבו רבותינו על מה[19]. בעשרה בו סמך מלך בבל את ידו על ירושלם להחריבה. *בשמונה בשבט[20] מתו הצדיקים שהיו בימי יהושע בן נון[21]. בעשרים ושלשה בו נתקבצו כל ישראל על שבט בנימן ועל פלגש בגבעה ועל צלם[22] מיכה. בשבעה באדר מת משה רבנו[23]. בתשעה בו גזרו תענית [על][24] שנחלקו בית שמאי ובית הלל[25]. אלו ימי התענית שקבלו עליהם[26] ישראל מן התורה. ועוד גזרו רבותינו שיהו מתענים בשני ובחמישי מפני שלשה דברים על חרבן הבית ועל התורה שנשרפה ועל חרפת השם. ולעתיד לבוא

---

[1] m. omits. [2] So M. m. o.; edd. אפוסטומוס. [3] M. adds מנשה. [4] From m. [5] O. m. הכהן; o. adds ונסתלקו ענני הכבוד. [6] O. ליכנס. [7] o. M 1. omit from בשמונה, l. 6. [8] m. העמיד. [9] O. בתשרי. [10] O. איש; m. adds החשובים. [11] m. שבירושלים; o. שבאו מירושלים. [12] m. o. omit. [13] M. O. m. שימותו בחרב וברעב [m. ובדבר] [o. בצמא]. [14] M. O. מפני; o. M 1. מתו על; m. באשר מתו על. [15] O. בשמונה. [16] O. omits. [17] O. בשבעה. [18] O. ובו; o. בו יש תענית. [19] m. M. omit from בתשעה, l. 13, m. adds ׳ טבת מת עזרא הסופר ונחמיה בן חכליה; M. adds וראיתי בספר אחד וכתבתי מפני שמת בו ר׳ יהושפ׳ הלוי נגיד. [20] O. בו; o. בה׳ בו. [21] m. omits from בשמונה, l. 14. [22] M. o. פסל. [23] o. adds ופסק המן. [24] From O. [25] m. adds ונהרגו שלשת אלפים מתלמידיהם. ז׳ בו זרחה צרעת במצחו של עוזיהו המלך. י״ג בו נעשו נסים למרדכי ואסתר ולכל ישראל בשושן הבירה; O. M 1. ונהרגו שלשת אלפים תלמידים בכ״ד בו שמו אנשי אלכסנדריא את השם הגדול באבן יקרה בע״ז ונזרו תענית. ואדר ב״ז בו צמחה צרעת במצחו של עוזיהו מלך יהודה ושלטה על פניו. [26] O. omits.

עתיד הקב״ה להפכם לששון ולשמחה שנאמר והפכתי אבלם לששון וניחמתים ושמחתים מיגונם[1]. אמר רבי אלעזר אמר רבי חנינא תלמידי חכמים מרבים שלום בעולם שנאמר וכל בניך למודי ה׳ ורב שלום בניך יהי שלום בחילך שלוה בארמנותיך למען אחי ורעי אדברה נא שלום בך למען בית ה׳ אלהינו אבקשה טוב לך וראה בנים לבניך שלום על ישראל. שלום רב לאוהבי תורתך ואין למו מכשול. ה׳ עוז לעמו יתן ה׳ יברך את עמו בשלום. אמן):

⁘ (סליקא לה מגלת תענית)[2] ⁘

---

[1] M. O. continue סליקא לה מגלת תענית פירקי חד עשר; M. μ. omit from ואין בין אדר, p. 23, l. 2. [2] Also ep.

II.

סדר עולם

פרק א׳: מאדם ועד המבול אלף ותרנו שנים[1] (וזה פרטן. אדם קל. שת קה. אנוש צ. קינן ע. מהללאל סה. ירד קסב. חנוך סה. משותלח קפז[2]. ונח בן שש מאות וגו)[3]. חנוך קבר את אדם[4] וחיה אחריו נז שנה. משותלח הוציא שנותיו[5] עד המבול. מן המבול עד הפלגה שמ שנה. נמצא נח חיה אחר הפלגה עשר שנים. (אבינו) אברהם[6] היה בפלגה בן מח שנה. אר יוסי נביא גדול היה עבר שקרא שם בנו פלג ברוח הקודש שנ כי בימיו נפלגה הארץ וגו. אם [תאמר] בתחילת ימיו והלא יקטן אחיו היה קטן ממנו והוליד יג משפחות[7] [הרבה][8] ונתפלגו. ואם תאמר באמצע ימיו *והלא לא באה[9] לסתום אלא לפרש. הא אינו אומר כי בימיו נפלגה אלא בסוף ימיו. אברהם אבינו היה בשעה שדיבר[10] עמו [הקבה][11] בין הבתרים בן ע שנה שנ ויהי מקץ שלשים שנה וארבע מאות שנה וגו. (לאחר שנדבר עמו) ירד[12] לחרן ועשה שם חמש[13] שנים שנ ואברם בן חמש ושבעים שנה בצאתו מחרן. נמצא מן הפלגה ועד שיצא אברהם אבינו מחרן כו[14] שנים הן הן שתים עשרה[15] שנה עבדו את כדרלעמר ויג שנה מרדו ובארבע עשרה שנה בא כדרלעמר. אותו[16] השנה שיצא (בה) אבינו אברהם מחרן היא היתה שנת הרעב וירד למצרים ועשה שם שלשה חדשים (ועלה) ובא[17] וישב באלני ממרא אשר בחברן *והיא השנה[18] שכבש בה את המלכים (ועשה שם עשר שנים עד שלא נשא את הגר שנ ותקח שרי אשת אברם את הגר המצרית וגו) מקץ עשר שנים לשבת אברם בארץ כנען וגו. וכתיב ואברם בן שמנים שנה ושש שנים בלדת הגר את ישמעאל. (נמצא ישמעאל גדול מיצחק יד שנה) נמצא מן הפלגה עד שנולד (אבינו) יצחק

---

[1] e. שנה. [2] e. adds למך קפב and omits the following five words.
[3] H. like edition. [4] e. adds וחוה. [5] So h. O. P.; H. משנותיו; ed. p. מיצה ימיו. [6] Some MSS. אברהם אבינו. [7] So h. [8] H. כמה ימיו באמצע.
[9] O. לא בא הכתוב (P. ולא; H. דלא). [10] Some שנדבר. [11] p. שבינה.
[12] Some חזר. [13] e. שש. [14] e. זך; p. כב. [15] p. יג. [16] e. אותה.
[17] H. omits ועלה; e. omits ובא. [18] P. ראש השנה.

נב׳ שנה. [שהיה ישמעאל גדול ממנו ארבע עשרה שנה. וכל][1] ישיבתה של סדום נא׳[2] שנה מהן[3] שלוה והשקט היה לה ולבנותיה כו׳[4] שנה. (ומן המבול ועד שנולד יצחק שצב׳ שנה. חה פרטן. אלה תולדות שם שם בן מאת שנה ויולד את ארפכשד שנתים אחר המבול. ארפכשד לח׳. שלח ל׳. עבר לד׳. פלג ל׳. רעו לב׳. שרוג ל׳. נחור כט׳. תרח ע׳. ואברהם בן מאת שנה בהולד לו את יצחק בנו). אבינו יצחק היה כשנעקד על המזבח בן לז׳ שנה. ויגר אברהם בארץ פלשתים ימים רבים. הימים הללו מרובים על של חברון שהיו[5] עשרים וחמש שנה והללו עשרים ושש שנה. *[בו בפרק מתה שרה] בו בפרק נולדה רבקה[6] *נמצא אבינו יצחק נשא את רבקה בת יד׳ שנה[7]. אבינו אברהם קבר את תרח אביו לפני מיתתה של [אמנו] שרה שתי שנים. יעקב שימש את אבינו אברהם טו׳ שנה (ואת שם חמשים שנה). נמצאת אומר (אבינו) יעקב שמש את שם נ׳ שנה. *ושם שימש את מתושלח צח׳[8] שנה. ומתושלח שימש [את] אדם הראשון רמג׳ שנה. *נמצאת אומר[9] ארבעה [אנשים] מתוך כב׳ דורות[10] *ושבעה בני אדם[11] שקפלו[12] את [כל] העולם כולו [וראו זה את זה ולמדו תורה זה מזה]. ואלו הן אדם הראשון ומתושלח ושם ויעקב ועמרם ואחיה השילוני ואליהו *ועדיין הוא[13] קיים:

פרק ב׳: אבינו יעקב היה בשעה שנתברך בן סג׳ שנה. בו בפרק [שנתברך] מת ישמעאל שנ׳ וירא עשו כי ברך יצחק וגו׳ וישמע יעקב אל אביו וגו׳ וירא עשו כי רעות וגו׳ וילך עשו אל ישמעאל וגו׳ שאין ת״ל אחות נביות (ומה ת״ל אחות נביות) [אלא] מלמד שקדשה[14] [עשו בימי] ישמעאל ומת והשיאה לעשו[15] נביות אחיה: עשה אבינו יעקב בארץ ישראל[16] [לאחר שבירכו אביו] יד׳ שנה (מוטמן) ומשמש את עבר[17]. *ועבר מת[18] אחר ירידתו של יעקב אבינו[19] לארם נהרים שתי שנים. יצא משם ובא לו לארם נהרים. נמצא[20] עומד על הבאר בן עז׳ שנה. *וכ׳ שנה עשה בבית לבן ז׳ עד[21] שלא נשא את האמהות *וז׳ משנשא את האמהות ושש שנים אחר[22] שנולדו[23] יא׳ שבטים ודינה. נמצאו כל השבטים [ודינה] נולדו בז׳[24] שנים (חוץ מבנימין) כל אחד ואחד לז׳[25] חדשים. *(יצא מארם נהרים

---

[1] h. like O.; P. כל. [2] O. חמשים ושתים. [3] O. בתוך כן. [4] Ed. כב׳.
[5] O. וכמה הן של חברון. [6] P. בו בפרק מתה שרה ונולדה רבקה. [7] O. נמצאת רבקה. (H. P. בשעה ש) נשאת ליצחק בת ארבע (H. h. שלש) שנים. [8] h. צב׳.
[9] O. נמצאו. [10] O. דור. [11] p. ושבעה אנשים; O. שבעה הם. [12] e. ושבעה קפלו. [13] O. והוא עדיין. [14] p. adds לו. [15] H. O. ולקחה בימי; e. omits לעשו. [16] H. O. p. כנען. [17] O. משמש בבית עבר; P. p. שנה שלמד לפני עבר; H. omits. [18] H. O. נמצא שמת עבר. [19] c. אבינו יעקב. [20] c. H. ונמצא; p. נמצאת. [21] H. ועשה שם כ׳ שנה בבית לבן. יד׳ על האמהות ז׳ שנים על הצאן עד.
[22] c. H. ושבע מאחר. [23] p. adds לו. [24] Some לז׳. [25] c. לשבעה שבעה.

ובא [לו] לסכות ועשה שם י״ח חדשים שנ׳ ויעקב נסע סכותה וגו׳ *יצא מסכות ובא לביתאל ועשה שם)[1] ששה חדשים מקריב [עולות][2] (למקום)[3]. יצא משם ונולד לו בנימין ומתה רחל [בדרך][4] ובו[5] בפרק מתה רבקה ודבורה. נמצאת רחל מתה בת ל״ו שנה ולאה לא *עברה על[6] מ״ד שנה. נמצאו רחל ולאה *נשאו בנות[7] כ״ב כ״ב[8] (שהיו תאומות). בא לו אצל יצחק אביו ארצה כנען ושימשו כ״ב[9] שנה ויוסף שימשו[10] ט׳ שנים[11]. [שנ׳] אלה תולדות יעקב יוסף בן שבע עשרה שנה ובו בפרק מתה לאה. *ירד יוסף למצרים[12] *ועשה בבית[13] פוטיפר[14] י״ב חדשים[15] שנ׳[16] ויהי מאז הפקיד אתו וגו׳ בבית [ובשדה מהו בבית ובשדה בבית] מפני *הצינה ובשדה מפני החמה[17]. *ועשה בבית האסורים[18] י״ב שנה[19]. ענו בכבל רגלו וגו׳ עד עת בא דברו וגו׳. בשנת ל׳ שנה[20] יצא מבית האסורים [נמצא יוסף עומד על בימה בן שלשים שנה] שנ׳ ויוסף בן שלשים שנה בעמדו וגו׳. בו בפרק מת יצחק ושבע שני השבע ושתים שני חרעב. *נמצא יוסף כשירדו אבותינו למצרים בן ל״ט[21] שנה ולוי בן מ״ד שנה. נמצא שפירש יוסף *מיעקב אבינו[22] (שלא שימשו)[23] כ״ב שנה. בתוך אלו השנים[24] נשא יהודה את בת שוע שנ׳ ויהי בעת ההיא וירד יהודה וגו׳ וירא שם יהודה וגו׳ שנה אחת לעיבורו[25] של ער. הגדיל ער[26] ז׳ שנים ונשא אשה הרי שמנה[27]. (שנה אחת לער) שנה אחת לאונן (שייבם) שנה אחת [לשלה שנה אחת][28] לשבי[29] אלמנה בית אביך. *שנה אחת[30] לוירבו[31] הימים ותמת בת שוע. שנה אחת לעיבורו של פרץ. הגדיל פרץ[32] ז׳ שנים ונשא אשה הרי[33] י״ח[34] *שנה אחת לחצרון שנה אחת לחמול[35] וחצרון וחמול ירדו עמו למצרים: ביוצא בו[36] *אתה או[37] הרן הוליד את לוט. כמה *גדול אברהם[38] משרה עשר שנים שנ׳ ויאמר בלבו הלבן מאה שנה יולד ואם שרה הבת תשעים שנה תלד. *כמה

---

[1] C. reads for יצא (l. 1), עשה לו שם. [2] P. זבחים. [3] H. ויעקב נסע סכותה ועשה שם שמונה עשר חדשים וו׳ חדשים עשה בביתאל והקריב זבחים. [4] Also c. H. [5] c. בו. [6] H. עמדה אלא; p. עד for על. [7] h. לא נשאו עד. [8] H. כ״ג שנים. [9] H. כ״ג. [10] c. omits. [11] c. omits. [12] c. ירד במצרים. [13] e. ושימש. [14] c. פוטיפרע; e. לפוטיפר. [15] c. חודש. [16] c. omits. [17] So H.; other MSS. and ed. החמה ובשדה מפני הצנה. [18] e. הסהר. [19] c. שתים עשרה שנה עשה (H. היה) בבית האסורים. [20] c. and e. omit. [21] O. ארבעים. [22] O. מאביו; e. P. מיעקב אביו. [23] p. adds אלא; c. continues נמצא יוסף פרש מאביו שלא ראהו כ״ב שנה שלא שמש יעקב את אביו. כ׳ שנה בבית לבן. וי״א חדשים בסכות. וו׳ חדשים בבית אל הרי כ״ב. [24] c. omits. [25] c. p. omit. [26] c. p. omit. [27] c. adds שנים. [28] c. as O. [29] O. שבי. [30] c. omits. [31] c. וירבו. [32] c. omits. [33] c. הוי. [34] O. and c. שמונה. [35] c. H. שנה אחת לחמול שנה אחת לחצרון. [36] O. כיוצא בדבר. [37] e. H. omit. [38] c. H. אברהם גדול.

אברהם גדול מנחור שנה. כמה נחור גדול מהרן שנה[1]. הגדיל הרן ו׳ שנים ונשא אשה הרי ח׳ שנה אחת ללוט[2] שנה אחת ליסכה שהיא שרה[3] ולמה נקראת[4] שמה יסכה שהכל סוכין[5] בה[6] שנ׳ ויהללו אותה אל פרעה[7] ר׳א יסכה *שהיתה סוכה בנבואה[8] שנ׳ כל אשר תאמר אליך שרה וגו׳. אבינו אברהם (היה בשעה שמל בן צ׳ט שנה שנ׳ ואברהם) בן תשעים ותשע שנים בהמולו וגו׳. *ומת בן קע׳ה שנים (ושרה מתה בת קכ׳ז שנה שנ׳) ויהיו חיי שרה וגו׳. יצחק מת בן קפ׳ שנה (ויעקב מת בן קמ׳ז שנה) ויהיו ימי יעקב שני חייו וגו׳:

פרק ג׳: נאמר לאברהם בין הבתרים ידוע תדע כי גר יהיה זרעך וגו׳ *ואי[9] זה (זרע) זה יצחק[10] שנ׳ כי ביצחק יקרא לך זרע. וביצחק הוא או׳ ויצחק בן ששים שנה בלדת אותם: *ואבינו יעקב אמר לפרעה[11] ימי שני מגורי שלשים ומאת שנה וגו׳ הרי ק׳ץ[12] נשתיירו שם[13] ר׳ שנים[14] סימן שנותיו שלאיוב *שבאותו פרק[15] נולד[16] שנ׳ ויחי איוב אחרי זאת קמ׳ שנה. ואו׳[17] ויוסף ה׳ את כל אשר לאיוב למשנה. נמצאת[18] או׳ כשירדו ישראל למצרים נולד איוב וכשעלו מת. *או׳[19] יכול[20] כל ד׳ מאות שנה היו[21] ישראל במצרים והלא קהת מיורדי מצרים היה (וכתיב) ושני חיי קהת קל׳ג שנה ושני חיי עמרם קל׳ז שנה ופ׳ שנים[22] של משה הרי שנ׳ שנה *אלא מה[23] ת׳ל ועבדום וענו אותם ת׳ שנה (ללמדך) שכל[24] זמן שזרעך בארץ לא להם ת׳ שנה ועבדום אלו ימי השעבוד. וענו אותם אלו ימי העינוי וכולם[25] ת׳ שנה. וימת יוסף *וכל אחיו. *יוסף מת[26] בן ק׳י שנה[27] *אין לך *בכל[28] השבטים[29] שקצר ימיו[30] פחות מיוסף[31] ואין לך *בכל[32] השבטים[33] שהאריך ימים[34] יותר מלוי וכל[35] זמן שלוי היה קיים לא נשתעבדו ישראל למצרים[36] שנ׳ וימת יוסף וכל אחיו ויקם מלך חדש וגו׳. (ומשמת לוי התחילו המצרים לשעבדם. מכאן אמרו אחד מן האחים שמת ידאגו כל האחים. אחד מן החבורה שמת תדאג כל החבורה. ובני ישראל פרו וישרצו וגו׳ ויקם מלך

---

[1] H. כמה הרן גדול מאברהם שנה וכמה נחור גדול מהרן שנה הרי נחור גדול מאברהם שתי שנים והרן שנה אחת. [2] H. adds שנה אחת למלכה. [3] H. adds והרי עשר שנים לאברהם. [4] c. and others נקרא. [5] e. סכין. [6] H. O. P. ביופיה. [7] O. ויראו אותה שרי פרעה; P. before ויהללו. [8] O. שסכה ברוח הקודש כנביאים; c. שסכה ברוח הקב׳ה בנבואה; H. שסוכה בנבואה. [9] c. H. אי. [10] e. ואי זה זה זרע יצחק. [11] c. adds במצרים. [12] H. adds שנה ליצחק. [13] c. omits. [14] H. adds לבין הבתרים. [15] c. H. באותו הפרק. [16] c. adds איוב. [17] H. e. וכתיב. [18] c. כשתמצא; p. תמצא. [19] c. omits. [20] H. ויכול. [21] Some MSS. שהיו. [22] c. e. omit. [23] O. ומה; H. omits אלא. [24] c. H. כל. [25] c. כולן. [26] c. and e. omit from וכל, l. 16. [27] O. וימת יוסף בן מאה ועשר שנים. [28] c. מכל. [29] O. בשבטים. [30] Some MSS. ימים. [31] e. (from אין, l. 16) שאין לך קצר שנים בכל השבטים כיוסף. [32] c. מכל. [33] O. בשבטים. [34] c. ימיו. [35] c. O. P. שכל. [36] p. במצרים.

חדש וגו'). נמצא משמת לוי ועד שיצאו ישראל ממצרים קי״ו שנה *ואין השעבוד[1] יותר על כן ולא פחות מפ״ו[2] שנה כשנותיה של מרים. ולמה נקרא שמה מרים על שם מירור[3]. מכות[4] מצרים[5] י״ב חדשים[6] שנ׳ ויפץ העם וגו׳ אימתי דרכו של תבן[7] באייר והם יצאו (ממצרים) [בניסן][8]. לקו המצריים[9] עשר מכות [והקב״ה הוסיף להן מכות] *כל י״ב[10] חדש. מכת[11] איוב י״ב חדשים[12] שנ׳[13] כן הנחלתי לי ירחי שוא ולילות עמל מנו לי מה לילות למינוי שלהן[14] אף ירחים למנוי שלהן[14]. משפט גוג לעתיד לבא י״ב חדש שנ׳ וקץ עליו העיט וכל חית השדה[15] עליו תחרף. *משפט רשעים בגיהנם י״ב חדש[16] שנ׳[17] והיה מדי חדש בחדשו וגו׳. ר׳ יוחנן בן נורי או׳ מן הפסח ועד[18] העצרת שנ׳[19] ומדי שבת בשבתו. [ויש רשעים גמורים שאין להם מנוחה כל שנים עשר חדש]. לאחר י״ב חדש פושעי ישראל שעברו על *התורה ועל[20] המצות[21] *נפשן כלה וגופן בלה והן נעשין אפר וגיהנם פולטתן והרוח מפזרתן[22] תחת כפות רגלי הצדיקים[23] שנ׳ ועסותם רשעים וגו׳. אבל מי שפירשו מדרכי הצבור כגון הצדוקים והמסורות והחניפין והאפיקורסין ושנתנו חתיתם בארץ החיים ושכפרו בתחיית המתים והאומרים אין תורה מן השמים ויהודים המלעינין על דברי חכמים גיהנם ננעלת בפניהם ונידונין בתוכה לעולמי עולמים[24]. *שנ׳ ויצאו וראו וגו׳. ולא עוד אלא ששאול בלה והן אינן בלין [בה לעולם ולעולמי עולמים][25] שנ׳ וצורם

---

[1] c. אין שעבוד. [2] Ed. מפ״ו. [3] O. על שום המרר; c. מירר; H. מרר. [4] e. עשר מכות. [5] c. O. המצריים. [6] c. e. חודש. [7] O. קש; H. adds להמצא. [8] c. e. H. like O. [9] e. adds כל. [10] e. בי״ב. [11] c. מכות. [12] H. adds מכות גוג ומגוג י״ב חודש איוב דכתיב. [13] O. שכן הוא אומר. [14] O. להם; c. omits. [15] c. O. P. וכל בהמת הארץ. [16] c. H. omit. [17] c. ואומר. [18] c. עד. [19] c. נאמר. [20] c. H. omit. [21] c. omits ועל המצות. [22] H. O. P. גופן נשרף ונשמתן (H. ונפשם) כלה ונהינם פולטתן ורוח צפונית זורה בהן (H. עליהן) ונעשים אפר. [23] c. צדיקים. [24] e. אבל מי שפירש מדרכי צבור כגון הצדוקים והחניפים והאפקורסים ושנתנו חתיתם בארץ חיים והכופרים בתחיית המתים והאומרים אין תורה מן השמים ונידונים בה לעולמים והיהודים המלעינים על דברי חז״ל גהינם ננעלת בפניהם; f. ומי שפירש בדרכי ציבור (H. מן הציבור) כגון המינין המשועמדים (H. והמשמדים) והגודפנין והאפיקורסין והבורסים (H. והביתוסין) ומבזין מועדות (H. את המועדות) ושכפרו בתחית המתים ושאמרו אין התורה (H. תורה) מן השמים גיהנם ננעלת בפניהם והן נדונין בה לעולם ולעולמי עולמים; O. ומי שפורש מדרכי ציבור כגון המינין והמסרות והאפיקורסין והגדפנין והמבזין את המועדות והמשומדין ושכפר בתחיית המחים ושאמרו אין תורה מן השמים like f. גיהנם; P. כגון המינין והמשומדים והמסורות והחניפין והאפיקורסים והבורסים והגדפנים והמבזים את המועדות והמשומדים שכפרו בתחיית המתים והאומרים אין תורה מן השמים והמלעיגים על דברי חכמים גיהנם. [25] c. H. omit from שנ׳, l. 14.

לבלות שאול מזבול לו (מזבולו *מבלה צורתם וצורתם לבלות לשאול)[1]. מי גרם להם[2] [כל אותה הפורענות] מפני[3] שפשטו ידיהם בזבול (שנ׳ מזבול לו) ואין זבול אלא בית המקדש שנ׳ בנה בניתי בית זבול לך [ואו׳ ויצאו וראו בפגרי האנשים וגו׳][4]:

פרק ד׳: המבול היה *כל[5] יב׳ חדש (שנ׳ בשנת שש מאות שנה לחיי נח וגו׳)[6] ודורו אינן[7] חיין[8] לעולם הבא ואינן[9] נדונין שנ׳ לא ידון רוחי באדם לעולם. ר׳ יהושע א׳ בחדש השני[10] ביז׳[11] לחדש זה אייר (שהוא שני לניסן שבו נברא העולם)[12] *ובו כימה[13] שוקעת[14] ולפי[15] ששינו את מעשיהן *לפני המקום[16] שינה עליהן *סדרי בראשית[17]. [ביום הזה נבקעו כל מעינות תהום רבה וגו׳. ויהי הגשם על הארץ ארבעים יום וארבעים לילה][18] ר׳ אליעזר[19] או׳ בחדש השני ביז׳[20] לחדש זה מרחשון *שהוא שני לתשרי שבו נברא העולם[21] ובו[22] כימה עולה *והיא היתה[23] זמנה[24] של רביעה[25]. [ביום הזה נבקעו][26] *חכמים[27] כדברי ר׳ אליעזר למבול וכדברי ר׳ יהושע לתקופות[28]. ויהי הגשם וגו׳ (עד מתי מ׳ יום ומ׳ לילה)[29] עד כ״ז [ימים] בכסליו. ויגברו המים על הארץ חמשים ומאת יום. (עד מתי חמשים ומאת יום)[29] עד אחד בסיון[30] והמים היו עומדין ודמומין[31] והרשעים נדונים בהן כל אחד ואחד לפי מעשיו [מעשרים ושבעה בכסליו עד אחד בסיון]. ויחסרו המים מקצה חמשים ומאת יום [מן אחד בסיון התחילו המים לחסור שנ׳] והמים היו הלוך וחסור וגו׳ [עד חודש העשירי בעשירי באחד לחדש עשירי לירידת גשמים זה אב שמקצת החורש ככולו]. המים היו גבוהין (מן הארץ) ט״ו אמה *וכלו לששים יום אמה[32] לד׳ ימים טפח ומחצה בכל יום. ותנח התיבה בחדש השביעי (בי״ז יום) זה [חדש][33] סיון וכשאתה[34] מתחיל למנות משפסקו [תגבורת] הגשמים[35] מלירד נמצאת [התיבה][36] נחה[37] לששה עשר[38] יום

---

[1] e. like O. [2] c. omits; e. adds זה. [3] O. e. על. [4] c. P. like O. [5] C. omits. [6] C. like O. [7] H. omits. [8] O. באין. [9] C. f. ואין. [10] C. adds בו. [11] C. adds יום. [12] C. like O. [13] H. בחדש השני בחדש זה אייר בזמן שמזל; C. f. O. אימתי בזמן שהכימה. [14] C. f. עולה. [15] c. לפי. [16] H. omits. [17] c. f. H. סדרו של עולם (H. הקב״ה) שינה המקום. [18] The words in [ ] only in P. [19] c. ליעזר; f. לעזר. [20] e. c. add יום. [21] c. f. H. omit from שהוא, l. 9. [22] H. בזמן שמזל. [23] H. omits. [24] c. e. f. (from והיא, l. 10) אימתי בזמן שכימה שוקעת חמנה. [25] O. has R. Eliezer before R. Joshua. [26] The words in [ ] only in P. [27] O. וחכמים אומרים; e. וקי״ל. [28] O. לתקופה; c. f. H. omit from חכמים, l. 11. [29] c. e. f. H. like edition. [30] f. בניסן. [31] O. ותוממין; c. e. תיומין; f. ותומין; H. ותוהין. [32] H. כלו לאמה. [33] c. f. like O. [34] f. כשאתה; H. שכשאתה. [35] f. נשמים. [36] f. תיבה; c. p. התבה; e. omits. [37] c. f. H. O. נוחה; e. א׳. [38] H. לי״ז.

הא[1] כמה היתה[2] גבוהה[3] מן הארץ ד׳ אמות ו(כמה היתה) משוקעת[4] *בתוך המים[5] י״א אמה[6]: ויהי מקץ ארבעים יום. לקץ שהתחילו[7] המים לחסור בעשרה בתמוז ויפתח נח את חלון התבה (וגו׳ וישלח את העורב וגו׳ שהה ז׳ יום)[8] וישלח את היונה וגו׳ ולא מצאה וגו׳ שהה (עוד)[9] ז׳ יום[10] ויוסף שלח את היונה וגו׳[11] ותבוא אליו היונה וגו׳ שהה עוד ז׳ ימים וישלח את היונה ולא יספה שוב אליו עוד. הלכה וישבה לה על ראשי ההרים. בעשירי באחד לחדש נראו ראשי ההרים [בעשירי באחד לחדש וגו׳] (זה אב)[12] [הא] כשאתה[13] מתחיל למנות (משהתחילו הגשמים לירד)[14] *מאחר באב[15] ועד אחד בתשרי נבלעו המים [שכן הוא או׳] ויהי באחת ושש מאות שנה בראשון וגו׳ *מקצת החדש ככולו[16] למדנו[17] *שכיון שניכנס יום א׳ בחדש מונין אותו חדש שלם[18] וחדש אחד נכנס[19] בשנה מונין אותה שנה שלימה[20] (שמקצת החדש ככולו ומקצת השנה ככולה)[21]. חרבו המים מעל הארץ. *המים *היורדין מלמעלה נגבה אותן[22] הרוח *והעולים מלמטה[23] נבלעו במקומן ועדיין[24] הארץ[25] לחה ועשוייה כמקפה המתינו ולא זרעו עד שירדו להם[26] גשמים [מפני][27] שמימי[28] המבול (סימן)[29] קללה היו[30] ואין[31] בכלל קללה ברכה[32]: [מה ראה לומר חרבו המים אלא לא יבשה כל צרכה והיה הטיט קרוש עליה מן אחד בתשרי עד עשרים ושבעה במרחשון] (ובחדש השני בשבעה ועשרים יום לחדש[33] זה מרחשון) יבשה הארץ[34] ונעשית[35] גריד [שכן הוא אומר בחדש השני בשבעה ועשרים יום לחדש יבשה הארץ]. הרי[36] י״ב

---

[1] H. O. הרי; c. f. הוי; e. omits. [2] c. f. H. omit. [3] f. נבוה. [4] O. f. ומשוקעת; c. משוקע. [5] e. omits; H. במים. [6] c. adds שנ׳. [7] f. שהייתה לו. [8] e. f. שבעת ימים. [9] c. f. like edition. [10] c. f. O. ימים. [11] e. adds שהה עוד ז׳ ימים ויוסף שלח את היונה. [12] c. f. like edition; H. בחדש אב. [13] c. f. וכשאתה; H. שכשאתה. [14] c. f. H. like edition. [15] H. עד במרחשון מ״ו. [16] O. ככל החדש; f. בכסליו. [17] c. הא למרתה. [18] O. שיום אחד נכנס בחדש ככל החדש חדש אחד בשנה ככל השנה. יום אחד נכנס בחדש; e. from מקצת, l. 8, like edition; f. שיום אחד ניכנס בחדש הרי הוא ככל החדש אחד מן השנה הרי הוא ככל השנה; c. שיום אחד מן החדש הרי הוא ככל החדש וחדש אחד מן השנה יום אחד נכנס בחדש השנה הרי הוא ככל השנה יום אחד ניכנס בחדש מונין אותו חדש מלא וחדש אחד נכנס בשנה מונין אותה שנה שלימה. [19] e. omits. [20] p. תמימה. [21] H. omits from מקצת, l. 8. [22] f. העולין למעלה נגבה אותו. [23] f. H. (from המים, l. 11) והמים העולין למעלה הגביר אותן הרוח היורדין למטה. [24] O. f. (from והעולים, l. 11) והורידן למטה נבלעו במקומם עד אין. [25] f. omits; c. הוא; H. היא. [26] H. omits. [27] c. f. H. מפני, like O. [28] f. מימי; c. שמי. [29] c. מי; f. שי׳. [30] c. הן של קללה היו ולא. [31] c. ולא; f. omits. [32] c. שלקללה היו בכלל הברכה הקללה; H. היו בכלל ברכה; O. היו קללה ואין הקללה בכלל הברכה. [33] c. f. like O.; c. omits לחדש. [34] f. adds יבשה. [35] e. adds כעין. [36] c. omits.

חדש שלימין וי״א[1] יום (היתירין) מה טיבן מלמד שימות החמה[2] יתירין *על ימות [שנת] הלבנה[3] י״א יום. *אמר ר׳ אלעזר והלא מתחלת ברייתו שלעולם ימי[4] החמה יתירים על ימות[5] הלבנה י״א יום שנבראו מלאין חמשה עשר צא מהן[6] ארבעה לפנים מיכן הרי אחד[7] עשר אמרו לו וביון שעברו עבור[8] ראשון[9] הניעה[10] לבנה לחמה[11] אמר להן חוורת היא ומשיבה[12]. רבן שמעון בן גמליאל אומר הרוצה לידע סימן[13] ימי[14] החמה שהן[15] יתירין על ימות[16] הלבנה אחד עשר יום ישרוט שריטה [בכותל][17] בתקופת תמוז ולשנה הבאה אין [החמה][18] מגעת לשם עד אחד עשר יום. וכן אתה יודע שימות[19] החמה יתירין על ימות[20] הלבנה אחד עשר יום[21]:

פרק חמישי[22]. בבא תנינא באברהם אבינו ועתה השב אשת האיש כי נביא הוא. בשרה הוא אומ׳ בת הרן אבי מלכה ואבי יסכה. ומנין שכל אבות ואמהות נקראו נביאים שנ׳ ויתהלכו מגוי אל גוי וממלכה אל עם אחר וגו׳ לא הניח איש לעשקם וגו׳. אל תגעו במשיחי וגו׳. במרים הוא אומ׳ ותקח מרים הנביאה אחות אהרן את התוף בידה. בדבורה הוא אומ׳ ודבורה אשה נביאה אשת לפידות. בחנה הוא אומ׳ ותתפלל חנה ותאמר עלץ לבי בי״י רמה קרני בי״י ולא רמה פני. באביגיל הוא אומ׳ שכשנתנבאת לדוד וכן דוד אמ׳ לה ברוכה את וברוך טעמיך אשר כליתיני היום מבוא בדמים והושע ידי לי. ובחולדה הוא אומ׳ אל חולדה הנביאה אשת שלום. באסתר הוא אומ׳ ותלבש אסתר מלכות ותכתוב אסתר המלכה בת אביחיל ומרדכי היהודי את כל תוקף. אלו בנביאים ובנביאות שנתנבאו לדורות ונכתבו בכתובים. ויש נביאים כיוצאי מצרים ולא נכתבו יכול מפני שלא היו גדולים ת״ל וחמשים איש מבני הנביאים הלכו ויעמדו מנגד מרחוק יכול מפני הדיוטות ת״ל ויאמרו אליו הידעת כי היום י״י לוקח את אדניך מעל ראשך מעל ראשנו אין כת׳ כאן אלא מעל ראשך ועוד אדונינו אין כת׳ כאן אלא אדוניך מלמד שכולם גדולים הן כאליהו ושקולים הם כאלישע וכן במשה הוא אומר ומי יתן כל עם י״י נביאים כי יתן י״י את רוחו עליהם. עובדיה אמ׳ לאליהו הלא הונד לאדוני את אשר עשיתי בהרוג איזבל את נביאי י״י ואחביא מנביאי י״י מאה איש חמשים איש במערה ואכלכלם לחם ומים חוין ממח שהיו בשבט יהודה ובנימן. ואליהו אומ׳ לאלישע ויאמר אליהו לאלישע שב נאספת כי שלחני י״י

---

[1] O. ואילו אחד עשר. [2] f. חמה. [3] e. על של לבנה. [4] O. ימות. [5] e. של. [6] f. omits. [7] f. חד. [8] O. עבורן; f. עבורין. [9] f. O. הראשון. [10] f. הגיע. [11] f. O. בחמה. [12] f. O. ומשמצאה. [13] f. O. סימני. [14] f. omits. [15] f. omits. [16] e. omits. [17] P. באמצע. [18] f. like O. [19] f. O. P. סימני. [20] f. O. ימי; c. omits. [21] c. H. p. omit from אמר ר׳ אלעזר, l. 2, and have here סליק פירקא. [22] This chapter in H. here. See chap. 21, p. 53.

עד בית אל. ויגשו בני הנביאים אשר בבית אל ויאמרו אל אלישע. ועוד מהו אוֹמ וחמשים איש מבני הנביאים הלכו ויעמדו מנגד מרחוק. ושניהם עמדו על הירדן. מלמד שאין לך עיר וכפר בארץ ישראל שלא היו בה נביאים. כל נבואה שהיא צורך הדורות נכתבה שהיא לצורך השעה לא נכתבה. ועליו הוא מפורש בשיר השירים. מה יפו דודיך אחותי כלה מה טובו דודיך מיין וריח שמניך מכל בשמים נופת תטופנה שפתותיך אחותי כלה.. באדם הוא אוֹמ ויפל יי אלהים תרדמה על האדם. בנוח הוא אוֹמ איש צדיק תמים היה בדורותיו. בשם בנו אוֹמ יפת אלהים ליפת וישכון באהלי שם. בעבר בנו אוֹמ שם האחד פלג כי בימיו נפלגה הארץ. אלו נביאים שנתנבאו לדורות עד שלא בא אברהם אבינו לעולם ומשבא אברהם אבינו לעולם בלעם ואביו ואיוב מארץ עוץ ואליפז התימני ובלדד השוחי וצופר הנעמתי ואליהוא בן ברכאל הבוזי אלו נתנבאו לאומות עד שלא ניתנה תורה לישראל. משניתנה תורה לישראל פסקה תורת רוח הקדש מאומות העולם וכן הוא אוֹמ במשה ובמה יודע איפה כי מצאתי חן בעיניך וגֹ ונפלינו אני ועמך וגו. ויאמר הנה אנכי כורת ברית נגד כל עמך אעשה נפלאות וגו. באותה שעה פסקה רוח הקדש מן האומות. סליק:

פרק הֹ[1]. כל שבעת[2] הימים היה הקבֿה מדבר עם משה בסנה[3] שנֹ[4] ויאמר משה[5] אל הֹ בי אדני לא איש דברים אנכי גם מתמל גם משלשם [תמול גם תמול שלישם גם שלשם מאז][6] גם מאז דברך אל עבדך. (שלשם גֹ ימים וגֹ גם גם גם. ויום שהיה מדבר הרי זֹ ימים). ופרק[7] הפסח היה ומכוונין[8] אותו לטֹו [ימים] בניסן ובאותו הזמן לשנה הבאה [בחמשה עשר בניסן][9] יצאו (בני) ישראל ממצרים. [בחמשה עשר בניסן נולד יצחק][10] *וכן[11] בחמשה עשר בניסן *נדבר[12] עם אברהם אבינו[13] [ברית] בין הבתרים[14] [שנֹ ויהי מקין קין אחד לכולן][15]. בטֹו בניסן באו המלאכים אצל אברהם אבינו לבשרו[16]. (ובאותו הפרק לשנה הבאה נולד אבינו יצחק שנֹ למועד אשוב. ובטֹו בניסן יצאו ישראל ממצרים שנֹ ויהי מקין שלשים שנה וגו קין אחד לכולן). ביֹד[17] (יום) בו שחטו ישראל את *פסחיהן

---

[1] H. פרק ששי. [2] H. השבעה. [3] f. H. O. מתוך הסנה. [4] c. omits.
[5] Marg. c. בן עֹטֹ שנה ולֹזֹ ימים נתנבא משה. [6] c. like O. [7] c. f. ופרם.
[8] H. O. ומכינין; f. ומכינן. [9] c. f. H. like O. [10] c. f. like O.; c. adds אבינו.
[11] H. בחמשה עשר בניסן נתבשר אברהם אבינו מיצחק. בטֹו בניסן באו המלאכים אצל אברהם לבשר את שרה. [12] O. כרת הקבֿה; f. נידבר. [13] e. עֹהֹ after the names of the patriarchs; c. f. omit usually אבינו. [14] c. f. have the sentence from וכן, l. 19 (c. with the addition of O.), after שרה, note 11. [15] H. like O., and omits to ביֹד, l. 22. [16] O. לבשר את אמנו שרה; f. לברך את שרה. [17] c. ובחמשה עשר.

(במצרים)[1] ויום חמישי[2] היה ובו בלילה לקו הבכורות[3]. ממחרת[4] הפסח[5] ערב שבת היה[6] *נסעו מרעמסס[7] (שנ׳ ויסעו בני ישראל מרעמסס סכותה וכתיב)[8] ויסעו מרעמסס בחדש הראשון בחמשה עשר יום לחדש (וכתיב) ומצרים מקברים וגו׳. ומרעמסס (נסעו) לסכות[9] ומסכות לאיתם [ומאיתם][10] לפני פי[11] החירות הרי ג׳ (ימים). ברביעי ויגד למלך מצרים כי ברח העם. בחמישי ובששי וירדפו[12] מצרים וגו׳. אור שביעי[13] ירדו לים שנ׳[14] ויהי הענן והחשך ויאר את הלילה. לשחרית (עלו ישראל מן הים ונשקעו מצרים [בתוכו][15] ובאותה שעה) אמרו (ישראל) שירה[16] (שנ׳) אז ישיר וגו׳ ויום חמישי[17] (בשבת) היה (והוא היה)[18] יום[19] טוב אחרון[20] של פסח. מים סוף נסעו למרה (שנ׳ ויבאו מרתה וגו׳ ואומר) שם שם לו חק ומשפט. *שם נתנו לישראל עשר[21] מצות שבע מהן[22] שנצטוו עליהן בני נח [הוסיפו עליהן ישראל במרה שבת ודינין וכבוד אב ואם][23] דכתיב[24] ויצו ה׳ אלהים על האדם לאמר מכל עץ הגן אכל תאכל. ויצו אלו הדינין[25] וכן הוא אומר כי ידעתיו למען אשר יצוה וגו׳ (וכתיב לעשות צדקה ומשפט) ה׳ זו ברכת[26] השם שנ׳[27] ונוקב שם ה׳. אלהים זו ע״א שנ׳[27] לא יהיה לך אלהים אחרים על פני. על האדם זו שפיכות דמים שנ׳[27] שופך דם האדם באדם דמו ישפך. לאמר זו גילוי עריות שנ׳[27] לאמר הן ישלח איש את אשתו וגו׳ (והלכה מאתו והיתה לאיש אחר הישוב אליה עוד הלא חנוף תחנף הארץ ההיא ואת זנית רעים רבים ושוב אלי נאם ה׳). מכל עץ הגן זה הגזל[28] (שנ׳ או מכל אשר ישבע עליו לשקר ושלם אתו בראשו וחמישיתו יוסף עליו. ותאני ר׳ חייא הנשמר בגנה אסור משום גזל ושאינו נשמר בגנה מותר משום גזל). אכל תאכל זה אבר מן החי (שנ׳ אך בשר בנפשו דמו לא תאכלו) [בא אברהם והוסיף לו מילה. בא יעקב והוסיף לו גיד הנשה. בא יהודה והוסיף לו מצות יבום] הוסיפו עליהן ישראל (באותה שעה) *שבת (ודינים)[29] וכיבוד אב ואם. ממרה נסעו לאילים שנ׳ ויסעו ממרה ויבאו אילימה וגו׳ (הא) למדנו שלא היו (ישראל)

---

[1] c. הפסח במצרים. [2] f. h. O. רביעי (f. corrected); c. החמישי. [3] c. f. H. בכורות. [4] f. H. למחרת. [5] c. f. H. omit. [6] c. f. omit. [7] O. ולמחרת יום רביעי נסעו מרעמסס ויום חמישי היה; H. omits the last four words. [8] c. f. omit from נסעו, l. 2, and continue as in edition. [9] e. נסעו סכותה. [10] c. f. מאיתם. [11] c. על פי; f. לפי. [12] O. רדפו. [13] O. לשביעי. [14] c. f. omit; O. שכן הוא אומר. [15] Only in p. [16] f. את השירה. [17] f. O. רביעי; c. השביעי; H. שביעי. [18] f. like edition. [19] O. ויום . . . פסח היה. [20] f. האחרון. [21] O. אחת עשרה; H. omits from שם, l. 9. [22] f. omits. [23] The words in [ ] only in P. [24] O. שנאמר; f. omits. [25] O. הדיינין. [26] O. כיבוד; f. H. omit. [27] f. O. שכן הוא אומר (f. כן; H. וכן). [28] f. גזל. [29] f. הדינין ושבת; H. הדינים ושבתות.

חונך אלא[1] על המים. ומאילים נסעו לאלוש שנ׳ ויסעו מאילים ויבאו כל עדת בני ישראל
אל מדבר סין הוא אלוש [אשר בין אלים ובין סיני]. בחמשה עשר יום לחדש השני לצאתם
מארץ מצרים *ואחד בשבת[2] היה. (הא) למדנו שראש חדש אייר (באחד) בשבת היה
(ועוד למדנו שהיו ישראל) [נמצאו] אוכלין מעוגה[3] שהוציאו בידם ממצרים כל שלשים
יום ובו ביום כלתה ולערב אכלו את השליו ולמשכים[4] לקטו [ואכלו] את המן. ובאלוש
נתנה להם השבת [שכן הוא אומר ששת ימים תלקטוהו וגו׳] ושם עשו [ישראל] שבת
ראשונה שנ׳ וישבתו העם ביום השביעי. (באחד בשבת) בכ״ג באייר נסעו מאלוש ובאו להם
לרפידים [שם נתנה להן השבת בשנייה] ושם נתנה להם הבאר [בשני בשבת] (ונלחמו עם
עמלק ושם עשו שבת שנייה). [באחד בסיון][5] נסעו מרפידים ובאו להן[6] למדבר סיני
ומצאו עליו ענני כבוד. כל חמשת ימים[7] היה משה עולה לראש ההר ויורד ומגיד[8] לעם
את דברי המקום ומשיב[9] דבריהם *לפני המקום[10]. בשלישי[11] בששה לחדש נתנו[12] להם
עשרת הדברות ויום שבת[13] היה:

פרק ו׳. ביום[14] השביעי[15] אחר עשרת הדברות (עלה משה להר שנ׳) וישכון כבוד ה׳
על הר סיני ויכסהו הענן ששת ימים [על משה] לטהרו[16] (ויקרא אל משה ביום השביעי
מתוך הענן) ויבא משה בתוך הענן ויעל אל ההר ויהי משה בהר ארבעים יום וארבעים
לילה. [וששה ימים הראשונים לא עלו מן המינין נמצא עולה בשבעה בסיון] *בי״ז בתמוז
ירד[17] ושבר את הלוחות [שנ׳] (ויהי ממחרת) ויאמר משה אל העם אתם חטאתם וגו׳.
*עלה בשמנה עשר בתמוז[18] [שניה] וביקש[19] רחמים (*על ישראל[20] דכתיב) ואתנפל לפני
ה׳ את ארבעים היום (ואת ארבעים הלילה אשר התנפלתי כי אמר ה׳) וגו׳ *באותה שעה[21]
נתרצה הקב״ה[22] לישראל (ואמר למשה לפסול לוחות שניות ולעלות) שנ׳[23] בעת ההיא אמר
ה׳ אלי פסל לך (שני לוחות אבנים כראשונים ועלה אלי ההרה ועשית לך ארון עץ). *ירד
בעשרים ושמנה באב ופסל שני לוחות שנ׳ ויפסל שני לוחות אבנים כראשונים וישכם משה
בבקר וגו׳. ועלה בכ״ט באב ונשנית לו תורה פעם שנייה שנ׳[23] ואנכי עמדתי בהר כימים
הראשונים ארבעים יום וארבעים לילה וגו׳ לא אבה ה׳ השחיתך. [מה תלמוד לומר] כימים

---

[1] H. omits. [2] h. O. ושבת. [3] O. עונות. [4] h. ולמחרת. [5] h. בשני בשבת באחד בסיון. [6] c. omits. [7] c. H. O. הימים. [8] O. להגיד; H. להגיד לישראל. [9] O. ולהשיב. [10] O. למקום. [11] e. omits. [12] O. ניתנה. [13] O. השבת; p. הששי. [14] יום. [15] H. adds שנתנו. [16] Ed. למשה. [17] H. O. וירד בשבעה עשר בתמוז. [18] O. וכשמונה עשר בתמוז עלה. [19] H. O. add עליהן. [20] H. O. omit. [21] O. בעשרים ותשעה באב. [22] O. המקום. [23] O. (from ירד, l. 21) עשה עוד ארבעים משלשים באב עד עשרה בתשרי. בעשרה בתשרי נתרצה המקום בשמחה לישראל שכן הוא אומר.

הראשונים [אלא] מה הראשונים [היו] *מרוצין אף שניים מרוצין[1] (אמור) מעתה אמצעיים [היו] בכעס: ירד [משם] בי׳ בתשרי [והלוחות בידו] (והוא היה יום הכפורים)[2] *ובישרם שנתרצה *לפני המקום[3] שנ׳ וסלחת לעוננו ולחטאתנו ונחלתנו[4] *לפיכך נתקיים[5] יום[6] חוק[7] [ועשו אותו][8] זכרון לדורות שנ׳ והיתה זאת לכם לחקת עולם [על אותה שעה הוא אומר] (ויהי ברדת משה) [וירא אהרן וכל בני ישראל את פני משה גו׳ ויקרא אליהם משה גו׳] (וישובו אליו וגו׳) ואחרי כן נגשו כל בני ישראל (ויצום וגו׳ מה צום צום לעשות את המשכן) התחילו לעסוק[9] במלאכת המשכן [שנ׳] ויבואו כל איש אשר נשאו לבו וגו׳ [והנשיאים הביאו גו׳. ובצלאל בן אורי בן חור למטה גו׳]. וירא משה את כל המלאכה והנה עשו אותה כאשר צוה ה׳ כן עשו ויברך אותם משה. מה ברכה ברכם אמר להם (יהי רצון ש)תשרה שכינה במעשה ידיכם [*ר׳ יוסי אומר כך אמר להן ה׳[10] אלהי אבותיכם יוסף עליכם גו׳] (והם אמרו ויהי נועם ה׳ אלהינו עלינו וגו׳) אמר להם *(אשריכם ישראל שזכיתם לעבודת המשכן) וכשם[11] שזכיתם לכך[12] *כך תזכו שינתן[13] לכם בית הבחירה ושתשרה שכינה בתוככם[14] שנ׳ ועשו לי מקדש ושכנתי בתוכם:

פרק ז׳. וידבר ה׳ אל משה לאמר ביום החדש הראשון באחד לחדש תקים את משכן אהל מועד ושמת שם וגו׳ והבאת את השלחן וגו׳ [אימתי] התחילו (ז׳ ימי) המלואים בכ״ג באדר ובאחד בניסן שלמו [ימי המילואים]. כל ז׳ ימי המלואים היה משה מעמיד את המשכן בכל[15] בקר ובקר ומקריב[16] עליו קרבנות[17] ומפרקו[18] ובשמיני העמידו ולא[19] פרקו. *ר׳ יוסי בר׳ יהודה אומר אף בשמיני (העמידו ו)פרקו[20]. ואכל אהרן ובניו את בשר האיל ואת הלחם אשר בסל ופתח אהל מועד תשבו יומם ולילה שבעת ימים וגו׳ ויעש אהרן ובניו וגו׳ ויהי ביום השמיני וגו׳ אחר ז׳[21] ימי המלואים [אותו היום] ואחד[22] בשבת היה וראש חדש ניסן היה ובו ביום עמדו אהרן ובניו ורחצו (את) ידיהם ו(את) רגליהם מן הכיור [ולבשו בגדי השרד והקריבו עולות ושלמים] ועבדו *את (כל)[23] העבודות והסדירום[24] על הסדר ובו ביום התחילו הנשיאים להקריב (שנ׳) ויהי המקריב ביום הראשון. [אותו היום]

---

[1] O. ברצון אף האחרונים ברצון. [2] O. והוא יום הכפורים. [3] e. הקב״ה.
[4] O. (from ובישרם, l. 2) שבאותו היום נתרצה המקום לישראל שכן הוא אומר סלחתי כדבריך. [5] O. adds הוא. [6] e. adds זה. [7] O. סליחה וכפרה; e. לחוק.
[8] Ed. וזכרון; H. לפיכך הוא. [9] O. להיות עסוקין. [10] H. ר׳ מאיר אומר לא כך אמר אלא ה׳. [11] O. כדרך. [12] O. במעשה המשכן. [13] e. שיתן. [14] O. (from כך, l. 12) סופו ליתן לכם את בית העולמים שבתוכו שכינה לשרות; H. (from אשריכם, l. 11) אשריכם שזכיתם שניתן לכם בית הבחירה ותשרה שכינתו בתוכה. [15] O. וכל.
[16] O. מקריב. [17] O. קרבנותיו. [18] H. ופזרו. [19] p. ועוד לא. [20] H. omits.
[21] O. זמן. [22] O. אחד. [23] e. כל. [24] H. O. וסידרום.

ראשון למעשה בראשית ראשון לנשיאים [ראשון לחדשים][1] ראשון לשכון השכינה בישראל (שׁנֹ ושכנתי בתוך בני ישראל. ראשון לאסור במה) ראשון לכהונה ראשון לברכה ראשון לעבודה ראשון לשחיטת צפון ראשון לאכילת קדשים ראשון לירידת האש שׁנֹ ותצא איש וגוֹ[2]. בו ביום הקריבו ישראל תמידין נדרים ונדבות חטאות ואשמות בכורות ומעשרות. ועל אותו היום[3] הוא אומר עורי צפון ובואי תימן (הפיחי גני יזלו בשמיו) עורי צפון זה עולה הנשחטת[4] בצפון ובואי תימן אלו שלמים הנשחטין[5] בדרום. הפיחי גני זה אהל מועד. יזלו בשמיו זה קטורת הסמים. יבא דודי לגנו זו השכינה[6]. ויאכל פרי מגדיו אלו הקרבנות. באתי לגני אחותי כלה זה יום שמיני[7]. אריתי מורי עם בשמי זו קטורת לבונה[8] והמנחות[9]. אכלתי יערי עם דבשי אילו איברי העולה ואימורי קדשי קדשים. שתיתי ייני עם חלבי אלו הנסכים ואימורי קדשים קלים. אכלו רעים זה משה ואהרן [ומרים]. שתו ושכרו דודים זו כנסת ישראל. בו ביום נמצאת[10] אלישבע בת עמינדב יתרה על [בנות] ישראל ארבע שמחות (ואבל אחד)[11] יבמה מלך ובעלה כהן גדול אחיה נשיא ובניה[12] סגני כהונה ואבלה[13] בשני[14] בניה[15] נדב ואביהוא. ויש אומר[16] אף בן בנה[17] משוח מלחמה זה[18] [היה] פינחס[19]. [וביום השני למחרת] בשני בניסן שרף אלעזר (הכהן) *פרת חטאת[20] והזו[21] כל ישראל [ממעשה העגל] (ושנו)[22]. [וידבר הֹ אל משה במדבר סיני בשׁ השניֹ לצאֹ מאֹ מצֹ בחדֹ הראֹ לאֹ ויעשו בני ישרֹ את הפסח במועדו] ביֹדֹ בו שחטו ישראל את פסחיהם ויום השבת היה:

פרק ח. וידבר הֹ אל משה במדבר סיני באהל מועד באחד לחדש השני בשנה השנית וגוֹ שאו את ראש וגוֹ מבן עשרים שנה וגוֹ ואתכם יהיו וגוֹ[23] [ויפקד אותם משה גוֹ ואחר כך פקוד את בני לוי] (ואחר כן נשא את ראש בני קהת וגו) ואחר כן נשא את ראש בני גרשון גם הם וגוֹ ואחר כן נשא את ראש בני מררי וגוֹ ואחרי כן על פי הֹ פקד אותם ביד משה. ביֹדֹ באייר שחטו *טמאי נפש[24] פסח שני שׁנֹ ויהי אנשים אשר היו טמאים לנפש וגוֹ ויאמרו האנשים ההמה אליו וגוֹ. וידבר הֹ אל משה לאמר איש איש כי יהיה טמא לנפש וגוֹ [וכל הפרשה כולה]. ויהי בשנה השני בחדש השני בעשרים בחדש נעלה הענן. (*נמצאו עושין במדבר סיני[25] יֹבֹ חדש חסר עשרה ימים ואוֹ) ויכתב משה את מוצאיהם

---

[1] P. ראשון לפדר בהמה. [2] Different order in the MSS. [3] e. יום. [4] O. שנשחטה. [5] O. שנשחטין. [6] O. שכינה. [7] O. השמיני. [8] O. הלבנה. [9] H. O. ולבונת המנחה. [10] O. מצאה. [11] H. p. add ואלו הן. [12] H. O. ושני בניה. [13] O. ואבל אחד. [14] H. O. משני. [15] H. adds שמתו ואלו הן. [16] H. אומרין. [17] H. adds ראתה. [18] e. והוא. [19] H. adds בשטים. [20] H. O. את הפרה. [21] h. O. וטיהר. [22] h. H. add רבותינו. [23] e. adds ואחר כן פקוד כל בכור זכר בבני ישראל וכו. [24] O. טמאים לנפש אדם. [25] H. במדבר סיני עשו.

למסעיהם וגו׳. [במדבר סיני עשו שנים עשר חדש חסר עשרה ימים]. נסעו ממדבר סיני [בעשרים לחדש השני] *ובאן להם[1] בקברות[2] התאוה ועשו שם שלשים יום שנ׳ לא יום אחד תאכלון וגו׳ עד חדש ימים וגו׳. נסעו מקברות התאוה (ובאו)[3] לחצרות ועשו שם שבעה ימים שנ׳ ותסגר מרים שבעת ימים. נסעו מחצרות ובאו להן למדבר פארן בכ״ה בסיון ובכ״ט בסיון שלח משה מרגלים שנ׳ והימים ימי בכורי ענבים. וישובו מתור הארץ מקץ מ׳ יום וט׳ באב היה [כ]שתמצא אומר[4] בט׳ באב נגזר על אבותינו שלא יכנסו לארץ. אחר [ביאת ה]מרגלים היתה (*מחלוקותו של[5] קרח ו)בליעתו [של קרח] שנ׳[6] אף לא ארץ זבת חלב ודבש וגו׳ ויחר אף ה׳ בישראל (ואו) והימים אשר הלכנו מקדש ברנע עד אשר עברנו את נחל זרד שלשים ושמונה שנה וגו׳. י״ט שנה (היו) חוזרין ומטורפין[7] [וחזרו לקדש] וי״ט שנה ישבו[8] [ישראל] בקדש (ברנע) שנ׳ ותשבו בקדש ימים רבים כימים אשר ישבתם (נמצאו) כל המסעות [כולן] מ״ב מסיעות[9]:

פרק ט׳. ויבואו [בני ישראל] כל העדה מדבר צין בחדש הראשון וישב העם בקדש ותמת שם מרים ותקבר שם. ולא היה מים לעדה ויקהלו על משה ואהרן [יום][10] שנסתלקה הבאר שנת הארבעים היתה וראש חדש ניסן היה. בו בפרק וישלח משה מלאכים מקדש אל מלך אדום וגו׳ עשו שם ישראל[11] ג׳[12] חדשים [ויסעו מקדש ויבאו בני ישראל כל העדה הר ההר. בו בפרק] ויעל אהרן הכהן וגו׳. [בשנת הארבעים לצאת בני ישראל מארץ מצרים בחדש החמשי באחד לחדש]. ואהרן בן שלש ועשרים ומאת שנה במותו בהר ההר. (כיון שמת אהרן נסתלקו ענני כבוד ובאו הכנעניים להלחם עם ישראל)[13]. וישמע הכנעני מלך ערד וגו׳ ומה שמועה שמע (שמע) שמת אהרן [ונסתלקו ענני הכבוד] והלך התייר הגדול (*שבהן) *ונסתלק עמוד הענן שהיה נלחם להם[14] ובא ונלחם עמהם [כיון שנלחם עמהן] חזרו[15] לאחוריהם ז׳[16] מסעות וחנו[17] במוסרה שנ׳ ובני ישראל נסעו מבארות בני יעקן מוסרה שם מת אהרן [והלא כבר נאמר ויסעו ממוסרות ויחנו בבני יעקן ומה תלמוד לומר מוסרה אלא זו חזרה שמת אהרן שנ׳ שם מת אהרן] וכי במוסרה מת (אהרן) והלא [לא מת אלא] בהר ההר[18] אלא ממקום שמת אהרן חזרו לאחוריהן ז׳[19] מסעות עד שחנו במוסרה [ורין אחריו שבטו של לוי והרגן וכו׳ כדאיתא בכיפורים ירושל׳]. משם נסעו הגדגדה וגו׳ ומשם בארה וגו׳ היא הבאר [היא הבאר] שחזרה להם [לישראל]. ויסעו בני ישראל

---

[1] c. omits. [2] e. H. O. לקברות. [3] H. adds להם. [4] h. O. לומר. [5] P. ומחלוקת. [6] O. שכן הוא אומר. [7] H. O. ומיטרפין. [8] O. עשו. [9] c. omits. [10] P. like O. [11] H. adds נכנסים. [12] O. ארבעה. [13] e. adds שנ׳; H. omits from כיון, l. 18. [14] O. ועמוד הענן שהיה נלחם להם לישראל פסק; H. (from שבהן, l. 20) שהיה להם ונפסק עמוד ענן שהיה מסכך ומגין עליהם. [15] Ed. וחזרו. [16] H. O. שמונה. [17] O. p. עד שחנו. [18] Ed. מת. [19] O. שמונה.

ויחנו באובות. ויסעו מאובות ויחנו באיי העברים (וגו׳. משם נסעו ויחנו בנחל זרד) משם נסעו ויחנו מעבר ארנן וגו׳ שם נלחמו עם סיחון ויכהו ישראל [באלול] (לפי חרב). ויפנו ויעלו דרך הבשן וגו׳ [אחר שנפנו מן הרגל שבתשרי] ויאמר ה׳ אל משה אל תירא אותו וגו׳ [ונלחמו עם גוג] ויכו אתו ואת בניו וגו׳ ויסעו בני ישראל ויחנו בערבות מואב. ויהי אחרי המגפה גו׳. [שאו את ראש גו׳.] לאלה תחלק הארץ גו׳[1]. החזירו (ה)בנים לאבות וחזרו (ה)אבות והורישו[ם] לבנים[2]. סרח בת אשר היתה מבאי מצרים ומיוצאיה[3]. (מבאי מצרים דכתיב וסרח אחותם ומבאי הארץ שנ׳ ושם בת אשר סרח. ויוכבד היתה מבאי מצרים ומיוצאיה מבאי מצרים שנ׳) ושם אשת עמרם יוכבד בת לוי וגו׳ [ושם בת אשר סרח והיא לעולם]. יאיר בן מנשה ומכיר בן מנשה נולדו בחיי יעקב אבינו [ומולדת אשר הולדת אחריהם][4] ומתו לאחר מיתת[5] משה (רבינו) ונבח היה מן הנולדים במצרים ומת לאחר מיתת[5] משה (רבינו ונקבר) בעבר הירדן [עד שלא כבשו][6] ולא נותר מהם איש [כי אם כלב בן יפונה ויהושע בן נון][7]:

פרק י׳. ויהי בארבעים שנה בעשתי עשר חדש באחד לחדש דבר משה אל כל ישראל וגו׳ אחרי הכותו את סיחון מלך חשבון וגו׳ בעבר הירדן בארץ מואב וגו׳ מאחר בשבט ועד ששה באדר שלושים וששה יום[8] פירש משה רבנו את (כל) התורה כולה [שנ׳ הואיל משה. בו ביום] בששה בו[9] ויאמר ה׳ אל משה הן קרבו ימיך למות [בו ביום נאמר לו צו את יהושע. ומה היתה צואתו חזק ואמץ כי אתה תביא את העם הזה גו׳]. בשבעה באדר וילך משה ויאמר וגו׳ וידבר אליהם בן מאה ועשרים שנה אנכי היום שאין תלמוד לומר היום ומה תלמוד לומר היום [היום מלאו ימי ושנותי] מלמר[10] שבשבעה באדר נולד משה ובשבעה באדר מת [משה] שנ׳ וימת שם משה עבד ה׳ (בארץ מואב על פי ה׳ ויקבור אותו בגי בארץ מואב מול בית פעור ולא ידע איש את קבורתו). ומשה בן מאה ועשרים שנה במותו לא כהתה עינו ולא נס ליחה [ויקבר אותו בגיא גו׳ ויבכו בני ישראל את משה בערבות מואב שלושים יום]. ויהי אחרי מות משה עבד ה׳ וגו׳ משה עבדי מת ועתה קום עבור וגו׳ ויצו יהושע את שטרי העם לאמר עברו בקרב המחנה וצוו את העם לאמר הכינו לכם צדה כי בעוד שלשת ימים אתם עוברים את הירדן לבוא לרשת את הארץ אשר ה׳ נותן לכם לרשתה. והעם עלו מן הירדן בעשור לחדש הראשון ויחנו בגלגל בקצה מזרח יריחו. צא מהן שלשים ושלש[ה] יום למפרע ואתה למד שבשבעה באדר מת משה רבנו.

---

[1] e. like O., and adds ועומרים בערבות מואב. [2] H. להורישם; O. לבניהם. [3] O. ומבאי הארץ. [4] The words in [ ] only in h. [5] e. פטירת. [6] The words in [ ] in h. [7] e. like O. [8] O. ימים; H. adds באדר. [9] O. באדר. [10] O. ללמרך.

[ואשלח לפניך את משה אהרן ומרים] שלשה פרנסים טובים [הללו] עמדו להן לישראל (ואלו הן משה ואהרן ומרים) ושלש מתנות טובות ניתנו על ידיהם[1] *ואלו הן[2] באר ועמוד ענן והמן. (מן בזכות משה עמוד ענן בזכות אהרן באר בזכות מרים) מתה מרים נסתלקה[3] הבאר וחזרה[4] להן (לישראל) בזכות משה ואהרן. מת אהרן נסתלק עמוד הענן חזר להן בזכות משה. [מת משה][5] נסתלקו שלשתן ולא חזרו שנ׳[6] ואכחד את שלשת הרועים בירח אחד *וכי בירח אחד מתו והלא בשנה אחת מתו. מתה[7] מרים בעשרה[8] בניסן ואהרן [מת] באחד באב ומשה (רבנו) [מת] בשבעה באדר *אלא יום[9] שמת משה נסתלקו שלשתן[10] ולא חזרו. [והצרעה לא עברה את הירדן]. מן המן[11] שלקטו [ישראל] בשבעה באדר היו אוכלין עד ששה עשר בניסן [שלושים ושבעה ימים] שנ׳ וישבות המן ממחרת[12] באכלם מעבור הארץ ולא היה עוד לבני ישראל מן ויאכלו מתבואת ארץ כנען בשנה ההיא. [וכתיב ובני ישראל אכלו את המן ארבעים שנה וכי ארבעים שנה אכלו והלא אינן אלא חסר שלשים יום אלא מלמד ששלושים יום היו אוכלין מעוגה שהוציאו בידן ממצרים שאף היא היתה להן כנגד המן. כתוב אחד אומר עד בואם אל ארץ נושבת וכתוב אחד אומר עד בואם אל קצה ארץ כנען איפשר לומר עד בואם אל ארץ נושבת מפני שנ׳ עד בואם אל קצה ארץ כנען אמור מעתה] (מה תלמוד לומר ובני ישראל אכלו את המן וגו׳) עד בואם אל ארץ נושבת יום שמת משה אותו היום פסק המן מלירד עד בואם אל קצה ארץ כנען אותו היום כלה המן שבידם הרי ארבעים שנה חסר שלושים יום ול׳ יום *שהיו אוכלין[13] עוגה[14] שהוציאו[15] בידם ממצרים *שהית יפה[16] להן[17] במן [הרי ארבעים שנה]:

⁘ סליק פרקא (ובבא קמא) ⁘

פרק יא׳. והעם עלו מן הירדן בעשור לחדש הזה[18] (ונטלו להם מחוץ יב׳ אבנים והניחום תחת מצב רגלי הכהנים ונטלו להם עוד מן הירדן יב׳ אבנים והניחום בגלגל בקצה מזרח יריחו) כיון שעלו מן הירדן באו להן *אל הר[19] גריזים *ואל הר[20] עיבל שבשמרון שבצד שכם שבאצל[21] אילני מורה שנ׳ הלא המה בעבר הירדן אחרי דרך מבוא השמש וגו׳ אמרו[22] ישראל ברכות וקללות והסדירום[23] על הסדר [וחזרו ולנו במקומן. והנחתם אותם

---

[1] O. ירן. [2] e. והם. [3] e. נסתלק. [4] e. וחזר. [5] e. like O. [6] O. והיינו דכתיב. [7] e. omits. [8] O. באחד. [9] e. אלא לומר שיום. [10] e. כולן. [11] H. omits from וכי, l. 6. [12] Some add השבת; p. הפסח. [13] O. שאכלו. [14] H. O. עוגות; p. מעוגה. [15] P. שיצאת. [16] H. (from בידם, l. 18) להם ממצרים שהיה להם טעם יפה; O. שהיו יפין. [17] Ed. ממן; P. סעודה ממן. [18] O. הראשון. [19] H. e. O. להר. [20] H. O. ולהר. [21] O. שאצל; H. אצל. [22] H. ואמרו עליהם. [23] O. הסדירום.

במלון אשר תלינו בו הלילה צוה אותם ואמר להן] (*כמו שצוה[1] אותם[2] לאמר) שאו לכם מזה מתוך הירדן ממצב רגלי הכהנים הכין שתים עשרה אבנים והעברתם אותם עמכם וגו' ואת שתים עשרה האבנים האלה אשר לקחו מן הירדן הקים יהושע בגלגל (ושרום בשיד וכתבו עליהם התורה בשבעים לשונות[3] שנ' וכתבת עליהן את כל דברי התורה הזאת באר היטב וזבחו שלמים ואכלו שם שנ' וזבחת שלמים ואכלת שם וגו'). באותו[4] שעה נתחייבו ישראל בחלה ובערלה ובחדש. בעת ההיא אמר ה' אל יהושע באחד עשר[5] בניסן ויעש לו יהושע חרבות צורים וימל את בני ישראל אל גבעת הערלות. בארבעה עשר בניסן שחטו ישראל את פסחיהן שנ' ויחנו בני ישראל בגלגל ויעשו את הפסח וגו' בששה עשר בניסן הקריבו[6] (בני) ישראל את העומר שנ' ויאכלו מעבור הארץ וגו'[7]. אחר הפסח בעשרים ושנים בניסן [סבבו את העיר שנ'] וסבותם את העיר וגו' ויהי ביום השביעי וגו' רבי יוסי אומר *יום השבת[8] היתה[9]. מלחמתה[10] (של יריחו) של[11] עי ושל גבעון היו[12] בתוך ג' חדשים. בשלשה בתמוז ויאמר לעיני כל[13] ישראל שמש בגבעון דום וירח בעמק אילון וידום השמש וגו'. רבי יוסי אומר יום התקופה היה. למדנו שר"ח ניסן (של אותה שנה הוא)[14] היה יום התקופה[15]. [שבע שנים מכבשין את הארץ וכן] כלב אמר ליהושע בן ארבעים שנה אנכי בשלח משה וגו' ועתה הנה אנכי היום בן חמש ושמונים שנה. הא *למדנו שז' שנים היו מכבשין[16] (ומנין ש)שבע[17] שנים היו מחלקין עד שלא התחילו (למנות) למעשרות לשמיטים וליובלות[18] ששמנה[19] מאות וחמשים שנה עשו ישראל (על הארץ) משנכנסו לה[20] עד *שיצאו ממנה[21] שהן שבעה עשר יובלות (*שלמין). וכן הוא אומר[22] בעשרים וחמש שנה לגלותנו בר"ה וגו' אימתי נאמר לו[23] בתחלת היובל [משנכנסו לארץ עד שחרב הבית שמונה מאות וחמשים שנה והן שבעה עשר יובלות שלמין] ואם שבעה עשר (יובלות) שלמים הן היאך[24] (הן) יתירים[25] ז' שנה אמור מעתה[26] [שבע שנים היו מכבשין ושבע שנים היו מחלקין] ארבע(ה) עשר(ה) שנה *שעשו ישראל[27] בגלגל [הן]

---

[1] H. צוה. [2] H. adds יהושע. [3] e. לשון. [4] e. באותה. [5] H. omits. [6] H. O. הביאו. [7] H. continues בעצם היום הזה שהקריבו עומר תחלה ואחר כך אכלו את החדש בכב. [8] H. e. בשבת. [9] O. היה. [10] H. O. ומלחמתה. [11] e. מלחמת יריחו ושל; H. ושל. [12] O. היה; H. היתה. [13] e. בני; H. omits. [14] e. omits הוא. [15] e. תקופה; H. יום התקופה היה. [16] O. למדת עד אותה שעה היו מכבשין שהן שבע שנים; H. ed. שז'; e. כובשין. [17] h. H. O. ושבע. [18] H. adds עד שנכנסו לארץ. [19] h. O. ושמונה. [20] H. O. בה. [21] O. שגלו ויצאו מתוכה; H. ועד שיצאו מתוכה. [22] H. שלמות שנ'. [23] H. נאמרה לו זאת הנבואה ליחזקאל. [24] e. היכן. [25] H. O. חסרין. [26] H. adds הרי. [27] O. שהיה אהל מועד.

הן [ה]שבע שכיבשו[1] וז׳ שחילקו[2] [נמצאו שעושין שמיטה לעשרים ואחד שנים ויובל לששים וארבע שנים] (ואחר כך) *ויקהלו כל עדת בני ישראל שילה וגו׳. באותה שעה התחילו למנות[3] למעשרות לשמיטין וליובלות. אז יקרא יהושע לראובני ולגדי וגו׳ ויאמר אליהם וגו׳ וגם כי שלחם יהושע אל אהליהם ויברכם. *בחזרתן בנו [בני גד ובני ראובן] מזבח גדול [על הירדן] למראה. יהושע עשה (עמהם) שמטה ראשונה[4] שנייה לא הספיק לגומרה עד שמת. בית הבחירה שבשילה היה *בנוי של אבנים[5] מלמטן[6] ויריעות מלמעלן[7] *ועשו בו[8] ישראל שלש מאות וששים ותשע[9] שנה[10] וחרב:

פרק יב׳. יהושע פרנס את ישראל עשרים ושמנה שנה. ויהי אחרי הדברים האלה וימת יהושע בן נון וגו׳. ויקברו אותו וגו׳. בו בפרק מת אלעזר[11] שנ׳ ואלעזר בן אהרן מת וגו׳ ויעבד ישראל את ה׳ וגו׳ אשר האריכו ימים. ימים האריכו ולא שנים[12]. ואחריו עתניאל בן קנז ארבעים שנה. צא[13] מהן *שני שעבוד של[14] כושן רשעתים שמנה שנה[15]. בימי כושן (רשעתים) היה פסלו של מיכה שנ׳ ויקימו[16] להם בני דן את הפסל וגו׳. ובימיו היתה פלגש בגבעה ויקם וילך ויבוא עד נכח יבוס וגו׳ ויאמר אליו אדוניו וגו׳. ואחריו אהוד בן גרא שמנים[17] שנה. יצא[18] מהם (שני) שעבוד [של] עגלון מלך מואב (י״ח) שנה. בימיו היה שמגר בן ענת בסוף ימיו *של עגלון ובימי עגלון נאמר[19]. ויהי בימי שפוט השופטים וגו׳ ושם האיש אלימלך וגו׳ וימת אלימלך וגו׳ (ואומר) אל בנותי וגו׳ ואומר[20] בכל אשר יצאו יד ה׳ היתה בם. נחשון (בן עמינדב) מת בשנה השנית לצאת בני ישראל מארץ מצרים. שלמון היה אחד מבאי ארץ[21] ומת אחר יהושע. וגם כל הדור ההוא [נאספו אל אבותיו]. (ואלימלך *אחיו של שלמון[22] היה) ואחריו דבורה וברק (בן אבינעם) מ׳ שנה. צא[23] מהן שני שעבוד של יבין [מלך כנען] (וסיסרא)[24] כ׳ שנים[25]. ויעשו בני ישראל הרע בעיני ה׳ ויתנם ה׳ ביד מדין שבע שנים. וארבעים (שנה) של גדעון *(ושבע) שני מדין[26] לא עלו מתוכן. וישר אבימלך על ישראל וגו׳ ויקם אחרי אבימלך וגו׳ תולע וגו׳ וישפוט את ישראל עשרים ושלש שנה. ואחריו יאיר[27] הגלעדי *עשרים ושתים[28] שנה. צא מהן שנה (אחת) שעלתה לזה ולזה.

---

[1] O. שהיו מכבשין; H. ז׳ שנים מכבשין. [2] O. שהיו מחלקין; H. ז׳ שנים מחלקין. [3] H. adds ישראל. [4] H. למדת שמטה ראשונה עשה יהושע. [5] H. O. בנין אבנים; c. בנוי בנין אבנים. [6] c. H. O. מלמטה. [7] e. H. O. מלמעלה. [8] O. שם. [9] O. וארבע; H. ועשה שם שס״ר שנים. [10] O. שנים. [11] H. adds הכהן. [12] O. שנים לא האריכו; H. continues מפני שהתעצלו בהספידו של יהושע ולא הספידוהו כראוי ואחרי יהושע עתניאל. [13] H. הוצא. [14] e. שעבדו. [15] c. O. שנים. [16] O. וישימו. [17] H. כ׳. [18] Some הוצא everywhere. [19] So O. ed. אותו הפרק בימי עגלון היה; H. adds מלך מואב היה. [20] O. וכן הוא אומר. [21] O. הארץ. [22] c. אחי שלמון. [23] H. הוצא. [24] c. לססרא ויבין. [25] e. O. שנה. [26] e. ז׳ שנים של מדין. [27] e. adds בן. [28] Some שנים ועשרים; H. כ״ב.

ויוסיפו בני ישראל וגו׳ ויחר אף ה׳ בישראל וימכרם ביד פלשתים וביד בני עמון וירעצו וירצצו את בני ישראל וגו׳ י״ח שנה עד השנה השנית ליפתח. בשנה השנית ליפתח אמר למלך בני עמון בשבת ישראל בחשבון ובבנותיה ובערער ובבנותיה וגו׳ שלש מאות שנה ומדוע לא הצלתם בעת ההיא. ועשה[1] יפתח ו׳ שנים. אבצן מבית לחם [יהודה] ז׳ שנים. צא מהן שנה (א׳) שעלתה לזה ולזה. [אילון הזבולני עשר שנים. עבדון בן הלל שמנה שנים. צא מהן שנה שעלתה לזה ולזה][2]. ויוסיפו בני ישראל לעשות הרע בעיני ה׳ ויתנם ה׳ ביד פלשתים ארבעים שנה עשרים שנה[3] בימי יפתח ועשרים [שנה] בימי שמשון:

פרק י״ג[4]. עלי פרנס את ישראל ארבעים שנה ויום שמת בו עלי ויטש משכן שילו ויתן לשבי עזו וימאס באהל יוסף וגו׳. ויהי ארון ה׳ בשדה פלשתים שבעה חדשים. ויקראו פלשתים וגו׳ ויבואו אנשי קרית יערים וגו׳ ויהי מיום שבת הארון וגו׳ [ויהיו עשרים שנה וגו׳][5] צא מהן ז׳ שנים *שמלך דוד[6] בחברון על יהודה נשתיירו (שם) י״ג (שנים. צא מהן) י׳[7] לשמואל בעצמו וב׳ לשמואל ושאול[8]. [שנ׳ בן שנה שאול במלכו ושתי שנים מלך. ושבע שהיה דויד מלך בחברון הרי עשרים שנה]. (ויהי מיום שבת הארון וגו׳) בתחלת (אילו) העשרים (שנה) הביאו[9] אהל מועד לנוב ואעפ״י שהיה ארון ה׳ בקרית יערים בנוב היו מקריבין [הצבור] כל י״ג שנה (ח׳ שנים בגבעון) [שנ׳ ויהי מיום שבת הארון בקרית יערים וירבו הימים ויהיו עשרים שנה]. בסוף עשרים [שנה] העלה דוד [המלך] את ארון ה׳ מקרית יערים אל בית עובד ארום (הגתי) וישב ארון ה׳ בית עובד ארום הגתי שלשה חדשים וגו׳. (הא) למדנו שלא נתברך (עובד אדום) אלא בעבור ארון האלהים: בן שנה שאול במלכו וגו׳ שמואל אמר לשאול בשעה שמשחו וירדת לפני הגלגל וגו׳ ירד שנה ראשונה והכה לנחש העמוני ומשחוהו ישראל. [ב]שניה ירד ולא שמר הבטחתו [שנ׳] ויאמר שמואל אל שאול נסכלת לא שמרת וגו׳ [וא׳ אל כל אשר יפנה ירשיע. וא׳ כי חטאת קסם מרי. באותה שעה ויסב שמואל ללכת ויחזק בכנף מעילו ויקרע ויאמר שמואל אליו קרע ה׳ את ממלכות ישראל מעליך גו׳] (ואותו הפרק נמשח דוד שנ׳ ויאמר ה׳ אל שמואל עד מתי וגו׳) ואחר כך ויקח שמואל את קרן השמן וגו׳. והוא (היה) בן כ״ט[10] שנים[11]. ויהי שאול עוין את דוד. (ואומר) ורוח ה׳ סרה מעם שאול. בו בפרק חרבה נוב[12] *ובא להן[13] לגבעון. כל ימיו של שמואל הרואה אינן אלא נ״ב [שנה][14]. (ועוד) שנ׳ ועלי הכהן ישב על הכסא וגו׳ והיא[15] מרת נפש וגו׳ *אותו הפרק נתמנה[16] להיות שופט [על ישראל]. ואומר[17] והוא

---

[1] O. של; c. עשה. [2] h. like O. [3] e. omits. [4] Without figures in H. [5] The words in [ ] in h. only [6] H. O. P. שהיה דוד מלך. [7] e. H. י״א. [8] h. H. O. לשאול. [9] O. הביא שמואל הרואה. [10] O. עשרים ושמונה. [11] O. שנים. [12] P. adds עיר הכהנים. [13] O. והביא שמואל אהל מועד; c. ובאו להם. [14] c. like O. [15] e. וחנה. [16] H. באותה שעה נתמנה עלי. [17] O. שנאמר.

שפט את ישראל מׄ שנה. נשתיירו יגׄ שנה צא מהן שנה אחת לעיבורו (ויאׄ שנה לשמואל ושנה אחת לשאול) הרי[1] נבׄ שנה. שמואל מת לפני מיתתו של שאול (כ)ארבעה חדש[2] שנׄ ויהי מספר הימים אשר ישב דוד בשדה פלשתים ימים ארבעה חדשים. ויהי אחרי כן וישאל דוד בהׄ לאמר וגוׄ. [בחברון מלך שבע שנים]. בן ארבעים שנה איש בשת [בן שאול] במלכו וגוׄ ושתים שנים מלך וגוׄ נמצאת מלכות ישראל בטלה חמש שנים. ויבאו זקני ישראל אל המלך חברונה. *אותו הפרק[3] נמשח עוד דוד[4]. [אותו היום היה] בן שלשים[5] שנה (דוד במלכו) וארבעים שנה מלך:

פרק ידׄ[6]. ויהי דויד וזקני ישראל ושרי האלפים וגוׄ ויביאו את ארון הׄ וגוׄ ויכל דוד מהעלות העולה וגוׄ ויחלק לכל העם וגוׄ ויתן לפני ארון הׄ מן הלוים משרתים וגוׄ ביום ההוא אז נתן דויד בראש וגוׄ בשחר היו אומרים הודו להׄ קראו בשמו וגוׄ עד אל תגעו במשיחי וגוׄ ובין הערבים היו אומרים שירו להׄ כל הארץ וגוׄ עד ויאמרו כל העם אמן והלל להׄ. [והניחם להיות משרתים שם להודות ולהלל להׄ וגוׄ אסף הראש ומשנהו זכריה וגוׄ עד ועבד ארום בן ידיתון וחוסה לשערים] וכך היו אומרים[7] [בציון][8] ⟨כל⟩ ארבעים ושלש שנה[9] (לפני הארון) עד שהביאו שלמה לבית העולמים. *בברוח דוד[10] מפני אבשלום (בנו היה אביתר עומר) [יצא עמו] עד שעלה במעלה הזיתים ושאל[11] באורים ותומים ונסתלק אביתר מן הכהונה הגדולה [שנׄ ויעל אביתר] ונכנס צדוק [הכהן] תחתיו והחזירו[12] (את) הארון למקומו. אבל אהל מועד שעשה משה במדבר ומזבח הנחשת שעשה בצלאל [בן אורי בן חור] (ומנורה ושולחן) ואש שירדה [מן השמים] בימי משה ⟨היו⟩ [שם] בבמה [אשר] בגבעון [שנׄ] ואת צדוק הכהן ואחיו הכהנים לפני משכן הׄ בבמה אשר בגבעון ועמהם הימן וגוׄ. [ועמהם הימן וידותון חצצרות ומצלתים למשמיעים וכלי שיר האלהים ובני ידותון לשער]. וכך היו עושין כל (חמשים)[13] שנה[14] [שהיו] בגבעון עד שבאו לבית העולמים. ויהי מקץ ארבעים שנה ויאמר אבשלום וגוׄ כי נדר נדר עבדך וגוׄ היא שנת לזׄ[15] למלכות דוד. רבי נהוראי אומר משום רׄ יהושע [והלא אינן אלא שלשים וחמש ומה תׄלׄ לוׄ] מקץ מׄ שנה לקץ ששאלו (ישראל את) המלוכה[16] היא שנה יׄ לשמואל (הרואה)[17] מכאן אתה מחשב שבן יבׄ שנה היה שלמה במלכו [שנׄ] וישלח ביד נתן הנביא וגוׄ. באותו הפרק ויהי אחרי כן ולאבשלום בן דוד וגוׄ ויהי לשנתים ימים וגוׄ ואבשלום ברח וגוׄ ויהי שם שלש שנים וגוׄ הרי חמש [שנים][18]. וישב אבשלום בירושלים שנתים ימים ופני המלך לא ראה. הרי

---

1 O. נמצא. 2 e. O. חדשים. 3 e. ובו בפרק. 4 H. O. וימשהו את דוד למלך על ישראל כדבר הׄ ביד שמואל. 5 P. like O.; O. P. add ושבע. 6 So H. 7 O. עושין. 8 h. like O. 9 H. here בציון; O. שנים. 10 H. O. ובברחו. 11 H. O. ונשאל. 12 Some ויחזירו. 13 p. like edition. 14 O. שנים. 15 h. O. שלשים ושש. 16 H. ששאלו להם מלך. 17 H. הרצא. 18 e. like O.

שבע [שנים][1] ויהי רעב בימי דוד שלוש שנים [שנה אחר שנה] הרי עשר [שנים]. וישוטו בכל הארץ ויבאו[2] מקצה תשעה חדשים ועשרים יום ירושלם הרי יׄאׄ שנה. ובשנה האחרונה[3] [לסופן] התקין[4] דוד המלך משמרות כהונה ולויה (והסדיר את כל הבית) וכתיב[5] *בשנת הארבעים[6] למלכות דויד נדרשו וגו׳:

פרק טׄוׄ. והימים אשר מלך דוד על ישראל ארבעים שנה וגו׳. [וישב שלמה על כסא הׄ למלך תחת דויד אביו ויצלח וגו׳ ויחל שלמה לבנות את בית הׄ בירושלים בהר המוריה אשר נראה לדויד אביהו אשר הכין במקום דויד בגורן ארנן היבוסי. ויחל לבנות בחדש השני בשני בשנת ארבע למלכותו. צׄאׄ שנה אחת שעלתה לזה ולזה]. (ואומר) ויהי בשמנים שנה וארבע מאות שנה לצאת בני ישראל מארץ מצרים בשנה הרביעית וגו׳. *ובשנה השנית ליפתח אמר למלך בני עמון בשבת ישראל בחשבון ובבנותיה וגו׳[7] שלש מאות שנה (וגו׳) *ומן השנה[8] הבׄ ליפתח ועד שנבנה[9] הבית קׄמׄ שנה ומׄ שנה שהיו ישראל במדבר הרי תׄפׄ שנה. ובחצי היובל נבנה הבית בשנה הרביעית לשבוע (וכן לשלמה)[10] שנׄ בשנה הרביעית יסד בית הׄ בירח זיו ובשנה האחת עשרה בירח בול הוא החדש השמיני וגו׳ ואת ביתו בנה שלמה שנה אז יקהל שלמה שלש עשרה וגו׳ ויקהלו אל המלך שלמה כל איש ישראל מלמד שאין השכינה שורה אלה בהקהל[11] וכן הוא אומר וירא כל העם וירונו וגו׳ ואומר ויקרבו כל העדה ויעמדו לפני הׄ ובמתן תורה הוא אומר כי ביום השלישי ירד הׄ לעיני כל העם על הר סיני. ובבית העולמים הוא אומר וככלות שלמה להתפלל והאש ירדה וגו׳ וכל בני ישראל רואים ברדת וגו׳ [ויכרעו אפים ארצה על הרצפה וישתחוו והודות להׄ כי טוב כי לעולם חסדו. והמלך וכל העם זבׄ זבח לפני הׄ. ואו׳ ויזבח המלך שלמה גו׳. המלך וכל העם. והכהנים על משמרותם עומדים והלוים בכלי שיר הׄ אשר עשה דויד המלך להודות להׄ כי לעולם חסדו בהלל דויד בידם והכהנים מחצצרים נגדם וכל ישראל עומדים. הא למדת שאין השכינה שורה אלא בקהל וכן הוא אומר במקהלות ברכו אלהים ואו׳ ותקהל העדה] ועל אותה שעה הוא אומר צאינה וראינה וגו׳ ביום חתונתו *ביום חׄ שלאחר זׄ ימי המילואים[12]. וביום שמחת לבו *ביום גמר[13] [בינין] בית העולמים. [משירדה האש בימי שלמה לא פסקה עד מות מנשה]. ויאהב שלמה את הׄ ללכת בחקות דוד וגו׳ דׄ שנים עד שלא התחיל לבנות את הבית אבל משהתחיל לבנות (את) הבית ויקח [את] בת פרעה ויביאה אל עיר דוד (באותו פרק והדד שמע במצרים וגו׳) ויהי שוטן וגו׳ ויתן המלך

---

[1] e. like O. [2] P. after ויבאו. [3] O. האחרת. [4] O. הכין. [5] O. שנאמר.
[6] Most בארבעים שנה. [7] O. משנכנסו לארץ עד השנה השנית ליפתח. [8] O. ומשנה.
[9] H. O. שבנה שלמה את. [10] h. like O. [11] H. O. בקהל. [12] h. H. אלו ימי המילואים; O. זה יום שחוקם המשכן ואהל מועד במדבר. [13] O. בגמור.

הכסף בירושלם וגו׳ ומוצא הסוסים וגו׳ ותעלה ותצא וגו׳ [ויהי לשלמה ארבעים אלף אורות סוסים וגו׳] והמלך שלמה אהב וגו׳ שתמצא לומר כי על אפי ועל חמתי וגו׳. אבל לעת זקנת שלמה סמוך[1] למיתתו שרתה עליו רוח הקדש ואמר שלשה ספרים הללו משלי [ו]שיר השירים [ו]קהלת. אחיה [השילני] אמר לירבעם והיה אם תשמע וגו׳ ובניתי לך בית נאמן כאשר בניתי וגו׳ ומה בנה[2] לדוד (נתן לו מלכות) לׄוׄ שנה [שהיה מלך] על [כל] ישראל לו לׄגׄ[3] ולבנו גׄ. ואילו זכה ירבעם בן נבט היתה מלכות ישראל מסתיימת[4] בידו לו לׄגׄ[5] ולבנו גׄ. וכן הוא אומר ואענה את זרע דוד [למען זאת גו׳] מתׄלׄ (למען) זאת (אלא) כנגד לׄוׄ שנה שנתחתן שלמה לפרעה[6] (מלך מצרים) ומה תׄלׄ אך לא כל הימים [אמרו רבותינו עתידה היתה המלכות לחזור[7] בימי אסא אם לא היה מקלקל][8] (כבר גלוי לפניו שאסא[9] עומד) לקלקל. [ואף ירבעם אם לא זכה קיבל מלכות על כל ישראל לו שלשים ושלש ולבנו שלשה]:

פרק יׄוׄ. והימים אשר מלך שלמה וגו׳ ארבעים שנה. רחבעם בנו יׄזׄ[10] (שנה). אביה בנו גׄ שנים. *ובשנת כׄ[11] לירבעם מלך אסא [וארבעים ואחת שנה מלך בירושלם] כי בן ארבעים ואחת שנה רחבעם במלכו ושבע עשרה שנה מלך בירושלם הוי[12] כמה ראהו דוד *שנה אחת ועשה את התורה[13] הוא ובניו[14] [עמו] שנים שלש וברביעית[15] מרדו[16] שנׄ כי הלכו בדרך דוד ושלמה שנים שלוש (וברביעי מרדו במקום שנׄ ויהי כהכין מלכות רחבעם וכחזקתו עזב את תורת[17] הׄ וגו׳) [ואו] וגם קדש היה בארץ וגו׳. ויהי בשנה החמישית למלך רחבעם עלה שישק וגו׳ (כי מעלו בהׄ וגו׳) ויקח את אוצרות בית הׄ וגו׳ וירדוף אביה אחרי ירבעם[18] וגו׳ (ולא עצר כח ירבעם וגו׳) [וינפהו הׄ וימת] ואין אתה יודע מי הוא שנגפו[19] (אמור)[20] הרי ירבעם קבר את אביה [ומלך עוד אחריו שתי שנים הא אינו אומר ויגפהו הׄ אלא באביה] *ומפני מה (לא) נגפו המלך[21] [מפני] שהיה[22] עומד[23] ומחסד את ישראל ואומר להן ועמכם עגלי זהב (אשר עשה לכם וגו׳) *והוא אז לכר[24] את בית אל וראה את *עגל[י] הזהב והניחו[25] לפיכך נגפו הקבׄהׄ[26]. אסא[27] מלך מׄאׄ שנה.

---

[1] H. O. וסמוך. [2] O. בניתי. [3] P. לׄוׄ. [4] P. מתקיימת. [5] P. לׄוׄ. [6] O. בבת פרעה. [7] h. שעתידה מלכות ישראל להחזירה. [8] h. like O. [9] e. שאתה. [10] Others יׄחׄ. [11] P. ובשנתים. [12] O. הא; H. הרי. [13] h. O. הלך בתורת משה; H. וזקנו שנה והלך . . . הוא ויהודה עמו גׄ שנים. [14] h. O. ויהודה. [15] H. O. ובשנה הרביעית. [16] O. מרד. [17] Most omit תורת. [18] e. רחבעם. [19] H. O. שנינף; P. שוגה. [20] H. ואם תאמר ירבעם הנגף. [21] O. p. המקום; h. הבׄהׄ. [22] O. שהוא. [23] H. ומפני מה נגפו הקבׄהׄ לאביה מפני שעומד ומחשד. [24] O. וכשלכד. [25] O. חמל עליהם. [26] H. O. המקום; H. עגל הזהב המונח אשר הניח ירבעם בבית אל והניחו ולא ביטלו. [27] e. adds מלך יהודה.

בימיו שקטה הארץ י׳ שנים, בשנת ט״ו לאסא [מלך יהודה] בא זרח הכושי[1] [ונלחם עם מלך מצרים ונטל ממנו כל השלל והבזה אשר לקח מירושלים ונלחם זרח הכושי עם אסא מלך יהודה ונפל בידו][2] והחזיר לאסא[3] את[4] (כל) הבזה *אשר בזז[5] שישק מלך מצרים בירושלים[6] (ונטלו[7] אסא) היא שנת לה׳ לשלמה משפת [והדר שמע במצרים כי שכב דוד עם אבותיו וגו׳ ויהי שטן לישראל כל ימי שלמה][8] (ויקם ה׳ שטן לישראל את רזון בן אלידע). ירבעם מלך כ״ב שנה. נדב בנו שתי שנים. בשנת שלש לאסא מלך יהודה מלך בעשא בן אחיה על ישראל כ״ב[9] שנה. בשנת שלושים ושש למלכות אסא עלה בעשא מלך ישראל על יהודה[10] וגו׳ אפשר לומר כן והלא אסא קבר את בעשא בשנת כ״ו למלכותו ומה[11] ת״ל [בשנת שלשים ושש למלכותו] אלא כנגד ל״ו שנה שנתחתן שלמה *בבת פרעה[12] (מלך מצרים) וכנגד ל״ו שנה שנגזרה [גזרה] על מלכות בית דוד שתחלק[13] ובאחרונה עתידה שתחזור להם[14] וכנגד ל״ו שנה שנגזרו[15] למלכי[16] ארם להיות שטן לישראל ובאחרונה יפלו ביד בית דוד לכך נאמר בשנת שלשים ושש למלכות[17] אסא. בשנת שש[18] עשרה לאסא[19] מאחר שנפל בידו זרח הכושי היא שנת ל״ו (שנה) לשלמה משמת. *באותה שעה[20] כרתו ברית מלך[21] ישראל ומלך ארם לעלות ולהתגרות באסא וקלקל אסא [שנ׳] ויוצא אסא כסף וזהב וגו׳ ברית ביני ובינך וגו׳ וישמע בן הדד וגו׳. ויהי כשמע בעשא ויחדל וגו׳ ובעת ההיא בא חנני וגו׳ הלא הכושים והלובים וגו׳ כי ה׳ וגו׳ ולא זזו מלכי ארם להיות שטן[22] לישראל עד מות אחז *ובימי אחז[23] כרתו ברית מלך ישראל ומלך ארם לעלות ולהתגרות *עם אחז[24]. ולא היתה זכות ביד אחז שיפלו בידו ונפלו שניהם ביד תגלת פלאסר מלך אשור. [וימלך יהושפט בנו תחתיו ויתחזק על ישראל. כי הלך בדרכי דוד אביו גו׳. כי לאלהי אביו דרש ובמצותיו הלך גו׳. ויעמד שפטים גו׳. ועמכם בדבר משפט. ועתה יהי פחד ה׳ עליכם שמרו ועשו כי אין עם ה׳ אלהינו עולה ומשוא פנים ומקח שחד וגו׳ חזקו ועשו ויהי ה׳ עם הטוב]:

פרק י״ז. בעשא מלך כ״ד שנה. אילה בנו שתי שנים. נמצא אסא קבר את אילה בשנת כ״ו למלכותו. ומרי[25] הרג את אילה ומלך אחריו ז׳ ימים בתרצה. וישמע העם

---

1 O. מלך כוש. 2 The words in [ ] in H. 3 O. לו. 4 c. adds בזחי ובזוזי דבזוזי דבזוזי. 5 O. נטל. 6 O. מירושלים. 7 c. ונטלה. 8 h. like O. 9 O. עשרים וארבע; H. בתרצה כ״ד. 10 O.; others ירושלים. 11 H.O. אלא מה. 12 c. בפרעה. 13 e. שתתחלק. 14 H. omits. 15 O. שנגזרה גזרה; c. שנזרה. 16 O. על מלכי; H. על מלכות ארום. 17 e. למלך; H. לאסא. 18 O. שבע. 19 O. למלכותו. 20 H. O. בשנת שש עשרה לאסא. 21 e. מלכי. 22 e. מלהיות; ed. שוטנים. 23 O. בשנת שלש לאחז. 24 O. לאחז. 25 e. עמרי.

החונים לאמר וגו׳ אז יחלק העם ישראל וגו׳ כמה היתה מחלוקת זו מ׳[1] שנה. בשנת לא׳ [שנה] לאסא [מלך יהודה] מלך עמרי מלכות שלמה ויחזק העם וגו׳. [וימת תבני וימלך עמרי] (ומפני מה הרגו את תבני) כיון שנשא [אסא את] *בתו של עמרי[2] ליהושפט בנו (לאשה) הרגו את תבני. עמרי מלך יב׳ שנה. בשנת וגו׳[3] שנה לאסא שלשים ושמנה וימלך[4] אחאב בן עמרי על ישראל [בשמרון] עשרים ושתים שנה. בשנת ארבע לאחאב מלך יהושפט [ויהושפט] בן לה׳ שנה (היה) במלכו וכה׳ שנה מלך בירושלים. [נקרא וימלך יהושפט ויהי ה׳ עם הטוב]. בשנת יג׳[5] (שנה) לאחאב היה רעב (גדול) בשמרון ג׳ שנים [ומחצה] ומלחמת בן הדד שתי שנים ומחצה. וישבו[6] ג׳ שנים אין מלחמה בין ארם ובין ישראל. אחזיה בן אחאב מלך [על ישראל בשמרון בשנת שבע עשרה ליהושפט מלך יהודה וימלך על ישראל] שנתים. ובשנת השנית לאחזיה נגנז אליהו [זכור לטוב] ולא[7] נראה[8] (עד שיבא *מלך המשיח ונראה[9] ונגנז שניה) *עד שיבא[10] גוג ומגוג. ועכשיו הוא כותב מעשה (כל) הדורות כולם. [ויהורם בן אחאב מלך על ישראל בשמרון בשנת שמנה עשרה ליהושפט מלך יהודה וימלך שתים עשרה שנה. ויעשה הרע בעיני ה׳ רק לא כאביו וכאמו ויסר את מצבת הבעל אשר עשה אביו שכן הוא אומר באחזיה אחיו] וימת כדבר ה׳ אשר דבר ה׳ אליהו וגו׳. ובשנת שתים *ליהורם בן יהושפט[11] מלך יהודה כי לא היה לו בן. אפשר לומר כן והלא הוא מלך בשנת ט׳[12] ליהושפט אלא לענין ש(הוא) נאמר ויזעק יהושפט וגו׳ ראוי היה יהושפט ליהרג [ב]אותה שעה *אלא בשכר[13] (זעקה) שזעק תלה לו הכתוב ז׳ שנים ועלתה מלכות לבנו. ובשנת חמש ליהורם בן אחאב מלך ישראל ויהושפט מלך יהודה [מלך יהורם בן יהושפט מלך יהודה] בחזרתם[14] מן המלחמה (מאחר) שהרגו עמון ומואב והר שעיר באו והמליכו את יהורם [בן יהושפט] על יהודה ולו אחים בני יהושפט וגו׳ ויתן להם אביהם וגו׳ וכיון שמת יהושפט עמד יהורם והרג את אחיו בחרב שנ׳ ויקם יהורם על ממלכת אביו וג׳ ויבא אליו מכתב מאליהו וגו׳ כבר היה לאליהו [זכור לטוב] ז׳ שנים שנגנז. בן שלשים ושתים שנה יהורם במלכו ושמונה שנים מלך בירושלים ובאחזיהו בנו אומר בן עשרים ושתים שנה אחזיהו במלכו ושנה אחת מלך. ובמקום אחר הוא אומר בן ארבעים ושתים שנה אחזיהו במלכו ושנה אחת מלך אמר רבי יוסי וכי אפשר [לו] לבן שיהא גדול מאביו שתי שנים אלא כיון *שהשיא אסא בנו לבתו של עמרי[15] נגזרה[16] (גזרה) על מלכות בית דוד

---

[1] h. H. O. ארבעה. [2] O. בת עמרי. [3] H. חמשה ושלשים; p. לא׳. [4] Ed. מלך. [5] O. חמש עשרה. [6] H. ויעמדו. [7] H. O. ואינו. [8] e. adds לשום אדם. [9] H. משיח ובימות המשיח נראה. [10] e. ואינו נראה עד שתגיע מלחמת. [11] Others למלך יהושפט. [12] O. שמונה עשרה; e. H. תשע עשרה; P. שתים. [13] O. ובשכר. [14] O. בחזירתם; P. בשובם. [15] H. P. שהשיא אסא בתו של עמרי [P. לאשה] ליהושפט בנו; O. שהשיא אסא לבנו בתו של עמרי. [16] O. נגזר.

שתכלה עם בית אחאב *וכן הוא אומר[1] ומאלהים היתה תבוסת אחזיהו וגו׳ ונפלו שניהם (בו ביום) זה עם זה [ביד יהוא]:

פרק יח׳. בימי יהורם בן אחאב היה רעב (גדול) בשמרון ז׳ שנים ובהן (היה) בן הדד נלחם *עם ישראל[2]. בשנה האחרונה קלל אלישע את גיחזי. וילך[3] אלישע דמשק וימשח את חזאל למלך על ארם ושלח את יונה בן אמתי וימשח את יהוא ברמות גלעד. ויהי בהשפט יהוא וגו׳ (ויהי כבואם אל תוך העיר וגו׳) ויבקש את אחזיה וילכדהו וגו׳ ועתליה אם אחזיהו וגו׳ ותקח יהושבע וג׳ ויהי אתה בית ה׳ וגו׳ ועליו הכתוב אומר כי יצפנני וגו׳ בצור ירוממני (מהו בצור ירוממני זה יהוידע הכהן בן[4] אדם שהוא דומה לצור) [ובשנה השביעית שלח יהוידע ויקח את שרי המאות וגו׳] וימשחהו[5] ויאמרו יחי המלך וישמח כל עם הארץ וגו׳. בן שבע שנים יהואש במלכו (בשנת שבע ליהוא מלך יהואש) וארבעים שנה מלך בירושלים. בשנת כג׳[6] ליהואש חזק[7] את בדק הבית הרי קנ״ה שנה משבנאו שלמה ועד שבדקו[8] יואש. ויעש יהואש הישר בעיני ה׳ כל ימי יהוידע הכהן. ויזקן יהוידע וגו׳ משנולדה קלקלה[9] בימי שלמה נולד יהוידע המתקן[10]. ואחרי מות יהוידע הכהן וגו׳ שעשה[11] (יואש) עצמו ע״ז (שנא׳ וישתחוו למלך) אז שמע המלך אליהם:

פרק יט׳. יהוא מלך על ישראל כח׳ שנה. ויאמר ה׳ אל יהוא וגו׳ מי אמר לו כך[12] יונה בן אמתי. בימים ההם החל ה׳ וגו׳ מן הירדן מזרח השמש וגו׳. בשנת עשרים ושלש שנה ליואש מלך יהואחז וג׳ שבע עשרה[13] שנה. בשנת שלשים ושבע[14] שנה ליואש מלך יהודה מלך יהואש וג׳ שש עשרה שנה[15]. ואלישע חלה את חליו וגו׳ היא השנה העשירית ליואש (מלך ישראל) מיכן אתה מחשב כמה שנים *פירנס אלישע את[16] ישראל מ״ט (שנה) ליהושפט ועד עכשיו היו[17] יותר מששים שנה. בשנת שתים ליואש מלך ישראל מלך אמציה. בן עשרים וחמש[18] שנה היה במלכו ועשרים ותשע שנה מלך. בשנת יב׳[19] לאמציה הוא הכה את אדום בגיא מלח וגו׳ ויהי אחרי בא וגו׳ ויחר אף ה׳ וגו׳. ויהי בדברו אליו וגו׳ כוה היא העצה *אשר יעץ[20] המקום עליו. ויועץ אמציה מלך יהודה וגו׳ וישלח יואש מלך ישראל וגו׳ אמרת הנה הכית וגו׳ ולא שמע אמציה וגו׳ וינגף יהודה לפני ישראל וגו׳ ואת אמציה וגו׳ וכל[21] הזהב והכסף וגו׳. בו בפרק מת יהואש ובא לו אמציה [ל]ירושלים ויחי אמציהו בן יואש וגו׳ ומעת אשר סר אמציהו מאחרי ה׳ וגו׳ (שלא שמע מה שאמר לו

---

[1] O. שנאמר. [2] e. O. בישראל. [3] c. ויבוא. [4] c. omits. [5] Some add יהוידע ובניו. [6] Some כב׳. [7] O. ברק. [8] c. שחזק בדקו. [9] O. קללה. [10] O. p. המתקין. [11] O. כי עשה. [12] O. נבואה זו. [13] H. שש עשרה. [14] H. לח׳. [15] e. לז׳. [16] H. נתנבא אלישע על. [17] H. O. הרי; c. omits. [18] H. p. כב׳. [19] H. יג׳. [20] O. שיעץ. [21] O. ונטל.

הנביא) ויקשרו עליו קשר בירושלים וגו׳. בן חמשים ושתים שנה עוזיהו במלכו ושש עשרה שנה וגו׳ ויהי לדרוש אלהים בימי זכריהו המבין וגו׳ *ובמה הצליחו[1] (אלהים) הוא בנה את אילת וישיבה ליהודה. [אחרי שכב המלך וגו׳] ומה ת״ל אחרי שכב המלך עם אבותיו אלא שמלך בימי אבותיו. דבר אחר מה יהורם ואחזיהו ויואש מתו מיתת תחלואים על ידי אחרים כך[2] אמציהו מת מיתת תחלואים על ידי אחרים. עוזיהו וירבעם מלכו כאחת אלא שירבעם מלך בימי אביו שנה (אחת) שנ׳ וירבעם ישב על כסאו. בשנת עשרים ושבע (שנה לירבעם מלך ישראל) מלך עזריה בן אמציה וגו׳ אפשר לומר כן והלא שניהם מלכו כאחת אלא[3] שמלך מלכות מנוגעת וכן הוא אומר ויהי עוזיהו המלך וגו׳ ואומר כלם נתיחסו בימי יותם מלך יהודה ובימי ירבעם מלך ישראל. אפשר לומר כן (והלא עוזיהו קבר את ירבעם וגו׳ מלכים אחריו) אלא כל כ״ה שנה שהיה עוזיהו [המלך] מצורע יותם בנו (היה על בית המלך) שופט את עם הארץ. (ירבעם בן יואש מלך מ״א שנה). בשנת שלשים ושמנה שנה לעזריהו מלך יהודה מלך זכריה בן ירבעם וגו׳ ששה חדשים. הוא דבר ה׳ אשר דבר אל יהוא וגו׳ בני רביעים וגו׳:

פרק כ׳. הרי הוא אומר ונסתם גיא הרי כי יגיע גי הרים אל אצל וגו׳. חזון ישעיהו בן אמוץ וגו׳ דבר ה׳ אשר היה אל הושע וגו׳ דברי עמוס אשר היה וגו׳ דבר ה׳ אשר היה אל מיכה המורשתי וגו׳ מלמד שכולן נתנבאו בפרק אחד אבל[4] אי אתה יודע מי [הוא] קדם[5] (את מי) [תחלה] *כיון שאמר[6] תחלת דבר ה׳ בהושע וגו׳. ובעמוס הוא אומר שנתים לפני הרעש (*ובישעיהו הוא אומר בשנת מות המלך עוזיהו וגו׳ והוא היה)[7] ביום הרעש דכתיב[8] וינועו אמות הספים וגו׳. דבר ה׳ אשר היה אל מיכה המורשתי בימי יותם וגו׳ מלמד שכולן קדמו את מיכה. חזון עובדיה וגו׳ אימתי היתה מלחמה זו בימי אמציה[9] [מלך יהודה] ומלך אין באדום וגו׳ ומשנפלו אדומים בימי אמציהו[10] לא העמידו מלך [*עד היום. ומשנפלו בימי אמציהו] ולא[11] זקפו ראש עד היום. ומשנפלו ארמים[12] כדבר[13] אלישע לא עמדו אלא[14] שנתעוררו בימי אחז ונפלו[15]. ומשנפלו פלשתים בימי חזקיהו לא *העמידו מלך[16] עד היום [שנ׳ הוא הכה את פלשתים וגו׳] *ומשנפלו מלכי[17] אשור בימי חזקיהו לא העמידו מלך [על הארץ] (עד היום)[18] ומשנפלו[19] מצרים ביד[20] נבוכדנצר לא נתנשאת עוד[21] על הגוים (עד היום) שנ׳ מן הממלכות וגו׳[22] ובני זרח וגו׳. אלו (נביאים) [ש]נתנבאו

---

[1] O. ומה היא הצלחה שהצליחו. [2] O. אף. [3] e. adds יש. [4] h. O. אם. [5] H. O. שקדם. [6] O. הרי הוא אומר. [7] O. ישעיהו נתנבא. [8] O. וכן הוא אומר. [9] h. H. O. יהושפט. [10] O. יהושפט. [11] Ed. במקומן ולא. [12] Some אדומים. [13] O. בימי. [14] H. O. עד. [15] H. adds בימי סנחריב. [16] H. O. וזקפו ראש. [17] Some מלך. [18] e. omits from ומשנפלו, l. 24. [19] H. O. ומשנפלה. [20] H. O. בימי. [21] e. omits. [22] O. מן הממלכה תהיה שפלה.

במצרים[1]. ובני קרח וגו׳ אלו נתנבאו במדבר. וישלח ה׳ איש נביא וגו׳ זה היה פנחס. ויבוא איש אלהים אל עלי וגו׳ זה היה אלקנה. המה יסד דוד ושמואל הרואה באמונתם. אלו כ״ד משמרות[2] כהונה ולויה. גד החוזה ונתן הנביא התקינו מעשה הבית עם דוד. אסף והימן וידותון נתנבאו בימי דוד[3]. אחיה [השילוני] אמר לשלמה הבית הזה וגו׳ ושכנתי בתוך בני ישראל וגו׳ ובאחרונה אמר לו יען אשר היתה זאת עמך וגו׳. שמעיה אמר לרחבעם אל תעלו וגו׳. ובאחרונה (כשברחו לפני[4] שישק) היה דבר ה׳ אל שמעיה וגו׳ נכנעו לא וגו׳ (וכי שישק שמו והלא זבוב שמו שנ׳ ישרוק ה׳ לזבוב ולמה נקרא שמו שישק שהיה יושב ומשמר אימתי ימות שלמה שאין לנו ביוצא בו וכיון שמת שלמה בא ולקח אוצרות בית ה׳). עדו (הנביא) נתנבא על המזבח (בבית אל) ויאמר מזבח וגו׳. ועזריה בן עודד היתה עליו רוח אלהים ויצא לפני אסא וגו׳. ובעת ההיא בא חנני הרואה וגו׳. וגם ביד יהוא[5] בן חנני וגו׳. מיכיהו אמר לאחאב כה אמר ה׳ הראית את כל ההמון הגדול וגו׳ ובשנייה אמר לו לך והתחזק ודע וראה וגו׳ ובשלישי[6] אמר לו יען אשר אמרו ארם אלהי הרים ה׳ וגו׳ ואיש אחד מבני הנביאים אמר אל רעהו וגו׳ (אמרו) זה היה מיכיהו. ובאחרונה אמר לו מי יפתה וגו׳. ובימי יהושפט ויצא אל פניו יהוא בן חנני וגו׳ ויחזיאל[7] בן זכריה בן בניה וגו׳ ויתנבא אליעזר בן דודוהו ממרישה וגו׳. ובימי יהורם ויבא אליו מכתב וגו׳. ובימי יהואש וישלח בהם נביאים להשיבם וגו׳. ורוח אלהים לבשה את זכריה וגו׳ ובימי אמציה ואיש אלהים בא אליו לאמר המלך אל יבא וגו׳ ובאחרונה אמר לו ידעתי כי יעץ אלהים וגו׳ אמרו [זה] היה אמוץ [שנתנבא בימי אמציה] (אחיו)[8]. ובימי אחז ושם היה נביא לה׳ עודד שמו וגו׳. (יואל ו)נחום וחבקוק נתנבאו בימי מנשה ומפני שלא היה מנשה כשר לא נקראו על שמו *וכן הוא אומר[9] וידבר ה׳ אל מנשה ואל עמו ולא הקשיבו ויבא ה׳ עליהם את שרי הצבא וגו׳. דבר ה׳ אל צפניה בן כושי וגו׳. דברי ירמיה בן חלקיהו [וגם איש היה מתנבא בשם ה׳ אוריה בן שמעיהו]. אשר היה דבר ה׳ אל יחזקאל בן בוזי וגו׳. (כולם נתנבאו סמוך לחרבן). ברוך בן נריה ושריה בן נריה בן מחסיה ודניאל איש חמודות (כולם בימי נבוכדנצר). מרדכי (היהודי) [בלשן] וחגי זכריה ומלאכי כולם נתנבאו בשנת שתים לדריוש. (אתה) מוצא[10] בהן עשרה[11] שנ׳ בהם איש האלהים *ואלו הן[12] משה ואלקנה ושמואל [הרמתי] דוד [המלך] שמעיה ועידו ואליהו [זכור לטוב] ואלישע מיכה ואמוץ[13]. שמואל וחנני נקראו רואים (שנ׳ בהם הרואה)[14]. יחזקאל ודניאל נאמר בהם[15] בן אדם:

⁘ סליק פרקא (ובבא מציעאה) ⁘

---

[1] H. במדבר. [2] Some משפחות. [3] H. has here חזון עובדיה, and omits from אחיה to עדו, l. 8. [4] e. מפני. [5] H. adds בנו. [6] O. ובשלישית. [7] e. O. ויחיאל. [8] Also in H. [9] O. שנאמר. [10] H. ונמצא; O. תמצא. [11] e. omits. [12] e. והן. [13] e. adds והם עשרה. [14] e. הרואה הרואה. [15] O. להן.

פרק כ״א[1]. באבינו אברהם נאמר[2] ועתה השב אשת האיש כי נביא הוא וגו׳. ובשרה[3] נאמר בת הרן אבי מלכה ואבי יסכה ומנין ש(כל ה)אבות והאמהות[4] נקראו נביאים שנ׳ ויתהלכו מגוי אל גוי וממלכה אל עם אחר. אל תגעו במשיחי ובנביאי אל תרעו. ובמרים נ׳[2] ותקח מרים הנביאה. *בדבורה נ׳[5] ודבורה אשה נביאה. ובחנה נ׳ ותתפלל חנה ותאמר עלץ לבי בה׳. ואביגיל נתנבא׳[6] לדוד. וכן דוד אמר לה וברוך טעמך. ובחולדה *הוא אומר[7] אל חולדה הנביאה. ובאסתר נ׳ ותכתב אסתר המלכה בת אביחיל וגו׳. אלו (מ״ת)[8] [ה]נביאים (ו״ז) [ה]נביאות שנתנבאו להן לישראל[9]. *ונכתבו בכתובים[10] ויש נביאים[11] כיוצאי מצרים ולא נכתבו (יכול מפני שהן מעוטין[12] ת״ל וחמשים איש מבני הנביאים הלכו וגו׳ יכול מפני שהן הדיוטות ת״ל ויאמרו אליו הידעת כי היום ה׳ לוקח את אדוניך מעל ראשך וגו׳ אדונינו אין כתוב כאן אלא אדוניך מלמד שכולן גדולים באליהו ושקולים כאלישע) וכן משה אמר (מי יתן והיה לבבם זה להם ואומר) ומי יתן כל עם ה׳ נביאים כי יתן ה׳ את רוחו עליהם. ועובדיה אמר לאליהו הלא הוגד לאדני את אשר עשיתי בהרג איזבל את נביאי ה׳ ואחביא מנביאי ה׳ מאה איש וגו׳ חוץ *מה שהיו[13] ביהודה ובנימין. ואליה אמר לאלישע שב נא פה כי ה׳ שלחני עד בית אל ויצאו בני הנביאים אשר בית אל וגו׳ [אין נביאים פחות משנים] (שוב) אמר לאלישע[14] [שב נא פה כי ה׳ שלחני יריחו וגו׳ ויגשו בני הנביאים אשר ביריחו אין נביאים פחות משנים. אלישע][15] שב נא פה כי ה׳ שלחני הירדנה וגו׳ וחמשים איש מבני הנביאים הלכו וגו׳ *[ללמדך] שאין לך (כל) עיר (ועיר)[16] בארץ ישראל שלא היו בו[17] נביאים [ומפני מה לא נתפרסמה נבואתן] אלא [ללמדך] (כל) נבואה *שהיתה לצורך[18] הדורות[19] נכתבה [ושלא נצרכה לדורות][20] לא נכתבה. [יכול מפני שהן מועטין ת״ל לו׳ וחמשים איש מבני הנביאים הלכו ויעמדו מנגד מרחוק. יכול מפני שהן הדיוטות ת״ל לו׳ הידעת כי היום ה׳ לוקח את אדונך מעל ראשך לא אמרו אדונינו אלא אדונך מלמד שחברים של אליהו היו ושקולין כנגד אליהו][21] ועליהם[22] מפורש בשהש מה יפו דודיך אחותי כלה (מה טבו דודיך מיין וריח שמניך מכל בשמים) נפת תטופנה שפתותיך כלה (דבש וחלב תחת לשונך וגו׳): באדם הוא אומר ויפל ה׳ אלהים תרדמה על האדם וגו׳. בנח הוא אומר (נח איש צדיק תמים היה בדרותיו את האלהים התהלך נח. ביפת הוא אומר) יפת אלהים ליפת. בשם הוא אומר (ברוך ה׳ אלהי שם) על דברתי מלכי

---

[1] For H. see p. 33, chap. 5. [2] O. everywhere הוא אומר for נ׳. [3] p. adds הוא. [4] O. ואמהות. [5] e. omits. [6] O. p. נתנבאת; e. נתנבאה. [7] c. נאמר. [8] h. p. like O. [9] h. adds לדורות. [10] O. וכולן נתנבאו להן לכתוב. [11] P. adds שנתנבאו. [12] e. מועטין. [13] p. משהיו. [14] O. אלישע. [15] e. ויגשו בני הנביאים אשר ביריחו שוב א״ל. [16] h. מלמד שאין לך כל עיר וכפר. [17] O. בה. [18] O. שנצרכה. [19] O. לדורות. [20] Ed. לצורך שעה. [21] See ll. 8 to 10. [22] O. וכן הוא.

צדק. בעבר הוא אומר (ושם האחד פלג) כי בימיו נפלגה הארץ: אלו נביאים שעמדו[1] לעולם[2] עד שלא בא[3] אבינו אברהם לעולם. ומשבא[4] אבינו אברהם (לעולם) בלעם ואביו ואיוב מארץ עוץ ואליפז התימני ובלדד השוחי וצופר הנעמתי ואליהוא בן ברכאל הבוזי. אלו נביאים שנתנבאו לאומות העולם עד שלא ניתנה (ה)תורה לישראל. אבל משנתנה תורה לישראל פסקה רוח הקדש[5] מן האומות וכן במשה הוא אומר ובמה יודע אפוא כי מצאתי חן בעיניך וגו׳ (מנין שעשה הקבה רצונו שנ׳) הנה אנכי כורת ברית וגו׳ [מלמד] (באותה שעה) פסקה[6] רוח הקדש[7] מן האומות [ונתנה לישראל]:

פרק כב׳[8]. שלום (בן יבש) הרג את זכריהו ומלך אחריו ירח ימים בתרצה (ויעל מנחם בן גדי מתרצה וגו׳) בשנת שלשים ותשע שנה לעזריהו[9] מלך יהודה מלך מנחם בן גדי על ישראל עשר שנים [בשמרון][10]. בשנת חמשים שנה לעזריה מלך יהודה מלך פקחיה בן מנחם וג׳ שנתים. בשנת חמשים ושתים שנה לעזריה וג׳ מלך פקח בן רמליהו וג׳ עשרים שנה. בשנת שתים לפקח וג׳ מלך יותם בן עוזיהו. בן כה יותם במלכו ושש עשרה שנה מלך בירושלים. בשנת שבע עשרה שנה לפקח מלך אחז. בן עשרים שנה אחז במלכו ושש עשרה שנה מלך בירושלים[11]. בשנת יז לפקח ויהרג פקח בן רמליהו ביהודה מאה ועשרים אלף ביום אחד וגו׳. כי הכניע ה׳ את יהודה בעבור אחז מלך וגו׳ ויהרג זכרי גבור אפרים וגו׳ וישבו ישראל מאחיהם מאתים אלף וגו׳. בשנת עשרים[12] לפקח [שהיא שנת שלש לאחז] היה ויהי בימי אחז וגו׳ ויגד לבית דוד לאמר וגו׳ ויאמר ה׳ אל ישעיהו וגו׳ ואמרת אליו וגו׳ יען כי יעץ וגו׳ נעלה ביהודה ונקיצנה וגו׳ כה אמר ה׳ אלהים וגו׳. באותה שעה ויקח אחז את הכסף וגו׳ וישמע אליו מלך אשור וגו׳. בשנת עשרים לפקח בא תגלת וגו׳. נטל ענל הזהב שברן והלך לו. *וכן הוא אומר[13] ויבא אליו[14] תלגת פלנאסר מלך אשור ויצר לו [ולא חזקו ולא לעזרה לו *שכבר מה[15] שאמר לו הנביא אל תירא משני זנבות גו׳] (כי חלק אחז את בית ה׳ וגו׳ כי שמע מה שאמר לו הנביא) לא תקום ולא תהיה. באותה שעה[16] ויקשר קשר הושע בן אלה וגו׳. בשנת עשרים ליותם בן עוזיהו [ש]היא שנת ארבע לאחז (היתה). [וכי] איפשר לומר כן אלא שהיתה גזירה גזורה מימי יותם. ר״א שרצה הכתוב למנות ליותם בקבר ולא לאחז בחיים. עליו עלה שלמנאסר מלך אשור ויהי לו הושע עבד וגו׳ נמצא אחז מלך יהודה והושע [בן אלה] מלך ישראל משועבדים[17] למלך אשור ה׳[18] שנים. בשנת

---

[1] O. שנתנבאו. [2] e. בעולם. [3] O. עמד. [4] O. אבל משעמד. [5] h. הקבה.
[6] O. שפסקה. [7] h. הקבה. [8] H. כא. [9] H. לעוזיהו. [10] In H.
[11] H. has here the words (so) בשנת א (l. 12) to בשנת (l. 13). [12] p. עשרה. [13] O. ואומר. [14] Some עליו. [15] So MS. for שכפר במה? [16] O. הפרק.
[17] H. משתברים. [18] O. שמונה.

שתים עשרה לאחז ויער ה֯ אלהי ישראל את רוח מלך אשור וגו֯ נטל עגל הזהב שבבית אל והלך לו לקיים מה שנ֯ גם אותו לאשור יובל. ר֯ נהוראי אומר משום ר֯ יהושע הרי הוא אומר כה אמר ה֯ כאשר יציל הרועה מפי הארי שתי כרעים או בדל אזן וגו֯ אלו [עשרת[1] השבטים שנסמכו[2] על חזקיהו מלך יהודה ועל יהודה ועל בנימין ופלטו עמהם] (מכל ישראל) בפאת מטה מלמד שלא *נשתיירו בהן[3] *אלא אחד משמנה שבהן ושאר העם[4] היכן היה[5] ברמשק לקיים מה שנ֯ והגליתי אתכם מהלאה לדמשק וגו֯. אותה שעה *כיון שראה[6] הושע בן אלה שגלו עגלי הזהב עמד והעביר [*את] פרדסאות[7] שהושיב ירבעם בן נבט על התחומין[8] שלא לעלות[9] [ישראל] לירושלים[10]. שבכל מלכי ישראל הוא אומר וילך בדרכי[11] ירבעם בן נבט ובחטאותיו ובהושע[12] הוא אומר[13] רקלא כמלכי ישראל אשר היו לפניו. [עליו עלה שלמנאסר] אלא מפני מה נתחתם[14] גזר דינם[15] [של ישראל] לגלות (בימיו) מפני שהיו תולין את הקללה[16] במלכיהם[17] [לקיים מה] שנ֯ אני ידעתי אפרים וישראל לא נכחד ממני וגו֯. (אותה שעה) כיון שראה הושע [ש]פניו של מלך אשור לעלות ולהגלות[19] את ישראל פעם ג֯ הלך ונסמך על מלכי מצרים [שכן הוא אומר] בשנת *שתים עשרה[19] לאחז מלך יהודה מלך הושע בן אלה על ישראל. בשנת תשע [ר֯ יוסי אומר] איפשר לומר כן והלא [היו לו ח֯ שנים משהרג את פקח מלך תחתיו][20] *אלא מה[21] ת֯ל תשע (שנים ט֯ שנים) למרדו. וכן הוא אומר וימצא מלך אשור בהושע קשר וגו֯ ויהי בשנה הרביעית למלך חזקיהו היא *השנה השביעית[22] להושע בן אלה מלך ישראל עלה שלמנאסר וג֯ על שמרון ויצר עליה וילכדה מקצה ג֯ שנים. בשנת שש [לחזקיה] היא שנת תשע למרדו של הושע בן אלה נלכדה שמרון. ויגל מלך אשור את ישראל וגו֯ ויתשם מעל אדמתם. ויבא מלך אשור מבבל וגו֯ *דיניא ואפרסתכיא וטרפליא אפרסיא ארכויי בבליא שושנכיא דהיא עלמיא[23] ושאר אומיא וגו֯ (וירשו את שמרון וישבו בעריה):

פרק כ֯ג֯. ויהי בארבע עשרה שנה למלך חזקיהו עלה סנחריב וגו֯ שמנה שנים שהה[24] בין גלות ראשונה לשנייה ושמנה[25] שנים שהה[26] בין גלות שנייה לשלישית. *ועוד שהה[27] שמנה שנים ועלה[28] (על יהודה) [אל המלך צדקיהו] לקיים מה שנ֯ כעת הראשון הקל ארצה

---

[1] H. קצת עשרת. [2] H. שנזרמנו. [3] H. מהם; O. נשתייר מישראל. [4] O. וישאר ערש; H. פלטים אחד משמוניה שלהם. [5] O. הוא. [6] O. כשראה. [7] O. הפרדסיאות. [8] O. הדרכין. [9] O. יעלו. [10] O. לרגל. [11] O. בדרך. [12] O. אבל בהושע. [13] H. הדרכים בחטא שהחטיא את ישראל עמד הושע בן אלה ובטלו ההֹ. [14] H. O. נחתם. [15] e. דינו. [16] e. הקלקלה. [17] e. במלכותם. [18] p. ולהעלות. [19] e. תשע. [20] Ed. הוא מלך משנת ארבע לאחז. [21] O. ומה. [22] So O.; others שנת שבע. [23] O. omits the last three words. [24] O. שנה. [25] O. ועוד שמונה. [26] H. שהיו. [27] O. ושהא עוד. [28] P. שעלה.

זבולון וארצה נפתלי והאחרון הכביד וגו׳. אמר ר׳ *יהושע בן קרחה[1] טעות גדול[2] טעה סנחריב. אחרי הדברים והאמת האלה וגו׳. באותה שעה שלח תרתן לאשדור [שנ׳] בשנת בא תרתן אשדודה וגו׳ שטף עמונים ומואבים [וערביים] שהיו מסייעין אותו בשצר על שמרון ג׳ שנים (לקיים מה שנ׳ ועתה דבר ה׳ לאמר בשלש שנים) כשני שכיר וגו׳ באותה שעה וישלח[3] מלך אשור את רבשקה וגו׳ ויצא אליו אליקים בן חלקיהו אשר על הבית וגו׳ ויבאו עבדי המלך חזקיהו אל ישעיהו ויאמר אליהם ישעיהו וגו׳ הנני נתן בו רוח ושמע שמועה וגו׳ מה שמועה שמע וישמע אל תרהקה מלך כוש וגו׳. שטף שבנא הסוכן[4] וסיעתו[5] [והוליכן זקוקים] והלך [לו] לכוש *ונטל חמדת[6] כל הארצות[7] ובא לו לירושלים[8] לקיים מה שנ׳ יגיע מצרים וסחר כוש וגו׳ יגיע מצרים זה (חיל) פרעה מלך מצרים. וסחר כוש זה תרהקה מלך כוש. וסבאים אנשי מידה אלו חיילות שלהן. עליך יעבורו זו ירושלים. ולך[9] יהיו (כבר) מושלמין לך. אחריך ילכו זה חזקיהו. בזיקים יעבורו זו בבירומנקיא[10]. אליך ישתחוו אליך יתפללו שהן[11] נותנים[12] שבחו של הקב״ה (*בתוכך) ואומרים[13] אך[14] בך אל וגו׳ באותה שעה וישלח מלך אשור את תרתן ואת רבשקה וגו׳ ויקראו אל המלך וגו׳ וישלח ישעיהו בן אמוץ וגו׳ זה הדבר וגו׳ את מי חרפת ונדפת וגו׳ ביד מלאכיך וגו׳ אני קרתי וגו׳ [אותה שעה] ויהי בלילה ההוא וגו׳ וכולן[15] (מלכים) קשורי[16] כתרים[17] בראשיהן [וכולן ראשי לגיונות היו]. לפני מפלתו של סנחריב (חלה חזקיהו) שלשה ימים[18] רבי יוסי אומר יום שלישי לחליו של חזקיהו היתה[19] [יום] מפלתו של סנחריב ועמדה לו חמה כמו[20] שעמרה (לו)[21] לאחז [אביו] שנ׳ הנני משיב את צל המעלות וגו׳ [אותו היום עלה בית ה׳] בו ביום נסע סנחריב עשר מסעות [שכן הוא אומר] בא על עיית וגו׳ עברו מעברה וגו׳ צהלי קולך וגו׳ נדדה מדמנה וגו׳ עוד היום בנוב לעמוד. (ש)תמצא (אומר בו ביום נסע בו) [אותן עשר מסעות]. *באחת עשרה ביובל בשנה הרביעית בשבוע עלה סנחריב[22] וכן[23] הוא אומר וזה לך האות אכול השנה ספיח וגו׳ שעלה[24] בפרס[25] הפסח ולא יכלו[26] לזרוע ואכלו ספיחים[27] ובשנה השנית שחים שנדעו הלגיונות האילנות ובשנה השלישית[28] זרעו וקצרו וגו׳ סלמד שלא נשתייר בשבוע *אלא [אותה] שנה[29] לאחר מפלתו של סנחריב עמד חזקיה

---

[1] O. יוסי. [2] e. גרולה. [3] Some שלח. [4] H. הסופר. [5] O. וכל סיעתו. [6] H. בטל חרדת. [7] O. האוצרות. [8] H. לכוש. [9] H. אליך. [10] O. ברברא ומנקיא; H. כבירה מאנקיה. [11] Some הן. [12] O. מתנין. [13] H. במצרים והן אומרים. [14] H. אין. [15] O. הללו כולן. [16] e. קשורים; O. קושרי. [17] e. בתגים. [18] O. has here חלה. [19] O. היה. [20] e. כשם; O. כדרך. [21] h. שירדה לו. [22] O. בארבעה לשבוע שהוא אחת עשרה ליובל היתה מפלתו של סנתריב. [23] O. שכן. [24] O. שעלו. [25] O. בערב; h. בפרק. [26] O. הספיקו. [27] O. ספיחהן. [28] Some הרביעית. [29] Ed. אלא שנה אחת.

ופטר את האוכלוסין שבאו עמו בקילורין[1] וקבלו עליהם מלכות שמים לקיים מה שנ׳ ביום ההוא יהיו חמש ערים וגו׳ מדברות שפת כנען וגו׳. הלכו ובנו מזבח[2] והיו מקריבין עליו[3] עולות[4] [ומקטירין עליה] *לשם שמים[5] שנ׳ ביום ההוא יהיה מזבח לה׳ וגו׳ והיו מתפללין ומשתחוין אל ירושלים שנ׳ ואליך ישתחוו אליך יתפללו. קודם[6] ביאתו של סנחריב (סתם חזקיה את מימי גיחון שנ׳) ויועץ עם וגו׳ והוא יחזקיהו סתם את מוצא וגו׳. יחזקיהו מלך בן עשרים וחמש שנה וגו׳:

פרק כד׳[7]. בן שתים עשרה שנה מנשה במלכו וגו׳. בשנת כב׳ למנשה גלה *מנשה לבבל [הוא][8] ופסלו של מיכה עמו (שנ׳)[9] ויקימו להם בני דן את הפסל וגו׳ עד יום גלות הארץ. *וכהצר לו חלה את פני ה׳ וגו׳[10] *נמצא מנשה עשה תשובה [בן] לג׳ שנה לפני מיתתו[11]. בן עשרים ושתים[12] שנה אמון במלכו ושתי שנים וגו׳ ויעש הרע וגו׳ כי הוא אמון הרבה אשמה וגו׳ בער[13] תורה[14] מישראל. בן שמנה שנים[15]. יאשיהו במלכו ושלשים ואחת שנה מלך בירושלים וגו׳ ויהי בשמונה עשרה שנה וגו׳ [אותה השנה היתה תחלת היובל][16] אותה שנה[17] נמצא סת׳[18] בבית ה׳ ואותה שנה[19] בדק (יאשיהו) את הבית[20]. הרי מאתים וי׳ח[21] שנה משבדקו[22] יואש ועד שבדקו יאשיהו. ולמה[23] נבדק מהרה בימי יואש כי עתליהו המרשעת בניה פרצו את בית האלהים וגו׳ *ואותה שנה[24] עשה יאשיהו תשובה וכמוהו לא היה לפניו מלך אשר שב וגו׳. יאשיהו גנז [את][25] הארון שנ׳ ויאמר ללוים המבינים לכל ישראל הקדושים לה׳ תנו את ארון הקודש וגו׳. בימיו עלה פרעה נכה מלך מצרים וגו׳ וישלח אליו מלאכים לאמר מה לי ולך וגו׳ ולא הסב יאשיהו וגו׳ ויורו המורים למלך יאשיהו וגו׳ ויעבירוהו עבדיו וגו׳ *ועליו קונן ירמיהו רוח אפנו משיח ה׳ נלכד בשחיתותם וגו׳[26] ויקח עם הארץ וגו׳. בן עשרים ושלש[27] שנה יהואחז במלכו ושלשה חדשים מלך בירושלים. ויאסרהו מלך מצרים וימליך מלך מצרים את אליקים אחיו וגו׳. בן עשרים וחמש שנה במלכו ואחת עשרה שנה מלך בירושלים וגו׳ נמצא יהויקים גדול מאחיו[28] [יואחז] שתי שנים. בראשית ממלכת יהויקים בן יאשיהו מלך יהודה *אשר דבר[29] ירמיה הנביא על כל עם יהודה וירושלים (כה אמר ה׳ צבאות אלהי ישראל)[30] שובו נא איש

---

[1] H. בקולרין. [2] H. O. במה. [3] O. עליה. [4] O. קרבן. [5] O. לשמים. [6] O. לפני. [7] d. פרק כה׳. [8] d. omits from מנשה. [9] d. like edition. [10] d. omits from וכהצר. [11] d. הא למדנו שעשה תשובה לשלש שנים. [12] Some after ה׳, l. 13; some כב׳. [13] O. שביער. [14] d. את התורה. [15] O. שנה. [16] d. like O. [17] d. השנה. [18] O. הספר. [19] d. השנה. [20] e. חזק יאשיהו בדק הבית. [21] d. כב׳. [22] e. משחזק ברקו. [23] H. O. ומפני מה. [24] d. באותה שעה. [25] d. like O. [26] d. omits from ועליו, l. 19. [27] d. וב׳. [28] d. מיהואחז; H. מיהוא. [29] d. אמר. [30] So nearly all MSS.

מרכו הרעה ומרוע מעלליכם וגו׳[1] [*מלמד][2] שהוכיחן פעמים רבות ולא שמעו (וחזר ונתנבא עליהם) *כה אמר ה׳ אם[3] לא תשמעו ונתתי את הבית הזה כשילה וגו׳ (בראשית ממלכת יהויקים בן יאשיהו מלך יהודה וגו׳)[4] [ובאותו הפרק אמר ירמיה הנביא] כה אמר ה׳ אלי עשה לך מוסרות וגו׳ כה אמר ה׳ צבאות אלהי ישראל וגו׳ אנכי עשיתי את הארץ וגו׳ אנכי נתתי את כל הארצות האלה ביד נבוכדנאצר מלך בבל עבדי וגו׳ ועבדו אותו וגו׳ והיה הגוי והממלכה וגו׳ באותה שעה[5] הרג[6] יהויקים את אוריה שנ׳ ויוציאו את אוריהו ממצרים ויביאהו אל המלך ויכהו בחרב וגו׳. (וכשם שנתנבא אוריה כך נתנבא ירמיה אלא אך יד אחיקם בן שפן וגו׳) אשר היה דבר ה׳ אל ירמיה הנביא על הגוים למצרים על חיל פרעה נכו וגו׳. [אותה] שנה (ראשונה) כבש[7] [את] נינוה שנייה כבש[7] (את) יהויקים. ויהי לו יהויקים עבד שלש שנים וגו׳ ולא יסף מלך מצרים לצאת וגו׳ בשנת ארבע ליהויקים נתחתם גזר דינן של ישראל לגלות [בשנת ארבע ליהויקים נתחתם גזר דינן של אומות העולם לשתות כוס החמה שנ׳ קח] (ועל ירושלים לשתות) את *כוס היין החמה[8] [הזאת מידי והשקיתה אותו את כל הגוים]:

פרק כ״ה. בשנת שלש למלכות יהויקים מלך יהודה בא נבוכדנאצר מלך בבל ירושלים ויצר עליה. איפשר לומר כן והלא הוא מלך בשנת ארבע ליהויקים ומה ת״ל (בשנת שלש ליהויקים אלא) שנת שלש למרדו. (במקרא[9] אחד הוא אומר בשנת שבע) ובמקרא[10] אחר הוא אומר בשנת שמנה מה ת״ל שנת שבע ומה ת״ל שנת שמנה שנת שמנה משמלך[11] ושנת שבע לכיבוש[12] יהויקים (ויתן ה׳ בידו וגו׳ ובמקום אחד הוא אומר קבורת חמור וגו׳ ובמקום אחר הוא אומר) ויאסרהו בנחשתים (וגו׳ אלא מלמד שכיון שאסרו) מיד מת באסוריו[13] [לקיים מה שנא׳ קבורת חמור יקבר] (והוציאו ונררו לקיים מה שנ׳) סחוב והשלך וגו׳. [בן שמנה עשרה שנה יהויכין במלכו גו׳. ויעש גו׳. בעת גו׳. ויבא גו׳. ויצא גו׳] והגלה את ירושלים ואת השרים וגו׳ עשרת אלפים גולה יהודים נפש שלשת אלפים וגו׳ ומבנימין ושאר שבטים שבעת אלפים. הכל גבורים עושי מלחמה. וכי מה גבורה[14] (בבני אדם המהלכין[15] בגולה ומה מלחמה) עושין בני אדם (הזוקקין[16] בזיקין) ונתונים[17] בשלשלאות [של ברזל ומה מלחמה עושין בני אדם שזוקקין בזיקים והולכין בגולה] אלא [גבורים][18]

---

[1] e. from אמר, p. 57, note 29, in brackets. [2] d. like O. [3] H. למדנו שהוכיחן ולא שמעו ותזר והוכיחן ואם (also d. O. דברים רבים). [4] e. omits from שהוכיחן, l. 1. [5] h. O. שנה; e. omits the two words. [6] e. והרג. [7] O. עלה וכביש. [8] e. כוס החמה של יין. [9] e. במקום. [10] e. ובמקום. [11] O. שמלך; H. למלכות נבוכדנצר. [12] O. שכיבש. [13] O. באוסרו. [14] e. גבורים. [15] p. מהלכין. [16] e. האסורים. [17] O. שנתונין; p. והנתונין. [18] Ed. הכל.

*גבורי תורה[1] שנ׳[2] ברכו ה׳ מלאכיו גבורי כח עושי מלחמה וגו׳ (שהיו) נושאין[3] (ונותנין) במלחמתה[4] של תורה שנ׳[5] על כן יאמר בספר מלחמות ה׳ את והב וגו׳. ומתוכן[6] החרש והמסגר אלף. *חרש (ש)אחד [מהן] מדבר והכל[7] שותקין[8] [כמה שנ׳ החרישו אלי איים] מסגר (ש)הכל יושבין לפניו ולמידין ממנו[9] כענין[10] שנ׳ (ופתח ואין סוגר) וסגר ואין פותח. אילי הארץ אלו חורי יהודה ובנימין ועליהן הכתוב אומר כה אמר ה׳ כתאנים הטובות האלה כן וגו׳. בן שמנת[11] שנים יהויכין במלכו ושלשה חדשים ועשרת[12] ימים מלך בירושלים. ובמקום[13] אחר הוא אומר בן שמנה עשרה שנה יהויכין במלכו ושלשה חדשים מלך בירושלים. מה ת״ל [שנת][14] שמנה ומה ת״ל [שנת][14] שמנה עשרה. (בן שמנה בשמלך) *ומשמלך שמנה עשרה[15] [ושמנה] לכשנחתם[16] נזר דינו לגלות[17] ועליו אמר נבוכדנצר מכלב(א) ביש(א) גור(א) טב(א) לא נפיק[18]. בחצי (ה)יובל גלה יהויכין. בשנה הרביעית בשבוע. וכן הוא אומר *ולתשובת השנה שלח המלך נבוכדנאצר ויביאהו בבלה עם כלי חמדת בית ה׳. (ואלו הן כלי חמדת[19] בית ה׳ זה הארון)[20] וימלך מלך בבל את מתניה דודו תחתיו ויסב את שמו צדקיהו. בן עשרים ואחת שנה צדקיהו במלכו וגו׳ ויהי בשנה ההיא בראשית ממלכת צדקיהו מלך יהודה בשנה הרביעית בחדש החמישי אמר אלי חנניה בן עזור הנביא וגו׳ כה אמר ה׳ צבאות לאמר שברתי את עול מלך בבל בעוד שנתים ימים אני משיב וגו׳. מי הטעה את חנניה נבואה שנתנבא ירמיה הנביא על עילם (לענין[21] שאמר) כה אמר ה׳ הנני שובר את קשת עילם ראשית גבורתם וימת חנניה הנביא בשנה ההיא בחדש השביעי. [בראשית ממלכת יהויקים בן יאשיה מלך יהודה] ואלה דברי הספר אשר שלח ירמיהו הנביא מירושלם וגו׳ כה אמר ה׳ צבאות אלהי ישראל לכל הגולה וגו׳ בנו בתים ושבו וגו׳ קחו נשים והולידו בנים ובנות וגו׳ ודרשו את שלום העיר וגו׳ ואומר לפי מלאת לבבל שבעים שנה אפקוד אתכם וגו׳. בשנה הרביעית (לצדקיהו) ירד להקביל פני נבוכדנצר מלך בבל בבבל[22] ושריה [שר מנוחה] עמו חזר ובא לו למלכותו לירושלים:

פרק כ״ו[23]. ויהי בשלשים שנה וגו׳ (היו) שלשים שנה משנמצא הספר בית ה׳. ברביעי בחמשה לחדש וגו׳ היה היה דבר ה׳ וגו׳ ואבא אל הגולה תל אביב וגו׳ ואשב שם שבעת

---

[1] e. גבורים בתורה. [2] O. וכן הוא אומר. [3] O. עושין. [4] O. מלחמתה. [5] O. שכן הוא אומר. [6] O. ומה תלמוד לומר; H. omits. [7] p. וכולן. [8] H. חרש מאחר שאחד מדבר הכל כחרשין וכולן שותקין. [9] O. הימנו. [10] O. לקיים מה. [11] d. י״ח. [12] O. וששה. [13] p. ובמקרא. [14] d. בשנת. [15] h. שמונה עשר של מלך; O. שמנה עשרה שמלך. [16] h. O. משנחתם. [17] d. אלא שנת ח׳ משמלך ושנת י״ח משנחתם גזר דינו לגלות; e. לכלות. [18] O. יפוק. [19] So e.; חמד רב. [20] d. omits from ולחשובת, l. 11. [21] e. omits; d. לענין שנ׳. [22] O. בבלה. [23] No chapter in H.; d. כ״ז.

ימים משמים בתוכם. לאחר שבעת[1] ימים נאמר לו[2] שכב על צדך וגו׳ ואני נתתי לך את שני עונם וגו׳ מלמד שהיו [בית] ישראל מכעיסין לפני[3] הקב״ה[4] משנכנסו לארץ ועד שיצאו[5] ממנה[6] (ש״צ שנה). וכלית את אלה ושכבת על צדך הימני וגו׳ מלמד שהיו בית יהודה מכעיסין לפני הקב״ה[7] משגלו עשרת השבטים ועד שחרבה ירושלים מ׳ שנה (נמצאו) כולם[8] ת״ל שנה. ויהי בשנה הששית בששי בחמשה לחדש אני יושב בביתי וגו׳ (מלמד שהיתה) אותה שנה מעוברת[9]. (ותפל עלי שם יד ה׳) *באותה שעה[10] הראהו[11] (המקום) ליחזקאל כבוד השכינה שמסתלק(ה)[12] מתוך[13] הבית. וישאו הכרובים את כנפיהם וירומו מן הארץ וגו׳. (ואומר) ויעל כבוד ה׳ מעל תוך העיר וגו׳. *אתה מוצא[14] אותם עשר מסעות לשכינה. ויהי בשנה השביעית בחמישי בעשור[15] לחדש באו אנשים[16] מזקני ישראל וגו׳[17]. ויהי דבר ה׳ אלי לאמר בן אדם דבר אל זקני ישראל וגו׳ הלדרוש אותי וגו׳ התשפוט אותם וגו׳ *באותה שעה[18] כרת [המלך] צדקיהו ברית את כל העם וגו׳ לשלח איש את עבדו וגו׳ וישובו אחרי כן וישיבו וגו׳ (ואומר) העגל אשר כרתו לשנים ויעברו בין בתריו למרוד במקום. (שתמצא אומר אלו ואלו מתוך מרד). *באותה שעה[19] מרד צדקיהו במלך בבל והלך וסמך[20] על מלכי מצרים. כשתמצא לומר [אלו מתוך מרד ואלו מתוך מרד] אלו נסמכו על מלכי מצרים ואלו נסמכו על מלכי מצרים. אלו גלו שלש גליות ואלו גלו שלש גליות. אלו עשו נ׳ שנים במצורה ואלו[21] עשו נ׳ שנים במצודה. אלו אכלו בשר בנים ובנות ואלו אכלו בשר בנים ובנות. *וכן הוא אומר[22] בדרך אחותך הלכת ונתתי כוסה בידך וגו׳ בשנה השמינית לצדקיהו בא חיל מלך בבל על ירושלם וחיל פרעה יצא ממצרים וגו׳ *וחיל פרעה שטף עזה וחזר[23] למצרים[24]. ויהי דבר ה׳ אלי בשנה התשיעית בחדש העשירי בעשור לחדש לאמר. בן אדם כתוב לך את שם היום את עצם היום הזה סמך מלך בבל אל ירושלים. (בעצם היום הזה) בעשרה בטבת. בשנה העשירית בעשירי בשנים עשר לחדש היה דבר ה׳ אלי לאמר. בן אדם שים פניך אל פרעה מלך מצרים והנבא עליו ועל מצרים כלה. [אותה השנה באותו הפרק][25] הנה חנמאל בן שלום דודך (בא אליך לאמר קנה לך את שדי אשר בענתות כי לך משפט הגאלה לקנות) ויבא אלי חנמאל בן דודי (כדבר ה׳ אל חצר המטרה ויאמר אלי קנה נא את שדי אשר בארץ בנימין כי לך משפט הירושה

---

[1] O. שבעה. [2] O. ליחזקאל. [3] e. את. [4] O. המקום. [5] H. שגלו. [6] O. הימנה. [7] O. המקום. [8] O. וכולם; H. וכולם תמצאם. [9] O. follows היתה. [10] O. אותה שנה. [11] e. הראה. [12] e. שנסתלקת. [13] O. מן. [14] O. תמצא. [15] Others בעשרים. [16] e. בשנים לחדש באו חמשים איש. [17] h. on the margin פי׳ ממה שזקנים יושבים משמע שנועדו לעבור. [18] h. H. O. אותה שנה. [19] O. אותה שנה. [20] O. ונסמך. [21] O. ולאילו. [22] O. לקיים מה שנאמר. [23] O. והלך לו. [24] e. omits from וחיל, l. 18. [25] Ed. אותו הזמן.

ולך הגאולה וג׳ וארע כי דבר ה׳ הוא). ויהי באחת עשרה שנה בראשון בשבעה לחדש היה דבר ה׳ אלי לאמר בן אדם את זרוע פרעה מלך מצרים שברתי וגו׳ ויהי באחת עשרה שנה בשלישי באחד לחדש היה דבר ה׳ אלי לאמר בן אדם אמור אל פרעה מלך מצרים ואל המונו אל מי דמית בגדלך. ויהי בעשתי עשרה שנה באחד לחדש היה דבר ה׳ אלי לאמר בן אדם יען אשר אמרה צור על ירושלם האח נשברה דלתות העמים נסבה אלי אמלאה החרבה. בג׳ בתשרי אחר חורבן הבית נג׳ יום [בא ישמעאל בן נתניה] והרג את[1] גדליה בן אחיקם בן שפן [הוא] והיהודים אשר (היו) [אתו] במצפה ושאר הפלטה הלכה[2] למצרים וירמיה וברוך עמהן. ויהי בשתי[3] עשרה שנה בעשירי בחמשה לחדש לגלותנו בא אלי הפליט מירושלם לאמר הוכתה העיר. ויהי בשתי עשרה שנה בשני עשר חדש באחד לחדש היה דבר ה׳ אלי לאמר בן אדם שא קינה אל פרעה מלך מצרים ואמרת אליו כפיר גוים נדמית. ויהי בשתים עשרה שנה בחמשה עשר לחדש היה דבר ה׳ אלי לאמר בן אדם נהה על המון מצרים והורידהו. אותה שעה[4] הראה (הקב״ה) יחזקאל[5] שהאומות נדונין לבאר[6] שחת. בשנת כ״ג לנבוכדנצר נתנה צור בידו ושטף את כל היהודים שהיו בעמון ומואב (וב)סביבות ארץ ישראל נפש תשמה. בשנת כ״ז לנבוכדנצר נתנה מצרים בידו ונשא המונה ושלל שללה ובזז ביזה והיתה שכר לחילו. והגלה ירמיה וברוך [עמהן] לבבל. בעשרים וחמש שנה לגלותנו בראש השנה בעשור לחדש בארבע עשרה שנה אחר אשר הוכתה העיר בעצם היום הזה היתה עלי יד ה׳ ויבא אותי שמה. אותה שעה[7] הראה[8] הקב״ה ליחזקאל (במראה את) תבנית הבית *לעתיד לבוא[9]:

פרק כ״ז. [בן עשרים ואחת שנה צדקיהו במלכו ואחת עשרה שנה מלך] ויהי בשנה התשיעית למלכו בחדש העשירי[10] בעשור לחדש בא נבוכדראצר וגו׳ על ירושלם ויחנו עליה ויבנו עליה דיק סביב ותבא העיר במצור עד עשתי עשרה שנה[11] למלך צדקיהו. בחדש הרביעי בתשעה לחדש ויחזק הרעב בעיר ולא היה לחם לעם הארץ ותבקע העיר וכל אנשי המלחמה יברחו ויצאו מהעיר לילה דרך שער בין החומותים אשר על גן המלך וכשדים על העיר סביב וילכו דרך הערבה וירדפו חיל כשדים אחרי המלך וישגו את צדקיהו בערבות יריחו וכל חילו נפוצו מעליו. ויתפשו את המלך ויעלו אותו אל מלך בבל רבלתה בארץ חמת וידבר אתו משפטים וישחט מלך בבל את בני צדקיהו לעיניו וגם את כל שרי יהודה שחט ברבלתה ואת עיני צדקיהו עור ויאסרהו בנחשתים ויביאהו מלך בבל בבלה ויתנהו בית הפקודות עד יום מותו. כל עשרים ושמנה ימים[12] היה מקרקר [קיר] ושוע אל ההר וכן הוא אומר

---

[1] Ed. נהרג.
[2] e. O. הלכו.
[3] P. בעשתי.
[4] O. שנה.
[5] O. ליחזקאל.
[6] O. בבאר.
[7] O. שנה.
[8] O. הראהו.
[9] P. שעתיד להיות.
[10] Others למלך (צדקיהו) בעשירי.
[11] Others י״ב.
[12] e. O. יום.

*בחדש החמישי[1] בשבעה לחדש היא שנת תשע עשר[2] שנה למלך נבוכדנאצר מלך בבל. ובמקום[3] אחר (הוא) אומר בעשור לחדש (ואומר) בשנת[4] שמנה עשרה לנבוכדראצר. מה ת̇ל תשע עשרה ומה ת̇ל י̇ח̇ (אלא) תשע עשרה (מ)שמלך ושמנה עשרה לכבוש[5] [את] יהויקים. מה ת̇ל בשבעה לחדש ומה ת̇ל בעשור [לחדש] (ואם נאמר בעשור למה נאמר בשבעה אמור מעתה) בשבעה [לחדש] נכנסו גוים להיכל ונטלו את הים[6] ואת המכונה[7] ואת העמודים והיו מקרקרין[8] בו שביעי שמיני ותשיעי עד שפנה[9] היום [תשיעי] (שנ' קרשו עליה מלחמה קומו ונעלה וג' אוי לנו כי פנה היום כי ינטו צללי ערב) עם חשיכה הציתו בו את האור (והיה) נשרף[10] בעשור לחדש. ועל אותו הדור הוא אומר כי ידעתי את יצרו וגו' (ואומר) כי אנכי ידעתי את מריך וגו' כי ידעתי אחרי מותי כי השחת וגו'. וכן בצדקיהו הוא אומר וגם במלך נבוכדנאצר מרד אשר השביעו וגו' גם כל שרי הכהנים והעם הרבו למעול וגו' וישלח ה̇ אלהי אבותיהם וגו' ויהיו מלעיבים במלאכי אלהים. ויעל עליהם את מלך כשדיים וגו' וכל כלי בית האלהים וגו' וישרף את בית ה̇ ואת בית המלך וגו' ויגל השארית מן החרב אל בבל למלאת דבר ה̇ בפי ירמיהו וגו': רבי יוסי[11] אומר נ̇ב̇ שנה לא עבר איש ביהודה [לקיים מה] שנ' על ההרים אשא בכי ונהי ועל נאות מדבר וגו'. רבי יוסי אומר שבע שנים נתקיים (המקרא הזה) [גפרית ומלח] באי' [שנ'] גפרית ומלח שרפה כל ארצה. ויכה אותם מלך בבל וימיתם וגו' ויגל יהודה מעל אדמתו. נפש ת̇ת̇ל̇ב̇. שלש גליות [של] ארבעת אלפים שש מאות ומבנימין ומשאר השבטים שבעת אלפים גולה שגלו עם[12] יהויכין [והחרש והמסגר אלף]:

פרק כ̇ח̇. ובשנת שתים למלכות נבוכדנצר [חלם נבוכדנצר חלומות] ותתפעם רוחו ושנתו נהיתה עליו. איפשר לומר כן אלא [בשנת שתים לחרבן הבית] שמנה הכתוב *שנים (לחרבן הבית) וחדשים לחרבן[13] הבית וכן הוא אומר ויהי בשלשים ושבע שנה לגלות יהויכין מלך יהודה בשנים עשר חדש בכ̇ה̇[14] לחדש וגו'. ובמקרא[15] אחר הוא אומר בכ̇ז̇[16] מה ת̇ל בכ̇ה̇ ומה ת̇ל בכ̇ז̇ אלא בכ̇ה̇ מת שטנו נבוכדנצר ונקבר [בעשרים וששה] ובכ̇ז̇[17] הוציאו אויל מרדך מקברו וגררו בשביל לבטל גזירותיו לקיים מה שנ' (עליו)[18] ואתה השלכת מקברך כנצר נתעב וגו' (ובכ̇ז̇ הוציאו ליהויכין). בו בפרק מת צדקיהו וספדו עליו [הוי אדון על][19] צדקיהו [מלכא] שתי שמרייא דכולהון[20] דרייא לקיים מה שנ' בשלום תמות וגו'. כשתמצא[21]

---

[1] O. בחמשה. [2] O. עשרה. [3] O. וכתוב. [4] O. היא שנת. [5] O. שביבש. [6] O. ים הנחשת. [7] e. המכונות. [8] O. מקלקלין; ed. מרקדין. [9] O. שנפנה. [10] O. שנים קודם לחרבן הבית ושנים אחר חרבן. ונשרף. [11] h. יהודה. [12] O. בימי. [13] h. שנים קודם לחרבן הבית ושנים אחר חרבן. [14] O. בעשרים ושבעה. [15] O. ובמקום. [16] O. בעשרים וחמשה. [17] O. ובעשרים ושבעה. [18] e. omits. [19] e. דכולהו; O. דכל. [20] Ed. וי רמית מלכא. [21] O. מכאן אתה.

אומר כל שהוא בטובה אל יתיאש מן הרעה וכל שהוא ברעה אל יתיאש מן הטובה *מנין מיהויכין[1] וצדקיהו. נבוכדנצר מלך מ״ה שנה. אויל מרדך בנו עשרים וג׳ ובלשצר בנו שלש: בשנת חדה לבלשצר מלך בבל דניאל חלם חזא וגו׳ בשנת שלוש[2] למלכות בלשאצר חזון נראה אלי אני דניאל וגו׳ [בסוף שבעים לבבל] בלשאצר מלכא עבד לחם רב וגו׳ בלשאצר אמר בטעם חמרא להיתיה למני דהבא וכספא וגו׳ באדין היתיו וגו׳ אשתיו חמרא וגו׳ בה שעתא נפקה אצבען די יד אנש וגו׳ אדין מלכא זיוהי שנוהי וגו׳ ויקרא אריה על מצפה וגו׳ [ואומר] משא דומה אלי קורא משעיר וגו׳ אמר שומר וגו׳ מי הוא *שומר זה[3] (הקב״ה שנ׳) הנה לא ינום ולא יישן וגו׳ ה׳ ישמרך מכל רע (וכל המזמור): *מה משמע[4] שלא תיכנס אומה באומה ומלכות במלכות (אפילו) כחוט השערה אלא (מלכות) שהגיע[5] זמנה ליפול ביום נופלת ביום בלילה נופלת בלילה וכן הוא אומר ונוף צרי יומם [ואומר] ובתחפנחס חשך היום. ואומר ביה בליליא קטיל בלשאצר מלכא כשראה: ודריוש מדאה קביל מלכותא כבר שנין שתין ותרתין. מה ת״ל כבר שנין שתין ותרתין אלא יום שנכנס [בו] נבוכדנצר להיכל בימי יהויכין נולד שטנו (והוא) דריוש. יום שמשחו את יהוא ברמות גלעד משחו את חזאל שטנו. הרי שבעים שנה [לבבל] משמלך[6] נבוכדנצר [והרי] שבעים חסר אחת משכיבש[7] [את] יהויקים ועוד שנה אחת לבבל עמד דריוש והשלימה [כמה שנ׳] בשנת אחת לדריוש בן אחשורוש מזרע מדי וגו׳. אי אתה מוצא (שנה) למדי בכתובים אלא זו בלבד. וכן[8] ירמיה אמר להם[9] (לישראל) ופן ירך לבבכם ותיראו בשמועה הנשמעת בארץ זו של בלשאצר *ובאה בשנה השמועה זו של דריוש[10] [שנ׳ ואחריו בשנה השמועה מה שנ׳[11] כי לפי מלאת לבבל שבעים שנה]. וחמס בארץ על ירושלם[12] משל זה כורש הפרסי. ואני בשנת אחת לדריוש המדי עמדי למחזיק ולמעוז לו. ועתה אמת אגיד לך הנה עוד שלשה מלכים עומדים לפרס. זה כורש ואחשורוש ודריוש שבנה את הבית [והרביעי יעשיר עושר גדול מכל ובחזקתו בעשרו יעיר הכל את מלכות יון] ומה ת״ל רביעי רביעי למדי[13] [וכן הוא אומר] ויהי דניאל עד שנת אחת וגו׳. בו בפרק נאמר לו בתחלת תחנונים יצא דבר וגו׳. שבועים שבעים וגו׳ ותדע ותשכיל וגו׳. (שבועים שבעה אלו שעשו בגולה ועלו. ושבועים ששים ושנים אלו שעשו בארץ ושבוע אחד מקצתו עשו בארץ ומקצתו בחוצה לארץ ואחרי השבועים ששים ושנים יכרת וגו׳ והגביר ברית לרבים וגו׳) ר׳ יוסי אומר שבועים שבעים משחרב בית ראשון ועד שחרב בית אחרון. שבעים לחרבנו וארבע מאות ועשרה[14] לבנינו. ומה ת״ל שבועים שבעים אלא [מלמד] שהיתה גזירה

---

[1] O. זה יהויכין. [2] Others שתים. [3] e. שומר הוא; O. השומר. [4] O. הוי משמר; e. משמע. [5] O. הגיעה. [6] O. למיום שמלך. [7] O. למיום שכיבש. [8] O. ואף. [9] e. omits. [10] O. בבל. [11] Some והיתה בבל צבי ממלכות וגו׳. [12] e. omits from ובאה, l. 18. [13] O. למלכי בבל. [14] d. h. O. ועשרים.

[גזורה][1] קודם לשבעים שנה. *וכן הוא[2] אומר *והיו ימיו מאה ועשרים שנה. ואומר[3] בשנת שש מאות שנה לחיי נח וגו׳ [ואומר והיו ימיו קכ׳ שנה][4] אפשר לומר כן אלא שהיתה גזירה גזורה קודם לקכ׳ שנה *וכן הוא אומר ובעוד ששים וחמש שנה יחת אפרים מעם. *ואותה שנה שנת ד׳ לאחז היתה[5]. אפשר לומר כן אלא שהיתה גזירה גזורה מימי[6] עמוס שנתים לפני הרעש [במה] שנ׳ (כה אמר עמוס) בחרב ימות ירבעם וישראל גלה יגלה מעל אדמתו. [ותדע ותשכיל מן מוצא דבר להשיב ולבנות ירושלם עד משיח נגיד שבועים שבעה גו׳. אילו שעשו בגולה ועלו. ושבועים ששים ושנים תשוב גו׳. שנים מהן עשו בארץ ישראל ואחד מקצתו בארץ ומקצתו בחוצה לארץ. ושבועים ששים ושנים תשוב ונבנתה רחוב וחרוץ גו׳. ואחרי השבועים ששים ושנים יכרת משיח ואין לו והעיר והקודש ישחית עם נגיד הבא וקצו בשטף ועד קץ מלחמה נחרצת שוממות][7]:

פרק כט. ובשנת אחת לכורש מלך פרס לכלות דבר ה׳ מפי ירמיה העיר וגו׳ כה אמר כורש מלך פרס וגו׳ מי בכם מכל עמו וגו׳ ויקומו ראשי האבות וגו׳ ארבע רבוא וגו׳ מלבד עבדיהם וגו׳ (בכלל) ובפרט[8] אינן עולין[9] אלא לאלף[10] [ושלשה עשר אלף] (ושלש מאות וששים ושנים עשר אלף)[11] היכן הם (אלא) אלו שעלו משאר השבטים. ויכינו את המזבח על מכונותיו וגו׳ ויתנו כסף לחוצבי וגו׳. כורש מלך ג׳ שנים מקוטעות ובמלכות אחשורוש בתחלת מלכותו וגו׳ באדין בטילת עבידת בית ה׳. בשנת ג׳ למלכו עשה משתה וגו׳ *כל ארבע שנים[12] היתה אסתר מוטמנת בשושן הבירה [שכן הוא אומר] ותלקח אסתר אל המלך וגו׳ כל [אותן] (ה׳) שנים[13] היה המן כונס[14] [את ה]שלל[15] למרדכי. [אחר הדברים גדל המלך גו]. בחדש הראשון הוא חדש ניסן וגו׳ בי״ג בניסן כתב המן את הספרים להשמיד להרוג וגו׳. *בט״ו בניסן[16] נכנסה אסתר לפני המלך[17]. בי״ו בניסן[19] תלו את המן. בכ״ג בניסן[19] כתב מרדכי ספרים להשיב *ספריו של המן[20]. בי״ג באדר ויכו היהודים בכל איביהם וגו׳ והרגו בשושן חמש מאות איש ותלו את עשרת בני המן *על אשר כתבו[21] שטנה על (יושבי) יהודה וירושלם. ביום ההוא[22] בא מספר ההרוגים וגו׳. ובאותו הזמן לשנה הבאה (נאמר) ותכתב אסתר המלכה בת אביחיל וגו׳. הרי הוא אומר כי לפי מלאת לבבל שבעים שנה [ואומר][23] למלאות לחרבות ירושלם שבעים שנה. נב׳ [שנה][23] (לאחר חרבן הבית)

---

[1] d. נגזרה everywhere. [2] O. כיוצא בדבר אתה everywhere. [3] d. omits from והיו, l. 1. [4] The words in [ ] from d. [5] O. והוא היה אומר לו בשנת שלש לאחז; d. ואומר בשנת ארבע לאחז. [6] O. בימי. [7] H. fin.; d. h. like O. [8] e. ופרט; O. ופרטן. [9] From d. [10] So d. [11] d. שׁם. [12] d. omits. [13] O. השנים; d. וכל חמש שנים. [14] d. מכנים. [15] d. like O. [16] O. בו. [17] d. omits from בט״ו, l. 20. [18] O. בו. [19] d. O. בסיון. [20] O. ספרי המן. [21] O. הם שכתבו. [22] O. בארבעה עשר באדר; d. בי״ד באייר. [23] d. like O.

עשו[1] (ישראל) [בגולה][2] (במלכות כשדים ונפקדו) ועלו ג̇ של כורש וי̇ד̇ של אחשורוש וב̇ של דריוש ובשנת ב̇ לדריוש נבנה הבית [שנ̇ בשנת שתים לדריוש] (וכן זכריה אמר) ויען מלאך ה̇ ונו̇ ויאמר ה̇ צבאות עד מתי אתה לא תרחם את ירושלם ונו̇ אשר זעמתה זה שבעים שנה. (כל) ארבע שנים היה הבית נבנה שנ̇[3] ושציא ביתא דנא ונו̇ ובאותו הזמן לשנה הבאה עלה עזרא מבבל וגלות אחרת עמו שנ̇[3] הוא עזרא עלה מבבל וגו̇ ויעלו מבני ישראל וגו̇ אל ירושלם בשנת שבע לארתחשסתא המלך. ויבא ירושלם בחדש החמישי היא שנה השביעית למלך כי באחד לחדש הראשון וגו̇ כי עזרא הכין לבבו וגו̇ ובא והבדיל את ישראל מן הנשים הנכריות:

פרק ל̇. דברי נחמיה בן חכליה וגו̇ י̇ב̇ שנה עשה בארץ ישראל מתקן בחומה ומשיב[4] את ישראל איש לעירו[5] ולאחחתו[6]. וכן[7] הוא אומר ובכל זה לא הייתי בירושלים כי בשנת שלשים ושתים לארתחשסתא וגו̇ ואבוא לירושלם. משנת כ̇ עד ל̇ב̇ [לארתחשסתא המלך][8] י̇ב̇ שנה הרי הוא אומר ושבי יהודיא בניין ומצלחין וגו̇ [וכל המלכות כולה נקראת ארתחשסתא] ואין אתה מוצא לפרס מלכים אלא ב̇[9] (כורש ודריוש) ולמדי [אחד][10] (דריוש ואחשורוש אלא הוא כורש הוא דריוש הוא ארתחשסתא לפי שכל המלכות נקראת ארתחשסתא)[11]. *כל שני מלכי[12] מדי ופרס ר̇נ̇[13] שנה. וישבו הכהנים והלוים ומן העם והמשוררים והשוערים והנתינים וגו̇ וכל ישראל וגו̇ ויאספו העם כאיש אחד וגו̇ ואומר ויעשו כל הקהל השבים מן השבי סכות וישבו בסכות כי לא עשו מימי יהושע וגו̇ אפשר לומר כן אלא מקיש ביאתן בימי עזרא לביאתם בימי יהושע מה בימי יהושע נתחייבו במעשרות ובשמיטים וביובלות וקידשו[14] ערי חומה והיו ששין ושמחין לפני *המקום ב̇ה̇[15] [אף ביאתן בימי עזרא כך] שנ̇[16] ותהי שמחה גדולה מאד. (וכן הוא אומר) והביאך ה̇ אלהיך אל הארץ אשר ירשו אבותיך וירשתה וגו̇ מקיש ירושתך לירושת אבותיך מה ירושת אבותיך בחידוש כל הדברים הללו אף ירושתך בחידוש כל הדברים הללו. (או) יכול (תהי לכם) ירושה שלישית ת̇ל̇ וירשתה [ירושה] ראשונה ושנייה יש לכם[17] [ואין לכם ירושה שלישית]. והצפיר השעיר מלך יון וגו̇ הוא המלך הראשון. ועמד מלך גבור וגו̇ וכעמדו תשבר וגו̇. הוא[18] אלכסנדרוס מקדון (שמלך) י̇ב̇ שנה [ומת]: עד כאן (היו) הנביאים מתנבאים ברוח הקודש מיכן ואילך הט אזנך ושמע דברי חכמים (שנ̇) כי נעים כי תשמרם בבטנך להיות ב̇ה̇ מבטחך. ו̇נ̇ הלא כתבתי לך שלישים וגו̇ להודיעך קושט וגו̇. *וכן הוא אומר[19] שאל אביך ויגדך זקניך ויאמרו לך (יכול זקני

[1] O. שעשו. [2] d. like O. [3] O. שכן הוא אומר. [4] O. ומיישב. [5] O. בעירו. [6] O. ואיש באחוזתו. [7] O. שכן. [8] From P. [9] h. O. שלושה. [10] h. like O. [11] h. דריוש ואחשורוש דריוש הוא ארתחשסת. [12] O. ומלכות. [13] O. חמשים ושתים. [14] O. ובקידוש. [15] e. O. הקב̇ה̇. [16] O. וכן הוא אומר. [17] Ed. follows אין לכם. [18] O. וימלך. [19] O. מכאן ואילך.

השוק ת״ל ויאמרו לך הא למרת שזקן זה שקנה חכמה). ר׳ יוסי אומר [מלכות בבל שבעים שנה] מלכות פרס[1] בפני הבית ל״ד שנה. מלכות יון ק״פ. מלכות בית חשמונאי ק״ג. מלכות הורודוס[2] ק״ג. מכאן ואילך צא וחשוב [שבע מאות שמנים ושתים שנה] (לחרבן הבית)[3]. *ובגולה כותבין[4] בשטרות[5] למניין יוונים[6] אלפא[7] [ומאה ושבסרי שנין]. (ואלו הן שמונה מלכי יון אלכסנדרוס מקדון[8]. פירטון. שלימון[9]. סליקס[10]. סנטרוק. אנטיוך[11]. אנטיוכס[12]. נסקלוס). מפולימוס של אסוירוס[13] (פול) עד פולמוס [של רומים] של אספסינוס[14] פ׳ שנים[15]. אלו בפני הבית. מפולימוס של אספסינוס[16] עד פולמוס של קיטוס[17] כ״ד[18] [שנה]. ומפולמוס של קיטוס[19] עד מלחמת [של] בן[20] כחיבא[21] *י״ו שנה. ומלחמת בן כחיבא[22] ב׳ שנים[23] (ומחצה[24] כ״ב שנה אחר חרבן הבית) היה. [מיכן ואילך צא וחשוב *שש מאות ושש עשרה שנה ומחצה[25]. ואילו הן שמנה מלכי יון[26] אלכסנדרוס מקדון פורטון[27] טלימון טליקוס[28] וסנטרוק אנטייך[29] אנטיוכס ונסקלנס[30] בפולמוס של אספסינוס גזרו על עטרות של חתנים ועל האירוס. בפולמוס של טיטוס גזרו על עטרות כלות]. ר׳ יוסי אומר [לעולם] מגלגלין זכות ליום[31] זכות[32] וחובה ליום[33] חובה[34]. (שנמצאת אומר)[35] כשחרב הבית בראשונה[36] אותו היום[37] [תשעה באב היה ו]מוצאי שבת היה[38] ומוצאי שביעית (היתה)[39] ומשמרתו של יהויריב (היתה ותשעה באב היה)[40] וכן שנייה[41] (ובזה ובזה הלויים עומדין על דוכנן ואומרים שירה ומה שירה אומרים וישב עליהם את אונם וגו׳. בחדש הרביעי) בתשעה לחדש הבקעה[42] העיר בראשונה ובשנייה בשבעה (עשר)[43] בו: ברוך ה׳ אלהי ישראל מן העולם ועד העולם ואמר כל העם אמן הללויה. וברוך ה׳ אלהים אלהי ישראל עושה נפלאות לבדו וברוך שם כבודו לעולם וגו׳ והוא מהשנא עידנייא וזמנייא וגו׳. עידנייא זו עידנה של סדום. זמנייא[44] זמנה של ירושלם (תבנה בקרוב ואמרו אמן). מהעדא מלכין זה יהויקים. ומהקים מלכין זה נבוכדנצר (מלך בבל). יהב חכמתא לחכימין זה משה רבינו אבי החכמה[45] ואבי התבונה[46].

---

[1] e. adds עשתה. [2] O. הרודוס. [3] h. שבע מאות וחמשים לחרבן. [4] O. וכך כותבין בגולה. [5] O. בשטר. [6] O. יווני. [7] h. מלכא. [8] e. מוקרון. [9] p. טלימון. [10] p. סלוקת. [11] p. אנטיון. [12] e. אנטכיוס. [13] e. אסוירוים. [14] e. אספאסיינוס; h. P. הורדוס. [15] O. שנה. [16] e. אספאסיינוס. [17] e. h. O. טיטוס. [18] d. h. O. חמשים ושתים. [19] e. טיטוס. [20] d. בר. [21] d. כוֹזְבָא. [22] d. omits from ש״, l. 8. [23] h. O. p. שלש שנים. [24] d. like edition. [25] d. ר״ע׳ שנים. [26] See above, l. 4. [27] d. פורסום. [28] d. סלקס. [29] d. omits. [30] d. from מיכן, l. 9, like O. [31] d. על ידי. [32] d. e. O. זכאי. [33] d. על ידי. [34] d. e. O. חייב. [35] e. נמצא. [36] d. הראשון. [37] d. omits. [38] d. היתה. [39] e. היה. [40] d. like edition. [41] O. בשנייה. [42] d. הוכתה. [43] d. like edition. [44] d. adds זו. [45] d. החכמים. [46] d. ראש לנביאים; O. הנבואה.

ומנדעא לידעי בינה *זה יהושע בן נון (שנׄ ויהושע בן נון מלא רוח חכמה). דׄא חכמתא לחכימין זה יוסף הצדיק שנׄ בו אין נבון וחכם כמוך. ומנדעא ליודעי בינה[1] זה דניאל (וחביריו)[2] דכתיב[3] ארין לדניאל בחזוא די ליליא רזא גלי (והוא גלי עמיקתא ומסתרתא וגוׄ) עמקתא[4] זה עומק[5] המרכבה. ומסתרתא זה[6] מעשה בראשית. ידע מה בחשוכא זו מתן[7] פורענותן של רשעים בגיהנם. ונהורא עמיה שרי זה מתן שכרן של צדיקים לעתיד לבוא. (דׄא יהב חכמתא לחכימין זה יהושע בן נון שנׄ ויהושע בן נון מלא רוח חכמה. ומנדעא ליודעי בינה זה ירמיהו) שנׄ[8] בטרם אצרך בבטן ידעתיך וגוׄ יכול בעתו תׄל זה ספר תולדות אדם ללמד[9] שהראהו[10] הקבׄהׄ לאדם הראשון [כל תולדות העתידות לצאת ממנו. והראהו הקבׄהׄ] (דור דור ומנהיגיו[11] דור דור ונביאיו) דור דור ודורשיו דור דור וחכמיו [דור דור ופרנסיו][12] דור דור ושופטיו [דור דור וגבוריו] (*חכמי דור דור נביאי דור דור) *צדיקי דור דור[13] [ורשעי כל דור ודור שנׄ זורו רשעים מרחם גוׄ] מספר שנותיהן מנין ימותיהן[14] *חשבון שעותיהן[15] סכום פסיעותיהן שנׄ[16] כי אתה צעדי תספור וגוׄ (ואומר ותקטן זאת בעיני הׄ אלהים וגוׄ) ואומר גלמי ראו עיניך וגוׄ [אבל תלמידי חכמים] (ואומר) ולי מה יקרו רעיך אל וגוׄ אספרם מחול ירבון וגוׄ [והקיצותי ועודי עמך][17]:

◆ *סליקא לה תניא דסדר עולם רבא[18] ◆

---

[1] d. omits from זה, l. 1. [2] d. like edition. [3] O. שנׄ. [4] d. דׄא והוא מגלי עמקתא. [5] d. מעשה. [6] d. אילו. [7] d. מחזות; O. מידת. [8] d. ואומר; O. וכן הוא מפורש על ידי ירמיהו. [9] d. O. מלמד. [10] O. שהראה לו. [11] e. adds here דור דור ופרנסיו. [12] d. like O. [13] d. O. דור דור וצדיקיו; e. omits from חכמי; d. adds דור דור ורשיעיו. [14] d. ומספר ימיהם; O. ימיהן. [15] d. e. omit. [16] O. וכן הוא אומר. [17] The words in [ ] in P. [18] d. חסל סדר עולם.

III.

✧ סדר עולם זוטא ✧

A.

מאדם עד המבול אלף ושש מאות וחמשים ושש שנים ומן המבול עד הפלגה שלש מאות וארבעים שנה ומן הפלגה עד שנולד יצחק חמשים ושתים שנה משנולד יצחק עד שיצאו ישראל ממצרים ארבע מאות שנה וארבעים שנה שהיו ישראל במדבר ושמנה מאות וחמשים משבאו לארץ ועד שגלו הימנה ושבעים שנה בין בית ראשון לבית שני ובנין בית שני ארבע מאות ועשרים ומשחרב הבית ועד עכשו אלף וחמשים ושלש שנה והם בכלל ארבעת אלפים ושמנה מאות ואחת:

אדם חיה משנולד שת מאה ושלשים שנה ושני חייו תשע מאות ושלשים שנה: שת חיה עד שנולד אנוש מאה וחמש שנים ושני חייו תשע מאות ושתים עשרה שנה: אנוש חיה עד שנולד קינן תשעים שנה ושני חייו תשע מאות וחמש שנים: קינן חיה עד שנולד מהללאל שבעים שנה ושני חייו תשע מאות ועשר שנים: מהללאל חיה עד שנולד ירד ששים וחמש שנה ושני חייו שמנה מאות ותשעים וחמש שנים: ירד חיה עד שנולד חנוך מאה וששים ושתים שנה ושני חייו תשע מאות וששים ושתים שנה: חנוך חיה עד שנולד מתושלח ששים וחמש שנים ויתהלך חנוך את האלהים שלש מאות וששים וחמש שנה ואיננו כי לקח אותו אלהים: מתושלח חיה עד שנולד למך מאה ושמונים ושבע שנים ושני חייו תשע מאות וששים ותשע שנים: למך חיה עד שנולד נח מאה ושמונים ושתים ושני חייו שבע מאות ושבעים ושבע: [נח חיה עד שנולדו לו בנים חמש מאות שנה ושני חייו תשע מאות וחמשים.] כיון שבא מבול היה נח בן שש מאות שנה ושלש מאות וחמשים לאחר המבול. הרי עשר דורות: שם חיה עד שנולד ארפכשד מאה שנה ושני חייו שש מאות שנה: ארפכשד חיה עד שנולד שלח שלשים וחמש שנה ושני חייו ארבע מאות שלשים ושמנה שנים: [שלח חיה עד שנולדו לו בנים חמש מאות שנה ושני חייו תשע מאות וחמשים:] עבר חיה עד שנולד פלג שלשים וארבע שנה ושני חייו ארבע מאות וששים וארבע: פלג חיה עד שנולד רעו שלשים שנה ושני חייו מאתים ושלשים ותשע שנים: רעו חיה עד שנולד שרוג שלשים ושתים שנה ושני חייו מאתים ושלשים ותשע שנים: שרוג חיה עד שנולד נחור שלשים שנה ושני חייו מאתים ושלשים שנה: נחור חיה עד שנולד תרח עשרים ותשע שנה ושני חייו מאה וארבעים ושמנה: תרח חיה עד שנולד אברהם אבינו שבעים שנה ושני חייו מאתים וחמש שנים.

הרי עשרה דורות: מן המבול ועד הפלגה מאתים ושבעים ושתים שנה משנולד אברהם עד הפלגה ארבעים ושמונה שנה מן הפלגה עד שנולד יצחק חמשים וחמש שנים משנולד אברהם עד שנולד יצחק מאה שנה ושני חייו מאה ושבעים וחמש שנים יצחק חיה עד שנולד יעקב ששים שנה ושני חייו מאה ושמונים יעקב חיה עד שנולד יהודה שמונים וחמש שנים ושני חייו מאה וארבעים ושבע שנים יהודה חיה עד שנולד פרץ שלשים וחמש שנים ושני חייו מאה ותשע עשרה שנה: פרץ חיה עד שנולד חצרון תשע שנים וחצרון וחמול ירדו למצרים הרי אלפים ומאתים ושלשים ושמונה לבריאת עולם: יעקב חיה עד שנולד ראובן שמונים ושלש שנים ושני חייו של ראובן מאה ועשרים וד׳ שנים ומת לאחר שמת יוסף במצרים שתי שנים שמעון חיה מאה ועשרים ומת לאחר שמת יוסף שנה אחת לוי חיה מאה ושלשים ושבע שנים יהודה חיה מאה ותשע עשרה שנה יששכר חיה מאה ועשרים ושתים שנה זבולון חיה מאה ועשרים וארבע שנים ומת לאחר שמת יוסף שתי שנים דן חיה מאה ועשרים ושבע שנים אשר חיה מאה ועשרים ושש שנים יוסף חיה מאה ועשר שנים בנימן חיה מאה ואחת עשרה שנה ומת לפני לוי כעשרים ושש שנים: וחצרון הוליד את רם ורם הוליד את עמינדב ועמינדב הוליד את נחשון ונחשון היה מיוצאי מצרים. בשנת אלפים וארבע מאות וארבעים ושמונה לבריאת עולם עד שיצאו ממצרים. ובאותה השנה בחדש השני נתנה תורה לישראל ובאותה שנה בחדש השלישי נתנו לישראל עשרת הדברות ובשנה השנית נתנה להם התורה ביום הכיפורים ובאותה שנה מת נחשון. ונחשון הוליד את שלמון ושלמון מבאי הארץ ושלמון הוליד את בועז. בשנת ארבעים ואחת לצאת ישראל ממצרים. הרי שנת אלפים וארבע מאות ושמונים ותשע לבריאת עולם נכנסו ישראל לארץ ומת יהושע בן נון. [הרי] עשרה דורות: בועז הוליד את עובד ועובד הוליד את ישי וישי הוליד את דוד ודוד מלך על ישראל בשנת ג׳ מאות ותשעים שנה לכניסתן לארץ היא שנת ארבע מאות ושלשים שנה ליציאתן ממצרים ושנת שני אלפים ושמונה מאות שנה ושבעים וחמש לבריאת עולם ואביתר היה כהן גדול בימיו ונתן וגד נביאים ומלך ארבעים שנה ודוד הוליד את שלמה ובשנה הרביעית החל לבנות הבית ובשנה העשירית למלכו נשלם בנין הבית ומלך בן שלש שנים היא שנת ארבע מאות וארבעים לכניסתן לארץ שהיא שנת ארבע מאות ושמונים לצאתם ממצרים והיא שנת אלפים ותשע מאות ועשרים ושמונה לבריאת עולם ויסד הבית והיה צדוק הכהן גדול בימיו ויונתן ועדו ואחיה השילוני נביאים. ומלך אחריו רחבעם בנו שבע עשרה שנה ואחימעץ כהן גדול ושמעיהו ועדו נביאים. אביהו בנו מלך אחריו שלש שנים עזריהו כהן גדול ועדו נביא. אסא בנו מלך אחריו ארבעים ואחת שנה ויהורם [כג] ועזריהו בן עודד וחנני הרואה ויהוא בן חנני נביאים. יהושפט בנו מלך אחריו עשרים וחמש שנה יואחז כהן גדול ויהוא בן חנני ועובדיה ומיכה ויחיאל בן זכריה ואליעזר בן דודוהו נביאים. יורם בנו מלך אחריו שמונה שנים יהויריב כהן גדול אליהו

נביא. אחזיהו בנו מלך אחריו שנה אחת ויהושפט כהן גדול ואלישע נביא הרי עשרה דורות: אחר כך קמה עתליה אם אחזיה ותאבד זרע הממלכה והיה צער גדול וכלו בית דוד ולא נשאר מהן אלא יואש תינוק קטן והחביא אותו יהוידע כהן גדול ותמלך עתליה שש שנים והרגו אותה. ומלך יואש ארבעים שנה יהוידע ופדיה כהנים גדולים וזכריה בן יהוידע כהן ונביא צוה יואש והרגו. אמציהו בנו מלך אחריו עשרים ותשע שנים צדקיה כהן גדול אמוץ ואמציה אחי הוו אמציהו אבי ישעיהו נביאים. עוזיהו בנו מלך אחריו חמשים ושתים שנה יואל כהן גדול הושע עמוס וישעיהו נביאים. יותם בנו מלך אחריו שש עשרה שנה יותם כהן גדול הושע וישעיהו עמוס ועזיהו ומיכה המורשתי נביאים. אחז בנו מלך אחריו שש עשרה שנה אוריהו כהן גדול הושע וישעיהו עמוס ומיכה ועודד נביאים. חזקיהו בנו מלך אחריו עשרים ותשע שנה נריה כהן גדול הושע וישעיה עמוס ומיכה נביאים. מנשה מלך אחריו חמשים וחמש שנה הושעיה כהן גדול יואל ונחום וחבקוק נביאים. אמון בנו מלך אחריו שתי שנים שלום כהן גדול חזי נביא. יאשיהו בנו מלך אחריו שלשים ואחת שנה חלקיה כהן גדול צפניה וירמיה וחולדה נביאים. יהואחז בנו מלך אחריו שלשה חדשים חלקיה כהן גדול ירמיה נביא. יהויקים אחיו מלך אחריו אחת עשרה שנה עזריה כהן גדול ירמיה ואוריה נביאים. הרי עשרה דורות: ובשנה השלישית למלכו הגלה אותו נבוכדנצר מלך בבל ומת באיסורו לקיים מה שנאמר קבורת חמור יקבר הוא הגלה את ירושלם ואת כל השרים ומבנימן ומשאר שבטים שבעת אלפים גולה הכל גבורים עושי מלחמה. ומלך אחריו יהויכין בנו שלשה חדשים ועשרה ימים שריה כהן גדול וירמיה נביא והגלה אותו נבוכדנצר מלך בבל הוא ושמונה עשר אלף עמו והמליך את צדקיהו אחי אביו בן יאשיהו ומלך אחת עשרה שנה יהוצדק אחי עזרא הסופר [כג] ירמיה ויחזקאל נביאים: בשנה החמישית למלכו באו חיל בבל על ירושלם ויחנו עליה ויבנו עליה דיק סביב ותבא העיר במצור עד אחת עשרה שנה למלכו. ובאותה שנה הגלה יהודה מעל אדמתם היא שנת שמונה מאות ושלש שנים לכניסתן לארץ ושמונה מאות ותשעים לצאתם ממצרים ושנת שלשת אלפים וחמשים מאות ושמונה שנה לבריאת עולם ולא נשאר מבית דוד אלא יכניהו לבדו והוא הוליד את שאלתיאל ומלכירם ופדיה ונמריה שלשים ושמונה משפחות המה. ומלך נבוכדנצר עד שנת שלשים ושבע לגלות המלך יהויכין: מת נבוכדנצר ומלך אויל מרודך בנו עשרים ושלש שנים בשנה הראשונה למלכו הוציא יהויכין מבית כלא ואחר כך מת בבבל אחרי מות צדקיהו שאלתיאל בן יהויכין חכמים רבוהו בגולה. ומלך בלשצר שלש שנים ומת שאלתיאל ועמד אחריו זרובבל בנו בשנת חמשים ושתים לחורבן הבית היא שנת שבעים למלכות בבל מלך דריוש המדי ובטלה מלכות כשדים ועלה זרובבל לירושלם וגלותו עמו בשנת אחת לכורש מלך פרס ויהושע בן יהוצדק כהן גדול וחגי זכריה ועזרא נביאים: עמד אחשורוש ובטל מלאכת בית המקדש ובקש לעקור את ישראל ועקרו

הקב״ה לו ולהמן הרשע מן העולם: בשנת שמונה עשרה למדי היא שנת שבעים לחרבן הבית עלה עזרא הסופר לירושלם וגלות אחרת עמו ובנה חומות ירושלים והכין את בית המקדש וחזר זרובבל לבבל ומת שם ועמד אחריו משולם בנו ובימיו מלכה מלכות יון:

בשנת חמשים ושתים שנה למדי ופרס מתו חגי זכריה ומלאכי. באותו הזמן פסקה נבואה מישראל היא שנת ג׳ אלפים וד׳ מאות וארבע לבריאת עולם מכאן ואילך הט אזנך ושמע דברי חכמים: אלכסנדרוס מוקדון מלך יון מלך שתים עשרה שנה. ומת משולם ועמד אחריו חנניה בנו חכמים דברוהו. ובימיו מלך פומרן וסלמון ואלסכנוס ומפרים מלכי יון. בשנת מאה וארבעים ליון מת חנניה ומתתיה בן יוחנן בן שמעון ועמד אחריו ברכיה בנו וחכמים דברוהו. ובימיו היה [ארום מנוקרת] סליקוס סנטרוך אנטיוך ואנטיוכס ונסקלנס ואנטיקי הוא בנה אנטוכיא ותלמי הוא כתב את התורה יונית. בשנת מאה ושבעים ליון איקטל שמעון בן יוחנן בן מתתיה ומת ברכיה ועמד אחריו חסדיה בנו חכמים דברוהו. בימיו היה צער גדול לישראל בימי ניקנור מלך יון ויצאו בני חשמונים והרגו אותו וכל חילותיו היא שנת מאה ושבעים וחמש ליון. ומלך יוחנן בן שמעון בן מתתיה בן חשמונאי שלשים ושבע שנים. ושכיב חסדיה ועמד אחריו ישעיה [בנו] חכמים דברוהו ומלך ינאי בן יוחנן כהן גדול עשרים ושבע שנים. ושכיב ינאי ועמד אחריו ארסתבלוס בנו ומלך שלש עשרה שנה ונהרג. ומלך אחריו אנטיגנוס בנו עשרים ושש שנים ונהרג בשנת מאה ושלש למלכות בית חשמונאי. ועמד אחריו הורדוס בן אנטיפטר עבד חשמונים ומרד והרג כל בית אדוניו ומלך [ל״ז] שנים. ושכיב עובדיה ועמד אחריו שמעיה בנו חכמים דברוהו. הרי עשרה דורות: ומלך אגריפס בן הורודוס ומלך אחריו מונבז בנו ושכיב שמעיה ועמד אחריו שכניה [בנו] וחכמים דברוהו: בשנת מאה ושלש למלכות הגרים היא שנת ארבע מאות וארבעים שנה לבנין הבית ושנת ג׳ אלפים וה׳ מאות וחמשים ושמנה שנים לבריאת עולם בא אספסיאנוס והחריב הבית והגלה את ישראל ובתים הרבה מבית דוד ויהודה לאספמיא היא ספרד: והיא היתה שנת מאה ושמונים לרומיים שמלכו לפני הבית ובשנת חמשים ושתים לחורבן הבית חרבה ביתר: בשנת מאה וששים ושש לחרבן הבית אתו פרסאי על רומאי: ושכיב שכניה ועמד אחריו חזקיה בנו חכמים דברוהו: ושכיב חזקיה ונקבר בארץ ישראל בגבעת ארבאל אשר ליהושע בן נשרף הכהן במזרח העיר ועמד אחריו [עקוב] בנו וחכמים דברוהו:

וכד שכיב פש נתן עוקבן[1] הוא נתן דצוציתא ושכיב נתן ועמד אחריו רב הונא בנו חכמים דברוהו ושכיב ועמד נחום בנו חכמים דברוהו רב הונא ורב חנינה ורב מתנא ורב חננאל חכמים שלו ושכיב נחום ועמד יוחנן חכמים דברוהו רב חננאל חכם שלו ושכיב יוחנן ועמד שפט בנו חכמים דברוהו ורב חננאל חכם שלו ושכיב שפט ועמד אחריו ענן

---

[1] Ep. במעי אמו. See for other variations, Brüll's Jahrbücher, x. p. 158 sqq.

בנו חכמים דברוהו ורב שמואל חכם שלו וסליק פפא בר נצרדא[1] ואחרבה לנהרדעא השכיב רב הונא ונקבר בארץ ישראל אצל רבי חייא רבה ועמד נתן בנו חכמים דברוהו רב יהודה בר יחזקאל ורב ששת חכמים שלו. ואתכתו מלכותא פרסאי בשנת מאתים וארבעים ותשעה לחרבן הבית וגזרו פרסאי גזירה[2] על יהודאי השכיב נתן ועמד נחמיה בנו חכמים דברוהו רב שזבי חכם שלו. השכיב נחמיה ועמד עקביה בנו חכמים דברוהו רבא ורב אדא חכם שלו וביומיו סליק [שבור] לארמאי ובבשה. השכיב מר עוקבן[3] רצותיתא ונקבר בארץ ישראל ועמד אחריו הונא מר אחיו חכמים דברוהו אביי ורבה ורב יוסף בר חמא חכמים שלו. וביומיו סליק שבור לנציבים ובבשה השכיב הונא מר ועמד עוקבא אחיו חכמים דברוהו רב חננאל חכם שלו. ומת עוקבא ועמד אחריו אבא בן אחיו בן מר עוקבן[3] רבא ורבינא חכמים שלו. בשנת ארבע מאות ושש עשרה שנה לחרבן הבית קם עלמא בלא מלכא. השכיב אבא ועמד אחריו מר כהנא אחיו רב ספרא חכם שלו. השכיב מר כהנא ועמד אחריו רב כפרא אחיו רב אחא מדפתי חכם שלו. השכיב מר זוטרא ועמד אחריו כהנא בנו רבינא חכם שלו. השכיב רב כהנא ועמד אחריו רב הונא מר אחיו רב אחא מדפתי בר הגלאי חכם שלו. השכיב ועמד אחריו רב הונא אחי אביו בר רב כהנא רב מרי ומר חנינא רבא חכם שלו. ובני מלך דבית דוד הכי הוא אתתיה דרב חנינא ריש גלותא ברתיה דמר רב חנינה ריש מתיבתא הוה ורב חנינה עברת. רבא הוה ופריש ואזל דינא דריש גלותא למתא דרב חנינא ריש מתיבתא ובעא למעבד פירקא ולא שבקיה ריש מתיבתא ואתא לקמיה ריש גלותא ופקיד ריש גלותא ושדר ואתייה לריש מתיבתא ופקיד עליה ואיתביה בהדי פלי דמתא כולי ליליא למחר אתייה ופקיד ושכבו לכל מזיה דדיקניה ולא[4] למיתן ליה ארספתא ואזל ריש מתיבתא ויתיב בבי כנישתא רבתי ובכא ומלא קקויא דדמעי ושתייה ונפל מותנא בבי ריש גלותא ומיתו כולהו בחד ליליא ופש מר זוטרא בכריסה דאימיה והוא חזא ליליא מר רב חנינא בחלמא דעל לבוסתנא דארזי ושקל נרגא וקטל לכל ארזי דהוו ביה ופש חדא ארזא זוטרא תחות ארעא דלי נרגא למקטליה ואתא גברא כומקא סבא אמר ליה אנא דוד מלך ישראל והאי בסתנא דילי הוא את מאי הוה לך בהדייהו דקטלתינהו מחיה בהפתקא ואהדרינהו לאנפיהו לאחוריה ואיתער ומהדרין אנפיה לאחוריה אמר להו לרבנן פש מבית דוד חד אמרו ליה לא פש מנהון חד שום איניש אלא ברתך דמעברא ואזל ונגא על בבא דילה בכטרא ובשמשא עד דילדה [זכר]. וכד ילדה תריץ אנפיה בדרבן ושקליה לגביה ואקרייה ושויה גברא רבא חד חתן הוה לבית דוד והוה רב פחדא שמיה בר חוריה דמית בית דוד שקל ממונא ושוחדא למלכא ושריה רישא וכד הוה מר זוטרא בר חמש עשרה שנים אזל הוא וריש מתיבתא לגבי מלכא ושקליה לראשותיה[5] מן רב פחדא. והוא רב פחדא עייל

[1] Ep. נצר ראי. [2] Ep. שברא. [3] Ep. עקבן. [4] B. ופקיד ולא. [5] Ep. לראשנותה.

ליה דורבא בנחיריה ואיתפח עד רמית משום הכי ציירין דבית דוד דורבא על חותמייהו: והיה מר זוטרא ריש גלותא עשרים שנים ומר רב חנינא ורב סמא ורב יצחק חכמים שלו: ובימיו נהרג מר רב יצחק ריש מתיבתא ובההוא יומא נפק ברא מיד גדול זכר נשיאנו לחיי העולם הבא איתחזי ליה עמודא דנורא ונפקי בהדיה ארבע מאה גברין ועבדו קרבא עם פרסאי ואירית מלכותא ונבא נזיאתא שבע שנין ובסוף שבע שנין חטאו[1] הנך דנתקי דהוו בהדיה ואשכחונון דהוו שתויי יין נסך וקא מזנאן בבית מלכי פרסאי[2] ואסתלק עמודא דנורא דהוה סני קמיה ונקטוה פרסאי וקטלוה וצלבוה לריש גלותא מר זוטרא ולריש מתיבתא על גשרא דמחחא ופקיד מלכא ושבייה מתא דריש גלותא ובההוא יומא איקטיל מר זוטרא ריש גלותא זכר נשיאנו לברכה ואיתיליד ליה ברא וקריוה מר זוטרא על שמיה דאבוה וערקו דבית דוד ותלתין שנין לא יכיל מר אהונאי לגלויי אנפי ומר רב גיזא אחוי דאבוהין דבית מר רב נהילאי אזל ויתיב בנהר צבא ומר זוטרא בר מר זוטרא ריש גלותא סליק ליה לא״י ועיילוה בריש פירקיה: ובשנת ׳ד מאות ונ׳ב שנה לחרבן הבית היא שנת ארבעת אלפים ומאתים ושמונים לבריאת עולם עלה לארץ ישראל והיה ראש סנהדרין. ואחריו רב גוריא ואחריו מר זוטרא בנו. ואחריו רב יעקב בנו. ואחריו רב מיגס בנו. ואחריו רב נחמיה בנו. ואחריו רב אבדימי בנו. שמנים ושבעה דורות וכולם שמנים ושבעה כלל שמותם: ורב אביי הוליד את רב יעקב ואת רבי פנחס ואת רבי עזריה ורב פנחס הוליד את רב חצוב. הרי שמנים ותשעה דור:

⁘ סליק סדר עולם זוטא ⁘

B.

המשפחה מראש גולה שבבבל:

דוד מלך שנת שתים אלף ושמנה מאות וארבעה ושמנים ומלך מׄ שנה. בדורן [היה] אביתר כהן גדול ונתן וגד נביאים: שלמה מלך שנת שתים אלף ותתק וכ׳ד[3]. ובשנת תתק וכ׳ד[4] התחיל לבנות הבית. ובשנת תתק ולה׳[5] השלימה ומלך מׄ שנה. בדורו [היה] צדוק כהן גדול ויונתן ועדוא ואחיה השילוני נביאים: רחבעם ׳יז שנה. אחימעץ כהן גדול *ושמעיה ועדוא[6] נביאים: אביה בנו ׳ג שנים. עזריה כהן גדול ועדוא נביא. אסא בנו מ׳ה[7] שנה. יהורם כהן גדול *ועזריה בן עדוא[8] וחנני[9] הרואה ויהו[א] בן חנני נביאים: יהושפט כ׳ה שנים. יאוחז[10] כהן גדול. ויהוא בן חנני ועובדיה ומיכה ויחזיאל בן זכריה ואליעזר בן

---

[1] Ep. חטיא. [2] Ep. גוים. [3] ותתקכ׳ד. [4] תתקצ׳ה. [5] תתקל׳ה.
[6] ושמעיהו ועדא. [7] מ׳א. [8] So both. [9] H. וחנניה. [10] So both.

(רודיהו)[1] נביאים: יורם בנו ח׳ שנים. יהוידע כהן גדול. אליהו נביא שבא לו מכתב (ממנו) אחר שנסתלק: אחזיהו בנו שנה אחת. ויהושע כהן גדול ואלישע נביא: עתליה אמו שש שנים מלכותה והרגה כל זרע המלכות חוץ מיואש בן בנה שהיה בן שנה והיה נחבא *בבית השם[2] ויהרגו אותה וימלוך יואש מ׳ שנה ובזמנו [היו] יהוידע ופדיה כהנים גדולים. חכריה בן יהוידע כהן ונביא והרגו יואש ובמותו אמר ירא יי׳ וידרוש: אמציה כ״ט שנה: צדקיה כ״ג אמרן אחיו נביא: (עוזיהו נ״ב שנה והט״ו שנים מהם הם ממלכות אביו. יואל כהן גדול) הושע עמוס וישעיה נביאים: יותם ט״ז שנה. (יותם) כהן גדול. הושע וישעיה ועמוס ומיכה המורשתי נביאים: אחז ט״ז. אוריהו כהן גדול. הושע וישעיהו ומיכה ועמוס ועודד נביאים: חזקיה כ״ט שנים. נריה כהן גדול הושע וישעיה ומיכה נביאים: מנשה בנו נ״ה שנה. הושעיא כהן גדול. יואל וחבקוק ונחום נביאים: אמון ג׳[3] שנים. שלום כהן גדול חוזיא[4] נביא: יאשיהו ל״א שנה. חלקיה כהן גדול. צפניה ירמיה (ו)חולדה נביאים: יהויקים בנו י״א שנים. עזריהו כהן גדול (ירמיה וחולדה נביאים: יהויקים בנו י״א שנים עזריהו כהן גדול). ירמיה ואוריה נביאים. הרי שמנה עשר מלכים:

יהויכין ראש היחס בן י״ח שנים במלכו והוא שנת ח׳ למלכות נבוכדנצר ומלך ג׳ חדשים ו׳ ימים והוליכוהו לבבל והיה אסור שבע ושלשים שנה עד שמת נבוכדנצר אסיריו לא פתח ביתה. ובעבור התשובה שלא נגע בנדה זכה שיצא מבית הסוהר[5] בן נ״ה שנה וזכה לבנים צדיקים ואויל מרודך הרים את כסאו מעל כל המלכים וכלכלו ולא נשאר מבית דוד מזרע המלוכה כי אם יהויכין ואחריו בגולה שאלתיאל בנו לראש גולה. וכשהשלים מלכות בבל ומלך כורש נ״ב שנים לחרבן הבית שבעים למלכות בבל מת שאלתיאל. ומלך בנו זרובבל והיה פחת יהודה ועלה לירושלם בשנה ההיא עם יהושע בן יהוצדק כהן גדול וחגי חכריה ועדוא[6] [נ״ל ומלאכי] נביאים ועמד מיד אחשורוש ובטיל[7] מלאכת בית המקדש עד שנת י״ח לפרס ומדי שנשלמו שבעים שנים לחרבן הבית בשנת שתים לדריוש בן אסתר ואז בנה זרובבל הבית והשלימה. ואח״כ עלה עזרא [הסופר] וגלותו עמו. וחזר זרובבל לבבל ומת שם. ועמד אחריו משולם בנו ובימיו מלכה יון כי ביום שמלכה יון פסק[ה] נבואה מישראל שנת ג׳ אלף ות״מ״ח ומתו חגי זכריה ומלאכי. ואלכסנדר מקדון מלך י״ב שנים וקמו אחריו ד׳ מלכים ממזרים ומת משולם ועמד אחריו ברכיה בנו ובזה הזמן היה תלמי המלך שכתב התורה יונית וכן אנטיוכוס שבנה אנטוכיא. ומת ברכיה ועמד אחריו חסדיא בנו ובימיו היה ניקנור מלך יון וכל ענין החשמונים שנת מאתים ושנים עשר לבנין בית שני. ומלך מתתיה שנה אחת ויהודה בנו שש שנים [ויהונתן אחיו ו׳ שנים] ושמעון אחיו שמנה עשר שנה[8] ויוחנן בן שמעון הנקרא הורקנוס הראשון ששה עשר שנים הרי שבע וארבעים שנה לחשמונים.

---

[1] So in d.; blank in H. [2] בן הכלים (so). [3] ב׳. [4] So both.
[5] האסורים. [6] So both. [7] וביטל כל. [8] י״ב שנים.

ומת חסדיא ראש גולה ועמד אחריו ישעיה בנו ואז מלך ינאי בן יוחנן הנקרא הורקנוס. חה ינאי נקרא אלכסנדר ומלך שבעה ושלשים שנה. ונפטר ישעיה ועמד אחריו עובדיה[ו] ובזמנו מת ינאי ומלך ארסטובולוס בנו ומלך עשרה שנים ונהרג. ובזה הזמן אומר התלמוד כשצרו מלכי חשמונאי זה על זה וכו׳ ומלך אחריו אנטיגנוס בנו ומלך עשרה שנים והרגו עבדו הורודוס בן אנריפס והרג כל בית ארוניו ומלך שבעה ושלשים[1] שנה ונפטר עובדיה ראש גולה ועמד אחריו שמעיה בנו. ויש נוסחה אחרת במלכות החשמונים כי הם מאה ושלש שנים. יוחנן ושמעון בן מתתיה שבע ושלשים שנה וינאי בן יוחנן שבעה ועשרים שנה ואריסטבלוס בנו עשרה שנים ונהרג ואנטיגנוס בנו כ״ז שנים ואחר הורודוס מלך אגריפס בנו. ואחריו מלך מונבז בנו. אבל מונבז[2] המלך החסיד שמזכיר התלמוד כתב ר״שי שהוא ממלכי חשמונים ואמו הלני[3] המלכה הצדקת ואי[4] אפשר זה. ובזה הזמן נפטר שמעיה. ועמד אחריו שכניה בנו שהוא דור העשירי ליהויכין המלך בזמן הרבן בית שני שהוא שנת שלשה אלף ושמנה מאות *ושמנה ועשרים[5] והיא שנת מאה ושמונים למלכות אדום. ובשנת שנים וחמשים לחרבן הבית [נ]חרבה ביתר. ויש אומרים *שנים ושבעים שנים ובשנת מאה וששה[6] לחרבן הבית באו פרסאי על רומאי[7]:

ונשוב לראש(י) גולה: נפטר שכניה ועמד חזקיה בנו ונפטר חזקיה ונקבר בארץ ישראל בגבעת ארבאל[8] במזרח העיר ועמד עקוב בנו. נפטר עקוב ועמד נחום בנו והיו חכמים עמו שמם רב הונא ורב חינא ורב מתנה ורב חננאל. ונפטר נחום ועמד אחריו יוחנן אחיו בן עקוב וחכם שלו רב חננאל. ונפטר יוחנן ועמד אחריו שפט בנו. ונפטר שפט ועמד ענן בנו. וכאשר נפטר ענן נשאר נתן במעי אמו והוא נתן דצוציתא ראש גולה. ונפטר נתן ועמד אחריו רב הונא בנו. ורב ושמואל חכמים שלו. ונפטר רב הונא בזמן ר׳ ונקבר בארץ ישראל אצל ר׳ חייא רבה ועמד אחריו נתן בנו ורב יהודה ורב ששת חכמים שלו. ונפטר נתן ועמד ר׳ נחמיה וחכם שלו רב ש[י]זבי ונפטר נחמיה ועמד אחריו עקביה[9] בנו. ובזמן נחמיה גזרו פרסאי שמד על ישראל *מאתים וחמשה ושמנים שנה[10] לחרבן הבית. ורבה[11] ורב ארא חכמים של עקביה ראש גולה ובימיו עלה שבור מלכא [לנציבין] וכבשה ונפטר מר עוקבא[12] דצוציתא ונקבר בארץ ישראל ועמד אחריו הונמאר[13] אחיו ואביי ורבא חכמים שלו. בימיו עלה שבור מלכא לנציבין וכבשה. ונפטר הונמאר[13] ועמד אחריו עוקבא אחיו ורב חיננא חכם שלו. בשנת ארבע מאות וששה עשר שנה לחרבן הבית קם עלמא בלא מלכא ונפטר אבא ועמד נתן בנו רב אחא ורב חביבא חכמים שלו. ונפטר נתן ועמד אחריו מר כהנא חכם שלו. ונפטר מר כהנא ועמד אחריו רב הונא בנו ורב אחאי חכם

---

[1] לה׳. [2] d. בונבז. [3] הילאני. [4] ואינו. [5] ופה׳. [6] על שנים קן. [7] רומה. [8] ארבל. [9] עקביא. [10] קעה. [11] ורבא. [12] עוקבן. [13] So both; הונא מר?

שלו. ונפטר מר הונא ועמד אחריו מר זוטרא אחיו רב (אחא) מדפתי חכם שלו. ונפטר מר זוטרא ועמד אחריו כהנא בנו ורבינא חכם שלו. ונפטר רב כהנא ועמד אחריו רב הונא אחי אביו בן רב כהנא ורב מארי ורב חנניא[1] רבה חכמים שלו ואשתו של רב הונא ריש גלותא היתה בתו של מר רב חנינא[2] ראש ישיבה ורב חנינא היה חכם[3] גדול והלך דיינא של ראש גולה למקום רב חנינא ולא הניחו שם לשפוט ושלח בעבורו ראש גולה ונעשו[4] לו רעות גדולות ומרטו שער זקנו והלך [ר]ב חנינא ראש ישיבה בזה [הצער] לבית הכנסת ובכה עד שמלא קערה מדמעות ושתה אותם ונפל מגפה בבית ראש גולה ומתו כולם בלילה אחד ונשאר מר זוטרא במעי אמו וראה בלילה ההוא בחלומו רב חנינא שנכנס לגן של ארזים ולקח גרזן [אחד] וחתך לכל הארזים שבו וראה כי נשאר ארז קטן תחת הארץ והרים הגרזן לחותכו ובא [איש] זקן אדמוני ואמר לו אני דוד מלך ישראל חוה הגן שלי הוא [אתה] מה לך עמהם שהרגתם הכהו בהפתקא[5] והחזירו[6] פניו לאחוריו והקיץ ופניו לאחוריו. ואמר להם לחכמים נשאר מבית דוד ואמרו לו כי לא נשאר כי אם בתו שהיא מעוברת והלך והמתין *לפתחה עד אשר ילדה[7] וכאשר ילדה חזרו פניו לו[8] ונתיישרו ולקחו ולימדו [תורה]. ובזה הזמן [היה] איש [אחד] ששמו [רב] פחרא כיון שראה כי תם בית דוד נתן שחד למלך ועשאו ראש גולה. וכאשר היה מר זוטרא בן טו֗[9] שנים הלך הוא וראש ישיבה למלך ולקחו הנשיאות מרב פחרא ולרב פחרא נכנס זבוב בחוטמו עד שמת ממנו ולכך חותמין דבי׳ דוד זבוב על חותמיו. והיה מר זוטרא ראש גלות עשרים שנה ומר רב חנניה ורב חמא ורב יצחק חכמים שלו. ובימיו נהרג רב יצחק ראש ישיבה וביום ההוא יצא מר זוטרא ונראה לו עמוד אש ויצאו אחריו ארבע מאות איש וילחמו עם הפרסיים ויירש המלכות וגבה המס שבע שנים. ובסוף שבע שנים חטאו העם שהיו[10] עמו ומצאן שותין יין נסך ועבירות אחרות ונעלה הענן שהיה[11] הולך לפניו ולקחוהו [ה]פרסיים ותלו לראש גולה מר זוטרא ולראש ישיבה תלו על ראש גשר מחוזא. וביום ההוא שנהרג נולד לו בן ונקרא מר זוטרא על שמו[12] וברחו בית דוד שלשים שנה לא יכול מר אהונאי[13] לגלות פניו. ומר רב גיזא אחי אביו דמר רב נהילאי הלך וישב בנהר צובה ומר זוטרא בר מר זוטרא *עלה לארץ ישראל ראש גלות[14] והכניסוהו לריש פרקיא[15]. ובשנת תׄנׄבׄ לחרבן הבית שנת ארבעת אלפים ומאתים ושמנים עלה לארץ ישראל והיה ראש [ל]סנהדרין. ואחריו רב גוריא. ואחריו מר זוטרא בנו. ואחריו מר יעקב בנו. ואחריו רב שמעיה בנו. ואחריו רב נינא בנו. ואחריו רב מינס בנו. ואחריו רב מיסא בנו. ואחריו רב נחמיה בנו. ואחריו רב

---

[1] חנניה. [2] חיננא. [3] אדם. [4] ועשו. [5] באפקא. [6] So both.
[7] לה עד שילדה. [8] חזרו after לו. [9] טו֗. [10] אשר היו. [11] והיה. [12] על שם אביו. [13] אהולאי. [14] ראש גלות עלה לירושלם. [15] פירקין.

אבדימי בנו. ורב אבדימי הוליד את ר׳ יעקב ואת ר׳ פנחס. ור׳ יעקב הוליד את ר׳ חצוב. הרי מיהויכין מלך יהודה עד זה שלשה וארבעים ראשי גולה:

∗ זה סדר עולם זוטא ∗

C.

דורות העולם בקצור מאדם ועד דוד בן זכאי שעשה מחלוקת עם רבינו סעדיה ז״ל והמעלות שנתעלתה ישיבת סורא על פומבדיתא:

אדם שת אנוש קינן מהללאל ירד חנוך מתושלח למך נח שם וארפכשד. שלח עבר פלג רעו שרוג נחור תרח אברהם יצחק ויעקב. יהודה פרץ חצרון רם עמינדב נחשון שלמון בעז עובד ישי. דוד שלמה רחבעם אביה אסא יהושפט יהורם אחזיה עתליה יהואש אמציה עוזיה יותם אחז יחזקיה מנשה אמון יאשיהו יהואחז יהויקים יהויכין. נחמיה משולם חנניה ברכיה חסדיה ישעיה עובדיה שכניה שמעיה חזקיה יוחנן שפט ענן נתן רצוציתא (הונא) נתן נחמיה עוקבא אבא בר הונא נתן מר זוטרא מרימר כהנא הונא מר זוטרא הונא מר כפנא(י) בסתנאי חסדאי שלמה ריש גלותא דוד בן זכאי שעשה המחלוקת עם רבינו סעדיה [אלופינו] (פיומי) זכרו לברכה [ולטובה]:

אלה המעלות שנתעלתה בהם ישיבת סורא על [ישיבת] פומבדיתא. בתחלה בימי רב שהיה סוף תנאים ותחלת אמוראין לא היתה עדין ישיבה בבבל אלא הנשיאים שהיו שם לא היו קורין אותם אלא רישי סדרא כדאמרי׳ מאן ריש סדרא בבבל א״ל אבא אריכא והוא רב. ולאחר שנפטר רב עשו ישיבה בבבל על דרך ארץ ישראל והיא ישיבת סורא. ומלך בה רב הונא מ׳ שנה והוא היה ראשון לכל מי שהיה ראש ישיבה בבבל. ואח״כ מלך אחריו רב חסדא ונמשכה מלכותו י׳ שנים. ובסוף ימיו של רב חסדא הלך רבה בר נחמני ועשה ישיבה בפומבדיתא. (ומאותו היום ואילך היתה ישיבה בפומבדיתא) והיתה ישיבת[1] גולה. ומלך [בה] רבה בר נחמני כ״ב שנה. ואחריו מלך רב יוסף ב׳ שנים ומחצה. (ואחריו אביי י״ד שנים.) ואחריו רבא על פומבדיתא ועל סורא בסיעתא דשמיא ובברכתא דברכיה רב יוסף כדנקטינן[2] דא״ל יהא רעוא[3] דתרום רישך אכולא ברכא ושני מלכותו י״ד שנים. ומלך אחריו רב פפא י״ט שנים. ואחריו רב אשי ס׳ שנה. ואחריו מלך רב טביומי בריה דהוא מר בר רב אשי. ומלך אחריו רבה יוסי שבימיו נסתם התלמוד. וכשנפטר רבנא יוסי נשארו שתי הישיבות בלא גאון עד שהסכימה דעתם של רבנן סבוראי והם שהיו אחר חכמי התלמוד שיהיו עושין ב׳ ישיבות כמו שהיו בימי רב הונא מפני שרבנן סבוראי אע״פ שלא הוסיפו על התלמוד

---

[1] MS. והא ישיבת של. [2] Ed. כדנקטיה. [3] Ed. רעוה.

ולא נרעו ממנו אעפכ היו ראשי הישיבות והן הגאונים יושבין ודורשין והיתה הוראה יוצאת מהן לכל ישראל וכך היו נוהגין בישיבתן עד היום הזה:

ואלו המעלות שנתעלתה בהם ישיבת סורא על ישיבת פומבדיתא. א שלא יהיה גאון מפומבדיתא אלא מסורא על פי ראש הישיבה שלה. ועוד אם יתקבצו ראשי הישיבות שתיהן עם[1] ראש גלות בארץ עתיקה בבבל בשבת שרגילין להתקבץ אליו ראש ישיבת סורא ותלמידיו קורין עם[1] ראש גלות [ב]ספר התורה מפני גדולתו וראש ישיבת פומבדיתא [ותלמידיו קורין ומתרגמין עליו. ועוד אם ישב ראש גלות על הספסל שעושים לו ראש ישיבת סורא לימינו וראש ישיבת פומבדיתא] לשמאלו. ועוד אם יסבו[2] בסעודת מצוה אצל א מראשי גלות [או מראשי כלות] ראש ישיבת סורא בוצע תחלה והוא מברך ברכת המזון. ובין[3] בכניסה ובין[3] ביציאה ראש ישיבת סורא קודם לראש ישיבת פומבדיתא ואפילו היה ראש ישיבת פומבדיתא זקן בן שמנים שנה וראש ישיבת סורא קטן בשנים ממנו השררה לעולם לראש ישיבת סורא. ועוד כשהיו משלחין אגרות זה לזה ראש ישיבת פומבדיתא כותב יתקרי הדין דיסקא קמי[ה] גאון ורבנן דסורא וריש ישיבת סורא [כותב] יתקרי הדין דיסקא קמי[ה] דרבנן דפומבדיתא ואינו כותב לו גאון. ועוד אם קורא ראש גלות בספר התורה ראש ישיבת סורא מתרגם עליו וראש ישיבת פומבדיתא יושב ודומם. ועוד כשימות ראש גלות כל הרשויות שלו ינתנו לראש סורא ואין בהן לראש ישיבת פומבדיתא חלק כלל. ובראשונה היתה [ראש] ישיבת סורא נוטלת שני חלקים וישיבת פומבדיתא חלק א עד שמלך כהן צדק בפומבדיתא ורבו בני הישיבה ולא הספיק להם חלק הג׳ שהיה מנהגם לקחת ונפלה קטטה ביניהם על זה הדבר עד שנתקבצו ראשי הדור ועשו פשרה ביניהם ש[י]היו חולקים כל מה שיבא להם חלק בחלק בשוה וכך היו נוהגין עד היום הזה. ואשר אמר (ר׳) נתן הכהן בר יצחק הבבלי ממה שראה בבבל [במקצת וספרו במקצת] על ראש גלות עוקבא שהוא מזרע דוד שבא לאפריקיא[4] ונהג שירה בבבל שנים רבות שלא עמד על מספרם[5]. והיה ראש ישיבה בימיו מר רב כהן צדק ורב[6] יוסף בפומבדיתא מ׳ שנה עד שנפלה קטטה ביניהם על רשות כרסאן מפני שבראשונה היו נוטלין רשות כרסאן מפומבדיתא וכל הנאה שתבא ממנה לפומבדיתא תגיע ובקש רב עוקבא זה להשיב הנאתה אליו ומנעו רב כהן[7] צדק והיו לו לעוזרים יוסף בן פנחס והתנו נטירא עם קצת פנות הדור עד שהוציאו עוקבא מבבל וגלה למקום הנקרא קרמיסין דרך ה׳ ימים במזרח בבל. ובעת ההיא היה עמרם בן שלמה ראש ישיבת סורא. וישב עוקבא בקרמיסין עד שיצא *מלך בבל[8] לטייל בקרמיסין מפני שיש בה מים גנות ופרדסים וכל כרכום שבבבל ממנה הוא בא וחוץ ממנה כמו חצי מיל מקום הנקרא שפראן[9] ויש בו בנין יפה וכשיבא

---

[1] Ed. על. [2] MS. ישבו. [3] MS. וכן. [4] MS. לאפרקה. [5] Ed. במספרם. [6] מר רב. [7] Ed. adds מורה. [8] MS. המלך. [9] MS. שרפאן.

המלך לשם בו היה מטייל. והיה בו בית אחד גבוה כשיעור שתי קומות והיו בו שתי צורות אחד של מלך ואחד של פילגשו ובתחתיתו דמות סוס חלול ויצאו מים מן ההר ויכנסו בו ויצאו מפיו. והיה המלך בכל יום ויום יוצא לאותו מקום לטייל בו והיה עוקבא מכוין אותה שעה שהיה המלך שם ועומד לפניו ומברך אותו בדברים ערבים ובשירי נאים. וכך היה עושה (לו) בכל יום ויום עד מלאת לו שנה. וסופר המלך כותב שיריו ודבריו בכל יום ויום וראה שמה שאמר היום אינו אומר למחר פעם אחרת. וכן עשה כל השנה [כולה] מראשה ועד סופה. לאחר מלאת השנה הגיד הסופר למלך שלא היה עוקבא שונה הדבר מראש השנה ועד סופה בקש ממנו המלך שיתן סימן לדבריו כי לא האמין בדבר. הביא לו פנקסו ושירי עוקבא כתובין בו ואין בהן דבר שנוי ומשולש. צוה המלך שיכנס עוקבא אצלו. וכשנכנס אמר לו המלך שאל מה אתן לך. ושאל ממנו השבתו על כנו. כתב לו המלך מכתב כשאלתו. וכיון ששב היה קשה הדבר על נטירא ועל יוסף בן פנחס ועל הנלוים עמהם. והיו מדברים עליו אל המלך עד שצוה המלך שיצא [מכל מלכותו] והגלה אותו פעם שניה. וכתבו עליו מכתב *מאת המלך[1] שלא יכנס בכל מלכות בבל לעולם ואם יכנס יחרם כל רכושו. ולא נשא אותו ארץ מכל ארצות מזרח ויצא אל המערב ונשארה השררה כמו ד׳ או ה׳ שנים בלא ראש עד שהיה קשה הדבר מאד על ישראל. ודברו על דוד בן זכאי שהוא (בן) דודו של עוקבא נשיא *שעבר שיעשו[2] אותו ראש גלות. והיה כהן צדק שהוא ראש ישיבת פומבדיתא קשה עליו הדבר שלא רצה בשררות דוד בן זכאי לפי שהיה קרובו של עוקבא ראש גלות שעבר אבל ראש ישיבת סורא הנהיג אותו על עצמו וכתב לכל אנשי ישיבתו לתלמידים ולתנאים שבה שיברכוהו ויכתבו לו על נפשם וינהיגו אותו ראש [גלות] עליהם. ועשו כאשר צום והלכו כלם לקראתו עד שהגיעו למקום אחד הנקרא קצר בדרום בבל בינו ובין סורא ד׳ [3] מילין והוא מקום דוד בן זכאי והיא ארץ מולדתו וברכוהו והנהינו אותו ראש [גלות] עליהם. ועכ״ז היה ממאן כהן צדק ראש ישיבת פומבדיתא ואינו רוצה בדבר עד ג׳ שנים. והיה שם אדם א׳ מאור עינים נודע בנסים[4] ראש כלה נהרואני והיה נכנס ביניהם בדרך שלום אולי יוכל[5] להנהיג אותו על ישיבת פומבדיתא שיתרצה בו כהן צדק ראש הישיבה. עד שהלך לילה א׳ והיה פותח כל מנעולי בבל בשם פתח אותו הלילה ד׳[6] מנעולים. עד שהגיע אליו ועמד על ראשו ומצא אותו גורס בחצי הלילה. כיון שראהו כהן צדק חרד לקראתו ושאל לו על עסקי ביאתו (ואמר לו) חי נפשך אדוני לא הנעתי אצלך עד שפתחתי ד׳[6] מנעולים. אמר לו ומה רצונך עכשו. אמר לו (בקשתי) שת(ת)ברך ראש גלות ותנהיגהו על עצמך. השיבו שיעשה כדבריו. יצא משם נסים[7] אל ראש גלות והודיע[ו] וקבע לו זמן ביום אשר יבא בו וחזר אצל כהן (מורה) צדק והודיעו הזמן. אז צוה כהן צדק לכל תלמידיו

---

[1] מעם הארץ. [2] MS. שעשו. [3] Ed. f. [4] MS. בנס. [5] MS. אוכל.
[6] Ed. י׳. [7] Ed. נסי.

ולבני ישיבתו וכל אשר היו עמו להקהל ולעמוד על נפשם ולצאת לקראת ראש גלות. יצאו לקראתו אל המקום הנק׳ צרצר מהלך חצי יום מבבל. כיון שהגיע אצל ראש גלות והנה גם הוא בא במחנה כבד מאד ועמו כל תלמידיו וכל הגלוים אחריו וחזרו אחריו[1] וכבר הכינו לו חצר בכפר ידוע בארץ עתיקה להיות בה. וכשהגיעו לשער מדינת בבל היו אומרים שירים ערבים ופזמונים נאים עד שבאו[2] אל החצר אשר הכינו לו. ונכנס ושכן בבבל והוא וכל אנשיו ונשיו וכל נפשות ביתו. ואחר [כך אחר חמש] השנים מת ראש ישיבת סורא ומלך אחריו מר האיי בר קיומי והוא היה ראש דורו באותו זמן ונהג ישיבת סורא כ׳ שנה ומת. וכהן צדק ראש ישיבת פומבדיתא עודנו חי. וכשמת ראש ישיבת סורא נשארה ישיבת סורא גלמודה. והיה ראש גלות מתיעץ מי ינהיג בה ונמלך לבו על רבינו סעדיה פיומי ועל צמח בן שהין[3] כי הוא היה בר אבהן ובר אוריאן ושגר ראש גלות אל נסי *נהר ואני[4] להיות ראש ישיבתן ואמר לו לא יתכן כי ראש ישיבה נקרא נהורא דעלמא והו חשוכא דעלמא. אמר לו מה תראה בדבר זה. אמר לו כל אשר חפצת עשה. הודיעו ראש גלות מה שבלבו לעשות וכי נפלה עצתו או על רבינו סעדיה או על צמח בן שהין[5] השיבו נסי שינהיג צמח בן שהין[5] ולא רב סעדיה אעפ׳ שהוא אדם גדול ומופלג בחכמה אינו מתירא מאדם בעולם[6] ואינו מסביר פנים לשום אדם בעולם מפני רוב חכמתו ורוח בפיו ואריכות לשונו ויראת חטאו. אמר לו ראש גלות כבר נפלה עצתי והסכמתי[7] על רבינו סעדיה פיומי. השיבו נסי עשה מה שאתה חפץ כי בתחלה הראשון שישמע לדבריו. וישב לפניו אני הוא ואני אהיה ראש הרוצים בו. הנהיג[ו]הו אותה שעה בפני כהן צדק ובפני תלמידי ישיבת פומבדיתא ומינוהו להיות ראש ישיבת סורא. ולא היה ימים מועטים עד שנפלה קטטה בין ראש גלות ובין רב סעדיה ונחלקה (מלכות) בבל לשנים. וכל עשירי בבל ותלמידי הישיבות וחשובי המקום היו עם רב סעדיה לעזור אותו בכח ממונם ובהסברת פנים אצל המלך ושריו ויועציו. והיה בבבל אדם חשוב אחד ושמו כלב בן שרגאדו[8] עוזר לראש גלות והיה בעל ממון ונתן [מ]ממונו ס׳ אלף זוז כדי להסיר את רב סעדיה ממקומו. ולא היה יכול מפני שהיו עם רב סעדיה בני נטירה וכל עשירי בבל. ונתקנא כלב זה ברב סעדיה מפני שהיה כלב זה בעל לשון ואדם גדול בחכמה וכל שאלות שישאל היה משיב עליהם טעם א׳ ושנים. אבל רב סעדיה מוסיף עליו עשר ידות. והיה מתקנא בו בדבר זה ועקר[9] מחלוקת רב סעדיה וראש גלות היה על עסקי חצרות שהיו לאנשים שהיו מתחת ראש גלות וממון הרבה שנפל להם בירושה[10] ובקשו חלוקתם. ונפלה ביניהם קטטה עליו עד שנתנדבו לתת מעשר מכל מה שנפל להם בירושה [לראש גלות] להסיר *החלונות מעליהם[11] ולהוציא לאור משפטם.

---

[1] MS. אליו. [2] MS. בואו. [3] MS. שחין. [4] Ed. one word. [5] Ed. שהיאן.
[6] Ed. מעולם. [7] MS. והסכימה. [8] Ed. שראנדו; MS. שארדו. [9] Ed. adds רב.
[10] Ed. בירושתם. [11] So MS.; ed. התנאות.

והגיע לראש גלות בחלקו ז׳ מאות זהובים מן המעשר שנתנו לו וכתב להם מכתבות וחתם עליהם וצוה להם שילכו לראשי ישיבות לקיימם. וכשהגיעו הכתבים אל רב סעדיה עמד עליהם וראה בהם דברים שלא ישרו בעיניו ואף בכל זה אמר להם בסבר פנים יפות לכו אצל כהן צדק ראש ישיבת פומבדיתא [ויקיים כתב זה ואני אקיים אחריו. וכל זה אמר מפני שבקש להטמין הדבר הכעור שראה באותם הדברים ושלא רצה לגלותו. עשו כאשר צום והלכו אצל כהן צדק ר׳ פומבדיתא] וחתם בהם. ולאחר שחתם בהם כהן צדק חזרו אצל רב סעדיה שיחתום בהם ויקיים אותם. אמר להם רב סעדיה למה תבקשו כתב ידי הנה בידכם חתימת ראש גלות וחתימת כהן צדק ראש ישיבת פומבדיתא אינכם צריכין לחתימת ידי. אמ׳ לו למה אינך חותם. אמר להם איני יודע ונמנע מלגלות להם הדבר עד שהשביעוהו כמה פעמים שיאמר להם מה ראה בשטרותם ולא יכול לעבור על השבועה ולכחד מהם. והודיעם מה שראה בשטרות ומאי זה טעם נפסדו. חזרו אצל ראש גלות והודיעוהו. שלח[1] אליו ראש גלות יהודה בנו ואמ׳ לו לך ואמור לו בשמי שיקיים את השטרות. הלך יהודה בנו של ראש גלות ואמר לרב סעדיה בשם אביו שיחתום את חשטרות. אמ׳ לו חזור אצל אביך ואמור כי *כתוב בתורה[2] לא תכירו פנים במשפט. חזר אליו פעם שנייה ואמ׳ לו אמור לו חתום את השטרות ואל תהי שוטה. חזר[3] הנער ואמ׳ לרב סעדיה בסבר פנים יפות ולא אמר לו דברי אביו אבל אמר לו בבקשה ובפיוסין שיחתום את השטרות כדי שלא תפול מחלוקת [בינו לבין אביו. ומאן ושלח אליו פעמים רבות ולא רצה הבן לגלות לר׳ סעדיה] כל מה שאמ׳ לו אביו אבל מפייס ממנו פיוסין גדולים שיחתום הכתבים כדי שלא תהא מחלוקת בינו ובין אביו בדבר זה. כיון שהטריחו אביו בהל[י]כה ובחזרה חרה אפו והרים ידו ברב סעדיה ואמר לו אם לא תחתום השטרות כמו שאמר לך אבי אז אשלח ידי בך. הדבר יצא מפי הנער ואנשי רב סעדיה גררוהו והוציאוהו חוץ לפתח ונעלו השער בפניו. כיון שהגיע אצל אביו וראה עיניו זולגים דמעות שאל אותו על מאורעו וספר לו כל המעשה. כיון ששמע אביו כך החרים ברב סעדיה והנהיג רב יוסף בר יעקב שיהיה ראש ישיבת סורא במקומו. וגם רב סעדיה כששמע הדבר החרים גם הוא בראש גלות ושלח אל[4] חסן אחי דוד בן זכאי דהוא יאשיהו להיותו [ראש גלות] במקום בן[5] דוד בן זכאי אחיו. ונהג ג׳ שנים ומת ונתחזק[ה] המחלוקת ביניהם עד ז׳ שנים עד שאירע דין בין שני אנשים שנתעצמו בדין. הא׳ ברר לו רב סעדיה ואחד ברר לו ראש גלות. שלח ראש גלות אל האיש אשר ברר רב סעדיה *וברח מעליו[6] והכוהו [ו]פצעוהו[7]. הלך האיש המוכה קרוע בגדים וילך הלוך חועק אל[8] כל הקהל והגיד להם מאורעו. והיה הדבר קשה עליהם עד מאד כי היה מנהגם שכל איש שהוא[9] מרשות ראש גלות אין לראשי ישיבות עליו לא דין

---

[1] Ed. חזר. [2] MS. כן אמרה תורה. [3] Ed. חזה. [4] Ed. את. [5] So all.
[6] MS. והלך לפניו. [7] MS. also פצעוהו. [8] Ed. על. [9] MS. אשר הוא.

ולא משפט [וכל שהוא מרשות ראשי ישיבות אין לראש גלות עליו לא דין ולא משפט] ולא[1] לערער על אחד מהם על תברו בשום דבר שיהיה מרשותו. ואם היה גר בארץ ובא מארץ נכריה ואינו לא מרשות זה ולא מרשות זה ילך למקום שירצה. ומפני שהאיש (הזה) המוכה אינו מרשות [ראש] גלות קנאו הקהל למאורעו ונתקבצו כלם על בשר בן אהרן שהוא חותן כלב בן שרנאדו[2] שהיה[3] אדם גדול בבבל והיה מחשובי מקומו וספרו להיכן הגיעה מחלקתם של ישראל וכמה קשה מ[א]ורעם. אמרו לו קום כי עליך הדבר ואנחנו עמך ואולי נוכל להסיר המחלוקת שאינה תלויה אלא בחתנך כלב בן שרנאדו[4]. והלך אצל גדולי הדור וקבצם לתוך ביתו. והיה עמהם ראש גלות ודבר אליו בפניהם מה המעשה הזה אשר עשית ועד מתי אתה מחזק במחלוקת ולא תשמור עצמך מן העונש. ירא את אלהיך והסיר עצמך מן המחלוקת כי אתה ידעת כמה גדול כח המחלוקת. ועתה ראה איך תתקן דרכיך עם רב סעדיה ותשלים עמו ותניח מה שבלבך עליו. השיב ראש גלות לדבריו וענהו לשלום שיעשה כדבריו. עמד והלך אצל רב סעדיה והביאו לביתו הוא וסיעתו הנלוים עמו ודבר אליו כל אותן הדברים שדבר אל ראש גלות וענהו גם הוא לשלום. והיה ראש גלות בבית אחר הוא וכל הנלוים עמו וכל אנשיו ורבנו סעדיה הוא וסיעתו וכל אנשיו בבית א׳ כנגדו ושניהם היו בחצרו של בשר זה שהלך ביניהם בדברי שלום. ועמדו אנשים מראשי הקהל ונחלקו לשני חלקים חלק א׳ תמכו בידיו של ראש גלות והחלק השני תמכו *ביד רב[5] סעדיה והלכו אלו מכאן ואלו מכאן עד שפגעו זה בזה ונשקו זה את זה וחבקו[6] זה את זה והיה זה הדבר ביום תענית אסתר. וכשנשל[ם] דבר זה ביניהם שמח בשר על הדבר כשנשלמו על ידו. והשביע אותם ואת כל העומדים שם עמהם שילינו (שם) אצלו (אותה) הלילה ושיקראו המגלה בביתו. ולא רצו לא ראש גלות ולא רב סעדיה אבל אמר ראש גלות [או] יסעד אצלי רב סעדיה או *אסעד אצלו[7]. הטילו גורלות ביניהם ונפל הגורל על ראש גלות שילך רב סעדיה אצלו וכן עשה. הלך אצלו וסעד עמו סעודת פורים וישב עמו ב׳ ימים וביום הג׳[8] יצא בשמחה ובטוב לבב. וכשנעשת הפשרה ביניהם אותו רב יוסף בן יעקב שהחזיר ראש גלות ועשה אותו ראש ישיבה במקום רב סעדיה כל אותן השנים שהיתה המחלוקת ביניהם עכשיו שבטל המחלוקת ישב לו אותו רב יוסף ראש ישיבה בביתו ואעפ״כ החוק שהיה לוקח כשהיה ראש הישיבה לא מנעוהו ממנו אלא היו שולחין *אותו לביתו. ונפטר[9] ראש גלות ובקשו להנהיג בנו במקומו ולא עמד *אחריו של אביו אלא[10] ז׳ חדשים בלבד ונפטר גם הוא. והיה לו בן קטן כמו בן י״ב שנים ואספו אליו רב סעדיה ונתן אותו בבית הספר עד שנפטר רב סעדיה. ולא נמצא באותן הימים מי שהיה ראוי להיות ראש גלות אלא איש א׳

---

[1] MS. ואין. [2] Ed. שראנדו; MS. שורנאדו. [3] Ed. שהוא. [4] Ed. שראנדו; MS. שרונארו. [5] MS. בידו של רבי. [6] Ed. וחברו. [7] Ed. יסעד אצלך. [8] MS. השני. [9] Ed. לו בביתו נפטר. [10] MS. אלא אחרי אביו.

שהיה מבני הזמן שהיה בנציבין ולא הספיקו למנותו עד שארע לו[1] דבר שנתקוטט עם גוי א בשוק והעידו עליו שקלל את הפסול ונהרג. ואחר פטירתו של רב סעדיה נהג רב יוסף בן יעקב ישיבתו בסורא. ולאחר פטירת כהן צדק ראש ישיבת פומבדיתא נהג אחריו צמח בר כפנאי ישיבתו י״ג חדשים ונפטר. ומלך אחריו כלב בן יוסף הנק׳ כלב בן שרנאדו[2]:

ומה שאמר עוד ר׳ נתן הכהן על דברי ראש גלות היאך יתמנה והיאך יברתו לו כל העם ברית בשעה שיתמנה כך הוא הדבר אם הסכימ[ה] דעת הקהל למנותו מתקבצין שני ראשי הישיבות עם בני ישיבתן עם כל ראשי הקהל והזקנים בבית אדם גדול שבבבל מגדולי הדור כגון נטירא וכיוצא בו. וזה שמתקבצים בביתו מתכבד בדבר ויש לו שבח גדול בו וכבודו מתעצם בהקבץ הגדולים והזקנים בביתו. ומתקבצין בבית הכנסת ביום החמישי ומברכין אותו ונותנין יד עליו[3] ותוקעין בשופר להשמיע את כל העם מקטן ועד גדול. וכששומעין הדבר כל אחד ואחד [מהקהל] משגר לו מנחה כפי כחו והשגת ידו וכל ראשי הקהל ועשיריהם שולחים לו בגדים נאים ותכשיטים יפים וכלי כסף וכלי זהב כל איש ואיש כמתנת ידו. והוא טורח בסעודה ביום הה׳ וביום הו׳ בכל מיני מאכל ומיני משתה ומיני מגדים כגון מיני מתיקה. וכשמשכים ללכת יום שבת בבה״כ רבים מגדולי הקהל מתקבצין עמו ללכת בבה״כ. וכבר הכינו לו בבה״כ מבעוד יום מגדל ע״ץ ארכו ז׳ אמות ורחבו ג׳ ופורסין עליו בגדים נאים מן המשי ומן התכלת ומן הארגמן ומתולעת[4] השני עד שיתכסה כלו ולא יראה ממנו כלום. ונכנסים תחתיו (בחורים שנבחרו מנשיאי הקהל ומגדוליהם) בחורים וותיקים בעלי קול בעלי נעימה וקולם ערב ובקיאין [בתפלה] ובכל ענייגה. וראש גלות *עצמו יהיה[5] מכוסה במקום עם ראשי הישיבות והבחורים עומדים תחת המגדל ולא ישב עליו אדם וחזן הכנסת מתחיל בברוך שאמר והבחורים עונין [אחריו] על כל דבר ודבר מברוך שאמר ברוך הוא. וכשהוא אומר מזמור של יום השבת עונין אחריו טוב להודות ליי. וקורין כל העם כאחד פסוקי דזמרה עד שגומרין אותן ועומד החזן ופותח בנשמת כל חי והבחורין עונין אחריו תברך את שמך. הוא אומר דבר והבחורים עונין אחריו עד שמגיעין לקדושה ואומר אותה הקהל בקול נמוך והבחורים בקול רם ומיד שותקין הבחורים והחזן לבדו משלים עד גאל ישראל ועומדין כל העם בתפלה. וכשעובר לפני התיבה ומגיע לקדושה עונין הבחורים אחריו האל הקדוש בקול רם ומשלים התפלה ויושבין כל הקהל. וכשיושבין כל הקהל יצא ראש גלות מהמקום שהיה מכוסה בו. וכשרואים אותו כל העם עומדים על רגליהם עד שישב על המגדל שעשו לו ויצא ראש ישיבת סורא אחריו וישב על המגדל לאחר שיתן לו כריעה כפוף ויחזיר לו. ואחר כך יצא ראש ישיבת פומבדיתא ויתן לו גם הוא כריעה וישב לשמאלו. ובכל זה כל העם עומדים על רגליהם עד שיתקנו שלשתם ישיבתם ויושם ראש גלות באמצע

---

[1] MS. אליו. [2] Ed. שראנדו; MS. שרונאדו. [3] MS. אליו. [4] Ed. ובחולעת. [5] MS. גם הוא יהיה גם הוא.

וראש ישיבת סורא יושב לימינו וראש ישיבת פומבדיתא יושב לשמאלו. ובינם לבין ראש גלות מקום פנוי ועל מקומו פרשו עליו (בגד נאה) על ראשו ממעל למגדל אחוז בחבלי בוץ וארגמן וחזן הכנסת מכנים ראשו בסדינו בפני המגדל ומברך אותו בברכות מתוקנות שהתקינו לו מאתמול שלשום בקול נמוך כדי שלא ישמעו אותו אלא היושבים סביבות המגדל והבחורים שהם תחתיו. ובשעה שהוא מברך אותו עונין אחריו הבחורים בקול רם אמן וכל העם שותקים עד שהוא גומר ברכותיו. ופותח ראש גלות ודורש בענין הפרשה של אותו היום או יתן רשות לראש ישיבת סורא לפתוח ולדרוש וראש ישיבת סורא נותן רשות לראש ישיבת פומבדיתא והם נוהגים כבוד זה לזה עד שפותח ראש ישיבת סורא והתורגמן עומד עליו ומשמיע דבריו לעם. וכשדורש דורש באימה וסותם את עיניו ומתעטף בטליתו עד שהוא מכסה פדחתו. ולא יהיה בקהל בשעה שהוא דור שפוצה פה ומצפעף ומדבר דבר. וכשירגיש באדם שמדבר פותח את עיניו ונופל על הקהל אימה ורעדה. וכשהוא גומר מתחיל בבעיא ואומר ברם צריך את למילף ועומד זקן א׳ חכם [ונבון] ורגיל ומשיב בענין ויושב ועומד החזן ואומר קדיש. וכשמגיע בחייכון וביומיכון אומר בחיי נשיאנו ראש גלות ובחייכון ובחיי דכל בית ישראל. וכשגומר הקדיש מברך ראש גלות ואח״כ מברך ראשי ישיבות. וכשהוא גומר את הברכה עומד ואומר מרינה פלוני וכל בנותיה כך וכך יבא מהן חוכר כל המדינות[1] שהן משלחות לישיבה ומברך אותם ואח״כ מברך האנשים שבהם שמתעסקים בנדבה עד שתניע לישיבות. ואח״כ מוציא ס״ת וקורא כהן ואחריו לוי וחזן הכנסת מוריד ס״ת לראש גלות וכל העם עומדין והוא מקבל ס״ת בידיו ועומד וקורא בה וראשי הישיבות עומדין עמו וראש ישיבת סורא מתרגם עליו ומחזיר ס״ת לחזן ומחזירה לתיבה. וכשהוא מניע לתיבה ישב הוא במקומו ואז ישבו כל אדם במקומם. ואחריו קורין ראשי כלות ואחריהם תלמידי ראשי ישיבות אבל ראשי הישיבות עצמן אינם קורין בס״ת באותו היום מפני שקדמן אחר. וכשמפטיר המפטיר עומד אדם גדול ועשיר ומתרגם עליו ויהיה לו שבח וכבוד בדבר זה. וכשמשלים יוסיף לברך ראש גלות בס״ת וכל שלוחי צבור שהן רגילין ובקיאין בתפלה עומדין סביבות התיבה ואומרין אמן. ומברך אחר כך ראשי ישיבות שניהם ומחזיר ס״ת למקומה ומתפללין תפלת מוסף ויוצאין. וכשיוצא ראש גלות כל העם יוצאין לפניו ולאחריו ואומרים לפניו דברי שירות ותושבחות עד שהוא מגיע לביתו אבל ראשי ישיבות אינם הולכין עמו עד ביתו וכל התלמידים שהולכים עמו ומלוין אותו עד ביתו אינו מניח אחד מהם שיצא מביתו עד ז׳ ימים. ומאותו העת ואילך איננו יוצא מפתח ביתו והעם מתקבצין ומתפללין עמו תמיד בין בחול בין בשבת בין בימים טובים. ואם רוצה לצאת ולעשות צרכיו רוכב [ב]מרכבת המשנה כמרכבת שרי המלך [ב]בגדים נאים והולכים אחריו עד ט״ו אנשים ועבדו יהיה רץ אחריו וכשעובר על א׳ מישראל רצים אליו ומחזיקים בידיו

---

[1] Ed. הישיבות.

ומסבירין פניו. וכן עושה כל אחד מישראל שיעבר עליו עד שיתקבצו עליו כמו נ׳ או ס׳ עד המקום אשר הוא בא שם וכשהוא חוזר אל ביתו עושין לו כזה המנהג. ולעולם אינו יוצא עד שהולכין אחריו כל סיעתו ודומה בהליכתו כאחד שרי המלך. וכשהוא רוצה ליכנס לפני המלך לבקש ממנו דבר או לראות פניו מבקש משרי המלך ועבדיו הנכנסין אליו תמיד לדבר אל המלך שיתן לו רשות ליכנס אליו ונותן לו רשות [ומצוה] על השוערים להכניסו. וכשהוא נכנס רצין לפניו כל עבדי המלך והוא כבר הכין בחיקו זהובים וזוזים שיתן לאותם העבדים הרצים לפניו עד שלא יכנס והוא מכנים ידו לחיקו ונותן לכל א׳ וא׳ מה שיזמין לו הקב״ה. והם מכבדין אותו ואוחזין בידו עד שהוא בא ועומד לפני המלך ומשתחוה לו והוא רומז עליו שהיה עומד על רגלו אחד וסומכו בשני עד שרומז המלך לאחד מן העומדים[1] עליו ולוקחו בידו ומושיב אותו במקום שרמז לו המלך (במקום) שיושיבנו בו ואח״כ מדבר עם המלך. והמלך שואל אותו על שלומו ועל דבריו ועל מה נכנס אליו והוא מבקש רשות ממנו שידבר בפניו והוא מרשה אותו ואז מתחיל בהלולים וברכות המוכנים לו מקודם לכן ומסדר לפניו מנהגות אבותיו (ואבות אבותיו) [על בני דורם] ומפייסו בדברים ערבים עד שעושה בקשתו ונותן לו שאלתו וכותב לו כל חפציו שיבקש ממנו ויוצא משם ונפטר ממנו בשמחה ושלום:

ואלה החקים אשר היו לראש גלות ולקיחתם[2] בכל שנה ושנה ממקום אחד הנקרא נהרואן וכל פרוורה[3] והוא רחוק מבבל כמו חצי יום במזרחה ומוציא אליהם דיין ברשותו וברשות ראשי ישיבות וכותב לו אליהם כי לקח רשות מהם ומוציא אליו מן המקום ההוא ויכנס לו משם כמו *ס׳ או ע׳[4] זהובים. וכשהוא מגיע לשם בורר לו שנים מחשובי המקום[5] להמנות עמו על כל פסקי דינין שעושה. ואם היה אותו דיין הממונה ישר בדרכיו ונקי[6] בדיניו כתבו ראשי המקום וחשובים אל ראש גלות ומשבחין אותו בעיניו. ואם שמא ח״ו שיהיה בו דבר רע או ימצאו בו שום דופי כותבין אל ראש גלות ואל ראשי הישיבות פלוני כמה מקולקלים מעשיו וכמה מכוערים[7] דרכיו והן מסירין אותו וממנין אחר תחתיו. וזה החוק שהדיין נוטל מאנשי המקום מכל אחד שהוא מבן עשרים שנה ומעלה שני זוזים בשנה זוז בפסח וזוז בסוכות. ומהכתובה[8] וגט ושטר חוב ושטר מתנה ושטר מכירה יש לתת לבעלים ד׳ זחי ושליש במשקל (ישמעאל) והסופר אין לו אלא הקבלנות שפוסק הדיין לתת לו בשנה[9] והכל לדיין וכ׳ היה המנהג לתת כל זה לדיין בין שהיה שם בין *שהלך למקום[10] אחר. והדיין יש לו שני בני אדם שמעיינין וחוקרין ומשקיפין על כל רשותו שלא יהא אדם עושה

---

[1] Ed. העבדים. [2] Ed. לקחתם. [3] MS. פרוודיה. [4] MS. שבעים או שמונים. [5] MS. הקהל. [6] Ed. ובקי. [7] Ed. מקולקלים. [8] MS. וכל כתובה. [9] Ed. השנה. [10] MS. שהיה במקום.

מאלה הדברים שכתבנו אלא על פיו. וכל מי *שהוא עושה שטר[1] בסתר מנרה אותו וקונס אותו שיתן שכר השטר ומלקהו ואם היה עני [שלא יוכל] לתת הדבר הקצוב נוטל ממנו הסופר כפי השגת ידו ברשות הדיין. ויש לדיין על הטבחים זוז בכל שבוע ושבוע וגם לראש גלות יבא אליו מרשות מדינת פרס בכל שנה עשרים זהובים על זה המנהג. ויש לו מקום אחר הנקרא חלואן בינו ובין בבל מהלך ה׳ ימים ומקבל ממנו ק״נ זהובים בשנה על החוק הנזכר. וגם יש לו מקום אחר הנקרא קצר והיא ארץ מולדתו ויוצא לו ממנו ל׳ זהובים בשנה. ויש לו בבבל מקום ששם ביתו והוא ברשותו ויש לו שם על כל א׳ וא׳ מישראל שני זוזים בפסח ובסוכות ואינו נוטל מן העניים כלום כי העשירים מקילין מעליהם והטבחים נותנין לו רביע זהוב בכל שנה. וכללו של דבר שמגיע אליו בכל שנה ושנה מכל אלו המקומות ת״ש זהובים. ואם רצה כותב למקומות *רחוקות שיסמכוהו[2] (ויכבדוהו) כותב להם ועושין לו בקשתו. ואם יצא בנו של ראש גלות לכל מקום שירצה נושאין לו פנים ומכבדין אותו ונותנין לו מנחה ואינם נמנעים בזה הדבר אבל עושין עמו כל א׳ וא׳ לפי כבודו ולפי גדולתו. ואם לא ישאו לו פנים ולא יכבדוהו במתנותיהם שולח אביו פתיחות וחרמות. ואמר [זה] ר׳ נתן שראה את בנו של דוד בן זכאי שיצא[3] למדינת פרס שהוא מרשות אביו ולא כבדוהו ולא נשאו פניו[4] ושלח והודיע את אביו ואביו הוציא עליהם פתיחות וחרמות והודיע למשנה והמשנה הודיע למלך וכתב המלך למלך[5] פרס לסמוך ידו ולעזרו עליהם. וכששמע מלך פרס והגיע כתב מלך בבל לידו שלח ידו בהם ונטל מהן ממון הרבה מפרס[6] שהוא רשות אביו ומכל פרוורהא[7] והגיע וחזר לבבל ולא היה א׳ מראשי הישיבות מי שיערער עליו בדבר זה. וכשימות ראש גלות כל הרשויות שלו ינתנו לראש ישיבת סורא. וסופר ראש גלות נוטל שכרו מראש גלות. ואין לראש גלות בנדרים ונדבות שמשגרין קהלות ישראל אל הישיבות כלום כי אינם משגרים אותם אלא עם שאלותיהם ובשאלות אין לראש גלות עסק בהם. וכמו כן מנהג [ראשי] ישיבות כשיתמנה אחד מהם בן מנהגם לעשות לו כדרך שעושין לראש גלות כשממנין אותו חוץ מסת׳ שאין מורידין אותה אליו אלא הוא עולה אליה כדרך כל אדם. וכך היו נוהגין ראשי [שתי] ישיבות בכל מקומות רשויותיהן[8] שמוציא אליו הדיין שלהם כמו שכתבנו שמוציא דיין ראש גלות מרשויותיו. ואלו הרשויות שיש להם לראש ישיבת סורא [מקום] הנקרא וסאט ויוצא אליו ממנו ומפרווריה (ק״ץ זהובים השנה. ומבצרה ומפרווריה) ש׳ זהובים השנה והוא הנקרא כלה. ועוד לו מקום הנקרא נמוס בינו ובין אופיר מהלך ב׳ ימים וכן אופיר עצמה ברשות סורא. כללו של דבר מה שיוצא לסורא ברשויות שלו בכל שנה אלף ות״ק זהובים השנה לבד הנדרים והנדבות. ויש להם בבבל רשויות צפונה דרומה מזרחה

---

[1] Ed. שכותב בשטר. [2] Ed. רחוקים שסמכוהו. [3] Ed. שיוצא. [4] MS. לו פנים.
[5] Ed. את מלך. [6] Ed. מפיום. [7] MS. פרוודיהא. [8] MS. מושבותיהם.

וימה נוהגין עמהם כמו שנוהג ראש גלות במקומות שלו שיש לו בבבל כמו שכתבנו למעלה. וטבחי רשויות סורא נותנין לראש ישיבה שלהם *רביע זח[1] השבוע. ופעמים שיהיה לישיבת ראש גלות צוק הזמן ושולחים כתבים לכל קהלות ישראל ומודיעים להם עניים ולחצם וכל קהל וקהל שולחים להם מתנות כפי כחן וכפי השגת ידן וכמו כן מנהג ראש ישיבת פומבדיתא בכל רשויותיו. וכל השאלות שמשתלחין לאחד מראשי הישיבות בשמו אין לראש ישיבה האחר כלום בנדרים ונדבות הבאות עם השאלות ולאשר[2] נשתלחו השאלות בשמם הם יקחו נדרים ונדבות הבאות עמהם. ואם משתלחין סתם חולקים שתי הישיבות בשוה. וכך היה מנהגם בחלוק כל מה שמגיע עליהם מנדרים ונדבות בכל השנה הן מניחין הכל ביד ארם נאמן לצורך הוצאת התלמידים הבאים מכל המקומות שהם יושבים ומתקבצים ובאין מכל המקומות בחדש כלה שהוא חדש אלול בימי הקיץ ואדר בימי החורף וכל א׳ וא׳ מן התלמידים במקומו גורס ומעיין כל אותם ה׳ חדשים המסכתא שאמר להם ראש ישיבה בצאתם מעמו ובאדר אומר להם מסכתא פלונית נגרוס[3] באלול. וכמו כן באלול אומר להם מסכתא פלונית נגרום באדר ובאין כולן ויושבין לפני ראש הישיבות באדר ובאלול וראש הישיבה עומד עליהם על גרסתם ובודק אותם:

וזה סדר ישיבתם. ראש ישיבה *עומד בראש[4] ולפניו עשרה אנשים והיא נקראת דרא קמא ופניהם אל פני ראש ישיבה. והעשרה שיושבין לפניו ז׳ מהן ראשי כלות וג׳ חברים. ולמה נקרא שמם ראשי כלות שכל א׳ מהם ממונה על עשרה מן הסנהדרין והם הנקראין אלופים. וכך היה מנהגם אם נפטר א׳ מראשי כלות ויש לו בן הממלא את מקומו יורש מקום אביו ויושב בו ואפילו היה קטן בשנים. וכך[5] מן החברים כשיפטר א׳ מהם אם היה בנו ממלא את מקומו יושב בו ואין אחד מהם דולג על מפתן חבירו ואם אינו ממלא מקום אבותיו והוא ראוי לישב באחת משבעה דרי ישב בה. ואם אינו ראוי לישב עמהם יושב עם בני רב ועם שאר התלמידים שהם כ׳ מאות איש והשבעים[6] סנהדרין שהם ז׳ שורות שורה ראשונה יושבת כמו שזכרנו ואחריהם עשרה עד ז׳ שורות ופני כלם אל פני ראש ישיבה וכל התלמידים יושבין אחריהם ואין אחד מהם מכיר את מקומו אבל הז׳ שורות כל א׳ וא׳ מכיר את מקומו ואין אחד מהם [יושב] במקום חבירו. ואם יהיה א׳ מהם מן הז׳ שורות גדול בחכמה מן האחר אין מושיבין אותו במקומו מפני שלא ירשה מאביו אבל מוסיפין לתת לו יותר מחוקו מפני חכמתו. וכשירצה ראש ישיבה לנסותם בגירסתן יועדו עליו כלם בד׳ שבתות של[7] חדש אדר והוא יושב והשורה הראשונה גורסין לפניו ושאר השורות שומעין ושותקין. וכשמגיעין למקום הצריך להם לדבר ידברו בו בינם לבין עצמם וראש ישיבה

---

[1] MS. רובע זוהב. [2] Ed. וכאשר. [3] Ed. נפרש. [4] Ed. יושב. [5] Ed. וכן.
[6] Ed. והם. [7] Ed. כל.

שומע אותם ומבין את דבריהם ואח״כ קורא והם שותקין ויודעין שכבר הבין מחלקותם. וכשישלים קריאתו דורש וגורס באותה מסכתא שנרסו בימי החורף כל א׳ וא׳ בביתו ומפרש בכלל דבריו (הדבר) שנחלקו בו התלמידים. ועתים שהוא שואל מהם פירוש הלכות והם מכבדין זה את זה והכל מכבדין את ראש ישיבה ושואלין אותו פתרונן. ואין א׳ מהם יכול לדבר בפניו עד שיתן לו רשות והם מדברים כל א׳ וא׳ כפי חכמתו והוא מרחיב להם דבריו בפתרון כל הלכה והלכה עד שיתברר להם הכל. וכשמתברר להם הכל יפה עומד א׳ מדרא קמא ודורשה ברבים עד ששומעין אותה כקטון כגדול וכל מי שרואה אותו עומד יודע שאינו עומד אלא לברר הברייתא שממנו סיוע השמועה ואז מדקדקין בה שאר התלמידים וחוקרין אותה ומבארין אותה באר היטב וכך היו עושין כל ימות החדש. ובשבת רביעית קורין כל הסנהדרין וכל התלמידים וראש ישיבה מעיין [כל אחד ואחד] מהם וחוקר אותם (ומנסה אותם) עד שיתברר לו המהיר בחכמה מחבירו. וכשרואה את אחד מהם שאין תלמודו סדור בפיו יקשה עליו יותר ויגרע לו מתוקו ונוער בו ומוכיחו ומודיעו המקומות[1] שנתרשל בהם ושנתעצל עליהם ומזהירו בנפשו ומתרהו שאם ישנה כן פעם אחר ולא ישים לבו על תלמודו שלא ינתן לו כלום. ולפיכך היו מתחדדין ומתעסקין בלמודם עסק יפה כדי שלא יכשלו לפניו בדבר[2] הלכה וכל השורות אינם הולכות מעמו עד שמודיע המסכתא שיתעסקו בה כל א׳ וא׳ בביתו ולשאר התלמידים אינו צריך להודיע אלא כל א׳ וא׳ גורס באיזו מסכתא שירצה. וכך היה מנהגם בתשובת השאלות בכל יום מהחדש אדר[3] מוציא אליהם כל השאלות שהגיעו אליו ונותן להם רשות שישיבו תשובה עליהם והם מכבדין אותו ואומרין לו לא נשיב בפניך עד שהוא תוקף בהם ואז מדברים כל א׳ וא׳ לפי דעתו לפי חכמתו ומקשין ומפרקין ונושאין ונותנין בכל דבר ודבר ומעיינין יפה יפה. וראש ישיבה שומע את דבריהם ומבין כל מה שאומרין ומקשין זה לזה ועומד ומעיין בדבריהם עד שיתברר לו האמת ומיד יצוה לסופר להשיב ולכתוב. וכך היה מנהגם לעשות בכל יום ויום עד שמשיבין תשובת כל השאלות שבאו להם השנה מקהלות ישראל ובתכלית החדש יקראו התשובות והשאלות במעמד כל החבורה כלה וחותם עליהם ראש ישיבה ואח״כ שולחין אותם לבעליהן ואז מחלק הממון עליהם[4]:

❖ תם ונשלם שלב״ע בנלך ואעי ❖

---

[1] Ed. המקומוה. [2] Ed. בדבור. [3] Ed. אדם. [4] MS. אליהם.

IV.

⁘ כתאב אלתאריך ⁘

בשׄם רׄחׄ כתאב אלתאריך מנדׄ כׄ[לק][1] אלסמא ואלארץׄ. והאדׄא אלכתאב אחבאר בני אשראיל והם אלעׄ אלדׄין אכׄתארהם מוסי עׄלׄ[2] אלסל[אם] קומה פאסתכׄלפהם ואמרהם באקאמהׄ אלכׄלף אעני אלערץׄ[3] מן כל מקברץׄ קבץׄ מנהם מפצל [אל]ארלׄהׄ מן בסיט נׄץׄ אלתוריהׄ וכתב אלאנביא: מקסום זׄ אקסאם כל קסם אבתדא אול זמאנה מן [וקת] משהור מן אלאגׄאל ינתהי אלי [וקת מתׄ]לה פי אלטׄהור מצׄמום אל[יה שי מ]ן אלתאריך מן עיון אלחואד[תׄ ית]תאגׄ אליהא ממא [ ]:

אלקסם אלאול גׄמלתה אלף סנהׄ [ ]בין[4] סנהׄ ודׄלך מנדׄ כׄלק אללה עז וגׄל אדם אלי אן ולדׄ[5] נוח. ואלוׄ איאם אלתי מצׄת מנדׄ אבתדי בכׄלק אלסמא ואלארץׄ ומא בינהמא. ודׄלך מן יום אלאחד ואליום אלגׄמעהׄ לם תדכׄל פי אלתאריך אלי אן כׄלק אדם פאמׄר חיניׄד באלתאריך מן אסתקבאל יום אלסבת: תפציל הדׄה אלסנין מנדׄ כׄלק אדם אלי אן ולד לה שת קׄלׄ סנהׄ. פי אולהא אסכן אלגׄנהׄ פכׄאלף פטרד. ופי [וס]טהא אולד ולדין קין וה[בל] פקתל אחדהמא אל[אכׄר]. מנדׄ ולד שת אלי אן ולד לה אנוש קׄהׄ סנין: תׄם מנדׄ ולד לה אנוש אלי אן ולד לה קינן צׄ סנׄ. פי מדהׄ הדׄה אלסנין אנשו אלחצׄרין[6] מן אלנאס אלצנאיע כמא גׄעלהא אללה תעׄ פיהם מן אלחכמהׄ: ואצול אלצנאיע דׄ אלהנדסהׄ ואלטב ואלמוסיקי ואלאאלאת: פאמא אלהנדסהׄ ואלטב אבתדאהם[7] יבׄל ואלמוסיקי [והי] תאליף אללחון אנשי יובׄל ואלאאלאת ואלצנאיע אלמהיאהׄ גׄמיעהא אנשאהא תובׄל: והאולי אלגׄ רגׄאל הם אבנא [למך בן] מתושאל[8] בן מחיאל בן עירד בן חנוך בן קין מא כׄלא פלאחהׄ אלארץׄ פאנהא קדימהׄ קבל אן כׄלק אדם: ופי תלך[9] אלסנין אכׄדׄ בעץׄ אלנאס פי אלכפר באללה עׄ וגׄ ועבאדהׄ אלאותׄאן ודׄלך בעד רׄ סנׄ ולׄהׄ סׄ מן וקת אלכׄליקהׄ:

---

[1] The letters between [ ] are either injured or completely obliterated in the MS. From pp. 91 to 102, and 107, 109, 110, it means an editorial addition. [2] I.e. עליה. [3] MS. אערץׄ. [4] Strictly וסת וכׄמסין; see p. 26. [5] Marg. כׄלק. [6] MS. אלחאצׄרין. [7] So MS. [8] MS. מתושלח. [9] MS. adds הדׄה.

תם מד ולד קי[נ]ן ואלי אן ולד לה מהללאל ע ס. תם מנד ולד מהל אלי אן ולד ירד סה ס. ומנד ולד ירד אלי אן ולד לה חנוך והו אלדי יקא[ל] אנה[1] אדריס קסב ס. [ואי]צא מד כלק אדם ואלי אן ולד אדריס תרכב. תם מנד ולד חנוך אלי אן ולד לה מתושלח סה ס. ומנד ולד מתושלח אלי אן ולד למך קפז ס. ומד ולד למך ואלי אן ולד לה נוח ק[פ]ב ס פדלך אגג ס. מן[2] אסמא האולאי[3] אלרגאל אעני בני שת אסמין ישאבהון אסמא רגלין מן בני קין והמא חנוך ולמך. ואמא באקי עמר אדם תת ס. ובאקי עמר שת תתז ס. ובאקי עמר אנוש תת[י]ה. וקינן בקיה עמרה[4] תתמ ס. ובאקי עמר ירד תת ס. ובאקי עמר מהללאל תתל ס ובאקי עמר חנוך ש ס. ובאקי עמר מתושלח שתפב ס. ובאקי עמר למך תקצה. פקד תבין אן מתושלח אטול אלקום עמרא וגאנא אן וגוד אלחכמה פי [ט]ול אלאעמאר ללאולין פאן אלכאלק עז וגל קד כלק מן גמיע אלחיואן אזואגא כתירה לם יכלק מן אלנאטקין אלא זוגא אעני אדם וחוה פבסט אלאעמאר ליכתר אלנסל פלמא כתר קצרת חתי וקף עדד אלנאטקין ענד אלמקדאר אלדי צלח לה:

ואלקסם אלתאני גמלתה תתצב ס. ודלך אנהם פי מא קבל הדה אלנהאיה אכתרו פי אלטלם ואלפסאד פאפסדו פאנקצהם אללה מן תלך אלאעמאר וקדר עמרא מקדארה קכ ס ינתהי אלי סנה תר לעמר נוח פלם יתבתו: וכאן מא מצי מן עמר נוח ואלי אן אולד לה שם וחם ויפת תק ס. וכאן יפת אלאכבר ואנמא קדם שם פי אלנץ לאנה נבי ולאן הוד[5] אברהים וסאיר אלאנביא מן נסלה. פכ[א]ן שם הו אלאוסט וחם אלאצגר פלמא דני אלאגל ולם יתבת אלקום אותי אללה אלי נוח קד דני אגל האולאי אלקום והאנא מהלכהם פאצנע תאבותא מן כשב אלשמשאר תסיר עלי אלמא תך[6] אנת פיהא ואולאדך ומן סאיר אלחיואן. פאמתתל נוח דלך וכאן מאהיה אלספינה טולהא ש דראע וערצהא נ דראע וארתפאעהא ל דראע וכאנת ג טבקאת אעלאהא מכנס ינתהי ערצהא אלי דראע ואחד. וכאן מא אמר אללה באלדכול אליהא מן אלנאס ח נפוס נוח וזוגתה וג בניה וג כנאינה ומן כל שכין חלאל יד זוגא ז דכור ז אנאת ומן אלגוארח ואלמפתרס וסאיר מא לא יחל אכלה זוגין דכר ואנתאתאן[7]. פלמא כאן קבל אלאגל באסבוע אוחא אללה אלי נוח אן אלי ז איאם אתי[8] במא עלי וגה אלארץ יטף פיה אהלהא פיהלכון. פדכל נוח אלי אלתאבות וסכר אללה לה גמיע אלבהאים ואלטאיר ואנחשר מן כל נוע עלי אלעדד אלמעלום אקבלו אליהא פאדכלהם נוח אלי אלספינה ומן כל טעאם להם ושד זוג מן אלכרכדן אלי אלספינה. פכאנא ענד מסירהא ישקאן אלארץ שקא ואכד אלקום אלגבארין פי סף אלעיון אלנאבעה פאחמאהא אללה עליהם חתי לא יטיקון סדהא: וכאן אול מני מא אלטופאן אליום אלין[9]

---

1 MS. ענה. 2 MS. וממן. 3 MS. אול and adds הדה. 4 MS. עמרי.
5 هود. See p. 91. 6 For תכון. 7 So MS. 8 MS. אֵתַי. 9 MS. אליר.

מן תשרין אלאכיר והי בלגה אלעבראניה מרחשון פאקאם אלמטר ינזל מ׳ יומא ודלך אלי אלכז מן כאנון אלאול ואסמה בלגה אלעבר׳ כסליו ואקאם אלמא אלי וקת נקצה קנ׳ יומא ודלך אלי אול שהר (א)חזיראן ואסמה באלעבר׳ סיון ואסתקרת אלספינה באלקום עלי גבאל קרדא בעד יז׳ יום מן סיון ואנכשפת אלגבאל מן אלמא אלדי כאן קד גמרהא ועלי פוקהא טו׳ דראע פי ראש שהר אב ונצב אלמא ען וגה אלארץ פי אבתדי סנה אחדי ותר׳ לעמר נוח ודלך פי שהר תשרין אלאול. תם גפת אלארץ פי אלכז מן תשרין אלתאני. פאוחי אללה אלי נוח אכרג מנהא אנת וגמיע מן מעך פכרגו ואכדו פי עמארה אלארץ פכאן מנד כרג שם מן אלספינה ואלי אן ולד ארפכשאד סנתין פקט. ומנד ולד ארפכשד אלי אן ולד לה שלח לה׳ ס׳. ומד׳ ולד שלח ואלי אן ולד עבר והו הוד ל׳ ס׳. צאר מד׳ ולד נוח אלי אן ולד הוד תריח ס׳. ומד׳ ולד עבר אלי אן ולד לה פלג לד׳ ס׳. ומד׳ ולד פלג אלי אן ולד לה רעו ל׳ ס׳. ומד׳ ולד רעו אלי אן ולד לה שרוג לב׳ ס׳. ומד׳ ולד שרוג אלי אן ולד לה נחור ל׳ ס׳. ומד׳ ולד נחור אלי אן ולד לה תרח כט׳ ס׳. ומד׳ ולד תרח אלי אן ולד לה אברהים ע׳ ס׳. פדלך מד׳ ולד נוח אלי אן ולד אבר׳ תתצב׳ ס׳. וכאן לאברהים אכואן אחדהמא יקאל נחור באסם גדה ואלאכר *הרן והו אבו לוט[1] לאן לוטא אבן אכי אברהים. ומכת אלנאס פי הדה אלר׳ סנה ואלצב׳ ס׳ ודלך מד׳ כרג נוח מן אלספינה אלי אן ולד אברהים[2] מה׳ ס׳ מגתמעין פי מוצע ואחד פי גאנב אלמשרק מן אלארץ פבעד שמ׳ ס׳ מן בעד אלטופאן בעד אן אמרו באלאנתשאר פי אלארץ ועמארתהא פאבו ואסתכברו אלפרקה ובנא אלנמרוד אבן כנעאן להם צרחא יקאל להא קליה[2] טוילה אלי פוק ליגמעהם פיהא ענדה פבדד אללה סבחאנה אלסנתהם ובדדהם פי אלדניא והד׳ אלבני אלדי בנאה אלנמרוד. וכאן באקי עמר נוח בעד אלטופאן שנ׳ ס׳. וכאן באקי עמר שם אבנה תק׳ ס׳ וב׳. עמר ארפכשד תג׳ ס׳ וב׳. עמר שלח תג׳ ס׳ וב׳. עמר הוד תל׳ ס׳ וב׳. עמר פלג רט׳ ס׳ וב׳. עמר רעו רז׳ ס׳ וב׳. עמר שרוג רס׳ ס׳ וב׳. עמר נחור[3] קיט׳ ס׳ וב׳. עמר תרח קלה׳ ס׳:

ואלקסם אלתאלת מד׳ ולד אברהים אלי אן ולד מוסי עליהם אלסלאם גמלתה תפ׳ ס׳. תפצילהא מד׳ ולד אברהים אלי אן ולד אסחק ק׳ ס׳. תם כאן מן אלחואדת פי הדה אלסנין מא תאכר׳. אמא פי אלסנה ל׳ מן עמר אברהים פאן אלנמרוד אלקאה פי אלאתון פכלצה גל גלאלה ודלך בעד מא כאן חבסה יג׳ ס׳. ופי אלסנה אלמח׳ שתת אללה אלקום אלטאלמין[4] אלדי בנו אלברג בעד מא הד׳ ברגהם ופרק[5] לגתהם בעד מא כאנת לגה ואחדה חתי אנבסטו פי אלארץ ותפרקו כמא חכם אללה עליהם. וכדלך אלאצלח להם ליגטרון פי כל אקלים מן האיה אלפלך ותאתירה פאנהם יסבחון אללה עז וגל סבחאנה ולילא תנקטע

---

[1] MS. לוטא . . . הורן. [2] So MS. [3] MS. נוח. [4] MS. אלצאלמין.
[5] MS. ופרקה.

אקואת אלדואבל מן אנתמאעהם בסכאן אלכוארג אלי אן תנאולוהא וליגתמע להם מגלב כל בלד מן קות ומתמר ועלאג *פפי ענפואן[1] תפרקהם עמרו הדה אלמדן אלתי נחן שאהדונהא. פמן בני יפת בן נוח גמר עמר מדינה אלתרך. ומאגוג עמר בלד יאגוג. ומדי עמר בלד המדאן. ויון עמר בלד אתיניה מן בלאד אליונאן. ותובל עמר בלד אלצין והו רגל גיר תובל אלדי אנשא אלצנאיע. ומשך עמר כראסאן. ותירס עמר פארס. ואשכנז עמר בלד אלסקאלבה[2]. וריפת עמר בלד אלברגאן. ותוגרמה עמר בלד פרנגה. ואלישה עמר אלמציצה. ותרשיש עמר טרסוס. וכתים עמר קברס. ודודנים עמר אדנה: ומן בני שם בן נוח עילם עמר כחסתאן. ואשור עמר נינוה ואלרחבה ואלאבלה ואלמדאין וכאן חיניד מא בין נינוא[2] ואלמדאין ומא בין אלמדאין ואלאבלה לא עמארה פצארת אלמדאין מתוסטה בינהמא: וקחטאן מן אולאד ארפכשאר עמר אלימן ודלך אנה אבי[2] פלג אבן הוד. ולוד עמר בלד לודא. וארם עמר ארמן. ועוץ עמר אלגוטה. וחול עמר אלחולה. וגתר עמר בלד אלגראמקה. ומשך עמר בלד אלמוש: ומן בני חם בן נוח רגל יקאל לה כוש ולד לה אבן יקאל לה סבא עמר בלד סבא. וחוילה עמר בלד זוילה. וסבתכא עמר בלד אלזנאוה. ורעמה עמר בלד אלקאקו וקד תסמי נאגו. וסבכא עמר בלד אלדסדס. וקד תסמי אלתוגוג. ושבא עמר מדינה מן אלהנד. ודדן עמר בלד אלתאסה. ואלנמרוד בן כוש עמר באבל ואלברם[3] ובסבר ונפר. ורגל יקאל לה מצר עמר אכמים ואלבהנסא ואלהרב ואלפרמא ואלבימא ותניס ופלסטין ודמיאט. ורגל יקאל לה כנען עמר בלד אלשאם ובעץ אלאסאחל מן אלבחר: ופי סנה ע לאברהים אמרה אללה באלכרוג מן בלדה כותי אלי בלד אלשאם פכרג הו ואבוה תרח ושרה זוגתה ולוט אבן אכיה פלמא וצלו אלי חראן ומכתו[4] בהא ה סנין טאב ליוצי[5] אלבלד לתרח פאקאם פיה אלי אן מאת פכאנת מדה מקאמה בהא בעד כרוג אברהים מנהא ס ס לאן גמיע עמרה כאן רה סנין: פכרג אברהים ומן מעה וצארו אלי בלד אלשאם ולה עה סנה פואפו אלגוע פיה פסאר אלי מצר ואקאם פיהא תלאת אשהר אלי אן אנכסר דור אלגוע. ורגעו אלי אלשאם פלמא חצל פארקה לוט וסכן פי סדום ועמורה[6] ואקאמו פיהא ואברהים סכן פי חברא[7]. ופי סנה עו אקבל אליהם ד מלוך מן אלשרק והם אמרפל ואריוך וכדרלעמר ותדעל פחארבו אהל סדם פטפרו בהם וסבו לוט מעהם. פלמא אנתהי אלכבר אלי אברהים כרג כלפהם[8] ומעה שיח פנצרה אללה עז וגל עליהם וארתגע כל מא אכדוה וגדה עלי אצחאבה ולם ילתמס בשי מנה. ורד לוט אלי מכאנה ומעה גמיע מאלה: ופי סנה פה קאלת שרה לאברהים הודא תראני קד מנעת מן אלולד קד אדנת לך פי אכד הגר ודכולך עליהא לעל אן ארא להא ולדא. וקבל מנהא

---

[1] MS. פפ ענופאן. [2] So MS. [3] ואלפ ס ?. [4] MS. ודכתו. [5] Not distinct in MS. [6] MS. ועמרוה. [7] חברון; see p. 100, note 1. [8] In MS. erased and כלבהם.

93 ✧ כתאב אלתאריך ✧

פאכד האגר ודכל עליהא פחמלת וולד[ת] לה אבנא ואסמאה אסמעיל והו אבן פו מן עמרה. ופי סנה צט מן עמרה אמרה אללה באלכתאנה פאכתתן הו ואסמאעיל אבנה וכאן לה יג סנה ואכתתן כל רגל פי חאשיתה. ופי תלך אלסנה אקלב אללה סדום בעד אן כלין לוטא וזוגתה ואבנתיה מעה במלאך וקאל להם לא ילתפת מנכם אחד פלם תצבר זוגתה פאלתפתת פגפת[1] מכאנהא. פקד תבין אן גמיע מא עמרה סדום נא סנה. ופי סנה אלק ולדת שרה לאברהים אסחאק פכתנה אבן ח איאם. ומנד ולד אסחאק אלי אן ולד יעקוב ס סנה ואלעיץ מעה וכאנא תומין. וכאן פי סנה אלכו מן עמר אסחאק אד קאל אללה לאברהים תכד[2] אבנך וחידך תקרב בה עלי בעץ אלגבאל. פאכדה וצעד בה אלי בעץ אלגבאל ליקרב[ה]. פעלם אללה טאעתהמא פאטהר להמא כבשא פפדאה בה[3]. ופי תלך אלסנה ולדת רבקה לבתואל בן נחור אכי אברהים אלתי תזוג בהא אסחאק פכאן להא פי וקת אל תזוי[ג] יד סנ. ופי סנ אללז מן עמרה תופי שרה ודלך אנהא ולדת אסחק וקד מצא להא מן אלעמר צ סנ וכאן גמיע עמרהא קזכ סנ. ופי סנ אלמ תזוג ברבקה פאקאם מעהא כ סנ ולם תלד לה שי פדעי אלי רבה פאגאבה וחמלת וולדת לה אלעיץ ויעקב. ובעד תזויג אסחק תזוג אברהים קטורה פולד לה זמרן ויקשן ומדן ומדין וישבק ושוח[4]: ומנד ולד לה אליב ולד והם ראובן שמעון לוי יהודה יששכר זבולן דינה הם אולאד לאה. ומן בלה[ה] אמת רחל דן נפתלי. מן זלפה אמת לאה גד אשר. מן רחל יוסף בנימין ולדו לה פי יד סנ. ופי אלסנה אלטו מן עמרה תופי אברהים וקד צאר לה מן אלעמר קעה סנ. ופי תלך אלסנה אשתרי *יעקב מרתבה מן אלעיץ[5]. ופי סנה אלעו כרג אלי חראן אלי לבן כאלה בן בתואל פאקאם ענדה ז סנין אלי אן תזוג באלד נשא ואסמאהן ליאה[6] ואמתהא אסמהא בלהא[6] ורחל ואמתהא אסמהא זלפא[6] וז סנין אכר תכמל לה יא ולד וו סנין ירעא גנמה חתי כסב מא צנע אללה לה עז וגל: תם אוחי אללה פי אלרגוע פרגע אלי חברא[7] מוצע אסחק אביה בעד סנתין ואקא[ם][8] פי מוצע יקאל לה סכות יח שהר ופי מוצע יקאל לה ביתאל ו אשהר יקר[ב][8] ויעבד רבה פכאן לאסחק פי רגוע יעקב קנט סנה: ומנד ולד אלאסבאט[9] ואלי [אן] צאר יעקב אלי מצר מו סנה לקי אביה פי סנה טו מנהא אלתי הי סנה צט לעמר[10] יעקב. ופי תלך אלסנה אסמאה אללה אסראיל וולד לה אלאבן אליב פסמאה בנימן פצארת[11] אלאסבאט יב. ופי תלך אלסנה תופית רבקה ולהא קלג סנה. ותופית רחל ולהא לה סנה: ופי אלסנה אלכד מן הדה אלמו סנ והי אלסנה יז מן עמר יוסף ראי יוסף מנאם וכאן יא[12] כוכבא ואלשמש ואלקמר סאגדין לה פאכדוה אכותה ובאעוה

---

[1] So MS. [2] So MS. [3] MS. אבה. [4] Transposition? *a.* ופי (l. 17) to וגל (l. 21); *b.* ומנד (l. 15) to סנ (l. 17). [5] MS. אלעין . . . מן יעקב. [6] So MS. [7] חברון; see p. 92, note 7. [8] Margin cut. [9] MS. אלאצבאט. [10] MS. ללעמר. [11] MS. סארת. [12] MS. יב.

לקום פסארו בה אלי מצר ובאעוה לפוטיפר קאיד פרעון פאקאם פי מנזלה יב שהר. תם ראודתה זוגה אלקאיד ען נפסה[1] פאעתצם[2] ענהא וכדבת עליה אלי אן חבס ומכת פי אלסגן. ז סנין אלי אן ראי אלסאקי ואלכבאז תלך אלחלמין פאנזעגו פאלקו אלמנאמין עלי יוסף פפסרהמא להמא אלכבאז בצעובה[3] ואלסאקי בכיר. פעאהר אלסאקי אן ידכרה לפרעון פאנסיה סנתין אלי אן ראי פרעון רויא אלבקר ואלסנאבל פדכרה אלסאקי פאכרגה[4] וכאן לה מן אלעמר ל סנה: ופי תלך אלסנה תופי אסחק ועמרה קפ סנה. ופיהא אסתוזר יוסף עלי מצר. ומן דלך אלוקת ואלי אן צאר יעקב אלי מצר ט סנין מנהא ז סני אלשבע וסנתין מן סני אלגוע והי בקיה אלמז סנה. וכאן ליעקב פי אלסנה אלתי סאר פיהא אלי מצר קל סנה וכאן אהל ביתה ע נפס: ומד סאר אלי מצר ואלי אן ולד מוסי על אלס קל הי אלסנה אלדי סאר פיה אלי מצר. ולמא מצי בעד דלך יז סנה תופי יעקב ועמרה קמז סנה. פכאף אכוה יוסף מנה פקאלו לה אן אבאך אוצי באן תגפר דנב אכותך פאנך והם עביד אללה אלאה אביך. פבכא יוסף וקאל להם ליס תחתאגו אלי דלך פקאבלהם באלכיר ען מא עמלו בה: ופי סנה אלפ מן הדה אלסנין תופי יוסף ולה קי סנין. ופי סנה צד תופי לוי[5] ולה קלז סנה. ומן דלך אלוקת אבתדי פרעון אללעין פי אסתעבאד בני אשרא[י]ל. ופי[6] סנה קנד ולד מרים לעמראן בן קהת בן לוי. ופי סנה קנז ולד לה הרון. ופי סנה קל ולד לה מוסי עליהם אלס. פדלך מנד ולד אברהים אלי אן ולד מוסי תכ סנה: ופי וסט הדה אלסנין בעד מציר יוסף אלי[7] מצר ולד איוב אלנבי והו רגל מן ולד עוץ בן נחור בן אכי אברהים וכאן גמיע עמרה רי סנין. מנהא ע סנה קבל אלבלוי אלדי אמתחן בה. וקמ סנה בעדה ודלך למא שכר אללה לה חסן צברה רד אליה נעמתה ואתא בה פינתהי אכר סניה הדה אלי אן קרב נבוה מוסי על אלס:

אלקסם אלד. ומד ולד מוסי אלי אן ולד דאוד על אלס תפו סנה. תפצילהא מד ולד מוסי ואלי אן נבי עט סנה ולז יומא. וכאן אבו מוסי והרון ומרים עמראן[8] בן קהת בן לוי חאצרין[9] ויוכבר[10] אמהם: ופי וסט הדה אלסנין תזוג הרון באמראה יקאל להא אלישבע אבנה עמינדב מן סבט יהודה פולד לה ארבע אולאד אסמאהם נדב ואביהוא אלעזר ואיתמר: ופיהא איצא אן צאר למוסי ז סנין רבתה אבנה פרעון לענה אללה וכאן אסמהא בתיא. ולמא צאר למוסי מ סנה גרי מנה קתל אלכאפר פכאף מן פרעון פהרב אלי מדין ואנזלה ענדה יתרו והו שבוע[11] מן ולד מדין בן אברהים פמכת ענדה לט סנה פי עמלה. ופי וסט דלך תזוג בצפורא אבנתה פולד לה ולדין אחרהמא גרשם ואלאכר אליעזר: ובני

---

[1] MS. עלי נפסהא. [2] MS. פאעתסם. [3] MS. בסעובה. [4] MS. ואכרנה.
[5] MS. לר. [6] MS. ומן. [7] MS. אלא. [8] MS. ועמראן. [9] So MS.
[10] MS. ויכבת. [11] So MS.; شعيب? Qorân vii. 83 and elsewhere.

אשראיל פי גמיע הדה אלסנין מסתעבדין במצ[ר]. פלמא מצׄא מן סנה אלף למוסי שהר ואשבוע כׄטב מוסי וכאן דׄלך פי אלטׄו מן שהר ניסן. ודׄלך אנה ולד פי[1] אול יום מן שהר אדר. פראי אלנאר פי שגרה אלסנה פמאל ינטׄרהא פנודי וגעל רסול אלי בני אשראיל [ו]אלי פרעון ליטלקהם לעבאדה אללה תעאלי. ואידה אללה באיאת ומענזאת ליונב עלי מן צחת ענדה במשאהדה או בנקל כׄבר תצדיק קולה. פמן איאתה אצלאח אללתׄנה אלתי כאנת פי לסאנה וקלב אלעצא תנינא וביאץׄ אליד מן גיר מרץׄ. תׄם אלי אלאׄפאת אלתי אחלהא בפרעון ובקומה מן אלעׄראב. ועדדהא קלב אלמא דמא וסעי אלצׄפאדע וגגש אלקמל והגום אלוחש ווקוע אלובא פי חיואנהם ונבאת אלקרח אלמנתפץׄ[2] פי אבדאנהם ונזול אלברד עליהם וארתפאע אלגׄראד ואטׄל[א]ם אלגׄו גׄ איאם ואכׄתראם אבכארהם וכאנת הדה אלאאפאת פי מא בין שהר אייר ואלי שהר ניסן. ובין כל אפה אנדׄאר מנה ואסתתאבה חסב לטפה. פאנתהי אלי אכׄד אלבכור אלי לילה וטׄ מן שהר ניסן סנה אחדי ופׄ לעמר מוסי פארׄן אללה בהלאכהם שביה בטרפה עין מן נצף דׄלך אלליל: תׄם אקאם מוסי מע אלקום מד בעתׄ אליהם אלי אן צאר לה מׄא סנה מן[3] סנה אלאולי והי אלף סנה אקאם דׄלך במצר ואלמׄ סנה פי אלברׄ ומא חדתׄ להם פי אלסנה אלאולי מן הדה אלמׄ סנה אנהם כׄרגׄו מן מצר מן אלמוצׄע אלדׄי כאנו פיה מקימין ויקאל לה עין שׄמס פי אליום אלטׄו מן ניסן וכאן עדתהם תׄרׄ אלף רגׄל מחארב פסארו גׄ מראחל נהאר ולילא חתי גאו אלי פוהה ויקאל לה קאר מוסי פאנ[ת]הי כׄברהם אלי פרעון פי יומין ולילה פגמע קומה פלחקהם פי יום אלבׄ מן ניסן פקאם אלעסכראן לילה אלכׄא עלי שאטי אלבחר ופי גד דׄלך אליום אנפלק אלבחר בׄי קנטרה פגאז אלעסאכר כל סבט[4] פי קנטרה פתבעהם פרעון וקומה פאגרקהם אללה עד וגׄל פי אלבחר ואנטבקת אלקנאטר עליהם וצאר מא ואחד וגנא אמתה בני אשראיל: תׄם סארו פי אלבריה גׄ איאם אלי אן וצלו אלי בטן אלמרירה וכאן מאהא מרׄא פצׄגׄו[5] אלקום אלי מוסי פדעי רבה פאחלאה להם. תׄם פני זאד אלקום פי אליום אלטׄו מן אייר פצׄגׄו איצׄא פדעי רבה פנזל אלמן מן אלסמא. תׄם גאו אלי רפידים פי אליום אלכׄב מן אייר פעטשו פצׄגׄו אלי מוסי פדעי רבה פפגׄר להם עין מא מן אלצׄכׄר. ולם תזל מעהם חתי גאו אלי טור סינין וכאן גרה שהר סיון והו אלשהר אלתׄאלתׄ מן כׄרוגׄהם מן מצר פאמר אללה עז וגׄל *בעד גׄ איאם מן אלשהר[6] בתטהירהם ואסתעדאדהם ליסמעו כלאמה פטהרהם גׄ איאם פלמא כאן יום אלגׄ והו אליום אלוׄ מן שהר סיון רפע אללה עז וגׄל אלטור ואסכנה נורה וטׄלל[7] חואליה באלגמאם ואטׄהר פי אלאפאק אלרעוד ואלברוק ואלעואצף ואסמע אלקום מן כלאמה י׳. אולהא אנׄא אללה רבׄכם ואחד. לא יכון

---

[1] MS. מן. [2] MS. אלמנתפט. [3] MS. אלי. [4] MS. צבט. [5] MS. פטגׄו. [6] On the margin. [7] MS. וצׄלל.

לכם מעבוד אכר מן דוני. לא תח[לף] באסם רבך באטלא. אדכר יום אלסבת ואחפטה. אכרם אבאך ואמך. לא תקתל אלנפס. לא תזן. לא תסרק. לא תשהד שהאדה זור. ולא תחסד אבאך פימא רזקה: פמאג אלקום וארתעדו וקאלו למוסי לא טאקה לנא באסתמאע הדא אלצות אלעטים כן אלספיר פימא ביננא ובין רבנא וגמיע מא תאמרנא בה סמענא ואטענא. פאמרהם באלאנצראף אלי כימהם וצעד מוסי אלי אלגבל פי אליום אלסאבע[1] מן שהר סיון ואקאם פיה מ יומא. ודפע אללה אליה אללוחין אלגוהר אלמכתוב עליהם אלי כלמאת. ונזל פי אליום אליז מן שהר תמוז פראי אלעגל פארתפע אלכתאבה מנהמא ותקלא עלי ידיה פוקעא ותכסרא. תם בדד אלעגל ודראה עלי אלמא וקתל מן אלקום מן אסתחק דלך. וצעד אלי אלגבל פי אליט מן תמוז ליסתשפע פי אלבאקיין מן אלקום *ואקאם איצא מ אכרי אלי אן נפר אללה ללקום[2]. ונזל וקד בקי פי אב יום ואחד בעד אלועד מן אללה לה בתעויצה לוחין אכר מכתוב עליה[מ]א מא כאן פי אלאולין פצעד אלי אלגבל ואקאם מ יום אכר ודלך מן ראס שהר אלול אלי יום אלי מן תשרי. תם אמרה באצלאח אלקבה כימה אלתי אסכנהא מן נורה וכאן טולהא ל דראע פי ערץ י אדרע וארתפאעהא י אדרע ולהא סראדק מצרוב חואליהא טולה ק דראע פי נ דראע וארתפאעה ה אדרע פאשתגלו אלקום פי אצלאחהא ומא תזין בה מן אלסתור ואלדהב ואלפצה ואלגואהר ו אשהר אלשתי כלה וכאן אלמתולי דלך בצלאל בן אורי בן חור מן סבט יהודה ואהליאב בן אחיסמך מן סבט דן פפרג מנהא ונצבת פי אליום אלאול מן שהר ניסן פי אול אלסנה אלתאניה מן הדה אלמ. ופי תלתי אלשהר אלתאני איר מן הדה אלסנה טען אלקום מן בריה שור בעד אן נזלת עליהם אלתוראה וגמלה שריעתהא תריג שריעה: ופי אכר אלשהר אלג והו סיון חרמת אלארץ עליהם אן ידכלוהא וחכם עליהם באן יתוהון פי אלבריה בקיה אלמ סנה לאגל מא קאלו נכאף אהלהא לאנהם גבארין. פאקאמו יט סנה מנהא פי רקים[3] ויט פי מואצע משהורה פי אלתוראה. ופי אליום אלז מן שהר אלול מן אלסנה אלתאניה כסף אללה תבארך ותעלא ותקדסת[4] אסמאה בקארון[5] וגמי[ע] מא מעה בדעא מוסי עליה אלסלאם עליהם למא כדבו. ופי שהר ניסן מן סנה אלמ *תופית מרים אבנה[6] עמראן ולהא קכו סנה. ומן שהר אב מן הדה אלסנה תופי הרון עליה אלסלאם ולה קכג סנה. תם כאן חרב אלכנאעניין וסיחון ועוג פי אלשהור אלתי בעד דלך אלי שה[ר] שבט פלמא הל שהר שבט אכד מוסי פי אעאדתה אלתוראה עליהם לאנהם אלגיל אלב ואמרהם בנסכהא וחפטהא וכל מא שאהדה ממא גרא לה וחפט פקההא וכאן נהאיה דלך אלי אליום אלי מן אדר. תם קאל להם פי אליום אלז אלדי הו[7] קבל אלי אני פי הדא

---

[1] MS. סעאב. [2] This sentence is repeated in the MS., which has מ יום אכר.
[3] So MS. [4] MS. ותקדסה. [5] Between the line קרח. See Qorân xxviii. 79.
[6] MS. תופיה מרים אבנת. [7] MS. הוא.

אליום אסתופי קכ סנה ואן אללה תעאלא דכרה קד ערפני אנה יקבצני וקד אמרני אן אסתכלף עליכם יושע בן נון על אלם ומעה אלע רגל אלדין אכתארהם קבל הדא אלוקת ומעה אלעזר בן הרון פאסמעו להם ו[א]טיעוהם ואנא אשהר עליכם אללה אלדי לא אלאה אלא הו(א) ואלסמאואת ואלארץ אן תעבדו אללה ולא תשרכו בה ולא תבדלו שראיע אלתוראה בגירהא. תם פארקהם וצאר אלי אלגבל נבו וקבצה אללה הנאך ואכפאה ולם ישאהר אחד קברה: פאקאם אלקום מכאנהם ל יומא יבכון עליה אלי אן אוחא אללה אלי יושע[1] בן נון באן ירחלו אלקום וכאן יושע[1] בן נון בן אלישמע בן עמיהוד ב לערן ב שותאלח[1] ב אפרים ב יוסף פאכדהם ועבר בהם אלארדן יום אלי מן שהר ניסן פלקיו יריחא בער מא שק להם אלארדן. וכאן אהל יריחא קד אנדרו בהם פרפעו סורא חואלי מדינתהם חנארה בעצהא פוק בעץ בגיר גץ בינהא חתי לא ימכן בני אשראיל יערקבוה. פטאף יושע חואליה ז טופאת ודעי רבה פנאר אלסור מכאנה. תם דכלו אלי אלבלד. וגמלה אלסנין אלתי דבר בני אסראיל פיהא כח סנה. פי אלסנה אלאולה מנהא פתח יריחא ואלעי. ופי שהר תמוז מן הדה אלסנה קאל ללשמש קפי באדן אללה לא תסירי *לאגל אלסבת[2] חתי יחארב בני אסראיל אעראיהם פוקפת *פוק בני אסר וקתלוהם[3] וסבח אלקום לרבהם וכאן דלך פי אליום אלדי נהארה אטול יום פי אלסנה. ופי אלז סנין אלאולי מן סני תדבירה חארב לא מלכא כאנו גמהור מלוך אלשאם ופתח בלדאנהם ואסמאהם מלך יריחא. מלך אלעי. מלך ארוסלם. מלך חברא. מלך ירמות. מלך לכיש. מלך עגלון. מלך גזר. מלך דביר. מלך גדר. מלך חרמה. מלך ערד. מלך לבנה. מלך ערלם. מלך מקדה. מלך בית אל. מלך תפוח. מלך חפר. מלך פוק[4]. מלך לשרון. מלך מרון. מלך קיסאריה[5]. מלך שמרון מרון. מלך אכשף. מלך תענך. מלך אלגון[6]. מלך קדס. מלך אלכרמל. מלך דור. מלך אלגלגל. מלך ציפוריה[7]: ופי אלז אלתאניה קסם אלבלאד אלמפתוחה ואלדי בקי לם תפתח פי מא בין בני אסראיל וקדר כל סבט ועשירתה פי מוצע ואליד סנה אלאכר אקאם יסוסהם וירעאהם כמא אמרה מוסי על אלם. וכאן לה אול מא תלמד למוסי מב סנה ותלמד לה מ סנה ודבר אלקום כח סנה פצאר גמיע עמרה קי וחופי פי שהר אייר: ודבר אלקום בעדה רגל מן סבט יהודה יקאל עתניאל בן קנז צ מנאצב להם[8] מ סנה וכפאהם אללה עלי ידה מונה כושן ר[9] וקום כאנו יגורו עליהם פיטלמוהם ח סנין: ודברהם רגל בעדה יקאל לה אהוד בן גרא מן סבט בנימין כ סנה כפיו עלי ידה מונה עגלון מלך מואב כאן מנאצב להם יח סנה: ודברהם בעדה שמגר בן ענת אקל מן

---

[1] So MS. [2] These two words are between the lines. [3] MS. פוקו . . . וקתולהם.
[4] פיק? [5] For חצור (Joshua xii. 19). [6] מנדו? [7] For תרצה (Joshua xii. 24).
[8] Between the lines; צ=צאר. [9] I. c. רשעתים; MS. i.

סנה וכפיו בה אמר בעץ אלפלסטינין: ודברהם בערה רגל מן נפתלי יקאל לה ברק[1] בן אבינעם מ סנה כפיו בה אמר יבין מלך קיסאריה וסיסרא צאחב גיושה וחורבא מן אלסמא בחמא אלכואכב ושעאע אלחריק[2] אלדי כאן עליהמא בעד מא כאנא קד אדלא אלקום כ סנין: תם אכטו אלקום פאסלמו פי יד אלמדיניין ז סנין פצרכו אלי אללה פנעל להם מן סבט[3] מנשה רגל[א] אסמה גדעון בן יואש נצרה אללה על[י] אעדאיהם בתלאת מאיה נפר וכאן עדה אלמקאומין להם ק אלף לה אלף רגל. ודברהם גדעון הדא בעד דלך מ סנה: תם דברהם אבימלך בן גדעון ג סנין: תם דברהם רגל מן יששכר יקאל לה תולע בן פואה כג סנה: תם דברהם רגל[4] מן סבט מנשה יקאל לה יאיר[5] אלגלעדי כב סנה: תם אכטו פאסלמו פי יד בני עמון יח סנה פצרכו אלי אללה פנצב להם יפתח אלגלעדי ודברהם יפתח ז סנין: תם דברהם בעדה רגל מן סבט יהודה יקאל לה אבצן מן סבט יהודה ז סנין: תם דברהם בעדה רגל מן סבט זבולון יקאל לה אלון י סנין: תם דברהם בעדה רגל מן סבט אפרים יקאל לה עבדון בן הלל[6] ח סנין: תם אכטו פאסלמו פי איאדי אלפלסטיניין כ סנה פצרכו אלי אללה פנצב להם רגל[א] מן סבט דן יקאל לה שמשון בן מנוח פלם יזל פי הדה אלכ סנה יכסר מקאומיהם ויקלע מן אבואב חצונהם ויאכד מן סלבהם ויצא גלאתהם. פעטש *יומא והו מחארבהם חתי כאד אן יהלך פדעי רבה ובידה עטם[7] ברסם אלחרב פכרג לה מנה מאא פשרב. ופי אכר עמרה אתכי עלי ביעה כאן פיהא אלפלסטיניין פערקבהא פוקעת פקתלהם וקתלתה מעהם: תם דברהם בעדה רגל מן ולד איתמר בן הרון בן עמראן יקאל לה עלי מ סנה. וכאן קד[8] מצא מן עמרה נה סנה: ופי אלסנה אלאולי מן הדה אלמ ולד שמואל אלנבי וכאן מן כברה אן אמה חנה כאנת עאקר[ה] וכאנת צרתהא כתירה אלאולאד וכאנת תחג פי כל סנה מע רגלהא אלקנה בן ירוחם בן אליהו מן ולד[9] קהת בן לוי פדעת[10] רבהא אן ירזקהא ולדא פרחמהא עלי ודעא להא פאגאב אללה לה ונדרת אן רזקת ולד כאן נאסכא לא ישרב כמר ולא יאכד מן שערה והדא סביל נסאך[11] בני אסראיל. פולד[ת] אבנא ואסמתה שמואל ואלזמתה בית אללה וכאן חיניד פי קריה יקאל להא שילו: פלמא צאר לה כה ולד דאוד אלנבי ולמא צאר לה מ סנה נבאה אללה פי סנה אלמ והי אלסנה אלתי תופא פיהא עלי על אלס אלהארוני. ואטלע אללה דאוד אלי כתיר מן אלאמור אלכפיה וצדק בה בני אסראיל ואקאם ידברהם וחדה יא סנה: ופי אכר הדה אלסנין נעל בעץ אלתדביר אלי אבניה *לצעף לחקה[12] פי קותה פחאפא עלי בני אסראיל פאצטרבו פסאלוה אן ינעל להם מלכא פסאל רבה פאדן לה וערף אי הו פנמעהם

---

[1] MS. ברוך. [2] MS. אלחריך. [3] MS. צבט. [4] MS. רגלא. [5] MS. ינה. [6] MS. הלאל. [7] MS. יום . . . עצמא. [8] MS. קין. [9] Marg. נסל. [10] Between the lines פדעו. [11] MS. נאסך. [12] MS. לצעפא לחקה.

חתי באיעו לה וכאן אסמה שאול בן קיש מן סבט בנימן פמלך עליהם סנתין פהמא גמיעא הו ושמואל מדבראן ללקום פדלך מר ולד מוסי ואלי אן ולד דאוד תפז סנה:

ואלקסם אלה גמלתה תקצד סנ. ודלך מר ולד דאוד אלי אכר אנביא בני אסראיל והו עזרא על אלס. תפצילהא עמר דאוד ע סנה וכא פיהא מן אלחואדת למא צאר לה יח סנ נבי שמואל. ולמא צאר לה כא סנ מלך שאול וכאן וזירה אבנר בן נר עם שאול ופתח לבני אסראיל פתוחא כתירה פי אלסנה אלאולי ואמר פי אלסנה אלתאניה במחארבה עמלק פנוא פיהם ובקי מנהא בקיה וכאן פי דלך טאלמא. פאוחא אללה אלי שמואל באן יכתלעה וינצב מכאנה דאוד פפעל דלך וצאר אלי בית לחם והי קריה לסבט יהודה אלתי כאן ישי[1] אבו דאוד יסכנהא. וכאן לישי ח בנין וכאן דאוד אצגרהם. פלמא צאר אליה שמואל וקאל לה אן אללה קד אכתאר אחד אולאדך מלכא עלי בני אסראיל אמר ישי ז אולאדה באן יגוזו בין ידיה פלם ירא פי ואחד מנהם אלעלאמה אלתי ערפה אללה איאהא. פבעת וגאב (ב)דאוד מן רעי גנמה פמסחה באלדהן אלדי כאן ימסחון בה אימתהם ומלוכהם וזאל אלתאיד ען שאול מן וקתה וצאר אלי דאוד. פאול פתח אן פתח קתל טאלות והו גליות וכאן גבארא מן אלפלסטיניין ודלך פי סנה אלל לעמר דאוד וחיניד רגע אלתדביר לשאול ואכד דאוד פי אן ינגח חתי בעת בה שאול מן חרב וגירה[2] ואחבתה אלאמה וזוגה שאול באבנתה ואסמהא מיכל. פלמא ראי שאול אקבאלה חסדה ואראד קתלה פכאן יהרב מן בין ידיה אלי אלגב[א]ל וגירהא[3] ושאול[4] פי טלבה ולא יטפר בה. ופי וקתין טפר דאוד בשאול ואמכנה קתלה ולם יטע הואה. אלאולה פי מגארה דכלהא שאול ליתהא פיהא ודאוד מכתפי פי זאויה מנהא ולם יעלם בה פהם[4] מן כאן מעה בקתלה פמנעהם פאכד מן טרף אזארה עלאמה אטהרהא עליה מן בעד מדה[5]. ואלב פי טרף אלסמאוה והי בריה נאם שאול וכל מן מעה פאתי דאוד באלליל חתי אכד מן ענד ראסה אדאוה מא ותברזין[6] ליריה איאהמא עלאמה: ופי אכר הדה אלסנה תופי שמואל אלנבי ולה נב סנה ובעד דלך בד שהור קתל שאול פי אלחרב הו וג בניה ואסמאהם יהונתן ואבינדב[7] ומלכישוע. פאנתהי אלי דאוד כברה פי אליום אלג ורגע אלי אלבלד ולה ל סנ פצאר אליה סבט יהודה פבאיעו לה ואקאם מלכא עליהם[8] והדהם ז סנין ו אשהר ודלך אנהם סבטה לאן דאוד בן ישי ב עובד ב בעז ב סלמא[9] ב נחשן ב עמינדב ב רם ב חצרון ב פרץ ב יהודה. וכאן פי אלסנה אלל לעמר דאוד מאת שאול וחזן עליה ולען מוצע מצרעה פצאר פיה מענז[10] עלי מר אלדהר אלא ינזל עליה אלמטר: ופי הדה אלסנה באיע אליא סבט לאיש בשת בן שאול ואקאם עליהם סנתין. ופי הדה אלסנתין כאן וזיר שאול

---

[1] שי throughout. [2] MS. וגירה. [3] MS. ונידהא. [4] Lacuna? [5] MS. מנה. [6] MS. וטברזין. [7] MS. וישי. [8] On the margin. [9] So MS. [10] מיעז?

אבנר ווזיר דאוד יואב בן צרויה אכדא יתחארבאן. תם קתל איש בשת בן שאול פי סנה לג לעמר דאוד ואקאם אליא סבט ה סנין בלא מלך: פלמא כאנת פי סנה אללח צארו אליא סבט אלי דאוד באיעו לה פי חברא[1] וצאר מלכא עלי גמיע אלאסבאט לג ס. ואנתקל מן חברא אלי בית אלמקדס קבל אן יבני אלבית ופתח לבני אסראיל פתוח כתיר פי בלד פלסטין ופי בלד מאב ועמון וחלב ונציבין וארמן וגיר דלך. וקתל ג אכוה טאלות והם סבבי[2] ולחמי וישבי[3] ו[דו] אלזואיד אלדי כאנת אצאבע ידיה ורגליה כד. ולד לה ולה מלך עלי סבט יהודה ו בנין ובעד[4] מא ולי עלי באקי אלאסבאט ט בנין[5]: ופי סנה נח מן עמרה כאנת[6] קצה אוריה. ופי סנה ס מן עמרה קתל אבשלום והו אבנה אלראבע לאמנון והו אבנה אלאכבר וכאן קד הרב אלי גשור ואקאם תם ג סנין: ופי סנה נס אסתעטף יואב דאוד עלי[7] אבשלום פאסנה ורגע ואקאם בבית אלמקדס סנתין. ופי סנה סו כרג אבשלום הדא שאד עלי אביה פלמא חס דאוד באבנה מקבל אליה כרג ען בית אלמקדס לילא[8] יכרב אלבלד וצאר אלי גאנב אלארדן ואקאם איאמא חתי זחף אליה אבשלום פלקיה יואב בפיה יסירה פנצרה אללה עליה ואנהזם אבשלום פאדכלתה דאבתה תחת שגרה בטם עטימה פתעלק בהא שערה וגאזת אלדאבה מן תחתה פבקי מתעלקא בשערה פאקבל אליה יואב פאכד ראשה וחזן דאוד עליה חזנא שדידא: ומן סנה סז ואלי אכר עמרה אכד פי עדה מא יחתאג אליה בית אלמקדס ואצלאחה מן אלדהב [ו]אלפצה ואלנחאס ואלחדיד ואלחגארה ואלכשב וסאיר מא יחתאג אליה לאן אללה אוחי אליה באן סלימאן אבנה יבניה. פכאן מא אעדה לה מן אלמאל[9] ק אלף בדרה עין ואלף אלף בדרה פצה יכון אלגמיע אלף בית מאל[9] ות בית מאל ודלך מאל אלפי וכל גנימה לא יוכד מנהא גיר אלקות לאנהא מחפוטה עליהם לכנהם[10] געלוא אלכל צואפי[11] ללה גל גלאלה. ופי סנה אלע קסם בני לוי ובני הרון כד קסם כל קסם מנה כדמה בית אלמקדס אסבועא ודלך נובה פי כל כד אסבוע. פלמא חצרתה אלופאה דעי בסלימאן אבנה פאמרה בטאעה אללה תבארך ותעאלי ותקואה ואסתכלפה עלי בני אסראיל ואמרה בבני בית אלמקדס ודפע כתב חדודה וכל מא יחתאג אליה: ותופי דאוד ולה ע סנה ומלך בעדה סלימאן אבנה וקד כאן מצת לה יב סנה מן עמרה פרזקה אללה תב ותע מן אלעלם ואלחכמה מא כאן גמיע בני אסראיל יהאבוה ויתקוה ומן דלך מא תכסבה בין אלפלצטיניין[12] ומא פאץ לאהל אלימן ואהל מצר בה ומלך עלי אלקום מ סנה. אקאם מנהא ג סנין קבל אן יאכד שי פי עמארה בית

[1] حبرى. [2] MS. ספי. [3] MS. וישבו. [4] MS. בעד. [5] MS. יג בן. [6] MS. כאנה. [7] MS. על. [8] MS. לאילא. [9] For this expression, see Dozy, Supplément I, p. 132. [10] MS. לאכנהם. [11] MS. צואף. [12] So MS.

אלמקדס. פלמא כאנת אלסנה אלד אבתדי בה ודלך פי שהר אייר וכאנת תלך אלסנה תם לנבוה מוסי על אלס. פאן טן אחד אנהא תזיד ט סנין פדלך תגמע הדה אלסנין אלמבסוטה פליעלם אן אלתחציל וגב אסקאטהא לאן אלמדברין מן מוסי אלי סלימאן יח פינב אן תסקט סנה מן בין כל מדברין אד ליס פי אלעאדה אלגאריה אן יכון אלרוסא[1] ירוסן פי אול אלסנה מן סני אלתאריך בל ירוסון פי בעצהא ויקבצון פי בעצהא פתחסב גמיעא סנתין[2]. ואקאם יבני אלבית ז סנין ופרג מנה פי אלסנה אליא מן מלכה וכאן טול אלבית אלכאין ס דראע פי ערין כ דראע פי ארתפאע ל דראע וטול מחיט אלבית וערצה תק פי תק. תם גמע אליה בני אסראיל וקרב פיה אלקראבין ודעא רבה פנזל אלנאר מן אלסמא פאחרקתהא: ומן אלסנה יב אבתדי פי בני קצר למלכה פי ציון פאקאם יבניה יג סנה אלי אלסנה אלראבעה ועשרין מן מלכה. ופי אלסנה אלכה נ[א]תה מלכה סבא ומן מעהא ואטאעוה גמיע מלוך אלארץ וכאנו יהדון אליה פי כל סנה מן אלדהב ואלפצה ואלתיאב ואלטיב ואלדואב ואלסלאח חסב מכנתהם וכאנו יסתפתוה פי כל שי[3] וכל מהמה ויסאלוה ען[4] כל כפיה. ותופי ולה נב סנה וכאן לה עלי בני אסר וטאיף[5] תקילה נצב להא יב רגלא מן יב סבט פכאן כל ואחד מנהמא יקים בהא שהרא מן שהור אלסנה: פלמא אנתהת אלריאסה אלי רחבעם אבנה אנתמע אלקום אליה וקאלו לה אבוך כאן קד תקל עלינא אלמון פנחב מנך אן תכפפהא חתי נבאיע לך פאסתאגלהם ג איאם ושאור אלאחבאר אלדין כאנו יחצרון מגלס אב[י]ה פקאלו לה אעלם אנך אן רפקת[6] בהם אליום כאנו עביד טאעתך טול אלזמאן פתרכהם ושאור אלאחדאת אלדין כאן ינאדמהם פק[א]לו לה לא תטהר להם אלא צראמה לילא יטמעו פיך. פלמא רגע אלקום פי אליום אלג קאל להם מבאלנא בנצרי אגלט מן מתן אבי פשקו אלעצא וקאלו לא טאעה לא לך ולא לאבוך ולא לנדך. פאנצרף[7] ענה גמיע אלאמה ומצו באיעו לרגל מן סבט אפרים יקאל לה ירבעם בן נבט ולם יבק מעה גיר סבט יהודה ובנימן פקט: פמלך עליהם יז סנין ואקאם עלי סנן דאוד וסולימאן ג סנין תם כאלף פי אלסנה אלד פלמא כאן אלסנה אלה נאה שישק מלך מצר פנהב מאלה וגמיע מא דכרה סלימאן ולם יקתל אחד: ומלך בעדה אביה אבנה ג סנין והו חארב ירבעם לירתגע אלמלך מנה וטפר[8] בה ולם יתם לה רגוע אלמלך: ומלך בעדה אסא אבנה מא סנה. ופי סנה אלטו מן מלכה כרג אליהם זרח אלכושי בניש עטים פרעא אסא רבה פאהזמהם בין ידיה: ומלך בעדה יהושפט אבנה כה סנה: תם נאו בני אלערץ ליחארבוה פי בריה ירואל פאוקע אללה [עז וגל] סיופהם פי בעצהם בעין פתפאנו וכאף יהושפט גמיע אלאסם והו [כאן] מעני כתירא בתרתיב אלחכאם ליחכמון פי אלאמה באלחק ואלספרא

---

[1] MS. אלריסא. [2] So margin; text סב. [3] MS. ישי. [4] MS. ע. [5] MS. וצאיף. [6] MS. יפק. [7] MS. פאשרף. [8] MS. פצפר.

יעלמון[1] אלתוריה̈ ופקההא: ומלך בעדה יהורם אבנה[2] ח̇ סנין: ומלך בעדה אחזיה [אבנה̇] סנתין ת̇ם קתל וכאן פתרה̈[3] ו̇ סנין לאן[4] עתליה אפנת נ̇מיע[5] נסל דאוד פלם יבק מן ד̇ריתה[6] אל[א] יואש בן אחזיה והוא אבן סנה̈. פלמא מצ̇ת[7] לה ז̇ סנין נ̇מע יהוידע אלהארוני אלקואד[8] וו̇גוה אלאמה̈ פבאיעו לה [ועקדו לה] אלמלך ואקאם מלכא עליהם מ̇[9] סנין. ופי סנה̈ אלכ̇ג̇ מן מלכה טרא[10] בית אלמקד̇ס ורמם[11] מא *כאן קד[12] תשעת̇ מנה: ומלך בעדה אמציה אבנה ט̇ו̇ סנה̈ אלי אן קתל פי קריה̈ יקאל להא לכיש: ומלך בעדה עזיהו אבנה נ̇ב̇ סנה̈ אלא אנהא כאנת מנגצה̈ במא בלי[13] בה מן̇ אלברץ ענד ד̇כולה אלי בית אלמקד̇ס וטלב[14] ד̇רג̇ה̈ הרון אלנבי. פכאן אלתדביר *פי אכ̇רהא[15] ליותם אבנה. ת̇ם צאר אלתדביר ליותם בראסה[16] בעד מות אביה י̇ו̇ סנין. וכאן לה תדביר ע̇ניב פי *אלאעראב ואלפלסטיניין ונצרו[17]: ומלך בעדה אחז אבנה י̇ו̇ סנה̈. ופי אלסנה̈ אלד̇ מנהא זחף[18] אליה מלך דמשק ליחארבה וכאן אסמה רצין *פבשרה ישעיה אלנבי[19] באן *לא יתם̇ אלחרב[20] ואן אללה צארפה ענה ואעטאה[21] איאת צח̇ת לה: ומלך בעדה חזקיה אבנה כ̇ט̇ סנין וכאן רג̇ל צאלח מט̇פרא מתעאהדא לרסום אלקדס ואת̇קא באללה. ופי איאמה אנקטעת[22] מלוך באקי אלאסבאט פכאנת נהאיה̈ מד̇תהם אלי אלסנה̈ אלו̇ מן מלכה. ופי הד̇ה אלרמ̇ט̇ סנה̈ אלנאקצה̈ אלתי עד̇דנאהא להאולי אליד̇ [אל]מלך אלד̇ין מלכו מן א̇ל דאוד עלי סבטי יהודה ובנימן כאן *עלי אלי̇ אסבאט אלבאקאין[23] מקומין[24] עלי נ̇מלתהם מן אלאעתיאץ̇ עלי א̇ל דאוד ואלאנפראד באלמלך ומלך עליהם פיהא ט̇ מלך ואסמאהם[25] ותפציל סנינהם ומא כאן פיהא מן אלחואדת̇ אמא ירבעם פמלך כ̇ב̇ סנה̈ ומנע אלקום מן אלחג̇ אלי בית אלמקד̇ס[26] ואט̇הר[27] אלכפר וחאר *ולד הרון ען מרתבתה[28] וחואעדה אללה עלי אלס̇ן אנביאה בע̇ד̇אב עט̇ים אלים ועקובה̈ מעג̇לה̈: ומלך בעדה נדב אבנה סנתין: ומלך בעדהמא רג̇ל מן סבט[29] יששכר יקאל לה בעשא בן אחיה כ̇ד̇ סנה̈: ומלך בעדה אילה[30] אבנה סנתין פכ̇רג̇[31] עליה רג̇ל יקאל לה זמרי פקתלה: ומלך בעדה ז̇ איאם חתי אחרק[32] עליה קצרה באלנאר פמאת. ואקאם אלקום מכ̇תלפין פימא בין אלקולי[ן][33] בתבני[34] ועמרי ה̇ סנין אלי אן מאת

---

[1] μ. ועלמון. [2] MS. adds יהורם תכרר אבנה. [3] μ. פתנה. [4] μ. ומאת.
[5] μ. ונ̇מיע? [6] μ. דרייה. [7] μ. כאן. [8] μ. אלקום. [9] μ. סבעין.
[10] MS. טהא; טה̇ר? [11] μ. ותם. [12] MS. קד כאן. [13] μ. חל. [14] μ. אלמלך.
[15] μ. לטלב. [16] μ. פאכ̇רהא. [17] μ. בראתה. MS. עראב אלפלסטיניין ונצרו.
[18] MS. שחף; μ. תכ̇טא without אליה. [19] μ. פאתאה ישעיה אלנבי פבשרה.
[20] μ. אלחרב אלי יוחם. [21] μ. adds עלי ד̇לך. [22] μ. אנקטע. [23] μ. כאן פיהא.
[24] MS. marg. מקימון. [25] μ. ואבנאיהם. [26] μ. אללה. μ. אלי̇ אלאקסאט אלאכ̇ר.
[27] μ. ואשהד. [28] μ. adds באלמרתנה̈ ען ולד הרון. [29] MS. צבט. [30] MSS. אילא.
[31] μ. פשרא. [32] μ. פתאד ד̇לך. [33] Both MSS. אלקולי. [34] MS. כתבני; μ. כתְבָא.

תבני *פצפא אלמלך לעמרי ח̇ סנין[1] פצאר גמיע דלך יג̇[2] סנה̈ והו בני גבל סבסטיה̈ וג̇על פיה חצנא ונקל דאר אלמלך אליה: ומלך בעדה אחאב אבנה כב̇ סנה̈ והו אלד̇י קתל רג̇לא זכיא יקאל לה נבות בסבב כרם לה לאנה כאן קד אסתשהד עליה שהודא בזור[3] פקאל לה אליה אלנבי פי מוצ̇ע לחסת אלכלאב דם נבות ילחסון[4] דמך. פלמא כאן בעד ג̇ סנין כ̇רג̇ אחאב[5] ליחארב מלך דמשק פאתאה סהם עאיר פוקע פי בטנה פאקאם נהארה עלי דאבתה חרא[6] אלקום ומאת *מע מגיב[7] אלשמש פנסל[8] אלסרג̇ מן דמה פי דלך אלמוצ̇ע *פלחסתה אלכלאב[9]: ומלך בעדה אחזיה אבנה סנתין פסקט מן רושן לה פמאת ולם יך לה ולד: פמלך יהורם אכ̇וה בן[10] אחאב בעדה יב̇ סנה̈ וכאן פי איאמה גוע שדיד פי אלבלד פכאן ילבס אלמסח עלי בדנה תחת ת̇יאב אלמלך. ת̇ם אנתצר לדין אללה פי א̈ל אחאב: ומלך בעדה רג̇ל מן סבט מנשה יקאל לה יהוא בן נמשי שרכה[11] אלישע אלנבי בקתל מן כאן בקי מנהם ומלך כח̇[12] סנה̈. ופי אואיל מלכה אחתאל[13] עלי כל מן כאן יעבד[14] אלצנם חתי קתלהם *באנה כאן קד נאדי פיהם[15] באלאג̇תמאע ואטמעהם פי אנה[16] יעבדה מעהם פלמא אג̇תמעו[17] כ̇לע עליהם ופתש אלג̇מיע[18] לילא יכון פיהם מן אלמומנין באללה תבארך ותעאלא *אחד לם יג̇ד אחד[19] פלמא צח̈[20] דלך אטבק עליהם וקתלהם[21] ולם ינפלת[22] מנהם אחד ונקץ̇ דלך ג̇מיעה[23] ואכ̇רבה: ומלך בעדה יהואחז אבנה יז̇ סנה̈ וכאן חזאל מלך דמשק *קד ציק[24] עליה כת̇ירא ואללה יוקיה[25] שד̈ה̈: ומלך בעדה יואש אבנה יז̇ סנה̈ ואסמה ישאבה אסם יואש אלדאודי והו חארב אמציה מלך יהודה פנצר עליה והדם מן סור מדינתה ת̇ דראע וקתלה[26]: ומלך בעדה ירבעם אבנה מ̇א סנ̇ והו *אלד̇י ארתג̇ע[27] מא כאן קד אכ̇ד̇ מן קרי בני אסראיל מן חמאת[28] ואלי נגסר. ועלי עהדה כאן נבוה̈[29] יונה בן[30] אמתי ומא כאן *ג̇רא לה[31] ואבתלאע אלחות לה וקד̇פה ונבאת אלכ̇רועה̈ ואצ̇מחלאלהא פצ̇רב אללה סבחאנה[32] לה מת̇ל[א] בד̇אלך אלאמת̇אל אלדקיקה̈: ומלך [בעדה] זכריה ו̇ אשהר אלי אן קתלה שלום בן יבש: ומלך בעדה שלום מכאנה שהר[א] ואחד[א] אלי אן אקבל מנחם בן גדי מן צפוריה̈ פקתלה. ומלך מכאנה י̇ סנין והו פתח בלד גזה̈ ונואחיהא: ומלך בעדה פקחיה אבנה סנתין: ת̇ם מלך פקח בן רמליה כ̇ סנה̈ ועלי עהדה אקבל פלנסר מלך אלג̇זירה̈ פאכ̇ד̇ מן אלקום כת̇ירא מן בלדהם

---

1 μ. omits. 2 μ. אתנעשר. 3 MS. זור. 4 MS. ולא יספך. 5 μ. omits.
6 μ. חרא. 7 μ. מן. 8 μ. פנסלו. 9 μ. omits. 10 μ. אבן. 11 MSS. בשרכה.
12 μ. כט̇. 13 μ. אחתל. 14 μ. עלי עבדה. 15 μ. באנה נרי פיהא.
16 MS. באנה. 17 μ. פ: אנהם. 18 μ. אלמגמע. 19 Omits from אחד.
20 μ. נצ̇ר. 21 μ. omits. 22 μ. יפלת. 23 μ. omits. 24 μ. יצייק; MS. קץ̇.
25 MS. יוקאה כיף. 26 μ. ארבע מאיה דראעא. 27 μ. מראג̇ע. 28 μ. אמאה.
29 MS. נובה; μ. omits. 30 μ. אבן. 31 μ. מן קצתה. 32 μ. omits.

ואנלא סבט ראובן ונצף סבט מנשה אלי כראסאן ואלי בלאד מ[נהא]: תם מלך הושע
בן אלה יח סנה אקאם מטיעא לפלנסר הדא ט סנין. תם עצאה סתה סנין[1] פבעת
במן חאצרה[2] ג סנין חתי פתח אלבלד ואכרבה ואנלא אלז [אל] אסבאט ואלנצף אלבאקין פיה
אלי בלך והראה ונהאונד וחלואן ונקל קומא מן באבל וכותי ואלסוס ומואצע אכר אסכנהם
אלש[א]ם. פכאנת אלאסד תדקהם ואלוחש ירעדהם לאנהם *לם יכונו יקרון אלתוריה[3] פשכו
דלך אלי נאקלהם *מן אלבלאד[4] פאמר בעין אלאחבאר באלמציר אליהם ליעלמהם[5]
אלתוראה *פפעל דלך פעלמהא להם נאקצה אלאחרף[6] והם אלסאמרה: פאנתהת אלסנה
אליח מן מלך הושע אלי אלסנה אלסאדסה מן מלך חזקיה אלדאודי. פקד שרחנא אן[7]
מלך אלדוריה רמט [סנה]. והדה אלסנין אלתי מלך פיהא האולאי[8] אליט מלך מן ניר
אלדוריה תבון נמלתהא רנא סנה נאקצה. ודלך לאן האהנא משארכה בין אלמלכין[9] מן
האולאי אליד ואליט פי אלתאריך פי סנה ואחדה. פסקט מן הדה אלגמלה ז סנין *אלתי
הי רמט[10] בקי[11] אלגמלה רמב לאנהא לא תחסב להם אלא *סנין תאמה[12]. ומא [כאן]
מן אלחואדת עלי עהד האולי אליט מלך[13] אלדין מן ניר אל דאוד. אמא פי אלסנה
אלאולי מן מלך ירבעם *פאנה עדא[14] עלי אלנבי ועטה פמד ידה ליקבץ עליה פנפת חתי
סאלה אן ידעי לרבה[15] פרדהא. ופי אלסנה אלאולי מן מלך אחאב טהר[16] *אליהו
על אלס[17] והו אלכצר ודבר אלאמה כד סנה. וכאן מן אלאיאת [ו]אלמענזאת אלתי אחדתהא
אלבארי *עז ונל[18] עלי ידה[19] אנה תואעד אחאב ענד משאהדתה[20] מעאציה בחבס אלגית ואלנדא
ג סנין פכאן כדאך ופני קום כתיר מן אלטאלמין[21]: ופי אכר אלסנה אלג *אנתמע נמיע[22] בני
אסראיל אלי נבל אלכרמל וקאלו[23] לאהל אלותן הל יקדר[24] אלאהכם אן ינזל[25] נארא מן אלסמא
עלי הדא אלקרבאן. פצרכו אלי אלותן עליה לאנהאר[26] פענזו ולם יגיהם שי *פבעד דלך דעי
אליהו על אלס[27] רבה פבעת אללה תבארך ותע[28] בנאר מן אלסמא עלי דלך אלקרבאן בעד
אן צב עליה יב נרה מא פאכלתה ואלחנא־ה ואלתראב ולחסת אלמא פכר אלקום סאנדין
ללה[29] וקאלו לא אלאה אלא אללה וקתל מן אלקום תנ רנלא. וכאן כול הדה אלסנין אלתי
נקץ פיהא אלטעאם ואלמא *פכאן יאתי[30] בעין אלטאיר במא יאכלה אליאהו *על אלס[31]

---

[1] μ. omits. [2] μ. פחאצרה. [3] MS. לא יקרו אלתוראה. [4] μ. omits.
[5] μ. לסלהם? [6] μ. פפעלו דלך ולם יתלקו הדא במא ינב. [7] MS. adds סני אליד.
[8] μ. הולי. [9] μ. כל מלכא. [10] μ. ומן תלך תסעה. [11] μ. וצארת. [12] μ. אלסנין.
[13] μ. אלתאמה. [14] μ. אלמלך. [15] μ. פאן יעדי. [16] Both דעי; μ. רבה. MS. adds אליה.
[17] MS. אליאהו; μ. omits. [18] μ. תבארך ותעלי. [19] μ. ידיה. [20] MS. משאהד.
[21] μ. אלטאמין. [22] μ. גמע. [23] μ. וקאל. [24] μ. הלתקדר. [25] μ. תנזל. [26] So MSS.
[27] μ. from פבעד as follows: תם למא ענזו בעד אלצראך בה אכתר אלנהאר דעי הו.
[28] μ. עז ונל. [29] μ. omits. [30] μ. יאתיה. [31] μ. אלטאיר בטעמהו.

פי בעצׄהא. ופי בעצׄהא אמר באלנזול עלי *אמראהׄ[1] ארמלהׄ[2] לם יך להא גיר[3] מלו[4] כף מן אלדקיק[5] ומלו[6] ראח[הׄ] מן אלדהן פדעא רבׄה פבארך לה[7] פיה *פאקתאת בה הו(א) ואהלהא אלי אן נא[8] אלשׄבע. תׄם תופי ולדהא וכאן ואחדהא פדעי רבׄה פאחיאה. תׄם אנהׄ צאר[9] אלי אלמקאם אלדׄי קאם פיה מוסי על אלסׄ פי אלטור פאמר באן יסתכׄלף אלישע מכאנה פפעל [דׄלך]. תׄם אלסנהׄ אלבׄ[10] מן מלך אחזיא בעתׄ אליה בקאיד ומעה כׄמסין[11] רגׄל אסו עליה אלאדב פדעי עליהם לדׄלך מע כפרהם נזלת נאר *מן אלסמא[12] פאחרקתהם. תׄם בעתׄ [אליה] בקאיד תׄאני ומעה נׄ רגׄל פכאן מנהם[13] מתׄל אלאולין. ופי אלסנהׄ אלאולי [מן] מלך יהורם בן אחאב רפעה אללה פי אלהוא. וכאן דׄלך והו ואלישע תלמידה יתמשון[14] פי וסט[15] נהר אלארדן בעד נׄפאפה להמא לאנה[16] דרגׄ איזארה[17] וצׄרב בה אלמא פנׄף[18] פחאטת בהמא פרסאן[19] מן נאר והם *מלאיכהׄ מקדסין[20] פחמלה[21] אלריח אלעאצף פרפעה אלי אלגׄו. תׄם תולי אלישע תדביר אלאמהׄ נאיפא[22] עלי סׄ סנהׄ. ופי אלסנהׄ אלאולהׄ מנהא תשכׄו[23] אליה אהל יריחא מלוחהׄ אלמא פאכׄד *חגׄר מלח ואלקאה פי אלמא[24] וקאל כון חלוא באדׄן אללה פחלא. תׄם שכת *מרתׄ ארמלהׄ[25] לבעץׄ תלאמיד אלאנביא אלפקר[26] ואלדין אלדׄי[27] כׄלפה רגׄלהא עליהא פקאל להא אלתלמיד[28] מא ענדך פקאלת[29] אניהׄ פיהא דהן קאל להא *אסתעדי מן אלאואני מא אמכנך[30] פאנהא תפיץׄ מא תמלאהא פפעלת כדׄאך חתי קצׄת דינהא ותעישת במא בקי. וכאן כׄתירא[31] מא ינזל ענד רגׄל מן אהל שונם וכאנת זוגׄתה עאקר פדעי רבׄה ורזקהא אבנא ומאת פדעי איצׄא[32] רבׄה פאחיאה. ונׄלט איצׄא[33] בעץׄ תלאמ[י]דה בחׄנׄטל פטבכׄה פאלקי פי אלקדר שי מן אלדקיק[33] פאנצלחת. ווקע איצׄא[34] פאס מן יד בעצׄהם פי אלנהר פאכׄד קטעהׄ כׄשׄב אלקאהא פי אלמא פאצעדתה באסם אללה: וכאן יכׄבר מלך בני *אשראיל בנזול אלאעדא עליה וסראיא[35] וגׄירהא חתי צׄנׄר[36] מנה אלמלך[37] פבעתׄ בגׄנד לאכׄדׄה פדעי רבׄה פאנׄשא אבצארהם חתי סאקהם אלי מדינהׄ אלמלך והם לא ישערון תׄם כשף אללה[38] ען

---

[1] MS. מרה. [2] μ. ארמל. [3] μ. אלא. [4] μ. omits. [5] MS. adds דקיק.
[6] μ. ומאל. [7] μ. omits. [8] μ. אלי וקת פאקאתהם. [9] μ. צבק. [10] MS. אלעׄ.
[11] MS. כׄ. [12] μ. omits. [13] μ. מן אמרהם. [14] μ. ימשיאן. [15] MS. וצת.
[16] μ. omits. [17] μ. אליא כסאה. [18] μ. omits. [19] MS. פארסין. [20] μ. מליכהׄ מקרבין.
[21] μ. וחמלתה. [22] μ. אופא. [23] μ. שכא. [24] μ. מלחא אלקאה פיה.
[25] μ. אליה אלארמלהׄ. [26] μ. אלתלאמיד לאלאנביא אלצר. [27] On marg. μ. אלהי; MS. אלדין.
[28] μ. omits. [29] μ. קאלת. [30] μ. אלאניהׄ אסתעידי מא אמכנך מן.
[31] μ. כסירה. [32] μ. omits. [33] μ. רקיק. [34] μ. omits. [35] μ. אסראיל בתרביר עדוה עליה מן אלסראיא.
[36] μ. אצׄגרה. [37] μ. omits. [38] MS. adds עז וגׄל.

אבצארהם[1] פכאפו מנה פנהא אלמלך ען אדאהם בל אכרמהם ואצרפהם[2] ותצע ב רגיף בין ידי ק רגל פאכלו ופצל ענהם[3]. ובעת מלך דמשק בוזירה אליה *וכאן אסמה נעמן צביה[4] וכאן אברצא פאשפאה באמר אללה פאערץ עליה בדורא מן דהב ופצה פלם יקבלהא פסארה[5] גיחזי כאדמה אלי אן[6] אכד מנה[6] בדרתין מנהא בגיר עלמה פלענה ואלחק בה ברץ נעמן אלדי כאן נקי מנה. ובשר אלקום ברכץ אלטעאם בעד *אן כאן[6] עזיז פהזא בה קאיד מנהם פקאל לה תראה ולא תאכל מנה פכאן דלך פוגר אלכבז ואחם אלקאיד לישתרי *פקתל באלזחאם[7]. וענד ופאתה אכבר יואש אלמלך באנה יטפר בעסאכר אלדמשקיין ג דפעאת פכאן כדאך. פבעד מא גלא מן[8] אלבלד אלי אסבאט אקאם [פיה] סבט יהודה ובנימין קלג סנה נאקצה תכן[9] קל תאמה מן דלך תמאם מלך חזקיה כג סנה פצאר גמיע מלכה מע אלו אלמתקדמה[10] כט סנה: כאן פי אלסנה אליד מנהא [אן] סנחריב אתי אליה[11] ליחארבה פאסתכבר פרעי[12] אללה תקדסת אסמאה פבעת במלאך נפך[13] פי קומה באלליל פאמאת[14] מנהם ק אלף פה אלף ופד מנהם וכלף[15] מן כאן מעה מן אלכבאר[16] פי אלבלד פדכלו[17] פי אלדין. תם מרץ חזקיה פי תלך אלסנה פאוחי אללה[18] אלי ישעיה הדא *אנלא אכר[19] רזקתה[20] וקד רחמתה וזדתה טו סנה אכרי[20] ואוראה[21] עלי דלך איה באנה[22] רד לה אלשמש אלי אלמשרק י דרגאת: תם מלך בעדה מנשה אבנה נד סנה אקאם מנהא עלי מעציה כב סנה: תם *נזל עליה[23] מלך אלגזירה פטפר בה וחמלה אלי בלדה וגעלה פי *בגלה נחאס[24] וגעל אלניראן תחתהא תוקד[25] פדעי רבה *באכלאץ ניה[26] פאגאבה[27] וכלצה פתאב בעד דלך[28] לב סנה: ומלך בעדה אמון[29] אבנה סנתין: ומלך בעדה יאשיה אבנה לא סנה ופי אול מלכה רם[30] בית אלמקדס מרה[31] תאניה ואטהר טאעה וכירה: ובויע בעדה ליהואחז אבנה פסבאה מלך מצר וחמלה אלי מצר ומאת תם: פבויע מכאנה ליהויקים אבנה ומלך יא סנה. ופי אלסנה אלד מן מלכה מלך בכתנאצר באבל ופי תלך אלסנה פתח בכתנצאר נינוה: ופי סנה אלה גזא יהויקם פטפר בה ואטאעה ג סנין ועצאה ג סנין פבעת אליה במן חמלה פמאת פי אלטריק ליהויקים[32]: ואסתכלף מכאנה אבנה פלמא אקאם ק יומא בעת במן חמלה אלי באבל: ונצב מכאנה צדקיה עמה והו אבן יאשיה פמלך יא סנה אטאעה בכתנצר ח סנין תם עצאה: וכאן ירמיה אלנבי פי דלך אלעצר יעטה

[1] μ. עיונהם. [2] μ. וצרפהם. [3] μ. ואפצלו. [4] μ. omits. [5] So MS.; μ. פשרא. [6] μ. omits. [7] μ. פיגד וזחמה אלנאס וקתלה. [8] μ. ען. [9] MS. חך. [10] μ. אלתי תקדמת. [11] μ. בלדה. [12] μ. ותכלם פי. [13] μ. נפד. [14] μ. פמאת. [15] μ. ומלך. [16] μ. אלאסארי. [17] μ. פסבלו. [18] μ. adds עז וגל. [19] μ. אכר אנלא. [20] μ. omits. [21] μ. ואולאה. [22] μ. אן. [23] μ. גזאה. [24] μ. אלבגלה אלנחאס. [25] μ. ואקבל יוקד תחתהא. [26] μ. omits. [27] μ. ואנאתה. [28] μ. ענדהא. [29] MS. אמנון. [30] μ. תם; MS. ראם. [31] μ. מדמה. [32] Lacuna?

ויעט אלקום ויאמרהם באלתובה פלם יפעלו פתואעדהם ען אללה במגי בכתנאצר עליהם וקתל בעצהם וסבי בעצהם ואחרק בית אללה: פבעד דלך בעת בכתנאצר בחירה נבוזראדן פי אלסנה אלט למלך צדקיה אלי בית אלמקדס פחאצר אלקום ג סנין נאקצה כאן אולהא אליום אלי מן תמוז[1] מן סנה יא פאשתד אלגוע פי אלבלד פשקו אלחצן והרבו ולחקהם אלגיש פעלקו אלמלך ואלרוסא והמלוהם[2] אלי בבל: ופי אליום אלי מן אב אחרק אלבית וכלף פי אלבלד אלקום אלצעפי וכל בהא רגל יקאל לה גדליה כן אחיקם והו מן אל דאוד פלם יבק גיר נב יומא תם דס[3] בני עמאן[4] מן קתלה ותפרקו אלבאקין מן אלאמה ומצא אכתרהם אלי מצר: פקד תבין אן מלך דאוד ובניה מכת פי אלבלד תנג סנ. ואיצא[5] אן בני אסראיל אקאמו פי בלד אלשאם תתג סנ. ודלך מן עצר יושע אלי עצר צדקיה. תם אקאם בלד אלקדס[6] כראבא ליס פיהא אלא[7] אלסאמרה ע סנה וכאן אלמלך פיהא לאהל בבל וכאנו בני אסראיל תחת יד בכתנאצר ואקאם גמיע מלכה מה סנה מנהא יח סנ פי דולה בני אסראיל וכד בעד דלך וכאן פיהא מא עני באתבאתה אלאסאטיר אלתי ראהא בכתנאצר פי אלמנאם פגמע אלעלמא ואלתמס מנהם מערפה אלרויא ותפסירהא פעגזו פכשף אללה לדניאל נבוה דלך פערפה איאהא. תם אנה נצב צנמא יקאל לה בל טולה סתין דראע[8] פנאדי מן לם יסגד לה ילקא פי אלאתון פאגמע חנניה מישאל ועזריה וקאלו לה לא נסגד אלא לרב אלעאלמין כאלק אלכל פאצלח להם אתון נאר פאלקאהם פיה בעד אן סגר ז אצעאפא. פחגב אללה אלנאר ולם תאכלהם ולם תשיט שעורהם חתי תיאבהם לם תחתרק ולם יעבק בהא ראיחה דכאן: ופי אלסנה לו מן מלך בכתנאצר ראי חלמא כאן מלכא נאזל מן אלסמא פאמר בקלע שגרה דאת אגצאן קד עלת ואסתכן תחתהא אלוחש ופי אגצאנהא אלטאיר ואן תקים ז סנין עלי תלך אלחאל ואתרך פי אלארץ מן סנכהא. פפסרה לה דניאל אנה הו אלשגרה וסיכתלט עקלה ויסיח פי אלגבאל מע אלבהאים ז סנין תם יעאוד אליה עקלה ומלכה חתי יעלם אן לא מלך אלא אללה תב ותע. ואשאר עליה באן יסתדפע דלך באלצדקה פקבל מנה פאמהל סנה תאמה תם תכבר פחל בה אלבלא: ועאד בעד ז סנ נמא חכם אללה עליה עז וגל ומלך בעדה אויל אבנה כג סנ. ופי אלסנה אלאולי אכרג יכניה אלדאודי מן אלחבס ואחסן[9] אליה. ומלך בעדה בלטשצר אבנה ג סנ נאקצה. ופי אליום אלאכיר מן מלכה אכרג אניה בית אלמקדס פסקא בהא[10] נדמאה וכאן פי דלך מתעדיא פלמא אטלם אלליל בצר בכף מלאך והו יכתב עלי חאיט פי אלמגלס לא יעלם מא הו[11]. פקראה לה דניאל פאדא הו אחצא אחצא וחן ווזן וכסר כסר [ו]פסרה לה

---

[1] So MS.; טבת? [2] MS. וחמולהם. [3] MS. תחדרם. [4] So MS.
[5] Marg. ותבין. [6] So above; originally אלשאם. [7] MS. אלי. [8] Marg. טולה
[9] MS. ואסן. [10] MS. adds יר. [11] MS. הוא.

דניאל אן אללה תקדסת אסמאה קד אחצי מדתה וקד תקצת ואנה וזן פוגד נאקצא ואן מלכה כסר ונקל אלי פרס. פקתל פי תלך לילתה וצאר מלכה אלי דארה ואקאם פיה בעץ דון סנתין יכון אלגמיע אקל מן סנה. פרכל דלך פי תאריך אלמלך אלדי קבלה ואלדי בעדה פליס יואד אלתאריך שי: ופי הדה אלמדה מנע מן אלצלוה פוגד דניאל יצלי לרבה פאכד טרח ללאסד פאקאם לילה פי אלגב פלם יפתרסה פתעגב ואכרגה וכתב אלי אלבלדאן: תם מלך כורס[1] ג סנין נאקצה. פי אלסנה אלאולי מנהא אדן לבני אסראיל אן יצעדו אלי אלשאם ויבנון בית אלמקדס פצע[ד] מנהם מב אלפא וכסר פוצעו אלאסאס פסמעת בהם אלסאמרה[2] פלם יתם לאנה כאן בקי מן אלע סנה אלתי נעלת להם יח סנ. תם מלך בעדה ארדשיר יד סנה. תם פי אליב מנהא אשתרי המן וזירה מנה בני אסראיל ליבידהם יב אלף בדרה ורקא פאגאבה אלי דלך ווהבהא לה וכתב בדלך אלי אלבלדאן פעמל אללה אעגובאת כתירה חתי קתל המן וצלב וכתב אלי אלאפאק בצד כתבה ופרג לאמתה: ומלך בעדה ארתחסת אבנה לו סנ. פי אלסנה אלב מן מלכה אדן לבני אסראיל פי *בנא בית אלמקדס[3] ואכדו פי דלך ד סנ ותממוה פי אלסנה אלו. ופי סנה אלג צאר תדביר אלאמה אלי עזרא[4] והו [מן] ולד הרון ונסבתה [מתבתה] פי כתב אלנביין. *עזרא בן שריה בן עזריה בן חלקיה בן שלום בן צדוק בן אחיטוב בן אמריה בן עזריה בן מריות בן זרחיה בן עזי בן בקי בן אבישוע בן פינחס בן אלעזר בן אהרן הכהן בן עמראן[5] סלאם[6] אללה עליהם[7] אגמעין ועלי גמיע אלנביין[8]. פאקאם עזרא ונביאן[9] [אכראן] מעה [ואסמאהאם] חגי וזכריה ידברון אלאמה מ סנ. ופי סנה אליח מן הדה מ סנ תשעת סור בית אלמקדס פבנאה רגל יקאל לה נחמיה: ופי אכר הדה אלמ זאל מלך אלפרס ען בני אסראיל ומן בעדה אנתקל אלי אליונאן פדלך מנד ולד דאוד ואלי אכר תדביר אלעז[י]ר תקעה סנ. פקד תבין אן מנד ולד מוסי ואלא אכר אנביא בני אסר אלף סנ ופ סנ סוא:

ואלקסם אלו. מן אכר אנביא בני אסראיל ואלי אכר אלדאוודין[10] גמלתה תתיא סנ. פי[11] הדה אלסנין ופי סנה אלק ואלי סנין אלתי קבלהא מד אכד צדקיה לם יכן[12] לבני אסראיל באלעראק מן אל דאוד מן ידעא מלכא אלא יסמא ראס אלגאלות אלא [אן] באלשאם קד כאן להם מלוך סנין אלתי נחן דאכרוהא. מנה שפ סנ אקאם בית אלמקדס מעמורא. מן דלך עלי עהד אליונאנין קפ סנ. וכאן להם פי דלך ח מלוך אולהם אלאסכנדר

[1] So MS. [2] Between the lines לע[נהם] ״. [3] MS. בני אלקדם. [4] μ. אלעזיר ואסמה עזרא. [5] MS. עז בן סריא ב. עזריא ב. חלקיא ב. אמריא ב. מריות ב. שלום ב. צדוק ב. אחיטוב ב. זרחיא ב. עזי ב. בקי ב. אבישוע ב. פינחס ב. אלעזר ב. הרון ב. עמרן. [6] μ. צל. [7] MS. עליהמא. [8] MS. אלאנביין. [9] MS. ונביין. [10] μ. אלרואיאת. [11] μ. ופי. [12] MS. יך.

והו ד̇ו אלקרנין והו בנא אלאסכנדריה̈ ומלך יׄבׄ סנה̈ ומאת: ומלך בעדה פיטרון. ובעדה טלימון והו[1] בטלמיום והו טאלב אלאחבאר באן יתרגמו[2] לה אלתוראה̈[3] באליונאני: ומלך בעדה סלוקס: ובעדה סנטרוק: ובעדה נסלקנס[4]: ובעדה אנטיוך: ובעדה אנטיוכס והו בנא אנטאכיה̈ וכאן וזירה בגריס והו בנא [סחראהא] בגראס: ת̇ם ענף בני אסר̇ פחארבה קום מן בני הרון יקאל להם בני חשמונאי פנצרהם אללה[5] עליה פקתלוה[6] וצאר אלמלך להם[7] פאקאמו לא יודון טאעה̈ רׄוׄ סנין וכאן אלמלך להם קׄדׄ סנין מנהא ואלבאקי למואליהם. וכאן אול מלוך אלהארונין יוחנן בן שמעון בן מתתיא ואול מלוך מואליהם הרוסוס[8] בן אגריפוס. ובעד אליונאניין[9] אנתקל אלמלך אלי אלרום פכאן מן מלוכהם פי קׄפׄ סנה̈ מן הד̇ה אלכׄוׄ סנ̇ בעד פתרה̈ כאנת בין אלדולתין כׄוׄ סנ̇ מלוך אסמאהם יולוס ואנוסטוס וג̇לקאס וטברונוס ועלי עהד טברונוס הד̇ה כאן כ̇בר אליסוע בן מרים וד̇לך בעד אן מצ̇י מן מלך אלהארוניין עׄאׄ סנ̇ ובקי אלבית מעמורא בעד ד̇לך קׄלׄדׄ סנ̇. ת̇ם מלך קלידוס ואנתברוס ויטרלוס ונירון ואספסנוס וטיטוס. :טיטוס הו[10] אלד̇י גזא בני אסר̇ וחאצרהם[11] וכ̇רב אלבית מרה̈ ת̇אניה̈ ואג̇לא מן כאן מנהם באלסיף אלי בלד אלרום ואלמגרב ואנדלס. ואקאם נפר מנהם פי קריה̈ יקאל להא בית ת̇ר נׄבׄ סנ̇ וכאן להם גׄ מלוך אסמאהם כוזבא ורופס ורומלוס אלי אן אתאהם אדרינוס[12] פסבאהם ואכ̇רבהא: ואקאמת[13] דולה̈ אלרום באלשאם בעד כ̇ראב אלקדס אלדפעה̈ אלת̇אניה̈ קׄסׄ וד̇לך אלי תמאם ת̇קׄדׄ סנין מן הד̇ה אלג̇מלה̈ אלמצדר בהא אעני מׄדׄ תופי אלעזר וכאן מן מלוכהם הד̇ה אלסנין בעד אלי אלאולין יׄזׄ מלכא אסמאהם אדרינוס ובליקוס ופיטוס ואנטפכוס ולימנטוס יואנטנוס ואסוירוס ואכבאס וקמאדוס וסהרוס ואניסולוס ומרטמנוס ואנטולונוס ומקרינוס ואנטינוס אלאצגר ולכסנדרוס אלאצגר ואטבאן: וכאן לבני אסר̇ באלעראק פי הד̇ה אלת̇קׄמׄ סנה̈ ופי אלקׄיׄ סנין אלתי קבלהא מן רום אלג̇ואלית אלקרון סוי מא בינהם מן אלדוריה̈ טׄוׄ ראס ג̇אלות סוא מא * עשה בניה[14] מלך יהודה פי באבל ואסמאהם פריא בן יכניה. וזרבבל אבנה. וחנניה ב̇. וברכיה ב̇. וחסדיה ב̇. וישעיה ב̇. ועבדיה ב̇. ושכניה ב̇. ושמעיה ב̇. וחזקיה ב̇. וענן ב̇. ונתן ב̇. ועקבא ב̇. וינתן ב̇. ושפט ב̇: ובעד הד̇ה אלת̇קׄמׄ סנ̇ רג̇עו אלפרס[15] מלכו אלשאם אלא[16] בית אלמקד̇ס פאנהא כאנת פי יד אלרום. ואקאם מלך פרס שׄעׄ סנ̇ וד̇לך מא בקי מן הד̇ה אלת̇ת̇׳ סנ̇ וכאן להם פיהא מן אלמלוך כׄאׄ מלכא אסמאהם ארדשיר. וסאבור. והרמז. וקטיעא. ונרסי. ויזדג̇רד. וכזבר. וקירבבר. והרמז. וסאבור. וטטרנאן. וסאבור. ומישון. ויזדגרד. וודאן. ופידח. וכלוש. ובלשיד. וקואר: ופי הד̇ה אלסנין כאן לבני

---

[1] μ. ויקל לה. [2] MS. יחרגם. [3] μ. אלתוריה. [4] μ. נסקלנס. [5] μ. adds שונם? [6] μ. פאנתאחה. [7] MS. הם, dittography of להם. [8] μ. ה̇·ירום. [9] MS. אליונאן. [10] MS. הוא. [11] MS. והאסרהם. [12] MS. אדריננס. [13] Between the lines ואקאמה̈; originally ואקאם. [14] So MS. [15] MS. אלי אלפרס. [16] MS. אלי.

אסר מן רוס אלגואלית אלקרון י אסמאהם חונא. ונתן. נחמיא. ועקבא. ואבאמר. וחונא. ונתן זוטרא. ומארי. וכנא. פדלך תתיא סנה מן ופאה עזרא ואלי אכר אלרואיה. פמן נשא בעד הדה אלמדה בין אלתלאמיד לם תדכל אסמאהם פי אלרואיה לילא תטול אלנסכה פתתקל פאכתצר עלי אלאולין פקט:

ואלקסם אלז. מן הדא אלוקת אלמדכור ואלי אלאן גמלתה תכה סנה תפצילהא ק סנה וסנה ואחדה לבאקי מלך אלפרס באלשאם. ושכד סנין שמסיה [חך קמריה שנג][1] לבני אסמאעיל בן אברהם ודלך אלגדה אלמחדס[2] סנה כד וש מאיה וכאן לבני אסר מן רוס אלגואלית[3] אלקרון יב ראס גאלות אסמאהם. חונא. ובוסתיני. וזוטרא. והגאמר[4]. וכפנא. ובסתאני. ושלמה. ואסקד[5]. ויהודה. ודאוד. חכאי. ודאור. פאדא גמעת הדה אלז אבואב בגמלתהא מע תפצילהא כאן גמיעהא ד אלאף ותת ופה והו מא מצי מד כלק אללה עז וגל אלזמאן מן אדמנא[6] ואלי סנתנא הדה אלתי כתב פיהא הדא אלכתאב וכתב פי שנת אתע לשטרות והו אנה עדתה ד אלאף ותת ופה ואנצאף אליהא אלי[7] שנ אתע לש לד סנה תכון אלגמלה אלי[7] אכר הדה אלסנה אלמקדם דכרהא דתתקיט לליצירה. וכאן קד תקדם תאריך אלערבי והו שכד סנה ינצא[ף] אליהא רכט סנה תכון אלגמלה אלא אכר שעבאן תנג ערביה *שנת אתע אלי אכר די אלחנה[8]. ויכון אלתפאות בין אלקמריה [ו]אלשמסיה ה סנין חתי יקום חסאב אליצירה תבארך אללה רב אלעאלמין ואלעאקבה ללמתקיין:

◆ תם אלכתאב ואלחמד ללה עלי עונה ◆

---

[1] The words in [ ] are on the margin. [2] So MS.; perhaps אלהגרה אלמחמדיה. [3] MS. אלמת end of the line, and beginning of the other גואלית. [4] So MS.; והונא מר? [5] So MS.; ואסקי? [6] So MS. [7] MS. אלא. [8] On the margin.

V.

ספר יוחסין

בינו עמי [1]

בשם אדוני הארונ[ים [1]] עושה נסים לכתוב ספר . . . . . [2] יוחסין:

בשם שוכן שמי שפר. אתחיל להליץ ולספר. לחקור ולדרוש ולחפר. תקון מדרש ספר. ספר האינרונים. מאבות הראשונים. להביע בעניינים. לפרש בהגיונים. אנור בקש. היחס לבקש. בלי להנקש. מבקש. ומראש ומתחילה. אתן תהילה. ושבח ונדולה. לרב העלילה. שם קדשו אהללה. נצח זכרו אגרלה. שבחו אסלסלה. במורא ובחילה. כמאז [3] ומקדם. תפארתו אקיצה ולא אהיה רודם. בדברי פי לקיים. מעונה אלהי קדם. אחל בשיח ומענים. להפגיע תחנונים. באמת ובאמונים. פני שוכן מעונים. לשנן בשינונים. לנגן בניגונים. לעלס ברננים. לאדוני הארונים. במושב זקינים. בחבורת נבונים. לשבח בעיצומים. לחי העולמים. לפאר באיומים. לרם על כל רמים. להכתיר בהילומים [4]. ליושב מרומים. בקיבוץ תמימים. בוועד חכמים. וימים ולילות. אנעים תהלות. לעושה גדולות. למרעים בקולות. לאלהים צבאות. המפליא פלאות ועושה . . . . . [5] לראות קדומיי להראות. נסים ונפלאות לטובה אות. אהלל ברננה. לדר מעונה. לנגן בנגינה. בשפך תחינה. ביראה ובבינה. באימה ובן[ ]לה [6] נכונה. בעמק שושנה. להגיד גבורותיו. ל[ ] [6] נפלאותיו. ותוקף גדולותיו. ויקר תושבחותיו. ואומץ גבורותיו. ונועם תהילותיו. ועוצם נוראותיו. וחוזק ממשלותיו. שהפליא בניצוחו. לגדל שבהו. המכין הרים בכוחו. ומגיד לאדם מה שיחו. עושה ארץ בחכמתו. מכין תבל בתבונתו. ומי יערוך לו בשחקים. וממשלתו בכל קצוי ארקים. והים מנים בנערתו. ודרי חלד יתבהלון מאימתו. ההרים ירקדון משאיתו. והגבעות תמוטנה בהבטתו. ויגדל כחו וגבורתו. בכל מקומות ממשלתו. ויתעלה ויתנשא זיו הדרתו. ויתברך שמו ושם כבוד מלכותו:

אפאר בהילולים. לדר בזבולים. אשר בטוב מפעלים. ובכושר מעללים. נוהג ביושר שבילים. אבותיי המוגלים. הבאים עם הגולים. אשר בירושלים נצלים. והציל מביהולים. צעירים וגרולים. שבים ועוללים. למען רחמיו העצומים. וזכות אבות הקדומים. ומאת שוכן מעונים.

---

[1] Injured. [2] So MS. [3] MS. במאז. [4] MS. בחילומים. [5] So MS. [6] Injured.

בכל עת ממוננים. וצינה ומנינים. מאז ומלפנים. היה בכל זמנים. לאבותיי הקדמונים. ויהיה בכל עדנים. לבנים ולבני בנים. ולבני בניהם האח[רונים][1]. וכבן ארוכה. לסדר כהלכה. בשקט ושכבה [ ][1] לערכה. מאבותיי כהובאו. באנייה בנהר פ[שון.][1] נהר עדן ראשון. עם הגולה אשר טיטוס הג[לה.][1] העיר ביופי כלולה. ובאורן עלו. ושם נקהלו [ ][1] גרלו. ובמעשים נתעלו. ורבו ופרו ועצמו ונב[ ][1] עמד מהם. מניניהם. מבני בניהם. איש חכם. בתור[ה][1] פייט וסבר. בדת אל גבר. נכון בעמו. ור׳ אמתיי שמו. ולו היה[2] בנים. נאים והגונים. חכמים ונבונים. דעתנים ופייטנים. מלמדים ומשננים. לתלמידים המהוגנים. נסיכים נגידים. מביני סודים. חרוזי חרזים. יודעי רזים. בחכמה צופים. בבינה מצפים. ובערמה מצפצפים. בספר הישר משכילים. ובסוד המרכבה מסתכלים. הראשון ר׳ שפטיה. העוסק בתושיה. והשני ר׳ חננאל. ההוגה בדת אל. שהוריד יקותיאל. ואלעזר השלישי. הצופה בניתנה בשלישי. ובימי אלה החסידים. ירד מן הירידים. איש חמודים. מארץ בנדידים[3]. ראש ואב. מבית יואב. ושמו אהרן. סבר בסברון. עוצר חרון. מניני ישיני חברון. והוא כבני מרון. למלך אדירירון:

טרם צאתו מארץ מולדתו. לאביו היה ריחים למחיה. והפרד שהיה נוללו. בא הארי ואכלו. ואהרן היה חוצה. כשחזר למחיצה. הפרד לא מצא. ותחת פרדו. הביא הארי וניגדו. וכפתו בריחים לטעון בעדו. ואביו כשהרגיש. אליו הגיש. וזעק לו. וצעק בקולו. ודיבר למולו. מה עשית. הארי הבאת. ולהכניעו כוחו שיברת. והקב״ה עשאו מלך. [בקו]מה[4] זקופה לילך. ואתה שמתו בעבודתך. לעשות שיר[ותך][5]. ועתה חי אדני. אם תעמד לפניי. ותצא בגלות. [יומם][6] ולילות. ועד שלש שנים. תתנחם על שגיונים. [ ][6] שוב לארצך. וי״י אלהיך ירצך:

בא עד יפו [ ][6] מצא ספה ומפה[7]. אמר למלחים רעים ואהובים. [ ][8] ביניכם. ואבוא עמכם. וארשה במזירה. ברשות דר נהורה. שהספינה שאנו בה יושבים. אינה חוששת מאוייבים. ולא מרוח סערה. בעזרת אל נורא. נכנס ביניהם. וישב עמהם. ובשעת הלינה. והם בנאימת המדינה. מצא שם ביחידי. איש אחד יהודי. והוא היה ספרדי. הוליכו עמו. וכיבדו בעצמו. בא עת האוכל. והספרדי לא היה אוכל. ואותו היום היה שבת הקודש ליה. הרב שאלו. להבין מילולו. שבת היום. לנורא ואיום. ולמה לא תתענג בקראוי עונג. ענה העני. ואמר אי ארוני. אל תענישיני. כי מר נפשי אני. ומתאבל על בני. שנכסה ממני. מרוב עווני. ואיני יודע באמת. אם חי הוא אם מת. השיב לו בחיבת. תן כבוד לשבת. והראיני ארחות ומענלות. שהיה רגיל לירד ולעלות. אם בחיים עורהו. אצלך אביאהו. ואם נזור הוא מארץ. אגיד לך בחרין. ליום מחר. לא איחר. והלכו ביחד[9]. בדרך אחד.

---

[1] Injured. [2] So MS. [3] MS. בנרידים. [4] Injured. [5] MS. end of the line שִׁיר, the beginning of the next is injured. [6] Injured. [7] פ indistinct. [8] Injured. [9] MS. ביחר.

אל בית ריעיהם. שבנו נהוג ללכת אליהם. ושם אשה דרה. כשפנית היתה הארורה. ובכשפיה כשפה. והנער לחמור חולפה. ובריחים העמידו. לטחון כל ימי עודו. החכם כראהו. בן והכיר מראהו. ולאביו הקשב. הנה בנך מיושב. אשר כמת נחשב. אליך[1] קרא לאשת. ואמר לה בארשת. למה לא תכלמי בבושת. מאשר לכרת ברשת. והשיבי להורו. בנו ובשרו. והזונה נשכחה. לרבר[ים לא] [2] השגיחה. ודבר לא השיבה. לא באהבה ולא באיבה. הצדיק מה עשה. החמור תפש בתפישה. וחצה הוציא אותו. וחילף דמותו ומראיתו. והשיבו לצורתו. כשהיה בק[דמתו] [3] ולאביו החזירו. ונתן שבח ליוצרו. ושיבחו ליוצרם. אשר בראם:

ואחרי זאת. הבין לחזות. לעשות עזיזות קשות ועזות. בביניבינתו בלכתו. יצאו[לק]ראתו[4]. כל הקהל ביחד. כולם כאיש אחד. וביום השבת עמד. בחור אחד נחמד. לעשות תפילה. לפני שוכן מעלה. והתפילה הנעים. בקול נעים. ובהגיע בברכו את יי׳ המבורך. קולו בנועם ארך. והשם לא הזכיר. והרב הבין והכיר. שהמתפלל מת היה. ולא המתים יהללויה. מיד זעק. ובקול גדול צעק. שב אל תתהלל. שאינך ראוי להלל. ולפני אל להתפלל. התחיל לפייסו. ולהשביעו בעושו. הגד לי ואל תפחד. ומעשיך מני אל תכחד. והודה האמת ליוצר[5]. הרוח נוצר. ושים נא כבוד. לאל הכבוד. ותן לו תודה. בתוך קהל ועדה. וקנה העולם הבא. ובוזה אל יהי לך חובה. ותינצל מחובה. ותקנה לעצמך טובה. והעולם הארוך. והטוב הערוך. לצדיקי עמו. ליראי יי׳ ולחושבי שמו. מיד ענה. ואמר אמנה. אנכי חטאתי. וליי׳ עויתי. ומרדתי ופשעתי. והרע עשיתי. ואם תקבלו הפשע. שעבדכם פשע. והם קיבלו כולהם. כל אשר שם עליהם. ואז הודה. ולאלהים נתן תודה. והגיד שעשה. וכל אשר בו נעשה. שמעני עם יי׳ אלופיי רבניי. ישישיי וזקיניי. חכמיי נבוניי. קציניי ורוזניי. גדוליי וקטניי. אגיד לכם בפירוש. כל המעשה לפרוש:

איש יהודי היה ביומו. ר׳ אחימעץ שמו. בירושלם עיר ההוללה[6]. פעמים שלש בנדרים עלה. ובכל פעם עלייתו. מאה זהובים הוליך אתו. שכן היתה נדבתו. פני צור ישועתו. להטיב לעוסקי בתורתו. ולאבילי זבול תפארתו. ובפעם השלישי שעלה. לאמי שאלני בשאילה. תניהו לי. להיות אצלי. לעלות עמי. להנאת עצמי. ולעשות שירותי. ואני אוליכנו. מידי תבקשנו. ואם לא אביאנו. וחטאתי ליי׳. אני ובניי. אז הלכ[נ]ו בשמחה. בלי יגון ואנחה. כשהיינו יושבים בסעודה. מסובים עם ראש הישיבה. ותלמידי הרחבה. פצחו בפציחה. ניתן שבחה. וזמרה חביבה. ושירה עריבה. באהב ובחיבה. לדגול מרבבה. נתנו עיניהם בתלמידיהם. היושבים לפניהם. וראש הישיבה שלהם. הביט אליהם. ואמר להם. הבחור היושב בינינו.

---

[1] So MS.; הלך? [2] Injured. [3] Obliterated, מ visible. [4] לק obliterated.
[5] So marg.; text לאל=לא. [6] So MS.

שבא עם ר׳ אחימעץ חבירינו. הוא ישמחינו. וייטיב ליבינו[1]. בפרן מעייניו. בשיח הגיוניו. התחלתי[2] בשירה. בנינון וזמרה. להלל במורא. לעוטה אורה:

ושם ישב. זקן ושב. ושיריי קשב. ובליבו חשב. התחיל לבכות. ועיניו שופכות. בסר בכות. ור׳ אחימעץ בם אליו. והבין מעלליו. וקם מן המסיבה. ולפני רגליו בא. ובאלהים השביעו. בבייתו להודיעו. וענה באמירה. וידעו בברירה. שיצאה גזירה. מלפני הגבורה. בודאי ובאמת. שהנער הזה מהרה הוא מת. הוא החסיד כשמע. ועיניו דמעו דמע. בגדיו קרע. וראשו פרע. והשיב לכולם. אין לי חיים בעולם. שעשיתי לאמו שבועה. להשיבו אליה בלי אסון ורעה. ואיך אשוב לביתי. והנער איננו אתי. והשבועה שנשבעתי. יאבד תקוותי. וסבר תוחלתי. כשראו בצרתו. ואבל בבייתו. כתבו שם הנקדש. שהיה כתוב במקדש. ובבשר חתכוני. בזרוע ימיני. ובמקום שהבשר חתכו. שמה השם ערכו. ומשם בשלום באתי. ולביתי ולאמי שבתי. ועד שהיה ר׳ אחימעץ בחיים. ברחתי מאיים לאיים. ועתה אני חי מאותם הימים. אם אני רוצה לעולמים. כי מקום השם אין אדם יודע. רק אם אני אודיע. אבל אני מראה לכם. והנני בידכם. עשו לי כטוב בעיניכם. והביאו השמלה. ועליה עלה. והראה מקום הקרע. והרב שם קרע. ומתוכו הוציא השם. והגוף נשאר בלא נשם. ונפל הגולם רקב. כמשנים רבות נרקב. והבשר שבה לעפרה:

ומשם נסע. ואל אורן פסע. ומצא שם אהלים. נטועים כנחלים. וכעצים שתולים. עלי מים גדילים. ומדרישות קבועים. כארזים נטועים. כעל מים שוכנים. ביבלי מעינים. ולוחמים ומתגברים. במלחמת שערים. ודורשים ברבים. באילת אהבים. וביעלת חינים. הם נושאים ונותנים. הם הם הרשומים. אחים הנעימים. בני ר׳ אמיתיי. הם אבות אבותיי. ר׳ שפטיה ור׳ חננאל. שניהם עבדי אל. מעצימים הלל. לאלהי ישראל. ותחן שופכים. ושבח עורכים. וקדושה מנסיכים. ומעריצים וממליכים. כערך המלאכים. למלך מלכי המלכים. וביניהם נקבע. וישבתו שם קבע. וחכמתו נבעה. ותורתו שם נטעה. ושם הראה אונים. והפסקת דיינים[3]. כבהיות האורים. וישיבת סנהדרין. ותורת הסוטה. ושם איהל והיטה. ותחת עפר קרקע המשכן. עפר יסוד הארץ היכן[3]. ואחת תופילו מעל מעילה. ובא על אשה בעולה. ודנו בוועד בין קהילה. בחנק היות לכלה. ואיש אחר[4] קפץ לרגלה. על אשה אחת והרגה. ופסק דינו לתוגה. וצוה עליו[5] הריגה. ואחר בא אל הזכר. עשה כעובדי אל נכר. ודינו נודע והוכר. ולסקילה נכאב ובנכר. אחר בא אל חמותו. עבר על דת אל ותורתו. וצוה הרב בצואתו. נועדו אליו ושרפו אותו:

וברחמי בכותו ארץ עושה. עובר על פשע עון ונושא. אמליץ ואזכיר המעשה. אשר אירע בבינוסי. איש בא מארץ ישראל. כבין ויודע בתורת אל. ומשכיל באמון שעשועים. ושהה

---

[1] So MS. [2] MS. ה׳ התחלתי. [3] So MS. [4] MS. אחת. [5] MS. עליה.

שם ימים ושבועים. והיה עושה בכל שבת דרשה. בתוך הכנסת בעם יי לדרשה. והחכם היה דורש. ור׳ סילנו היה מפרש. ויום אחד באו האנשים בעגלות. מן הכפרים אל המדינה לעלות. ועשו מריבה האנשים ביניהם. ותצאנה האנשים מבתיהם. ובעצים הארוכים. אשר התנור מחכבים. ומן האש מחורכים. בהם היו האנשים והנשים מכים. ור׳ סילנו שגג וטעה. בליבו חשב תעשה רעה. הביא המדרש מן הפרשה. שבאותה שבת החכם עתיד לפרשה. ומחק שתי שורות מן האותיות. אשר שם היו חרותות. ובאותו המקום כתב. המעשה אשר למעלה נכתב. וזה כתב הנחרת. שר׳ סילנו חרת. באו האנשים בקרון. ויצאו האנשים מפורנון. והכו האנשים בפורקון. וביום השבת בהגיע החכם באותם המילים. החסים לשונו ומילתו האלים. והביט האותיות והבין וסבר. ועליהם פעם ופעמיים עבר. ולפי תומו קרא. והדברים שמצא כתובים הורה. ור׳ סילנו בלצון וצחק. לכל היושבים השיב בשחק. שמעו שהרב דורש לכם. המריבה שאתמול נעשתה ביניכם. כשהכו הנשים את האנשים. והכום בעצי התנורים. והבריחום מכל עברים. החכם כראה והבין. נתכרכמו פניו והלבין. ועלה אל החבירים. אשר בישיבה סבורים. וסיפר להם הפגע רע. אשר אליו הוגע ואירע. ונתעצבו כולם בעצבון. ודאנו בינון ובדאבון. ובירכו ר׳ סילנו הנבון:

ועמד בנידויו ימים ושנים מאוחרים. עד[1] עלות שם ר׳ אחימעץ עם הנדרים. והתיר להם הנדוי בחכמתו. שמעו מה שעשה בתבונתו. כשעלה היו עשרת ימי תשובה. ופייסוהו החבירים וראש הישיבה. לעמוד לפני התיבה. ולעשות התפילה בחיבה. לפני אל נערץ בסוד קדושים רבה. וכן עשה בעינוותנותו. ותשהיה בליבו יראת שמים ואימתו. התחיל בסליחות ותחנונים. עד[1] ברינונים. באחד שהיה ר׳ סילנו איש אמונים. שהתחלתו אלה וכחש. ורצח וכחש. וכנע בזכר קדמונים. החליף רבנים. ונרמו חמנים. חילף המינים. כשהשלים התפילה. שאלוהו בשאילה. מי היה פה המחבב. שהתחכמים כל כך חיבב. ומי היה פה הקדושה. שכך עשה תפילה בקדושה. שאהב ועילה הרבנים. וריחק ותיעב המינים. השיב להם בתשובה הוא ר׳ סילנו הפה החביבה. אשר ביניכם הוא לתעבה. מיד עמדו כולם על רגליהם. והתירו החרם והנידוי אשר שמו לו בפיהם. ושמו לו ברכה גדולה וארוכה. סדורה וערוכה. וענו ביחד כולם. מבורך יהיה ר׳ סילנו לעולם:

ובאותו הזמן ובאותם הימים. מלך מלך על אדומים. איש עוולה ומרמה ברמים. חשב בלבו חמס להרמים. ייחוד הצור פעולו תמים. מפי זרע קדושים ותמימים. בשנת שמנה מאות שנים. לעיר הקודש למלאות חרבנים[2]. לגלות יהודים וישראלים. לחורבן המקדש בית זבולים. קם עובד המן. להשחית עם לא אלמן. מלך ושמו בסילי. עמד לעקם שבילי. למחות שם ושארית. פליטת ישראל להכרית. להטות[ם] מתורה. ולהטעותם בדת יואשה[3]. וצוה

---

[1] MS. ער   [2] Pointed חֳרְבָנִים.   [3] So MS.

במריצות. בכל ארצות. ורוכבי סוסים. בממשלת ידו. היושבים נגדו. להשיב היהודים מאמונתם *ואחר ההבל להטעותם [1]. והשלוחים שטטו. עד המעבר באודרנטו ושם נכנס באניה. ועברו בארץ פולייה. ובהגיע השמועה. והארץ התרועעה. וסבבו הארץ מפינה לפינה. ובאו עד אוירי המרינה. והביאו כתב עם חותם. בחותמת המלך מחותם. והחותם כרוסבולו מזהב היה ששלח המלך לר׳ שפטיה:

ואלה דברי האגרת. אשר שם היו חרותים בחרת. אני בסילי המלך. שלחתי אליך ר׳ שפטיה להביאך בחלך. ואתה אלי תבוא. ולא תמנע מבוא. כי שמעתי חכמתך. ורוב בינתך. והרב תורתך. ותאוותי לראותך. ונשבעתי בנפשי. ובכתר ראשי. כי שלום יהיה ביאתך. וכמובן אחזירך לביתך. וכבוד לך אעשה. כמו לקרובי הייתי עושה. ובקשה אחת שתשאל ממני בשאילה. אמלא חפצך באהבה גדולה:

אז נכנס אל הספינה. ועלה לקוסטנטינא. אשר קוסטנטינו המלך בנה. האלהים ישבר גאונה. ועמה וכל המונה. וי״י אלהים נתנו לפני המלך ובחינו. ומצא חן בעינו ובעין כל המונו:

אז נכנס עמו בדברי תורה. ושאלו מבניין בית הבחירה. ומבניין הטומאה. אשר סופיאה קרואה. באי זה ארמון. נכנס יותר ממון. המלך היה מקשה. ובבנין סופיאה היה מתקשה. כי זה הבניין. נכנס שם בלא קניין. והוא השיבו בדיברה. מילה נכונה וסדורה. אם מלפני אדוני גזירה. יביאו לפניו המקרא. ושם תמצא העיקר. אי זה בניין היה יקר. מיד עשה כן. ומצא כל התוכן. אשר דוד ושלמה תיכן. יותר על המדה. אשר בסופיאה נמדדה. מזהב ככרים. מאה ועשרים. ומן הכסף. ככרים חמש מאות בתוסף. אז אמר המלך באמרתו. נצחני ר׳ שפטיה בחכמתו. והוא ענה ואמר אדוני. נצחך המקרא ולא אני:

ואחרי כן זמנו. לאכל על שלחנו לפניו להברות. מגדים ופירות. ומזהב קערות. לפניו היו סדורות. לאכול בטהרה. כציווי התורה. ובשלשלאות שלכסף חמודות. היו הקערות יורדות. וממקום שהקערות יורדות לפניו. לא היה איש רואה בעיניו:

ולבסילי הי[ת]ה בת. שהיה מחבבה כבבת. והשד היה מצער אותה. ולא היה יכול לרפאותה. וקראו בסתר. וחינן לו בעתר. עזרני שפטיה. ורפא בתי מחולייה. והשיב לו כן אעשה בודאי. בעזרת אל שדי. שאלו יש לך מקום סגול. שלא יהיה שם מקום פָּגוּל. ענה המלך בקליאן [2] מהוגן. ויש לי הגן. ראה הוא והוא. וישר בקליאן [2] בעיניהו. שפתרונו פי ארי בעינייהו. והביא שם העלמה. והשביע השד בשם שוכן רומה. ובשם פועל רום והדומה. ובשם יסד ארץ בחכמה. ובשם יוצר הרים וימה. ובשם תולה ארץ על בלימה. והשד היה צֹוֵח. על מה אתה מרוח. לבת הרשע. שנבר ברשע. והרבה להרשע. על עם נושע. ומי״י

---

[1] On the margin by a later hand; erased in the original. See p. 117, l. 7.

[2] Pointed in the MS. בְּקַלְיָאן, Boccaleone.

לי היא מסורה[1]. להכניעה ולשברה. ועתה לך מעמי. כי לא אצא ממקומי. והוא אל השר השיב. לדבריך אינני מקשיב. צא בשם אל. וידע כי יש אלהים בישראל. מיד יצא. וברח במרוצה. והוא תפשו. ובכלי שלאבר הכניסו. והכלי מפו ומפו כיסו. וחתמו בשם עושו. ואל הים טיבעו. ובתוך מים אדירים שקעו. והנערה הלכה בשקט ושככה. בשלום אל המלך ואל המלכה:

ואז בא אל המלך לקבל רשותו. והמלך יצא לקראתו. ונתן זרועו בצואריו. והוליכו אל חדריו. והתחיל לפתותו מן האמונה לנסותו. ברוב מתנתו. *אחר ההבל להטעותו[2]. וחוצה יצא עמו. ופיו קרא להולמו. ובא עליו במכמן. ורעים עליו יימן[3]. כראה שהכעס[3] והזדון. צוח בקול גדול להכביר. אדוני אביר. ביה את עלי מעביר. בכן עמד המלך מכסאו. ומתוך העם נשאו. ונתן לו רשות לילכה. ושילחו אל המלכה. ליתן לו מתנה וברכה. והמלכה שאלו בעיניינים. יש לך בנות ובנים. והוא השיבו[3] תשובות מוכנות. יש לעבדך בן אחד ושתי בנות. ונתנה לו הנזמים שבאוניה. והאזור אשר במתניה. והשביעו למען תורתך[3]. תן אותם לשתי בנותיך. כי בשווה דמיהם. וערך אין להם. וליטרא זהב היה משקל הנזמים. והאזור כן היה שווה ברמים:

ומאחר שנטל לילך. בפיו קראו המלך. ואמר לו שפטייה שאל ממני. ואתן לך מהוני. ואם אינך חפץ בממונות. אנחילך קריות ומדינות. שכן כתבתי לעומתך. למלאות חפצך ושאילתך. והוא השיב לו בענייה. ובמרי ובביכייה. אם חפץ אדני בשפטיה. הנח לעוסקי תושיה. ואל תוציאם מתורת יה. להדיחם בצייה. בתאניה ואניה. ואם אינך רוצה באלה. כל כך רצוני למלא. עשה בעבורי. ולא יהיה שמד בעירי. והמלך בגרון. קרא בחרון. לולי שלחתי חותמי. ונשבעתי בעצמי. הייתי עושה עמך רעה. בזו העת ובזו השעה. אבל מה אעשה לך. שאני כתבתי אצלך. ואיני יכול לחזור בי. ממה שחרטתי בכתבי. ועשה לו חותם זהב נחמד. שלא ישלוט בעיר אויירי השמד. ושילחו בכבוד אל מקומו. לשלום לביתו ולאולמו:

אז הרשע נתן מרוצות. בכל ארצות. ושלח מעשים. לעשות אנסים. בכח לעסם. מן האמונה אנסם. להשיבם להבלותו. ואחרי הבלי מעותו. וחשכה הירח והשמש. שנים עשרים וחמש. עד יום מותו. לקללה יהא אחריתו. יזכר עוונו ורשעתו. ואל תימח חטאתו. למלכות אדום ישלם גמולו. ורעתו וקילקולו. להפיל שרה ממרומים. ולאבד מלכותו מהרומים. לשמח עגומים. לשלם לאבילים ניחומים. להראותינו ברחמים. מהרה קץ הימים:

ואחר קם אחרי דורו. לאון המלך בנו ובשרו. יי אלהים בחרו. לברכה יהא זכרו. ביטל הגזירה. אשר בימי אביו היתה גזורה. והשיב היהודים לאמונתם. ובחוקיהם ובתורתם. לשמור

---

[1] On the margin by a later hand. See p. 116, l. 2.

[2] So on the margin by a later hand; erased in the original.

[3] So MS.

שבתותם. וכל דיני מצוותם. ומשפטיהם ובריתם. כשהיו בקדמותם. יתברך שם משגביהם. שלא עזבם ביד אויביהם. והצילם משוסיהם. ומלטם ממעניהם. ברוך שם אל ממרומים. לעולם ולעולמי עולמים:

ואחריכן החלו הישמעאלים. לצאת בחיילים. לשוט בגבולים. במלכות ערילים. בארץ עובדי אלילים. העובדים לבעלים. המשתחוים לפסילים. וקלבריאה שימסו. מדינותם המסו. וארצותם השמו. טירותם החרימו. ובפולייא עברו. שמה גברו. ועליהם חברו. ונאונם שברו. ומדינות הרבה לכדו. ובזו ושדדו:

באותם הימים בבארי היה סודן. מלך ישמעאלים היה באותו עידן. וכל הארץ הוא דן. אז שלח מלאכים באוירי הרשומה. לעשות להם דבר קומה. ועימהם שלום להשלימה. לבלתי תת ארצם לשמה. רק המס יתן להם. ולא יחריב גבוליהם. והוא עשה בערמה. לילך עליה פתאום להחרימה. וליתנה לשמה ומשמה:

ושלח שר אויירי ר̇ שפטייה אצלו. לשמוע דברו ושיח מילולו. לקבל קיומו. וכתב חותמו. להיות שלימים בכתב רישומו. והמלך סודן בכבוד קיבלו. ודברים טובים דיבר למולו. ונישאו וגידלו. בפני כל השרים היושבים לקבלו. ועד שבת איחרו. והוא עשה בעבורו. בלי היות בה יכולת לשוב לעירו. על כן לא רצה לשגרו. שלא ילך לארונו לבשרו. כשראה והבין ערמתו[1]. תן לי רשות ואלך ברשותך. כי רמיתני בערמתך. והוא השיבו אנה תלך בזו השעה. ויום השבת קרוב להגיעה. אמר לו תן לי רשות אדני. ואל יהי מחשבה ממני. ונתן לו רשות והלך. ובהרחיקו ממנו בעזרת שדי נמלך. ובטח בשם יוצרו. ועשה כמו שהאלהים עזרו. וכתב בטליפי[2] הסום אותיות. בעבור הליכתו בנחץ להיות. והזכיר השם בנחיצה. והארץ לפניו קפצה:

ובהגיעו בתחומי ארצו. צעק בכל שבילים. והכריז קולו במילולים. צאו בביהולים. ברחו מגבולים. כי הנה סודן מלך ישמעלים. עם כל החיילים. לקחת הרכוש ולהפיל חללים. ולבוז בז ולשלול שללים. ובקרבו שר העיר לקראתו יצא. וסיפר לו שאותו קרא ומצא. ונכנסו בעיצה על הדבר להתיעצה. ובא אל העיר טרם חשיכה. והלך להרחיץ ברחיצה וסיכה. וקיבל השבת כראוי וכהלכה. בעונג במאכל ובמשתה ובשינה הלכה. ובגדים נאים להתחופף ולהסתוכבה. בכל עידונים להעדן להתרכבה:

וסודן וכל חילו הינחיץ בזריזות. ובא עמהם בגאוה ועזות. והארץ מצא מפנה. כל הארץ עד שערי המדינה. וביום השבת בהגיע עת המנחה. וכלא מצא כלום רווחה. נשאר בעצב ואנחה. ואז ניגש אל הקירייה. ושאל מר̇ שפטיה. תנו לי אותו שכפר בתורתו. וחילל שבתו. ודתם נותנת להמיתו. וענה ר̇ שפטיה בדברי נואמו. בגבורת אלהיו שהיתה עמו. למה

---

[1] Something missing, perhaps ?אמר לו בחמתו. [2] So MS.

תדבר עוד דבריך. ואין תקומה למאמר[יך]. הנה בשמים עידי. וכל בני עירי מסהרי. כי מבעוד יום באתי. ובעוד השמש חזרתי. ולבי בני הלכתי. ורחצתי וסכתי. ולביתי שבתי. והשבת בקדושה קיבלתי כהוגן וכראוי לי. כציווי מלכי וגואלי. קדוש ישראל אלי:

ואבו אהרן עורנו שם. הוא אהרן אשר למעלה נרשם. ואז הלך לבארי המדינה. אשר על שפת הים נתונה. היא הקירייה. אשר נכח הים בנוייה. וסודן המלך יצא לקבלו. וכבוד גדול עשה לו. ושהה עמו כששה חדשים. ונפלאתה לו אהבתו מאהבת נשים. וכל ימי שם היותו. לא נטה מעצתו. וכל מה שביקש ממנו הודיעו בבירורים. כאילו היה שואל באורים. כן כל עצתו מקויימה. כל ימי היותו שמה:

והיה יום אחד בהקיץ מרדמו. ורוח אלהים החל לפעמו. להשיבו אל ארצו ואל מקומו. וירד הים ופנה בכל עברים. ומצא אניה[1] ערוכה. ללכת למצרימה. מיד עלה וישב בתוכה. והאניה בנחיץ התחילה לֵלֵכה. וסודן ירד בביהולה. ושלח ספינות אל האנייה לחבלה. והזכיר הרב השם בכח היד הגדולה. ולא יכלו הספינות להתקרב אצלה. ואבו המלחים לשוב לארץ כבתחילה. והאנייה להתקרב בארץ לא היתה יכולה. כראות המלך ככה. חמתו כמעט שככה. כי הבין בניסי[2]. שהרב היה עושה. והכיר במסות. שעל ידי הרב נעשות:

אז צעק המלך רבי רבי. אבי אבי. פרשי ורכבי. למה עזבתני. ולמה זנחתני. קבל מעני. ושובה אדני. וקח ממוני. ואוצרותיי והוני. ואל תזניחני. בדד להניחני. והוא השיבו כשורה. דרכי לפניי מיושרה. מאת אמיץ בגבורה. ואין בי יכולת להחזירה. שאל ממני שאילתך. ואגיד לך בקשתך. טרם אלך מאתך. ושאל ממנו דברים כמה במיניין. והוא הגיד לו הכל לפי העיניין. ואחר שאלו בביניבינטו אכנס. והוא השיבו תיכנס. לא ברצון כי אם באונס. וכמו שהשמיעו והודיעו. כן הגיעו. והוא הלך בשמחה אל המנוחה ואל הנחלה. אשר בארצו הניחה. והגיע לביתו ונחה. בהשפע וברווחה. ברווח ובהצלה. ונתן שבח ליוצרו. לעושו ונוחו ויצרו. שהשיבו לשלום לדירו. ולביתו בששון החזירו:

אשא דעי לחוות פליאות. שעל ידי ר' חננאל היו עשויות. אח קטן היה לו. ופפוליאון שמו. ובקוצר ימים נפרד מעמו. וכנע יומו ונאסף ונסתם. אחיו היו בבניבינטו לעשות מלאכתם. ור' חננאל איחרו. להוליכו בקבורת אבותיו לקברו. ויוחל לאחיו עד בואם להענן ולהאנן[3]. על אחיהם שמת לבכות ולספוד ולקונן. ובעבור לא יסריח ויבאש. ובשר גופו לא יבאיש. כתב בקלף שם אלוה וקונו. ושם הקלף תחת לשונו. והשם החייה אותו. והעמידו וישב על מיטתו. וסיפר שם לפניו. והיה צופה בו ומביט בעיניו. ואותו הלילה שאחיו למחר באו. חמה גדול בחלום ראו. והנה מלאך יי' במראה אליהם בחזון כנראה. והשמיעם דברים תמיהים. למה תטריחו את יי' האלהים. ותעשו דברים שאינם ראויים. האל ממית ואתם מחיים. ואתם לא

---

[1] MS. אליה.   [2] So MS.   [3] Not quite distinct in the MS.

כן תעשו. את יי אלהיכם לא תנסו. והם לא ידעו את אשר נעשה. מן המעשה שר חננאל עשה. ובהגיעם לביתם. יצא לקראתם. והלכו אל אחיהם לראותו. ומצאו אותו יושב על מטתו. ומן המעשה לא היו יודעים. ומהשם שתחת לשונו אינם יודעים. ושמעו כל המעשה בברר. ובכו בקול יללה ומרר. ועל אחיהם זעקו לעומתו. הנה נברת להחיותו. ואתה תוכל להמיתו. ואז הלך ר׳ חננאל בביכייה ובמרירות ובזעקה. ונאנק ואמר אל אחיו תן לי פיך ואנשקה. והמת פתח פיו ונשקהו בנשיקה. והוא ידו תחת לשונו שם. והשם הכתוב בקלף הוציא משם. מיד שהשם נלקח מעמו. אל המטה נפל גולמו. הגולם שב לעפרה ולרקבונה. והנפש הלכה אל האלהים אשר נתנה:

ואודה יי ואספר מעשה יה. מן המעשה אשר להגיד ראוייה. שאירעה באווירי הקירייה בבניין ה[ ][1] הנקרא הגמונייא. לר׳ חננאל אחי שפטייה. שהגיע עצמו לכלייה. והוציאו לרווחה דר עלייה. ולאור הגיהו מאפלייה. וחייבין בניו מצוקי נשייה. ליתן לשמו שבח והודייה. ולומר לפניו בכל עת הללויה:

יום אחד שאלו ההגמון בעסקי דברים. הכתובים באמון. ומשם באו אל החשבונות. אשר במולדות תכונות. ובאותו היום למחר היה חורש. שישראל ראויים לקדש. שאלו מן הלבנה. בכמה שעות היא ראשונה. והוא השיב לו לפי השעה. ושגג וטעה. וההגמון הקשה אליו בטענה. ואמר אם ככה אתה מונה הלבנה. אין אתה בקי בחשבונה. ור׳ חננאל לא חישב המולד. בשעה אשר הוא נולד. וההגמון היה מבין. המולד כבר חישב והבין. ופרש רשתו. ולכדו במצודתו. לולי היה בעזרתו. אלהי תשועתו. וענה לו האגמוני[2]. חננאל חכמוני. אם המולד כחשבוני. תעשה רצוני. ושוב לדיני. בספר גליוני. וצא מאמונתך. ומחוקי תורתך. ושובה לדיני. והאמן באמונתי. ובהבלי טעותי. ואם הוא כחשבונך. אמלא רצונך. ואתן[3] לך סוסי מתוקן. אשר ביום הכסא לי מתוקן. דמי שלש מאות זהובים[4] עריכתו. ואם אינך חפץ בסוס תקח הדמים תמורתו. וקיבלו התנאים ביניהם. לקיים כל אשר יצא מפיהם. בפני השופטים ודייניהם. ולפני השר המושל עליהם. וצוה ההגמון באותו הלילה לעלות. אנשים על החומה ועל המגדלות. לכוין שעתה. רגע מולדתה. וחלק ראייתה תריחתה. ור׳ חננאל בשובו לביתו. שיער המולד בספירתו. ומצא טעותו. שסכם בקצבתו. ויפג לבו. וימס בקרבו. ונשמה לא נותרה בו. והכין לבבו. לדרוש אל יי ואל טובו. אל עזרה[5] הישנה. שמתחילה ומראשונה. נפלאותיו להראותו. ומירכתו בור להעלותו. והלך לאחיו ולכל משפחתו. וסיפר להם צרתו. מן המעשה שאירע אותו. לפני יי לשפוך תחינתם. אולי ישמע בקול צעקתם. ויעשה ככל נפלאותיו. במסותיו ובאותותיו. כבמצרים הראה מופתיו. אשר הפליא עשה לאבותיו. כשחשך ובא הלילה. והוא בראש גנו עלה. והיה צופה למעלה. למי לו

---

[1] Obliterated. [2] So MS. [3] MS. ואהן. [4] On the margin. [5] Indistinct in MS.

השבח והגדולה. ובהגיע שעת הצמיחה. והלבנה באה והזריחה. והוא צעק בזעקה. פני שומע צעקה. במרר ובצווחה. בביכייה ואנחה. וחילה לדר כרובים. השומע צעקת חביבים. וכן אמר בתפילתו. פני אלהי תוחלתו:

אל ארון על כל העולם. כל דבר ממך לא נעלם. לפניך גלוייה מחשבתי. כי לא בזדון עשיתי. ונסתכלתי וטעיתי. ובשגגתי עשיתי. ועתה אלהי תהילתי. תפל נא לפניך תפילתי. וקומה לעזרתי. אלהי תשועתי. והנחם על שגגתי. ושא נא עון חטאתי. ואל אראה בצרתי. כי מחיי טוב מותי. ואל תאבד מעשי ידיך. וחסדך אל תרף מעבדיך. ועבור על פשע כמידת רחמיך וחסדיך. וסלח נא לעווני כגודל חסדיך. והאזינה תפילתי ותחנוניי. וקבל שיחי ותחן מענייי. וצעקת ריגשתי ושפך חינוניי. ושמע שועתי למוענך יי. ואנשאך בוועד ישישים. ואעריצך בסור קדושים:

ויושב תהילות. האזין בתפילות. והלבנה נעלמה במראיתה. עד הלילה האחרת לא נראתה. ובבקר הלך לקבל תנאיו. וההגמון קראו לעין כל המוניו. ואמר לו אתה יודע כמותי. שהמולד היה בקיצבתי. וכחשבון ספירתי. ואני לא כיזבתי. ויפה חישבתי. וכן היבנתי. ואמת מצאתי. אבל מי יוכל להענתך[1]. ואתה מתחטא בקונך. כבן מתחטא בגעגועים. לפני אביו בשיפועים. ונתן לו שלש מאות זהובים. והוא נתנם לעניים ולעלובים. ולביתו לא הביא אחד מהם. וקיבצו אחיו ואוהביו ונועדו יחד. ונתנו שבח והודיה לאל המיוחד. המציל עבדו מצרה. והוציאם מאפילה לאורה. ובכל עת הוא להם[2] לעזרה. וסלה לעמו מגן וסתרה:

אבאר המעשה שהינחתי. אשר מקצת למעלה כתבתי. מתופילו שכשל בעוונו. ובחנק נגמר דינו. וכיצא לחניקה. כל העם יצאו לקול הצעקה. ושר העיר עליהם קפץ. וההמון מעליו נפץ. ואמר לו אם תצא מן האמונה. ותשוב באמונתינו להאמינה. אצילך ממיתה משונה. והוא כפף לו ראשו. כי חס על נפשו. ומיד נשאו ולארמונו להביאו[3]. ואחר חקרו את הדברים. ומצאוהו נכון באמונת העברים. והשיב לו אני עזרתיך. ומיד הממתים לקחתיך. ומן המות הצלתיך. ואתה אלי כיזבתה. וממני לגעתה[3]. אני אייסרך בייסורים. רעים ואכזרים. משונים ועכורים. התחיל להלקותו. ובחיבוט ואכזריות להכותו. ויקצץ ידיו אשר עליו. וכן עשה לרגליו. ובבית האסורים שמו ושמה[4] עינמו. ואחר יהודי עמו. אל אל נשא עינו. משתהו ומאכלו. בכל יום מביא אצלו. ואם לא היה לו. הוא מביא משלו. ועבדו בעצמה. עד מלאת לו שנה תמימה. ובערב יום הכיפורים. שעוונות עם יי בו מתכפרים. הביא לו משתה ומאכל. והוא היהודי עמו אכל. והיה לו בת אחת קטנה. ואמר לו לך והבא עדים כי לך אתננה. ענה לו אתה אדוני מן החשובים. ואני אחד מן העלובים. אם משפחתך ישמעו. אותי כדנג יקרעו. והוא ענה אין איש מושל בביתי. ואין לאדם רשות בביתי. ולא לבני משפחתי. כי

---

[1] So MS. [2] MS. לכם. [3] So MS. [4] MS. ועימה.

אם לבד ברשותי. הלך והביא עדים שלשה. ובתו לפניהם קידשה. ואמר לו לך לשלום מאתי. שמהיום לא תמצא אותי. ואחר הצום הלך לדרשו. ובבית האסורים ביקשו. לא חי ולא מת אחזו. כי האלהים גנזו. והאלהים ימחול לי עוונותיו. ויכפר לו על כל חטאותיו. ותנוח נפשו באוצרותיו:

פעם אחת היה עובר ר׳ שפטיה. ברחוב הקיריה. ואותה השעה לילה היה. ושמע קול יללה. בבית אחד עמיתו. שהיה בעל בריתו. ושמע אשה מדברת. לחברתה מספרת. האחת שלמעלה אומרת. לרעותה של מטה האחרת. אחותי קח הילד וקבליהו. ואני ואת ביחד נאכליהו. והוא האזין לדבריה. והקשיב מילוליה. ופתאום הלך אליה. ולקח הילד מידיה. ואותם הנשים. לא היו בנות האנשים. כי אם היו שעירים. אשר בלילה עוברים. והילד הוליך לביתו. והראהו לאשתו. והכירו אותו. וגנזו בחדר מיטתו. ואביו ואמו כל הלילה. צרחו בבכיה. ויללה אנחו. וכזעקה מרה צווחו. ובבקר הוליכוהו. בבית הקברות וקברוהו. והיה בשובם מהקברות ועלו לביתם. ור׳ שפטיה הלך אליהם לראותם. כמנהג המנחמים. אשר אבילים נוחמים. ומתוך דבריהם. שאלם מביניהם. מה חלי היה לו. ואי זה פגע ביהלו. וענו לו אדונינו. עד הערב ישב בינינו. ואל השלחן אכל עמנו. והלכנו ושכבנו על מיטתינו. ובהקיצנו משנתינו. מצאנוהו מת בתוכינו. וכל הלילה צעקנו. ובהי ונהי יללנו. ובספר קינה קוננו. ובבקר הלכנו וקברנו אותו בקברותיו. אצל אבותיו. אז ענה אליהם. לשמח נפשותיהם. כן אני אומר לכם. אינני שומע לדבריכם. הוליכוני אתם. בקברו אשר אתו קברתם. כי בניכם בקבר איננו. ובחיים הוא עודינו. ואל ביתכם אביאנו. וחי ושלם בעזרת אלי לכם אתננו. והלכו אל הקבר וחיפשו שמה. ולא מצאו כי אם מטאטא שמה. אשר הבית מטאטים עמה. ור׳ שפטיה אל ביתו שב עמהם. וכל המעשה אשר אירע סיפר להם. והילד להם השיב. ונתנו שבח לתפילות מקשיב. לאל היהודים מקשיב. והרוח משיב:

בת היתה לר׳ שפטיה. מאד היתה יפיפיה. נאה היא ונעימה. וכסיאה נקרא שמה. והיה מחבבה. באחבה ובחיבה. והיה אביה רוצה לזוונה. ואמה לא היתה רוצה בזיוונה. שכל מי שהיה שולח ללוקחה. אמה משללתו בשיחה. ואומרת בדבריה ובשיח אמריה. בתי אשה חשובה. ואביה נברא רבה. אם כמותו לא ימצא. לא אוציאנה החוצה. ואם יהיה כאביה בתורה. במשנה ובמקרא. בהלכה ובסברה. ובסיפרי וסיפרא. בדרשה ובגמרא. בקלה וחמורה. בבינה ובחכמה. ברעת ובערמה. בעושר ובגדולה. באומץ וממשלה. בחוקים ובמצוה. ביראה וענוה. ושיהיה בו כל מידה טובה:

והיה באחד ליל. ר׳ שפטיה עמד להלל. כמנהגו להתפלל. גבורות יי׳ למלל. תושבחות ושירות לכלל. קדושות ושירות לפלל. תחינות לחנן. לפני אל להתחנן. בזמרה לרנן. באל שדי להתלונן. בשירות עריבות. לרוכב ערבות. להחזיק ולכון. לקראת כסאו נכון. וגבורתו במכון. ולבטח ולשען. לאל דר במעון. להדר בהילולים. לתפארתו בזבולים. במצות וחוקים.

ליוסד ארקים. לשוכן שחקים. בדתי שעשועים. לכונן רקיעים. בתורת יומים. לאדר קולו על המים. וכבודו על השמים:

ובתו מן המטה ירדה. ולנגדו בחלוק אחד עמדה. לעשות לו מלאכה. ומים לנטילת ידיו לשפכה. והביט וראה שהיניצו רמונים. והגיעו לה העת והזמנים. להתעלס בדודים. עמד והשלים תפילתו. ואחר שב לאשתו. בקללות להרפה. ופניה לכספה. ודיבר אליה קשות. ועדות אמריו להקשות. יש לי יונה תמה. והיא כולה תמימה. ועת דודים הגיעו לה. להיות עטרת לבעלה. ואחי שאלה לחסדיה בנו להיות אצלה. ואני לקולך שמעתי. ומנוחה לה לא מצאתי. והכתוב במקרא חסרתי[1]. ובדברי חכמים עברתי. בבקר מביתו בצאתו. אל הכנסת להתפלל ברדתו. לר׳ חננאל אחיו קרא. והוא אליו רץ במהרה. והביט רצוני וחפצי ואהבתי. לחסדיה בנך לתת את בתי. כי טוב אותה לו לתתי. ור׳ חננאל מרוב ענווה. עד ברכיו לו השתחווה. כשהשלימו התפילה. זימן כל הקהילה. ולביתו עמהם עלה. וקידש בתו לר׳ חסדיה, בן ר׳ חננאל אחי ר׳ שפטיה. ור׳ אמתיי אחי הכלה המוכללה. הוא פייט היוצר ארון מגיד מראשית אחרית בשבילה. בנואי ויופי ועיטור וכתר להכלולה. כשזיווגו שניהם ביחד החתן עם הכלה:

ור׳ שפטיה זקן בא בימים. וי״י בירכו בכל מידות נעימים. תורת הנחילו שוכן מרומים. בעושר גדלו בנכסים עצומים. בן חיסנו הנון ותמים. האב והבן נמצאו שלימים. ור׳ חננאל עמם בגורל ובתמים[2] ביראת י״י לעולם קיימים. אחים וחביבים בחיבוב מונעמים. בתורה ובמצות עוסקים לעולמים. חוקי אל באהבה מקיימים. עוז ותפארה למלכם מרו[מ]מים. הוד והדר לקונם מעצמים. ונזר וכתר ועטרה לבוראם מכתימים. ליוצרם נותנים עוז ותעצומים. בוועד התפילה מעריבים ומשכימים. הגלות והחרבן בכו בעינומים. והשמד קוננו בתמרור ושימומים. כל ימי היותם עלי אדמים. וזעקו וחיננו למשיב חכמים. אשר בדעתו נבקעו תהומים. וכונן ויוסד נהרות וימים. לסכל דעת האויב ומלכותו להשמים. תבונה ביקשו למלא רחמים. גזירת השמד להאביל ולהעמים. בצעקתם שצעקו לרם על כל רמים. הגזירה לא עברה מעבר הימים. והציל עבדיו בתורות[י]ו תמימים. מטינוף ומסריות[3] וממים הזוהמים. מהכרעת חרשים ואלמים. מהסנרת עיורים וסומים. מהשתחוות פסילים וצלמים. והרעים על אויביהם בקול רעמים. שונאיהם ורודפיהם להזועים[4] בזעמים. ומילט ידידיו מיד הקמים. וחשך נפשם מנחלי רתמים. להיות בתורה עוסקים והומים. להריחם ריח סמים ובשמים. הגנוזים וחתומים באוצרות ואסמים. אשר בעדן ישינים וקדמונים. ונסתם בסיתומים. והשלים יחידתו בשילומים. לדיין אלמנות ואבי יתומים. רבי שפטיה הרב בחכמים. טעם כוס הראשונים. שנרם אבי פתנים. לראשונים ואחרונים:

וביום ראש השנה הוא רבי שפטיה הגון בהנובה[5] לתקוע השופר הוא בעצמו. בעבור כבוד י״י בעמו. ואותו היום מטוי. מן החולי נטוי. ולחשו לו כל הקהל בביטוי. אדונינו אור עטוי.

---

[1] MS. חסכתי. [2] MS. ובחומים. [3] MS. ומייסריות. [4] MS. להנעים. [5] So MS.

זיו הודינו מאור עינינו. השופר תקע אלינו כל הימים שישמרך אלינו. אין אחר תוקע שופר בתוכינו. והטריחוהו עליו לתקע. ועמד והשופר תקע. והוא היה בלא כח וגבורה. ותקיעת השופר לא בא כשורה. וענה להם הצדיק. ודינו עליו הצדיק. לכם בניי יהיה טוב סימן. כי עלי בעוני נתחלף הזמן. ויצא מכנסת עדתו. והלך אל ביתו. ושכב על מיטתו. וכל הקהל אחריו. נכנס במיטת חדריו. והוא פניו החזיר אליהם. וכן אמר להם. אני הולך למנוחתי לקץ הימים. לגורלי לאבות הקדומים. ואודיעכם בנים חביבים. בני שלשת אהובים. שמת בסילי הצורר והחובר. והנהו לפניי עובר. בשלשלאות של אש אסור. ביד מלאכי חבלה מסור. ושלח אלי יי׳ צבאות שמו. לילך לקראת בסילי ולעמוד בדין עמו. מכל הרעה שעשה לעמו. להכרית שמו ושם זרעו. ושורשו וצאצאיו ונטעו. וכתבו היום והשעה. ובימים ההם באה השמועה. כי מת בסילי שעשה הרעה. לפי דברי הצדיק בן הכתב הגיעה. שכן מלכי קוסטנטינא עושים כמנהגם. כשימות המלך משלחים בבארי בכתב פתגם. וכותבים היום והעת. אשר המלך מת מבעת. ברוך עושה נפלאות לבדו. אשר מזה איברו. ומהבא כיחדו. ברוך שמו וברוך שם כבודו: ואני נאסף אל עמי. ואלך אל מקומי. ואתם בניי בני בחוניי. כל קהל *המוניי. יהי עמכם[1] יי׳. וממית ומחיה. הוא אהיה אשר אהיה. בהחיותו צדיקי בנימן ונור אריה:

ויהי אחרי מות ר׳ שפטיה. אשר עבד אלהים בלא רמיה. ועסק ברזי מרום ובסודו. כל ימי חייו לעובדו. וכל ימי עודו. אהב את יי׳ ועבדו. בכל נפשו ובכל מאדו. ובכל לבבו ייחדו:

אחריו קם ר׳ אמיתיי בנו הנעים. בדרכי אביו דבק והנעים. ולא נטה מחוקי יוצרו. ואלהי אביו היה בעזרו. וחיזק ישיבתו. עם חכמי חבורתו. להגות בדת אל ותורתו. שכן צוה אביו בצוואתו. יום אחד לפני מיתתו. להקים החבורה. ולנהגה כשורה. שלא יהו נפרדים. החבירים והתלמידים. והסיעה קבין. והמדרש ריבץ. עם הרבנים. והחכמים והמבינים. ואין[2] התורה לערוכה. ורחבה וארוכה. והיו מידותיו כמידות אבותיו. ובמצות יי׳ ואימתו. ועל החרבן נפשו עגומה. והשמר בכה בנהימה. כל ימי היותו על האדמה. אשר בו היתה הנשמה:

והיה יום אחד יצא. לכרמו ולנחלתו החוצה. ואותו היום מת אחד אכסניי. חכם ומבין ביראת יי׳. וישלחו אליו זקני העדה. אל מת המצווה עימם להיוועדה. ללכת לקוברו לבכות ולספדה. ולעשות לו כבוד כצווי התעודה. והוא שלח אליהם אתם מהעיר צאו. ואני אייחל אתכם עד אשר תבואו. ואבוא עמכם עד הקברות. ואקונן עליו קינות סדורות. וכל העדה יצאו לקובריהו. ור׳ אמיתיי הכין ספר לקוננהו. וכל הקהל בכו אותו ויקוננהו. ור׳ אמיתיי ספדו בקינה שעשה בעבוריהו. וזו היא ראשית הקינה. שהתחיל לקוננה. אי אכסניא אי גלות. מי לא יכירך יעשה ממך הוללות. ומי יכירך יקונן ביללות. ושם היה עומד אחיו ר׳

---

[1] On the margin. [2] Marg. ואין מֹכֹ.

משה שהתינוקות מלמד ולחש באזני שמה עומדים. מי יכירך וידעך המולים בייסורים. ור׳ אמיתיי שמע והדבר אצלו היתה שמורה. ולאותו המלמד העברה נצח לו שמרה. ויהי לימים רבים וזמן הרבה. ואשת איש נחשדה מאחר ריבה. ונועדו העדה לעשות דרישה. מן האשה בחקירה לדרשה. ולא נמצאו לאשה עדים. כי אם ר׳ משה המלמד תלמידים. הוא העד לבדו. ואין איש אחר נגדו. ור׳ אמיתיי ענה לו בסברה. יש לך עד שני כציוותה התורה. ולא נמצא עד אחר עמו. והוא צוה לחזן והחרימו. כתורה עשה לעומו. והשיב לו מחשבת זממו. ומאוריי[1] הדיחו. ובגלות שילחו. ובא עד מדינת קפואה. ומשם נסע והלך לפביאה:

ור׳ אמיתיי נאסף אל עמו. והניח בן ועבדיאל שמו. ולעבדיאל בן ושמו ברוך. ולא היה בתורה כאבותיו ערוך. ובימי ברוך בביתו ספר המרכבה היה. שבו שימש כל ימי חייו ר׳ שפטיה. והיה יום אחד בערב שבת. שבו אל מכל מלאכתו שבת. והיום חשכה והאורה חשכה. ולא היה שהנר מדליק. לפני ספר המרכבה להדליק. ואשה אחת עמדה. והיא הארורה היתה נידה. מספר החיים תהא אבודה. ומהעילם הבא תהא כחודה. הדליקה הנר לפני התורה. ואף יי׳ במשפחה חרה. וימותו במגפה רבים. ונשארו מעט מהרבים. ושם היה יהודי אחד מבין. המעשה הכיר והבין. ולקח הספר ובכלי אבר שמו. ואל המצולה לשקעו. והים נס לאחורה. כשיעור מיל אחד היתה החזרה. והיהודי השליך הכלי לימה. והים שבה אל מקומה. ומיד בטלה הגזירה. והמגפה נעצרה. וזכר ברוך נשבת. ונרו נדעך ונכבת. שלא הניח עוסק במשיבת. ולא היה לו בן כי אם אחת בת:

ולר׳ חסדיה ביר׳ חננאל היה בן ושמו פלטיאל. ור׳ פלטיאל הוליד בן ושמו ר׳ חננאל. ובת אחת ושמה כסיאה. את יי׳ היא מאד יריאה. ותלד בן ושמו ר׳ פלטיאל בכוכבים יורע להבין:

ויהי בימים ההם. והישמעאלים יצאו בחייליהם. ואלמעוז[2] קייט עליהם. ועברו איטליאה. והרסו כל הארץ קלבריאה. ובא עד אוירי אשר בקצה פולייה. ויצורו עליה. והשמידו כל חייליה. ותבוא העיר במצור. ולא היה כח באנשי המדינה לעצור. והעיר הובקעה. והחרב עד הנפש נגעה. והרגו רובם והנשארים הוליכו בשיביה. והקייט שאל ממשפחת ר׳ שפטיה. ושלח אליהם והביאם לפניו. ויי׳ נתנם לרחמים בעיניו. והאלהים הטה הסדו על ר׳ פלטיאל עבדו. ונתנו כחין[3] מעין נגירו. והוליכו באהלו. ועימו ניהלו. לעמוד לפניו לשרת לו:

ובלילה אחת הקייט ור׳ פלטיאל יצאו. להביט בכוכבים והביטו וראו. והנה כוכב הקייט. ושלשה כוכבים בלעה. ולא ביחד בלעה אותם. כי אם זה אחר זה שלשתם. ושאלו אלמעוז מה היבנתה בבינה. והוא השיב אתה תאמר ראשונה. ענה הקייט הכוכבים הם שלש מדינות טרנטו ואודרנטו ובארי שאני עתיד לקנות. ענה ר׳ פלטיאל לא כן אדוני. כי דבר

---

[1] MS. ומאורי. [2] MS. ואל מעוז. [3] So MS.

גדול ראיתי אני. הכוכב אחד תמלוך באיסקילאה. והשנית תמלוך באפריקאה. והשלישית תמלוך בבולוניאה. מיד חיבקו. ועל ראשו נשקו. והסיר טבעתו ולו נתנו. ושבועה נשבע למענו. ואמר אם בן כדבריך. וייאמנו מאמריך. אתה תהיה על ביתי. ומושל בכל מלכותי. ובכל ממשלתי:

ועד לא מלאת ימים שבעה. ולמעוז הגיעה השמועה. ושלחו לו השרים. אשר באיסקילאה דרים. דע שמת האמירה. ואתה תבוא בנחץ ובמהרה. וקבל הממשלת והשררה[1]. בכן קיבץ חיילותיו. ונכנס בספינותיו. עם כל ראשי גייסותיו. ועבר אליהם. ומלך עליהם. אז האמין. ובדברי ר׳ פלטיאל היה מאמין. ולא נטה מעצתו לא לשמאל ולא לימין. והשליטו בביתו. ועל מלכותו. ובכל ממשלתו. והוא היה משרתו. ועושה שירותו:

ואחרי כן עלה באפריקיאה. ואחיו הניח מושל סקיליאה. ור׳ פלטיאל עמו עלה. ושם גבר ונתעלה. ושמו עולה למעלה. והוא היה משנה למלך. ושמעו בכל המדינות הולך:

בימיו שלח מלך אדום. פני מלך אפריקיאה במנחה לקדום. והשליח בא בטכסיסין. כמו שהיונים עושים. ושאל מי פקיד בית המלכות. ומי מנהג הנסיכות. ענה לו אחד ערבי. יהודי הוא המוציא והמביא. והוא מושל בכל ארצו. ואין המלך יוצא מחפצו. והמלך אין איש יכול לראותו. ולא ליכנס לביתו. וללכת לקראתו. כי אם ברצון היהודי וברשותו. והיוני בגאוותו. בעזותו וביהרותו. בשטותו ובחוסר דעתו. השיב וענה. טרם אלך מזו המדינה. ואעלה לקוסטנטינא. אל ארוני אשר שלחני הנה. ועם היהודי לא אתחבר. עמו אל המלך לדבר. ולפני ר׳ פלטיאל הדברים הגיעו. וכל המעשה לו הודיעו. וגזר וצוה בחצר המלך. ארוחת ומשאת אליו בלי לילך. ובמקום נטע אהלו. אדם פניו בלי להקבילו. ושהה כעשר ימים[2]. בקצף בחרון ובזעמים. ואחר שב בניאומים. לבקש מחילה לרחמים. לבל יזכור שטותו והבלו. והפשע והעוון למחול לו. מאשר העווה לו בסבלו. ואשר שגג במילולו. ואז שלח אליו לבוא. ומנעו באותו היום לפניו מבוא. ויהי ביום השלישי לפניו הביאו. וכיבדו והדרו. וגדלו ונשאו. במתנות עצומים. במוסקו ואהלות ורוב בשמים. באבני יקרה ושהם לסמים[3]. ובתכשיטי מלכות החמודים והנעימים. וכבוד גדול עשה לו. מפתח שער היכלו. ועד מקום סעודת מאכלו. בבגדי שיריין ומלתין. תיקן כל הפלטים. ובתולעת שני ובבגדי משי ותכשיטין. יסוד קרקע החצר וקירות הבית מקושטים. ועל השיראין כף רגלו דרכה. ועליהם צעד נתיבתו בהליכה. ומצא היוני ר׳ פלטיאל במסיבה יושב. ולעצמו מצא קתדרא זהב לישב. וישב ונכנס עמו בדברים. ושאלו מתורת העברים. ומייחוסו וממשפחתו ומארץ מולדתו. והשיבו תשובות תכונות. צרופות ובחונות. וצוה להביא מים לנטילת ידים ופה. בקיתון וספל שלשתם וישפה. ובסתר צוה לשברו. לאחר נטילת ידו. והעבד עשה כציווי ארונו.

---

[1] MS. והסררה.   [2] MS. שנים; marg. ימים נ״ל.   [3] So MS.

הביא הספל וקיתונו. ונתן המים על ידי רבונו. ואחר המים על ידיו בנותנו. נפל לפני רגליו. ושיבר הכלים לפניו. והיווני קם בבהלה. ואחזתו חלחלה. ומראה פניו נשתנה. ועוז פניו שונה. ור׳ פלטיאל פניו למולו שחק. ולפני כל העומדים שם צחק. ואמר ליווני למה נבהלת. ובבהל ממקומך עמדת. ענה לו השליח היווני. כי הפסד גדול ראיתי אני. ואין ערך ותמורה. אל הקיתון והספל שנשברה. אז שאלו ממלך אדומים. בכלי זהב משתמשים או ביהולמים[1]. וענה השליח המקרוני. בכלי זהב משתמשים בבית אדוני. השיב לו אדונך איש חסרונים. שכלי יקר ופנינים. יקרים מכלי זהב בדמים. שהכלים של אבן יקרה. אין להם תקנה בשבירה. וכלי זהב אם להם שברון. מתקנים אותם בלי חסרון. וכמות הכלים שראיתה שנשברו בביתי עתה. בבית אדוני המלך נשברים. ואחרי כל זאת בכבוד שילחו. אל מלך אדום אשר שלחו:

ור׳ חננאל בן פלטיאל שאל רשות ממלך אפריקיאה. לעבור הים ולרדת באיטליאה. שבשעת שהיה באוירי הגלות והשיבייה. הנשארים נמלטו. בבארי ובאודרנטו. הוליכו עמהם ממטלטלי בתיהם. וממון אחירים שאינו שלהם. הצילו עם ממוניהם. ועלה ר׳ חננאל לקוסטנטינא. ובנפש אנונה. ומרה ועגונה. מאת המלך ביקש תחינה. למצוא פניו חנינה. לעשות לו חותם מלכותו. ללכת בכל מדינות ממשלתו. ובכל מקום שימצא ממטלטלי ביתו. להיות ברשותו ובחזקתו. וקיבל החותם וירד לבארי המדינה. ומצא שם מודבר שלו אחת מקרא ישנה. ותכשיטי בנדי נשים. ומעילים תפורים שהם מלבושים. והיו רבי חכמי בארי טוענים לו בטענה. המציל מן הגוים מן הנהר ומדליקה שלו הם בנתינה. שכן הורה ר׳ בהוראת המשנה. והוא השיב להם כן הוא באמונה. אבל הורו רבותינו דינא דמלכותא דינא. והנה הכתב עם החותם. אשר המלך לי חתם. וביצעו עמו. ונתנו לו המעילים והמקרא. והניח להם הנשאר בפרשה. ועד ביניבינטו ירד. וכל הקהל לקראתו חרד. וישב שם שנה תמימה. ואחרי כן קבע ישיבתו עמה. ולקח משם אשה אסתר שמה בת ר׳ שבתי. ממשפחת ר׳ אמיתי. ומטה כלפי חסד כמידת טובתו. נכמרו רחמיו וחמלתו. זכר חסדו ואמונתו. לבית ר׳ שפטיה ור׳ חננאל אנשי סגולתו. אשר בעבודתו כל ימי חייהם לא משו תורתו. שכן היא אמונתו. להטיב למצפי ישועתו. ולמייחלי עזרתו. והנחילו בנים הגונים בזקנותו. ר׳ שמואל בכורו כוחו וראשיתו. ור׳ שבתי ופפוליאון וחסדיה. חסדיה עלה עם ר׳ חננאל באפריקיאה. אצל ר׳ פלטיאל בן אחותו כסיאה. ור׳ שמואל בא בקפואה העירה. ושם נשא אשה ושמה אלבאבירה. אחרי כן עלו ר׳ שבתי ופפוליאון עם המנחה. אשר לר׳ פלטיאל מאת שר אמלפי שלוחה. והם כמנהג הנערים. נכנסו עם קבירניט הספינה בדברים. ויאמרו נעשה שם ונלך בבהלה. ונהיה אל מחוז אפריקיאה בזו הלילה. וכתבו והזכירו שם שוכן מרומה. והשליכו הכתב בתוך מי הימה. ואמרו למלחים הזהרו בנו בעצמה. לבל היות לנו תנומה. וגרם החט[א]

[1] So MS.

והעון ואשמה. ונפלה עליהם שנת תרדמה. והרוח סיערם על פני המימה. ונהפכה הספינה וירדו האנשים בעימקי תהומה. וכוח השם הוליך הספינה באיספמיא וכנרבונא. וגם בים קוסטנטינא. והחזירה לאחור עד ים אנקונא. ואחר שיברה באמלפי המדינה:

וימת מלך מצרים ושלחו זקני מצרים ספרים. מרשות הסגנים והחורים. והעם היושבים במדינות ובכפרים. ביד צירים נאמנים. שליחים חכמים ונבונים. אלמעז מלך התימנים. שמענו גבורותיך. וחוק מלחמותיך. אשר נלחמת בחכמתך. וגברת בערמתך. על המלכים קדמונים. שהיו ראשונים. במלכות סוינים[1]. עתה עלה אלינו. ותהיה מלך עלינו. בעצת שרינו. וכל גדולי ארצינו. ואנחנו עבדיך ואתה מלבינו:

אז נכנס במחשבה. ור׳ פלטיאל לפניו הובא. ובעצה נכנסו. לדעת מה יעשו. כי הדרך היתה רחוקה. ומדבר וארץ צרה וצוקה. ואין בכל הדרך מים ומזונות. ולא אהלים ובית מלונות. ועבר ר׳ פלטיאל לפניו ועשה מחנות. ותיקן שווקים ובית לינות. והושיב בהם תגרים. והושיב בהם לחם ומים ודגים ובשר וירקי גנות. וכל דבר הנצרך לחיילים הבאים מהמדינות. ועלה המלך והשרים והגדולים. וקבעו המחנות והאהלים. רחוק ממצרים שלשה מילים. וכל שועי מצרים יצאו בריצה. והפרתמים והפחות בעליצה. והשליטים והנדיבים וכל דלת העם בדיצה. ויבואו לפניו וישתחוו לו אפיים ארצה. ובחוקי דתם השביעם. ולקח בני התערובת מקציני העם. ונכנס ר׳ פלטיאל במצרים עם מקצת החיילות. וערך החומות והמגדלות. תשמרו המדינה ובית המלכות והיכלות. והפקיד שומרים לשמור ימים ולילות. רום פאתי וכל גבולות. ואחרי כן נכנס המלך עם כל חילו. ונקבצו השרים וכל העם באו אצלו. וכולם שנית נשבעו לו. ועלה אל החצר וישב בהיכלו. על כסא מלכותו ותפארתו וגודלו. ושמו בידו השרביט וכתר מלכות בראשו. ומלך במלכות הנגב בכל אות נפשו:

והיה ביום הכיפורים[2] נקרא. ר׳ פלטיאל לקרוא בתורה. ויקומו ויעמדו מלפניו כל החבורה. והחכמים והמבינים היושבים בשורה. הבחורים והזקנים. והנערים והקטנים והטפים והילדים. כל הקהל היו עומדים. אז צעק אליהם. ואמר לכולהם. ישבו הסבים. ויעמדו הרובים[3]. ואם איין אשוב ואשב. כי אין בעיני מתחשב. לאחר שהשלים קרייתו. נדב לאלהי תהלתו. חמשת אלפים דינרים. טוב שלימים וגמורים. אלף לראש הישיבה ולחכמים. ואלף לאבילי בית העולמים. ואלף לבבל לישיבת הגאונים. ואלף אל הקהילות לעניים ולאביונים. ואלף לכבוד התורה לקנות שמנים. ובבקר השכים והקדים. כי לעולם במצוה הזריז מקדים. לבל יתקפו יצרו. מדרך טובה להחזירו. והביא רוכבי סוסים ופרדים. ונתן להם גדודים. ושילחם עם השיירות. ההולכים המדברות. והוליכו הזהובים בידיהם. כצווי ר׳ פלטיאל ארוניהם. וחילקום כמצות ר׳ פלטיאל. לישיבות ולכנסיות ולאבילי ציון ולעניי קהילות ישראל:

---

[1] So MS. [2] This word is on the margin. [3] Marg. פי׳ כמו רביא כלו׳ הקטנים.

ופרשת גדולותיו. אשר גדלו המלך באוצרותיו. והשליטו במלכות מצרים. וממלכת ארמים עד ארם נהריים. ובכל ארץ ישראל עד ירושלם. וממשלתו ותוקפו ועושרו. אשר נשאו המלך והידרו. הלא הם רשומים על ספר דברי הימים למלכות נֹף ועֲנמים:

ואלמעוז[1] חלה את חליו אשר מת בו. והמליך את בנו ושם אותו ביד ר׳ פלטיאל חביבו. להיות לו לעיצה לעזרה ולשמירה. ולנהג המלכות באומין ובגבורה. וימת המלך וישכב עם אבותיו. וימלך בנו תחתיו. ויהיו כל ימיו בשקט ובבטחה. בשלום והנחה:

ויהי בשבתו על כסא מלכותו והיו השלטונים. אשר על מלאכת מצרים ממונים. למלך היו מאזינים. על ר׳ פלטיאל דברו רינונים. ובחרב לשונם שוננים. ובכל יום עליו בסתר מלשינים. והמלך חמתו בם בוער. ותמיד בם גוער. ולר׳ פלטיאל הנגיד. כל דבריהם היה מגיד. ונתייעצו ביניהם מה לעשות להם. יצא ר׳ פלטיאל הוא ואשתו. עם כל אנשי ביתו. ואוהביו ועבדיו וכל משפחתו. לשדהו ולנחלתו. לפרדסו ולגינתו. אשר נתן לו המלך במתנתו:

והמלך שאל בחמודות. אנה הלך איש חמודות. ר׳ פלטיאל מבין סודות. וענו לו העבדים. אשר בחצר עומדים. יצא נפשו לשמחה. עם אוהביו ובני ביתו לשמיחה. אל גינת הביתן. אשר המלך לו נתן. וישלח המלך לקרוא לשלטוניו. ויקרא לשריו ולסגניו. ויאמר להם המלך. אני ואתם נלך. ונקביל פני פילוסופוס הזקן המשרת לפניי. הוא ר׳ פלטיאל הנחמד והיקר הנכבד בעיניי. וירכב במרכבתו. וכל קציניו ורוזניו הוליך איתו. והמלך עשה בחכמה. וכל המעשה היתה בערמה. כי יציאת ר׳ פלטיאל היתה במרמה. מפי המלך היתה שומה. לגלגל הדבר להראות לו חיבה עצומה. בפני כל המוניי ושרי אומה[2]. להלבין שוטניו. ופניהם להעטותם[3] בושת וקלון וחרפה. והמלך הולך וקרב. באהל ר׳ פלטיאל מתקרב. ונזר שלא ילך אדם להגיד לו. עד שהגיע המלך באהלו. וירד המלך מן המרכבה. ור׳ פלטיאל לפניו בא. וחיבקו מרוב חישקו. והיה מגפפו ומנשקו. ואחזו בידיו. והלכו שניהם יחדיו. וישבו הם לבדם. וכולם עמדו במעמדם. ויבואו המשחקים והמתופפים. ויקחו בידם הכינורים והתופים. וישחקו לפניהם בעוגב ומינים ושירים. בתוף ומצלתים בנבל עשור מזמרים. מהבוקר ועד פנות היום לאחר צהריים. עד עת הערב כנטות הצל לאחוריים. וירכב המלך וישב וילך למצרים. ונתכרכמו פני השוטנים. ונכלמו האויבים והמשטינים. ובאותו היום פיהם נאלם[4]. ולא לדבר עליו רעה לעולם. ברוך שומר חסדיו. הפודה ומציל נפש עבדיו. ברוך הוא וברוך שמו. ברוך כבוד יי׳ ממקומו:

והיה בליל אחד יצא ר׳ פלטיאל [עם המלך] החוצה. ויחזו והנה שלשה כוכבים אדירים נאספו. ובשעה אחת ננהם[5] אספו. ויאמר ר׳ פלטיאל הכוכבים החשיכים. הם שלשה מלכים.

---

[1] MS. ואת מעוז. [2] MS. עומה. [3] MS. להטעותם. [4] MS. נלאם. [5] MS. נהנם.

אשר בשנה זו מתים. ובקרוב הם נצמתים. המלך האחד חמי[1] היוני. והשיני מלך בגדר הצפוני. וימהר המלך להשיבו באוני. השלישי אתה מלך תימני. ויען למלך אל אדוני. כי אני יהודי. והמלך השלישי הספרדי. והשיב לו המלך באומר. אתה השלישי באמת כמו שאני אומר:

ובאותה השנה מת ר׳ פלטיאל המגנן[2] לקהילות עם אל. הדרים במצרים ובארץ ישראל. בפלירמו ובאפריקא ובכל ממשלת ישמעאל. כי הוא רודה במלכות העברים. ובמלכות ארמים והמצרים. ומלכות ישמעאלים וארץ ישראלים. בצרור החיים נפשו תהא צרורה. בעדן שמורה. בגנן אלהים אצורה. אצל האבות סדורה:

ויקם ר׳ שמואל בנו תחתיו. איש גדול ונכבד בדורותיו. ממלא היה מקום אבותיו. והעלה אביו ואמו בירושלם בארונות. ועצמות ר׳ חננאל דוד אביו שבארון נתונות. ועצמות אשר בבלסמון מתוקנות. והקדיש עליונים. ולהיות לו צדקה מאת רוכב ענגים. מזהב עשרים אלף דרכמונים. לדלים ועגונים. לחכמים והדרשנים. אשר התורה משננים. ולמלמדי תינוקות וחזנים. ושמן למקדש בכותל מערבי למזבח שבפנים. ולבתי כנסיות לקהלות הרחוקים והשכינים. ולאבילי ההיכל המשכנים[3]. הם העגומים על ציון ואבילים. ואל הישיבה לתלמידים ולתנאים. ולחכמי בבל לישיבת הנשיאים. זכרו יהא לברכה ו[י]חידתו תהא תמוכה. בסעד חיים ערוכה. באוצרות אלהים סמוכה:

אתן צדק לאלי. שבח וגדולה למחוללי. ארומם בשיר מילולי. אלהים יי׳ חילי. בתוך ועד קהילות לשמו. אביע תהילות. באימה ומורא לחלות. פני עושה גדולות. גדולת כבודו לרוממה. גבורת תוקפו לקוממה. בחיך וגרון אנעימה. דרוש מעשיו המפוארים. נצח מלכותו ארים. דרוך נתיבותיו במישרים. לעדי עד לדורי דורים. הלל ועוז ורננה. אפציח בגיל ורינה. הדרת אלי מעונה. אזכיר בכל עת ועונה. ואומץ מופתים וניסים. הראה בכל אפסים. ונואי[4] כשרון מעשים. יישר לבניו עמוסים. זכר רחמיו וחסדיו. לזרע שני ידידיו. זכות וצדקות הסידיו. הממציא לבית עבדיו. חשכם[5] מועם ועברה. והצילם מצרה תצוקה. חיבבם חיבה יתירה. מילטם[6] מרוע גזירה. טיכסם יקרה מפנינים. המתוקה מדבש בגרונים. טהור עיניו בנאמנים. סיפקם וכילכלם במזונים. יושבי באויירי באוילים. בשבעה עשר יובלים. ירד מלך ישמעאלים. והרחיקם מעל גבולים. כעס ובחרון נתעבר. וקלבריאה הרס ושיבר. כיבש מן המעבר. ובארץ לונגוברדיאה גבר. להץ הארץ בחזקה. והביאה בדוחק ובצוקה. לארצו הנלם. בבוקה נפשם וחייתם לשבקה[7]. מרום שוכן שחקים. המביט ומרעיד עמקים. מצווה ונוזר ומקים. כל אדני ארץ ארקים. נתן בעיני[ו] לרחמים. בני עבדיו התמימים. נזכר להם ממרומים. זכות אבות הקרמונים. סקר מלך בבינה. וראה ביניהם בתבונה. סבר בכוכבים להבינה. יודע בחכמות להתבוננה. עילו על חכמיו. ומסר בידו אסמיו. עצמו היהודים בימיו.

---

[1] Marg. סֿא רומי. [2] So MS.; נגיד from המנגר or המנהג? [3] So MS.
[4] So MS. [5] MS. חסכם. [6] MS. מילנים? [7] Or לשנקה.

כמלאת הירדן במימיו פקיד ונגיד ממונה בבית המלך משנה. פועלים מנכסיו מהנה. המינים והכופרים מענה. צלח והאדיר בגדולתו ורחבה וארכה מתנתו. צמוח נדבתו וברכתו. לאוהבי יי ותורתו. קידש וחילק מסונות. לעניי ירושלם והמדינות. קדם לישיבות התכונות. ולחכמים וליודעי בינות. רד מחלציו נקי. ממולא בתורה ובקי. רומם בוגד וצדיקי. עוזר וממלט אינקי[1]. שוקד על הטובה לעבוד יי באהבה. שמר מצוותיו בחיבה. בנפש חפיצה ועריבה. תם ונודב נדבות. לנאוותו ועוזו בערבות. תמוי[1] תלמידי הישיבות. ולחזק נדכאי לבבות. אהבה שלימה וגמורה. חיבה יתירה ועצומה. יידעה אל נורא מדע והשכל וסברה. עצה ודעת וגבורה. צמדם עוטה אורה. בינה וחכמה ותורה. ריבון עושר ותפארה. בירכם דר נהורה. יראה וענווה טהורה. פיקודים ודרך ישרה. ליבבם עולם ברא. טוב מכסף סחרה. יותר מפנינים יקרה. איפרם עונה בצרה. לפליטת קדושים הנשארה. חווק וממשלת ושררה. אימין ברוחו שמים שפרה. לצאצאימו וניהגם בשורה. ועליהם היה מגן וסתרה. חומה נשגבה ועיר בצורה. מגדל עוז לבניהם ומחסה ועזרה. טרף נתן להם. הירבה והרחיב גבוליהם. בירך מעשה ידיהם. בירכתו שלח באוצרותיהם. ושלום ובטח בבתיהם. ושקט ושלוה באהליהם. וריווח והצלה בקינייניהם:

כשהגיעו בקפואה נינ[י]הם. נתנם יי אלהיהם לרחמים לפני שלטוניהם. והעלו שלטוני המדינה ר׳ שמואל בארמוניהם. והפקידו אותם[1] על בית גינזיהם. להיות מושל במדינה שלהם. על מחוז הנהר ומכס שווקיהם. על המטבע בנימוסי העיר ודימוסיהם. ואלהי אבותינו עזרו. והוא היה בעזרו. ועלה אצל ר׳ פלטיאל פעמים. ונתן לו חפצים טובים. ובכל פעם ופעם ימים. ויי מסביב הניחו. ובתורת שעשועים שימחו. ובנכסים הצליחו. עשות ספרים הרבה עסק בכל כוחו. וביניינים בנה לדירת שבחו. ובן הגון נתן לו האל. ושם שמו ר׳ פלטיאל. הולך בדרכי אל. ודובק בתורת ישראל. מדרכי אביו לא סר. והחזיק ביראת יי בחכמה ובמוסר. וכל טוב יי מביתו לא חסר. ומינהו בביתו המושל והשר[2]. וכל שירות המדינה בידו מסר. ועל פקיד ישוע[3] וסבר. ושפטים ושטרים ונגשים כל דבר. ועל כולם הוא היה נזבר. ומוציא ומביא ומנהיג ודבר. ורבק בחוקי יי ובתורתו. ואהב מצוותיו ומשפטי דתו. בכל לבו לעבדו. ובכל נפשו לייחדו. ותיקן כנסת זקינו לבית תפילה. לכבוד שוכן מעלה. והיה לו חסרון בנים. כי הבנים שהיו לו נולדים. בשתים ושלש שנים היו מתים כשהן קטנים. והיה דווה בדאבונים ומתענן בעינונים. וחינן בחינונים פני שוכן מעונים. ויתפלל אל יי ויעתר לו. וישמע תפילתו ושוועת קולו. והאזין תחינתו. משמי זבולו. וברחמיו וחסדיו בן יחיד הנחילו. ור׳ אחימעץ קרא שמו. בבית הספר שמו. לקרוא בתורה. ולהגות במקרא ביראתו הטהורה. במצוותו ברה. בעידות נאמנה. פיקודיו לכוננה:

ואני אחימעץ ביר׳ פלטיאל ביר׳ שמואל ביר׳ חננאל ביר׳ אמיתיי עבר אל. בחדש אחד

---

[1] So MS. [2] MS. והסר. [3] So MS.

ברבים שנים לטפיחת שמים. ביקשתי תחינה מאת מדד בשעלו מים. לחכימני בכוד רזי שעשוע יומיים. לאמצני בתורתו התמימה. אלפיים שנה היתה קדומה. להדריכני בדרך ישרה. לחזקני ולהיות לי לעזרה. להאזין תביעת בקשותיי. לסעדני למצוא ייחוס אבותיי. ועיניי אליו נשאתי. ובשם קדשו בטחתי. וברחמיו ביקשתי[1]. וחסדיו שאלתי ויתן לי את שאלתי. אשר מאתו חמדתי. וחישבתי ובינותי. ואת שאהבה נפשי אחזתי. וייחוסי מצאתי. ובאלי התחזקתי. וסדר ערכתי. וחרז תיקנתי. ומראש התחלתי. מגלות ירושלם וחרבן בית תפארתי. וגלות אוירי קריית חנייתי. ועד ביאת אבותיי בקפואה הינעתי. ובדורי חנתי. ובדור בני נחתי. בספר כתבתי. וקבצתי ואגרתי[2]. לדורות הבאים אחריי איספתי. מפורש גיליתי והינחתי. ולאלי שיבחתי. ונאווה ועוז הידרתי. ולפני כבודו פאר ושבח רוממתי. שעזרני לנמור ספר קיצבתי. ובחדש סיון אותו סיימתי. במזל תאומים שבו ניתנה תורתי. בעת תם קץ בכפל בבקשתי. מראשו ועד סופו כולו גמרתי. יתברך יקר כבוד שכינתו. והדרת כס תפארתו. ויתעלה שמו ושם כבוד מלכותו:

אחשבה לדעת מספר ימיהם. מדור לדור מידת שנותיהם. מימי ר׳ שפטיה ור׳ חננאל. ועד ימי רבי אחימעץ ב״ר פלטיאל. השמד שעשה בסילי המגונה. היה בשנת ארבעת אלפים ושש מאות ועשרים ושמונה. ור׳ שפטיה ור׳ חננאל באותו הזמן חיו. ואחרי מות ר׳ חננאל בנו רבי חסדייה. ור׳ חסדיה הוליד ר׳ פלטיאל. ור׳ פלטיאל הוליד רבי חננאל. ובשנת ארבעת אלפים ושבע מאות עלה ר׳ שמואל בנו בעזרת ארון הפלאות. ובששים ושמונה השלים יחידתו לאלהי צבאות. ובשבע מאות וארבעים ושמונה נולד ר׳ פלטיאל בנו. ושמנה מאות ושלש מסר נפשו לקונו. ובשבע מאות ושבעים ושבע נולד ר׳ אחימעץ חמודו. יושב הכרובים יהיה בעזרתו ובסעדו. ויאריך שנותיו למען כסא כבודו. ובשבע מאות ועשרים[3] ושמונה נולד בנו ר׳ פלטיאל. ובשמונה מאות וארבע נתן לו יי׳ בן שיני ושמו ר׳ שמואל. יחיים האל אלהי ישראל. ובימיהם יבנה ההראל. ובית המקדש הקראוי אריאל. ויצמח גואל הוא מנחם בן עמיאל. ונחמיה בן חרטיאל. נפוצי בית יעקב להיקבץ ולהיגאל. בקרוב בימינו ובימי כל בית ישראל. אמן:

בשנת ארבעת אלפים ושמונה מאות וארבע עשרה לבריאת עולם אשר ברא הבורא. אספתי זה ספר יחוסי. בעזרת יי׳ מנוסי. ולא מחכמה שבי. והסכל שסביבי. ומתבונה שבחובי. כי אם ממה שחינני אל אלהים ארוני:

ברוך נותן ליעף כח. ולאין אונים פקחקוח:
נשלם ביד מנחם ב״ר בנימן.
יעזרם בורא שמאל וימין:

---

[1] MS. ביקשתיי. [2] Twice in MS. [3] So MS.; ותשעים?

VI.

✧ ספור דוד הראובני ✧

אני דויד בן המלך שלמה זצ״ל ואחי המלך יוסף גדול ממני והוא יושב על כסא מלכותו במדבר חבור והוא מולך על שלשים רבוא על בני גד ובני ראובן וחצי שבט המנשה נסעתי מאת פני המלך אחי ויועציו שבעים זקנים. וצוו לי [ש]אלך בתחלה ברומא לפני האפופיור יר״ה: ויצאתי[1] מאתם מן מדבר חבור בדרך הרה עשרה ימים עד אשר הגעתי בנידו ושם חלותי[2] חולי גדול ועמדתי חולה חמשה שבועות והקזתי דם והכתי כל בשרי וגופי באש כדי להתרפאות בגידו עד אשר שמעתי שספינה אחת הולכת לארץ כוש: ואני חולה על המטה וקראתי בעל הספינה ויש לי עבד זקן חרש ואילם[2]. והיה משרת אותי והיה מבשל ומכין כל מזונתי והיה עומד על הכלים ופקיד וממונה על כל הצריך לי. ונכנסתי אני והעם תוך הספינה ההיא בים סוף ועמדתי בים סוף חולה והלכנו בים סוף שלשה ימים ושלשה לילות וביום הרביעי נכנסנו במדינת צואקין בארץ כוש. ואז לקחתי בית במדינה ההיא ועמדתי שנים חדשים והקזתי דם בארצות ההם בין גידו ובין צואקין יותר מחמשים ליטרין והכתי בבשרי ובגופי ובפני באש יותר ממאה מכות במסמרים. אחרי כן שנים[3] הרבה תגרים הולכים דרך עשה בארץ כוש במלכות שבא ואני קראתי לגדול שבהם. והוא היה מבני הנביא של ישמעאלים ושמו היה עומר אבוקאמל ולקחתי שנים גדולים ללכת עמהם ונסעתי ועבדי עם כל כלי מצואקין והלכנו עמו ועם עם רב יותר משלשת אלפים גמלים מתגרים. ואני הייתי מתעלה בכל יום. והלכתי במדברות גדולות ויערים ויש בהם עשבים טובים ואילנות[4] הרבה ומרעה טוב והרים ונהרות מהלך שנים חדשים עד אשר הגענו בראש מלכות ארץ כוש ושם המלך היה עמרה אשר הוא שוכן על נהר נילוס והוא מלך שחור ומלכותו על השחורים ועל הלבנים והנהר ההוא אשר הוא מלך עליו הוא נהר מצרים והיא מלכות שבא. ואני הלכתי בכל מלכותו ועמדתי במדינת המלך בראש נהר נילוס ושם המדינה למאול ועמדתי עמו עשרה חדשים ואבוקאמיל עומר לפני. והמלך הזה הולך בארצות בכל חדש וחדש ממסע למסע ואני הייתי הולך עם המלך ולי משרתים

---

[1] MS. ויצאתם. [2] So MS. [3] Indistinct in MS. [4] MS. ואילונת.

מבני הנביא שלהם יותר מששים איש רוכבים על סוסים ומכבדים אותי כבוד גדול וגדול[1] שבכולם שמו אבוקאמיל:

ובכל זמן שעמדתי בארץ כוש עם המלך הייתי מתענה בכל יום ויום בשבתי ובקומי והייתי מתפלל יומם ולילה ואני מפחד וירא ולא [א]עמוד בפני מושב לצים [ולא] לפני צחוק כי אם הייתי הולך בדרך הישרה מבית המלך לביתי. ובכל מסע ומסע יכינו לי בית מעצים קרוב אל בית המלך. והמלך הזה יש לו עבדים רבים לא יסופר מרוב. ויש באלה העבדים שרים למלחמה ושרים על מדינות מלכותו ושרים על המשפט שלהם ומי אשר יחטיא[2] חטא קטן או גדול יהרג ובכל יום ויום עושים משפט. ויש לזה המלך סוסים רבים ושרים רוכבים עליהם ויש לו גמלים יפים ובקר וצאן לא יספר מרוב ועפרות זהב לו ויש לו שרים ילכו לפניו לבנות בתים מעצים למלך ולכל שריו ועבדיו. ובאנו אל מקום הבנין והכל מסודר בכל המ[ס]עות כאשר יבא בראשונה כן יבא באחרונה ואחר שיסעו מהבתים ישרפו כל הבתים באש: והארץ ההיא יש בה עשבים ואילונות[2] ומדברות והרים והמלך הזה אשר אני עמו [לו]שפחות ועבדים ורובם ערומים והמלכה והפלגשים והשריות[2] והשפחות המשרת[ו]ת לה לובשות שמה צמידים מן זהב ארבע על הידים על הזרוע גדולים ושנים על הרגלים ומכסין ערותן בשלשלת מן זהב מלאכת יד הרוחב אמה על הירכים סביב סביב והוא מסוגר מלפניהם ואל אחריהן וכל הגוף ערום ועריה וכל הנשים באפיהן נזם מן זהב: וכן הם נוסעים והולכים עם המלך ואף כי יבא מטר הם יושבים תחת המטר ערומים הם ובהמתם וככה הם ישנים על הארץ ואין להם בתים. וכל אחד מהם הזכרים והנקבות עושים לפניהם אש ולאחריהם אש כדי לחמם את בשרם. והם אוכלים הפילים והזאבים נמרים[3] כלבים גמלים עכברים צפרדעים נחשים ואוכלים בשר בני אדם. והמלך היה קורא אותי בכל יום לפניו ואמר אלי מה תרצה ממני אדוננו בן הנביא. אם תרצה עבדים גמלים או סוסים קח לך. ואני השבתי לו לא ארצה ממך דבר רק שמעתי כבוד מלכותך והבאתי לך זאת המנחה באהבה וברצון והנני אתן לך בגד משי ושבע מאות דוק[4] הם פרחים של זהב ולא ארצה ממך דבר. ואמרתי אני אוהב אותך ואתן לך את ברכתי וברכת אבותי וברכת הנביא מחמד ואתן לך מחילה וסליחה ואתן לך חוקה ואחוזה בגן עדן לך ולבניך ולבנותיך ולכל אנשי ביתיך ותבא אלינו בשנה האחרת במדינת מיקא מקום כפרות[5] העונות:

אחרי כן שלח אלי לביתי המלך ד׳ שפחות בתולות וד׳ עבדים כולם ערומים ואמר לי השליח אדונינו[5] המלך פורש עליך אלף שלומות וקח מידו אלו העבדים והשפחות מנחה היא שלוחה לאדוני והניח את העבדים לביתי והלך לדרכו. ואני עמדתי בביתי והשמנה עומדים לפני כולם ערומים ונתתי לכל אחד מהם בגד לכסות ערותן: בלילה הזה עמד

---

[1] MS. וגודל. [2] So MS. [3] MS. נמלים. [4] I. c. דוקאט. [5] So MS.

יצר הרע על ימ[י]ני לשטני עם נערה יפה מהשפחותיהן[1] והעלתי אותה על מטתי ואחרי כן גבר עלי היצר טוב ואמר אלי ראה מאין באת ולאן אתה הולך ומה זה המעשה אשר אתה רוצה לעשות השם ית׳ אינו חפץ בדבר הרע הזה. זכור את בוראך והוא יזכרך ואם תחטא בלילה הזה האלהים ישלח אליך אויביך ויורידוך[2] למטה ולא תוכל ללכת בזאת המצוה. ית׳ הבורא אשר הצלני מזאת העבירה והייתי מתפלל ובוכה ומתחנן לפניו כל הלילה על מטתי ולא ישנתי עד הבקר והבוקר אור לקחתי העבדים כולם בידי והלכתי עמהם לפני אשת המלך ואמרתי לה המלך נתן לי אלו העבדים למנחה והנני נותנם אליך באהבה וברצון ולא ארצה ממך מאומה ואתן אליך מחילה וסליחה ואחוזה טובה בגן עדן. וכשמוע[3] המלך הדבר הזה קראני ואמר לי למה לא קבלת[4] את המנחה והשבתי לו ממך קבלתיה ונתתיה להמלכה באהבה וברצון והמלך עשה לי כבוד גדול מאד וגם לבני הנביא השוכנים בארץ כוש גם לגדול שבהם אבוקאמיל עשה לו המלך כבוד גדול בעבור אהבתי ולכל משרתיו גם כן. והמלך וכל משרתיו אוהבים אותי ומכבדים אותי ויחשבוני כמלאך אלהים ומתייראים ממני ואני מתענה בכל יום ומתפלל יומם ולילה ולא הרבתי[5] בדברים לפניהם ואם היו מדברים עמי הייתי משיב להם ראשי פרקים לבד וכאשר ארכב על סוסי ואלך בדרך לפני המלך צוה המלך על עבדיו היושבים ראשונה במלכות ילכו אתי בכל הדרך אשר אני הולך:

אחר הדברים האלה בא ישמעאל אחד ממדינת מיקא ובא לבית אבוקאמיל ואבוקאמיל הנז׳[6] בא אלי ואמר הלא תדע כי זה הימים בא לנו חבר שלישי מבני הנביא ממיקא ואני ואתה והוא נהיה בחבורה אחת ונהיה כאחים יחד ונשבעים אנחנו שלא נכחד ממך מדבריך ואשר תצוה נעשה ולא נטה ימין ושמאל ונהיה לך כבנים. ואחרי כן בא לפני זה הנבל הישמעאלי עם אבוקאמיל ונשבעו לי על הספר שלהם כי הם יכבדו אותי לבלתי אמור[7] דבר לפני המלך שלא ברשותי ואמרתי אני לזה הנבל למה באת לארץ הזאת ומה אתה מבקש מאת המלך ואמר לי אני באתי ממיקא ויש בידי ספר מבית הנביא וארצה לתת אותו דורון אל המלך ולתת לו חזקה בגן עדן מחילה וסליחה וכפרת עונות ובאתי לבקש ממנו זהב ועבדים וגמלים. אמרתי לזה הנבל המזיק אל תבקש מן המלך דבר הזה כי חרפה היא לנו. ואמר הרשע בבקשה ממך תבא אתה ואבוקאמיל עמי לפני המלך ואני אקרא הספר לפניו ואתם תדברו טובה עלי ותאמרו למלך שזה הספר יקר יותר מאלף פרחים והוא מבית הנביא ויתן לך חזקה בגן עדן ויצליח מלכותך וימחול ויסלח לכל עונותיך: והנני מבקש מכם שתעשו עמדי חסד לדבר עם המלך לטובתי בדברים האלה. והלכתי אני

---

[1] So MS. [2] MS. ואריד‍ך. [3] MS. וכשמועה. [4] MS. קבלתי.
[5] MS. הבנתי. [6] I. c. הנזכר. [7] MS. אומר.

ואבוקאמיל עמו לפני המלך וזה הרשע הוציא הספר השקר ההוא לפני המלך ולפני שריו וקרא הספר ואמר לי המלך ולאבוקאמיל תבירו זה האיש אמרנו לו הוא קרובינו[1] מבני הנביא וזה הספר הוא מבית הנביא מן השומרים קברו ומצוה גדולה הוא לך ותשמרינו[1] בביתך ויצליח מלכותך ויהיה לך מחילה וסליחה וכפרה לכל עונותיך והוא יקר מאלף דינרי זהב. ואחרי כן אמר המלך אל עבדיו תתנו לבעל הספר שלשים גמלים וסוס אחד וכך עשו כי נתנו לו אחר כל אלה הדברים הלך זה המקולל בהחבא לפני המלך והלשין אותי למלך ואמר זה האיש אשר [אתה] מאמין בו איננו מבני הנביא רק הוא יהודי ממדבר חבור: ויהי כשמוע[2] המלך הדבר הזה שלח בעד אבוקאמיל והגיד לו את דברי המלשין ואמר אליו המלך מה תאמר בדבר הזה שהגיד לך קרובך החרש אשר הבאת לפני שנתן לי הספר אתה מכיר שניהם. השיב אבוקאמיל אינני לא מכיר לא זה ולא זה. אך ראיתי זה הראשון הוא נכבד וענו ומתענה בכל יום והוא ירא אלקים ואינו הולך אחר מצחוק[3] ואחר הנשים ואינו אוהב ממון. וזה האחרון הוא אוהב זהב וכסף ועושה רעות רבות ומרבה בדברים ואמר המלך כנים דבריך ואבוקאמיל יצא מלפני המלך וספר לי הדברים [ה]הם. אחרי כן שמעה אשת המלך אשר נתתי לה העבדים דברי המלשין ושלחה לקרא אותי ואמרה אלי לא תשב עוד בארץ הזאת כי זה קרובך החדש אשר בא ממיקא הלשין אותך אל המלך דבבים שלא כהוגן ויועץ [עם] אנשים רבים לבקש מלפני המלך להרוג אותך ואמרתי אליה ואיך אוכל ללכת בלא רשות המלך השיבה אלי המלכה המלך יבא הלילה לביתי ואני אשלח בעדך ותבא לפני ולפני המלך ותשאל רשות מאת המלך ואני אהיה בעזרך והמלך יתן לך רשות ותלך למחר לדרכך לשלום ותפקדיני[3] לטוב כל ימי חייך:

ויהי בלילה ההוא אחר שלש שעות שלחה המלכה בעדי והלכתי לפני המלך ואין איש לפני המלך כי אם הוא ואשתו ואמרתי למלך מה פשעי ומה חטאתי לך הלא באתי לפניך במנחה באהבה וברצון ולא רציתי לקבל ממך לא כסף ולא זהב ולא עבדים ולא שפחות ואתה מלך חכם ומשכיל מכל בני אדם וזה הנבל אשר הלשין אותי אליך הוא אוהב זהב וכסף ולא נתן אליך כי אם ספר אחד אין אנחנו יודעים אם הספר ההוא אמת או שקר וזה הנבל בא אלי בתחלה ואני ואבוקאמיל עומדים בביתי וקראתי אותו ודברתי אליו למה באת[4] אל המלך ומה תבקש ממנו והשיב אלי כי שמעתי כי אתה חשוב לפני המלך מאדם ודבריך נשמעים עמו ומכבד אותך כבוד גדול ושמעתי כי הוא נתן אליך עבדים וסוסים וגמלים ולא קבלת אותם ואני מבקש ממך שתקבל מהמלך כל מה שיתן לך ותתנהו לי ואני קרוב אליך וממשפחתך ולא רציתי לעשות זה הדבר ולשמוע בקולו והנה אתה מלך ולא יחסר לך דבר כמו הים הגדול ואם יבא אליך הצדיק ותרשיעהו הוא חסרון למלכותך

---

[1] So MS. [2] MS. בשמועה. [3] So MS. [4] MS. באתי.

ולממונך ואם יבא אליך הרשע ותענישהו כמשפט האלהים ינדיל מלכותך כי המשפט [ל]אלהים הוא ואל המלכים. והנה אנכי עמדתי עמך עשרה חדשים קרא לכל משרתיך ושריך [וי]אמרו אליך אם מצאו בי חטא קטון או גדול או ערות דבר. על כן בחסדך למען האל הגדול תתן לי רשות ואלך לדרכי ואתפלל בעדך ואברכך. אחרי כן דברה עמו המלכה ואמרה לו תתן רשות לזה האיש ילך לדרכו כי הוא נכבד ונאמן ועמד עמנו עשרה חדשים לא מצאנו בו מום כי אם שמועה טובה והשיב המלך ואמר לי מה תרצה עבדים או גמלים או סוסים תקח לך ולך לשלום. ואמרתי למלך לא ארצה ממך מאומה כי אם תתן לי רשות שאלך לי מחר בעלות השחר כי ידעתי שיש לי אויבים רשעים עומדים כנגדי לכן ייטיב בעיניך לשלוח עמי אחד נכבד מעבדיך ילך אל מקום[1] השר אשר הוא עומד על כל ממונך[2] ועל כל אוצר[ו]תיך. אז קרא המלך אחד מעבדיו וצוה אותו שיבא עמי ונתן לנו שנים סוסים וצוה המלך לשליח לאמר לעובדיה השר העומד על המקום האל [ש]ידריכני אל אבוקאמיל:

אחרי כן נסעתי בבקר מל[מ]אול עם חברי הזקן והמשרת המלך ממקום המלך בראש נילוס ועברנו על נהרות הרבה ושם מרעה לפילים ויש פילים הרבה בזה המקום ויש נהר אחד מעפר ומים יטבעו בו סוסים ויכנסו עד הבטן בטיט והרבה אנשים וסוסים נטבעו בזה המקום ומתו ואנחנו עברנו בתוך זה הנהר רוכבים על סוסים וברוך השם שהצילנו אמן: והלכנו שמנה מהלך עד שהגענו בסונאר מקום עובדיה השר מהמקום[3] האל ושליח המלך ההולך עמי קרא אותו וצוהו כאשר צוה אותו המלך ואמר לו תדריך אדוננו זה לאבוקאמיל אל מדינ[ת]ו שבא על נהר נילוס: ואחֹכֹ קרא אותי עובדיה השר האל ואמר לי מה תרצה אדוננו כל אשר תצוני אעשה ואתן אליך באהבה וברצון. עניתי ואמרתי לו לא ארצה ממך כי אם שתקנה לי משלי גֹ גמלים יפים ושנים עורות בקר לשאת המים על הגמל. ונתן לי עבד אחד יבא עמי אל אבוקאמיל. ובבקר נסעתי אני ועבדי והשליח מן סונאר ממסע למסע חמשה ימים בנהר נילוס עד שהגעתי למדינת שבא והיא חרבה ושממה ויש להם בתים מעצים ובא אלי אבוקאמיל ואמר לי איך באת[4] מן המלך ולא נתן לך עבדים ידעתי כי המלך אוהב אותך ומכבד אותך ובאת ולא לקחת מאת המלך דבר ולכן תשב בביתי ואני אעלה לפני המלך ואחלה את פניו[5] בעבורך ואמרתי לו לאבוקומיל כן אעשה:

בלילה ההוא ישנתי בבית אבוקאֹ ואראה בחלומי והנה אבי עֹהֹ בא לפני והכרתי אותו ואמרתי לו דמותך כדמות אבי ואמר לי כן אני אביך אמרת[י] לו למה באת לארץ הזאת הרחוקה אמר לי אני באתי בעבור אהבתי אותך ולהיות בעזרך ולמה אתה יושב בזה המקום אמרתי לו ארני אבי אבוקמיל אמר לי שרצונו ללכת לפני המלך וכי ישוב אלי

---

[1] MS. המקוֹ. [2] MS. ממוניך. [3] MS. מהמקנה. [4] MS. באתי. [5] MS. פניך.

ואמתין לו עד שישוב אמר לי אבי בחלום אם תלך למחר תלך בשלום ולא יבא אליך רעה ותלך במצות השם ואם תעכב עוד עד אשר ישוב אבוקמיל דע כי אתה תמות ולכן תלך למחר עכפ ולא תעכב: ואחרי כן הקיצותי משנתי אחר חצי הלילה והלכתי אל אבוקאמיל והקיצותי אותו משנתו ואמרתי לו תשלחני למחר עכפ ואיני רוצה שתלך לפני המלך ונדר לי אבוקמיל לשלחני בבקר: ובבקר נסעתי משבא מקום אבוקאמיל ונתן לי אחיו והלכתי עשרה ימים למלכות אלנעל והיא ממלכות שבא ותחת מלכות עמרם ומלך אלגעל שמו אבועקרב והגענו לפניו ואמר לו אחיו של אבוקאמיל המלך צוה אותך להדר[י]ך אדוננו זה בן הנביא ותתן לו כל זה לדרך וישבתי לפני המלך ההוא שלשה ימים. אחרי כן נסעתי אני ועבדי הזקן עד שהגעתי להר אטאקקי ועמדתי לפני שר גדול שמו עבד אלוהב והוא רוצה שאלך דרך מדבר קצר אל ארץ דונעלה ועמדתי בביתו ו ימים. ויהי ביום הששי באו שלוחים מן המלך עמרם וקרא אחד מהם אל עבד אלוהב מן שפת הנהר ואנחנו בשפת הנהר במקום אחד הוא נילוס והקורא אמר תאמר לאדוננו שלא ילך כי המלך נחם על הרעה שעשה לו והוא מבקש ממנו מחילה והנה המלך שולח אליו עבדים וגמלים ולכן תאמר לו שימתין עד שיבואו שלוחי המלך עם המנחה ויקרא אותי עבד אלוהב ואמר לי יש לי לומר אליך בשורה טובה איך המלך שולח אליך מנחה גדולה. ובשמעי דבריו אמרתי לו תעשה לי חסד גדול לבא עמי בדרך בזה הלילה ותהיה ביני ובינך לזכרון ונתתי לו[1] עשרים דוקאט ובגדים. ובשעה ההוא מלאו לנו ששה עורות מים על שלשה גמלים ונסעתי אני ועבדי ועבד אלוהב דרך המרבר עשרה ימים והיו עמי שנים עבדים[2] עבד אחד עד שהגעתי למדינת דונגולאה מהלך חצי יום ומצאנו אנשים בסוסים הרבה ואמרתי אל[3] עבד אלוהב תלך ותקרא בעל הסוסים והוא יגיד אליך איך הארץ הזאת. ואחרי כן הלך עבד אלוהב על הגמל וירץ לקראתם מאת הארץ על ראש מדברות והיא סוף מלכות עמרם ובעלי הסוסים ההם אמרו אל עבד אלוהב אנחנו מבקשים עבדים שברחו מאתנו ואמר להם לא ראינו: ואחרי כן שאל אליהם מארץ הזאת הטובה היא אם רעה והשיבו לו הארץ טובה היא רק שהלילה שעברה באו בני המלך עמרם ויש עמם מאתים איש ושמענו שיש לבן המלך חולי גדול ומבקש רופא שירפא אותו ובא לי עבד אלוהב וספר לי כל הדברים האלה ואמרתי לו אם תעשה עמי חסד הנה שברך לפני האל ואלי הרבה ואין טוב לי שאעמוד בארץ הזאת בהיות בני המלך עמרם הנה כי אין ברצוני לראות אותם. ולכן אם מצאתי חן בעיניך תדריכני אל מאסה רחוק מן הארץ הזאת חמשה ימים והיא בסוף מלכות שבא על נהר נילוס והם אויבים למלך. ואמר לי אעשה כדבריך ואם תרצה אבא עמך עד מצרים אז השתחויתי לאלהי השמים והארץ בשמעי דברי האיש והלכתי אני והוא בראש המדבר ויש בו חול גדול ואנו

---

[1] MS. לי. [2] Omission; see p. 142, l. 4. [3] MS. את.

הולכים על החול כמו על ההרים. ואני התעניתי שלשה ימים רצופים עד שהגעתי במדינת אוייבי המלך ואחרי כן באתי על הנהר והנה לפני הזקן ישמעאל[י] מבעלי מצרים וזה הזקן ואשתו ובניו יושבים בזאת המדינה שמה אלחביר ויבא זה הזקן לפני ונשק את ידי ואמר לי בא ברוך יי אתה אדוננו ובן ארוננו תעשה עמי חסד ותבא לביתי ואקח ברכתך ויש לי גם תבן גם מספא גם מקום ללון. והלכתי עם אותו הזקן ששמו היה עוסמאן ופנה את הבית לי ולעבדי ואמרתי[1] אל הזקן ההוא רצוני שתדריכני למצרים בקרוב ואמר לי זה הזקן הנה זה הדרך שבאת מל[מ]אול היא דרך טובה ואני ידעתי שזאת הדרך אשר רצונך ללכת בה אינגה טובה ללכת במצרים אם תלך בנהר תהרג וגם אם יהיה הנביא עמך יהרגוהו. ולכן תשב בביתי בטות עד שנראה הדרך ישרה ואז תלך עמהם *ואחרי כן שלחתי את עבד אלוהב אל ארצו והלך לו[2] ואחר ששמעתי דברי הזקן נתתי את עבד אלוהב עשרה דוקאט והלך לביתו:

ובארץ ההיא הגיעו לפני ה֗ בחורים מן השנים שבטים ונתנו לי ב֗ אריות קטנים ולקחתי מהם[3] להוליכם למצרים והם חזרו לארצם ואני עמדתי בבית הזקן עם עבדיי חדש ימים ואמר לי הזקן הנכבד הנה גמליך הם חלשים עד מאד ולא יוכלו ללכת במדבר הזאת ויצטרך להאכילם שנים או שלשה חדשים עד ששמנו ואז יוכלו ללכת וזה בכל המדבר מהלך שלשה ימים שלא ימצאו הגמלים לא עשב ולא מרעה ולא דבר שיאכלו אלא ישתו המים באשר ימצאו בלי אכילה עד אשר תגיע בגירגאה קרובה למצרים על נהר נילוס. ואמרתי לזקן איך אעשה תיעצני איך תהיה דרכי ואם תראה לי אנשים שילכו למצרים תדריכני עמהם ותקח לי גמלים טובים יוליכונו במדבר ההוא והשיב לי הזקן אנכי אעשה כדבריך. ולקחתי מהזקן גמלה אחת טובה ויפה בעד ב֗ דוקאט ולקח לי הזקן שנים גמלים חזקים בעד ע֗ דוק֗ והגמלים אשר היו לי נתתים לו במסחר הגמלים בחליפותם. ואחרי כן באו בעלי המדינה ההיא וסביבותי והביאו לי קמח שעורים וכוסמת וגדי הצאן [ו]בני בקר והביאו לי למעשר בבית הזקן ההוא וימלאו את ביתו [ו]מכל אשר נתנו לי לא לקחתי רק אשר אכלו הגמלים והמותר נתתי אל הזקן ואל עניים במתנה. ואחרי כן אמר לי הזקן דע שי״ש סוחרים ישמעאלים רוצים ללכת למהר דרך המדבר והוא י֗ז להדש מרחשון וגם אנשים אחרים שהולכים בראש חדש כסליו ואמרתי לזקן תקרא לי הגדולים בעלי הדרך ובן קרא אותם לפני ואמרתי להם רצוני ללכת עמכם במצרים דרך המדבר הגדול השיבו לי הננו עבדים לך ואנחנו זכאים אם תבא עמנו ולכן תשלם כל עסקיך בלילה ותהיה מוכן למחר והסכימו למלאות על הגמלים עורות מים ללכת. וישנתי בלילה הזאת עד הבקר וקראתי לזקן ואמרתי לו תכין לי כל צרכי. והשיב לי אני אעשה הכל אך אני ממתין העבר

---

[1] MS. ואמרתיו. [2] To be cancelled? [3] MS. עמם.

שלך שיצא מן הבית ולא חזר עדיין אמרתי תלכו בעד העבד ויבקשוהו ולא מצאוהו ואמרתי להסוחרים המתינו לי עד חצי יום כי אמצא עבדי והמתינו עד חצי יום ולא בא העבד אחר חצי היום נתתי להם רשות והלכו לדרכם. ואני עמדתי עם הזקן ימים רבים ולא יצאתי מהבית אף אם יבואו מלכים ושרים לביתי ולא אזוז ממקומי ואחר שנסעו הסוחרים מאלחביר אמרתי לזקן תבא עמי אל המלך מחמד והלכתי אני והזקן והנחתי עבדי הזקן עם כל כלי אל הבית והלכנו לפני המלך ולפניו משרתים הרבה והוא שותה יין תמרים ואוכל בשר כבש בלי לחם ושמח בי המלך ואמר זה היום הוא מבורך שבא לפנינו אדוננו בן אדוננו הנביא ורצוני שתעמוד בביתי אם תחפוץ אעשה[1] לך כבוד ויקר ואמרתי למלך תהיה מבורך מפי יש ואני אתפלל בעדך ואתן לך מחילה וכפרה על כל עונותיך והנני מבקש ממך שתשלח לבקש עבד שברח ממני זה היום וידעתי שהוא במלכותך וזה החסד אשר תעשה עמדי והשם ישלם שכרך. השיב לי המלך אצא עם כל משרתי וכן יצא המלך בעצמו עם כל שריו לבקש העבד ושלח את כל משרתיו בכל המדינה ומחוץ למדינה רוכבים על הגמלים ורצים הם לבקש את עבדי. ואני חזרתי בבית הזקן ועומד בתפלה עד הערב. והמלך בא לפני עם העבד ואמר לי המלך בעבור אהבתי לא תכה את העבד בזה הפעם ואחר שהלך המלך לביתו שמתי כלי ברזל על צוארו ועל רגלי העבד. ואחרי שישבתי שבעת ימים בבית הזקן באו אנשים ערומים מוכים מראשם ועד רגלם מאת התגרים אשר הלכו בי״ז במרחשון ואמרו לי נסענו מהנה והלכנו שלשה ימים וביום הרביעי יצאו עלינו עם רב אנשי דמים והרגו בנו הרג[2] גדול ובזזו כל הגמלים והשלל והעבדים ואין אנו יודעים מי נשאר ומי נהרג מהאנשים שהיו עמנו: אחרי כן באו ביום השני שנים ובערב שלשה ובכל יום ויום באים ערומים מהחבורה הנזכרת ואני[3] נתתי להם בגדים לכסות ערותן וצדקות עולה נ׳ דוק׳ ועמדתי בבית הזקן והיו הערומים מהם משרתים אותי ואוכלים על שולחני עד יום י״ד לחדש כסליו. ונסעתי עם עבדי מבית הזקן עם אנשים הרבה בדרך המדבר הגדול ותמיד אני מתענה ומתפלל להשם בשבתי ובקומי ובלכתי ובנסעי וקיימתי על עצמי שלא לאכול ושלא לשתות כי אם לשלשת ימים ולילות ולא אוכל ממקום המים עד מקום המים האחרים כי המדבר ההוא המים הקרוב מהלך שלשה ימים ולילות ומים אחרים מהלך ארבעה ימים ולילות ומים אחרים מהלך חמשה ימים ולילות ואנו לא נשתה בו אם מהמים שעל הגמלים עד אשר הגענו *בריף במדינת נירנאם[4] אחר מה ימים ויש עמנו אדם חכם לדרך מהלך אותנו במדבר כמו הפילוטו בים והוא מדריך אותנו במדבר ההוא בלילה עם הכוכב וביום בחכמתו והמדבר ההוא כמו הים הגדול ואמר לי החכם ההוא תבא עמי בביתי עד אשר אמצא אליך דרך ללכת למצרים ושם האיש ההוא שלום

---

[1] MS. תעשה. [2] MS. הרב. [3] MS. ואם. [4] So MS.

בלשון עברי ובלשון ערבי סאלאם והבית שלו בסוף המדינה מיל אחד והלכתי עמו לביתו ונתן לי בית ומטה ואחד ממשרתיו עלי לעשות לי כל צרכי לי ולעבדיי. וזה המקום ההוא על נהר נילוס וישבתי עם זה האיש עשרים יום ומכרתי את גמלי ק̇ פרחים זהב ונכנסתי בספינה קטנה בנהר נילוס עד אשר הגעתי בשערי מצרים ושמה בשער עכבו אותי התוגרים הישמעאלים ורצו לחפש את כל כלי וכל אשר לי בארגזים למען יקחו ממני מעשר ורצו ממני בעד העבדים עשרים פרחים כי לא יוכל[1] שום אדם ליכנס בשערי מצרים עם עבדים כושיים כי אם יתן מעשר עשרים פרחים על כל עבד וכראות התוגרים עמי השני אריות שאלו ממני שאתן להם השני אריות בדורון והם יפטרו אותי מן המכס ומן המעשר מן העבדים ומן הממונות וכן נתתי להם השני אריות בלי שום הוצאה אחרת והיו מכבדים אותי כבוד גדול והיה להם שמחה גדולה כי אמרו לי שרצונם לשלח אותם אל המלך התוגר:

ואחרי כן נכנסתי במצרים בר̇ח אדר רפ̇ג בין השמשות והלכתי עם איש אחד יש לו חברים במצרים ואמר לי זה האיש תבא לביתי בואת הלילה ותלין עד הבקר ולמחר בעה̇ אבקש לך מקום אשר ייטב לך. והלכתי עם זה האיש אני ועבדי וכל כלי וזה הבית *הוא גדול[2] ויש בו אילנות גדולים ונתנו לי חדר אחד ושמו לפני לחם וגבינה לאכול אמרתי להם איני אוכל גבינה רק תתנו לי ביצות ואכלתי וישנתי עד הבקר ובבקר הוצאתי חתיכות זהב ואמרתי לזה האיש תבא עמי למכור זה הזהב לפני היהודים כי הם יודעים בסחורה יותר מכל אנשי הארץ ובא עמי זה האיש במסילת היהודים ועמדתי בפתח חנות והיה בחנות יהודים צורפים ושאלתי אותם [אי]זהו הגדול שבכם בלשון הקדש ולא היה מבין הישמעאלי אמר היהודי אני אבא עמך והלכנו אני והוא והישמעאלי עומד בחנות וממתין ונכנסנו בבית ר̇ אברהם בעל המטבע והוא היותר גדול שבמצרים. אמרתי לו אני יהודי ואני רוצה לשבת עמך ג̇ ימים או ד̇ ואגלה לך סוד וכשתראה הדרך ללכת לירושלים תדריכני ואיני רוצה ממך לא כסף ולא זהב ולא אכילה כי אם הבית והשיב לי ר̇ אברהם לא אוכל להניחך לבא בביתי כי באתי כמתנכר כמו הישמעאלי ואם תשב בביתי תגרום עלי רעה ולא רצה ר̇ אברהם להעמידני בביתו בשום פנים ואמרתי לו עשה עמי חסד לאהבת השם ולאהבת הזקנים ששכר מצוה מצוה והשיב לי המצוה גדולה היא לי ולכל ישראל היושבים במצרים כי לא תבא לביתי. ואז יצאתי מביתו והלכתי אני והישמעאלי בבית לפני עבדי ושאלתי לישמעאלי אם אתם יודעים בעיר הזאת אדם חשוב וחסיד עושה מצות תגיד לי והשיב לי שאדם טוב ונכבד ומשובח בזה העיר שמו שרפאדין אמרתי לו תבא עמי ונלך[3] לפניו וכן הלכתי לפניו ואמרתי לו הנה שמעתי עליך היותך נכבד וחסיד מכל האנשים אשר בעיר במצרים כחסדך תן לי בית בתוך ביתך[4] עד אשר אלך[5] לירושלים ותדריך לפני אשר

---

[1] MS. אוכל. [2] MS. הגדול. [3] MS. וללך. [4] MS. ביתיך. [5] MS. אליך.

ילך בירושלים. וכן סדר לי בית בתוך ביתו והבית אשר סדר והכין לי סרפאדין[1] וחלה העבד הזקן שלי ועמד חמשה ימים במטה וביום החמישי מת בהצי הלילה. וזה העבד היה שומר ונאמן על כל אשר לי והיה מבשל אלי והבאתי אותו מהמדבר והוא חרש ואלם ויש לו אשה ובנים. והעבד השני אשר קניתיהו היה גנב ואחרי מות העבד הזקן הם הלכו וקברו אותו ואני בבית לבדי שומר הכלים והיה לי צער גדול ומחשבות גדולות ולא ידעתי מה לעשות ואחרי כן חשבתי לחזור לפני ר׳ אברהם בעל המטבע וקראתי האיש שרפאדין ואמרתי לו הנני הולך לעסקי וזה העבד אתנהו בפקדון בידיך והבית שלי תשמור אותו ופתחתי לפניו תיבה אחת והוצאתי לו ד׳ מרגליות טובות ולא הראיתי לו את אשר בתיבה וסגרתי התיבה ושמתי המרגליות תוך התיבה בפניו והוא רואה וסגרתי התיבה והמפתחות [נתתי בידו] והראיתי לו אלף פרחים זהב תוך התיבה ואמרתי לו הבית והארגז והעבד יהיה לך לפקדון ולמשמרת עד שובי והלכתי לראות היהודים ביום ההוא אחר שמת העבד וחזרתי אל הבית וישנתי בבית ההיא עד הבקר וראיתי בחלום איך אני הולך ערום בין בני אדם והייתי מכסה ערותי בידי והיה לי מזה החלום צער גדול ומחשבות גדולות ועמדתי בלב רגז[2] ואחרי כן סגרתי הארגזות ולקחתי המפתחות עמי והנחתי מפתח החדר והעבד ביד סרפאדין והלכתי בשוק וחזרתי אל החדר מקום אשר עמד בו העבד והממון ולא היה בהחדר הארגז אשר היה בו הממון ובשעה שראיתי שאין הארגז בהחדר הייתי כגוף בלא נשמה ורוח:

ואחרי כן קראתי לסרפאדין ובא לפני בנו ואמרתי אל בנו למה לקחתם הארגז ממקומו ואמרתי לו תקרא לאביך והלך הבן וחזר אלי ואמר כי אביו בשוק והיה לי צער ובלבול גדול עד שבא שרפאדין אלי והלכתי לפניו ואמרתי לו למה נשאת ולקחת הארגז שלי ממקומו השיב לי כי אני רציתי שהם יהיו שמורים לך בחדר שלי ולא ת[י]רא ולא תפחד ואמרתי לו הוציאה הארגז[ו]ת ואני רוצה לקחת דבר מהם והשיב לי כי אני הלכתי לאכול בבית אחד ושכחתי המפתחות שם. ואני ידעתי כי הם תחבולות עמי ורציתי לכעוס עמו והייתי בביתו ואמרתי לו תשלח בעד המפתחות ואמר לא ידע השליח כי אם אלך בעצמי בעדם והלך סרפאדין ולא חזר עד הלילה. ואחרי כן בשובו שאלתי אליו חתן לי הארגז כי אני רוצה מרגליות אחת ואיזה דבר והשיב לי אין אני רוצה לתת לך דבר כי אם תרצה לקחת בתי[3] לאשה ואני אתן אליך ואחזיר[4] לך הכל ואעשה עמך חסד והממון אשר לקח סרפאדין אי אפשר לזכרם שיאמר כמה וכמה הם שוים כל כך הוא יקר ולא אכתב בספר את אשר לקח ממני עד אשר תגיע השעה ויהיה הדין והמשפט:

ויצאתי מביתו עם עבדי הכושי עם השארית הנשארת לי ובאתי לבית תוגר אחד ישמעאלי

---

[1] Omission. [2] MS. רוגז. [3] MS. ביתי. [4] MS. ואחזור.

שמו בלשון הקדש זכריה ובלשון ערב יחייא בן עבד אלהים והגדתי לו כל הדברים שעשה עמי סרפאדין ואמר לי כבר ידעתי את האיש ואת שיחו שהוא גונב דעת הבריות ומראה עצמו איש צדיק ירא אלהים והוא רשע גדול ולכן שב בביתי עד הבקר ואני אלך לדבר עמו ולהוכיחו על הדבר הזה שעשה והלך התוגר ואמר לו למה הרעות לבן הנביא הזה שבא לביתי ואמר לי הפקיד הארגז בביתך[1] עם ענינים הרבה ואינך רוצה להשיבם[2] ולמה תעשה ככה לאדוננו בן הנביא השיב סרפארין *לא לעולם[3] לא נתן לי כלום ולא בא לביתי כי אם הוא ושני עבדיו הזקן שמת עליו והעבד הכושי האחד אשר לקח עמו ואחרי כן לקח עבדו והלך לו ואני מצטער ממנו למה יאמר כדברים הללו. רוצה אני לקרוא אותו ואקרא בעל המשפט לביתי וכן נעשה דין אני והוא ויראו בעלי הדין מה יהיו דבריו עלי ויעשו בעלי הדין קנס מאלף פרחים זהב ביני לבינו אם נתן לי מאומה בפני עדים ואם לא יביא ראיה עלי יתן הוא אלי אלף פרחים והזר אלי התוגר ההוא וכפר לי כל הדברים האלה ואמרתי לו תיעצני כי אני מתירא ממנו ותאמר לי מה אעשה עמו ואיך יהיה דרכי אמר אלי אני יורע שאם תלך לבקש ממנו הפקדון אשר בידו תגרום על עצמך רעה גדולה ואני ראיתי פניו רעים עליך והוא מבקש לך להמיתך[4] ועבדיו ומשרתיו וגם התלמידים לא ייעידו[5] כנגדו ואתה אם תשמע לעצתי תלך לדרכך ולא תבקש מסארפדין[5] דבר:

ואחרי כן מכרתי העבד הכושי שלי אל התוגר ההוא מאתים פרחים רחבים ונסעתי ממצרים והלכתי עם תגרים הרבה ויש בין הישמעאלים איש חסיד תגר מן עזה ושמו סארפדין[5] כמו האחר ואני רוכב על הגמל שאינו טוב ואמר לי אותו החסיד תרכב על הגמל שלי שהוא יותר טוב משלך ויש עליו מכסה נאה ומצוייר כמו בית בחלונו[5]. והגעתי בעזה תוך בית אחד גדול שהוא כמו מחנה ונתנו לי חדר אחד מהחדרים העליונים ואני יחיד ובחדר שלי היה שוכן יהודי תגר מברוט ושמו אברהם דונאין ועמדתי בחדר ההוא שנים ימים ולא דברתי עמו דבר ואני כל היום מתפלל ואיני מדבר עם שום אדם ואחרי כן קראתי אותו ואמרתי לו מה שמך ואמר לי שמי אברהם ואמרתי לו מה אתם מתפללים בזה הזמן מוריד הגשם או מוריד הטל ואמר לי מוריד הגשם. ועוד אמר אלי כי הוא ראה ישמעאלים הרבה וגם מבני הנביא ולא ראיתי איש חכם כמוך ואמרתי אליו יודע [אני] בחשבון כי היום לכם יום שמחה ויום פורים והשיב לי כן אמת דבריך ושאל ממני מי הודיעך כל אלה אמרתי אליו איך בארצי יהודים הרבה והכמים גדולים ובתיהם קרובים לביתי ויש לי חברים מהם אוכלים על שולחני[6] והם אוכלים על שולחני מעניני פירות בלי בשר והם אוהבים אותי וגם אני אוהב אותם ואמר לי איך אנחנו היהודים בזה הארץ לא נוכל

---

[1] MS. הארגז בביתיך. [2] MS. להושיבם. [3] So MS. [4] MS. המיתו.
[5] So MS. [6] MS. שולחנם.

לדבר עם שום ישמעאלי ולא מבני הנביא כי הם שונאים אותנו ויותר הם אוהבים הכלבים מהישראלים ואמרתי לזה היהודי לא תיראו ולא תפחדו כי הקץ הגיע אליכם בקרוב והקב״ה משפיל הרשעים עד ארצה ומגביה השפלים עד מרום ויגיע זמן קרוב שתראו ענינים גדולים ובלבולים רבים וסכסוכים בין המלכים ואתה אברהם תעשה עמי חסד ואמת תבקש לי תגרים שידריכ[ונ]י לבית המקדש ותהיה הדרך תחלה לחברון ואמר אלי אני אעשה הכל והלך ממני וראה אנשים חמרים תגרים ובא לפני ונתן לי חמר אחד ועשה בינו וביני מסחר ולא רציתי לגלות אליו סודי כי אם בהיותי על הדרך נתתי לו ראשית דברים:

ואחרי כן בא אלי הוא[1] צורף שמו יוסף בעל חנות ויש לו אח ושמו יעקב ואביהם הזקן חי ועמד[2] הוא ויוסף הצורף לפני ביום ההוא כמו שנים שעות ואני מסת[י]ר דברי מהם כי אם ראשי פרקים מסרתי להם והיהודים שלחו אלי בהחבא על יד היהודי אברהם בשר ולחם. ועמדתי בעזה חמשה ימים ואח״כ נסעתי מעזה בי״ט אדר רפ״ג והלכתי בדרך חברון והלכתי ביום ובלילה עד שנכנסתי בחברון אל מקום מערת המכפלה כ״ג אדר בצהרים. ובאו אלי השומרים שהם שומרים[3] המערה ובאו לנשק ידי ורגלי ואמרו אלי בא ברוך יי אדוננו ובן אדוננו ובאו לפני שנים זקנים מהשומרים כנסת אברהם והם היותר חכמים וגדולים וממונים על כל השומרי[ם][4] והם המוצ[י]אים והמביאים בכנסת ושופטים בחברון ולקחו אותי בידי והעמידוני על קבר אחד ואמרו לי זה קברו של אברהם אבינו והתפללתי במקום ההוא עד שהשלמתי התפלה ואח״כ הראו לי בצד השמאל בכנסת קטן יש בו קבר שרה אמנו. ובאמצע בין קבר אברהם וקבר שרה היא כנסת תפלת הישמעאלים וממעל לראש של אברהם קבר יצחק בכנסת הגדולה וסמוך לקבר יצחק קבר רבקה ממעל לראש קבר שרה ומתחת רגל קבר אברהם ציור קבר יעקב בכנסת גדולה אחרת וסמוך לציור קבר יעקב ציור קבר לאה כנגד קבר שרה. ואחרי כן נתתי להם צדקה עשרה פרחים למען יקנו הזית ואח״כ אמרתי להשומרים כי זה הציור אינו אמת. והאמת כי אברהם יצחק ויעקב הם במערה תחת הארץ ואינם קבורים על הארץ והשיבו אלי כנים דבריך ואמרתי להם תראוני המערה והלכתי עמהם והראו לי פתח דלת המערה בפי הבאר ויש נר אחד דולק ביום ובלילה בבאר[5] ההיא והורידו הנר תוך הבאר בחבל וראיתי מפי הבאר פתח דלת כקומת בן אדם והאמנתי כי היא המערה בודאי ושמחתי בלבי ושלחתי הישמעאלים מפני והתפללתי על פי הבאר עד שהשלמתי התפילה:

ואחרי כן קראתי השומרים הזקנים שבהם ואמרתי להם אין זה פתח המערה יש בה פתח אחרת והשיבו לי כן הוא בזמן קדמון היה פתח המערה באמצע כנסת הגדולה אשר בה ציור קבר יצחק ואמרתי להם תראוני מקום הפתח ההוא והלכתי עמהם והסירו הבגדים

---

[1] So MS. [2] MS. ועומד. [3] MS. שמורי׳. [4] MS. השמורי. [5] MS. הבאר.

מקרקע הכנסת והראוני מקום פתח הדלת והיה סגור באבנים גדולות ועופרת ולא יוכל שום אדם להסיר הבניין ההוא. ואחר כן אמרתי להם תכסו הקרקע ההוא בבגדים ושאלתי אותם יש לכם ידיעה מי בנה פתח המערה והוציאו לי ספר אחד וקראו אותו בפני ואמ׳ בספר ההוא כי מלך אחד בנה פתח המערה אחר שלקחו הישמעאלים בית המקדש מן הנוצרים והמלך ההוא משנה למחמד וגם המלך ההוא שלח ד׳ אנשים במערה וכל אחד מהם בידו נר אחד ועמדו בתוך המערה כמו שעה אחת ויצאו אחרי כן ומתו שלשה מהם תכף צאתם מהמערה והרביעי עמד אלם עד יום השלישי והמלך אשר שלחו שאל אליו מה ראית תוך המערה ואמר להם כי אני ראיתי אלו הציורים היינו אברהם אבינו במטה במקום הציור הקבר העליון אשר עשו וסביב למטת אברהם אבינו נירות סביב סביב וספרים הרבה ומכסה מטתו בבגדים נאים וסמוך לאברהם אבינו שרה אמנו ויצחק ורבקה ממעל לראש אברהם ושרה ויעקב אבינו ולאה אמנו מתחת לרגל אברהם ושרה אמנו ויש נרות סביב סביב על המטות ויש על המטה מן המטות דמות איש לאיש ודמות אשה לאשה והנרות אשר היו בידינו כבו ובמערה אור גדול כמו השמש ואחר שראינו כל אלה יצאנו והיה לה רוח טוב כמו קטורת והלכנו לפני קבר רבקה ואנחנו ארבעתנו הלכנו ואחרי כן צעק עלינו דמות אדם אשר הוא במטת יצחק בקול גדול ועמדנו עד אשר יצאנו מהמערה בלי נשמה וזהו ציור הקברות ובניין פתח המערה שהסגירו המלך ההוא עד היום הזה אלה היו דברי הרביעי אשר עמד אלם יום אחד:

אחרי כן עמדתי להתפלל על פתח הבאר וראיתי פתח דלת המערה בליל שבת עד עמוד השחר ובבקר עמדתי להתפלל עד הערב ובליל יום א׳ התפללתי על פי המערה ולא ישנתי עד הבקר והשבעים זקנים אמרו לי כי ביום השלשי אמצא סימן אחד ואני עמדתי משתאה אחריש לדעת מה אראה ובבקר יום א׳ קודם זריחת השמש קראוני השוטרים בשמחה גדולה ואמרו לי אדוננו ובן אדוננו הנביא תקום לשמוח עמנו כי בא אלינו שמחה גדולה והיא שבאו מים על המקוה של בית הכנסת הזה שלא באו המים בזה המקום זה ד׳ שנים והלכתי עמם לראות המים והנה יפים וזכים באים למקוה מארץ מרחק:

אחרי כן נסעתי מחברון בכ״ד באדר והלכתי לירושלים ובאו לסטים על הדרך בין חברון לירושלים ואמרו לי אדוננו בן הנביא הנה האויבים לפנינו ואמרתי[1] להם אל ת[י]ראו ואל תחתו הם בפחד ואתם בטוחים. עודני[2] מדבר עמם והנה בעל המשפט של התוגר בא מחברון עם משרתים הרבה ראוהו הליסטים וברחו כולם. ונסעתי עמו לירושלים ונכנסתי בתוכו בכ״ה באדר רפ״ג ואותו היום נכנסתי לבית קדש הקדשים ובבואי לבית המקדש באו כל השומרים הישמעאלים להשתחוות לפני ולנשק את רגלי ואמרו לי בא ברוך יי אדוננו

---

[1] MS. ואמרתם.   [2] MS. עודנו.

בן ארוננו ובאו שנים הגדולים שבהם והכניסוני אל המערה אשר תחת אבן השתיה ואמרו לי זה מקום אליהו הנביא וזה מקום דוד המלך וזה מקום שלמה המלך וזה מקום אברהם [ו]יצחק וזה מקום מחמד במערה מתחת לאבן השתיה וממעל והראו לי מקומות הנביאים מתחת וממעל לאבן ואמרתי לשומרים מאחר שאני מכיר כל אלו המקומות תלכו לדרככם כי אני רוצה להתפלל ובבקר אתן לכם צדקה והלכו לדרכם וכבר ידעתי שכל דבריהם שקר והבל והתפללתי עד שבאו כל הישמעאלים להתפלל ויצאו מהעזרה מתפלתם אחר שתים שעות מהלילה הם הלכו לבתיהם ואני הלכתי תחת אבן השתיה אחרי כן השומרים כבו כל נרות[1] העזרה מלבד ארבעה וטרם שסגרו[2] הדלתות באים לראות ויחפשו אם ימצאו איש יישן[3] במערה לגרשו ומצאו אותי ואמרו לי צא מן המקום הזה כי אנחנו שומרים אין אנו [יכולים] הניח לישן שום אדם פה וככה נשבענו אל המלך ולכן אין אנו רוצים שתישן בזה המקום ואם לא תצא נלך אל המושל ויוציאך בעל כרחך ובשמעי דבריהם הקשים יצאתי חוץ לעזרה וסגרו הדלתות סביב לעזרה התפללתי כל הלילה ומתענה חה היה ליל יום רביעי ובבקר כשבאו הישמעאלים להתפלל בעזרה נכנסתי עמהם וכשהשלימו תפילתם קראתי בקול גדול איה השומרים ובאו כולם לפני ואמרתי להם אני ארוניכם[3] ובן ארוניכם[3] הנביא באתי מארץ מרחקים אל הבית הזה המקודש ונפשי חשקה לעמוד בתוכו להתפלל ולא ליישן[3] ואחרי כן באו ארבעה מהשומרים ויגרשוני ואמרתי להם אני אדוניכם[3] ובן אדוניכם[3] אם תרצו השלום ממני מוטב ואני אברך אתכם ואם לאו אנקם מכם ואכתב להתונר את מעשיכם הרעים והשיבו לי תמחול לנו בזאת הפעם כי אנחנו רוצים לשרת אותך ולהיות לך כעבדים כל זמן שתעמוד בבית המקדש ונעשה רצונך אז נתתי להם עשרה דוק לצדקה ועמדתי בבית המקדש והתעניתי בקדש הקדשים חמשה שבועות לחם לא אכלתי ומים לא שתיתי כי אם מליל שבת לליל שבת ואני התפללתי מתחת אבן השתיה וממעל ובאו עשרה שלוחים מהמלך אחי יוסף וזקניו לפני והם מתנכרים ועמדו לפני בבית המקדש[4] אחר שנסע את דוד הראובני למצרים ולא ראיתי אותו:

והישמעאלים יש להם ציור בראש קובת[5] העזרה והציור הוא כחצי לבנה נוטה לצד מערב וביום הראשון לחג שבועות רפ״ג נטה לצד מזרח וכראות הישמעאלים זה צעקו בקול גדול ואמרתי להם על מה אתם צועקים השיבו בעונותינו זה הציור מחצי הלבנה נטה לצד מזרח השמש והוא סימן רע על הישמעאלים ואחר כן עלו האומנים מהישמעאלים והחזירו הציור ההוא במקומו ביום הראשון וביום השני חזר פעם שנית הציור ההוא לצד מזרח בהיותי מתפלל והישמעאלים צועקים ובוכים ובקשו להחזירו ולא יכלו. וכבר אמרו לי הזקנים באשר תראה זה הסימן תלך לרומא וראיתי שערי רחמים ושערי תשובה והלכתי תחת

---

[1] MS. הנרות. [2] MS. שסינרו. [3] So MS. [4] Omissions. [5] MS. קרבת.

המקדש והוא בניין גדול כבניין העליון ועשיתי תחת המקדש את אשר צווני הזקנים במקום לא יוכל אדם לנגוע בו והסימן הנזכר מהציור נראה אחרי עשותי צווי[1] הזקנים תחת בית המקדש:

ואחרי כן עליתי להר הזיתים וראיתי שם שתי מערות וחזרתי לירושלים ועלית[י] להר ציון ויש שם בׄ כנסיות במקום הבירה[2] את הכנסת ביד הנוצרים העליונה והתחתונה ביד הישמעאלים ופתחו לי הישמעאלים והראו לי רמות קבר ואמרו לי כי הוא קבר דוד המלך עׄהׄ והתפללתי שם ויצאתי משם והלכתי בכנסת העליונה ופתחו לי הנוצרים ונכנסתי בבית הכנסת ההוא והתפללתי שם. ואחרי כן הלכתי מציון לירושלים. והלכתי בבית יהודי ושמו אברהם הגר והוא צורף ועומד ממעל לבית הכנסת והיו שם נשים זקנות רוחצות הנירות מבית הכנסת והייתי בבית היהודי ההוא לפני שנים ישמעאלים ושאלתי לו מה שמך והשיב לי אברהם ואחרי כן שלחתי הישמעאלים ואמרתי להם יש לי לעשות עם זה הצורף מלאכה וכן הלכו לדרכם הישמעאלים ושאלתי אליו מה אתם מתפללים בזה הזמן מוריד הגשם או מוריד הטל ואמר לי מוריד הטל ועמד נבהל ודברתי עמו דברים הרבה ולא הגדתי לו שאני יהודי כי אם בפעם השלישית שהלכתי בביתו קודם נסעי מבית המקדש ואמרתי לו תצייר לי ויניציאה ורומא ופורטונאל וצייר לי הכל ואמרתי לו אני רוצה ללכת ברומא ואמר לי על מה אתה הולך ואמרתי לו אני הולך לדבר טוב והוא סוד אין אני יכול לגלותו ואני רוצה שתיעצני איך אלך לדרכי:

ואחרי כן נתתי כתב שכתבתי לבית המקדש ביד אברהם הנׄזׄ ואמרתי לו תן לי הכתב ליד הנגיד רׄ יצחק ונסעתי מירושלים בכׄדׄ בסיון רׄפׄגׄ ובאו ללוותי עם רב מהישמעאלים רוכבים על סוסים חמשה מילין והלכתי לדרכי והגעתי לעזה בחדש תמוז במקום אשר עמדתי בפעם הראשון ובא לפני יהודי זקן סוחר מבשמים ושמו אפרים ואמרתי לו לך קרא לי יוסף הצורף ושישא עמו המשקלות מזהב ומכסף וציור החותמות ותבואו יחדיו בגלוי לפני הישמעאלים וכן עשה הזקן ובאו לפני שניהם ושאלתי ליוסף הצורף על שלום אביו הזקן ושלום אחיו יעקב ואמר לי שלום ואחׄכׄ באו ארבעה זקנים לפני ואמרתי להם אני יהודי וגם אבי מלך שלמה ואחי יוסף המלך גדול ממני במדבר חבור על שלשים רבוא ואכלנו ושתינו יין בלילה הזה ומיום שנסעתי ממדבר חבור לא שתיתי יין עד הלילה ההוא ושאלו לי אם הייתי במצרים וספרתי להם את כל אשר קראני בבית רׄ אברהם בעל המטבע איך הוא נורם לי שאבדתי כל הממון שלקח לי שראפדין:

והגידו לי איך ישמעאל אחד מצא אבן אחד עם כתובים אותיות הקדש מחוקות ונתן אותו ליהודי בעד דׄ דוקׄ ושאלתי על האבן ואמרו לי גנזנוה בבית הקברות והלכו שנים מהם והביאו את האבן לפני וראיתי את אשר אומרים והשיבו את האבן למקומה:

---

[1] MS. צוו. [2] MS. הרירה.

ואחרי כן אני ואפרים הזקן הלכנו בלילה ההוא לבית יהודי אחר שמו ר׳ דניאל והוא עשיר מכל היהודים שבעזה וסופר מכל המושלים שיבואו בעזה מהתוגר והוא נכבד וחסיד ויש לו בן אחד גבור חיל יפה תואר שמו שלמה והיהודים שונאים אותו כי הם אומרים היותו פריץ וקראתיו ביני לבינו והוכחתיו ואמרתי לו תשוב ממעשיך הרעים קודם שנלכד ירושלים ואם לא תשוב דמך בראשך ונדר לי שישוב: ואחרי כן בערב שבת שלח לי ר׳ ישמעאל על ידי אפרים הזקן אלף שלומות וחלה פני לעשות [עמו] סעודותי שבת בלילה ההוא וכן עשיתי וישבתי עמו עד חצות הלילה אחר כך אמרתי להם הראו לי בית הכנסת והלכתי בתוכה והתפללתי כמו ב׳ שעות וחזרתי לבית הרב ר׳ ישמעאל הנזכר. ואמרתי להם אם תעשו עמי חסד למען אהבת השם ואהבת הזקנים ושארית בני ישראל תמצאו לי ספינה שתלך לאליסאנדריאה במהרה ואמרו לי יש ספינה שהולכת לדמייאט בזאת השבועה ויש יהודים מירושלים בתוכה והזקן הזה ר׳ אפרים ילך עמך ואני נותן את שכרו ואמרתי להם ברוכים תהיו לשם הסירו שנאת חנם מקרבכם ושובו אל השם למען יקרב גאולתינו וגאולת בית ישראל כי כן אמרו הזקנים והלכתי לביתי בבקר יום השבת ועמדתי בביתי ואחרי כן שלחתי ישמעאל אחד לקרא בעל הספינה ובא אלי ואמרתי לו שמעתי שאתה הולך לדמייאט ואמר כן אך אני רוצה ללכת בעמוד השחר למחר ואם יש לך עסקים תשלימם[1] היום:

ונסעתי מעזה ט״ו תמוז רפ״ג והלכתי בשני ימים לדמייאט ולקחתי לי בית ואחרי כן הלכתי לבית יהודי שמו ר׳ מרדכי ואחיו ר׳ שמואל הוא במצרים ועמדתי עמו כל יום השבת וביום הראשון הרריכני ליבשה על גמל אחד מהלך עשרים מיל על שפת הים ונכנסתי בספינה והגעתי באליסאנדריאה בכ״ב תמוז והלכתי אל המחנה ובא לפני החכם המקובל ר׳ מרדכי ואמרתי לו אני יהודי אחי המלך במדבר חבור ואני רוצה ממך שתדריכני בים לרומא ואמר לי ר׳ מרדכי הנ״ז תלך אל הקונצול והוא יעצך את אשר תעשה כי הוא נכבד ואחרי כן תגיד לי את אשר יאמר אליך וכן עשיתי והלכתי אל הקונצול ואמרתי לו אני אחי המלך ממדבר חבור ובאתי בעצת אחי המלך יוסף וגם בעצת שבעים זקנים ורצוני ללכת אל האפיפיור ואח״כ אל מלך מפורטוגאל ולכן תיעצני את אשר אעשה ותמצא לי ספינה שאלך בה והשיב לי הקונצול יש ספינה שהולכת בפולייא ואני מתירא שמא יגרום עלי רעה בעבורך לכן אני יועץ אותך שתשב עד שתלך הגאליצה אל ויניציאה והישמעאלים ידריכוך וחזרתי למקומי: ואחרי כן הלכתי לבית ר׳ מרדכי הנ״ז ובא בחור אחד ושמו יוסף שאביו ואמו הם מנאפולי ויש לו אשה בארץ התוגר ואמר[תי] אני לר׳ מרדכי אלך עם זה האיש ברומא ואמר לי ר׳ מרדכי בטוב זה הבחור יהיה לך למליץ בדרך ועמדתי בלילה ההוא בבית ר׳ מרדכי אח״כ ראיתי בית יפה מבית[2] הכנסת של ישמעאל ושאלתי אל שומר

---

[1] MS. תשלומם. [2] So MS.

הבית ושמו ביראַרדין שיתן לי זה הבית לשבת בו ימים מועטים ואמר לי זה בית הכנסת וזה הבית הוא מאשה אחת יורשת מאביה ובעלה הוא רשע ואינה יכולה לעשות דבר בלתי רשותו. והלכתי אל הקונצול פליפו והגדתי לו כל זה והוא שלח בעד בעל האשה ועשה באופן שנכנסתי בביתו ויוסף המליץ היה משרת אותי. והישמעאלים הרשעים היושבים קרוב לבית ההוא היה מצטערים שיוסף יהודי היה משרתני לפי שבבית הכנסת שלהם לא יכנסו יהודים בו ובשמעי הדברים הללו הלכתי אל שוכן קרוב ישמעאלי והוא רשע גמור שונא היהודים ותכף כשרואה אותי אמר ברוך הבא אדוננו ובן אדוננו הלילה הזאת מבורכת בבואך לביתינו ואמרתי לו אני לא באתי בזה הבית כי אם לאהבתך ואיך תשמע כל אלה המלשינים הדוברים סרה על היהודי עבדי והוא נאמן וישרתני בכל לבו[1]. ואז השיב זה הרשע יש ישמעאלים הרבה שישרתוך[2] והיהודים אויבינו ואויבי הנביא ואינו מן הראוי שישרתוך. והשיבותי לו מצאתי האמונה אבדה מהישמעאלים אני אדוניכם בן הנביא הלכתי במדינות רבות ושרתוני הישמעאלים וגם מבני הנביא הקרובים לי ואחרי כן גנבו דעתי וכל ממוני ואתה רוצה להכעיסני ויהיה רע לכם. השיב הנבל אם תרצה משרת טוב אתן לך ואם תרצה אני בעצמי אשרתיך ואז יצאתי מעמו בכעס ובבקר הלכתי לבית ר׳ מרדכי והגדתי לו את כל דברי הישמעאלי בעבור יוסף ואמרתי ליוסף השמר פן תבא לביתי כי הישמעאלים מתנכלים אליך להרגיך:

ואחרי כן הלכתי לביתי ועמדתי עד ערב ראש השנה רפ״ר וקראתי לר׳ מרדכי ואמרתי לו אמור ליהודי שישב בבית כנסת הגדולה ואני אשב בכנסת הקטנה וכן עשיתי התפללתי בבית הכנסת ליל ראש השנה ושם בעל הבית יצחק בוכפזי ויהודי אחד שמו ר׳ בנימין התפללו עמי בבית הכנסת אחרי כן הלכנו לאכול עם הבעל הבית ליל ראש השנה ואחרי כן חזרתי בבית הכנסת להתפלל עד הבקר ובבקר באו ר׳ יצחק ור׳ בנימין הנז׳ להתפלל עמי אחרי כן הלכנו לאכול וחזרתי לבית הכנסת ואמרתי לבעל הבית אל תפתח הדלת לשום אדם כי אני מתיירא ורצוני לעמוד בבית הכנסת עד אחר המועד וכן עשה ובא יוסף והכה בדלת ואמר פתחו לי כי אני רוצה עם ר׳ דוד בעבור שנלך ברומא השיבו לו הוא ציוונו לבל נפתח הדלת ולא רצה[3] לשמוע וינש אל הדלת לשברו פתחו הדלת והכוהו והלך יוסף לבית הכנסת הגדולה וספר לכל היהודים אני הלכתי לבית הכנסת אשר בו השליח ממדבר הכור ובא ר׳ יצחק ואשתו והכוני ואני רוצה ללכת אל המושל ובא ר׳ מרדכי המקובל והוכיחו על זה. והיהודים באו והגידו לי כל הדברים האלה ועמדתי שני ימים של ראש השנה ואח״כ הלכתי לביתי ובחג הסוכות הלכתי לבית ר׳ מרדכי לעמוד שני ימים הראשונים ויוסף בא לפני בוכה ואמר חטאתי לך כי הכעס מסלק הדעת ומחלתי לו. ור׳ מרדכי אמר

---

[1] MS. לבי. [2] MS. ישירתך. [3] MS. רוצה.

לי שזה יוסף טוב לי בדרך להיות מליץ ביני לבין הנוצרים והלכתי בשוק בחנות יהודי אחד ואמר לי דע כי יוסף *משרתך הוא חולה על המטה ואמרתי לו קחנו לביתך[1] ותאכילהו ותכלכלהו ונתתי לו מעות ואני עמדתי לאליסאנדריאה עד ששמעתי שהגאליצה הלך לוויניציאה והלכתי לפני המושל הגדול מהתוגר ולפניו שרים גדולים ואמרתי לו רצוני ללכת בוויניציאה ולקחתי רשות ממנו בפניהם וכך אמרתי לו אני מבקש מכולכם תעשו עמי חסד בעבור אהבתי ואהבת הנביא ואתפלל בעדכם לנביא יתן לכם חזקה בגן עדן שתאמרו לקאפיטאני מהאגאליצה ותצוו אותו יכניסני בספינה לוויניציאה וכן עשו ושלחו עמי משרתים שלהם תכנסו עמי בגליאציה וצוו לקאפאטני[2] את הדברים הנזכרים והאקאפיטאני ענה כן אעשה:

ונסעתי אני ומשרתי יוסף מאליסאנדריאה בחצי כסליו רפ״ד ואני מתענה בכל יום ומתפלל ביום ובלילה ולקחתי באליסאנדריאה מכל מיני מאכל בעד יוסף ולא שוה לי כי היה הכל מעורב עם הנוצרים והיה אוכל בכלים של גוים וצעקתי עליו ולא קבל עד שהגעתי בקאנדיאה וקניתי שם מיני מאכלים הרבה והנוצרים היו צועקים עלי גם הקאפיטני בעבור יוסף והקאפיטני אמר לי שזה יוסף גנב לחם ויין לאנשי הספינה עד שהיה לי בושה ממנו ולא יכולתי עמו כי לא היה מקבל דברי עד שהגעתי בוויניציאה והלכתי בבית הראש היינו הקאפיטניה ונתן לי מקום והתעניתי בביתו ששה ימים וששה לילות לחם לא אכלתי ומים לא שתיתי ומתפלל הייתי ביום ובלילה ואחר שהשלמתי תפילתי ראיתי איש לאחורי ואמרתי לו בלשון הקדש מי אתה ואמר לי אני יהודי ואמרתי לו מי הגיד לך שאני בזה המקום והשיב יוסף משרתך[3] אמר שאתה שליח מצווה. ואמרתי לו מה שמך ואמר לי אלחנן ושאלתי על אביו ועל אמו ואמר האב מת והאם חי[ה] היא ואיננה בעיר הזאת ופעם אחרת חזר זה אלחנן ויהודי אחר עמו שמו ר׳ משה קאשטיליץ[4] צייר ואמרתי לר׳ משה יש לי צורך גדול ז׳ דוקאט שזה יוסף משרתי עני חולה ואני הוצאתי בעדו באליסאנדריאה ובדרך מעות הרבה והשיב לי ר׳ משה הנז׳ תבא לביתי ואקרא הפרנסים והלכתי עם ר׳ משה הנז׳ בגיטא מקום היהודים ובא לפני יהודי נכבד שמו ר׳ מצליח ודברתי עמו על דבר ההוצאה ואמר לי נצטרך שנלך בבית ר׳ חייא והלכנו ואמרתי לו אני יהודי ממדבר חבור שלוח לדבר מצוה משבעים זקנים והייתי כמצחק בעיניו ואמרתי לו צריך אני שבעה דוק׳ תדבר עם הפרנסים אם ירצו לתת אותם. ואמר אם שאר היהודים יתנו אני אתן חלקי. ואמרתי לו זה יום ששי לתענית ואיני אוכל עד הלילה תשלח לי מעט יין. וחזרתי למקומי לבית הקאפיטני. ולא שלח לי דבר ולא אכלתי כי אם ביצות ולחם ומים והנכבד ר׳ מצליח השתדל במצותו ובא לפני ר׳ שמעון בן אשר משולם[5] ואמר לי שמעתי שאתה שליח[6] מצווה משבעים זקנים ללכת ברומא הודיעני למה שלחוך[7] ואשלח עמך שנים יהודים ואפרע כל

---

[1] MS. משרתיך . . . לביתיך. [2] So MS. [3] MS. משרתיך. [4] Doubtful, perhaps קאשטילין. [5] So MS. [6] MS. שלוח. [7] MS. שלוחך.

ההוצאה ואמרתי לו אני הולך אל האפיפיור ולא אוכל לספר דבר כי אם אליו[1] לטובת כל ישראל. ואם תעשה עמי חסד למען אהבת השם והזקנים וכל ישראל תשלח עמי שנים אנשים יבואו עד רומא ותזכה במצוה הזאת והם ישובו לך בשורה טובה ואחרי כן הלכתי אני ור׳ משה המצייר לבית הקאפיטאני ולקחתי ממנו רשות ולקחתי כל אשר לי והלכתי בניטא בבית[2] ר׳ משה המצייר ובא לפני ר׳ מצליח ואמרתי לו תמצאו לי ספינה ללכת ברומא וכן עשה ועמדתי בבית ר׳ משה המצייר צורות ובלילה ההיא נכנסתי בספינה קטנה והלכתי אל הספינה הגדולה. ואני מתענה וישבתי בספינה עד הבקר. ובבקר באו המוכסים לראות מה יש בתוכה ופחדתי ויראתי כי לא ידעתי *אנה הלך[3] יוסף:

ואחרי כן בא יוסף לפני ונסעתי ביום הששי ראש חדש אדר רפ״ד ושבתי יום בשבת בספינה עד שהגעתי בפיזרו בבית ר׳ משה מפוליניו ואמרתי לו תעשה עמי חסד תדריכני ברומא כי לא ארצה לישן פה בלילה הזה ולכן תראו לי והלך ובקש לי סוסים ונסעתי אני ויוסף בעיר אחרת שהיה בה יהודים וכן בכל ערב וערב ממסע למסע עם יהודים הרבה עד שהגעתי ערב פורים במקום קרוב לרומא חצי יום שמו קאשטיל נוואה בבית יהודי ושמו ר׳ שמואל וישבתי עמו יום פורים וביום ההוא קניתי השור הידוע ועשיתי ממנו כאשר צוו[4] אותי הזקנים ולמחרת נסעתי והגעתי ברומא תהלה לאל:

אני דויד בן המלך שלמה זצ״ל ממדבר חבור הגעתי בפתח מדינת רומא בחמשה עשר יום לחדש אדר הראשון שנת רפ״ה ובא לפני גוי אחד מווינציא ודבר עמי בלשון ערב וכעסתי עמו והלכתי בחצר האפיפיור ואני רוכב על סוס לבן זקן והמשרת שלי בפני וגם היהודים באו עמי ואני הכנסתי בבית האפיפיור ואני רוכב על הסוס ואח״כ נכנסתי לפני החשמן גוליאו[5] ובאו כל החשמנים והשרים לראות אותי והיה לפני החשמן גוליאו הנז׳ את כמהרר יוסף אשכנזי שהוא היה המלמד מהחשמן הנז׳ ובא לפנינו כמהרר החכם יוסף צרפתי ואני בפני החשמן מדבר אליו והמליץ שלי היה החבר שבא עמי והיהודים שומעים כל אשר דברתי להחשמן. ואמרתי אל החשמן הנזכר איך אני אדבר עמך בקצור הדברים ואשלים כל דברי לפני האפיפיור. ועמדתי לפני החשמן עד הלילה בליל שבת והיהודים שאלו אל החשמן כי אלך עמהם עד אחר השבת והחשמן הנז׳ אמר אלי אם תרצה ללכת עמהם תלך ואם תרצה חדר אחד בביתי אתננה לך וכי אלך למחר לפני האפיפיור ואשלח לומר אליך את אשר יאמר אלי האפיפיור וכן הלכתי עם כמהרר יוסף אשכנזי ועם ר׳ רפאל הזקן שהם יושבים בבית אחד ואכלנו בליל שבת וישננו עד הבקר והלכתי עמהם בבית הכנסת כדי לברך ברכת הגמל בספר התורה ועמדתי בתפלה עד תשלומיה והלכנו בבית ר׳ רפאל הזקן הנזכר ובאו לפני טף ואנשים ונשים בכל הדרך עד אשר נכנסנו בבית

---

[1] MS. אלו. [2] MS. בביתו. [3] MS. אנא הולך. [4] MS. צווי. [5] So MS. throughout for גידיאו.

ר׳ רפאל הנ׳ ואני הייתי מתענה ביום השבת וכל יום השבת באו בביתי לראותי אנשים ונשים יהודים ונוצרים עד הלילה והחשמן גוליאו הנ׳ שלח בעד כמהר״ר יוסף אשכנזי וחזר לפני ואמר אלי איך האפיפיור צוה להחשמן כי אלך לפניו ביום א׳ בי״א שעות על כל פנים וכי האפיפיור שמח שמחה גדולה ומתאוה לראותי וכן בבקר קודם התפילה נתנו לי סוס והלכתי בבורגיט שאנט גילי בבית זקן אחד *גיסו מר׳ משה צרפתי[1] קודם תפלת השחר והתפללתי שם ובאו לפני יהודים רבים הקב״ה ישמרם וירבה כמותם אלף פעמים:

בה׳ שעות הלכתי בבית האפיפיור ונכנסתי בבית החשמן גוליאו ובפני כמו י״ב יהודים זקנים ונכבדים בלי הבחורים ותכף כשראה אותי החשמן עמד מכסאו והלכנו אני והוא במקום דירת האפיפיור ודברתי עמו וקבל דברי בסבר פנים יפות ואמר מאת יי יצא הדבר ואמרתי לו איך המלך יוסף חקניו ציוו אותי אדבר אליך שתעשה שלום בין הק[י]סר ובין המלך צרפתי על כל פנים כי הוא טוב לך ולהם בעשותך זה השלום ותכתוב לי כתב אל השנים מלכים הנזכרים יהיו בעזרתנו[2] ונהיה אנחנו בעזרתם ותכתוב לי גם כן אל מלך פיטרי גואן והשיב אלי האפיפיור השנים מלכים אשר אמרת אעשה ביניהם שלום לא אוכל עשוהו ואם אתה תצטרך לעזור מלך פורטגאל יספיק לך ואני אכתוב אליו והוא יעשה הכל וארצו יותר קרובה אל ארצך ודרך ים הגדול הם רגילים ללכת בה בכל שנה יותר מהשנים מלכים אשר אמרת. והשבתי אל האפיפיור כל אשר תרצה אני חפץ ולא אטה ימין ושמאל מכל אשר תצוני כי באתי בעבור עבודת השם ולא בעד דבר אחר והנני מוכן להנאתך ולטובתך כל ימי חיי: ואח״כ האפיפיור שלח לחשמן גוליאו [ושאל] אנה[3] הוא עומד האינבאשדור. והשיב לו איך היהודים שאלו אותו שילך עמהם ביום השבת כי היהודים הנכבדים היו לפני האפיפיור והיהודים השיבו לפני האפיפיור תניח האינבאשדור עמנו כי אנחנו נכבד אותו בעבור כבודך וכן האפיפיור אמר להם אם תעשו לו[4] כבוד אני אפרע לכם כל ההוצאה אשר תעשו ואמרתי לאפיפיור אני רוצה לבא לפניך בכל שנים יום פעם אחת לראות את פניך כראות פני אלהים והשיב לי האפיפיור איך הוא מצוה לחשמן גוליאו שבכל פעם שיבא לראותי שהוא יבא עמך והוא יעשה כל עסקיך: וכן לקחתי ממנו רשות ויצאתי מפניו והלכתי עם היהודים ואני שמח וטוב לב והלכתי בביתי בדרך שאנט גילי בבית הזקן ואהרן הממונה יצ״ו קבל כעס בעבור שהלכתי בבית הזקן הנ׳ והלך אהרן הממונה הנ׳ לפני החשמן גוליאו ואמר אל החשמן איך הממונים וכל הקהל הם מסדרים בית לאינבשדור יוכל לעמוד יחידי[5] עם כל הצריך אליו ונתן אליו משרתים: והחשמן כתב אלי כי אלך עמהם ונתנו לי הכתב ההוא וכן הלכתי עמהם וסדרו לי בית יפה ויש בתוך [הבית] כמו שלשה חדרים יפים גדולים וטובים ובעל הבית שמו יוסף ויש לו שלשה בנים הישם מהגדול היה

---

[1] So MS. [2] MS. בעזורותינו. [3] MS. אנא. [4] MS. לי. [5] MS. יחידו.

משה. והשני שמו בנימין. והשלישי יהודה וכולם היו משרתים אותי ועמדתי בביתם ו׳ שבועות והלכתי בבית החשמן חמשה ימים יום אחר יום. כי החשמנים האחרים באים לפני החשמן בביתו והם שואלים ממני מבקר לערב. והתעניתי בבית ההוא ו׳ ימים ו׳ לילות רצופים לחם לא אכלתי ומים לא שתיתי ובליל שבת בשלו אלי מים ובשלו במים מינים הרבה ולא עשו כלום כי אם בעד אהבתי ויען כי הם אומרים שהוא רפואה אחר התענית ונפשי עייפה והייתי רוצה מים והם נתנו לי המים המבושלים ושתיתי ממנו מלא בטני וגרם עלי המים אשר שתיתי *חולה גדול חולי החזה גדול[1] ועצום ואין אני רגיל לשתות כמו זה המים אחר תעניתי כי אני התעניתי בירושלים ששה פעמים שבעה ימים ולילות ובוניציאה ששה ימים ולילות ובכל התעניות איני שותה דבר אחר כי המים וסוקרי טוב ואינו עושה לי רע. והם לא עשו אלי[1] כי אם לטובתי אלו המים כי אינם יודעים בטבעי וברוכים יהיו בעלי הבית וגם הממונים:

ובא אלי חולי גדול ואמרתי להם תראו ותבקשו לי בית מרחץ ממים כי אני רוצה ללכת לשם וכן בא אחד שמו יום טוב וסידר לי בית מרחץ והלכתי עם חמשה או ששה משרתים ונכנסתי במרחץ ועמדתי עד חצי הלילה אני והמשרתים וסדרו לי באותו מרחץ חדר ומטה טובה וישנתי שם ובלילה ההוא הקזתי דם הרבה עד יום השני. וביום השני הוצאתי הדם מהכוסות מכל איברי ובא אלי בעל הבית ואמר לי אם תרצה תבא עמי אל הבית. והשבתי אליו ברוכים תהיו מאת יי כי אני שנאתי הבית שלכם מפני החולי ולא אוכל להכנס בתוכו עד אשר תכינו לי בית אחרת. וכן יום טוב הלוי סידר לי בית והלכתי עמו ונכנסתי בתוך החדר אשר סדר והוא בית מלא שכנים ודרך הוא לכל השכנים:

ואחרי כן שלחתי בעד ר׳ יוסף החכם צרפתי ובא לפני ואמרתי אליו תראה איך אני ע[ו]מד אם תרצה לקנות שם טוב אל עצמך תסדר לי חדר בביתך[2] ואני אבא עמך עד אשר ילך ממני זה החולי וכן הלך לפני אמו ואחיותיו ולקח מהם רשות ובא אלי ואמר לי שסידר לי חדר אחד בביתו ומטה יפה והלכתי עמו ונכנסתי בהחדר אשר סידר לי ז״ל והחדר ההוא מאת דינה אחותו חדר יפה ומטה יפה ועמדתי בביתו ג׳ חדשים ועשה אלי כל ההוצאות וכל הצריך באהבה וברצון ואחיותיו שרתו אותי ואמהם[3] הזקינה מכל הצריך לי השם יברכם: והאכילו אותי ועשו לי רפואות מתחלפות הרבה וחממו לי עשבים ושמו על רגלי העשבים ההם לילות הרבה וחממו לי יין פעמים ורחצו רגלי ועשו לי משיחות ולקחו לי זית וכלי גדול ונכנסתי באותו הכלי ד׳ פעמים ויצאתי מהשמן החם הייתי כונס במטה טובה והיו מתחלפים הסדינים בכל פעם ופעם והייתי כמו מת[4] וראו המראה שלו[5] יש בה כמו העפר בשולים ולא האמנתי להם כי אמרתי תראו המראה

---

[1] So MS. [2] MS. בביתיך. [3] So MS. [4] Omission; see p. 154, l. 5.
[5] MS. ישלי; see ibidem, l. 6.

שלו[1] אם זה הסימן הוא בתוכו הוא רע וראיתי אותו ודבריהם אמת. ואני השבתי[2] להם כי לא אמות מזה החולי עד אשר אקבץ ירושלים ואבנה המזבח ואקריב הקרבן ושמחו בלבם[3] ז̇ל מאת השם וטבעי הטוב והשינה לא תבא אלי כלל ועיקר והמשרתים שלי נושאים אותי כל הלילה אנה ואנה על כתפיהם עד עמוד השחר ואז הם מכניסים אותי במטה והייתי מצטער צער גדול בין חיים למות וראו אותי כצער והאמינו בי כי אני על המות ועשיתי מים קטנים וראו אותו[4] דינה ואחיה כמֹר יוסף צרפתי הנז̇ והראו [לי] המראה שלו[5] ואמרתי להם אל הפהדו עלי כי אני יורע בודאי שלא אמות מזה החולי ואמרו אלי אם תרצה[6] לקרות הוידוי כי לא יקרב המות ולא ירחיקנה ואני כעסתי עמהם ואמרתי תלכו לשלום אין ברצוני לקרות הוידוי ואני בוטח ביי̇ שהוא יהיה עמדי והוא הצילני בעבור עבורתו עד עתה כן יהיה עמרי תמיד והם תמהים ושמחו בדברי והקבֿה נתן אלי זיעה גדולה בזה היום ונתרפאתי מהחולי הגדול ועמדו משרתי לפני חיים והחזן ומתתיה ושם טוב ודוד פיראני ושמחה ושלמה הנבאני ומן יהודים ממערב אחד שמו שועה ואחיו משה והג̇ שמו שבתי ועמדו כל אלה בבית כמֹר יוסף צרפתי יומם ולילה ושרתו אותי וישנו עמי. ובא חולי גדול אל החזן משרתי והלך בביתו ונסגר בביתו מ̇ יום כי היו[7] יראים שהוא חולי מגנף והקבֿה הציל אותו והיה בעזרתו: ואחרי כן קראתי דינה ואמה ואמרתי להן איך אני שנאתי זה הבית מפני החולי ואני רוצה בית אחר ואמרתי להן איני רוצה לעמוד בשום פנים הנה ונצטערו צער גדול וגם בכו[8] ואינם רוצים שאלך בבית אחר. ואמרתי להם אני אלך במקום אחרת עד אהרי עבור רפואתי וקראתי כמֹר יוסף צרפתי ואמרתי לו תמצא לי בית מרחץ חמים ובן סידר לי מרחץ בבית הכנסת של ספרדים והוא מרחץ יפה המים ונכנסתי בתוך המרחץ ויצאתי ממנו ויהודה קוטוניא סדר לנו סעודה גדולה אחר צאתנו מהמרחין כמו א̇ שעה:

ואחר כך הזרתי בבית כמֹר ר̇ יוסף צרפתי הנזכר וקראתי הרופא ר̇ משה אבודרהין[9] ובא לפני ואמרתי לו תראה לי בית והשיב לי כי יש לו בית יפה וחדר טוב מוכן לך ולכל הצריך וכן הלכתי עמו אל ביתו והכניס אותי בחדר יפה ומטה יפה ואמר אלי יש לי ג̇ בנים היינו יוסף ושמואל ויצחק והם ישרתוך וגם אני אשרת אותך וכן גם כן שני בני אחי יצחק ואברהם הם ישרתוך ועמדתי עמו בביתו מיום רביעי עד יציאת שבת ויש לו בת בחורה הקוראה בעשרים וארבע והיא מתפללת בכל יום שחרית וערבית וביום השבת יש לה שמחה גדולה והיא מרקדת וביום א̇ מהשבועה בא אליה חולי הנגף ואני הייתי מתפלל תפלת שהרית עד אשר השלמתי התפילה ובא[ה] אלי אשה חכמה ושמה רבית[9] והיא מלמדת

---

[1] MS. שלי. [2] MS. הושבתי. [3] MS. כלכם. [4] MS. אותי. [5] MS. שלי.
[6] MS. תרצו. [7] MS. היה. [8] MS. בנה. [9] So MS.

תינוקות והיא עשירה וגם היא מלמדת אותה הנערה ואמרה אלי התפלל בעד בת ר̇ משה אבודרהין כי בא אליה קדחת בזאת הלילה ותכף כששמעתי דבר האשה קראתי ר̇ משה הנז̇ ואמרתי לו תמצא אלי פרדס כי רצוני ללכת בפרדס. וכן נתנו לי הפרדס וגם שלחתי להמשרתים שהיו משרת[י]ם אותי בבית כמ̇ר יוסף צרפתי והלכתי אני והם בפרדס אחד וגם באו עמי שלשת בני ר̇ משה הנז̇ אל הפרדס ועמדנו כל היום עד הלילה בפרדס:

ואחר כך שלחתי את יוסף בן ר̇ משה הנז̇ לפני אביו ואמרתי אליו לא אוכל לבא בבית שלכם עד אשר יעברו ח̇ ימים ונראה מה יהיה החולי מבתך והלך[1] יוסף וחזר אלי ואמר אלי איך סידר אלי בית בבית יצחק אבודרהין דודו וכל הצריך לי וכן הלכתי עמו בבית ר̇ יצחק דודו והוא בית רע וריח רע ויש ליצחק דודו אשה חשובה שמו פירנא והיא מדברת בלשון ערב וחכמה ועמדתי עמהם וסדרו לי חדר ומטה טובה ועמדו שלשת בני ר̇ משה אחיו בבית שלנו עד אחר עבור החולי מאחותם ויצחק ואשתו היו משרתים אותי בבתיהם וגם בנו משה וגם אברהם אבודרהין כולם משרתים אותי בגופם ובממונם ועמדתי בזה הבית ג̇ חדשים וכל ההוצאה מ̇ר משה אבודרהין ואחיו אברהם מפקיד אותי בכל שבועה בדרונות אל בית יצחק אחיו ויצחק הנז̇ ואשתו ה̇מ̇א̇ עבדוני בכל כחם ז̇ל̇ ובתו של ר̇ משה אבודרהין מתה בשבועה אחד ואחיה בני ר̇ משה עמדו בביתי עד שעברו מ̇ ימים וכל זמן שעמדתי בזה הבית לא עמדתי כי אם בעבור אהבתם כי הבית היה רע במאד מאד. והשרים הנוצרים יבואו אלי לראותי בבית שאינו הגון: ואחר כך שלחתי אל החשמן והגדתי לו איך אני יצאתי מבית יוסף צרפתי אל בית אחרת מפני החולי אשר בא אלי בביתו ואני עומד עתה בבית שאינו ראוי ולא הגון. ותכף כאשר החשמן ראה כתבי שלח אל הממונים ושאל אותם ממני ואמר להם תבקשו לו[2] בית יפה ראוי והגון ותכבדו אותו ותתנו לו כל הצורך עם ארבעה המשרתים:

ואחרי כן באו אלי הממונים אל הבית ואמרו אלי איך אנחנו בקשנו אליך בית ורא[ינ]ו שנים בתים תשלח משרתיך ויראו איזה יותר טוב ונקחנו בערך והשבתי אל הממונים אני אבא ברגלי וכן הלכתי עמהם ויצחק ואשתו הם מצטערים והלכנו בבית גדול ונכנסתי עמהם בבית ההוא והראו אלי חדר יפה ויש בית מלא שכנים ואמרתי אל הממונים אינו טוב בעדי זה הבית והלכתי אני עמהם[3] בבית אחר גדול וטוב ונכנסתי בתוכו ויש בחוך הבית כמו ד̇ חדרים וכולם מוכנים אלי ולא היה בתוכו שכנים כי אם בבית התחתון זקנה עם בניה ובנותיה שומרת בעלת הבית ואמרתי לממונים רצוני לשבת בזה הבית ולא אצא מהגה. וכן שכרו אלי הבית ששה חדשים מהזקנה הנז̇ ופרעו אליה כל שכרותיה וסדרו אלי הבית דוד בן פירנא ומשה ויהודה קוטוניאה ז̇ל̇ עם המשרתים שלי וסדרו אלי

---

[1] MS. והולך. [2] MS. לי. [3] MS. ועמהם.

כל החדרים היטב. וכן תקנו אלי מטה יפה ועשו בחדר גדול בית הכנסת וספר תורה ונירות שלשים שהיו דולקות. והמשרתים אשר שרתוני לאהבת השם עשו הכל ולא שאלו ממני שום שכירות וכי הם נדרו אלי לבא עמי בכל הדרך שאלך בה ומפני בניהם לא רציתי שיבואו כדי שלא להניחם ועכבו בניהם ועומד בפני סופר שלי שמו ר׳ אליהו המלמד בן יואב ואחיו החזן וגם אחיו בנימין משרתים אותי בכל זמן שעמדתי ברומא וגם המשרתים שלי[1] עבדו אותי ברומא כל הזמן. והמשרת שבא עמי מקאנדיאה שמו היה יוסף הרשע שלחתיו לאביו בנאפולי מפני שכל היום היה עושה קטטות ומריבות עם המשרתים האחרים והוא רוצה לשפוט עליהם. וגם היה לו לשון לפני האינבאשדור דון מיקיל ממלך פורטוגל והלשין אותי ואמר כי אני לא באתי כי אם להחזיר את האנוסים יהודים ושמעו האנוסים מרומא בדבריו אשר הלשין עליהם ובאו אלי ואמרו רצ[י]נו להרוג המשרת שלך וחליתי עליהם שלא יעשו אליו רעה:

ואחר כך קראתי אותו לפני ונתתי אליו בגדים ומעות ושלחתי אותו אל אביו בנאפולי ועמדתי בזה הבית עד ראש השנה ואמרו לי המשרתים היינו חיים ומתתיהו והחזן איך החשמן היה רוצה ללכת בויטירבו[2] ולא יחזור עד שני חדשים ואני השבתי להם הכל מאת יי אם יסגור הדלת יפתח דלת[3] אחר יותר טוב. וכן החשמן שלח אלי על זה הדבר ושלחתי לפניו את כל המשרתים הנז׳ וצוה החשמן להסופר של האפיפיור זה הדבר ושלח לפניו חיים ואמר אם ירצה האינבאשדור יהודי דבר מאת האפיפיור תהיה לו לעזר[4] ושמע הראטיירי[5] וכן דבר הוא עם חיים משרתי אם ירצה האינבאשדור דבר מאת האפיפיור אני אעשה הכל. וכן בא אלי חיים משרתי וסיפר לי כל אלו הדברים. והחשמן גוליאו הלך בויטירבו וחשבתי מי יהיה לי לעזר[4] ויהיה תורגמן ביני ובין האפיפיור וראיתי איש אחד ושמו היה ר׳ דניאל מפיסא שבא לפני האפיפיור ועומד בבית סמוך לאפיפיור והוא עשיר ונכבד עד מאד וחכם ומקובל והסכמתי בלבי לקרא אותו ושלחתי בעדו ובא לפני אל הבית ההוא ודברתי אתו ואמרתי לו אני רואה שאתה מכובד לפני האפיפיור ולפני כל החשמנים ואתה אדם גדול וחשוב ואני רוצה שתהיה ביני ובין האפיפיור למליץ וליועץ ותראני הדרך הטובה למען אהבת יי ואהבת המלך יוסף אחי וזקניו ממדבר חבור ואהבת עמו ישראל והקב״ה יעשה לך כבוד גדול יותר ממה שהיה לך בעבור עבודתו ואני באתי ממורח למערב בעבור עבודתו ואהבת ישראל שהם תחת מלכות אדום וישמעאל ואז אמרתי לו כל חדרי לבי והסודות אשר אמר לי המלך יוסף אחי יצ״ו הכל גליתי אליו לא נשאר אלי דבר שלא הגדתי לו כל רמיזות וסודות וזה עשיתי יען כי ראיתי אותו טוב וישר בעיני אלקים ואדם. ואמרתי לו אחרי כן סוד יי ליראיו:

---

[1] MS. שלי. [2] MS. בוייטירבא. [3] MS. הדלת. [4] MS. לעזור. [5] So MS.

ונדר ר̇ דניאל הנז אלי איך הוא לא יסע ולא יזוז מרומא עד שיקבל לי כל המכתבים מהאפיפיור ויהיה למליץ ביני לבינו וגם נדר אלי כי הוא ידריכני באורח מישור ויבא עמי עם הספינה כשאכנס בתוכה ותעמוד בלב טוב כי אני אעשה הכל ואדריך אותך בדרך טובה וישרה למען אהבת יי ואהבת המלך יוסף אחיך ואז כתב לי כתב אל האפיפיור ביום ההוא ושלחתי הכתב אל הראטיירי על ידי חיים משרתי ותכף כשנכנס חיים לפניו ולפניו אנשים רבים ושרים דבר עם חיים משרתי ואמר אליו אם האינבשדור שלח אותך בעד דבר אחד ואמר משרתי אליו הנה האינבשדור נותן אלף שלומות אליך ושולח אליך זה הכתב תתניהו אל האפיפיור ותתן לי תשובה ותודיעני באיזה שעה אבא אליך בעד התשובה וקבל הכתב ואמר לחיים לך לשלום ואחר תחזור בעד התשובה ב̇יח שעות וחזר חיים לפני וגם קראתי לר̇ דניאל ודברתי לו הכל: וביום השני שלחתי חיים לפני הראטיירי ותכף שהכנים לפניו אמר צא[1] תלך לקרא את ארוניך האינבשדור במהירות יבא לפני האפיפיור כי הוא קורא אותו ובא לפני חיים משרתי ועבד מר̇ דניאל מפיסא ז̇ל והביא לי הסוס מר̇ דניאל והלכתי בבית האפיפיור עם כל משרתי ופתחו לי כל החדרים ונכנסתי עד החדר אשר הוא קרוב אל האפיפיור ואמרתי אל השרים שהם שומרים החדר מהאפיפיור איני רוצה להכנים בפני האפיפיור עד אשר יבא ר̇ דניאל מפיסא כי הוא המליץ ביני לבינו ואני שלחתי בעדו. עודני מדבר עמהם והנה ר̇ דניאל בא ואמרתי לו הכנס בתחלה לפני האפיפיור וכן כנס וחזר אלי ונכנסתי אני והוא לפני האפיפיור ודברתי עמו איך אני עמדתי לפניך קרוב לשנה ורצוני מאת הקב̇ה ומכבודך תכתב לי הכתבים אשר שאלתי מכבודך ואל פיטרי גואן וגם לכל הנוצרים שאעבור בארצם גדולים וקטנים וכמ̇ר דניאל מדבר עם האפיפיור והאפיפיור משיב אליו דברים טובים ואמר אליו אני אעשה כל מה שרוצה האינבשדור:

ואחרי כן יצאתי אני ור̇ דניאל מפיסה מלפני האפיפיור שמחים וטוב[י] לב והלכתי לביתי בשלום. והיה אז ברומא חמשה וארבעים מלשינים הקב̇ה נתן[2] בלבם התשובה שישובו אחור מדעתם הרע והיה נ̇כ יהודים חזקים ברומא ובמלכות איטלייא ראויים למלחמה וגבורים ולבם כלב הארי לכל דבר והיהודים אשר הם בירושלים ובמצרים ובכל מלכות ישמעאל יש [להם] מורך לב ויראה ופחד ואינם ראויים למלחמה כמו היהודים מאיטלייא הקב̇ה יחזק אותם וירבה בהן אלף פעמים ויברך אותם:

והיה אז ברומא א̇ יהודי ממזר ודאי שמו היה ראובן וסמכו אותו לרב נאון והיה מלשין גדול ועצום ולא היה לו שום רחמנות על שום יהודי והוא רופא ואינו הלך בשוק כי אם הכובע בידו ומשתחוה לכל הנוצרים מרוב רשעתו עושה כן ולא ראיתי בכל ימי מארצי

---

[1] MS. אצא. [2] MS. יתן.

עד אשר הגעתי ברומא רשע כמוהו ודבר עלי דברים נבלים בפני כל החשמנים ובפני הסופרים מהאפיפיור ולא שמעו לקולו כי כל הנוצרים יודעים כי הוא ממזר וכי הוא מלשין גדול לכל היהודים ואחכ׳ בא אלי זה המלשין אל ביתי ואמרו לי לא תכעוס עמו למען יי ואני הייתי רוצה לתפוש אותו ולתת לו מכות גדולות עד אשר ישמע האפיפיור: ואחר כך בא בפני ונשק את ידי ועשיתי מחילה מהמלשינות שעברו וכי הוא לא יעשה יותר מהם והלך ממני בשלום וכן נדר לעשות ואחכ׳ עשה ההפך כי בכל יום היה עושה מלשינות לי ולכל ישראל והלכו שנים מלשינים מרשעי ישראל מרומא ואמרו אל האפיפיור איך זה האינבשדור היהודי אשר אמר כי הוא שליח השם עשה[1] לו אש ותשרפנו ותראה אם השם יצילהו מהאש: ואפיפיור כעס גדול היה לו על המלשין הראשון ותפס אותו ושלח בספינה וישרת אותה כל ימי חייו ואין אני יודע מאומה בכל אלו הדברים ובא אלי אשת המלשין והתחננה לפני בהיות כי היא אמרה אלי שאמרתי אל האפיפיור ישלחהו אל הספינה והשבתי אליה איך לא ידעתי מאומה מזה הדבר והלכה ממני. ויש אחד ששמו משה לאטין והיה עומד כנגדי והיה מדבר כל היום אל דון מיקיל האינבאשדור ממלך פורטוגאל בדברים שלא כהוגן מדבר נגד השם וכנגד כל ישראל וביום אחד בא אלי זה משה לאטין שליח מאת החשמן ויניציאן[2] לקרוא אותי אליך לפניו וראה בבית דינה אחות כמ׳ר יוסף צרפתי ובא לראות אותי בזה הפעם והיה[3] רוצה לקחת אותה לאשה ולא רצתה היא בו והלך לכל החשמנים היו בעזרו לקחת אותו לאשה ובינו ובין כמ׳ר יוסף צרפתי ובין דינה אחותו יש שנאה גדולה ובכל שבוע היה קוראו כמ׳ר יוסף צרפתי על זה הדבר ופזרו ממון הרבה וחשב בלבו זה משה לאטין איך אני רוצה לקחת לי את דינה לאשה והיה קלאנה[4] וכל היהודים מצחקים עליו וגם הנוצרים והלכתי עמו לפני החשמן ויניציאן ובאו עמי יהודים רבים ואני רוכב על הסוס וראיתי בדרך ראובן הממור עובר ורוכב על הפרדה והיה משתחוה לכל והנוצרים עד שרואה אותי ושם הכובע על ראשו ועבר לפני בעזות פנים ונכנסתי בבית החשמן ויניציאן וישאל אלי שאלות ואמרתי אליו לא ישאר בפניך כי אם שלשה ואני אשיב לכבודך הכל ואחד ממשרת[י]ו המליין והחשמן הנז׳ הוציא כל היהודים והנוצרים מפניו ונשאר בפניו שנים נוצרים ומשה לאטין השלישי ואני ושנים משרתים ואמרתי אל החשמן תשלח בחוץ זה משה לאטין וכן שלחו והיה לאותו משה לאטין צער גדול בעבור כי אני שלחתי אותו בחוץ ואני שלחתי אותו כי אם דינה אמרה אלי ואני על הדרך תשמור עצמך שלא יעמוד משה לאטין כאשר תדבר אל החשמן בשום פנים ובעבור זה עשיתי כל אלה ואחרי שהלך מבית החשמן הלך משה הנז׳ בבית דון מיקיל אינבאשדור ממלך פורטוגאל ודבר עלי דברים אי אפשר לאמרם. ולא לקחתי ממשה הנז׳ צער וכעס בהיות כי היה לו דין ומשפט בעבור

---

[1] MS. עשו. [2] So MS. throughout. [3] MS. והיו. [4] So MS.

אשר הוצאתי אותו מבית החשמן והוא מזרע מיוחס והקבה יעשה לו תשובה וכל מלשיני ישראל חוץ מראובן הממזר לא ימחול לו הקבה לעולם. ואני דברתי עם החשמן בזה יום כמו א׳ שעה ודברתי עמו במקצת דברים:

ואחרי כן הלכתי לביתי ובא אלי תלמיד מר יוסף אשכנזי שמו היה ר׳ מרדכי בחור טוב ואמר אלי כי יש לו אחי אמו כי תפשו אותו במדינה אחת בעד הנגף והיו רוצים ממנו מאתים דוק׳ כי שמו אותו בבית הסוהר. ואני כתבתי אל האפיפיור בכתב איך זה התפוש הוא משרתי ואמרתי למרדכי בחור תתן זה הכתב אל הראטייר[י] יתנהו אל האפיפיור ותחזיר[1] לו שלום מצדי ותאמר לו באיזה שעה תחזור לתשובת אגרתי וכן הלך מרדכי הנז׳ באגרתי אל הראטייירי ונתנו לו בידו ואמר לו תחזור במחר בעד התשובה ובא אלי מרדכי הנז׳ ודבר אלי הכל וביום השני הלך אל הראטייירי ונתן אליו כתב בחותם האפיפיור איך בעלי המדינה יניחו התפוש מבלי שום הוצאה וכן הלך אל המדינה והוציאו אותו בלי שום הוצאה. ועמדתי בבית ההוא אשר לקחו לי הממונים והיו נותנים לי בכל חדש דוק׳ וכמר ר׳ דניאל מפיסא היה עושה לי כל הצריך ואת אשר היו נותנים אלי הממונים לא היה לי צריך לשאול דבר כי הוא היה ממלא כל צרכי בכל יום ויום. וכן היה בא אלי בכל יום פעם אחת או שתים לדעת את מחסורי והיה ממלא את הכל והוא בכבודו כמר דניאל הנז׳ נתן את כל הנירות בבית הכנסת אשר היא בביתי ועושה סעודה גדולה בביתו כי הוא היה חתן תורה ובאו כל היהודים אל ביתי לשמוח ולסעוד וראוי היהודים כי ר׳ דניאל מפיסא היה עובד אותי לאהבת יי בגופו ובממונו ובא אלי יהודי יותר נכבד ומיוחס מרומא והלשין אלי על ר׳ דניאל הנז׳ עד כי אני כעסתי עמו כעס גדול והלך ממני את ר׳ דניאל הנז׳ והוא כעוס מאד ועמד חוץ ממני שנים ימים ויש לו צער גדול עלי וכי אני צויתי את כל משרתי שלא ילכו אל ביתו ולא ידברו עמו: ואחרי כן בא אלי חיים ושאל ממני רשות ואמר לי לא תבעוס עלי כי אני רוצה ללכת בבית ר׳ דניאל הנז׳ ולא ארבה דברים עמו. וכן הלך ובשעה שר׳ דניאל ראה חיים משרתו היה מוציא[2] כל האנשים שהיו עמו והיה בפניו כל המלשינים והוציא אותם מביתו ואחרי כן דבר עם חיים משרתי ושאל לו בשלומי ואמר לו תלך לדבר אל אדוניך[3] כי אני יודע בעבור מה שבעס עלי מהמלשין אשר הלשין עלי ולא הוא מלבו ואני רוצה לבא לפניו ובא אלי חיים משרתי ואמר אלי כל דברי ר׳ דניאל הנז׳:

ואחרי כן בא אלי ר׳ דניאל הנז׳ ודבר עמי ואמר אלי כי המלשינים מאמינים כי אני אלך ואניח אותך ואהיה עמהם בנגדך. וחלילה לי לעשות לי כנגד יי וידעתי כי לא בא זה הכעס עליך מלבך רק המלשין דבר כך עלי והאמנת לי ח״ו הייתי עושה כאשר[4] הם מדברים כי עבדתיך בכל כחי לאהבת יי ואני מדבר כנגד המלשינים לפני האפיפיור ולפני החשמנים

---

[1] MS. ותחזור. [2] MS. הוציא. [3] So MS. [4] MS. continues מדברים.

ולפני הסופרים ולפני האינבשדור ולפני כל השרים והם היו שואלים אותך מכבודך והשבתי להם כל הדברים אשר הם טובים לכבודך וכי הייתי מקלל המלשינים בפני כל הגדולים ונחמתי אני ואמרתי לר׳ דניאל הנז׳ אני באתי בעבור אהבת השם ועבודתו ובעבור אהבת ישראל ובעבור ירושלים עיר הקדש ולא באתי ממזרח למערב כי אם בעבור זה ובאתי ברומא ולא ראיתי אדם מהיהודים בגליל הזה כי אם אותך טוב וישר וירא אלהים וראוי לך להיות בזאת המצוה ותקנה לך שם טוב ולבניך לפני כל ישראל:

ואמר אלי ר׳ דניאל הנזכר לא תשמע דבר אשר יאמרו אליך המלשינים כי לבעבור נסותך הם באים לבטל דבריך ואני אשתדל ולא אלך בארצי עד אשר אקבל לך מהאפיפיור כל המכתבים שאתה מבקש ואדריך אותך בדרך ישרה וכן הלך ר׳ דניאל הנז׳ בביתו ותוך ימים מועטים קבל המכתבים מאת האפיפיור. ושלחתי את חיים ומתתיהו משרתי עם ר׳ דניאל לפני האפיפיור והסופרים קבלו הכתבים ונתנו אותם אלי:

ובלילה ההיא באו יהודים רבים בביתי כדי לשמוח עמי יען כי קבלתי הכתבים ובביתי מלשינים מרגלים ואין אני יודע בהם. ובאו לפני ארבעה נכבדים מראשי קהל מרומא הרב ר׳ עובדיה מסופרנו[1] ור׳ יהודה הרופא אסקלי[1] ושנים אחרים ורצו לכתוב את הבריויט שעשה אלי האפיפיור ולהעתיקם בעבור יעשו אותם זכרון כדי לשמוח בהם וכעסתי עמהם כעס גדול בלילה ההוא ולא כעסתי עמהם כי אם שאמרו לי כי הם מרגלים למען יפסידו דבריך וילכו לפני הסופרים באלו הדברים ונתנו את לבי מחשבות וטרדות רבות והלכו ממני הד׳ ראשים והם היו מצטערים צער גדול וגם אני לקחתי אני צער מפניהם. ונצטערתי עליהם אשר חזרו ריקם. ואחרי כן בעסתי עם המלשין שהלשין אותם אלי ואמרתי אליו הכל גרמת וביום השני תפשו את האנשים הארבעה אשר באו אלי את הסופרים מהאפיפיור. ותכף כששמעתי שהם היו תפושים שלחתי בעד הסופר שתפש[2] אותם אל ביתי ודברתי עמו אם לא תוציא אותם בזאת הלילה אלך לפני האפיפיור ואוציא אותם על כרחך ואם תרצה להיות לי אהוב תלך להוציאם עתה. וכן הולך הסופר ההוא והוציא אותם מבית הסוהר וכל אותם היהודים שהם היו תפושים הם היו לי[3] יותר אוהבים אותי[3] מכל אנשי קק׳ רומא:

ואחרי כן קרא האפיפיור ר׳ דניאל מפיסא ודבר עמו בעדי ובעבור אם אני רוצה ללכת כי הוא נותן אלי רשות וצוה אותו כי אלך לפניו ב״ח שעות בכ״ד ימים לחדש אדר הראשון. והלכתי אני ור׳ דניאל הנז׳ לפניו ועמדתי עמו כמו ב׳ שעות ודבר אלי איך אני עשיתי לך כתב אל מלך פיטרי גואן וכתבתי גם למלך פורטוגל וכתבתי אל כל הנוצרים שתלך בהם כי הם יהיו בעזרך ויכבדו אותך בעבור אהבת השם ואהבתי ואמר אלי האפיפיור תהיה חזק ואמץ ולא תירא כי אלהים עמך ואמרתי אליו אין בפני כי אם הקב״ה ואתה והנני

---

[1] So MS. [2] MS. שתפישו. [3] So MS.

מוכן למצותיך כל ימי חיי וגם המלך יוסף אחי וכל בני עמינו מוכנים אליך. וצוה האפיפיור יתנו לי סימן ומגן למען יוכל להראותו אל המלך יוסף אחי וכן נתנו אותו אלי ואני בפני האפיפיור ונתן אותה האפיפיור ליד ר׳ דניאל ור׳ דניאל הנז׳ נתנה אותו לידי בפני האפיפיור ואמר אלי האפיפיור תראה אל המלך יוסף אחיך זה המגן שלי וכן נתן אלי מאה דוק׳ זהב ולא רציתי לקחת ולקבל המעות ההם כי אם בכח ואמר אלי תקחם בעבור משרתיך ויצאתי מאת פני האפיפיור אל ביתי בשלום ובשמחה ובטוב לבב:

והלכתי אל דון מיקיל אינבשדור ממלך פורטוגל אל ביתו כדי לקבל בטחון ממנו בדרך ואמרתי לו אני ור׳ דניאל תכתוב לי בטחון בדרך ואמר אלי אם תרצה ללכת בפיסא אני אכתוב ואשלח אליך הבטחון בפיסא כי הם יבואו עמך עד פורטונאל אל המלך משם ולא רצה לכתוב אלי כי עשה כל זה בתחבולה ואמרתי לר׳ דניאל כי הוא רשע עושה עמי רעה גדולה שבאתי אליו בעד הבטחון בשבוע הראשון ועשה אלי תחבולה ושלח אלי אלך[1] לביתו והלכתי אל ביתו ואמרו לי המשרתים לי איך הוא בבית האפיפיור ור׳ דניאל ומשרתי בפני ושלחתי בבית האפיפיור לראות אם הוא שם. והשיבו אלי כי איננו שם בבית האפיפיור. ואמרו לי משרתיו איך הוא בפני הראטריאו[2] ושלחתי לראות אם הוא שם ולא ראוהו ואחרי כן הלך ר׳ דניאל הנ״ל בביתו מפני העכוב שהיה לו עסקים ואמר אלי תעמוד הנה ותמתין אותו עד שיבא ותשלח בעדי כי אני אבא תכף ואני עמדתי בביתו מן חצי יום עד הלילה ובא אח״כ ושלחתי בעד ר׳ דניאל וכעסתי עם דון מיקיל כעס גדול ורציתי לתת אליו בחרב שלו וחזק בי ובזרועותי ר׳ דניאל ולא הניחני לעשות ולא הכיתיהו:

אחרי כן יצאתי[3] מפניו ואני כעוס במאד והלכתי לביתי הלילה ההוא ושמע האפיפיור כל אלה הדברים ואמר לדון מיקיל איך הוא יודע על מה כעס עליך האינבשדור יהודי בעבור הבטחון שלא כתבת אליו ואמר לו תכתוב אליו הבטחון על כל פנים כי כן כתבתי אני אל המלך מפורטוגאל ולא שמע לקול האפיפיור ויצא[4] מרומא והלך לצוד ועמד שבוע אחד וחזר:

אחר כן בלילה בחמשה עשר לחדש אדר שני הלכתי אני ור׳ דניאל מפיסא וכל משרתי ושאלתי ממנו הבטחון ואמר אלי איך ישלחנו אחרי בפיסא על כל פנים והאמנתי לדבריו והלכתי לביתי ור׳ דניאל בא עמי בביתי ואמרתי לר׳ דניאל איך רצוני לצאת מרומא למחר על כל פנים בחצי חדש כאשר יצאו אבותינו ממצרים ולא אעמוד יותר ברומא בשום פנים כי הסכמתי בלבי ללכת למחר עכ״פ וקראתי המשרתים לפני אותם אשר נדרו לבא עמי ובפני חיים ומתתיהו ושמחה והחזן וכי החזן שאל ממני רשות ומחילה שבוע אחת

---

[1] MS. אליך. [2] So MS. [3] MS. יצאתיו. [4] MS. ויוצא.

קודם וכן נתתי אליו רשות ומחילה בשבוע הראשון. והג׳ משרתי לא שאלו אלי לא מחילה ולא רשות היינו האחרים ובכל יום היו מדברים עמי כי היו ברצונם לבא עמי על כל פנים וכל אחד מהם ילשין על חבירו אלי בסתר ואין ביניהם אהבה עד אשר הניעני[1] בדרך וכל אחד מהם אמרו אלי לא אוכל לבא ועמדתי ברומא עד חצי היום בחמשה עשר באדר לסדר ענייני ולראות ולבקש מי שיבא עמי ור׳ דניאל עמי ויש שנים משרתים אחד שמו ר׳ רפאל כהן הוא היה מנגן בביתי מן היום שהגעתי ברומא והוא גבור ואיש מלחמה והם שונאים אותו משרתי ומלשינים אותו אלי כי הוא רשע ולא רציתי שיעמוד בביתי מפני המלשינים עד אשר היה לי ללכת ואמר אלי רפאל הכהן איך אמרתי אליך כי לא ילך עמך בכל הדרך שתלך בה כי אם אותי ונדר אלי כי הוא יבא עמי:

והשני שמו יוסף הלוי והוא חזק כמו רפאל הכהן ויותר וכי הוא היה משרת אותי מיום שהגעתי ברומא ומפני המלשינים שהלשינו אותו אלי כי הוא רשע לא רציתי שיעמוד בביתי עד זה היום אשר הייתי על הדרך ונדר אלי שהוא יבא עמדי ונתתי לכל אחד מהם ברומא חמשה דוקט למען יסירו כל עסקים שלהם[2] ובא אלי השלישי משרת ששמו היה ניסים והוא מדבר בלשון ערב והיה משרת אותי מן בית כמ״ר יוסף צרפתי עד היום והיה איש נכבד ויש לו אשה ובנים קטנים ואמרתי לו אינו ראוי שתבא עמי ויש אליך בנים קטנים והמצוה גדולה לשרת ולפרנס בניך ונדר אלי ר׳ דניאל כי הוא יתן אלי משרתים וגם נתן לי ברומא שליש והוא בית טוביה הרשע:

ואחרי כן נסעתי מרומא בחצי היום בחמשה עשר באדר כמו שנכנסתי בחצי היום ברומא בחמשה עשר באדר ונמצא שעמדתי ברומא שנה תמימה מחצי היום עד חצי היום בט״ו לחדש אדר ובאו היהודים ברומא ללוות אותי בשלשים סוסים חמשה מילין. ומצאתי ברונצלון חיל מאת המלך צרפת כמו ת״ק סוסים ועשו לנו כבוד גדול ת״ל עד שהגעתי בויטירבו בבית ר׳ יוסף כהן ומשרתי בפני רפאל הכהן ויוסף הלוי וטוביה וגם ר׳ דניאל שלח עמי יואב ור׳ דניאל עמד ברומא אחרי ועכב שם וצוה יואב הנזכר שילך עמי בפיסא בבית ר׳ יחיאל מפיסא ואחר כך אמר לבא אחרינו ועמדנו בויטירבו בבית ר׳ יוסף הכהן והוא יהודי נכבד ויש לו בנים קטנים ואמו ז״ל ועשו אלי כל הצריך ובאו אלי היהודים בויטירבו ויש ביניהם מחלוקות וקטטות ושנאת חנם עד אשר עשיתי שלום ביניהם בדברי הטובים אשר אמרתי להם ועשו שלום יחד. ואחרי שלח בערי הנראן מישטרי מרודאס ובא עמי לפניו ר׳ יחיאל ור׳ משה ודברתי עמו הרבה במאוד מאד והוא איש זקן ונכבד ואחרי כן נסעתי מויטירבו ובאו ללוות אותי כמו עשרה סוסים ועמדנו בבולסינאה ביום השבת בבית ר׳ יוסף הנז׳ ז״ל ואשתו הראשונה מתה עליו ויש לו ממנה בן גדול ונכבד ונשא אשה אלמנה

---

[1] MS. הינעני. [2] MS. שבהם.

ויש לו בן ממנה והוא עשיר ועמדנו בביתו עד יום ראשון ועשה לנו כבוד גדול יותר מן הראוי וכן נסענו ביום ראשון והלכנו בסיינה והגענו בבית הנכבד ישמעאל מריאיטה יצ״ו ויישמעאל איננו בבית כי היה בעיר ואח״כ בא והכנים אותנו בתוך חדר גדול בביתו וסידר לי מטה וחדר אחד ויש לו דירה גדולה והוא עשיר גדול ואמרתי לו מה תרצה ירושלם או תחפוץ לעמוד במקומך והשיב אין לי חפץ בירושלים ואין לי לא רצון ולא חשק כי אם בסייגא ותמהתי עליו תמיה[ה] גדולה מן דבריו ומאת העושר אשר נתן לו אלקים לא יוכל לעשות מצוה לעבוד את יי כי הוא איש לא ישבע מהעושר ואוהב כסף לא ישבע כסף וגדר אלי כי הוא יעשה אלי הסר בעבור המשרתים ונחם אחרי כן ולא רצה לקנות שם טוב לפני כל ישראל ולא עשה שום דבר מכל אשר נדר:

ונסעתי מסייניאה[1] ביום השני והגעתי בפיסא בבית ר׳ יחיאל זכרונו לאלף אלפי ברכות הוא ואמו חקינתו מרת שרה תמ״א כי הוא כמלאך אלהים חכם בתורה ובתלמוד ועניו וחסיד ובעל צדקה ונפשו דבקה בירושלים עיר הקדש וביתו פתוחה לכל עניי ישראל ולכל הבאים אל ביתו אוכלי אוכלים על שולחנו וצדקות יתן בכל יום לעניים הוא יתן בידו ואמה תתן בידה וגם הזקינה החשובה מרת שרה תמ״א תתן בידה וראיתי בעיני את כל מעש[י]הם הטובים כי הם אנשי חסד ואמת וראיתי יותר במעשיהם יותר מכל מה שראיתי בגליל האיטליא ועמדתי בביתם שבעה חדשים אני ומשרתי הי[ינ]ו רפאל הכהן ויוסף הלוי [וטוביה] ועמדו עמי בבית ר׳ יחיאל מפיסא כמו חדש וחצי:

ואחר כך שלחתי אותם ברומא לאחור בעבור לשון הרע ומפני טוביה שעשה קטטה ומריבה עמהם ורצו להרוג אותם בבית ר׳ יחיאל הנ״ז ובעסתי עליהם והם אוהבים אותי והיו מקבלים כל אשר דברתי אליהם והיו שומעים לקולי ומכבדים אותי ובטלתי רצוני מפני רצונם ומפני רצון אחרים. ושלחתי אותם והם היו רוצים לבא עמי בכל הדרך אשר אלך בה וזהו אמת וטוביה הנ״ז היה מבשלי ובעבור אהבת ר׳ דניאל מפיסא כי הוא נתן אותו אלי והוא היה משרת אותי בביתי ואמר אלי ר׳ דניאל הנזכר כי זה טוביה ישרת אותך עד פורטוגאל ודון מיקיל הרשע לא שלח אלי הבטחון באשר נדר אלי לשלחו[2] ושלחתי ברומא א׳ זקן שמו אהרן שבא עמי מרומא והיה רוצה לבא עמי אל פורטוגאל כי יש לו אחים וקרובים בטאווילה[3] ושלחתי אותו אל דון מיקיל יתן לי הבטחון ור׳ דניאל אחר שהגיע בפיסא לפני ז״ל הוא אשר אמר ושלח אהרן ברומא וכן שלחתי אותו וחזר בחדש אחר ולא הביא לי הבטחון מדון מיקיל כי אם כתבים אמר לי בהם איך המלך אינו רוצה שתלך בפורטוגאל זאת השנה והוא שקר וכזב כי המלך לא כתב לו מאומה מזה ולקחתי צער גדול בעבור זה ועמדתי בינון בבית ר׳ יחיאל מפיסא וסדרו לי חדר ומטה יפה בראש הדירה ויש חדרים

---

[1] So MS. [2] MS. לשולחו. [3] So MS. throughout.

הרבה בראש הדירה והיא דירה גדולה ליי מאד ויבואו אלי שרים גדולים לראותי בבית ר׳ יחיאל והתעניתי ששה פעמים ו׳ ימים ולילות לחם לא אכלתי ומים לא שתיתי וגם התעניתי מ׳ ימים ג׳ ימים וג׳ לילות והם נותנים אלי מכל מיני מאכל ובשמים ושושנים ומים מדודאים ומפרנסים אותי בכל מעדני עולם ומינים הרבה אי אפשר להאמר ואם ר׳ יחיאל הנזכר ושמה מר׳ לאוורה תמ״א היתה משרתת אותי בכל דבר וגם את אמה המפוארה מרת שרה תמ״א עשתה עמי חסד ואמת ונתנה אלי ד[ו]רונות גדולות היא ובתה וגם ר׳ יחיאל הנזכר נתן אלי דורונות ובגדי משי ונתנו מעות לכל משרתים שלי:

וביום התעניות הגדולות היו באים לפני בכבוד בבית ר׳ יחיאל ואשתו ושמה דיאמנט תמ״א נברתה[1] מר׳ אשר משלם מויניציאה ותבא לפני מר׳ שרה ובתה מר׳ לאוראה ובחורות אחרות והיו מרקדות בהדר אשר בו ואמרו לי בעבור כבודך ובעבור ילך ממך הינון ותהיה שמח מפני התעניות אנחנו באות. והן שאלו אותי יש לך תענוג בקול הכנור והרקוד אשר בפניך. והשבתי להון[1] בטוב תעשו עמי והקב״ה יודע במחשבות לבי כי לבי דבק בהקב״ה ביום ובלילה ואין אני רוצה לשמוע קול כנור ועוגב ושמחות ובאו אלי בחצוצרות בפיסא הגוים ונקבצו גוים רבים בבית ר׳ יחיאל מפיסא והם תוקעים בחצוצרות והיו עושי שירים גדולים כדי לקבל מעות וגם כשעמדתי ברומא באו אלי פעמים רבים בחצוצרות מהאפיפיור כדי לקבל מעות וגם בויטירבו ובבולסינא באו אלי בעלי חצוצרות ובכל הדרך מרומא עד פיסא היו באים אלי וטוביה היה תוקע בחצוצרות ועמדתי בבית ר׳ יחיאל הנז׳ מפיסא בחדר העליון חדר יפה ויש לי דוד הרומאני שבא עמי מרומא עם רפאל ועם יוסף הלוי בחבורתם וטוביה כי הם ד׳ שבאו עמי מרומא. ודוד הרומאני בא על רגליו מרומא וכל האחרים על סוסים ולא שאל ממני לא מעות ולא בגדים ואני נתתי אליו משמרת הבגדים שלי ומשמרת המעות והוא היה נאמן וירא אלקים. ואהבתי אותו אהבה גדולה יותר מכל המשרתים אשר שרתו אותי ועמד עמי בפיסא עד אשר נסעה הספינה אשר אני הייתי רוצה ללכת בפורטונאל וגם כתבתי כתב אל המלך מפורטוגאל אל יד גלח אחר אנוס והוא היה אהובי וכתב הכתב ההוא ר׳ יחיאל מפיסא ונתתיו ביד האנוס הנז׳ וצויתי אותו שיתנהו ביד המלך ונדר אלי כי כן הוא יעשה בכל כחו והוא הלך בספינה ההיא ואני עמדתי בפיסא כי עכב אותי דון מיקיל אינבאשדור ודוד הרומאני ראה זה העכוב שלא הייתי יכול[2] ללכת בשנה הזאת ואמר אלי תתן אלי רשות שאלך ברומא לראות אמי ואחר אשוב ונדר אלי אם ישמע בספינה שאני הולך בה שתכף יחזור אלי ונתתי לו רשות והלך לפני ר׳ דניאל מפיסא בפלורייינצה ונתן לו ר׳ דניאל הנזכר ד׳ דוק׳ בעבור הוצאות הדרך וכן נתן ר׳ דניאל הנז׳ אל יוסף ואל רפאל שבאו עמי מרומא י״ב דוק׳ זהב. ואני עמדתי בפיסא

---

[1] So MS. [2] MS. יוכל.

אחרי לכתם בבית ר׳ יחיאל מפיסא ולא היה לי משרת אחר כי אם טוביה ויש לר׳ יחיאל משרתים הרבה. ואמר אלי אל ת[י]רא ואל תחת שכל משרתי ישרתו אותך וגם אנחנו. ובכל יום בא לראותי ר׳ יחיאל הנזכר ג׳ או ד׳ פעמים אל החדר העליון אשר הייתי שוכן בו. ואני הייתי הולך עמהם בבית הכנסת להתפלל שחרית מנחה וערבית והיהודים האחרים אשר היו בפיסא כולם היו עניים אלהים יחנם וירחם עליהם:

ואחרי כן בא אח[1] ממרת שרה הזקנה תמ״א שמו היה ר׳ שבתאי יצ״ו ובא מארץ התוגר לראות אחותו ולקבל ממנה מעות והוא היה רופא חכם ונכבד ועמד עמנו בפיסא בבית ר׳ יחיאל והיה לו משרת אחד ושמו יעקב שבא עמו מארץ התוגר והיה [יודע] לדבר בלשון ערב ובלשון לעז ואמרה אלי מר׳ שרה הזקנה אם תרצה זה המשרת של אחי יבא לשרת אותך ידעתי אני שהוא ישרת אותך בטוב יותר מן המשרתים שלך. וגם ר׳ יחיאל אמר לי כל זה ואמרתי להם איך אני יודע בטבעם כי הם יגנבו דעתי ויקבלו ממני בגדים ומעות וילכו לדרכם. ובא אלי ר׳ שבתאי הנזכר ואמר אלי כי זה נכבד ומשרת טוב אם תרצה בו אני אניחנו אליך ושרת אותך ואם לא תרצה בו אני רוצה שיבא עמי בדרך שאלך בו כי אני בלא משרתים: ואחר כך קראתי אותו ואמרתי אליו תשרת אותי ותלך עמי בכל הדרך אשר אלך בה והשיב לי הן. ואז לקחתי לו בגדים חדשים ושרת אותי והוא היה יודע בלשון ערב ובלשון הקדש והוא פחוז[2] וסורר ומורה ושנאוהו בעלי הבית מפני טוביה כי הוא היה מלשין עליו בדברים אמתיים. וטוביה עשה עמי בפיסא קטטה גדולה ולא היה רוצה טוביה שיבא עמי חבר אחר זולתו. ואח״כ הלכנו בפרדס של ר׳ יחיאל ובא ר׳ יחיאל הוא ואשתו תמ״א ואמו והגענו בפרדס בדירה גדולה ויש בה חדרים הרבה ובכל חדר היה בו מטות ושולחנות ויש הר גדול למעלה מהפרדס מלא זתים קרוב לדירה ויש נהר גדול מן ראש ההר שילך בפיסא עד ים הגדול והספינה הולכת קרוב אל דירת ר׳ יחיאל להוליך עצים בפיסא בביתו מן הפרדס. ואנחנו באנו בספינה מפיסא עד הפרדס ופעם אחרת באנו על הסוסים וטוביה עמד על יעקב משרתי בפרדס ורצה להרוג אותו. ואשת ר׳ יחיאל היתה מנגנת בכנור ובאו שרים רבים אל הפרדס ההוא. ובדירה ההיא עמדנו שנים ימים וחזרנו בפיסא ור׳ שבתאי הלך לדרכו בתוגרמה ויעקב החבר שלו עמד עמי והיה בטענות וקטטות עם טוביה *בכל יום[3] ולא קבלתי עליו מטוביה דבר רע עד שבא הוא ואם ר׳ יחיאל והוציא המצה מפסח מתחת המטה אשר היה ישן בו. והראה לי זה הדבר ואמרו אלי אין מצה בשולחן שיוכל לאכול כי הוא מטמין ושנאו אותו כל בני הבית בעבור זה ואמר לי ר׳ יחיאל וגם שרה זקינתו תשלח זה המשרת כי איננו ראוי לשרת אותך וכי הוא חרפה לך לשבת בביתך[4] וכן שמעתי לדבריהם. ושלחתי אותו ואני נתתי אליו בגדים בעד ח׳ דוק׳

---

[1] MS. אחי. [2] MS. פחות. [3] In MS. after עמי, l. 25. [4] MS. בביתיך.

וסדור לתפלה וקניתי לו חרב ושלחתיהו לפני[1] ר׳ דניאל בפלורינצה ועמד בבית ר׳ דניאל *ויש לר׳ דניאל משרתים יודעים מוסר וטבע הארץ[2] והם מסדרים השולחן בבית ר׳ דניאל ואמרו לי כי יעקב משרתי היה עומד בבית ר׳ דניאל לסעוד בשולחן לפניו ור׳ דניאל הנזכר ראה כי מעשיו רעים ואין לו דרך ארץ ועומד בביתו יעקב הנז׳ כמו ח׳ ימים כי אני כתבתי לר׳ דניאל יעמוד עמו בבית מפני הקטטה אשר היתה בינו ובין טוביה וכתבתי אליו אם יש שם משרת אחד יבא אלי לשרתני אני אשלח זה יעקב לדרכו ושאל לר׳ דניאל הוצאות ללכת במחנה ובכל יום היה אוכל על שולחנו והיה הולך אחרי כן לאכול במחנה. ואחרי כן נתן לו ר׳ דניאל ב׳ דוקט ואומר לו תלך לדרכך כי איני רוצה שתשרת ר׳ דוד וגם גנב בגד מר׳ דניאל היה ישוה ח׳ רוק׳ והולך לו ואני לקחתי צער כי אין בפני שום איש שישרתני כי אם טוביה והיה עם ר׳ יחיאל מפיסא בח[ו]ר שמו עמנואל והיה עומד עמו בחנות והוא בחור נכבד ונאמן וירא אלהים ושרת אותי והיה תם וישר. והלכנו במגדל אחד אני ור׳ יחיאל בתועבה אחת ויש שם מגדל גדול ועלינו בראש המגדל וראיתי שלש תועבות יש בהם צורות אי אפשר אדם לדבר. ואחרי כן חזרנו בבית ועמדנו ימים מועטים והלכנו בפרדס על הסוסים ובא ר׳ דניאל מפלורינצה אלי אל הפרדס אל הדירה ההיא:

ואחרי כן חזר ר׳ דניאל ור׳ יחיאל מפיסא בהיות שהיה להם עסקים ואנחנו עמדנו בפרדס עד יום השני וחזרנו בפיסא וחזר ר׳ דניאל הנז׳ בפלורינצה ור׳ יחיאל עמד ימים מעטים ואמר איך היה רוצה ללכת לפני ר׳ דניאל בפלורינצה כי היה לו לקבל ממנו ד׳ אלפים דוקאט וכן הלך בשלום ועמד ב׳ חדשים וחזר בפיסא ור׳ יחיאל הנזכר כתב ספר תורה בידו ואני הייתי בפיסא וברכתי בספר תורה ההוא אשר כתב בידו שבתות הרבה והיה כתיבה יפה מאד:

ושלחה אלי *הסינורא מנאפולי[3] תמ״א בעיר פיסא א׳ דגל משי יפה כתוב בו עשרת הדברות מזה ומזה ויש בו זהב אבל הוא זקן וגם שלחה אלי הסינורא הנזכר[ת] א׳ טורקא מזהב ללבוש עצמי לשמה ז״ל מלבד ששלחה אלי בהיותי ברומא ג׳ פעמים מעות ושמעתי עליה איך היא מתענה כל היום וגם שמעתי את שמעה[4] בהיותי באליכסאנדריי ובירושלים איך היתה פודה שבויים וכי פדתה יותר מאלף שבויים ותעשה צדקה לכל מי ישישאל ממנה ברוכה תהיה לי״י. ומרת שרה מפיסא תמ״א חשובה מאד ז״ל וראיתי בעיני את מעשיה הטובים אי אפשר לספר והיא גם היא נתנה אלי חותם זהב ואמרה אלי תהיה זה לעד ביני וביניך ונתנה אלי גם כן ספר גדול כתהילים[5] איוב משלי וחמש מגילות קלף וכתבה היא בידיה בראש הספר ההוא עצה למען אעשנה ואזכיר את מעשיה ואמרה

---

[1] MS. לפניו.
[2] In MS. after לפניו, l. 3.
[3] MS. הסיטראם מינאפלי.
[4] MS. שומעה.
[5] So MS.

אלי בכתב ההיא אשר כתבה אל תכעס ואל תבהל. ונתנה אלי גם כן סדור מתפלות ואמרה אלי בזה תתפלל בו לאהבתי והיה לה נערה בתולה בת אחיה אשר הוא בירושלים ואותה הנערה היא חכמה ומשכלת והיא קוראה בעשרים וארבע ומתפללת ויש לה מוסר ויש לה מלמד שמו שלמה כהן והוא מעט חרש. ובח[ו]ר וחכם גדול והזקנה היא מלמדת אותה במוסר ובכלי[1] חכמה ובתרבות טוב:

ובזמן אשר עמדתי בבית ר׳ יחיאל מפיסא היה איש אחד שמו ר׳ אליעזר מלמד מאת בן אחות ר׳ דניאל הנזכר ורצה זה ר׳ אליעזר לקחת זאת הנערה לו לאשה ושמה דבורה תמ״א ולא רצתה מרת שרה הזקנה לתת אותה אליו ואני שאלתיה למה לא תנשא אותה עם זה הבחור והוא נכבד וחכם והשיבה לי אין ברצונה לתת אותה לשום אדם שבעולם עד שתלך בירושלים ולשם רצונה להשיאה והאלהים יתן אליה כאות נפשה הטוב וימלא משאלות לבה אמן:

ואחרי כן לימים מעטים שלח המלך פורטוגאל בעד דון מיקיל מרומא ושלח דון מיקיל דון מרטין אינבאשדור. ודון מרטין הנ״ז תכף שהגיע ברומא כתב אלי בפיסא איך המלך מפורטוגאל שמע עליך איך אתה באת לעבודתו והוא שמח וטוב לב לכן תתקן עצמך ותלך בזאת הספינה ויש ספינה גדולה בליוורנה הולכת בפורטוגל והאקאפיטנייה[2] מהספינה ההיא מתעכב ברומא והיה לו עסקים עם האפיפיור ואני המתנתי עד אשר יבא הקאפיטניי ההוא ושלחתי בעד ר׳ דניאל מפיסא בפלורינצה ובא אלי בפיסא ונתיעצתי עמו ואמר אלי אין אני רוצה שתלך עם אלו הכתבים אשר שלח דון מארטין כי אם נשלח שליח אחד ברומא ויתן מכתבים אחרים דון מרטין ויכתוב גם כן את האפיפיור כתבים אחרים. וכן שלח ר׳ דניאל מפיסא ברומא אחד וכל ההוצאות היה עושה מכיסו הן בעד הסוסים הן בעד השלוחים וכל מה אשר נתן לי ואל משרתי וחזר ר׳ דניאל הנזכר בפלורינצה. ואז בא ר׳ יוסף הצרפתי מרומא בפלורנצה ולא רצה לבא אלי עד פיסא ותמהתי מאד הפלא ופלא יען כי הוא ביני ובין האפיפיור היה מליץ פעם אחד והוא היה מניח את דברי שהייתי מדבר עמו והיה מדבר מעסקיו עם האפיפיור והלכתי אני והוא אל החשמן ודבר אתו נ״כ מדברי מעט וחזר לדבר אל החשמן מאת עסקיו והיה אמר אלי כי היה אוהב אותי ואני בתם לבבי אותו אהבתי יען עמדתי בביתו והיה מרבה בדברים מאד וביום אשר בא יוסף צרפתי בפלורינצה נתנו אלי כתב בפיסא הובא מרומא ואמר בכתב איך ר׳ אליהו יצ״ו הסופר שלי נסגר בביתו ברומא יען בביתו המגפה ואשתו ובניו מתו ונצטערתי עליו צער גדול:

ואחרי כן בא דוד הרומאני משרתי מרומא והגיד לי הכל בבירור ובא אלי בפיסא בבית ר׳ יחיאל ושמחתי בו שמחה גדולה במאד מאד ואז נתתי לו משמרת הבגדים והמעות שלי

---

[1] MS. ובעל. [2] So MS.

וגם בא אלי בפיסא יוסף הלוי מרומא בבית ר׳ יחיאל ועמו היה משרת אחד ושמו וראנצישקו ועמדו עמי בבית ר׳ יחיאל ואני שלחתי את טוביה משרתי בפלורינצה במרוצה אל ר׳ דניאל מפיסא כי יבא אלי מהרה תכף ראותו כתבי יען בא הראש מהספינה ורוצה ללכת במהרה ולא בא אלי לא ר׳ דניאל ולא טוביה בג׳ ימים. ואת הזמן אשר עמדתי בבית ר׳ יחיאל מפיסא היה ז׳ חדשים פחות מעט אני וכל משרתי ור׳ יחיאל מכיסו עושה כל הצריך וכל ההוצאות לנו אי אפשר לחודיע ולספר את מעשיו הטובים אשר עשה עמנו וביום אשר הייתי קרוב ללכת אל דרכי נתן אלי ר׳ יחיאל עשרה דוק׳. ואחרי כן בא הראש מהספינה אלי ואמר אם תרצה לבא עמנו תדע בבירור איך אנחנו נוסעים ביום מחר ע׳כ׳פ׳ ואנחנו תקננו וסדרנו אליך חדר יפה בספינה וכל הצריך אליך אנחנו נעשה בלב טוב בע׳ה׳ עד אשר תגיע בפורטוגל למלך. ואחר כל אלה הדברים הלך לדרכו הראש מהספינה וביום השני סדרתי כל כלי ושמתי אותם על הפרדות ושלחתי אותם בליגורנא ונסעתו אני ור׳ יחיאל ור׳ ראובן ובניו ואֵם ר׳ יחיאל היתה חולה על מטתה השם ירפאה. ויוסף הלוי ודוד הרומאני עמי ופראנצי[ש]קו המשרת אשר בא עם יוסף הלוי בא לו חולי[1] ולא ידעתי אם הוא מנגף או חולי אחר:

והגענו בכל כלינו בליגורנא והלכנו במחנה אחד ואני הייתי מתענה זאת הלילה השנית ל׳ג׳ ימים והתעניות הגדולות אשר עשיתי בפיסא היה ששה פעמים ו׳ ימים ו׳ לילות ומ׳ יום התעניתי ג׳ ימים ולילות ובזה המחנה שהיגענו בליגורנא היה לי דאגה וצער גדול בלבי בעבור כי טוב[י]ה הלך אל ר׳ דניאל ולא חזר אלי לא ר׳ דניאל ולא משרתי טוביה וראש הספינה בא אלי בזה הלילה ההוא ואמר אלי איך הם נוסעים למחר בהשכמה והלך ממני ותקנו לי מטה בזה המחנה בליגורנה וישנתי והם על הסעודה ר׳ יחיאל יצ׳ו׳ וכל משרתיו ומשרתי וכי ר׳ דניאל שלח אלי בחור אחד ושמו בן ציון מקורייו[2] ובא עמי בליגורנה והלכו אחר אבילתם כל אחד למטתו לישן עד חצי הלילה. והנה ר׳ דניאל מפיסא בא אלי בליגורנה ונסע מפלורינצה בבקר ההוא ובא בפיסא ולא ראה אותנו ואחר כך רדף אחרינו בליגורנה ובא לפני ואני הייתי ישן ודבר עמי ושמחתי שמחה גדולה בראותי אותו: ואחר כך הלך בחצי הלילה אל ראש מהספינה וחזר בבית וישנתי עד הבקר ובבקר בא אלי ר׳ דניאל ונתן לי מאת האפיפיור א׳ גבאנו דמשקו אדום חדש ואת קופאה ווילוט שחור והגאבנו שחור כפול ירוק נתנם אלי בעדו ולשמו ז׳ל׳ ונתן לי ר׳ דניאל הנזכר שלמה כהן מפראטו יבא עמי ונתן אליו י׳ב׳ דוקט ונתן גם כן לבן ציון ו׳ דוק׳ ולדוד הרומאני נתן י׳ דוקאט ולטוביה נתן י׳ דוק׳ וליוסף הלוי נתן ב׳ דוק׳ למען יחזור ברומא ואני נתתי ליוסף הלוי ב׳ דוק׳ אחרים כדי שיחזור ברומא כי טוביה אמר אם תרצה שיוסף הלוי יבא עמך אני לא

---

1 MS. חולה. 2 MS. מקורייז.

אבא עמך וטוביה היה מבשל וכן שלחתי אותו לרומא ובא הראש מהספינה אל הבית ואמר אלי אם יצטרך אליך שלש מאות או חמש דוקאט אני אתנם אליך עד אשר תגיע לפני המלך ותחזירם[1] אלי ואני קניתי אליך כל הצריך מלחם ומבצים ומעופות:

ואחרי כן נתן לי ר׳ דניאל הנ״ז קֿבֿ דוק׳ ואמר אלי הקח אלו בעבור אהבתי ולקחתי כל כלי והולכתי אותם בספינה גדולה וטוביה היה תוקע בחצוצרות ור׳ דניאל ור׳ יחיאל על שפת הים ואנחנו בספינה הגדולה בחדר יפה והראש מהספינה אשר נדר לי כל אלה עכב בליגורנא ואמר לבא אחרינו ביבשה ואחר כך בא אלי בספינה הגדולה ר׳ דניאל ור׳ יחיאל ונכנסו בחדר שלי לראותי ועמדו עמי מעט ודברו אלי והזרו אלי שלום והלכו לדרכם: ואני ור׳ שלמה הכהן וטוביה ודוד הרומאני ובן ציון נסענו מליגורנא עם רוח טוב תֿל יי ישמרנו סלה. והלכנו ברוח טוב בים הגדול דרך המערב למלך פורטוגאל והגענו סמוך לקאליצי מן מלכות קיסר ושלחתי טוביה לפני הדיין בכתב האפיפיור והלך טוביה אליו ושאל מאתו כי אנחנו נצא מהספינה אל המדינה ונעמוד יום אחד ונחזור ולא רצה הדיין וחזר אלי טוביה ואמר כי אנשי המדינה דברו אליו דברים רעים בפני הדיין. וכן הראש אשר הניח הראש שלנו מהספינה הלך במדינה ההיא וחזר לפני ואמר אלי הראש הנ״ז כי הדיין קורא אותו בפניו ובפני שרים גדולים מהמדינה והם בעצה אחת עליכם ואמרו איך המלך יהודי הולך למלך פורטוגאל והוא הקטן והם חושבים אנחנו הולכים נגד הקיסר והם אמרו לבא לתפוש אותך ויבקשו לך סוסים וישלחו אותך לפני הקיסר. ואני שמח בלבי מכל מה שעשה הקֿבֿה וחשבתי בלבי אם יבואו אנשים יתפשו אותי בכח כי הקֿבֿה שולח אותם לטובתי ולטובת[2] כל ישראל ואני חזק בשליחות עבודת יי ובמצותיו והמשרתים שלי מתייראים ומתפחדים ואני שמח לפניהם ואמרתי להם לא ת[י]ראו ולא תפחדו. ואחרי כן בא אלי הראש מהספינה פעם אחרת ואמר אלי טוב תצאו מהספינה הזאת בספינה אחרת מהמלך פורטוגאל וכן יצאנו מהספינה ההיא בחצי הלילה והנחנו כל הכלים שלנו בחדר וסגרנו החדר ונכנסנו בספינה קטנה עד שהגענו בספינת[3] מלך פורטוגאל. ונכנסנו בספינת[3] המלך והראש מאותה הספינה ישן על מטתו ואחר ששמע שאנחנו באנו לפניו אל הספינה עמד ממטתו ונכנסנו לפניו אל החדר והראנו לו כתב ממלך פורטוגאל. וראש הספינה שלנו מדבר עם ראש מספינת[4] המלך באריכות מן דברי הדיינים והשרים אשר במדינה ההיא קאליצי. ואנחנו עמדנו בפניו עד אור הבקר ואחר כן הלכנו אל המדינה אלמריאה והלכו שניהם הראשים לפני הדיינים והשרים ושלחתי טוביה משרתי עמהם והלכו למדינה ההיא וחזרו לפני ואמרו לי כי הדיינים והשרים עשו קטטה עם הראשים בעבור יתפשו אותנו:

ואחרי כן בקש לנו הראש מהספינה תלך[5] בטאוילה ראש מלכות פורטוגאל ונתנו לנו

---

[1] MS. ותחזור׳. [2] MS. ולטובות. [3] MS. בספינה. [4] MS. מספינה. [5] So MS.

הכלים שלנו והביאו לנו מן הספינה הגדולה אל הספינה האחרת אשר למלך פורטוגאל ונתתי עׄהׄ דוק לבעל הספינה הראשונה בעד שכר טרחו והלך לו: ואנחנו עמדנו בספינת[1] המלך עד חצי הלילה לפני הראש ונכנסנו בספינה מלאה חטה הולכת בטאוילה בים והנענו על שפת הים סמוך לעיר טאוילה ושלחתי כתב האפיפיור וכתב המלך אל הדיין אשר בעיר טאוילה והוא דיין מאת המלך מפורטוגאל והלך טוביה משרתי עם הכתבים אל הדיין. ותכף חזר אלי עם שנים משרתים מהדיין ופרדה אחת טובה ונכנסו ובא אלי אל הספינה ויצאתי מהספינה אל היבשה ושמעו כל אנשי המדינה כי הגעתי אל שפת הים ומיד באו אלי שרים נוצרים ואנוסים טף ונשים ואני רכבתי על הפרדה והלכתי בשפת הים אל המדינה ההיא וכל הדרך מלא אנשים ונשים ולא יספר מרוב. והנענו במדינת טאוילה בבית אנוס אחד וסדרו הבית והמטות והשלחן והאנוס ההוא נכבד ואשתו נכבדת מאד והדיין מהמדינה בא אלי ושמח עלינו שמחה גדולה ואמר אלי כל מה תבקש הנני מוכן ומזומן למצותיך ולעבודתך. ובכל יום בא אלי בׄ פעמים לראותי בביתי והדיין הנזׄ כתב למלך כתב איך הנענו לפניו בטאוילא ואני כתבתי למלך פורטוגאל כתב אחד וגם שלחתי דוד הרומאני לפניו ועמדתי בבית האנוס ההוא לחכות תשובת המלך. ואת האנוס ההוא ואשתו היטיבו לנו טובות גדולות ולא רצו שנוציא שום פרוטה מכיסנו כי הם רוצים לעשות לנו ההוצאות מכל וכל מהאכילה ושתיה ועמדנו בביתם מׄ יום עד שהגיע השליח ממלך פורטוגאל אלי בטאוילה:

ובימים ההם בא גלח מארץ ספרד והיה מדבר עם רׄ שלמה ורׄ שלמה כועס עם הגלח ההוא ואמרתי לרׄ שלמה מה יש לך עם הגלח הזה והשיב לי הרשע ואמר כי לא יש מלך בישראל ולא לנו מזרע המלוכה והיה עומד לפני חלון גדול ואני קנאתי קנאה אלהים ועמדתי לפניו ורקתיו מן החלון להארץ[2] לפני כל העם וכל הגוים היו מצחקים על הגלח ומתיראים לידברו[3] נגדי ושמע הדיין הגדול ושמח שמחה גדולה בדבר הזה:

ואחרי שהגיע השליח אשר שלחתי אל המלך נתן אלי שנים מכתבים מאת המלך האחד כתב לי המלך שאלך לפניו בכבוד וכי הוא יעשה כל רצוני והשני כותב אל כל הדיינים אשר במלכותו כי הם יכבדו אותי וילוו אותי מן המדינה למדינה ויסדרו לי בית ושולחן וכסא ומנורה בכל הדרך שאלך בה. וכן השליח הנזכר נתן כתב שלישי אל הדיין מטאוילה אשר כתב אליו המלך ותכף בא אלי הדיין הנזׄ בראות כתב המלך ואמר אלי תלך למחר לפני המלך כי אני סדרתי אליך כל אשר ציוני המלך כי המלך ציוני אתן לך ארבעה ראשים מובינים חזקים ואתן לך הׄ מאות דוק וסופר אחד מן סופרי המלך יעמוד על ההוצאה ואני אסדר הכל למחר בעבור הדרך ואסדר כל הסוסים ואתה תהיה מוכן לדרכך ביום מחר

---

[1] MS. בספינה. [2] So MS. [3] MS. לי ידברי.

ותראה אם יש לך עסקים במדינה תעשה היום למען תהיה מוכן ללכת למחר בלי עכוב. והלך הדיין מפני ובבקר נתנו אלי הסוסים ורכבתי אני וכל משרתי:

ונסעתי מטאוילה והדיין וכל שרי המדינה הגדולים וסופרי המלך יצאו מהמדינה ויצאו עמי רבים גדולים וקטנים לא יספרו מרוב ובאו עמנו רחוק מהמדינה בֿ פרסאות וחזרו לדרכם. ואני הלכתי עם בֿ אנשים חשובים וסופר המלך אשר הוא על ההוצאות ומספר אנשים שבאו עמי מן טאוילה שלשים בדרכי[1] לפני המלך ובכל הדרך ילך הסופר מהמלך קודם אל המדינה ומדינה אל הדיינים שיסדרו לנו בית ושולחן וכסא ומנורה מאת צווי המלך. והגענו במדינה אחת ושמה בישה ובאו לפני הדיינים על הסוסים וכל השרים מהמדינה ההיא הגדולים אנוסים ונוצרים עם רב לקראתינו ולא יספר מרוב הקטנים עם הגדולים ובאו לפני לקראתי מהלך שלשה פרסאות וכשנקרב יותר למדינה ההיא באו יותר ויותר מאד אנשים ונשים וטף. והגענו במדינה ההיא ונכנסנו בבית אנוס אחד בית יפה ובאו כל הדיינים לפני וכל אנשי המדינה באו אלי עד חצי הלילה אנוסים ונוצרים ועמדנו בזאת הלילה בבית ההוא ונכנסנו ביום השני ונסענו ממדינת בישא ובאו עמי ללוותי הדיינים וכל שרי המדינה ואנשים רבים ולוו אותי מהלך בֿ פרסאות. והגענו במדינה גדולה שמה איבוראה[2] ביום הששי בערב שבת ובאו הדיינים לפני בֿ פרסאות קודם שאכנס במדינה ועמהם עמים רבים ונכנסנו[3] במדינה והיא מדינה גדולה ויש בה דירת המלך וגם קהלות אנוסים רבים ונכבדים ונכנסנו בבית אנוס אחד. ובכל מדינה הגעתי בו יבאו אנוסים קטנים וגדולים נשים ואנשים וינשקו את ידי לפני הנוצרים ולוקחים כעס על האנוסים בעד נשיקת ידי ועשו דרשות על זה הדבר ואמרו עשו לו כבוד גדול ולא תנשקו ידו כי אם יד המלך פור[טוגאל] לבדו ויש מחזק את לבם כי הם מאמינים בי אמונה שלמה כמו שהאמינו ישראל במשה רבינו עֿה. ואני אומר להם בכל מקום אשר נגיע בו כי אני בן המלך שלמה ולא באתי לכם לא באות ולא במופת ולא בדרך קבלה כי אם בעל מלחמה אני מנעורי ועד עתה ובאתי לעזור ולעזרת[4] המלך ולעזרתכם ונראה איך תהיה הדרך אשר השם ידריכני בה אל ארץ ישראל ואני עמדתי בבית ההוא יום שבת ויום ראשון: ונכנסתי ביום השני מן איביירה ובאו הדיינים לפני ללוותי ושרים רבים ונכבדים ואנשים רבים לא יספרו מרוב ובאו עמנו שנים פרסאות וחזרו דרכם למדינה. וקודם שיצאתי מהמדינה ההיא יצא טוביה משרתי שר האופים שלי ועשה קטטה בשוק עם הנוצרים וחרבו שלופה בידו ורצו להרוג אותו ובאו לפני ובעבור כבודי מחלו לו ועשיתי שלום ביניהם. ובטאוילה עשה קטטות רבות עם הגוים וכעסתי עליו כעס גדול וגרם לי הוצאות גדולות וכל אחד מן המשרתים קבלו כל אחד מהם לֿ דוקֿ מיד שלמה כהן מלבד אשר קבלו מיד רֿ דניאל מפיסא ולבד

---

[1] MS. בדרט. [2] MS. איביראה. [3] MS. ונכנס בו. [4] MS. ולעזרה.

אותם אשר נתנו אלי האנוסים ברשותי להם. ועם כל משרתי היה עושה זה טוביה מריבה ולוקח הוא מהם כל מה שנתתי להם ובכל הדרך אשר הדרכתי בה האנוסים יבואו אלי מכל צד ומכל פנה וילוו אותי ויתנו לי דורונות וגם מן חסידי הנוצרים עד שהגעתי קרוב אל המלך פורטונאל ב׳ פרסאות והיה עומד המלך באלמארינה כי ברח הנגף אשר היה בלישבונה וכתבתי למלך איך אני הגעתי במקום פלוני ואעמוד במקומי עד שתודיענו הדרך אשר תדריך כבודך ושלחתי זקן אחד נוצרי נכבד לפני המלך וגם הסופר מאת המלך אשר בא עמי מן טאוילה אשר הוא על ההוצאות הלך גם לפני המלך:

ואחרי כן חזרו אלי ואמרו לי כי המלך קרא לפני[ו] בעל העצה שלו ונתיעצו לפניו על זה הדבר זה אומר בכה וזה אומר בכה. מהם אומרים תעשה לו כבוד ותשלח לפניו כל השרים נכבדים וילוו אותו כי הוא בא מארין מרחק לבקשותך[1] ולעבודתך. ודון מיקיל האוייב שלי מרומא עד הנה כי רציתי להרוג אותו ברומא בחרב והוא היה עומד לפני המלך וכי היה משנה למלך וכי הוא היה בעל הסוד מהמלך והוא היה מדבר כנגדי לפני המלך ולפני השלוחים אשר שלחתי לפני המלך וכי הם חוקרים הסופר ואומרים אם האנוסים עשו לי כבוד יותר מן הנוצרים והשיב הסופר כי הם מכבדים אותי[2] כבוד גדול ומנשקים אותי בידיהם ונשיהם ובניהם ובנותיהם בכל הדרך אשר הלכתי ודרכתי בה ואז אמר דון מיקיל למלך וליועציו הלא אמרתי לך כי בא להחריב מלכותך ולהחזיר האנוסים יהודים ואם תשלח לפניו שרים שלך שילוו אותו יצאו כל האנוסים לפניו הם ונשיהם ובניהם ובנותיהם וילוו אותו ויעצו עצה על הנוצרים ביניהם ויחזרו יהודים. כל אלה הדברים דבר הרשע דון מיקיל לפני המלך ובפני יועציו ובפני הזקן אשר שלחתי לפני המלך ובפני הסופר שבא עמי והגיד לי זה הזקן זה הדבר ושלח המלך לבעלי עצה שלו ושאל להם מה נשיב למלך יהודי ואמרו לו תשיב איך הזקנה שלך מתה וכי אתה אבל בזה הזמן ולא תוכל לעשות לו כבוד בזאת השנה מפני המנהג שלנו וכי הנני מוכן למצותו ואעשה לו כבוד לכשיגיע לפני. ובזה הזמן אני מבקש ממנו מחילה וכפרה וכי הוא יבא לפני היינו האינבאשדור עם משרתיו ומשרתי והאנשים אשר באו עמו מטאוילה: ואחר ששמעתי דבר המלך ויועציו ודברי שריו אז רכבתי על הסוסים שלי והלכתי לפני המלך עם כל משרתי ועם האנשים אשר באו עמי והוא והיו לפני כמו חמשים איש וט״ו סוסים מלבד הפרדות שהיו נושאים את כלי:

והגעתי באלמרינו לפני בית וחצר המלך ואני הייתי מתענה מן יום ראשון עד יום שנכנסתי לפני המלך דהיינו עד יום רביעי לחם לא אכלתי ומים לא שתיתי ועמדתי לפני המלך וכל משרתי וכל אחד מהם חרבו על ירכו. ואמרתי למלך ולאשתו המלכה בפניו איך אני עיף ויגע מן הדרך וכי אני מתענה היום יום רביעי ולא אוכל דבר אליך זה היום אם

[1] So MS. [2] MS. אותו.

ייטב בעיניך נלך היום לבית אשר סדרתי לי ולנו ואחכ יום אחר נדבר יחד אני ואתה ולא רציתי לנשק ידו לא בביאותי ולא ביציאותי מן הכעס אשר בלבי אשר גרם לי ולמלך מן מיקיל הרשע. ואחר כך לקחתי רשות מהמלך והלכתי אל הבית בסנטירין בבית אנוס אחד אשר סדרו לי והיה בית גדול ובעל הבית רשע גמור ואשתו נכבדת עד מאד והיה בבית ההוא דלת אחרת יצא מהחדר אשר אנחנו בו ורואה בו הכל וסגר בעל הבית זאת הדלת ואחכ אמרו לי טוביה ובן ציון משרתי כי האנוס הרשע סגר הדלת עלינו ולא נוכל לזרוק מים ושום דבר. ועמדתי ממקומי לראות הדלת והוא סגור ונכנסתי ולקחתי גרזן ושברתי המסגר ופתחתי להם הדלת ואחרי כן בא האנוס הרשע והתחנן לפני ואמר אלי איך הוא חטא בזה הפעם ובקש מחילה ממני ומחלתי לו בעד אשתו החסידה. ובא לפני אנוס והיה מדבר בלשון ערב והיה בא מהספינות המלך והמלך שולח אותו בכל שתי שנים פעם אחת אל ארץ השחורים ודבר אלי האנוס ההוא איך הוא הלך אחר איי הים במקום אחד חצי היום והיום הוא שעה אחת במקום ההוא. ועמד שם פעמים רבות וכי שם הר גדול והאש תוקד בהר ההוא יום ולילה וכל ההר עושה אש ועשן אל השמים. ובאי ההוא קרוב אל אותו ההר שלח המלך פורטוגל הזקן את בני האנוסים הקטנים והניחם שם עד היום הזה והם קרובים וסומכים אל משפחה אחת באיי הים שהם אוכלים בני אדם. והאנוס ההוא חכם באיסטרולוניאו וכל אנשי פורטוגאל חכמים באיסטרולוניאו ובא לפני אחד מן ראשי ספינות מהמלך ואמר לי איך הוא הלך בראש מלכותנו מן פורמוס. וגם דבר כל זה אל המלך כי הוא עמד שם שנה אחת בימי אדוני אבי ז״ל ושמע איך יש מלך על היהודים ושמו היה שלמה המלך ע״ה כמו עשרים שנה שהלך בזה המקום והוא נכבר ואמר אל המלך דברים גדולים והמלך מפורטוגל אוהב אותו והיה חבר שלי בפורטוגל וגם אני אהבתי אותו ושאל ממני סימן אכתוב לו שמי למען יהיה זכרון ביני לבינו עד שתגיע השעה וכן עשיתי לו כתב ונתתיהו אליו והיה סוד זה הדבר ביני לבינו. והוא היה נוצרי גמור ואוהב כל היהודים ואני עמדתי בתענית ששה ימים ולילות וכל הנוצרים ואנוסים באים לראותי בזה הבית למקטן ועד גדול וכל עבדי המלך ושריו באים אלי בחצוצרות ובכינורות ובכל מיני עוגב ביום ובלילה. וטוביה משרתי הרשע עושה קטטה עם אנוס אחד בא עמנו מטאוילה ואני הייתי אוהב אותו כמו אחד ממשרתי ויותר והם עומדים על השולחן לפני ושלף טוביה החרב להורגו וברח לפני האנוס אל החדר אשר אני עומד שם וסגר הדלת אחריו ועמד בפני האנוס ואחכ בא טוביה ושבר את הדלת ונכנס בחדרי והרבו שלופה בידו ורצה להרוג האנוס בפני ולא שמע הרשע טוביה בקולי בקראי אליו ובצעקתי עליו ועמדתי עליו ולקחתי החרב מידו ורציתי להרגו וגם שלחתי האנוס שיקרא הדיינים מהעיר לפני. ואחרי כן יצא טוביה מפני חוץ מהבית אל השוק ולקח עץ גדול בידו ומבקש האנוס ההוא בכל הרחובות ובכל השווקים וכל בני אדם משחקים על טוביה קטן

וגדול ואחרי כן ירע טוביה הרשע איך הדיינים באים אל ביתי והוא קרא המשרת שלי דוד רומאני וברחו שניהם בסנטירין ועברו הנהר ואחרי כן באו הדיינים לפני וכל הנוצרים והאנוסים היו מדברים על טוביה ועל שלשתם רעה ואומרים כי הם עושים כנגד הדין. ואחרי אמרתי לדיין הגדול שישלח משרתיו וירדפו אחרי טוביה ודוד ויחזרו אותם לפני וכן רדפו אחריהם והשיגום והביאו אותם לפני ואמרתי אל הדיינים ישימו עליהם כלי ברזל ויוליכו אותם בבית הסוהר וכן עשו. וקודם הקטטה הזאת אשר עשה טוביה הוא דקר נוצרי אחד ממשרתי המלך באותו הבית וידע המלך הכל. ואחרי כן שלח לי המלך ביום הרביעי אחר שמנה ימים אשר הגעתי והלכתי לפניו אני והזקן שלמה כהן ובן ציון משרתים שלי והגעתי לפני המלך. והמלך קרא אנוס אחד רופא זקן שהיתה תורגמן ביני ובין המלך בלשון הקדש. והזקן ההוא היה רופא וחרש מעט וכשהיה מדבר עם המלך לפני היה מפחד ומתיירא וכי שלמה כהן מפראטו הזקן היה חרש ואין המלך שומע לדבריו כי לשונו הי[ת]ה משובשת ובן ציון הבחור הוא מדבר לפני המלך בטוב אבל הוא היה פחות. והמלך שאל אותי אני שמעתי עליך כי אתה מדבר בלשון ערב בטוב וכי יש לי שר משרת שלי והוא יודע לדבר בלשון ערב בטוב וישמע כל דבריך מראש ועד סוף ויגיד לי והמשרתים שלך וגם האנוס אין אני שומע דבריהם ולא ידברו אלי מכל אשר תדבר אלי הם חלק אחד מעשר דברים ולא טוב בעיני כי אם זה השר היודע לשון ערב. ודון מיקיל היה בפני המלך ומדבר כנגדי לפני המלך ואני רואה ואין אני שומע והמשרתים שלי לא הגידו לי כי הוא דון מיקיל וכל אשר אדבר למלך בלשון הקדש יביט המלך אל דון מיקיל וידבר עמו ואמר למלך לא תשמע דבר אחד בלשון הקדש כי אם בלשון ערב. והמלך קרא לשר אשר הוא יודע לשון ערב ואמר המלך לשר ההוא תדבר עם זה האינבשדור בלשון ערב והתחיל לדבר עמי בלשון ערב והשבתי למלך בלשון הקדש אין רצוני לדבר עם זה הישמעאלי יען כי הם אויבים שלי וכי זה השר אשר לפניך הוא ישמעאלי ואני הכרתי לשונו כי הוא אביו ואמו ישמעאלים והשר ההוא מדבר עמי ואומר לא אני ולא אבי ואמי ישמעאלים כי אם נוצרים. והשר ההוא שהיה מדבר לשון ערב בא לו יראה ופחד ורעד לפני המלך מפני הדבר שדברתי לו בפני המלך. ודון מיקיל מדבר למלך כנגדי והמלך מביט אלי ואמר לי המלך אם תדבר בלשון ערב עם זה השר אעשה לך כל הדברים שאתה מבקש ואשמע ואדע ואעשה כל אשר צוו אותך המלך יוסף אחיך והאפיפיור מרומא וזה השר הוא משרת שלי ולא יחליף דבריך והוא נאמן בכל ביתי ויהיה תורגמן ביני ובינך. וכל זאת המחשבה היתה מדון מיקיל שיהיה לפני המלך ואחרי כן דברתי בלשון ערב עם השר והוא מדבר עם המלך בכל אשר אני דובר אליו ונתתי ביד המלך כל המכתבים וקרא המלך המכתבים ונתן אותם ביד דון מיקיל ודברתי עם המלך בענין השליחות לפניו וספרתי לו את כל הדרך שהלכתי בה מן המדבר עד שהגעתי לפניו הכל בלשון ערבי. והשר הנזכר מדבר

למלך כטוב וגם אמרתי למלך הבקשת[1] המלך יוסף אחי מן מלכותו שואל ממך על ענין האומנים על כלי משחית ודון מיקיל מדבר כנגדי ולא קבל המלך דבר מדבריו והמלך שמח שמחה גדולה מדברי ולבו היה טוב עמי ואמר המלך מאת יי יצא הדבר ואני מתרצה בזה הדבר וזאת תהיה בקשתי ויטיב[1] הדבר בעיניו ובעיני כל שריו:

ואחרי כן אמר המלך אלי תחזור מן סנטירין אל אלמארין שהוא מקום קרוב אלי וצוה המלך אל השר הזקן יסדר לי בית קרוב לבית המלך וכן עשה הזקן סדר לי בית גדול ובזה היום אשר אני מדבר לפני המלך שאל המלך אלי ואמר לי אתה תכיר דון מיקיל והשבתי אליו כי אני מכיר והוא עומד לפני ברומא לפני האפיפיור שנה תמימה. ואחרי כן אמר המלך אלי תראה ותביט שמי שהוא בפני הוא דון מיקיל. ואחרי כן הבטתי אליו והרגשתי וידעתי והכרתי אותו ואמרתי לו דברים קשים לפני המלך. והשבתי למלך לא ידעתי כי הוא דון מיקיל עד עתה יען היה מתנכר ואמרתי למלך אם תעשה הטוב והישר בעיני יי ובעיני המלך יוסף אחי ובעיני האפיפיור לא יהיה עומד ביני ובינך דון מיקיל יען כי הוא אויב ליי ולך וכי אני באתי ממזרח למערב בעבור אהבתך וכי דון מיקיל רוצה לעכב אותי ברומא למען לא אבא לפניך וכעסתי עליו ברומא ורציתי להרגו בחרב שלו מפני שהוא עבד לך ורצה לעכבני שלא אבא. ואחרי כן נתבייש דון מיקיל בושה גדולה לפני המלך ולפני כל השרים והמלך אמר לי לא תקח על לבך כעס על זה כי אני רוצה לעשות לך כל אשר דברת ותלך בפעם זאת אל ביתיך[1] עד אשר אקרא אותך לפני ונדבר על כל עסקיך. ואחרי כן יצאתי מבית המלך ושלחתי כל אשר בביתי ממטות ומסדינין ומכל כלי הבית מסאנטירין אל הבית אשר סדרו לי באלמרין קרוב לבית המלך, וגם שלחתי אל בעל בית הסוהר יוציא בחרן טוביה ודוד הרומאני משרתי וכן יצאו[2] ובאו לביתי בפני ומכרו הבגדים שלהם אל אלמארין מקום אשר עמד שם המלך ואמרתי להם תשובו מדרככם הרעים ותשבו בפני ותשרתו אותי ותהיו נכבדים ותשמעו לקולי ואתם באתם עמי מארצכם אל ארץ רחוקה ולא רציתי לעשות לכם צער ורעה כי אם אכבד אתכם וישמעו כל בני עמנו הכבוד אשר אכבד אתכם. והמלך שאל אותי במעשיהם הרעים והשבתי למלך כי הם בחורים ומחשבתם טובה ואני אהב אותם. וגם אמרתי להם מה רצונכם לעמוד עמי או אם תלכו והשיבו אלי תתן רשות נלך לארצינו ולא נעמוד עמך והשבתי להם [לא] אתן לכם רשות בשום פנים:

ואחרי כן נתתי להם מעות ובגדים ועמדו אתי כמו עשרה ימים והם עומדים ברשעתם בקטטה ביניהם ואנחנו בבית שסדר לנו המלך. והבית מלא אנשים נוצרים ואנוסים מבקר ועד ערב בכל יום ושולחן ערוך להם בבקר וצהרים ובערב והוצאות גדולות בערב ובעד

---

[1] So MS. [2] MS. יוצאו.

כל מי שיבא לפני ואלי מארין מרחק אל הבית. ואחר כן דבר אלי טוביה האופה יום אחר יום תקנה לנו שפחה תהיה לעורתי בתבשילין ותרחוין הבגדים ותהיה משמרת[1] כל כלי הבית וחשבו לי רחיצת הבגדים בכל שבוע חצי פרח יוציא שלמה הכהן הזקן ועל המים אשר ישתו בבית הצי פרח אחד מכלי המים אשר ישתו הסוסים: ואחכ בא לפני אנוס אחד זקן ואמר אלי יש לי שפחה אחת ישמעאלית ואני רוצה למוכרה. ואמרתי לאנוס תביאיה לפני מחר כי אני רוצה לראותה אותה וכן בא האנוס עם השפחה ביום השני וראיתי השפחת והיא בחורה ויפת תואר ויפת מראה והיא יורעת לשון ערב ודברתי עמה בפני האנוס ואמרתי להשפחה[2] תרצי אקנה אותך ותחזירי יהודית ואמרה אלי כן אעשה ואחכ פרעתי לאנוס ארבעים דוק וחזר לביתו האנוס מסאנטירין והשפחה עמדה בביתי עד הלילה. וכן הלכו וחזרו וקראתי לפניה אנוסה אחת נכבדת תכיר ותדע לשון ערבי ואמרתי לאנוסה ההיא תקצץ את השער שלה ואת צפרניה. וגם קראתי לאנוסה לטוביה ולדוד הרומאני מיטרתי ואמרתי להם אני לקחתי זאת השפחה למען תהיה לכל עסקי הבית והזהרו שלא יגע אחד מכם בהשפחה הזאת לדבר זנות ומי הוא מכם אשר שמע לקולי אני רוצה לתת לו זאת השפחה לאשה אחר שלשים יום כי אני גיירתי אותה ולא יהיה בביתי זנות. וכן צויתי השפחה ואמרתי לה תראי והשמרי שלא יגע אדם עליך ואם אראה בעיני שום דבר רע שתעשה בביתי אני אהרוג אותך ולכן תהיה נכבדת בביתי ואני אתן אליך איש מהמשרתים שלי ותהיה חפשית ונתתי לה החדר מבפנים והחדר שלי באמצע והחדר של המשרתים בחוין: ואחרי כן עשתה ועמדה ה׳ ימים עוזרת לטוביה האופה בתבשילין ועושה כל עסקי הבית ורוחצת בגדים ושואבת מים ואני אחרי הסעודה הייתי הולך *לחדר לישן[3] מפני רוב העם והמשרתים שלי היו מאריכים בסעודה עד ששה שעות בלילה. ואחר הסעודה יקום טוביה וישחוט התרנגולות הוא והשפחה עד חצי הלילה למרט התרנגלות מנוצתם והיה מצחק עמה וזה טוביה שכור גדול בכל לילה ואני שומע במטתי כל[4] דבריהם אבל איני יודע מה ידברו. ואחרי כן קראתי לטוביה שילך לישן במטתו וגם קראתי לשפחה וקללתיה ואמרתי לה תלכי לישן. ועבר טוביה לפני בחדר שלי כשהיה הולך לישן ואני הייתי מראה להם כאלו הייתי יישן ואחרי כן חזר טוביה על השפחה על מטתו[5] ובועל השפחה ואני שומע[6] וקמתי אני בלאט ממטתי ועמדתי על הכסא באמצע הבית וקראתי לטוביה והוא רוכב על השפחה וגם קראתי לשפחה והיא אומרת לא הנחני טוביה לקום מפני שהוא עלי ואני קראתי לטוביה בקול גדול ואמרתי לו תבא לפני ואם לא תבא אני אלך להרוג אותך. ואחרי כן בא טוביה לפני ואין עליו כי אם חלוק אחד והשפחה חלוק אחד ואמרתי לטוביה מה המעשים אשר עשית בביתי ואני צוויתי אתכם השמרו עלי לעשות הדבר הרע וזנות

---

[1] MS. משומרת. [2] So MS. [3] MS. לראות לייישן. [4] MS. על. [5] MS. מטתי.
[6] MS. שמוע.

בביתי והשיב אלי טוביה חטאתי עויתי פשעתי ואני שכור ושוגג מהיין. ואחרי כן אמרתי לו תעשה לי מכתב בקנס כי אתה חשב עמי שנה תמימה ואני אתן אליך זאת השפחה לאשה ואתן לך ואליה כל הבגדים ותהיו לי על הבית שומרים. והשיב לי טוביה אני לא אוכל עשות הדבר הזה אם לא תתן לי לפחות חמשים דוקאט למען אשלחם לבני באיטלייא. וכעסתי עליו ואמרתי לו לך לישן במטתך והלך. והבית שלי אשר המשרתים בו יש בו כמו עשרה אנשים ישנים בין במטות ובין בארץ ולא יכולתי לדבר עמו מטוב ועד רע מפני בושת האנשים אשר הם בביתי. ואחרי כן אמרתי לשפחה אני גיירתי אותך והחזרתיך יהודית ועשית הרע בעיני יי ובעיני ועברת על מצות יי ועל מצותי והשיבה השפחה כי זה הלילה שלישית אשר טוביה בא עליה על מטתה ושם החרב על צוארה. ובא אלי על כרחי ולא ברצוני. ואמרתי אליה למה לא קראת[1] אותי ואחרי כן אמרתי לה לכי למטתך ותישן והלכה לה ועמדתי אני במטתי עד עמוד השחר וקמתי וקראתי לבן ציון ואל השפחה ואמרתי תלכי עם בן ציון בסנטירין אל אדוניך הראשון. והנה היא בכתה לפני ולא קבלתי לקולה ולא שמעתי אליה ואמרתי לה תלכי והלכה לה עם בן ציון אל בית אדוניה הזקן הראשון והזקן בא אלי ודבר עמי ואמר למה עזבת השפחה והיא חזרה יהודית ורצ[ת]ה לעמוד עמי והשבתי אל הזקן האנוס הנזכר בהיות כי היא עברה על מצותי ועשתה נבלה בביתי דברים אשר לא יעשו ולכן איני רוצה בה ואני שואל מאחך שתתן לי המעות אשר נתתי לך עליה ושתלך וכן הלך מפני האנוס ההוא ולא נתן אלי המעות אשר נתתי לו בעד השפחה. והלך הזקן ההוא במדינת איביירא בעבור כי הוא שמע איך המלך נתן לי רשות שאחזור ברומא כדי שלא לתת אלי המעות ועמד שם באיביירא יותר מא׳ חדש ולא קבלתי ממנו כי אם החגורה אשר נתתי אל בעל לשון ערב ומעט מעות ולא כולם יען כי הוא איש בליעל וכל זה גרם לי טוביה האופה הרשע. ובעל לשון ערב בא אל ביתי קודם שאחזיר השפחה ההיא אל אדוניה וראה את השפחה בביתי ושאל אלי למה היא זאת השפחה בביתיך ואמרתי לו כי היא שפחה קניתיה ואחר כך שאל אל השפחה ודבר עמה דברים הרבה בלשון ערב וגם בלשון לועז ואמרה אליו השפחה איך קונה אותי האינבאשדור והחזירני יהודית. ואחר כך שאל בעל לשון ערב אלי ואמר האמת כי החזרת אותה יהודית ואמרתי אליו כן הוא והלך מפני והגיד למלך פורטוגאל הכל. והמלך שלח בעדי והלכתי לפני[ו] ואמר אלי דברים הרבה ושואל אותי מן השפחה ואמר אלי אני שמעתי כי קנית השפחה והחזרת אותה יהודית והשבתי אל המלך כן הוא כאשר דברת כי אני קניתי אותה יען היתה ישמעאלית והחזרתיה יהודית ואז אמר אלי המלך איך חזרת אותה יהודית ואמרתי אליו שלחתי שלמה כהן הזקן ושנים משרתים שלי עם השפחה אל הנהר והזקן שלמה כנס עם השפחה במים ושטפה וטבלה במים ג׳ פעמים כולה ואחרי שבאו אל הבית צויתי אותה תחתוך[2] הצפורן אשר עליה ומעט

---

[1] MS. קראתי. [2] MS. תחתון.

מאת השער אשר לה בראשה וצויתי השפחה ההיא והשבעתיה כי היא לא תעשה רעה בלתי ידיעתי בעבור תהיה כשרה בבית ואם היא רוצה להיות לאיש אני אתננו אליה ואשים אותה חפשית אם תשמע[1] לקולי. והמלך שמע את דברי ואמר אלי עשית דבר טוב ובכל מלכות פורטונאל יש ישמעאלים הרבה יען היה להם רעב גדול ומגפה גדולה בארץ המערב ומתו רובם מהרעב ומכרו בניהם ובנותיהם למלכות פורטונאל להחיות את נפשם והרעב ההוא זה ה׳ שנים והיה הרעב ההוא על הישמעאלים במזרח ובמערב ובכל הדרך אשר הלכתי בה מן ביתי מהמדבר עד מערב ראיתי בישמעאלים זה הרעב הגדול ומתו גם כן בבניהם[2] מהרעב ומתוסר כל וזה ראיתי בעיני וזאת השפחה אשר קנית[י] היתה אחת מהנה. ואחר כן חזרתי לביתי וטוביה הרשע הלך ונתן אל השפחה כושית הבגדים לרחוץ לנו כדי שתרחצם ולקח טוביה החלוק שלי החדשה ששוה יותר מ׳ דוקאט ונתן אותה לשפחה שחורה לרחוץ ואחר שקבל הסדינין והבגדים שלי טוביה אמר אלי איך החלוק שלי נפלה מאת השפחה השחורה וגם בא אלי הוא והשפחה שחורה והיא מתחננת אלי ואמרתי אליה תלכי בשלום. ואח״כ באו הנשים ואמרו אלי כי טוביה נתן אל השפחה שחורה החלוק שלי בעבור שהוא נוהג עמה: ואחרי כן בא לפני שר גדול ישמעאלי מהמלך והוא דיין המלך פיסי כי מלך פיסי שלח אותו אל המלך מפורטונאל והוא איש נכבד ואוהב היהודים ושם הארון מעיר ובא אלי זה הדיין אל ביתי ויש לו עשרה משרתים כי מלך פיסי שמע עלי וצוה האיש הזה ילך בתחלה אל מלך פורטוגאל ואחרי כן יבא לראות אותי וכי הוא נתן אלי כתבים מאת היהודים מפיסי ומאת ר׳ אברהם בן זימור מאיסאפי כי היהודים אוהבים אותו ונתן אלי כתב שלישי הדיין הנז׳ מאת הקאפיטנייה מטאנ[ג]יר. ואחרי כן שאל אלי הדיין הנזכר מן ארצי ואם יש יהודים רבים בארצי והשבתי כי הוא מדבר חבור ויש בארצי שלשים רבוא יהודים והמלך יוסף אחי הוא מולך עליהם ולו ע׳ זקנים יועצים ויש לו שרים רבים ואני שר הצבא על הדרכים ועל המלחמה. ואמר אלי הדיין ההוא מה אתה תבקש מזה המלכות כי באת ממזרח למערב והשבתי לו כי אנחנו מנעורינו על המלחמה והמלחמה שלנו היא בסייף וברומח ובקשת ואנחנו נרצה ללכת בעה״ בירושלים ולקחת כל ארץ ישראל מיד הישמעאלים כי הגיע הקין והישועה ואני באתי לבקש אומנים חכמים ידעו לעשות כלי משחית ומזרקי אש יבואו בארצי לעשותם וילמדו אל אנשי המלחמה שלנו. ותמה מאד הדיין ההוא על זה הדבר ואמר אלי אנחנו מאמינים כי המלכות תחזור לכם בזה הזמן ואם תחזור אליכם מה תעשו עמנו חסד ואמרתי לו כן נעשה עמכם חסד לכל מי שיעשה חסד עם ישראל שהם בגלות תחת מלכות ישמעאל ומלכות אדום. ואמרתי לדיין גם כן אתם מאמינים כי תחזור אלינו מלכות ארץ ישמעאל והשיב אלי כן בכל העולם מאמינים. ואמרתי לו איך אנחנו מלכים ואבותינו מלכים מן חורבן בית המקדש עד זה היום במדבר חבור ואנחנו מלכים[3]

[1] MS. יישמע. [2] So MS. [3] MS. ומלכי.

על שבט ראובן וגד וחצי מנשה במדבר חבור ויש ט̇ שבטים וחצי בארץ כוש ומלכים עליהם והיותר קרוב אלינו הם שנים שבטים והם שבט שמעון ושבט בנימין והם על נהר נילוס ממעל למלכות שבא והם עומדים בין שני נהרים הנהר הלבן והנהר השחור והוא נילוס וארצם ארץ טובה ורחבה ויש להם מלך ושמו ברוך בן מלך יפת ויש לו ד̇ בנים הגדול שמו סעדיה והשני שמו אברהם והשלישי שמו חטר̇ והרביעי שמו משה והם כמו אנו במדבר חבור שלשים רבוא ואנחנו והם בעצה אחת:

ואחרי כן דבר לי הדיין ההוא אם תרצה לכתוב לי כתב אל המלך פיסי ואמרתי לו אין לי צורך מכתב רק תאמר לו בלשונך כל זה ותחזיר לו מצדי אלף שלומות ותאמר לו שהיהודים אשר הם תחת ממשלתו יהיו מופקדים אליו ויכבד אותם וזה התחלת השלום בינינו ובינו ובין זרענו ובין זרעו. ואחרי כן שאלני הדיין ההוא איך יש לנו יהודים במערב בכל המלכיות איך יהית בהם אתם תרצו[1] לבא במערב בעבורם או איך יהיה דבריכם עליכם והשבתי לו כי אנהנו בתחלה נקח ארץ ישראל וסביבותיה ואחרי כן יצאו שרי הצבא על המערב ועל מזרח לקבץ נדחי ישראל ומי שיהיה חכם ממלכי ישמעאלים ישא היהודים שהם תחת מלכותו ויביאם לירושלים ויהיה לו כבוד גדול על כל מלכי הישמעאלים וכל המלכיות יתן השם למלך ירושלים. ושאל אלי הדיין ההוא כי היהודים אשר בפיין וסביבותיה וגם הישמעאלים הם אומרים איך אתה נביא או משיח והשבתי לו חס ושלום כי אני חוטא לאלהים יותר מאחד מהם ואני הורג נפשות רבות וביום אחד הרגתי מהאויבים מ̇ נפשות ואיניני[2] לא חכם ולא מקובל ולא נביא ולא בן נביא רק אני שר הצבא ובן המלך שלמה מזרע דוד בן ישי ואחי המלך יוסף מולך על שלשים רבוא במדבר חבור וגם כל האנוסים שהם תחת מלכות פורטוגאל וגם כל היהודים שהם באיטלייאה בכל המקומות שעברתי בה חשבו עלי שאני חכם או מקובל או נביא או בן נביא ואמרתי להם ח̇ו̇ כי אני חוטא וכי אני איש מלחמה מנעורי ועד עתה:

ואחרי כן חלה פני הדיין ההוא אכתוב ליהודים מפיין ולר̇ אברהם בן זימור מאיסאפי וכן כתבתי אליהם ונתתי אליו המכתבים ההם והלך לדרכו לשלום: ובא הקאפיטאנייאה מאינדיאה אשר הוא גדול על הספינות מהמלך ועמד באינדיאה מזמן המלך עמנואל הזקן מפורטוגאל ועד עתה ותפש אותו המלך בעבור חשבון הספינות ושם אותו בדירה מדירות המלך ואם אלך מביתי לפני המלך היה עומד בחלון לראות אותי והיה שואל אל משרתי המלך ממני והגידו לו דבריי ועסקי עם המלך ויש לי סוס יפה וטוב קנו אותו אלי מאה דוק̇ מבלי הכלים אשר לו. והקאפיטנייה התפוש[3] ההוא חשק בסוס ושלח לומר לי אם ארצה למכור אותו בעד מאה דוקאט והשבתי לשלוחיו אשר באו אלי כי לא אמכרנו אף אם יתן

---

[1] MS. הרצה. [2] So MS. [3] MS. התפיש.

לי מאתים דוק. ואחרי כן בא שר נדול אחד והוא מזרע המלכים מן אורמוס מן אינדיאה קרוב למדבר חבור וסיבת ביאתו לפני המלך הוא כי הקאפיטאניי *התפוש הרג[1] אחיו ולקח את כל הממון שלו והשר ההוא ישמעאלי וכבד אותו המלך ושאל אליו ממני ואמר אם יש לכם ידיעה במרבר חבור. והשיב למלך כן וכי במדבר חבור יש יהודים רבים ועשירים ובעלי מקנה ויש להם מלך בזה הזמן ושמו המלך יוסף ויש לו ע̇ זקנים וכי היהודים מארצינו מספרים לנו דברים גרולים במדבר חבור ודבר למלך דברים אי אפשר לספרם בפני כל שריו והיו האנוסים לפני המלך ובאו לפני האנוסים ההם ודברו אלי כל אלה הדברים ובכל יום יבואו אלי עבדי המלך בעלי חצוצרות וכל מיני עוגב לתקוע בביתי כדי לקבל מעות ויבואו מנגנים מכל המקומות אל ביתי ורדפו אחרי מטאוילה מנגנים רבים באו עמדי לפני המלך ועמדו בביתי כל הזמן אשר עמרתי לפניו ועמדו ואכלו על שולחני והיו מנגנים ביום ובלילה ויבואו קודם עמוד השחר לאחר הבית לתקוע ויישוררו בקולות גדולות כדי לקבל מעות. ובא אלי יוסף קורדיליאה ונתן לי כתב אחד כתוב בלשון ערב מן המלך אשר הוא במערב אחר מלכות פיץ כי הוא קצה העולם ולא יש מלכות אחריו כי אם מדברות ויש להם שכנים ערבים ישמעאלים בעלי משכנות בזה המדבר. והמלך ההוא ישמעאלי הוא כובני הנביא שלהם ושמו שריף והמלכות אשר תחתיו הוא גדול על האחרים והרג את המלכים הראשונים ומלך זה שריף תחתיו הוא מלך חזק וחכם וכי יש תחת מלכותו יהודים שוכנים בהר גרול שם ההר אסום[2] והוא בקצה העולם והיהודים ההם אשר הם תחת מלכותו הם זורעים וקוצרים ורובם עניים והם חזקים ובא לפני אחד מהן כהן ולבו כלב הארי איננו ביהודים אשר הם עומדים תחת מלכות ישמעאל: והכתב ההוא אמר איך אני שמעתי עליך כי באת למלך פורטונאל מן השבטים אם יש לך שמיעה מזה העם אשר יצאו במדבר אשר ביני ובין השחורים כי הם לקחו עלינו כל הערביים השוכנים במדבר הם ונשיהם ומקניהם וטפם וכל אשר להם. ולא חזר אחד מהם מאותם שלקחו ולא ידענו אם הרגו אותם או מה עשו מהם והפליט מהם אשר ברח בא לפני והגיד לי הרבר הזה ושלחתי יהודים ילכו לראות ולא חזרו ואנחנו תמהים מזה העם וכתבתי אליך כל זה:

בחסרך תגיד לי ותכתוב בארצות את כל אשר אתה יודע בודאי ולא תסתר אלי מאומה וממקומך ומכל השבטים הכל תודיעני. ואחר שהגיע בידי הכתב ההוא קראתי אל בעל לשון ערב המליץ ביני ובין המלך וקוראה אותה לפני והבנתי כל אשר בתוכה. והשבתי לו כתב אשר כתב לשון ערב הנז ואמרתי לו איך אני ממרבר חבור וכי יש יהודים כמו שלשים רבוא יוסף יי עליהם[3] כהם אלף פעמים והם מבני ראובן ובני גד וחצי שבט מנשה והמלך יוסף אחי הוא מלך עליהם ואני שר צבא על המלחמה והט שבטים אחרים וחצי הם

---

[1] MS. התפיש הורג.   [2] So MS.   [3] MS. עליכם.

בארץ השחורים בארץ כוש בד׳ מקומות ובני משה במקום אחר בנהר סמבטיון הם עומדים כי אם אלו שנים שבטים היינו שבט שמעון ושבט בנימין שהם עומדים בראש נהר נילוס והנהר הלבן אחריהם והם בין שני הנהרים והם ממעל למלכות שבא הם יבואו אלו השנים שבטים וישלחו אלינו. וגם אנחנו נשלח אליהם כי הם בארץ השחוריים והם מגידים לנו כי שמעו ויודעים מהשבטים האחרים שהם קרובים אליהם ואנחנו ארצינו רחוקה בהיותנו בארץ המזרח. וכתבתי לו כל אלה הדברים ושלחתי למלך ההוא הכתב ההוא והלך השליח גם ר׳ אברהם זימורו והלך לפני המלך שריף כי שלח בעדו וזה ר׳ אברהם איש גדול ויש לו כבוד גדול לפני נוצרים ומלכיהם ולפני כל הישמעאלים ומלכיהם. והמלך ההוא אמר לר׳ אברהם הנזכר כל אלה הדברים וחזר לארצו ר׳ אברהם קודם ראש השנה שעברה רפ״ו וכתב אלי מאיסאפי כל אשר דבר אליו המלך מן העם היוצאים מן המדבר והם אומרים כי הוא מדבר גדול כמו הים הגדול ואינם מכיר[י]ם בקצה המדבר ושמעו אלי בכל מלכות הישמעאלים היהודים אשר תחתם ונתנו אלי בפורטוגל ושלחו שלוחים אלי מן תלמיסאן וממסקס[1] ומפיץ וממקומות הרבה ומכל סביבותיה ומבהאראן וממקומות רבים באו אלי כתבים רבים עד פורטונאל. והמלך בפורטוגל יש לו עבדים ישמעאלים ויש עליהם שר והוא דיין עומד על בית המלך יסדר כל עניניו והמלך צוה הדיין וכל עבדיו יהיו בעזרתי בכל דברי והיו העבדים הנז׳ היו אוכלים ושותים בביתי והיו כמו ה׳ עבדים והם הגנבים בלילה יגנבו וביום הם הולכים כמו מלאכים ובאו אלי אנוסים מן הגדולים ואמרו לי כי הם ראו בשמים ארבעה דגלים ועמרו אנשים רבים נוצרים ונלחים ואנוסים והגידו לי ולשלמה כהן זה הדבר. והבנים הקטנים בני ארבעה שנים מן האנוסים מתענים שני וחמישי בצניעות ומקוים ישועות יי. ואני אמרתי להם בטחו ביי ועשו טוב כי קרוב יום יי הגדול והנורא ועשיתי ביניהם שלום בכל מקום אשר הדרכתי בו ושמעו לקולי. ויש מהם אנוסים אנשים חזקים בעלי מלחמה וחכמים במזרקי אש ואומנים וראיתי אותם יותר חזקים וטובים מכל היהודים אשר ראיתי עד הנה. ובא אלי בעל לשון ערב אל ביתי ואמר אלי איך המלך יש לו חגה גדולה ויום שמחה גדולה בלבו והם מסדרים לו השולחן מחוץ ואם ייטיב בעיניך תבא עמי זה היום לפני המלך ואם יראך[2] המלך לפניו ישמח לבו וכן הלכתי בבית המלך והם מתקנים השולחן וענינים אי אפשר אדם לדבר וכל הקערות גדולות וקטנות היו מכסף והכלי הגדול אשר ישתה בו *מים היה[3] מזהב. והמלך יצא הוא[4] ואחיו מתפלות שלהם ועמד על שולחנו והדירה מלאה שרים ארבעה חדרים מליאות ובחוץ מלא יבואו לראות המלך איך יאכל וכל השרים אשר הם עומדים לפני המלך כל אחד מהם הכובע בידו והבחורים מבן עשרה שנים ומעלה בני השרים עומדים לפני המלך כל אחד מהם על ארכובה[5] אחת ומשתחוים

---

[1] So MS. [2] MS. ייראך. [3] MS. מצד היא. See p. 182, l. 10. [4] MS. היא.
[5] MS. ארכיבה.

סביב סביב לו על השולחן. ויש לפני המלך ד׳ דיינים כל אחד מהם עם העץ והיו מכים ומגרשים האנשים מפני המלך וכל הדיינים אשר במלכות המלך פורטוגאל המלך יתן להם עץ אחד והוא הסימן מן המלך הטוב ואימת המלך על כל מלכותו. וביום ההוא בעת הסעודה ואני יושב בין האנשים ועשה סימן אלי המלך אלך[1] לפניו וכן הלכתי לפני המלך והיו לו שנים אנשים משרתים ובעל לשון ערב היה עמדי וקרא המלך מפורטוגאל אחד מן הדיינים ואמר לו תגרש האנשים אשר לפני החלון והם היו שרים גדולים ותעשה שהאינבשדור יהודי יעמוד בחלון ההוא ומשרתיו לפני וכן עשו. וישבתי באותו מקום שסדר לי המלך והיו תוקעים בחצוצרות ובכל מיני עוגב מינים הרבה והמלך על השולחן ושלשה אחים של מלך היו באחורי השולחן ונתנו לו אשר ירחוץ בו ידיו היינו הקערה הגדולה והיתה מכסף והעליונה אשר בתוכה המים היה מזהב ועמדו שנים מאחיו והיו משתחוים לפני המלך והיו מנשקים על[1] קערות הכסף עד שרחץ המלך את ידיו והאיש אשר היה רוחץ ידי המלך היה שותה המים בתחילה קודם שירחץ המלך והחשמן אחיו מהמלך משתחוה לפניו ומנשק אחר רחיצתו הכלי אחר אחיו ועמדו על הסעודה. והשולחן ההוא יש בו כבש הרוג בלא שחיטה והם היו מסירין הבטן מהכבש ההוא והכבש היה שלם מראשו ועד כרעיו ושמו לו קרני זהב ושמוהו לפני המלך על השולחן והיה גם כן בשולחן ד׳ חזירים בלא שחיטה שלמים מראשם[2] ועד סופם. והיה גם כן על השולחן עופות[3] הרבה והיו מסירין הראשונים ונותנים לו לאכול האחרונים והמלך אוכל ואחיו גם כן אחורי השולחן הם אוכלים ונתנו למלך מים לשתות ושותה ונתנו אח״כ אל אחיו מים לשתות ושותה וחזרו לאכול והם היו חותכים למלך מכל מין הבשר והיה אוכל מכל מעט. וכן היו נותנים לאחיו ויש לכל אחד מהם משרתים על השולחן ונתנו למלך פעם אחרת מים לשתות והמשרתים נתנו אחרי כן לאחיו גם כן לשתות מאת המים ושתו על שולחנם מים ג׳ פעמים. ואחרי כן נתנו פירות שלימים לו לבדו ולאחיו לבדם:

ואחרי כן נתנו מיני מתוקים ענינים הרבה ואח״כ הסירו המפות והשולחן ועמד המלך על רגליו בשולחן והגלחים מברכים אותו ומשתחוים כל העם ואח״כ כנס המלך לפני המלכה אשתו ונכנסתי אני אחריו עם המשרתים שלי ועם בעל לשון ערב והשרים הגדולים נכנסו גם כן אחרי לפני המלכה ואת הקאפיטאנייה שהיו תפוש[4] מאינדיאה הביאו אותו לפני המלך ביום ההוא ואני עומד לפני המלך ועמד הקאפיטנייא בפני המלך ושאל אותו המלך בפני ואמר לו ארץ אינדיא וקאליקוט אם יש יהודים שם. והשיב הקאפיטנייה אל המלך יש יהודים רבים אשר לא יספרו מרוב בשינגולי רחוק מקאליקוט מהלך עשרה ימים ודבר למלך דברים נוראים נכבדים וגדולים מאת היהודים אשר הם בשינגולי. ושאל לו המלך

---

[1] So MS. [2] MS. מראשים. [3] MS. עומות. [4] MS. תפייש.

גם כן אם שמעת שיש ליהודים מלכים והשיב למלך כי יש עליהם ולהם מלכים והמשרתים אשר היו בפני היהודים וגם בעל לשון ערב שמעו כל אלה הדברים והם דברו לי הכל. ואחרי כן יצאתי מלפני המלך והמלכה[1] נקראים אחיו מאת המלך אלורשי שמו ואני הייתי בחצר ולא יצאתי עדיין ממנו והיו בפני המשרתים יהודים ודבר עמי והוא היה יותר נכבד מכל אחיו וקרא לשון ערב ובא לפניו והיה הוא התורגמן ביני לבינו ודבר עמי על עניין הדרך ועניינים אחרים והשבתי לו אחיך המלך כל אשר יחפוץ הוא כן אלך וכן אעשה. ואחׄכ הלכתי לביתי לחיים ולשלום ומיום אשר ראיתי המלך שתה מים ואחיו גם שותים מים ויושבים הם במלכותם גזרתי והסכמתי בלבי שלא לשתות יין כי אם מים והסבה שאני באתי ממזרח למערב לאהבת יי ובעבור אהבת עמו ואהבת ארץ ישראל ואני בגלותי ולכן הסכמתי בלבי שלא לשתות יין ומיום אשר שתיתי המים ראיתי בעצמי אוכל בסעודה יותר מבראשונה בשולחני והמים ראיתי בתעניתי יותר טובים. ואת הסינורא אשר בנאפולי יש לה בת אחת בלישבונה ויש לה בן ובת והיא מתענה בכל יום והבנים שלה הם מתענים שני וחמישי והיא חשובה אי אפשר להאמר[2] והיא בעלת צדקה ובעלת גמילות חסדים כמו אמה תהיה ברוכה מאת יי וכל האנוסים היה מאמינים יי חוץ מאחד רופא שהיה עומד בלאנה בא לפני ודבר כנגד דתנו ועמדתי עליו להכות אותו וחזק בידי קרבלייאה אנוס מן טאוילה ואחרי כן נחם במעשיו:

והמלך שלח בעדי וטוביה ודוד ובן ציון עומדים עמי והלכתי לפניו והם בפני ונכנסתי בבית המלך בשלשה חדרים וכל החדרים מליאות אנשים ושרים גדולים ועמדנו בחדר השלישי ונכנסתי לפניו והמלך נעשה ראשו במסרק ובפני כמו ח׳ משרתים ואמרתי למלך תרצה שנדבר אני ואתה שעה והשיב לי אני טרוד ויש לי עסקים רבים מפני אחותי[3] הנשואה אל מלך הקיסר ואני רוצה לסדר כל העניינים ואם תרצה תכתוב שאלתך שאתה מבקש ממני ואני אצוה שנים יעמדו לפניך ותכתוב לי כל שאלתך ובבקשתך וכל מה שתרצה. ואחרי כן הלך המלך מזה החדר ועמדתי כמו חצי שעה ובא לפני דון מיקיל ושנים אחרים ואמרו תבא ונכתוב אנחנו ואתה את כל שאלותיך ועליתי אני והם בחדר עליון ועשיתי קטטה ומריבה עם דון מיקיל ולא רציתי לכתוב לפניו דבר ונסעתי וחזרתי לביתי ועמדתי עד יום הבׄ והמלך שלח בעדי והלכתי אני וטוביה ודוד ובן ציון ונכנסנו מדלת אחרת במקום דירת המלך וקראו אותי על החדר אשר המלך יושב בו ולא ראיתי המלך ולא יש בחדר ההוא כי אם דון מיקיל וגׄ שרים גדולים ובעל לשון ערב וטוביה ודוד ובן ציון עומדים בחוין מהחדר ובראותי דון מיקיל ולא ראיתי פני המלך אמרתי אל לשון ערב אין הוא המלך. והשיב אלי לשון ערב איך המלך נכנס לפני אשתו וישן עמה וצוה לנו לכתוב

---

[1] Lacuna? [2] So MS. [3] MS. אחותו.

את כל אשר תבקש ואמרתי אל[1] הערב הנזכר אני באתי אל המלך או אל דון מיקיל ואם יעמוד דון מיקיל לפני אני אהרוג אותו ואחר כך עשיתי קטטה גדולה ולא רציתי לכתוב והלכתי בביתי ומשרתי עמי ורצו משרתי המלך וסגרו[2] עלינו הפתח ורציתי לשבר הדלת ופתחו לי ויצאתי אני ומשרתי והלכתי לביתי ועמדתי בבית רגע אחת ושלח בעדי המלך שנים משרתים. ואמרתי למשרתי המלך אין אני רוצה לבא בזה היום והלכו וחזרו שני האנשים אחרים לפני מאת המלך ואמרו המלך מצוה אותך כי תבא והשבתי להם תלכו לשלום כי איני רוצה לבא בשום פנים והלכו להם ואני רכבתי על סוסי ורכבו עמי שנים אנוסים והלכתי לשוט ומשרתי הנז לפני ואנחנו הרחקנו מהבית כמטחוי קשת והנה בא מאת המלך שלשה משרתים ואמרו תבא לפני המלך ואמרתי להם תלכו לשלום כי אינני רוצה לבא בשום פנים ורכבתי והלכתי בשדה ועברתי נהר ואת משרתי המלך חזרו ועברנו אחר הנהר מהלך ד׳ מילין ועמדנו כמו שעה אחת וחצי וחזרנו בבית ואנחנו הגענו בבית ושנים שרים גדולים ובעל לשון הערב עמהם באו אלי לביתי[3] ואמרו אלי אם תרצה לבא תבא לפניו כי המלך רוצה לעשות כל מה שתרצה ואמרתי אל בעל לשון ערב תחזיר שלום אל המלך וגם אמרתי לשרים ההם אשר באו זה היום אין אני יכול לבא ולא אוכל לעמוד לפני המלך היום יען יש לי צער וקדחת וכל איברי חלושים ואם המלך ירצה יקראני למחר אחר אכילתו אל החדר אשר הוא עומד עם המלכה ואבא ואדבר אליו והלכו מפני השרים הגדולים ההם ובבקר השני שלח בעדי המלך והלכתי לפניו ונכנסתי בחדרו והוא עם המלכה ובן ציון ובעל לשון הערב הם לפני ובהגיעי לפניו אמר לי המלך למה שלחת בעדך שלוחים רבים אתמול[4] ולעולם לא רצית לבא לפני: והשבתי לו אני באתי ממזרח למערב בעבור עבודתך ובעבור אהבתך ועברתי בארצות ישמעאלים בארץ אויבי ובאתי ברומאה[5] עד אשר הגעתי לפניך ולא בקשתי מאתך לא כסף וזהב ולא אבנים טובות ומרגליות ולא באתי כי אם לגדל מלכותך ולא נתת אלי יום אחד שאשב עמך ואדבר אליך כל עשתונות לבי ובטלתי עצמי מארצי שנים רבים עד שהגעתי לפניך ואתה לא רצית לבטל יום אחד בעד עסקי לשמוע בקולי:

והמלך השיב לי תמחול לי בזה השעה כי יש לי עסקים רבים ולא יכולתי עשות דבר אחר מפני אחותי המלכה הנשאת אל הקיסר ואני צויתי תכתוב לפני השרים הללו ואשמע הכל והשבתי למלך אני אמרתי אליך אם יעמוד דון מיקיל לפני ואף אם הוא בפניך ביי נשבעתי ובחייך כי אני אהרוג אותו כי הוא אויב יי ואויב לך ואויב לי ורצה לעכב אותי ברומא מפני רצון אויביך הוא מבטלי רצונך והכעס אשר עבר עלי אתמול כי לא רציתי לבא היה בעד דון מיקיל כי הכעס מסלק הדעת והשבתי לבא ולהרוג אותו ביום תמול

---

[1] MS. אלי. [2] MS. וסגור. [3] MS. בביתי. [4] MS. מחתמול. [5] So MS.

ואחרי כן לא באתי אליך תמול. ועתה אם תרצה הנני לפניך. והשיב לי המלך אם תרצה כי אעשה שלום בינך ובין דון מיקיל כי הוא משרת שלי והוא נאמן לפני ובעל סודי. והשבתי להמלך אין אני[1] רוצה שלום עם דון מיקיל לעולם. והשיב המלך מי תרצה יהיה ביני ובינך לסדר לך כל ענינך אשר תשאל והשבתי לו אני רוצה כל משרתיך קטון וגדול חוץ מדון מיקיל. ואז השיב לי המלך תכתוב בפני אלו השנים אחד גלח ואחד סופר וכולם נכבדים וקרא אותם בפניו ואמר אלי המלך תכתוב ותאמר להם כל מה שתחפוץ ממני כי אני לא אוכל לעמוד לפניכם בהיות שיש לי עסקים ואחרי כן אני אראה הכל והלכתי אני והם בחדר וכתבתי כל אשר רוצה מאת המלך ועמדתי אני והם מחצי היום עד הלילה ואני מתענה לג̇ ימים ולילות והלכו בעד הנר וקשקשו בתפלות שלהם והם משתחוים לתפלות ואני עמדתי להתפלל שמע ישראל לפניהם עד שהשלמתי תפלת ערבית לפניהם ועמדתי על הכסא ביניהם וכתבו מעט ואמרו תחתום כתיבת ידיך וכתבתי שמי ושם אבותי[2] עד המלך דוד בן ישי. ולקחו הכתב בידיהם והלכנו אני והם לפני המלך ואמרתי למלך איך אני עיף וינע בהיות כי אני מתענה ג̇ ימים והנני רוצה לחזור ללכת לביתי: ואז אמר לי המלך תלך בשלום וראה המלך המכתב ומספר המלכים עד המלך[3] דוד בן ישי ואמר לי המלך כל אלו לב̇ אבותיך והשבתי לו אבותי ואבות אבותי הם והלכתי לשלום וחזרתי לביתי: ואח̇כ̇ המשרתים שלי היינו טוביה ודוד בן ציון ביניהם שנאה חנם ולשון הרע ולא שמעו לקולי. וגם אל שלמה כהן ואני עושה להם את רצונם ובטלתי רצוני מפני רצונם. ואל בן ציון עשיתי לו כבוד על כל המשרתים בעד הצווי מו̇ר דניאל מפיסה כי הוא אמר אלי רצוני שתהיה מופקד בידך וקראתי לבן ציון לפני ואמרתי לו ביני לבינו הזהר שלא תיישן אתה וטוביה במטה אחת כי ידעתי כי הוא איש בליעל והוא שותה יין הרבה וגם אתה לא תשתה הרבה פן יגרום החטא עליכם ותעשו דבר שלא כדין בביתי ודברתי לבן ציון את הדבר הזה ב̇ או ג̇ פעמים ולא שמע לקולי ובלילה אחת רציתי להכות אותו וצעק עלי וברח והלך[4] בחוץ ממני והיה צועק עלי:

וביום השני הלך בסנטירין בלי רשותי ודבר אלי נבלים לפני האנוסים והגידו לי כל דבריו כי זה תרבות אנשים חטאים וסבלתי דבריהם ותנחתי אותם יעשו את רצונם מפני כבודי: ואחר מעשה שעשה טוביה את מעשיו הרעים עם השפחה עשה אגודה יחד הוא ודוד ובן ציון והלכו לדון מיקיל שונא שלי והלשינו אותי אליו מאת אשר לא דברתי רק טוב ותמיד הם הולכים אליו בכל יום לדבר אתו רעות ממני. ודון מיקיל רשע גמור ומרגל אותם ובקשו מאת דון מיקיל יכתוב להם ויחתום בטבעת המלך כי יוכלו ללכת לבטח וכן עשה להם דון מיקיל לבלי ידיעתי ובלי ידיעת שלמה כהן. ואחרי כן הלכו להם ושלמה כהן

---

[1] MS. אינני. [2] MS. ואמרתי. [3] MS. שהמלך. [4] MS. והולך.

הלך אחר בן ציון ונתן לו שנים דוק מכיסו בלי ידיעתי[1] כי אין חשק שילכו להם. והייתי רוצה שיהיו עמי עד שאראה כל עסקי ואשלחם בכבוד גדול לעיני כל העם [ו]לא שמעו אלי ולא ראיתי לא בן ציון ולא טוביה לעולם. והלכו בסנטירין וחזר אלי דוד ובקש ממני מחילה וברכה מאת ה׳ ונתתי לו החותם זהב שלי ואמרתי לו איזה תרצה יותר או את החותם או עשרה דוק. ורצה בתחלה החותם זהב ונתתי אותו אליו בשבועה על תנאי אחר שנשבעתי אותו ודברתי אליו דברים הללו ישמור כל אשר ציויתי[2] אותו ואותו אהבתי מכל המשרתים ויהיה זה לעד ולסמון ביני ובינך כי אני רוצה שתהיה לי משרת כל ימי חייך יען ראיתי אותך ענו וירא אלקים ויש לך דרך ארץ יותר מכל המשרתים אשר היו לפני בדרך ברומא ואם היה שומע לקולי בפורטוגל והיה יושב עמי הייתי עושה כבוד גדול אליו לעיני כל ישראל והלך עמהם בעצתם: ואמרתי לו אל יודעו חבירך כל אלו ונסע מאתי והלך לו והיה בידיהם משלמה כהן מטאוילה עד סנטירין יותר מל דוק כל אחד מהם: ואת האנוסים הגדולים באו אלי באלאמרין ואמרו לי תעשה חסד עמנו למען יי תשלח אלו המשרתים לדרכם כי אנחנו מתיראים מהם יראה גדולה פן ילשינו עלינו איזה דבר רע אל המלך ואין בהם יראת אלקים ואם לא חסו ולא רחמו עליך כל שכן עלינו יעשו פועל רע ואתה מטיב ועושה להם רצונם ומכבדים אותם כל הנוצרים והאנוסים בעד כבודך ולא יש בהם דרך ארץ. גם הלכו לאוייב שלך דון מיקיל והתייעצו עמו ואיך תאמין בהם כי ישבו עמך. הטוב והישר לך ולנו תניחם ללכת ולא תעכב אותם ואנחנו ניתן להם צדה לדרך למען ילכו להם ואנחנו שלמים מהם ויותר אנחנו מוכנים לעשות כל אשר תחפוץ יותר מהם:

והשבתי להם היה ברצוני לעכב אותם ולהחזירם בבית הסוהר ואחר אשר דברתם אלי בזאת השעה אניחם והנחתי אותם אם ירצו ללכת ילכו ואם ירצו לשבת ישבו. ולא אתן להם לא מחילה ולא רשות ואני אניח אותם יעשו כרצונם. והאנוסים הנ׳ עשו להם [כבוד] מסאנטירין ונתנו להם מעות והלכו להם בלשבונאה. וכן עשו להם בלישבונה כבוד גדול האנוסים ונתנו להם מחייתם ומעות ונסעו והלכו להם בים מבלי רשותי:

ואחרי נסעם ממני בחדש אדר רפ״ו באו לפני ה׳ יהודים מאיסאפי ומזימור וביום אשר הגיעו אלי אמר לי שלמה כהן שמור עצמך מאלו היהודים כי אני רואה אותם שהם רשעים ולא שמעתי לקולו. והאמנתי בם בתום לבי והם גנבו דעתי ולקחתי להם בגדים חדשים ושמתי יוסף קורדיליאה על ההוצאה ושנים אחרים נתתי להם המפתחות מהארגזות מהבגדים והלבשתי אותם מלבושים חדשים מראשם ועד רגלם. ועומד יהודי מזימור ואברהם מאיסאפי מליצים ביני ובין המלך ובין הנוצרים ובין האנוסים והם חכמים בלשון הקדש ומבינים דברי ועמדו עמי בחג המצות ועשיתי הוצאות רבות וגדולות בעדם כי היו אוכל[י]ם הרבה והיו רוצים דבר טוב והתחילו בלשון הרע ביניהם ושנאת חנם וקטטות יותר ממשרתים הראשונים

---

[1] MS. ידיעותי. [2] MS. צוותי.

יען היה להם דרך ארין יותר ומריבה וקטטה גדולה היתה בין יהודה ואברהם מזימור הנז על המאכלות ועל המפתחות: ואחרי כן היו רואים איך המעות ומפתחותיהם ביד שלמה כהן ורוצים לקחת ממנו את המפתחות והלשינו על שלמה כהן ולא קבלתי אותם יען ראיתי אותו כמלאך אלהים: אחרי כן באו לפני האנוסים היותר גדולים ואמר[ו] להם דברים שלא כהוגן ובאו אלי האנוסים ואני על מטתי בלילה ואמרו לי האנוסים ההם תשלח שלמה כהן ילך לארצו ואנחנו נהיה בעזרתך ואלו היהודים יספיקו לך וישרתו אותך היטב ואם לא תעשה זה הדבר תדע כי לא נהיה בעזרתך. והשבתי להם לא אוכל לשלחו בזה הזמן עד אשר אחשוב ולקחתי מהם זמן ה̇ חדשים ימים ובא אלי דאנה וקרחת בעבור זה ולא ידע מאומה שלמה כהן בזה הדבר: אחרי כן הלכו האנוסים ההם לדרכם ואמרתי לשלמה כהן שיכתוב לי אל איסאפי אל ר׳ אברהם אבן זמירו וכן כתב ולקחתי הכתב בידי ואמרתי אל יהודה ואל אברהם הנז שיכתבו לי כל אחד מהם כתב אחד אל ר׳ אברהם אבן זמירו עשוי באופן טוב ואני אבדוק הכתבים שלכם ואם הם יהיו יותר טובים ודברים נכונים דברי חכמים יותר מהזקן אני אשלח הזקן ואקח אתכם ותשרתו אותי וכן כתבו וראיתי את כתבם וקראתי האנוסים אשר הלשינו הזקן להם. ואמרתי לאברהם הנז תקרא כל אלו הג׳ כתבים בלשון לעז לפני אלו הנכבדים האנוסים למען ישמעו וישפטו איזה הוא יותר טוב מכל הכתבים וכן עשה. ושפטו כל האנוסים כי כתב שלמה כהן יותר טוב משני האחרים. ואחרי כן אמרתי לאנוסים הנז תדעו ותבינו כי שליח אני לזאת המצוה מאת המלך יוסף אחי ומיועציו ובאתי ממזרח למערב בעבור עבודת יתברך שמו ובעבור ישראל לקבצם מכל המקומות להביאם לארץ נושבת בירושלים עיר הקדש ובאתי ברומא לפני האפיפיור ויי שלח אלי את ר׳ דניאל מפיסא יותר טוב מכל היהודים אשר באיטליא ועשיר וסדר לי כל עסקי מאת האפיפיור וכל המכתבים הן מפיטריגואן וממלך פורטוגאל ויצאתי מרומא עם ר׳ דניאל ובאתי לביתו בפיסאה ועמדתי עמו ז̇ חדשים עד אשר ראה לי ספינה גדולה. ונתן לי זה הזקן ואמר לי בעבור אהבתך אני נותן אליך זה הזקן הכהן ישרת אותך ויעמוד עמך בפורטוגל עד אשר המלך ישלח אותך בשלום אל ארצך ואחרי כן תשלחהו אלי בשלום ואמרתי לאנוסים איך אעשה ואני יחידי וזה הזקן סופר שלי והוא ישרת אותי ומצווה מאת ר׳ דניאל כי הוא לא ילך לו עד אשר אכנס בספינות אראה איך המלך יעשה עמי ויגיד הכל לר׳ דניאל ולזאת הסיבה לא אוכל לשלוח אותו והוא זקן בן ע̇ שנה ודבריהם שקרים עליו וכל מה שידברו נגדו כדי לקבל המפתחות מהמעות ביד הזקן ואחרי כן הלכו לדרכם האנוסים ההם. ואחר כל אלה הדברים המלך תפס אנוסים בביתי ואינו אמת כי המלך לא שלח לתפשם כי אם שרי המלך ושמו אותם בבית הסוהר ואני כתבתי אל המלך בשעה שנתפשו ושלחתי אל המלך וכשמוע המלך צוה יוציאו האנוסים בחוץ ועמדו עד יום השני אחרי כן שלחתי אל המלך בכתב אחר שליח אחד ובאותה שעה שקבל המלך הכתב אמר

לשריו לא אמרתי לכם מיום אתמול כי תוציאו אותם בחוין ואז הוציאו אותם ובא לפני האנוסים התפושים ההם: ואחרי כן קראני המלך לפניו בחדר המלכה והלכתי לפניו ואמר לי אני שמחתי כי באת לעזור לי וכי אתה באת כדי להחזיר האנוסים יהודים. ואני שמעתי איך האנוסים הם מתפללים עמך וקוראים בספרים שלך ביום ובלילה ואת עשית בית הכנסת להם: ואחר ששמעתי דברי המלך כעסתי עמו ואמרתי לו אני באתי ממזרח למערב בעד זה הדבר ולא באתי כי אם לגדל מלכותך ולהיות בעזרתיך. והמלכים לא יפתחו אזנידם למלשינים. שאינם מדברים האמת וכל מה שדברו אתך הם דברי שקר ואינם אמתיים כלל. והמלך מפורטוגאל אמר אלי אם זה הוא אמת לא תעשה כן יותר מהיום ולהבא אם תעשה לי עמי חסד ואחרי כן המלך נתרצה אתי בדברים טובים יען ראה אותי כעוס ודבר עמי על עניין הדרך ועל עניני מזרק אש הגדולים והקטנים ואמר לי כי הוא יתן אלי ד׳ טחנים בספינות נקח אותם אל ארצינו. ואחרי כן הלכתי לביתי בצאתי מלפני המלך:

ואחר כל אלה הדברים שלח הקיסר בעד אשתו אחות המלך מפורטוגאל אנשים וסוסים ופרדות רבות לא יסופר מרוב ובא אינבאישדור עמהם ובא אותו האנבאיישדור אל ביתי ודבר עמי ואמר לי איך שמעני הקיסר מעניני וגם הוא שמח בזה הדבר ומתאוה לראות את פניך הקיסר ועמד[תי] לפני האינבאיישדור ההוא כמו ב׳ שעות ואת אברהם ויהודה הנז׳ מליצים ביני לבינו וגם בא הדוקאס מארצו אל אלמארין לפני המלך כי הוא קרובו ושלח המלך לקראתו אנשים רבים ואחרי אשר הגיע לפניו דבר המלך עמו בעד עסקי ובלילה השני בא לפני הדוקאס הנז׳ כמתנכר הוא וד׳ משרתים ואני על השולחן ואחר שאכלתי כנסתי בפנים והוא לקח רשות ממני והלכו להם ואחר שנכנסתי בפנים באו לפני אנוסים והגידו לי איך הוא הדוקאס שהיה מתנבר ובא לראותי איך אני אוכל:

וביום השני נסעה המלכה והלכה לנשואיה אל הקיסר והמלך אחיה מלוה אותה והדוקס הולך עמו ועמים רבים ואני רכבתי על סוסי ובא עמי משומד אחד שכנס בדת ישמעאל ואחרי כן כנס בדת הנוצרים ואין אני יודע בו בכל אלה ושמו היה אלדיק והוא מאיסאפי ובא עמי לפני הסוס והלכתי ללות המלכה אחות המלך ג׳ פרסאות ואחרי כן לקחתי רשות מאת המלך ומה[מ]לכה אחותו וחזרתי לביתי והגעתי בלילה: והמלך חזר ביום השני ואלדיקא משומד הנז׳ הוא איש חזק ונכבד ופניו ראוים ואמרו לי היהודים מאלדיקא איך הוא משומד וכי הוא רשע: ואחרי כן קראתי בלילה אלדיקא הנז׳ לפני ואני על מטתי ואמרתי אליו אני שמעתי עליך איך הלכת בדת ישמעאל ואחרי כן חזרת בדת הנוצרים ואני אאמין כך ובדבריך כי תעמוד עמי ותשרתני ואתה הולך בכל בקר לדרכך ותצא מביתי והשיב לי אלדיקא אם תעשה חסד למען אהבת יש׳ ולא למעני כי אני חטאתי עויתי פשעתי ועשיתי רעות יותר ממה שאנשים דברו עלי אליך אבל אני רוצה לשוב על ידיך ולחזור בתשובה ואשבע בתורת מ״שה כי אני רוצה לשוב אם תקבל אותי ו״י מקבל שבים ואני אעמוד בפניך עד אשר

אמות ואעבדך בכל לבי לך ולכל סוסיך ולכל אשר תצוני כן אעשה ולקח החומש על צוארו ונשבע בשבועה דאורייתא ועמד בביתי ויש לי סוס יפה וטוב יותר מכל סוסי המלך ואני רוכב הסוס והיהודים היו חלשים לא היו עושין לי דבר ואין כחם אלא בפיהם והם שואלים ממני כל היום שאלות ובקשות ואם היו הולכים עמי לפני המלך לא היו באים עמי כי אם לאחור יען יש להם יראה ומורך בלבבם ואין להם דרך ארץ ובעל לשון *ערב אמר לי[1] כי אלו היהודים שבאו באחרונה אין להם דרך ארץ ואינם ראויים לכבודך ויש להם גאוה ולא יסירו הכובע מראשם לא בביתי ולא בבית המלך והגוים מדברים עליהם. ובעל לשון ערב מדבר עמי בכל יום איך הם בזויים מפני הגאוה ולא יוכלו שום אחד מהם לשאת מחרב[2] על כתפו כי אמרו חרפה היא לנו ונחמתי על המשרתים הראשונים כי הם היו נכבדים *בעבורי ולא אדרוך[3] לפני המלך כי אם לכל אחד מהם היה חרבו על ירכו והכובע בידם תמיד והיו תמיד בימיני ובשמאלי. וכן אמרו אלי הדיינים מאת המלך כי גרשתי החברים הראשונים שהם טובים ולקחתי אלו נבזים ומאוסים והם נתנו אלי אלדיקא משומד בביתי ואלדיקא הוא איש חזק ובעל לשון יותר מהם ועמד בביתי ובכל יום היה עושה מלאכה בסוס ויצליח תחתיו ויאכילהו וירחצהו וישליך את צואת הסוס מתחתיו ועשה כל דבר בביתי ואם הלכו היהודים לקנות שום דבר בשוק הלך אלדיקא עם אותם המעות והיה מביא הכפל מהם ובכל יום הם בקטטה ומריבה עם אלדיקא ומביאים אלי[4] לשון הרע ממנו ואמרתי להם לא אוכל לגרש אותו מביתי יען הוא מצליח ועשה לסוס כל מה שיצטרך לו וכן הוא עושה צורך הבית ואין אתם יכולים לעשות עסקיו ומעשיו אשר הוא עושה לי והיהודים גרמו לי הוצאות גדולות כי כל האנוסים והגוים אשר יביאו מזימור ומאיסאפי ומפיין היו באים בבית והיו אוכלים ושותים הם וסוסיהם שלהם בעדם ובעד חברתם[5] זה מה שקבלתי מהיהודים ההם. וכן עשה קטטה עם האנוס המשרת בביתי[6] והוא עושה כל עסקי הבית ובא עמי מטאוילה לשרתני יותר מהם ושפטו אלי עליו ודברו לי עתק היהודים ממנו עד שהוצאתיהו מביתי בעבורם והיהודים הנז׳ באו מארצם בלי בטחון מאת המלך ונתפשו בבואם בטאוילה ונתנו ערבות בעד ד׳ מאות דוק אם לא ישלחו כתב המלך והדיין מטאוילה כתב בעבורם לפני המלך איך באו יהודים בלי בטחון. ואחרי כן קראני המלך והלכתי לפניו והיה עמי יהודה ובעל לשון ערב ושאל לי המלך איך היהודים באו אל ארצי בלי בטחון והשבתי אל המלך איך כתבתי אליהם שיבואו אלי ובאו בעבור לשרתני ואני רוצה מרום תפארתך תכתוב לדיין מטאוילה שיבטל הערבות אשר קבל מהם ותעשה להם למעני בטחון שיוכלו ללכת ולא יהיה להם נזק בטאוילה: וכן המלך צוה אל הסופר שלו שיכתוב לדיין שימחוק הערבות אשר נתנו לו וילכו לבטח בחותם המלך ובזה היום הלכתי לביתי מבית המלך

---

[1] MS. אמר לי ערב אמר לי.
[2] So MS.
[3] MS. בעבורי ולא אדריך.
[4] MS. עלי.
[5] MS. הברתם.
[6] MS. בבית׳.

והיהודים הם עמי ועם אלדיקא בקטטה. והמלך קראני ארבעה פעמים בשני ימים על דבר האנוסים ואמר לי תהיה חכם מה תעשה עמהם. ועוד אמר אלי איך זה הדבר כי אני שמעתי כי עשית ברית מילה אל הסופר שלי והשבתי לו אין זה אמת חס ושלום כי לא באתי לעשות אלו הדברים ולא תפתח אזניך למלשינים. ודברתי עם המלך ואני כעוס ואמרתי לו התשמע השקר ותאמין להם הזה פועל חכם כי תאמר לי עשית זה הדבר חלילה לי מעשות כדבר הזה כי לא באתי כי אם לעסוקי ולעבודתך. ואחרי כן שתק המלך מזה הדבר ודבר עמי על עניין הדרך והספינות. ואחרי כן יצאתי מלפני המלך ובאתי לביתי ועמדתי ד׳ ימים וקראני המלך לפניו ובפני יהודה ולשון ערב ואמר לי המלך אני שמח בך כי באת בעזרתי אבל אתה תתריב[1] מלכותי יען כי כל הנוצרים אומרים עליך כי אתה החזרת האנוסים יהודים וכל מי שיבא אל ביתך אנשים ונשים וטף מנשקים על ידיך ואם אתה על שולחנך כל בני האנוסים עומדים ומשתחים לפניך והשבתי למלך ואני כעס ואמרתי לו אני באתי ממזרח למערב לפניך והדלת מביתי פתוחה לכל אדם נוצרים ואנוסים ואין אני מכיר אותם מי הם הנוצרים ומי הם האנוסים ולא אוכל עשות דבר אחר כי אם ביתי פתוחה לכל עד שתוליכני לשלום ואתה תשמע לקול המלשינים ילשינו עליך דברים שאינו אמת וכל דבריהם שקר וכזב ואתה מאמין בם:

ואחרי כן המלך נתן לי ידו ואמר אלי תעשה לי זה החסד לא תניח שום אדם שינשק את ידיך והמלך נדר לי ח׳ ספינות בחדש ניסן עם ד׳ אלפים מורקי אש גדולים וקטנים והאמנתי לדבריו ויצאתי ממנו ובאתי לביתי ועמדתי עד הלילה ובא אלי הסופר ההוא אשר עשה הברית מילה בהחבא וכי הוא מתחבא מפני המלך בדירת האנוסים ודבר עמי בזה הלילה וכעסתי עמו ואמרתי לו תראה מה גרמת עלינו תלך לך לירושלים ותצא מפני המלך פן ישרוף או יהרוג אותך והלך מפני. וכי זה הסופר בא אלי בתחילה הגעתי לפני המלך ואמר לי איך הוא חלם בלילה איך הוא היה עושה ברית מילה ואמר לי תעשה עמי זה החסד ותעשה אלי הברית או תצוה לשלמה יעשהו אלי וכעסתי עמו ואמרתי לו לא תעשה זה הדבר בזה הזמן פן יהיה לך סכנה וגם לנו אם יודע הדבר הזה יאמרו אלי כי אני עשיתי ויעצתי אותו ואמרתי לו תעמוד על משמרתיך לפני המלך עד שהקב״ה יפתח הפתח והוא יודע מחשבות האדם והשמר לך שלא תעשה הדבר הזה בזה הזמן יען אתה ואני וכל האנוסים נהיה בסכנה גדולה *והלך מפני ועשה[2] בינו לבינו זה הפועל מברית והוא סופר ומכובד לפני המלך וידע המלך מפורטונאל וכל שריו וכל האנוסים והנוצרים והם יודעים כי הוא עשה[3] ברית מילה וברח והלך לו הסופר ההוא והמלך והשרים וכל עבדיו אמרו איך אני *גרמתי שעשה[4] זה הסופר הברית אף אם לא עשיתי לו הברית ההוא אני בעצמי:

---

[1] MS. תתרוב. [2] MS. והולך מפני ועושה. [3] MS. עושה. [4] MS. גרמה שעושה.

ואחרי כן שלח המלך בעדי ואני לא הייתי בבית כי הלכתי אחרי הנהר אל דירה אחת ולא באתי עד הלילה ובא בעל לשון ערב לפני ואמר לי איך המלך קרא אותך זה היום גם זה לטוב וביום השני המלך שלח בעדי אלך אליו וכל פעם אשר ישלח בעדי המלך הוא שולח עבדיו ילוו אותי וישמרו אותי. וגם היה שולח הדיין שלו על סוסו גם כן ללות אותי ובזה היום הלכתי לפני המלך ודבר עמי איך אני יש לי עסקים רבים לעשות ואין אני יכול לשלוח הספינות עמך למזרח לא בזאת השנה ולא בשנה הבאה ואם תרצה ללכת אל ארצך תלך בשלום כי אני נותן אליך רשות ואני אברך אותך כל הימים כי באת[1] מארצך לעבוד אותי ולעזרתי ואיני יכול לשלוח עמך הספינות מפני עסקים אשר לי לעשות פה במערב ואם תרצה תלך אל מלך קיסר ותגיד לו את רצונך או אם תרצה ללכת ולחזור ברומא או אם תרצה ללכת בפיין בחר לך את אשר תחפוץ וחרה לי עד מות את הדבר הזה. והשבתי למלך מפורטוגאל ויש לי כעס גדול ואמרתי לו אתה נדרת לי לתת אלי הספינות ולשלוח א׳ בחדש ניסן ואיך אתה נתת לאיש אחר והשיב לי כי יש לו לעשות במערב הרבה ואמרתי למלך איך אני רוצה ללכת לפני מלך קיסר ואני הייתי כועס ובפני המלך שנים שרים אוהבי המלך וראיתי את פני המלך בעיני שחורים והביט אל אחד מהשרים שהיו עמו וחשבתי בלבי כי המלך כועס בזה הדבר ואמרתי למלך אין ברצוני ללכת לא אל הקיסר ולא בפיין כי אם ברומא לפני האפיפיור ואמר אלי המלך ועושה[2] ותחשוב הדבר עד ח׳ ימים ויצאתי מפני המלך והלכתי לביתי:

והמלכה אשתו שלחה אלי ביום השני בעדי והלכתי אליה ויהודה עמי ודברה המלכה עמי ושאלה אלי איך רצונך טוב עם המלך אישי. והשבתי אליה איך המלך נדר אלי שיתן לי ח׳ ספינות ועתה נהפך עלי לאויב לא ידעתי מה היא הסבה וקראני אתמול לפניו ואמר אלי תלך בארצך כי אין בדעתי וברצוני לתת אליך ספינות. והשיבה המלכה אלי איך אני יודעת בודאי איך המלך היה רוצה לסדר אליך הספינות מלאות מורקי איש ואנשים מלומדי מלחמה והמלך שמע עליך כי אתה עשית אל הסופר שלו ברית מילה והחזרת האנוסים יהודים וגם אתה עושה עצות עם האנוסים כנגד המלך וכל שרי המלך ועבדיו מדברים למלך שלא יתן אליך דבר בעבור זה והמלך כעס מפני אלו הדברים. והשבתי למלכה גם זה לטוב לנו ולכם ואני לא באתי מארצי לעשות דבר כנגד המלך חלילה לי כי אני ראיתי לעבודתו ולהועלתו וכי ברצוני לחזור ברומא לפני האפיפיור שיחיה. ואמרה המלכה אלי תעשה בטוב ולקחתי מאת המלכה רשות והלכתי לביתי. והבן אשר עשתה[2] המלכה מאת המלך הוא חולה במאד מאד ועמדתי בביתי ובאו אלי יהודים אחרים מפיין היינו ר׳ יעקב הסופר ויש לו ח׳ משרתים ועמדו בביתי להוצאותי חדש ימים הם וסוסיהם והם שכורים אוהבי יין. ור׳ יעקב הסופר הוא איש ראוי והנוצרים היו משבחים אותו ואני

[1] MS. באתי.   [2] So MS.

האמנתי עליו ואותו אהבתי כי הוא בעל לשון וראיתיהו חכם גדול ושאל ממני דגל אחד כתוב בו עשרת[1] הדברות משני צדד[י]ו ואותו אשר שלחה אלי הסיניורא מנאופילי תמא ושנים חותמות זהב משקל[2] שלהם חמשה ועשרים דוקאט זהב מלאות מכסף כתוב בהם שמות הקדש. וכן נתתי אליו הדגל והחותמות ההם והוא נדר אלי כי יחזור אלינו בחדש אדר עכפ וגדר להביא אותי א׳ סוס לבן יפה וטוב שוה מאתים דוק׳ עם כלי הכסף מהסוס למען אתנהו להאפיפיור וגם להביא אלי שנים משכנות טובים וחומה להם סביב יהיו בידי לזכר מהקהל. ואני שאלתי ר׳ יעקב הסופר שלי מאלדיקא משומד אשר הוא יושב בביתי. והשיב אלי ר׳ יעקב הסופר איך הוא בן טובים וכי הוא מתנחם ומתחרט על מעשיו הרעים וכי ברצונו לעשות תשובה ואמרתי לר׳ יעקב איך אני לא האמנתי לדבריו וכי הוא דבר לי כי חטאתי עויתי פשעתי וברצוני התשובה והייתי מתיירא ממנו פן יגרום החטא ויגנוב אלי איזה דבר ואחר כי אמרתי לו[3] כל זה מאמין בדבריך כי כנים דבריו. ואמר אלי ר׳ יעקב הסופר אם ישב עמך הוא ישרת אותך ויהיה בעזרך וילך עמך בכל הדרך אשר תדרוך בה ויחזור התשובות על ידיך כי אני יודע שהוא מבני טובים ואני ערב לך עליו כי הוא יעשה כל רצונך ולא יחטא. ואלדיקא עומד בפנינו ולקח חמשה חומשי תורה והשביע אותו כמר יעקב הנז׳ לעשות את כל זה ולהיות נאמן. ואחרי כן שלחתי ר׳ יעקב הסופר אל ארצו הוא ומשרתיו ונשארו בביתי ה׳ יהודים אשר באו בתחלה א׳ בחור מפיץ שמו ר׳ יצחק שומר הדלת. והשני שמו ר׳ יוסף קורדיליאה זקן ורשע גמור כי בא להלשין לפני המלך ר׳ אברהם בן זמור יצו כי הוא הורג בת נוצרים ולקחתי אותו בביתי והשבעתי אותו על התורה כי לא ידבר מזה הדבר כלל ועיקר ונתתי בידו הוצאות הבית כי שמתי אותו על זאת המשמרה ולקח ממני יותר מק׳ דוקאט. אשר חסרנו[4] עמו ורצה הזקן שלמה כהן ללחום עמו על המעות הנז׳ החסרים ולא רציתי רק אמרתי לו תניחהו. והג׳ אשר היה עמי הוא זקן נכבד וראיתיהו נאמן ושמו ר׳ אברהם פירנטי מאיסאפי כי שלחתיהו באיסופי וחזר אלי והביא אלי עשרה דוק׳ נרות שעוה והביא אלי גם כן ספרים הרבה ושופר גדול ועמד אתי בבית משרת לקנות העצים והיין והתרנגולות וכבשים וכל צרכי הבית עליו ושעורים אל הסוס. והשנים אחרים אשר הם יהודה ואברהם הם כמו דתן ואבירם ומראים עצמם חכמים וענוים ומליצים ביני ובין המלך ובין האנוסים ובידם הארגזות אשר לי הבגדים והארגזות אשר להם השולחנות והמטות והארגז של הלחם וכי אני לא הנחתי אותם ולא עכבתים עמדי כי אם בעבור שהזקן שלמה כהן היה חרש ולא ישמע דברי כי אם לפעמים רבים אשר אדבר אליו ולכן העמדתי אותם לפני למען ידברו לפני המלך כי המלך לא רצה כי אמר אלי אינני שומע דבריו וכל הנוצרים והאנוסים אשר יבואו לפני אינם שומעים דברי הזקן. ולכן בחרתי בם ובטחתי בהם והלבשתי אותם מראשם ועד רגלם

---

[1] MS. עשרות. [2] MS. השקל. [3] MS. לי, something missing? [4] Twice in MS.

193 ⁘ ספור דוד הראובני ⁘

בגדים חדשים וחקרתי את הארגזות מהבגדים והנה חסר לי מהם ענינים רבים בגדי משי ולקחו מצנפ[ת] משי שהיתה שוה כ׳ דוק ומצנפת אחרת לבנה היתה שוה ה׳ דוק וענינים רבים חסרו אלי אשר לקחו הם ועמדו הם בקטטה עם אלדיקא ובלשון הרע זה אמר אתה לקחת וזה אמר אתה לקחת. וקניתי שנים עבדים שחורים עבד אחד בן עשרים והאחד בן חמש עשרה שנה בעד הסוס הקטן. והגדול העבד היה ראוי וגבור לשרת אותי בכל דבר ואלדיקא המשומד היה מסדר כל הענינים ומצוה אל העבדים הכושיים ואם ילך אלדיקא מהבית יום אחד כל עניני היו הולכים נהפך כי הוא היה משגיח בהם. ואחרי כן שלח בעדי המלך והלכתי לפניו ואמר לי מה חשבת[1] בלבך לעשות ובאיזה דרך אתה רוצה ללכת כי אני רוצה ללכת בסנטירין. והשבתי אליו רצוני לחזור ברומא לפני האפיפיור ותכתוב אלי מכתבים יהיה עדות ביני וביניך לפני המלך יוסף אחי איך אני הגעתי אל מלכותך וכי תכתוב אלי כתב אחד בטחון לכל הנוצרים:

והשיב לי המלך אעשה כל אשר תרצה אליך וקרא אל אנטוני קרניירי הסופר שלו וצוה אותו לפני יכתוב לי שנים כתבים וכתב שלישי יכתוב לי בטאוילה שיתנו לי ג׳ מאות דוק ואמר אלי המלך תבא אחרי בסנטירין ותקבל הכתבים ואשלח עמך אנשים ילוו אותך עד טאוילה. ואחרי כן יצאתי מלפני המלך ובאתי לביתי והמלך הלך ביום ההוא אל סנטירין והמלכה אשתו ויש להם[2] את בנה חולה והם הלכו לסאנטירין מפני בניהם לראות את בניהם יתנו לו רפואה וביום אשר יולד זה הבן באלמרין נתתי ג׳ בגדים שלי לאנשים שבאו לבשריני זה אחר זה והיו שלשה ולכולם נתתי חליפות שמלות א׳ טורקי זהב שלי היה שוה ל׳ דוק ולאחר נתתי א׳ גבאני[2] משי אדום חדש שוה ל׳ דוק ולשלישי נתתי א׳ טלקא משי שהבאתיה מארצי היתה שוה יותר מכ׳ דוק. ואחר שהלכו הוא ואשתו ובנו בסנטירין עמדתי אחריו באלמרין ג׳ ימים ואח״כ נסעתי עם כל הכלים שלי והולכתי אם[2] בסנטירין בבית יפה קרוב אל הנהר ואלדיקא עושה כל עסקי הבית ובחוץ ובסבת אשר הגענו בסנטירין עשו יהודים קטטה גדולה עם אלדיקא ואני ישן על מטתי. ואחרי כן עמדתי מן המטה ופתחתי הדלת וקראתי ובא לפני אלדיקא והיה מדבר עמי מהיהודים ההם לשון הרע ושמעתי דבריו ואמר אלי איך הם מדברים כי אני סוגר הדלת עליהם ואח״כ כעסתי עם יהודה ואברהם היהודים ההם הרבה נפלא והם היו צועקים ומגדלים קולם עלי ורציתי להכות אותם. ואחרי כן לקחו הכלים אשר להם וגנבו אותם מביתי ויצאו להם מביתי ביום השבת ואני כנסתי בפנים על מטתי ולא הייתי יודע בזה כלל ושלחו לומר אלי כי אלדיקא מלשין ואינו מדבר דבר אמת ושלחתי לומר להם איך אני על הדרך ואין ברצוני משרתים יותר ועשיתי להם חיובי וקבלתי להם בטחון מאת המלך וכי כתב המלך בטאוילה יתבטל הערבות

---

[1] MS. חישבתי.

[2] So MS.

אשר נתתם בטאוילה בעד ת׳ דוק׳ ואתם תלכו לדרככם בשלום כי יש לי עסקים לעת עתה. וכן ר׳ יצחק השומר הדלת בא אלי ולקח ממני מחילה ורוצה אכתוב לו כתב כי אמר שרצונו ללכת בירושלים וכתבתי בעדו לכל הקהילות יהיו בעזרתו לכל הדרך אשר יבא שם ונתתי לו מעות ובגדים ושלחתי אותו בשלום. ויהודה ואברהם הנז׳ לא בקשו ממני מחילה ולא דברו אתי והלכו להם ובכל הדרך אשר הלכו בה היו מדברים כנגדי ועמדו עליהם האנוסים בכל מקום אשר ידברו עתק היו רוצים לתת הכאות להם עד שבאו לארצם והלכו וברחו להם. ויהודה קורדיליאה בא לפני ושלחתי אותו לאנוס אחד רחוק מסאנטירין ט״ו פרסאות בעבור יבא אלי ללוותי עד טאוילה בהיותי רחוק ונתתי ליוסף הקרדיליאה ט׳ דוק׳ קודם שיסע עמד בסאנטירין ג׳ ימים בהחבא ממני והאנוסים הגידו לי שלא הלך ואחרי כן הלך במקום חפצו ולא ראיתיהו לעולם ונשאר אתי ר׳ יהודה פירנטי הזקן ז״ל ועמדנו בסנטירין כי בן המלך חולה ובא אלי שמועה ממקום בעל הסוס אשר קניתיהו ממנו איך הנוצרים ציירו דמותי והם מלעינים על זה הציור:

ואחרי כן שמעו האנוסים במקום ההוא ועמדו על הנוצרים ונתנו להם מכות ואת הצורה לקחו מידם על כרחם ואחרי כן הדיינים מהמקום ההוא תפסו שנים אנוסים ושלחו אלי כתב מהמקום ההוא כי אהיה בעזרתם. ותכף ראותי הכתב הלכתי לפני המלך ואמרתי לו הייטב בעיניך כי נוצרים ממקום פלו׳ ציירו דמותי ומלעיני[ם] ממני וכי האנוסים קמו עליהם ולקחו מידם הציור ההוא והדיינים תפשו את האנוסים שנים מהם ועתה אראה ואקבל חן וחסד בעיניך תכתוב לדיינים שיוציאוהו ממאסור התפושים ההם. והמלך בזה השעה צווה שיכתבו זה הכתב ואמרתי לו לא אצא ממך עד שאקבל הכתב ההוא בידי וכתבו הכתב ההוא לפני המלך וחתם המלך בפני הכתב ההוא והיה צוחק המלך ואמרתי לו אני רוצה מכבודך שתתן לי א׳ משרת ילך עם זה הכתב לפני האנוסים ויוציאו אותם וכן המלך נתן לי א׳ מעבדיו ושלחתי אותו עד שנים אנוסים ועם כתב המלך והלכו והוציאו אותם:

והמלך שאל אותי מאת הדגלים ואמר לי יש לך דגלים משובחים מה תרצה לעשות מהן והשבתי לו כי הם הסימן שלנו ביני ובין השבטים אם אלך בחייל[1] אוציא אותם בפניהם ואמר המלך טוב הדבר. ועוד שאלני אם אמת הדבר כי אתה אמרת בביתיך[1] אם אתן לך המשפט שבוע שתוציא כל הגנבים מארצי והשבתי לו כן אני דברתי. ואמר לי מי הם אלו הגנבים ואמרתי לו אתה תכירם[2] כי הם עבדיך הישמעאלים כי זה מדתם ביום ישרתוך ובלילה הם גונבים החניות והמלך שחק וכל שריו והמלך יודע כל זה בודאי. ואחרי כן יצאתי מלפניו ועמדתי שנים ימים בביתי וקראני החשמן אחיו כהמלך והלכתי אני ובעל לשון ערב אל בית החשמן ועשה אלי כבוד גדול ושאל אותי על עניין הדגלים [ו]על עניין הדרך

---

[1] So MS. [2] MS. תכירים.

ובאיזה דרך תדריך והשבתי לו איך הדגלים הם הסימן שלי והדרך אשר אני עושה הנני הולך בעה ברומא. ואמר לי החשמן תרצה לחזור בדתי ואעשה אותך שר והשבתי לו תעשה אותי כמו העורב אשר שלח נח מן התיבה ולא חוזר לעולם וזה הדבר ייטב לפני המלאכים כי אני בן מלך מזרע דוד בן ישי ולא אבותי עשו זה הדבר ואיך אני באתי מארצי ממזרח למערב כי לעשות הדבר הזה חלילה לי כי אני באתי לעבודת השם ורציתי שם טוב שישבחוני בכל העולם על המצוה אשר באתי בה ואיך מלאך לבך לאמר לי זה הדבר. ואמר אני אמר לך תחזור בדתי האתה תרצה והשיב לי החשמן לא. ואמרתי לו יותר טוב שתשב אתה בדתך ואני בדתי כי אתה תאמר דתך אמת ואני אומר כי דתי היא האמיתת דת משה וישראל וכעסתי עמו:

ואחרי כן דבר לי אלי דברים טובים ובעל לשון ערב הוא המתורגמן ביני לבינו ויצאתי ממנו ובאתי לביתי:

וביום השני שלח בעדי המלכה ושאלה ממני על הדגלים ובאיזה דרך שהסכמתי ללכת והשבתי אליה איך הדגלים הם הסימן שלי והנני אלך דרך רומא בעה ושמחה המלכה ואמרה תלך לשלום ותחזור לארצך בשלום וכי המלך אמר אלי לבו טוב עמך. ושמעתי איך הוא כתב מכתבים לדרך ואל האפיפיור שיחיה ולקחתי רשות ממנה והלכתי לביתי ואת כל האנוסים ביום ובלילה היו באים לביתי והיו מצטערים בעבור נסיעתי והבנים שלהם באו[1] לנשק את ידי לפני הנוצרים עד אשר נסעתי מסאנטירין והקבה היה גרמא שלא קבלו שום נזק בעדי לפני המלך ובכל מלכות פורטוגאל תהלה לאל. והמלך הוא טוב מאד והוא עושה קטטה עם המלשינים ואמר להם שלא ידברו יותר מאת האינבשיידור יעשה מה שירצה. ואחרי כן מת בנו המלך ולא עושה שום אבלות עליו מפני שיראו שריו שאיננו מקפיד[2] בבך ואחכ בא אלי לשון הערב ונתן אלי המכתבים והם כתובים בנייר כתיבה טובה מיד אנטוני קרניירי והוא כתב בתם לבבו דברים טובים וכבוד גדול בכתבים ההם. וגם כתב לנו בטאוילה כי נקבל שלש מאות דוק. ואמר לי לשון הערב נלך ונחזור שלום אל המלך אני ואתה ונקח רשות ממנו והמכתבים הם בידי עד שנלך לפני המלך ואז אתנם בפניו אליך וכן הלכנו אני והוא לפני המלך. וכעסתי על המלך ואמרתי איך האפיפיור כתב לי המכתבים בקלף ואתה מלך כתבת לי המכתבים בנייר ואני באתי ממזרח למערב בעבורך ובעבור עבודתך ואלו המכתבים אם הם בקלף ישארו עדות וזכרון בינינו ולבני בנים אחרינו וישמעו איך באתי למלכותך. והשיב לי המלך אין המנהג שלנו לכתוב בקלף ומנהג האפיפיור לכתוב בקלף ואני עשיתי לך כפי המנהג שלנו. ואמרתי למלך אם אני אקבל חן וחסד לפניך תכתבם לי פעם אחרת בקלף כי אני רוצה אותם יהיו לי לזכרון. והמלך השיב לי אנחנו עושים בעבור

---

[1] MS. בואו. [2] MS. מפקיד.

אהבתך וצוה לשון ערב לילך במכתבים לפני אנטוני קורנירו במכתבים שיכתוב אותם בקלף ואני הלכתי בביתי ולשון ערב הלך לפני אנטוני קורניירי במכתבים שיכתוב אותם בקלף ולא רוצה לכתבם פעם שנית וחזר לשון ערב לפני המלך במכתבים ההם ודון מיקיל הוא לפני המלך. ואחרי כן אמר המלך לדון מיקיל תכתב אתה בקלף וקבל דון מיקיל כל המכתבים אשר כתב אנטוני קורנירו וכתב אותם בקלף ואינו מכובד כמו הראשון. על זה מכעס שלי כי הזקנים והמלך יוסף אחי צוו[1] אותי מהכעס[2]. וכן אני כאשר הגעתי בפיסא בבית ר׳ יחיאל מפיסא ויש לו זקנה חכמה וחשובה שמה מרת שרה ת̇מ̇א̇ אם אמו מושכלת עד מאד ואמרה אלי אני רואה אותך כועס כל יומיך אם תסיר זה הכעס ממך תצליח את דרכיך והיא נתנה לי כתובים גרולים במתנה וכתבה בראש הספר וצותה אותי בכתב ההוא אל תכעס ואל תבהל ואז תשכיל. ולא יכולתי לכבוש את יצרי מהכעס והיה הגרמא מהכעס אשר היה לי עם דון מיקיל ביני לבינו להביא אותי אל זאת הנקודה. ובעל לשון ערב כל מה שאדבר למלך [ו]על מה שדברתי אתו בביתי הוא ילך כמרגל לפני דון מיקיל להגיד לו הכל: ואחרי כן נתן לי בעל לשון ערב המכתבים בקלף ולא הגיד לו כי כתבם דון מיקיל ושאלתי לו הכתב מאת המעות שיש לנו לקבל בטאוילה ונתן לי ב̇ כתבים חתומים אחד לדיין מטאוילה והאחר אמר לי לשון הערב זה הכתב אשר אמר המלך תקבל הש̇ דוקאט. והכתב ההוא שקר וכזב עלי דון מיקיל ולקח הכתב האמת מאת הש̇ דוקט ושלח לי זה הכתב מהשקר ולא יכולתי לברוק הכתב בהיותו חתום והאמנתי לדבריו ולקחתי הכתבים ובקש בעל חתום ורוצה ממני בעבור זה עשרה דוק̇ ונתתי לו ז̇ דוק̇ וחצי על יד לשון ערב. ואחרי כן הלכתי אני ולשון ערב לפני המלך ולקחתי מאתו רשות הדרך. ואמר אלי המלך אני שולח עמך לשון הערב[3] עד טאוילה ללותך בדרך וכתבתי אליך ינתנו לך ש̇ דוק̇ ואם יצטרך אליך אי זה דבר כתוב אלי. ואחכ̇ נסעתי ממנו והלכתי לביתי ורציתי לנסוע בזה הלילה וברח טמני הכושי הקטן אשר קניתי ושלחתי אנשים רבים לבקש אותו ונתתי יותר מי̇ דוק̇ לשלוחים עד שהוציאו אותו מבית אחד מתוך כלי גדול מחרס כי היה נחבא שם. ונתנו לי העבד ושמו הברזלים ברגלו והכתי אותו מכות גדולות. ונסעתי מסנטירין אחר תפלת המנחה אני ושלמה כהן ויהודה פירנטי ואלדיקא משומד ושנים עבדים שלי ולשון ערב עם ד̇ שרים אחרים וכל כלי על ד̇ פרדות עד אשר יצאנו מהנהר. ובעל לשון ערב לקח רשות ממני שהיה רוצה לחזור בסנטירין ולישן שם בזאת הלילה וכי בבקר יבא אלי באלמארין ואני וחביריי הלכנו באלמארין בזה הלילה וכל הבתים פתוחות לא יש בהם איש. והלכנו לפני בית אחד יש בו שכנים ועמדנו בפני הבית כל אותו הלילה ובבקר שלחתי אלדיקא בסנטירין למען יקבל מבעל השפחה כ̇ דוקאט ואחר שהלך אלדיקא בא לשון ערב

[1] MS. צווי.
[2] So MS.
[3] MS. העורב.

לפני ואמר אלי נלך. והשבתי לו אלדיקא אשר שלחתי נמתין. ואמר אלי אלדיקא יבא אחרינו ושמתי כל הכלים על הפרדות ונסענו ורכבתי על סוס הטוב מבקר עד המנחה עד שהגענו בקרוצה והיא מדינת מפוזרת ויש בה מעט אנוסים והלכנו בבית אנוס אחד ועשו לנו כבוד גדול ובאו כל הדיינים מהעיר ופרסו הדגלים ושבחו אותם כי הם יפים ומלאכה טובה אחד מזהב ואחד ממשי לבן וסביב סביב לדגל זהב זרת רחבו על ארכו ובאמצע הדגל שנים לוחות ומצד שנים הלוחות שנים אריות גדולות דבקים ידיהם בלוחות והציור כולו מזהב ובלוחות כתובים בם עשרת הדברות משני צדדין מזה ומזה הם כתובים וסביב סביב[1] הדגל משני הצדדין כתובים בהם משנה תורה מראש ועד סוף ומזמורים. והדגל השני הוא ממשי ירוק וכל ציורו כמו הדגל מוזהב[1] אבל זכו מכסף וה׳ דגלים אחרים ממשי לבן גדולים ואנחנו עמדנו בקורוצה עד הלילה ובא אלי אלדיקא ושמחתי בו והאמנתי עליו כי הוא בן טובים:

ובבקר נסענו מקרוצה עד[2] ובאנו עד הצהרים והגענו ביער על נהרי מים והבהמות עייפות והורידו הכלים מהבהמות על הארץ ואכלו שם והיו בחברותנו ששה אנוסים עשירים ואמר אלי לשון הערב מי יש לך אדם ממשרתיך ילך אל הדיינים מקואמירה. ויקח בידו כתב המלך בעבור יסדרו לך דירה טובה ויזמינו התרנגולות וכל הצריך. ואמרתי לו אין לי אדם טוב כמו אלדיקא וקראתי אותו ואמרתי לו התלך בקואימירה לסדר לנו הכל ואמר אלי אני אלך. ושאל ממני סוס ונתן לו לשון הערב סוס אחד מהחבר שלו והיה בידו החרב שלי שהיתה שוה יותר מל׳ דוק׳ וגם היתה בידו א׳ חגורה זהב שוה ט׳ו דוק׳ ובידו גם כן י׳ דוק׳ אשר קבל בסנטירין מבעל השפחה כששלחתי אותו שם בעדי. ונתתי לו כתב מהמלך פורטוגאל שהיה כותב לכל הדיינים שיעשו אלי כבוד גדול ורכב אלדיקא על סוס ההוא והלך מפני ואנחנו עמדנו אחריו כמו שעה אחת ונסענו והגענו בקואימירה על פתח השער ושאלנו מאת שומרי העיר מאלדיקא ואמרו לנו לא בא הנה אלדיקא ולא ראינהו: ואחרי כן הלך לשון ערב לפני הדיינים ואנחנו הלכנו חוץ מהמדינה ההיא והיא גדולה עד מאד ובאו כל אנשי המדינה לראות אותי נוצרים רבים ואנוסים ואחב׳ ראיתי כי לשון ערב היה מעכב לבא לפני הדיינים ואני רוכב על סוסי והלכתי אני ואת האנוסים ד׳ מאתם אשר באו עמי. יצאנו מאת מדינת קואמירה והיינו הולכים על הסוס אנא ואנא[3] וכל אנשי המדינה טף ונשים ונוצרים ושרים וגלחים ואנוסים יצאו אחרינו ועמדנו אנחנו לשוט על הסוסים שלנו עד אשר בא בעל לשון הערב ושנים דיינים מהשר עמו והלכנו עמהם בבית אנוס אחד וסדרו לי שם חדר גדול יפה ומטה ושולחן וכסא ומנורה ובאו הדיינים מאת המדינה לפני. ואני מצטער צער גדול מדרוש אלדיקא ואל הדיינים אמרתי

---

[1] So MS. [2] Lacuna? [3] So MS.

תעשו עמי חסד ותראו ותבקשו לי ד׳ אנשים ילכו כל אחד מהם בדרך בזה הלילה לבקש אלדיקא ואני אתן להם את שכרם אשר תגזרו עלי כן אעשה ואפרע להם וכן הדיינים עשו ונתנו לי ד׳ אנשים ונדרתי להם ה׳ דוק׳ והלכו לבקש אלדיקא, קודם שאלך לאכול:

ואחרי כן אכלתי על השולחן והלכתי במטה לישן והנני בינון גדול עד הבקר ועמדתי וקמתי ורחצתי גופי והנני מתפלל עד אשר השלמתי תפילתי והנה אלדיקא בא יחידו לפני ופניו שחורים כמו העורב ושאלתי אותו מאין באת אם ראית אנשים שבאו לבקש אחריך והשיב לי כי לא ראה שום איש שילך לבקש אותו כי הוא בא בעצמו ואמרתי לו מאין באת ואני שלחתי אותך אתמול כי תבא בזאת המדינה לפני הדיינים מקואימרה ונתתי בידך הכתב מאת המלך למען יסדרו אלי הדיינים מהמרינה הכל ואיך אתה עשית זה המעשה. והשיב לי כי אני באתי בדרך ויצאו עלי בני בליעל גנבים ורגמו אותי ואני על הסוס והלכתי מהם וברחתי לאחור עד שחזרתי לקורוצא מקום אשר אנחנו ישבנו והגעתי שם בקורוצא בחצי הלילה ואח״כ שכרתי ופרעתי איש נוצרי ונתתי לו א׳ דוקאט למען יבא עמי בדרך הזה ונתתי לו רשות ובאתי אני לבדי הנה ואני על הדרך אתמול חצי היום וכל הלילה עד זאת השעה ולא הציל אותי מאלו הגנבים אלא השם לבדו כי הם בקשו להרוג אותי. ואמרתי לו הוצא[1] החגורה אשר בידך ואת המעות וכן עשה והוציא אותם על השולחן וגם לקחתי החרב שלי מעל יריכו ואמרתי לו תחבולות עשית עלי ואתה השבעת בחמשה חומשי תורה איך אתה חפץ לשוב ואמרו לי כל היהודים והנוצרים כי אתה פריץ ולא שמעתי להם וכי אתה גנבת העבד ונחבאת אותו בהחבא כי היית רוצה למוכרו. ולקחתי ממנו המצנפת ששוה כ׳ דוק׳ כאשר הגידו לי היהודים ואת עטרה לבנה לקחת אותם ממטתי ואני קניתיה ז׳ דוק׳ וכל בעלי הבית העידו כי הם בידיך ולא קבלתי אותם מדבריהם ואמרתי להם לא תרין את חבירך עד שתגיע למקומו. ואת השעה ראיתי את מעשיך והבנתי בם כי כל אשר דברו עליך הוא אמת ואתה תלך לדרכך לשלום כי איני חפץ יותר בך. ורצו הדיינים מהמדינה לתופסו ולייסר אותו ואמרתי להם לא תעשו *בה דבר למעני מניחו אותו[2] ואת השלוחים באו ונתתי להם בפני אלדיקא את אשר נדרתי להם. ואלדיקא אמר אלי למה אתה נותן להם אלו המעות ואמרתי לו בעבורך זאת הגרמה אשר גרמת לי ולקחתי ממנו כתב מהמלך ואחרי כן נשארו הכלים החמרים על הפרדות ולשון ערב רכב על סוסו והאנוסים רוכבים על סוסיהם. ואחרי כן רכבתי על סוסי אני ושלמה כהן ויצאנו מקואימרה בדרך אייבירה ואלדיקא רדף אחרינו ובא לפני ואני רוכב על הסוס והוא מדבר עמי ואמר אלי אני עבדתיך בכל כחי ואתה יהודי ואני נוצרי. ואמרתי לו כלב בן כלב לא אתה לא נוצרי ולא יהודי ולא ישמעאל ושלחתי החרב שלי עליו והייתי רוצה להורגו ורדפתי בסוסי עליו כי בורח

---

[1] MS. הוציא. [2] So MS.

הוא. ובא לשון ערב והאנוסים ההם וחלו פני ואמרו לי תניח אותו. ואמרתי להם אני לא הנחתי הדיינים שיתפסו בו ולא רציתי שיעשו אליו רעה וגרם לי הוצאות גדולות וגנב אותי ועתה[1] הוא רוצה לבא עמי ואם יבא אני אהרוג אותו. ועמד לשון ערב לפני ודבר אתי איך הדרך אין לך יכולת לעכב אותו וכל הדרך יוכל אדם ללכת במקום שיחפוץ והוא רוצה ללכת באיביירה תניחהו ללכת. והלכנו עד שהגענו באיביירה והלכנו בבית האנוס אשר עמדנו שם בפעם הראשון ועמדנו שם ביום השבת וביום הראשון ובא אלי קובלייאה האנוס שהוא יודע לשון הקדש והוא שרת אותי מיום שהגעתי בטאוילה עד היותי המלך[2] מפורטוגאל עד זה היום והוא בעל מורקי אש:

ואחכ אמר אלי לשון ערב כי זה הדרך מאיביירה עד ביישה היא דרך רעה ואתה רוצה אנשים לשכור אותם בדרך יבאו עמך ללוות אתנו מפני הגנבים הנמצאים בדרך. ולא דבר לי זה הדבר לשון הערב כי אם אלדיקא שהיה מדבר עמו ביום ובלילה ואני לא ידעתי. ואמר אלי כי אלדיקא טוב שיבא עמנו והוא איש גבור וידריך על רגליו ובדרך תצטרך אנשים והשבתי ללשון ערב ידריך ויבא. ונסענו באייבירה ביום השני באו כל אנשי המדינה לראותי והאנוסים מצטערים צער גדול ובוכים על נסיעתינו. ויצאנו מאת המדינה ההיא בדרך ביישה עד אשר הגענו לביישא ונכנסנו בבית אנוס אחד ואיננו כמו הראשון וסדרו לנו מטות ושולחן והכל. ובאו לפני בזה הלילה אנוסים רבים והיו מתיראים ובוכים ואמרתי להם בטחו ליי עדי עד כי אתם תזכו ותראו בניין ירושלים ואל תפחדו ואני לא באתי לפני המלך בזה הפעם לקחת אתכם ולהביאכם לירושלים יען יש לנו מלחמות גדולות בירושלים בהפילה בטרם תבואו עד שתהיה לנו ארצנו ונקריב הקרבן ואחרי כן נבא אליכם להביא אתכם אל ארץ נושבת וזאת הפעם לא באתי כי אם לבשר אתכם איך הישועה קרובה לבא:

ואחרי כן ביום השלישי [יצאנו] מביישא והגענו בלילה בכפר אחד שיש בו אנוסים ונכנסנו בלילה בבית האנוס וסדרו לנו מטות וכל הצריך. ובבקר נסענו ובאנו אל מדובר אל מקום יפה ויש בו אנוסים רבים והלכנו בבית אנוס אחד ובאו לפני דייני העיר ובכל מקום אשר היינו שם היו פורשים הדגלים וישבחו אותם. וביום החמ[י]שי באנו בלולאה מקום יפה ומדינה גדולה ובאנו בבית אחד אנוס ובאו לפני כל הדיינים ועשו לנו כבוד גדול ורצו לראות הדגלים ושאלו לנו אם תרצו דבר תצוו אותנו כי אנחנו נשרת אתכם בכל מה שתרצו וכן עזרו אותנו. ועמדנו שם בכל יום ששי ויום שבת ויום ראשון. ואלדיקא חזר לעשות העסקים ושרות גדול ואני מתיירא ממנו ובאו יהודים מהימיר היינו שלמה כהן ויצחק ניסו שהיה מאיסאפי ובאו עמנו היינו שלמה לוי ויצחק ניסו הלך לפני המלך. ושלחתי קרבלייאה לפני הדיין מטאוילה עם כתב המלך יסדר לי בית ממקום ההוא. ונסענו ממקום

---

[1] MS. ואתה.

[2] So MS.

ההוא מלולאה ביום השני ובאו עמנו אנשים רבים ובעל הבית ובא לפנינו קרבליאה ושאלתי אותו מאת הבית ואמר לנו אני סדרתי לכם דירה נאה יותר מכל הדירות. והלכנו והגענו בטאוילה ונכנסנו בדירה ההיא והיתה יפת תואר וחדרים רבים ובא הדיין הגדול לפני וסדרו לנו מטות וכל הצריך ואמר לי הדיין אם תצטרך איזה דבר תשלח אלי ואני אעשה הכל. והלך לביתו ולשון ערב עמי. וישננו בלילה עד הבקר ובא לפני לשון ערב ושאל ממני רשות כי היה רוצה לחזור לפני המלך. ואני קניתי לו א׳ סוס באייבירה בעד לה׳ דוק׳ ובאטוילה[1] נתתי אליו ח׳ דוק׳ וחגורת מזהב שהיתה ביד אלדיקא ושנים קמיצות מזהב. ושלחתי אותו מטוילה והלך לו וחזר לפני המלך ונדר אלי כי הוא יסדר כל צרכי לפני המלך ואנחנו לא קבלנו המעות אשר צוה המלך שיתנו לנו שלוש מאות דוק׳ כי דון מיקיל שיקר ועשה ההיפך מהכתב ולשון ערב יודע כל זה כי הוא התורגמן לפני המלך וכל מה שידבר אלי הייתי מאמין בו. ואמר אלי לשון ערב אני אגיד לך למלך הכל ואלו הדברים אשר היו וכן הלך מאתי ועמדתי בטאוילה ואלדיקא בבית:

ויש יהודים מפיץ ומזימור ה׳ יהודים ובהגיעי בטאוילה ראיתי אותם ולא באו לראותי בדרך רק באו אלי ביום השני אשר הגעתי בטאוילה והיה להם נאוה גדולה ועמדו בטאוילה כמו ו׳ ימים ויבואו לפני בבית ואוכלים ושותים עמנו. וקיניתי מאחד מהם א׳ בירנוסו י״ז דוק׳ אשר רציתי לעשות ממנו דורון לאנטוני קרניירי. ועמד עמי שלמה לוי והוא בחור מאיסאפי ויש לו קרובים רבים אנוסים בטאוילה ובא אלי. ורדף אחרי מסנטירין אנוס נכבד והיה מלביש אותי בגדים והוא אומן לתפור הבגדים ואחד זקן ועמדו כמו ח׳ אנוסים בביתי. ובימים ההם הגיע לפני ר׳ משה הכהן במכתבים מהמלך יוסף וזקניו בדרך אשר אלך בה. וכל היום מבקר עד ערב הבית היא מלא אנשים אנוסים ונוצרים. ויהודים ההם הלכו לדרכם לפני המלך. ואחר שנסעו מטאוילה חשבתי כי טוב הוא לשלוח דורון אל המלך הסוס שלי וכל כליו וכי אשלח לאנטוני קורניירי הבירנוסו[2] וחשבתי מי ילך לי ויעשה זה הפועל וישא הדורון. ויש בביתי בחור אנוס שמו קרישטופלי והוא נאמן וכי הוא רך לבב ופחות והסכמתי לשלוח אותו ובא לפני אלדיקא ואמר לי לא יוכל לעשות שום אדם שייטב בעיני המלך ובעיניך כי אם אותי בזה הפעם. ואמר הסוס אם תשלחהו לפני המלך רוצה אדם שיהיה חזק[3] וחכם ויראה שהמלך יצא מביתו בחוץ לצוד ציד בשדה והשליח אשר תשלח יצטרך שיהיה חזק ויביאהו אל המלך ויאמר זה הדורון לך מהאינבאשדור יהודי ויקח בידו את[4] הכתב. ועתה אני אמרתי לך אם תרצה כי הנני למצותיך ואעשה כל אשר דברתי. ואמרתי לו אני רוצה מי שיעזור אלי ואני מתיירא מאת המעשים הראשונים אשר עשית ואמרתי לו תלך עם קרישטופלי ולא אתן לך מאומה משלי בידך כי הכל אתן ביד קרישטופלי ואם

---

[1] So MS. [2] MS. הפרנוסי. [3] MS. חוזק. [4] MS. אז.

חלך תעזור אליו בדרך אשר ילך ותעשה כל אשר נדרת לפני המלך ואם תעשה זה הדבר אני אהיה בעזרתיך כל הימים. וכן כתבתי אל המלך כתב איך לא מצאתי שום ספינה ללכת בה ואני עומד בטאוילא לא ידעתי מה לעשות והנני שולח אליך זה דורון הסוס שלי עם כל כליו ותמצא לי איזה מהספינות שלך ודע כי לא קבלתי הש׳ דוק אשר אמרת וכתבת בטאוילה ינתנו אלי לשמך וכן נתתי ביד קרישטופלי הסוס וכל כליו ואת הבירנוסי והכתב אשר כתוב אל המלך וכתבתי שני כתבים לאנטוני קורניירי. אחכ׳ אמרתי לאלדיקא ילך עם קרישטופלי ונתתי לו י׳ דוק בעד ההוצאות הדרך להם ולסוס וצויתי אותם שלא ירכבו על הסוס וצויתי לקרישטופלי ביני לבינו שיהיה חזק ויתן האבירנוסי[1] לאנטוני קורניירי וכי לא יאמין באלדיקא ואם ילך אל המלך שיהיה יחד עמו הוא והוא. ושלחתי אותם מטאוילה והלכו לפני המלך ואחר ששלחתי אותם[2] מביתי העבד הקטן הכושי ונשאר אתי העבד הגדול הכושי והוא רשע גמור ואם היה יוצא בשוק היה נותן מכות לעבדים הנוצרים ויבואו אלי הנוצרים ויאמרו עבדך[3] חטא לנו ועשה עמהם קטטות בעבור הנשים הזונות שלהם. ואחכ׳ עומד העבד הכושי הגדול על אומן האנוס אשר אתי בבית והיה רוצה להרוג אותו על השולחן ואני בפנים ושמעתי הקולות ויצאתי חוצה לדעת הכל וראיתי העבד היה מכה האנוס אשר אתי בבית. ואחרי כן אמרתי להם שיקשרוהו בחבלים וקשרו את העבד בידיו וברגליו ולקחתי עץ אחד גדול בידי ונתתי לו הכאות בראשו עד אשר שברתי העץ ולקחתי עץ אחר והכיתי אותו יותר. ואחכ׳ אמרתי להאנוס תן לו מאה מכות אחר ששברתי העצים אני ועשינו לו כל בשרו נפוח ועשינו לו כבלי ברזל ושמתי אותו בבית סגור ועמד ככה עשרה ימים ואחר כן הוצאתי אותו והלבשתיהו והוא עבד ראוי ויפה וגבור חיל ואוהב אותי הרבה ועומד העבד ההוא לעשות כל עסקי הבית כבתחלה ועשיתי בינו ובין האומן שלום. והיה בביתי שלמה לוי והוא בחור יפה וחזק ובעל לשון ערב ונתתי לו הסיוני והמעיל סוליאה שלי והיה סביבותיהם ווילוט שחור חדשים שוים ט״ו דוק אשר עשיתי אותם בעדי ולבש אותם ויצא בשוק בבית האנוסים קרוביו וראוהו המלשינים בבית האנוסים מבית לבית מצחק לפני הנשים ובעבור זה לקחו עליו כעס והלשינו עליו אל הדיין מהעיר רשע ואמרו איך בכל מלכות פורטוגאל לא ילבישו בגדים שיש בו משי לא נוצרים ולא יהודים ולא אנוסים וכל מי שילביש עשה המלך קנס עליו נ׳ דוק ותפשו את שלמה הלוי שהיה נושא בגדי שהיה בהם משי:

ואחר כך שמעתי ואמרתי לשלמה כהן ילך לשר הגדול חבר שלי ואחוב ויוציאו את שלמה לוי וכן הלך והוציאו אותו עם הערובות עשו לו קרוביו האנוסים. וקודם המעשה משלמה לוי שלחתי לדיין הגדול הטוב אהובי בעד דורון בגדים טובים אליו ולא רצה

[1] So MS. [2] Lacuna. [3] MS. עבדיך.

לקבלם הדיין אהובי ובא אלי לביתי ויש לו סופר תחתיו ואמר אלי אם תרצה לכבדני ולעשות לי הנאה תעשה טובה לזה הסופר שהוא תחתי ולא אמר אלי לא מבגדים ולא מדבר אחר. ואמר לי הוא יהיה לך משרת לכל עבדיך. ואחרי כן בא אלי הסופר ההוא והוא רשע גמור ואמר לי אם תרצה תעשה לי בגד בעבור כבודך ויהיה לי לזכרון תמיד. ואמרתי לשלמה כהן תלך ותמצאנה לי בגד יפה שחור וכן הולך ולקחתי ממנו בעד יד׳ דוק ונתתי אותו אל הסופר ההוא והלך לו. ואחכ׳ שמע הדיין הגדול אהובי ובא אלי לביתי ואמר לי למה אתה עושה ככה כי נתת אל הסופר כל כך מזה הבגד שקבל ממך והשבתי לו אני לא עשיתי לו זה הכבוד כי אם בעבור כבודך. ואז אמר אלי הדיין ההוא אני לא אמרתי אליך כי תעשה אליו בגדים כל כך כאשר נתת אליו. ואחרי כן הלך לביתו הדיין אהובי והוא היה מסדר אותי ומיימין אותי בכל דבר כמו האב על הבן ועשה לי חסד גדול בכל דבר:

ואחרי כן הלכתי אני אל בית הדיין פתאום ובאתי אל ביתו וביתו הייתה מלאה מבני אדם והוא היה עושה ביניהם משפט. והניח הכל ובא אלי ועמד בפני ושלח כל בני אדם החוצה ואין בביתו כי אם אני והוא בחדר משכבו ולקחתי בידי עשרים דוק׳ ואמרתי אליו בעבור אהובי תקבל ממני הכ׳ דוק׳ דורון כי אני שמעתי על המלך שישלח בעדך שתלך לפניו ותקח ממני אלו בעבור הוצאות הדרך. והשיב לי לא אקבל ממך פרוטה ונשבע באלוהו שלא יקבל ממני פרוטה. ושלמה הלוי היה עמדי והוא מליץ ביני לבינו ואחר שלא רצה הטעות ממני ואמרתי לו יש לי מלבוש גדול מברזל מראש ועד הרגל ועל אצבעות והרגלים וכובע על הראש ועל הצואר ואין האדם נראה כי אם בעינים וקניתיהו ל׳ דוקאט ואמרתי לו תקבל הדורון ואני רוצה לשולחו אליך. ואמר אלי אם ישמע עלי המלך דבר יהרוג אותי ואני לא קבלתי מימי שום דורון:

ואמר אלי אני שמעתי שיש עליך ב׳ חרבות יפות ואמרתי לו כן הם בידי אם תקבל אחת מן החרבות ואת המלבוש מברזל בעבור אהבתי אותך אשלח הכל אליך ויהיה לזכרון ביני וביניך ולאהבה עזה ונוראה. אמר[1] אלי בעבור אהבתך אקבל הכל ותשלחהו אלי על יד שלמה לוי והחבר שלי יבא אליך בלילה וחזרתי לביתי לשלום. ולעת ערב שלחתי אליו ב׳ חרבות והמלבוש ברזל כולו ואמרתי לשלמה לוי תאמר לו שיקח אחד מן החרבות את אשר יחפוץ והאחרת תביאנה. ולקח היותר טובה ואת המלבוש ברזל והחרב קניתי אותו ט״ו דוק׳ והיתה שוה בארצי יותר מק׳ דוק׳. וחזר שלמה לוי אלי עם החרב האחרת. ואחרי כן כתבתי כתב למלך ונתתי אותו ביד הדיין אהובי והלך לפני המלך ותפישת שלמה הלוי לא היתה כי אם אחרי נסוע הדיין אהובי מטאוילה:

ואחרי כן בא יהודי זקן שמו ר׳ אברהם רות מאיסאפי ובא לקנות כבוד לעצמו מאת

---

[1] MS. אמרי.

המלך מפורטונאל למען ישים אותו המלך על היהודים כולם והגיע לפנינו בטאוילה ויש לו ב̇ חברים ובא לפני בביתי ודבר אתי והוא היה היותר עניו שבמלכות ההוא מכל היהודים ולא רצה לאכול בשולחן שלנו והניח חבריו שיאכלו הם. ועמד בטאוילה כמו ח̇ ימים ואחרי כן הלך לפני המלך. ואחרי כן בא ר̇ יעקב סופר מפיין כי לא הלך בפיין ולא הניחו אותו להכנס לא בזימור ולא באיסאפי מפני הנגף יען שהוא היה בא בליישבונה ושם הנגף והוא קרוב מטאוילה ולא הניחו אותו להכנס. ורכבתי על פרדה אחת והלכתי אליו ודברתי עמו מרחוק בתוך פרדס אחד ורדפו אחרי כל אנשי המדינה ואמרתי אל ר̇ יעקב הסופר אם הלכת בפיץ והשיב לי איך לא הלך וכי הוא שלח הדגל והחותמות בפיין והכתבים. ואמר אני רוצה ללכת בפיין ואחזור אליך בחדש אחר. ואחרי כן הלך לדרכו וחזרתי לביתי והוא לא חזר אלי לעולם: ואחרי נסוע הדיין הגדול אהובי תוך ח̇ ימים בא דיין אחר במקומו רשע גמור אהוב מדון מיקיל וביום אשר הגיע שלח בעד קרבליאה ובעד שלמה הלוי ובעד שלמה כהן ואמר להם מה אינבאשדור יהודי עומד הנה והמלך לא נתן לו רשות שיעמוד הנה כי אם ב̇ חדשים ועמד סמוך לד̇ חדשים ואינו עומד הנה כי אם להחזיר האנוסים יהודים כי הם בביתו יום ולילה. והשיב לו קרבליאה אינו אמת הדבר הזה כי הוא עומד עד אשר יבא לו תשובת המלך. ואמר לקרבלייאה תאמר לחבירך האנוסים שיהיו חכמים ואל יכנסו בבית האינבשידור וגם צוה אל האנשים אשר לפניו יצוו את זה על האנוסים. ואחרי כן באו לפני קרבלייאה ושלמה כהן ושלמה לוי והגידו לי כל זה. ויש לנו קרוב מאת הבית שכן קרוב רע ורשע לשם ולבריות והוא חבר מדון מיקיל והוא בכל שבוע כותב למלך ולדון מיקיל מדרושנו וממעשינו והגיד לדון מיקיל איך האנוסים באים בביתי. ואחרי כן השבתי לשלוח במרוצה שליח לפני המלך ואכתוב לו כתב וכן כתבתי הכתב אל המלך ואמר אלי שלמה הלוי אני אלך. ובין כך חוזר קריישטופלי זולת כתב מהמלך כי אם כתב מבעל לשון ערב וכתב מאנום אחד אשר הוא בסנטירין. וספרו לי מאלדיקא משומד מאת אשר פעל ועשה כי לקח מיד קריישטופלי הבירנוסי ולבש אותה בעד עצמו ולקח ממנו כל הכתבים ולקח כל הכלים מהסוס וקריישטופלי הלך אל לישון הערב והלכו ובקשו אלדיקא ולא ראוהו במדינה ולא הסוס ורדפו אחריו וראוהו ביער פרדס והיה מחביא הסוס כי היה רוצה ללכת בלישבונה למכור אותו ואחר כן בא לשון ערב ולקח ממנו הסוס ערום בלא כלים הוא ואת קריישטופלי ואלדיקא ברח והלך לו. ונתנו הסוס כאשר הוא אל המלך ושמח המלך שמחה גדולה מקבלת הסוס ההוא והמלך לא כתב תשובה אלא אמר אל לשון ערב אני אכתוב ואעשה אליו כל מה שירצה ולא עשה ובא אלי קריישטופלי ריקם. ובשעה שהגיע קריישטופלי שלחתי שלמה הלוי ונתתי לו י̇ דוק̇ בעבור ההוצאות ואמר אלי אני רוצה שקריישטופלי יבא עוד עמי וגם נתתי לו את החרב היפה שלי שהיה שוה ל̇ דוק̇. והלכו יחדו לפני המלך ואמרתי להם אתם רואים איך אני עומד תחזרו במהרה ונתתי להם ב̇

כתבים כתב אל המלך וכתב אחר לאנטוני קורניירי וצויתי לשלמה הלוי יקח הבירנוסי מאת אלדיקא והלכו יחדיו לפני המלך. ואחֹכ עמד זה הדיין האחר להתעולל עלילות על האנוסים בכל יום ואמר להם אתם רוצים להחזיר יהודים ועמדו בלב רנז וגם צוה אנשים יחפשו האנוסים אם יבואו בביתי[1] אם לאו והקבֹה עושה חסד להם ואלי שלא היה יכול לעשות לשום אנוס רע בעבור יתֹ שמו:

ואחרי כן בא אלי בביתי הדיין האחר הוא וכל משרתיו בבקר ואני הייתי ישן במטה כי קראתי כל הלילה והייתי ישן בבקר ונכנס אלי שלמה כהן ואמר הדיין הארור הוא בחוץ בחדר הגדול ואמרתי לשלמה תקרא לקרבאליאה וכן בא אלי קרבלייאה. ואמרתי לו תאמר לדיין שימתין ושישב בהחדר עד שאלבשנה ואצא לפניו ואני רחצתי במים והאומן הלבישני בגדי ויצאתי בחוץ לפני הדיין ובידו כתב מאת המלך וקרא אלי הכתב ההוא ואמר הכתב תכף שיגיע כתבי זה בידך תשלח האינבאשנדור כי אם תראה ספינה בטאוילה ילך בה ואם לא תראה בטאוילה תלך עמו בלאגה ותבקש לו ספינה בלאגה במהירות ולא תעכבו. ולא האמנתי אל הדיין שיקר[א] הכתב ההוא ואמרתי תן לי הכתב וכן נתנו אלי וקרא אותו אלי קרבלייאה בלשון הקדש. ואחרי כן אמר לי הדיין הרשע האמנתי לדברי כי אני איני עושה דבר מלבי כי אם בציווי המלך ואתה תראה מה יש לך עסקים ותעשה אותם עד שאלך אל ביתי שעה אחת ואני אשלֹח לך חמשה פרדות וסוס לך אשר תרכב עליו:

ואחר כך ראה העבד הכושי שלי ושאל אליו האתה ישמעאלי או נוצרי והשיב העבד אני נוצרי ואחרי אלה הדברים לקח העבד הכושי בביתי והלך לו ולא דברתי לא דבר וסדרנו כל כלינו ואם נותר אלינו את אשר לא נוכל לשאת אותו ונתנו אותו לקרבלייאה וגם נתתי לו הבגד משי אשר נתנו אלי רֹ יחיאל מפיסא כי הוא עבד אותי מיום היותי בזה הגליל ועד עתה. וגם קראתי לבירנאטינה ואשתו אשר עמדתי בביתו ועשה לנו כבוד גדול ונתתי אליו אֹ חרב יפה ואל אשתו נתתי וֹ טבעות זהב ואֹ דימאנטי קשורים זהב שוה כל אלו כֹ דוקֹ ונתתי אליה גם כן אֹ קמישה עם מרגוליות יפה וחדשה שוה יֹ דוקט בעבור החסד וההוצאה אשר עשו אלינו בפעם הראשונה בבואינו הנה טאוילה והם לא שאלו ממנו דבר ונתתי להם כל אלו וגם נתתי אליה גֹ בגדים ממשי היינו חתיכות היו שוים יֹ דוקֹ:

ואחרי כן שלח הדיין הפרדות לשאת את כל כלי ונתן אלי סוס רע עד מאד ולא רציתי לרכוב עליו והלכתי ברגלי במדינה קרוב לבית הדיין והדיין שומע כי אני הולך על רגלי ולא רציתי הסוס בא לפני ונתן לי אֹ סוס אשר הוא רכב עליו ורכב על הפרדה. וגם ענו ביום ההוא וכל האנוסים מצטערים ובוכים אנשים ונשים וטף ונסענו מטאוילה בחצי היום ובא הדיין הארור וכל משרתיו והעבד שלי אשר לקחו ממני הוא עמו ועמי בא קרבלייאה עם האנוס הזקן והאומן האנוס אשר ילבישני ושלמה כהן. והנענו בפארו[2] בלילה

---

[1] MS. בביתו.   [2] MS. בפאדו.

ההוא ולא רצה נלך בבית האנוסים כי אם בבית הנוצרים. והנוצרי הוא נכבד וסדר לנו חדר יפה ומטה וכל הצריך וישבנו ועמדנו עד הבקר. והדיין ההוא שלח אלי ואני על תפילת השחר וקרבליאה היה השליח ואמר אלי מצידו כי אנחנו נעמוד בזה הבית עד שילך בלאנה לבקש לנו ספינה ושיחזור. וכן הלך הדיין ההוא ולקח העבד הכושי שלי עמו ואנחנו עמדנו בבית הנוצרי ההוא כמו ח̇ ימים ובאו אנוסים רבים מטאוילה לראותי בבית הנוצרי ושאלו ממני ואמרתי להם אל תפחדו אלי ותהיו חזקים וחכמים במעשיכם והשם הוא הלך עמי והוא הדריכני בזאת המצוה ויבחר לי בדרך טובה:

ואחרי כן בא הדיין מלאנה ושלח בעד קרבלייאה ואמר תלכו בלאגה כי שם יש ספינה שהולכת בלינורנא ואני צויתי אל הדיינים יסדרו לכם הכל ואני אבא אחריכם ובא אלי קרבלייאה מאת הדיין ואמר לי כל אלה הדברים ונסענו תכף עם גשם מים רבים עם כל כלי ובא עמי קרבלייאה והזקן והאומן אנוסים:

ונסענו מפארו[1] והגענו בלילה בכפר אחד על שפת הים הגדול ובאתי במחנה אחד קרוב אל שער העיר והורידו הכלים במחנה והסוסים ועמדתי כמו חצי שעה ובאו שנים דיינים לפני והם נכבדים וכל אנשי הכפר ההוא נכבדים עד מאד ואמרו לי אלו הדיינים אנחנו סדרנו אליך דירה יפה תבא עמנו. והלכתי עמהם וכל כלי הנחתי במחנה ובאתי בדירה והיא יפה וסדרו לנו שולחן בדירה ההיא ובא שלמה כהן וסידר לי השולחן וסעד בשולחן ואחרי כן הלך במחנה עם הכלים והם סדרו לי מטה יפה וישנתי בדירה ההיא אני ואת קרבלייאה והאומן האנוסים והזקן האנוס הוא עם שלמה כהן במחנה עד הבקר ועמדתי ממטתי ורחצתי במים ולבשתי בגדי ועמדתי על התפלה ואני בתוך חדר בפנים והחדר הגדול אשר בחוץ באו כל אנשי הכפר ההוא ואת הדיינים טף ונשים: ואחר שהשלמתי התפלה יצאתי לפניהם ושאלו אותי רצוננו לראות הדגלים ואמרתי אל שלמה הכהן ולקרבלייאה תראו אותם להם והביאו הדגלים ופרסו אותם ושבחוהו מאד מאד. ואחרי כן הביאו הסוסים ורכבתי ויצאתי מהכפר ההוא ויצאו כל אנשי הכפר אחרינו והגענו אל נהר גדול ועצום ונתננו אל בעלי הפרדות השכר שלהם והכניסו את המשאות מכלי אל הספינה וחזרו להם. ואנחנו הלכנו בספינה ההיא אל המדינה סמוך אל הנהר שמה ווילה נאווה והיא מדינה גדולה והוציאו הכלים ויצאתי גם אני מהספינה אל חוץ הנהר ובאו כל אנשי המדינה טף ונשים והדיינים לראותי. ואת הדיין הרשע הגמור כתב אל הדיינים מווילא נוואה ומלאגה וצוה אותם שלא תכניסהו בבית האנוסים כי אם בבית נוצרי ותפקחו עיניכם על האנוסים לא ילכו לפניו ותחפשו על האנוסים אם ילכו בסתר לדבר אליהם. ואחרי כן בא הדיין מהעיר ושלח עמנו משרתיו אל דירת מחנה אחד של נוצרי חוץ מהמדינה ולא נכנסנו אל המדינה ובאו כל האנשים

---

[1] MS. מפאדאה.

לרדוף אחרינו אל הבית מהמחנה הלז והביאו כל הכלים בבית המחנה ההיא ובאו כמו ד׳ אנוסים לפני מווילה נוואה ואמרתי להם תלכו לכם לשלום בעבור זה הרשע ואנחנו עמדנו בזה המחנה ליל ה׳ ובלילה ההוא ואני ישן ובאו וחפשו הדיינים בבית אשר אני יישן בו אם יש בבית אנוסים ולא ידעתי מאומה מביאתם כי אם אמרו לי קרבלייאה ושלמה כהן אחרי שהלכו להם כי אם הייתי יודע שבאו לחפשני הייתי נותן להם הכאות ולא שמעתי מאומה וגם זו לטובה. ובבקר הביאו הדיינים לנו פרדות ונתנו לי סוס ורכבתי עליו ונסענו מווילא נוואה והלכנו בלאנה ובאו לפני הדיינים וכל אנשי המדינה טף ונשים: ואחרי כן הכניסו אותנו בבית הנוצרים עם כל כלינו ובאו לפני את הדיינים על הבית ורצו לראות הדגלים וכן הראתי אותם אליהם ושבחו אותם במאד מאד וכל הגדולים והשרים באו לראותם והדיינים אמרו לי תראה זה הכתב מאת הדיין הרשע כי הוא מצוה שלא יכנסו לפניך אנוסים. והשבתי להם אני אין לי חפץ לא באנוסים ולא בנוצרים ואין לי שום הפרש בין זה לזה ואם יבואו יבואו ואם יש[ו]בו ישובו לא אקרא אותם ולא אמנעם ואחרי כן הלכו הדיינים לדרכם. ועמדנו כמו ח׳ ימים ובאו לפני הדיינים ואמרו תלך בזאת הספינה מכוסקאייני[1] כי היא הולכת ביום מחר ואמרתי להם אני אחשוב בדבר עד חצי היום ואשיב[2] אליכם. ואחרי כן באו אלי נוצרים ואנוסים ואמרו לי כל פנים לא תלך בזאת הספינה כי הם שופכי דמים ובאו אלי הדיינים ואמרתי להם אין ברצוני ללכת בזאת הספינה בשום פנים. הם מדברים עמי תלך עמהם בזרועם הנטויה ואני אמרתי להם לא אלך בשום פנים. והלכו הדיינים ממני והנם כעוסים והלך קרבליאה עמהם. ואחרי כן חזר אלי ואמר אני לקחתי רשות מאת הדיינים כי אתה תרכב על הסוס במהירות[3] ונלך אני ואתה לפני הדיין הרשע כי הוא בכפר אשר ישבנו בו בשפת הים באמצע הדרך. וכן יצאתי מהבית ונתנו לי הסוס ורכבתי עליו וקרבלייאה רכב על סוסו והלכנו במרוצה והלכנו רחוק מלאנה ב׳ פרסאות ואני מדבר עם קרבלייאה וראיתי אחרי כי הדיינים רודפים אחרי יותר מק׳ אנשים ואנחנו חכינו אותם עד שבאו הדיינים לפנינו והם מדברים עם קרבלייאה בכעס וכי הוא מודבר עמהם ולבו כלב הארי ואני מצחק בלבי. וחשבתי כי זה דבר השם ואין לי רצון ללכת לפני הדיין הגדול כי אם עשיתי הכל ברצון קרבליאה וברצון משרתי ובטלתי רצוני מפני רצונם. ואחרי כן שאלתי אל קרבליאה מה תדבר עמהם ולמה באו והשיב לי כי הם רדפו אחרינו ואמרו תחזרו עמנו והלכו בזאת הספינה על כל פנים והשבתי לקרבליאה טוב הדבר ונלך וחזרתי עמהם ולבי שמח בחזירתי. וקרבליאה היה מפחד מאת הדיינים ויש לו רעד ומורך בלבו כי הם אמרו לו אתה הוא העושה הכל וכל מה שאתה מדבר אל האינבשדור הוא עושה ואנחנו רוצים לתפוש אותך ולשים אותך במאסר. ואמר לי קרבליאה אלה הדברים והשבתי לו אל תירא ואל תפחד כי אפדות[4] אותך בכל אשר לי. ואחרי כן הלכנו עמהם

---

[1] So MS. [2] MS. והשיב. [3] MS. המהירות. [4] So MS.

עד שהגענו בלאנה ואמרו אל קרבליאה שלא יכנס בביתי ואין אני יורע ולא אשמע ונכנסתי בתוך ביתי ובפני שנים דיינים ושאלתי אין קרבלייאה ואמרו הוא בבית אחד ושלחתי בעדו שליח אחר שליח ולא בא:

ואחרי כן חזקתי בידי הב׳ דיינים והלכתי עמהם ויצאתי מהבית ואמרתי תראוני בבית אשר קרבלייאה יושב בו והראו אותי והלכתי עמהם בבית ההוא והנה הלך בבית אחר. ותכף כששמע כי באתי לראותו בא אלי ועשיתי שלום בינו ובין הדיינים ואמרתי להם איך אני יחידי ואין אני יודע [לשון] שלכם והזקן שלמה כהן הוא חרש ואין אתם שומעים בלשונו וקרבליאה יכיר לשוני ותשמעו את אשר ידבר לכם והוא שרת אותי לפני מלך פורטוגאל מיום אשר הגעתי בפורטוגאל עד היום הזה ואני אשלם לו שכרו מדי חדש בחדש ואינו עובד אותי בחנם כי אם בשכר. ואחרי כן בא עמי קרבלייאה ובבית[1] ולקחתי לו בזה היום מעיל גדול וחדש וסאיון חדש וקלשאש חדשות והוצאתי בהם ט׳ו דוק׳ ונתתי לו גם כן א׳ חרב חדשה גדולה שהיא שוה י׳ דוק׳ וראו[2] כל הדיינים את זה:

ואחרי כן הם מסכימים כי אלך ביום מחר בזאת הספינה מבוסקאייני עׄכׄפׄ. ובלילה ההוא בא אלי קרישטופלי מאת פני המלך עם כתב המלך והכתב ההוא אמר כן אני נתתי לך רשות שתלך לב׳ חדשים ועמדת ד׳ חדשים וכי אתה ישבת בהם להחזיר האנוסים יהודים ובכל שבוע באים אלי מכתבים מהדיינים מטאוילה וכל מעשיך עם האנוסים אני יודע הכל כי ראיתי בזה שעשית בפני כל שכן לאחורי ולא רציתי לעשות לך רעה כי אתה אמרת לא באת אלא בעבור אהבתי ותועלתי ובעבור זה לא שמעתי עליך איש שידבר רעה כנגדך ואמרתי אליך תלך בשלום תחזור לארצך ואתה תכף יגיע כתבי לפניך תלך בשלום ולא תעכב. ובלילה ההוא כאשר הגיע קרישטופלי לפני בא עמו יהודה פרינטי מאיסאפי ונתן אלי י׳ דוק׳ מנרות שעוה. גם נתן אלי קרישטופלי כתב אחד מבעל לשון ערב ואמר הכתב ההוא כי דון מיקיל עשה הכל ואין המלך יודע בדבר כי הוא חתם ידו ולא ידע מה שכתוב בו. תהו מנהג המלך פורטוגאל וכל מה שביד המלך הוא ביד דון מיקיל והוא המוציא והמביא והוא שלח הדיין הרשע ולא שלחו כי אם בעבורך והמלך עשה לך חסד גדול כי לא עשה לך רעה ולא קבל עליך דברים רעים ודון מיקיל הוא מדבר עם המלך ביום ובלילה נגדך ולא יכולתי עשות אליך דבר אחר בעבור דון מיקיל כי הוא תמיד לפני המלך מפורטוגאל. ואנטוני קורנירו לא רצה לכתוב כתב אחד בעבור הג׳ מאות דוק׳ שלא קבלת ודברתי עם המלך ולא השיב לי דבר ובשעה שקבל הסוס אמר לי דברים טובים עליך ואחרי כן הפך אותו דון מיקיל ולא יכולת[י] עשות דבר ואתה תלך לך לדרכך לשלום ואל תעכב כי יש מלשינים הרבה נגדך והם נותנים אל המלך ואל דון מיקיל נגדך ובכל שבוע יבואו כתבים

---

[1] So MS. [2] MS. וראה.

אל המלך מטאוילה מדברים נגדך וראיתי המלך כעוס עמך וזו היא עצתי שתלך ולא תעכב ואתה חכם ותדע את אשר תעשה:

ובא אלי כתב שלישי משלמה לוי אשר הביאו קרישטופלי והוא עמד לפני המלך ונשאר החרב שלי בידו ואחרי שנסע ממני מטאוילה נכנסו עליו ערבות בקנס נׄ דוק האנוסים קרוביו ועשו פשרה עם הדיין ובאו אלי קרוביו האנוסים ואמרו טוב לשלח אל הדיין ולא עם המלך מאומה ורצו ממני יׄ דוק ונתתי אותם אליהם בעבור הקנס משלמה לוי הנזכר. והכתב אשר שלח לי שלמה הלוי אשר קבלתי היה אומר כי הוא עשה בכל כחו ודבר עם המלך פעמים רבות ולא השיב לו מאומה וכי דבר עם אנטוני קורניירי ולא השיב אליו דבר וגם עשה קטטה ומריבה עם דון מיקיל וכי הוא בקש אלדיקא משומר ולא יכול להוציא מידו פרוטה מאת כלי הסוס שמכרם ומעות הבירנוסי וכי הוא שומע דבר אלדיקא משומר בקורוצה כי אמרו אליו האנוסים כי אלדיקא רצה בפעם הראשונה ביום ששלחת אותו בקואימרה היה רוצה ללכת בלישבונה למכור הסוס ולקחת הכל לולי האנוסים אשר בקרוצה החזירוהו לאחור בקאימורה. והם היה סיבה שחזר לאחור ולא יכולתי להוציא מידו דבר ושלחתי אליך קרישטופלי במרוצה למען תדע את אשר תעשה ואני עומד לפני המלך לחכות תשובתו. וראיתי אלו הגׄ מכתבים בלילה ההוא וקרבלייאה האנוס לפני וישנתי עד הבקר והלכתי אני וקרבלייאה ושלמה כהן בבית הדיין הגדול שבהם ואמרתי רצוני ללכת וכי זאת הספינה אשר אמרת נלך בה הם שופכי דמים וכל הנוצרים אומרים אלי לא תדרוך ולא תלך עליה ולא ייטב בעיני המלך כי אתה תתנני ביד אנשי דמים ומרמה ואויבים לנו הם כל הימים. ואם תעשה חסד גדול לאהבת השם ולאהבת המלך מפורטוגאל תבקש לי ספינה אחרת יותר טובה ויהיו אנשי הספינה ההיא מזאת העיר למען נוכל ללכת לבטח. וכן קראו אחר בעל הספינה ועשו עמו מסחר בעד מאתים דוקאט זהב להוליכנו בלינורנה ובעל הספינה ההיא מלאנה והוא איש טוב וישר ונכבד וממשפחת טובה ולא יכולתי עשות דבר אחר ואמרו לי הדיינים לא נראה ולא נבקש מאת זה האיש אחר איש שזה האיש הוא אדם טוב מאד:

ואחרי כן הלכתי לביתי בחצי היום ובאו הדיינים מהעיר לביתי ואמרו לי תתן מאתים דוקׄ בעד שכר הספינה והשבתי להם אני אתן לכם קׄ דוקׄ הנה והקׄ האחרים אתנם בלינורנה ולא רצו הדיינים ואמרו תתן מאתים דוקאט הנה כי בעל הספינה רצה לתקן אותה בכל הצריך. ואמרתי להם תלכו ותחזרו לעת מנחה ואחר בא אלי קרבליאה ואמר כי אנוס אחד יש לו ספינה יותר טובה מזאת הספינה ויש בה מזרקי אש ויקח קנׄ דוקׄ: ואחרי כן באו הדיינים ולא יכולתי דבר עמהם כי אם ללכת בספינה ההיא ולא בספינה אחרת וכן נתתי אליהם מאתים דוקׄ וכתבו אל בעל הספינה מכתב וערבות כי הוא ידריכני בליגורנא לבטח וישחזור עם כתבי עדות כמו שבשלום הגעתי בליגורנא ואם לא יבא כתב מאתנו עליו קנס לפרוע למלך עשרת אלפים ליטרין. והלכתי לראות הספינה ההיא והחדר חרוב ורציתי שיתקנו

אותו והוצאתי י׳ דוק׳ אחרים בעבור נסרים ולוחות ומסמרים ועמדנו ח׳ ימים למען יתקנו החדר והספינה. וחשבתי לשלוח יהודה פירנטי במרוצה לפני המלך ולספר לו כל אלה הדברים וגם להגיד לו את העבד הכושי אשר לקח ממני הדיין הרשע וכן נתתי לו מעות ולבשתי אותו פעם אחרים[1] מלבושים חדשים ושלחתי אותו במהרה אל המלך עם סוס וסדרנו מה שנאכל בדרך. ואחר שתקנו הספינה והחדר כנסתי בתוך הספינה ההיא בחצי היום כי הם אמרו לי שהדיין הרשע הגמור הגיע וכאשר שמעתי כל זה הלכתי בספינה קודם שהוא יאמר אלי תלך והכניסו לי כל כלי וקודם שכנסתי אל הספינה נתתי אל האנוסים אשר ישרתוני בבית רשות ילכו להם והם בוכים ואל קריסטופלי נתתי רשות ולא ידעתי אנא[1] הולך וקרבלייאה הלך עמי בספינה וסדר לי כל הכלים ועשה לשלמה כהן חדר גדול בעדו ובעד הכלים ומטה בתוכה. ועשה החדר שלי היטב. ואחרי כן חזר קרבלייאה אל המדינה. והדיין הרשע נמור בא אל הספינה עם י׳ משרתיו ומשרתים אחרים שלו עמהם על שפת הים וכן כל אנשי המדינה וגם קרבלייאה עמו וחפשו הספינה מכל וכל לדעת אם יש אנוסים עמי ופתחו כל הארגזות שלי וחפשו ומששו את כל כלי וראו כל אנשי הספינה אם יש לי כלי משחית היינו מזרקי אש ות״ל לא מצאו אתי כי אם חרב אחד אשר היתה בידי מכל החרבות שהיו לי ולא מצאו שום אנוס גם כן:

ואחרי כן בא אלי הדיין הרשע הגמור אל פתח הדר הספינה ואת קרבלייאה עמו ושאל ממני מחילה ואמר[2] לא אעשה אליך כל זה כי אם בכתב המלך. והראני כתב אחד שבא לידו כתבו דון מיקיל ואמרתי לקרבלייא תאמר לדיין חיי יי אשר פדה אותי מכל צרה אם יהיה בפני ועמי ד׳ משרתים אם היה יוצא זה הדיין מזאת הספינה כי לוקח אני אותו עמי עד מדבר חבור אל המלך יוסף אחי. ואחרי כן הלך הדיין לדרכו מזאת הספינה ואנחנו נוסעים והספינה שלנו על הדרך. ונתתי לקרבלייאה ב׳ דוק׳ בעבור צדה לדרך ושלחתי אותו ואנחנו נסענו מלאנה ביום ההוא והרחקנו מאת המדינה מהים ועמדה הספינה במקום אחר וחזר שלמה כהן עם בעל הספינה בלילה ההוא בלאנה ושלחתי על ידו אל האנוס הזקן שברו מהבית מלאנה ולא ראיתיהו מעות כדי שיעשה צדה לדרך וקנה שלמה כהן ענינים משם וחזר אלי בלילה ההוא:

ונסענו מלאנה בחצי הלילה ודרכה הספינה ב׳ ימים ואני מתענה ג׳ ימים וג׳ לילות ובכל יום ויום שנסעתי מפיסא ובפורטונאל לא אכלתי יום אחד כי אם התעניתי ואכלתי בלילה. ועשיתי ו׳ תעניות בפורטונאל ו׳ ימים ולילות שלא אכלתי ולא שתיתי מאומה. ועשיתי גם כן בפורטונאל תעניות מ׳ יום רצופים ג׳ ימים ולילות להם לא אכלתי ומים לא שתיתי וכן עשיתי בספינה מ׳ יום ג׳ ימים ולילות שלא אכלתי ולא שתיתי ובכל שאר הימים הייתי מתענה מערב ועד ערב ואני עומד חזק וטוב ת״ל ולא נפשי מבקשת ממני מאומה. ואני הייתי

---

[1] So MS. [2] MS. ואמרתי.

מתפלל מבקר לערב כל ימי הדרך אשר הלכתי בה והגעתי בספינה קרוב לטאוילה ד׳ פרסאות בראש מלכות מלך קיסר סמוך לקאשטה מרינה ועמדה הספינה בים סמוך לזה המקום יב׳ ימים להכניס דג אחד לתגר אחד בספינה כדי להוליך אותו בבלינצה לשבירות. ובא אלי קרבלייאה ב׳ פעמים הפעם האחד בא אלי יחידי ופעם השני בא הוא ואחיו. וקודם שבא קרבלייאה בפעם השנית בא אלי נוצרי בחור שמו עמנואל אשר שרת אותנו במדינה לאגה הרבה שירות והוא חבר משלמה כהן הרבה והיה משרת אותי והיה רוחץ הכלים ונתן המים ומסדר על השולחן והיה ישן קרוב למטת שלמה כהן. ולשלמה כהן היה לו כמו נ׳ דוק׳ ואמרתי לו תשים מעותיך בין המעות שלי ולא רצה ותפר המעות שלו בב׳ מקומות בקאלשא שלו ובלילה אחד הסיר זה עמנואל הקלצא משלמה כהן וראה המעות ופתח מקום אחד אשר היו בתוכו יב׳ דוק׳ ולקח אותם ושם מטבע כסף באותו מקום מהקאלצה ועמד לשרת ולא ידע שלמה כהן מאומה ולא הרגיש:

ואחרי כן בא קרבלייאה ואחיו בפעם אחרונה ולן אתנו בלילה ההוא עד הבקר בחדר של שלמה כהן בספינה והיה רוצה שלמה כהן לתת לצדקה ב׳ דוק׳ לאחיו מקרבלייאה ובקש המעות בקאלצה שלו ולא מצא אותם. ואמר אל אחיו מקרבלייאה אתה גנבת אותי במטה בלילה כי עמדת אתי. ועשו קטטה גדולה שלמה כהן וקרבלייאה ואחיו וקראתי לקרבלייאה ושאלתי לו מה הקולות וצעקות אשר שמעתי מי הם. והשיב לי איך שלמה כהן חשד על אחיו שהוא גנב מהקאלצא שלו המעות וקראתי לשלמה כהן לפני ואמרתי לו הלא אמרתי לך כי תסירם מהקאלצוש ותשימם במעותי ולא אבית שמוע לקולי על כן בא אליך כל זה:

ואחרי כן קראתי בעל הספינה ואמרתי לו המעות הם ביד עמנואל תחפוש אותו כי הוא חרפה לך שיעשה הגניבה הזאת בספינה שלך ואני יודע שלא עושה זה הפועל הרע כי אם הוא. וכן בעל הספינה דבר עם עמנואל ועם קרבלייאה והודה עמנואל כי הוא לקחם וכי הם במדינה. והלך עמו בעל הספינה אל המדינה ונתן אליו ו׳ דוק׳ ולקח בעל הספינה ב׳ דוק׳ ושלמה כהן נתן מאלו הו׳ דוק׳ לאחיו מקרבלייאה ב׳ דוק׳ בעד הצדקה כאשר נדר והגנב עמנואל הלך לדרכו וקרבלייאה ואחיו שלחנו בשלום אל ביתם. ובא אלי קרישטופלי אל הספינה אחר שנסע קרבלייאה ובעל הספינה מתאונן איך הדיין הרע צוה אותו שלא יכנס עמו שום אדם אחד לא נוצרי ולא אנוס ובעבור שאני הייתי מכבד בעל הספינה הניח קרישטופלי שיבא עמי. וכן נסענו סמוך לקאשטה מרינה בים ברוח טובה ביום ד׳ וג׳ ימים היה לנו רוח טוב עד ליל יום ששי בחצי הלילה ואת הספינה אשר היינו בתוכה היתה לה ב׳ ספינות קטנות מחברותה[1] ולכולם לא היה בהם שום מזרקי אש לא בספינה שלנו ולא אליהם: והאנשים אשר היו בספינה כמו התרנגולות ובחצי ליל ששי באו ספינה מן ספינות פורטוגאל וחשבו שהם גנבים ועמדו בצעקות גדולות וקשרו הספינות זה לזה והם בצער גדול

[1] So MS.

ובא אלי בעל הספינה ואמר לי כי יש ישמעאלים. ואמרתי אני אעמוד בחדר שלי עד שיבואו לפני והקב״ה יבחר לי הדרך הטובה ואין אני מתיירא כי אני בוטח באלהי ישעי ולא אירא מבני אדם ולא מגנבים ואם יבואו אל מקומי אני אומר כי הקב״ה שלחם לטובתי ולטובת כל ישראל ובכל מקום שאני הולך אני בוטח ביי. ועמדו מחצי הלילה עד הבקר והספינות כולם מתקבצות יחד והסירו הוילון מהספינות ואני עומד[1] בתוך החדר שלי עם תפלתי עד הבקר וראו הספינה וכי הם מהספינות מלך פורטוגאל: ואחרי כן נסענו ברוח רעה עד מאד ביום ו׳ ועמדנו בצער עד כל יום השבת והרוח רע עד מאד והחזיר אותנו הרוח על כרחנו באלמריאה בחוף הים סמוך לה והיא מהקיסר ועמדנו סמוך למדינה ההוא ביום השבת לישראל: ואחרי כן ביום א׳ באנו אל חוף הים באלמרינה ועמדנו עד חצי היום כי הרוח רעה בים ובא הדיין מהעיר ההיא ומשרתיו בספינה שלנו ובא הדיין לפני ואני הייתי כותב וקראתי שלמה כהן והדיין מדבר עמו איך אני באתי לתפוש אתכם כי לא יוכל שום יהודי לבא בגליל הקיסר זולת רשותו. והוצאתי הבולא והכתב אשר לי מהמלך מפורטוגאל וקראם הדיין בפני והחזיר אותם אלי ואמר לנו יעמדו אתכם הגאולות ואתם תבואו ותעמדו אתנו ואנחנו נכתב אל הקיסר הכל באורך ואת אשר ישלח לנו לעשות כן נעשה. והשבתי לו מאת יי יצא הדבר והלכנו אני ושלמה עמי ואני שמח ולא יש לי יראה ופחד והנחנו כל כלינו בספינה. ואני הייתי חושב כי שלמה כהן יחזור בספינה על הכלים באותה הלילה. ויצאנו מהספינה שלנו בספינה קטנה שלהם והלכנו באלמריאה בבית הדיין אשר תפש אותנו ונכנסנו בחדר שלו בראש הדירה. ובתוך החדר ד׳ חדרים כולם בדלתות ונתן לנו הדיין ההוא אחד ישמור הדלת מהחדר שאנו יושבים בו ביום ובלילה ובעל הספינה שלנו הוא תפוש בבית הסוהר ואמרתי אל הדיין אשר הייתי עומד בביתו הוציאו בעל הספינה בחוץ ויעמוד לפנינו וכן עשה ותקנו וסדרו לי בלילה ההוא המטה של הדיין אשר *היה שוכב[2] עליה ואמרתי אליו רצוני לשלח שלמה כהן חברי לשמור הכלים שלי שהם תוך הספינה למען לא יגנבו אותם אלי ולא רצה הדיין לשולחו וישננו ועמדנו בבית הדיין והכלים והבגדים שלנו הם תוך הספינה:

ובעל הספינה שלנו עמהם בבית אוכל ושותה עמנו והדיין בא אלי בבקר. ואמר לי תשלח בעד הכלים אשר יש לך בספינה ולא תשאר לך דבר אשר לא תביא הנה. והשבתי אל הדיין איך הסכמת בלבי את כל זה לשלות בספינה בעדם ואתה באת בזה הדבר ותדע כי רצוני תשלח ב׳ אנשים מחביריך עם שלמה כהן חבירי בספינה למען יתנו אליו כל הכלים שלי אשר הם בידם. וכן הדיין ההוא שלח שנים אנשים חבריו עם שלמה כהן בעד הכלים והם גנבו אלי היינו בעלי הספינה אשר היינו בתוכה בלילה ההוא א׳ עטרה היינו טוקא ממשי שחור וכ״ה דוקאט ונתנו את מותר האחרים אשר נשארו בידם אל שלמה כהן:

---

[1] MS. עמור. [2] MS. היתה שוכבת.

ואחרי כן תשבנו ומכינו[1] הבגדים שלנו ואת החמשה רגלים אשר עשיתי לשם ולתהלה בֿ מהם כתובים באצבע אלהים תורת יי תמימה והגֿ דגלים שהם ממשי לבן חדשים הם עשיתי בה שיהיו לזכרון לעדות לפני כל רואיהם מן אחי המלך יוסף ומזקניו ומכל שבטי ישראל ועשיתי אחד מהם בשם הנשיא כמרֿ רֿ דניאל מפיסא אלופי יז״א והבֿ עשיתי בשם רֿ יחיאל מפיסא יצֿו אשר עמדתי בביתו וֿ חדשים והוא אחיו השני לו: והדגל הגֿ עשיתי אותו בשם רֿ אברהם אבן זימור מאיסאפי והם שלשתם ממשי לבן יפים וגדולים יהיו לאחי המלך יוסף וליועציו ולכל היהודים אשר ישמעו ויראו כי לאהבת השם ולאהבתם עשיתי כל אלו לדור דורים לזכרון בעיני השבטים ובעיני כל ישראל אשר עשו עמי לפדות אותי בממונם ובגופם והיו בעזרת השם ינדיל שכרם ויהיה עמהם סלה: ואת הבֿ דגלים ישנים מאת הנוצרים קבלתי אותם מאיטלייא ושמתי אותם בחדרי הספינה בכל מקום אשר אני שוכב עליה. ואת הדגל מכסף אשר עשיתי אותו בשם אחי המלך יוסף כי הכסף הוא מקומו במדבר חבור במלכותו והוא מקבל כל הכסף בכל יום לו לברו:

והדגל השני מזהב עשיתי אותו לשמי רויד בן המלך שלמה זצֿל איך אני מקבל מלכות שבא כי היא מקום הזהב לבניין בית המקדש בעזרת השם ועשיתי אותם בתקינם כאשר צוה אותי המלך יוסף וזקניו למען אוציא אתכם בזמן אשר אגיע ראש מלכותו מהמלך יוסף אחי. וכתב הדיין ההוא את חותמות הזהב אשר בידי ואת קערות הכסף והמעות שלנו לא נשאר לנו דבר אשר לא כתב הדיין ההוא עם חביריו ושלחו שליח אל חקיסר ביום השני שנתפישתי ועמדו הכלים שלנו בידינו והיו מכבדים אותנו כבור נדול. ובליל יום גֿ חשבתי לשלוח שליח אל הקיסר וקראתי הדיין ואמרתי לו רצוני לשלוח שליח לעצמי אל הקיסר ואמר אלי תעשה דבר זה כי הוא דבר טוב ואני אמצא אליך איש נאמן. וכן כתבתי בלילה ההוא כתב אני ושלמה כהן אל הקיסר ואל אשתו המולכה. ובבקר בא אלי הדיין ואמר לי רצונך שאבקש לך שליח ואמרתי לו כן תבקש אחריו ושלח בעד חזק אחד בא לפנינו ואמר לי השליח אני אלך לפני הקיסר ואחזור אליך תשובתם בחֿ ימים[2]. והריין אמר אלי טוב שתכתוב בֿ כתבים אחד אל הקיסר ואחד אל המלכה אשתו יען אמרתי אל הדיין כי היא מכרתי[3] אותי לפני המלך מפורטונאל אחיה כי אני לויתיה כאשר באה הנה גֿ פרסאות. וכן הדיין כתב לי כתב אל המלכה אשת הקיסר מכתיבת ידו בשמי איך אני באתי מאת אחיה ממלך פורטונאל וכי הרוח הביאנו באלמריאה והנה נתפשנו ושלחתי אליו ואל אשתו כל הגמולות אשר יש לי מאת האפיפיור ומאת המלך פורטונאל. ונתתי לשליח יֿ דוקֿ קודם שיסע ונכנם הדיין בערב ואמר אלי שהוא ילך ויחזור וכן נתתי אליו כל המכתבים והם זֿ במספר. וגסע מאלאמריאה ביום גֿ והלך בגראנטה לפני הקיסר והמלכה ואנחנו עמדנו באלמריאה אני ושלמה כהן וקריסטופלי עמנו בבית הריין. והדיין ההוא נכבד גדול עד מאד

---

[1] So MS. [2] MS. יומם. [3] So MS.

והוא מזרע ישראל והוא מתנכר אלינו וגם בין הנוצרים לא ידעו מאומה ועשה לנו טובות הרבה וכבוד גדול ובעל הספינה עמנו. ואמר לי הדיין תרצה שנסיר הוילון מהספינה היינו הבגד שלה ויעמוד הבגד מהספינה הנה עד שתרצה ובעל הספינה צועק אלי בקול גדול ואני יושב עמכם פה אם תרצו לשים כלי ברזל ברגלי תשימו ולא תסירו הבגדים מהספינה. ולא הייתי יודע שהם היו רוצים ללכת במהירות ואמרתי אל בעל הספינה אני רוצה שתתן לי כל מעותי אשר נתתי אותם אליך מאתים דוקאט עד בליגורנה ואתה לא באתי עמי כי אם באלמריאה. ואמר אלי בעל הספינה אני אחזור אליך ק׳ דוק׳ והנחני ללכת לדרכי ואמרתי לו התנם אלי בזאת השעה. ואת המשרתים שלו מהספינה בשמעם איך היה רוצה הדיין לקחת הבגדים מהספינה נסעו וברחו להם ברוח טובה. ואני שמתי על בעלי הספינה כלי ברזל ושמתי אותם ברגליו ושמתי אותם בבית הסוהר ואני הייתי חושב לעלות לפני הקיסר והדיין היה מכבד אותנו כבוד גדול וכל גדולי העיר ההיא באים לראותינו בכל יום וגם ישמעאלים רבים אשר הזרו נוצרים באו לפני ובא אלי גם כן שר אחד גדול ישמעאלי ודבר לי באריכות ושאל אלי על מה באת מארצך ומה אתה מבקש מאת הנוצרים והוא חכם גדול והראה לי אז חשבונות ותמונות מתכונה. ואמר אלי איך הגיע הקץ ממלכות הנוצרים וממלכות הישמעאלים וכי תוך נ׳ שנים יהיה כל מלכות אדום ביד מלך ישראל בירושלים וכל האומות ישובו אל דת אחת ואמר אלי דברים גדולים ועצומים ונוראים ואני לא רציתי להשיב אליו על דבריו מאומה. ואת ההגמון מהעיר שלח אלי דורון בביתי. ואח״כ הלכתי אל ביתו לכבד אותו ופעם אחרת נתן אלי דורון אחר. וההגמון ההוא היה היותר נכבד מאת המדינה והוא היה שופט על כל הדיינים וגם אני שלחתי אל ההגמון ההוא דורון יפה על ידי שלמה כהן:

והמדינה ההיא היינו באלמריאה רובה או כולה מהבתים היו הרבים ולא נשאר העשירית מהעיר שלא נחרבו וזה מאת הרעש הגדול אשר היה נפלו הבתים על בני אדם ומתו. והרעש אשר בא בעיר ההיא זה ה׳ שנים שבא וביום בא הרעש הגדול ההוא יצא קול גדול וכל בני אדם שמעו[1] כי זה הרעש הוא מירושלים והקול יצא בכל המדינה וכל העם שומעים הקול ולא ראו מי שהוא מדבר. ועמדנו וחכינו תשובות הקיסר עד שחזר שלוחנו בי״ב ימים והביא כתב מאת הקיסר ובולה חתומה וכתב בבולה ההיא יצוה לכל מלכותו יניחוני ללכת בים או ביבשה ולא יעשה לנו שום רעה רק יכבדו אותנו ויתנו לנו בתים במעות שלנו וכל הצריך יתנו לנו בכל הדרך שנלך בה אל מלכותו. והשליח אשר שלחתי אמר אלי כי הוא הגיע לפני הקיסר והמלכה אשתו כולם ביחד[2] ומפחדים עליה יראה גדולה והאטינו בה פן היא תמות ח״ו. ואחר כן ילדה בת ת״ל ונתתי אליה דורונות הרבה כשהלכתי לראותה כי היינו יושבים בבית אחד והיא יושבת במטה. ואני לקחתי בלאנה טרם נסעי

---

[1] MS. ישומעו. [2] A great lacuna

יותר מל דוק ממאכלים מתוקים וממעדנים מכל מין כדי שיוליכו אותנו בליוורנה ד׳ ארגזים מבלי כלים אחרים מלאים כל טוב והכל הלך בבית הדיין ההוא מאלמאריאה. ואני הייתי מתענה בבית ההוא ג׳ ימים לילה ויום עד שחזר השליח ששלחתי אני במהירות אל הקיסר וקניתי פרדה גדולה ויפה מהדיין מאלמריאה בשכר כ״ה דוק ולקחתי ד׳ פרדות אחרות במסחר למען יוליכו הכלים שלי והוצאתי בעל הספינה מבית הסוהר: ונסענו מאלמריאה ושלמה כהן נסע עם הכלים בתחלה קודם תפילת המנחה ואני הלכתי לפני ההגמון מהעיר והיה ישן וחכיתי אותו עד שייקץ משנתו יען היה רוצה לשלוח אלי אנשים ישרתו אותי ואמרתי לו שלא יתנם בשום פנים כי אין רצוני לתת לך צער עליהם והודיתי לשמו. ונסעתי ובאו ללוותי הדיין מהעיר עם י׳ משרתיו יען היה סמוך ללילה ואני הייתי יחידי ויצאתי מאלמריאה ולוו אותי הדיין וסיעתו א׳ פרסה וחצי ושלח הדיין ההוא ב׳ אנשים עמי יען היה לילה והוא היה ירא פן יסגרו דלתי העיר עליהם ולכן חזרו להם. ואני הלכתי עם אותם השנים והגעתי בלילה במחנה בפרדס ויש אנשים רבים בזה המחנה כי הוא על הדרך וישבנו ועמדנו בו בזאת הלילה ובבקר נסענו אני ושלמה כהן והחמרים ובעל הספינה וקריסטופלי והוא היה הולך ברגליו על הדרך שהיינו הולכים בה. והגענו בלילה במדינה אחת שמה סורבה והיא היתה מדינת ישמעאלים ונסענו אחרי כן לנוצרים ויודעים כולם קטן וגדול לדבר בלשון ישמעאל והם עניים וישננו במחנה בלילה ההוא עד הבקר. וביום השני היה נדאלי מהנוצרים ואמרו לי החמרים איך רצונם לשבת במקום ההוא יען המחנה[1] החנה שלהם ובטלתי רצוני מפני רצונם ועמדנו שם. ובא הדיין מהעיר לפני והוא נכבד ואמר אלי אם תרצו דבר תצוו אותי כי אעשה הכל ולקחתי לחמרים כבש אחד ותרנגולות הרבה למען יאכלו וישבעו ואנשי העיר ההיא היינו ישמעאלים היו באים לנשק את ידי ושמחו בי שמחה גדולה:

ואחרי כן קראתי הדיין מהעיר ונתייעצתי עמו בעבור בעל הספינה כי הייתי מפחד ומתיירא ממנו שלא יברח וילך לו בעבור כי אני העמדתיהו בכלי ברזל ואמרתי אותם ממני[1] ולקחתי בעדו פרדה אחת למען ירכב עליה במסחר ג׳ דוק עד קארטיינא והדיין ההוא השיב לי אם תרצה אדם שישמור אותו שיהיה חזק ואמרתי אל הדיין כן תמצאהו ואני אתן לו את שכרו. וכן נתן אלי הדיין ההוא בחור טוב חזק וצוה אותו הדיין אם ילך בעל הספינה אתה חייב מאתים דוקאט ולכן תשמרהו מאד מאד. וכן נסענו מסורבה בבקר השני אחר נדאלי והבחור ההוא עמנו בכל הדרך ושומר בעל הספינה וכשהיה הולך לעשות צרכיו הוא אחריו. והגענו בלילה במדינה אחת והם ישמעאלים וחזרו נוצרים ובאנו במדינה ההיא שמה פורקא והיה בהם נוצרים וישננו באותו לילה שם. ונסענו בבקר והגענו באורקא והיא מדינה גדולה ועמדנו שם ואנחנו הבחור השומר בעל הספינה ונסענו בבקר יום ו׳ והגענו אל מדינה שמה אלבאגייט והוא מקום מרחצאות ומים חמים ועמדנו שם במחנה ביום השבת:

---

[1] So MS.

וביום הראשון נסענו והגענו סמוך לקראטיינאה ושלחתי הבחור ושנים חמורים [ ] לכו קודם אל קרטאגייה ויבקשו לנו בית גדולה וטובה והלכו וחזרו להם לנו והשיבו איך מצאו דירה יפה. והלכנו עמהם ונכנסנו במדינה קרטאגייה ועמדנו בדירה אשר בקשו לנו והדירה היתה יפה אבל היתה מזונה אחת וסדרו לנו השולחן ועמד שלמה כהן להוציא הענינים מן הארגזים כדי לסדר השולחן והזונה בעלת הבית לפניו ולפני הארגזים. ואמרתי לשלמה כהן תשמור הכלים ופקח עיניך ולא תלך מפני כליך יען הכרתי כי זאת האשה מרשעת גמורה ואני רואה אותה בדרך רעה כי בכל יום היא משכרת עצמה פן תגנוב אליך איזה דבר. ודברתי אל שלמה כהן כל אלה והאשה הרעה נכנסה בחדר אשר מטתי שם וגנבה המכסה לוקאסינא ממטתי היה שוה טו׳ דוק והוציא הבגד ממטה ההוא מהחלון בהחדר על יד שפחתה והלכה לה. ושלמה כהן נכנס בחדר אחר שיצאתה ולא ראה המכסה ההוא והיה מדבר בינו לבינה והיה צועק על הישמעאלי ועל המשרתים ואני על התפילה. ואחר שהשלמתי תפילתי קראתי לשלמה לפני ואמרתי לו מה יש לך והשיב איך המכסה לוקיסינו גנבו אותו ואני חושד על הישמעאלי השומר בעל הספינה ואמרתי לו לא הוא לקחו כי האשה הרעה היא לקחה אותו ושלמה כהן והישמעאלי בקטטה יחד ואחרי כן קראתי ב׳ דיינים מהעיר ואמרתי להם תוציאו הבגד שלי מיד זאת האשה וכן עשו:

ואחרי כן סדרו לנו השולחן ואכלנו ובאו בלילה ההיא אנשים רבים נכבדים בבית לראותינו וישבנו עד הבקר והבחור השומר בעל הספינה היה עומד על משמרתו לשומרו. וביום הב׳ ראיתי שבעל הספינה היה רוצה לברוח כי הרגשתי עליו ואז שמתי אותו בבית הסוהר ובאו הדיינים לפני והראתי להם כתב ובולה מאת הקיסר וגם הבולה אשר בידי האפיפיור וממלך פורטוגאל וכתבים אחרים היו בידי: ובראותם כתב הקיסר המצווה אליהם שיעשו לי כבוד גדול ועצום באופן כי כל אנשי המדינה הראשים שבהם היו באים לראותי קטנים וגדולים לא נשאר עד אחד. ואחר חצי היום בא אלי הדיין אחד והדיינים האחרים היו לפני ואמר אני רוצה לתפוש את היהודים הללו בהיות שאינם יכולים לבא בארצינו והוצאתי כתב מהקיסר והראיתי לו הכל וקרא סופר הקיסר ורצה לתפוש אותו הכתב מהקיסר ולקחתי אני הכתב ההוא מידו והחזקתי בו:

ואחרי כן הוציא כתב מאת החוקר הגדול מהקיסר והוא עומד במורסיאה איך כתב אליו החוקר שיתפוש אותנו עכ״פ וכל הדיינים מהמדינה היו בעזרתי ולא קבל הדיין הוא שום דבר מדבריהם ואמר לי ולהם איך הוא רוצה לכתוב אל החוקר ממורסיאה ולשלוח שליח אליו שיודיעני את מה שאעשה מהיהודים הללו. וכן כתב אל החוקר איך יש בידי כתב מהקיסר וכתב מהאפיפיור הכל באורך כתבו ורצה לסגור עלינו הבית ונתן עלינו ב׳ אנשים שיעמדו בחוץ והדלת סגורה ואין אני יודע:

ואחרי כן רצה שלמה כהן ללכת ברשותי בשוק לקנות איזה דבר והנה הדלת סגורה

וישו[מ]רים הדלת מחוץ ואמר לי שלמה כהן כל זה וחרה לי עד מות ויצאתי לפתח הדלת ואני הייתי מבקש איזה דבר לשבור הדלת וקריסטופלי אמר אלי יש דלת אחר שתוכל לצאת חוצה ולא תשבר הדלת והראני הדלת שאוכל לצאת ויצאתי הדלת והשומרים על פתח הבית והדיין עמהם ויש ישמעאלים רבים במדינה ההיא. ויצאתי בחוץ ובא הדיין לפני ואנשים רבים ואמרתי להם איך תראו שזה הדיין עובר על מצות הקיסר והאפיפיור והוא חוטא על המלך הקיסר יען כי הוא צוה לכל מלכותו שיעשו לי כבוד בים וביבשה וזה סגר עלי הדלת ורצה לתפשני ובידי כתב הקיסר. ואני רוצה לשלוח זה היום שליח אל הקיסר ואכתוב אליו כל הדברים האלה אשר עשה עמי זה הדיין אף אם אוציא בו מאתים דוקאט ואראה תכלית הדבר איך יפול. ואמר לי הדיין ההוא מבעל החוקר ממורסיאה אני לא אסגור על שום אחד מכם אבל תעמדו בבתיכם וב׳ ממשרתי יעמדו אתכם בבית עד שיבא התשובה אלי ביום מחר מהחוקר כי לא אוכל עשות אליך קטנה או גדולה כי אם בצווי החוקר. ואני בשמעי הדבר הזה לא יכולתי עשות דבר אחד וחזרתי בבית ואמרתי אל הדיין ההוא תניח את שלמה כהן שילך בשוק לקנות הצריך ואני אעמוד בבית ומשרתיך יעמדו אתי בבית וכן עשה: ובלילה בא הדיין ההוא והיה ישן בארץ ובבית הוא ומשרתיו ולא רצה לישן על המטות כדי לשמור אותנו ואני בטוח והם בצער גדול ועצום ואני ישן ושלמה כהן על המטות ולא היה לנו לא יראה ולא פחד מהם עד הבקר וחזר השליח אשר שלח הדיין ההוא אל החוקר ממורסיא והשיב אליו החוקר בכתב שנוכל לשבת ולעמוד . . . . .

*עד כאן בכתב יד כי חסור[1] הוא ואיני יודע כמה דפים חסרים ע״כ לא נוכל לידע הסוף דבר עם ר׳ דוד הראוביני[2]:

אלו ההוצאות שעשה ר׳ שלמה כהן לאדוננו שר הצבא ר׳ דוד:

פה אכתוב אני שלמה כהן בכמ״ר אברהם כהן ז״ל מפראטה את כל ההוצאות אשר עשיתי בעד אדוננו שר הצבא ר׳ דוד בן המלך שלמה ז״ל ממדבר חבור מיום י״ח לחדש טבת רפ״ו כי ביום ההוא לקחתי החשבון מהמעות מיד בן ציון יצ״ו מקורייו מאת כל אשר הוציא הוא מן טאוילה עד אלמרינה ועולה יותר מפ׳ דוק׳ את אשר הוציא. ואחרי כן עשיתי ההוצאות אני שלמה כהן הנ״ז ועלו כל ההוצאות אשר עשיתי מיום י״ח טבת רפ״ו בין מה שהוצאתי באלמרינה ובסנטירין ובשכר פרדות ובטאוילה בחזרתנו ובדרך ובלאנס ובאלמרינה ובאלמריאה ובים ושכירות הספינות עלו עד היום חצי חדש אייר רפ״ו כי ביום ההוא נשברה הספינה שלנו שהם כמו י״ד חדשים. וחצי עלו כל ההוצאות אשר עשיתי בזה הזמן ב׳ אלפים ומאתים דוקט מלבד אותם אשר לקח ממנו השר מקלא[ר׳]מונט אשר תפש אותנו באי הים באדדי[3] ב׳ אלפים ד׳ דוק׳ מבלי המעות שנתתי אותם בפורטוגאל אל משרתי המלך

[1] So MS. [2] By a copyist. [3] So MS.

ומבלי הסוס אשר שלחתי אל המלך מפורטונאל דורון עולה ב̇ אלפים ד̇ דוקאט: קודם היו בידי כל הבגדים וכל הענינים שהיו בידי השר צבא דוד בן המלך שלמה זצ̇ל והוא נתנם אלי ואני שלמה כהן הנז̇ עשיתי ככל אשר צוה לי השר צבא אדוננו הנז̇ וכן כתבתי אותם הנה אני שלמה כהן הנז̇ למען יהיה לזכר לדור דורים: עוד קודם נתתי אל הסופר שבא עמנו מטאוילה ששלחו אלי הדיין מטאוילה בצווי המלך מפורטונאל ונתן אליו הוצאות הדרך ועשה לי כבוד גדול אי אפשר להאמר אשר בעבור זה נתתי אליו דורון את כל אלה הענינים הכתובים למטה מזה והם אלו: קודם נתתי אל הסופר מטאוילה הכותב לעיל שבא עמי אלו הענינים הכתובים למטה: א̇ וויסה ראסאה אזור חדשה אשר הבאתי אותה עמדי מפיסא: עוד נתתי אליו א̇ גאבנו שחור כפול ירוק חדש שהבאתיהו מפיסא: עוד נתתי אל אשת הסופר הנז̇ כל כך בגד טוב ויפה למען תעשה היא ממנה אחת וויסטאה: עוד נתתי אל אשת הסופר הנז̇ ארבע אמות ראסו שחור יפה וטוב: עוד נתתי לקרבליאה מטאוילה אשר שרת אותי והוא טוב והיה עמדי תמיד כל אלו הענינים: א̇ גבאנו ראסו שחור כפול ירוק אשר הבאתיהו מפיסו: א̇ וויסטה פילי לבנים שהבאתיו מפיסא: א̇ גבאנו גדול וא̇ סאיוני גדול יפה וטוב אשר קניתי *כל כך בגד לונדרו[1] טוב ויפה בלאנה כדי שאעשה קרבלייאה הנז̇ אלו הבגדים בעדו: א̇ חרב גדולה ויפה שלי נתתיה לקרבליאה הנזכר: עוד נתתי אל פיראנטינה אנוס מטאוילה ואל אשתו האנוסה שעמדנו בביתם בפעם הראשונה כשבאנו ועשה לנו כבוד גדול ועצום ואכלנו וישבנו בביתם ארבעים יום ועשו לנו ההוצאות מכל דבר ולא רצו ממנו מאומה אשר בעבור זאת כדי שלא אהיה כפויי טובה נתתי אליו ואל אשתו כל אלו הענינים הכתובים למטה מזה: א̇ חרב שלי שהבאתיה מרומא והיתה יפה ונתתיה אל פיראנטינה הנזכרת: יב̇ אמות בגד משי וד̇ אמות דמאסקין שחור נתתי אל אשת פיראנטינה טס' הנז̇ בפעם הראשונה שבאתי בטאוילה בביתם: עוד נתתי אל פיראנטינה הנז̇ שבא עמי מטאוילה אל המלך מפורטונאל נתתים אליו באלמריאה כדי שיתנם[2] לאשתו. א̇ קמישא יפה לאוו־טה מפנינים קבל ממני פיראנטינה הנז̇ באלמרינה כדי ליתן לאשתו: א̇ דימאנטי קשור בזהב יפה קבל ממני פיראנטינה הנז̇ באלמרינה כדי ליתנם לאשתו: ה̇ טבעות זהב נתתי אל אשת פיראנטינה בפני אשה בביתי בפעם האחרונה שחזרה בטאוילה: עוד נתתי באלמרינה אל משרתי מלך פורטונאל היו שלשה שבאו להגיד לי שנולד בן למלך: א̇ גבאנו דמאסקו אדום חדש אשר נתנו אלי כמר̇ דניאל מפיסו בשם האפיפיור נתתיהו אל המשרת הראשון שהביא אלי השמועה שנולד בן למלך: א̇ טורקא מזהב שהבאתי עמי והיתה עלי נתתיה אל המשרת השני מהמלך שהביא אלי השמועה שנולד בן למלך: א̇ טורקא משי שהבאתי אותה ממדבר חבור נתתי אותה אל המשרת הג̇ מהמלך שהגיד לי השמועה שנולד בן

[1] So MS. [2] MS. שאתנם.

למלך: עוד נתתי ליהוד פירנטי יהודי הזקן מאיסאפי הטוב והישר בעיני כל אלה הענינים: א מעיל חדש יפה וא בירנוסו יפה וב סאיונה שחורים יפים וקאלצו חדשים ומנטאה נתתי לו אני שלמה בצווי ארוני שר הצבא יצו הנז: עוד נתתי אל יוסף קורדיליאה בא אלי מאיסאפי וחשבתי היותו[1] טוב אלי והוא היה איש בליעל אין תוכו כברו אף כי אמר וכתב אלי כתבים לבא עמי בכל הדרך אשר אלך בה והוא לא כן עשה והאמנתי בדבריו הרעים והלבשתי אותו מראשו לסופו מבגדים חדשים *מבגד חדש[2] כי חשבתי עליו היותו טוב והוא איננו כי נתתי אליו משמרת על ההוצאה שלי ולקח וגנב ממני זולת ידיעתי אחרי אשר הלבשתיהו: עוד נתתי אל אברהם מאיסאפי המשמרה ואת אשר לו לעשות כי גם הוא בא לגנוב דעתי וכתב וחתם גם הוא לבא עמי בכל הדרך אשר אלך בה למען אהיה מכובד לבא לפני המלך כי הוא היה בעל לשון בין המלך וביני ולכן בעבור זאת וכבודי הלבשתי אותו מראשו לסופו מבגדים חדשים ואני שלמה כהן מפראטה עשיתי הכל ברשות ובהסכמת השר צבא אדוננו הנז: עוד נתתי אל יהודה היהודי האחר שבא אלי מאיסאפי את המשמרה אשר לו לעשות וגם הוא לא בא כי אם לגנוב את דעתי אף כי כתב וחתם לבא עמי בדרך אשר אלך בה והוא רמני בחתימתו והאמנתי בו ולכן בעד כבודי כי הוא בא עמי לפני המלך ולבשתי אותו מראשו לסופו מבגדים חדשים ואני שלמה כהן הנל עשיתי הכל ברשות ובהסכמת אדוננו שר הצבא הנז: עוד נתתי אל יצחק היהודי האחד מאיסאפי המשמרה אשר לו לעשות אשר בא אלי וגם הוא מצא שפתיו לא שמר כי גם הוא כתב וחתם לבא עמי והאמנתי בו. והוא לא כן עשה ובעבור כבודי הלבשתי אותו מראשו לסופו מבגדים חדשים. ואני שלמה הנז עשיתי הכל בהסכמת אדוננו ולא נכלל בתוכם את המתנות האחרות ומעות אחרים שנתתי אל אלו הד׳ יהודים אחרונים ואת אשר גנבו אלי ענינים רבים שהיו בכתובים[3] אותם שגנבו אלי ואני שלמה כהן עשיתי הכל ברשות ובהסכמת אדוננו שר הצבא הנז: נתתי אל ר׳ יעקב סופר יהודי יצו אשר בא אלי מפיץ כל אלו הענינים: חותמות זהב גדולים ויפים חקוקים בכתיבת אלהים ה[מ]שקל מזהב שלהם היה כד דוקט זהב מלבד הלוחות מכסף שהיו בתוכו כתובים בהם שם המפורש: א דגל משי כתוב באצבע כתיבת יי עשרת[4] הדברות באמצע. ונתתי אלו הענינים אל ר׳ יעקב סופר הנז למען יתן הדגל ההוא בשמי אל קק מפיץ יצו ואחד מהחותמות זהב יתניהו אל הנגיד מפיץ יצו בשמי. והאחד מהחותמות זהב יתן אל כמר יעקב רושאלין יצו מפיץ בשכרי ואלו הענינים נתתי אליו ושלחתי אליהם למען ישלחו אלי א משכון יש לו חומה סביב סביב אשר יש להם את המשכן ההוא כפי דברי ר׳ יעקב סופר הנז וגם כדי[5] שישלחו אלי א סוס לבן יפה וטוב למען אתנהו אל האפיפיור שיהיה וכן ר׳ יעקב הנז קבל החותמות מזהב והדגל הנז ממני שלמה כהן ברשות ובהסכמת

---

[1] MS. היותיו. [2] So MS. [3] MS. כתובום. [4] MS. עשרות. [5] MS. בידי.

ארוננו שר הצבא ונדר ונשבע ר׳ יעקב הנז׳ לחזור אלינו עם אותן הענינים בטאוילה תוך חדש ימים והוא לא כן עשה כי לא חזר אלינו לעולם:

נתתי אל פראנסיקו דלימולו בעל לשון ערב שהיה ביני ובין המלך פורטוגאל ששלחו המלך ללות אותי בדרך ובא עמי עד טאוילה וכן הוא בא ונתתי לו אלו הענינים. א׳ בירנוסו קבל ממני פראנסיקו דלימולי הנז׳ שקניתיו ח׳ דוקט. א׳ מעיל וא׳ סיוני בגד שחור חדשים והיה בגד טוב והוצאתי [עליו][1] שלשה עשר דוקט: א׳ זוג קלצאש שחורות היינו קניתי כל כך בגד יפה לפראנסיקו דלימולי שנים דוק׳. ב׳ קמיזאש קבל פראנסיקו דלימולו והיו יפות וחדשות א׳ מזהב והאחרת זולת זהב ארבעה דוק׳. א׳ חגורות מכסף ומזהב קבל ממני פראנסיקו דלימולו שהיתה מהאנוס בעל השפחה שקניתי בסנטירין למען יגבה אותם ממנו וחייב אלי עליה בעל השפחה שנים עשר דוקט. עוד א׳ סוס יפה וטוב קניתי בעד פראנסיקו דלימולי באיביירא ונתתי אותו אליו הוצאתי עליו שלשים וחמשה דוקט: וכל אלו הענינים נתתי אותם לפראנסיקו דלימולי בעד כבודי בהיות כי המלך מפורטוגאל שלחו עמי בדרך עד טאוילה ולמען המלך עשיתי לו כל זאת: עוד נתתי לסופר מטאוילה בחזירתי כל כך בגד למען יעשה לו א׳ מעיל ואל אשתו וויסטה והוצאתי בבגד השחור ההוא י״ג דוקט: עוד נתתי בחזירתי בטאוילה אל הדיין הגדול אהובי א׳ מלבוש ברזל גדולה מראשו ועד רגלו[2] ואצבעות הידים ועל פניו ועל צוארו וא׳ חרב טוב ויפה וחדש קבל הכל ממני הדיין הגדול והוצאתי בם ששים דוקט: עוד נתתי אל שלמה לוי מאיסאפי אשר שלחתיו למלך פורטוגאל ולא חזר לעולם עשרה דוק׳ בעד הוצאות הדרך ועשיתי הוצאה עשרה דוק׳ אחרים נתתי בעדו אל הצורף האנוס קרובו מטאוילה בעד הערבות שעשה לו כשנתפש בעד המשי שהיה נושא שהם בין הכל עשרים דוקט: עוד נתתי אל הנז׳ שלמה הלוי מאיסאפי זה חרב יפה עד מאד שלי נתתי אליו כששלחתיו למלך ולא חזר לעולם: עוד נתתי אל הישמעאלי אשר שלחתי אותו מטאוילה אל המלך מפורטוגאל כדי לשאת הכתבים אליו להודיענו איך הגעתי בטאוילה והוא קבל ממני כל אלו: קודם נתתי אל הישמעאלי הנז׳ ד׳ דוקט בנסעו מאתי כששלחתי למלך: עוד קבל ממני הישמעאלי הנז׳ בחזירתי מאת המלך כי אלך אליו והביא כתב טוב מאת המלך ולכן נתתי אליו כל כך בגד טוב למען יעשה אל אמו ואל אחותו ממנו וויסטה ומלבושים והיה בו י״ד אמות מטאוילה: עוד נתתי אל אלדיקא משומד כששלחתיו עם קרישטופלי אל המלך מפורטוגאל עם סוס להדריך אותו אל המלך קבל אלו הענינים. א׳ בירונסו[3] יפה וחדשה גדולה וטובה קבל אלדיקא כדי שיתנהו דורון בשמי ובעדי אל אנטוניאו קרניירי אהובי ולא נתנו אליו כי לקחו לעצמו אלדיקא והוצאתי בו ששה עשר דוק׳: עוד שלחתי אל המלך מפורטוגאל על יד אלדיקא משומד א׳ סוס אדום יפה וטוב וגדול בדורון אל המלך מטאוילה בסנטירין

---

[1] MS. אליו. [2] MS. רגלם. [3] So MS.

לשמי אשר הוא מקום דירת המלך הנז׳ היתה שוה יותר מק׳ דוק׳: עוד שלחתי למלך על יד אלדיקא אוכף טוב ורסן יפה עם כלי כסף ואת כל תכשיטי משי מהסוס שלחתי אותם עם הסוס אל המלך ואלדיקא משומד לא נתנם אל המלך עם הסוס כי[1] נתן הסוס ערום ואלדיקא לקח בעדו כל כלי הסוס והוצאתי בם עם הכסף חמשים דוק׳: עוד נתתי אל אלדיקא משומד הנז׳ מעות בהוצאות הדרך אל הסוס ובעדם אל הליכתם מטאוילה עד סנטירין ובעד הוצאות בעד חזרתם נתתי אליו ביום הליכתם עשר דוקט׳: עוד נתתי אל הזקן האנוס אשר שרת אותי והוא טוב מאד כל כך בגד שחור וטוב אשר קניתי אותו למען יעשה ממנו בעדו א׳ מעיל וא׳ זוג קלצי טובים זולת המעות שקבל ממני בהליכתו מעלינו: עוד נתתי אל התופר האנוס והוא היה אדם טוב והיה לבוש אדוננו תמיד כל כך בגד שחור וטוב קניתי בעדו ונתתיהו אליו למען יעשה ממנו א׳ סאיוני טוב בעדו וכן קניתי בעדו ב׳ פעמים ב׳ זוגות קלצו זולת המעות שנתתי אליו כשנסע מאתי בלאגה: עוד נתתי אל משרת הסופר מטאוילה אשר בא עמנו אל המלך מפורטוגאל סיוני יפה ולבן וחדש קניתיהו בעדו וא׳ זוג קלציש חדשים עשיתי לו גם כן: עוד נתתי אל קרישטופלי שבא עמנו א׳ סאיוני בגד פרווינצה טוב וחדש וכפול עשיתי אותו לעבד הכושי שקניתיהו וכאשר לקחו ממני הקורייטורי מטאוילה הרשע נתתי אליו הסאיוני לקרישטופלי והוצאתי בו הרבה בזולת המעות שקבל ממני קרישטופלי הנזכר: עוד נתתי אל הישמעאלי המנגן כל כך בגד טוב שעשה ממנו א׳ סאיוני וא׳ זוג קלצי יפים וטובים בעדו: עוד נתתי אל הגלח העומד לפני המלך מפורטוגאל א׳ חרב יפה וגדולה וטובה שהיה שלי: עוד נתתי אל הגלח אחר חבר מאת המלך כל כך בגד טוב קניתי בעדו למען יעשה ממנו א׳ מעיל גדול יפה בעדו: עוד הקורייטורי והדיין הרשע שבא בטאוילה אחרי נסוע הדיין הטוב אהובי והקורייטורי הרשע בא אל ביתי כדי להוליכני בלאגה למען אלך והוא ראה א׳ עבד כושי ולקחו ממני זולת מעות וזולת רשותי רק ביד שכתוב למטה מזה: א׳ עבד כושי גדול וטוב והוא בן עשרים שנה אשר קניתיה׳ כדי להוליכנו ברומא לתת אותו לאפיפיור והקורייטורי הנז׳ לקח אותו העבד הכושי ממני זולת שום מעות ואני הוצאתי עליו כשקניתי אותו חמשים דוק׳: עוד הוצאתי באלמריאה אל גיסו הדיין שבא להביא עמנו השמועה שהמליטה אחותו בת נתתי אליו א׳ דוקאט: עוד נתתי אל אשת הדיין מאלמריאה כשהלכתי לראותה כשהולידה הבת אלו הענינים. א׳ דימאנטי קשור בזהב. א׳ זר זהב היינו ב׳ פערלי גדולים זהב: עוד נתתי אליה ביום נסעי מאלמריאה כשהלכתי לראותה ב׳ דוק׳ זהב נתתי אליה במתנה בנסעי ממנה:

ולמען יהיה לעדות ולזכרון ולראייה ברורה לדור דורים ביד אדוננו שר הצבא דוד בן המלך שלמה זצ״ל ממדבר חבור כתבתי אני שלמה כהן בכמ״ר אברהם כהן זצ״ל מפראטה

---

[1] MS. בין.

כל אלה בחצי חדש אייר רפ״ז כי ברשות ובהסכמת אדונינו שר הצבא הנזכר עשיתי ונתתי הכל כי בידי היתה המנוי לתת לכל כחפצו וכרצונו:

פה אכתוב אני שלמה כהן בכמ״ר אברהם כהן ז״ל מפראטו את כל הענינים שלקח השר מקלארמונטי ביום שלישי לירח אייר רפ״ז מאת אדוננו השר צבא ישראל דויד בן המלך שלמה זצ״ל ממדבר חבור למען יהיה לזכר לעדות ולמשמרת לדור דורים:

עשרים דוק׳ זהב אל השר מקלארמונטי ביום שני י״ד לחדש אייר רפ״ז על יד גבריאלה בולה בעל ספינה שלנו שהלך אליו מאי הים אחרי אשר נטבעה הספינה שלנו ואותו שלחתיו באדרי אל השר הנז׳ למען יביא לנו את הבטחון כי שמעתי עליו את כל המעשים אשר הוא עושה. וכן שלחתי אל השר הנז׳ ע׳ גבריאלה בולה הנז׳ את כל הבולה וכל המכתבים והנאולות שהיו בידי הן מהאפיפיור שיחיה וממלך פורטוגאל ומקיסר וכן קבל כל המעות וכל המכתבים הנז׳ משר[1] מקלארמונטי על יד גבריאלה בולה המעות הנז׳ ביום ההוא כ׳ דוק׳: ויהי ביום השלישי ט״ו ימים לחדש אייר רפ״ז בא השר הנז׳ אלינו עם כל שריו מאדרי לאי הים רח[ו]ק מהעיר ההיא ד׳ מילין ושלח לנו בים את בעל הספינה שלנו וכל משרתיו ושריו והוא נשאר על חוף הים ותפשו אותנו משרתיו ולקחו כל אשר לנו והם כתובים למטה מזה כל אשר לקחו ממנו לא נשאר לנו מאומה אשר לא לקחו ואני לקחתי אותם מאת הספינה בטרם נטבעה ואני שמתי אותם בברקיטי אשר היה לנו ובאנו אל אי הים עם הענינים שלנו ושם נתפשנו ולקחו כל אשר לנו רק כתבתי אותם אני שלמה כהן יצ״ו מפראטה הנז׳ ביום הנז׳ הכל למען יהיה לעדה ולזכרון אל שר צבא אדוננו דוד בן המלך שלמה והם אלו:

קודם אלו הענינים אשר לקח ממנו השר מקלא[ר]מונט על יד משרתיו ראשונה:

א׳ רובונו ווילוטי שחור שהיה בתוכו שנים ועשרים אמות ווילוט אשר קניתיהו חמשים דוק׳ ואת הטאפישיש שחור אשר שמתי בפנים והוצאתי בו עשרה דוק׳ שהם ב[י]ן הכל ששים דוקאט: א׳ טורקא דמאסקין שחור עם פוטונש פנינים והוא יפה כפולה קניתי את הדאמסק והעשיתיה. ל״ה דוקאט. א׳ סאיוני ראסו שחור יפה כפל עם הכפולה שלו חדשה הוצאתי בו שלשים דוקאט. א׳ גאבנו ראסו יפה קניתיהו עם כל כליו והוצאתי בו שלשים דוקט: א׳ סאיוני דמאסקו שחור יפה כפול וחדש כל אילו הוצאתי בו שלשים דוק׳. א׳ גאבנו דמאסקו שחור אשר קניתי את הדאמסקו מאותו הסאיוני שלשים דוקט. א׳ גאבנו צמבילוטי שחור כפול חדש:

א׳ סאיוני צנבלוטי שחור חדש כפל עם כל ההוצאה אשר עשיתי בשניהם שלשים דוקט. א׳ גאבאנו בגד לוקיסינו אדום חדש עם ווילוט וכל ההוצאה שעשיתי בם עשרים

---

[1] MS. אשר.

דוק. ב̇ קאפי שחורים חדשים וא̇ סאיוני בגד שחור חדש שאין[1] שלי שלמה כהן חמשה עשר דוקאט. ב̇ טוקא היינו עטרות א̇ מהם מטאפאטאש שחור וא̇ מטאפאטאש אדום שנים עשר דוקט. א̇ טוקא ראסו שחור היה בה ב̇ אמות ראשו שנים עשר דוקאט. א̇ טוקא היינו עטרה גדולה מראסה לבן שוים שלשים דוק. א̇ טוקא היינו עטרה ראסו לבן אחרת קניתי אותה חמשה עשר דוקאט. א̇ מצנפת ראסה לבן קניתי אותה עשרה דוק. א̇ מטפחת ספר תורה מראסו פאוניצי כולו מרוקם מפרחי זהב שוה עשרים דוקט. א̇ מטפחת זהב כולו עשוי באינדיאה שוה לפחות עשרים דוקט. ז̇ קורטינה ממטה מהטאפאנטש אדום מאינדיאה ארוכים שוים ששה עשר דוק. ב̇ חתיכת טילה מאינדיאה ארוכים במאד מאד והרוחב שלהם ב̇ אמות וחצי שוה שקניתי שלש מאות דוק. ג̇ חתיכת בגד פשתן רק[2] לעשות ממנו קמישאש אל משרתי שלשים דוקט. א̇ בגד לוקינדי אדום ממטה גדול יפה וחדש קניתיהו כ̇ה̇ דוקט. ב̇ בגדים לבנים ממטה חדשים ששה דוקט. א̇ סדינין מן ים ויפים ממטה לווראטי והם שוין כ̇ד̇ דוקאט. א̇ מכסה לשום[3] בתוכה המטות והסדינין קניתי אותה ששה דוק. ב̇ גורגירו טילה לבנה דקה לווראטי יפים עד מאד שוים ששה דוק. א̇ קמיזאש מאת ארונינו יפים וחדשים לאווראנטי וביניהם שנים לאווראטה זהב גדולים שוים חמשים דוק. י̇א̇ קמיזאש ממני שלמה כהן היו יפים ולאווראטי שוים אחד עשר דוק. י̇ פאצוליטי יפים ולאוורטי מזהב חדשים עד מאד ויפים שלשים דוק. ב̇ מאטאריצה מלאים צמר חדשים שוים שנים עשר דוק. א̇ פיומצא גדול מרוקם זהב שוה לפחות חמשה דוק. ג̇ פיומאצי קטנים מלאים נוצה טובים שוה חמשה דוק. ה̇ מפות שולחן לינצה חדשים וארוכים ויפים שוים עשרה דוק. ב̇ פיטיני היינו מסרק שן מהראש עם הבגד מהראש מרוקם עשרה דוקט. א̇ קופטיני שן מלא כולו מפנינים שנים מאה דוק. א̇ ארגז קטן משן ובתוכו המראה היינו איספיראה שוה שני דוק. ה̇ פצוליטי על השולחן מלינצאה חדשים היו בתוך א̇ ארגז קטן חמשה דוקט. ב̇ כובעות שחורות גדולות וחדשות א̇ מהן היא מאדוננו והאחת שלי ב̇ דוקט. ג̇ דגלים ממשי לבן אשר העשתי אותם שלשים דוקט. ב̇ דגלים נתנם אלי ר̇ דניאל מפיסא בצווי האפיפיור שיתיה חמשה עשר דוקט. א̇ מכסה משי על האוכף היינו הכסא מהסוס לאווראטה חמשה דוק. ה̇ כספים ויש בהם טבעות ויש בתוכם משי והם עשויין לעשות הרוח בשולחן שוים עשרה דוקאט. א̇ פליניי עוד כדי לשים בתוכם הענינים עם המפתחות וכל הצריך שנים דוק. א̇ כוס זהב היה השקל שלו עשרים דוק. א̇ ארגז עם ברזל סביב יפה שוה שנים דוקט. ב̇ כאפי כסף גדולים ויפים ומוזהבים לאווראנטי שוים חמשים דוק. ב̇ הבדלות מכסף כולם ובתוכם היה מוסק להריח עשרה דוק. א̇ פייטה וולוט שחור עם זהב היינו חגורה זהב שוה חמשה ועשרים דוק. ד̇ קערות כסף הן שוים שבעה

[1] So MS. [2] MS. רק. [3] MS. לשים.

ושלשים דוקט: וויצי קוראלי אדומים ועבים וגדולים וטובים קניתי אותם עשרים דוק. מוסק טוב היה בפצוליטי קניתיהו מסוחר אחד מאה דוק. גרופלי ואגוזי מוסקאטי קניתי אותם מסוחר אחד בעד אחד עשר דוקאט. הראיות שהיה חייב אלי גבריאלה בולה לפרוע אליו בסאבונה ק׳ דוקט הלויתי אותם אליו אשר נעשו הראיות ההם בפלאמוס על יד סופר משם: יא׳ חתיכות בדיל גדולות וא׳ קטנה[1] נחושת גדול לרחוץ וא׳ יורה נחושת וא׳ בצילי גדול מבדיל וא׳ ברונצינו מבדיל שוים חמשה דוקט. קעז׳ דוק זהב במעות מנוויים[2] אשר לקחו אותם ממני ומשלמה כהן. א׳ חותם זהב שהיה מגבריאלה בולה והיה חייב אלי עליו חמשה דוק בזולת המעות שהוא חייב אלי סך חמשה דוק:

אחרי כן בכ״ה ימים לחדש רפ״ז בא עמנו את הראש מוקאטצייארה והוליכנו באויניאן וקבל הוא חמשה עשר דוק. ד׳ חותמות זהב גדולות המשקל שלהם היה חמשים דוק מלבד אשר היה בתוכם לוחות מכסף חקוקים בהם שם המפורש ולא נערכו: א׳ חרב יפה וגדולה וטובה שלי: א׳ ספר היחוס שלי מכוסה אדם מזהב: א׳ פירקיטא כסף אשר לא נערכו כל אלו הארבעה:

סך כל מה שלקח ממני השר מקלארמונט הוא ועבדיו הכתובים למעלה אלף ושבעה מאות ושמנה דוק מלבד הד׳ חותמות זהב גדולות ומלבד החרב יפה שלי ומלבד ספר היחס שלי ומלבד הפורקיטה מכסף הכתובים בזה הדף אשר לא נערכו ולא נכתבו בהם שום ערך עולה הכל סך אלף ותקע״ג דוקאטי:

אני שלמה כהן הנז׳ מפראטה כתבתי את כל הכתוב מכתיבת ידי כי ממני יצאו הכל יען היה בידי את כל אשר היה מאת אלופינו[3] ואדונינו שר הצבא דויד בן המלך שלמה זצ״ל ממדבר חבור וכתבתי כל זה ביום כ״ד ימים לחדש אב רפ״ז למען יהיה לזכר לדור דורים:

תם ונשלם תהלה לאל עולם אמן חזק:

עוד קבל השר מקלארמונט הנז׳ מבני קק׳ אויניון וקרפינטראש וסביבותיה בעד ארוננו השר צבא דויד בן המלך שלמה זצ״ל סך שש מאות דוק זהב אשר הסך הנז׳ משש מאות דוק זהב קבלו השר צבא דויד הנז׳ מיד היהודים הנזכרים בהתחננו לפניהם ונתנם ליד השר מקלארמונט הנז׳ וזה מלבד מה שלקח אליו באדרי ככתוב לעיל שעולה בין הכל אלפים ומאה ושבעים ושלשה דוקאט זהב הם אלפים וקע״ג דוקט זהב: וזה מלבד הוצאות גדולות שעשו היהודים לשלח ברומה בעד בטול מותר הפריון כי היה שואל גדולות עד אין חקר והכריחני להשתעבד גופי לפרוע אליו עוד סך תשע מאות דוק:

תם ונשלם תהלה לאל עולם אמן חזק:

---

[1] MS. קטינה. [2] So MS. [3] MS. אלופיננו.

VII.

EXTRACTS AND NOTES.

A. From the בית הבחירה by Menaḥem Meiri.

ונמצא בהתחלת הגאונים שעברו מן השנים ד׳ אלפים ות״נ״א בטל כבוד ישיבת התלמוד ותעבר הרינה והוא שכל ימי רבנן סבוראי היה כבוד גדול כעין מלכות לראשי הישיבות והיו עדיין לומדים התלמוד על פה כי לא נתפשט מכל וכל חיבור הגמרא:

סדר הגאונים: ואחר זה התחיל זמן הגאונים. ומראשוניהם מר בר רב חנן ומר רב מרי ומר רב הונא ורב חיננא מנהר פקוד ורב אהילאי הלוי ורב יעקב מנהר פקוד ורב מונא בר יוסף ורב חייא ממשן מר ינוקא ורביה בר רב נטרונאי. ואחריהם מר רב יאודה גאון שכתב כמה סוגייאות ופסקים בגמרא והיה בזמן ד׳ אלפים ות״צ״ט ועמו רב ושמואל בר מרי ואחרים הרבה עמו. ואחריהם רבי שמעון קיירא שחבר הלכות גדולות והיה בשנת ד׳ אלפים ות״ק״א ואחרים עמו. ואחריהם מר רב נטרונאי ואחרים עמו. ואחריהם רב אחא משבחא והוא חיבר ספר השאלתות כולל הרבה מדיני התלמוד והוא מן החיבורים שראוים לסמוך עליהם ברוב דבריו. ובסוף ימיו הגיע הזמן לד׳ אלפים ות״ק״ב שנה. ואחריהם רב מרי הכהן ורב צמח ואחרים עמו: ובימיהם יצאו שני מינים בעולם ענן ושמואל[1] וחברו ספרים כנגד התלמוד והטעו הרבה בני אדם עד שהוכר טעותם וכלה ענן וילך ושמואל[1] ירד שאול ולא יעלה. ואחריהם רב בבי הלוי ורב חיננא בר משרשיא ורב מלכיא ורב חייא הלוי ורבי יוסף בר שילא ורב מרדכי הכהן וכן הרבה דור אחר דור. ואחריהם רב נחשון ורב משה· הכהן ואחרים עמו. וכן דור אחר דור עד שהגיע הזמן לרבינו סעדיא הובא מארין מצרים לארין ספרד[1] ויחבר ספרים הרבה עד אין קין בתורה שבע״פ ובתורה שבכתב ובדקדוק ובקצת חכמות חיצוניות ורב ספריו ראוים לסמוך עליהם אלא שבס׳ האמונות כתב קצת דברים בלתי מקובלים ואין ראוי לבעלי הדת להמשך אחריהם ואמרו עליו שהוא מזרע רבי חנינא ן׳ דוסא והוא היה בימי דוד ן׳ זכאי הנשיא ונתקוטט עמו הרבה ובסוף ימיו הגיע הזמן לד׳ אלפים ות״ש: ואחריו רב האיי ב״ר דוד ולאחריו רב כהן צדק

[1] So Ed.

ורב עמרם וכן דור דור ודורשיו עד שהגיע הזמן לרבינו שרירא אביו של רבינו האיי והוא מזרע רבה בר אבוה מגזע בית דוד והיה ר׳ שרירא אביו של רבינו האיי והוא מזרע רבה בר אבוה גדול יותר מאד בחכמה ובמעשה ובעושר ונשיאות מזרע זרובבל והאריך ימים עד שסילק עצמו מהישיבה והושיב בחייו בנו הקים תחתיו לכל דבר שבקדושה ר׳ האיי ז״ל יושב על כסאו ועיניו רואות גדול והוסיף והרביין תורה על כל אשר היה לפניו וחיה צ״ט שנה ונעלם כבודו ערב יו״ט האחרון של פסח וחבר ספרים מעט מהם ספר הדינין וספר השבועות וספר מקח וממכר אלא שהרבה בתשובות שאלות מאד. ורוב הנמצא ממנו מחיבוריו ומתשו׳ הם דבריו ראויים לסמוך עליהם והיה מרובע בגאונות רב האיי גאון ן׳ רב שרירא גאון בן רב חנניא גאון בן רב יאודה גאון ובסוף ימיו הגיע הזמן לד׳ אלפים ות״שפ״ח ויש אומרים ת״שצ״ח והוא היה סוף הגאונים:

סדר הרבנים: ובימיו היה ר׳ שמואל ן׳ חופני[1] וגם הוא חיבר ספרים הרבה אלא שאין עניינם ראוי לסמוך עליו כל כך וכן היה באחרית ימיו הנגיד ר׳ שמואל הלוי היה מקרטבא וברח מצד גזירות למאליקא ומצד הפלגת מליצותיו נתגלגל הדבר ונעשה קרוב למלכות בנארנאטא וגם חיבר ספר בכל התלמוד קראו הל׳ גיבראתא והוא ראוי לסמוך עליו ברוב דבריו ועלה ענן כבודו בשנת ד׳ אלפים ות״תט״ו: ואחריו היה ר׳ חננאל ואביו היה מארץ ספרד ושמו רבי׳ חושיאל ונסבה ונתגלגל הדבר שעבר לארץ אפריקא במדינת לקירואן והוליד שם לר׳ חננאל הנזכר ופירש תלתא סדרי בנירסא ישרה אלא שקיצר בפי׳ מאד. ובאותו פרק נשבה נ״ב רב משה ן׳ חנוך ופדאוהו קהל קרטבא ורב שלום הכיר חכמתו וסלק עצמו מן השררה ומנוהו לראש. והיה מתלמידיו ר׳ יוסף ן׳ אביותום[1] והיה באותו הזמן ר׳ נסים שקבל מר׳ האיי ז״ל. וראוי שתדע שעד הנה היו הישיבות גדולות ונכבדות והתלמידים מרובים תורתם אומנותם וכל שכן ראשי הישיבות גדולות ונכבדות והנסמכים בגאונות שלא היה מדרכם למוש מתוך האהל יומם ולילה והיו יודעים כל התלמוד על פה או בקרוב לזה ודברי התורה כולה והתלמוד סדורים בפיהם כפרשת שמע. ומתוך כך לא היו רואים לעצמם דצריכים להאריך בחיבוריהם שכל הפירוש היה סדור בפיהם והיה בעיניהם כתיבת פי׳ הדברים כמי שיכתוב בזמנינו זה לעז המלות וגרם להם זה שלא היו כותבים רק מעט הן בדרך פי׳ הן דרך פסק. ואף גם זאת לא היו מזקיקים עצמן לכך אלא לבניהם או קרוביהם שלא היו בתכלית שאר התלמידים והיו כותבין להם חיבורים קצרים להיות להם לפה מהם באיסור והיתר מהם בדינים לפי הענין המבוקש: וקבלנו קבלה ברורה על רב אחא ז״ל שהיה לו בן ולא היה לבו חפץ להיותו שוקד כלל וחיבר בעבורו ספר השאלתות כדי שבכל שבת ושבת כשיקראו הסדר יבאר לו בו הלכות ידועות מן התלמוד. וכן קבלנו ברבינו

---

[1] So Ed.

סעדיה ז״ל בספר הפקדון שחברו לאחר שנתמנה דיין בעירו והעיר ההיא היו כולם סוחרים ומפקידין ממונם זה לזה והיו חלוקים תמיד בענייני פקדונותיהם ומתקוטטים והיה אותו דיין נבוך לפעמים והשתדל עמו לבאר לו דיני הפקדון בכלל. וכן היה הדבר ברוב חיבוריהם ולא שיהיו מכוונים לתועלת כללי לכל האומה מפני שלא היו צריכים לכך כי הישיבות היו קבועות וכל הקהלות היו מתנדבים להעמיד שם התלמידים בכבוד גדול עד שבכל הארצות היו מהם הרבה שהיו שולחים בניהם ללמוד וכשלומדים כל צורכם לפי רצונם היה כל אחד שב אל משפחתו ואל אחוזת אבותיו ומתוך כך מלאה הארץ דעה את ה׳. מהם בתלמוד תלתא סדרי ר״ל מועד נשים נזיקין והוא היה נקרא אצלם חכם. ומהם בתלמוד ד׳ סדרי ר״ל בתוספת סדר קדשים והוא היה נקרא אצלם רב. ומהם בתלמוד בש״ס בתוספת זרעים וטהרות ואז היה ראוי שיקרא גאון רמז לששים מסכיות שבש״ס כמנין גאון אלא שאע״פ כן לא היו קורין כן אלא אם כן נסמך מפי גאון אחר בהסכמת הישיבה וראשי הישיבות היו אז גאונים יודעים כל התלמוד על פה וכשהיו שונים לתלמידים בישיבתם היה חין שנון לשונם לא היתה פנימת הפסק ברבורים בכדי שתחגור בה צפורן: וכאשר שכב האיש ההוא עם אבותיו היו בוחרים מן הראוים לגאונות הבקי שבהם והראוי להצליח במלאכה יותר מחבירו. ולפעמים ראש הישיבה בחוליו כאשר ירגיש במותו ויבין לאחריתו יאמר להביא לפניו כל התלמידים וימנה להם א׳ מהם ויסמכהו לגאון מאותה שעה: ולפעמים היו קובעים ישיבה בעיר אחת גדולה ולפעמים שתים בשתי עיירות והיו התלמידים חחרים והתורה מתפזרת ומתפשטת בכל ארצות ספרד מקצה ועד קצה ומורה כל אחד במקומו. וכאשר יארעו הספקות והמחלקות היו שולחים לישיבות והתשובות באות לשעתן לאלפים ולרבבות אין פרץ ואין יוצאת. ולכן לא היה עד העת הנזכר כח ידיעתם ותוקף מעלת ביאוריהם וראיית בחיבוריהם עד שאם לא היה טיבם נודע בקבלה ומפורסם מפי השמועה לא היינו מחזקים כל כך בתכלית השלימות מצד חיבוריהם: מהם שלא ראינו כתוב ממעשה ידיהם כלום. ומהם שלא ראינו מהם רק תשובות שאלות למדנו מהם הרבה לענין פסק והוראה. ומהם שראינו מהם פירושין בקצת מסכיות או לפעמים בקצת פרקים או לפעמים בקצת שמועות והלכות מפוזרות. מהם שראינו קצת חיבורים בעניינים פרטים בלתי כוללים כל התלמוד או רבו מהם בפי׳ התלמוד אבל ברמזים ודרכים קצרים אין בהם שבר רעבון המתלמדים כלל:

והיתה זאת המדה בספרד ובצרפת שהיו שם נ״כ רבנים גדולים כרבינו גרשון הזקן ז״ל ורבינו יעקב בר יקר ז״ל ורבינו לוי הזקן: ואחריהם הרבה כיוצא בהם אלא שלא היה שם באותן הזמנים ישיבות מפורסמות על דרך שהיו בספרד. וכן אחריהם בארץ הזאת שהיו בה נ״כ גדולי עולם ונקובי שם ר׳ משה בר׳ יוסף מנרבונה. וגדול שבזקנינו הרב ר׳ אברהם אב ב״ד מנרבונה נ״כ והרב ר׳ משולם בר׳ יעקב מלוניל והרבה כיוצא בהם אלא שלא היו ישיבותיהם מפורסמות. ודרך כלל תמצא זה בכל מה שנתחבר בספרד מן הרב אלפסי ז״ל

ולמעלה ובצרפת ואשכנז בכל מה שנעשה מן התייר הגדול רש״י ז״ל ולמעלה. ובארץ הזאת בכל מה שנתחבר מן הרב זקנינו הגדול הראב״ד ז״ל ומן הרב הגדול הנשיא אלברצלוני הרב ר׳ יאודה בר׳ ברזילי ארבעה המה מטיבי לכת ולמעלה אבות התלמוד אשר התחילו לחבר חיבוריהם להועיל תועלת כללי לאומה תועלת בגבולו ומהם נפצה כל הארץ. ודרך כלל אני אומר ככל מה שלמעלה מהם ולא מפיהם ולא מפי כתבם ומפי סופרים ולא מפי ספרים.

ונשוב לדברינו והוא מהזמן הנז׳ והנה ר״ל מעת גאונות ר׳ חננאל והנה נתמעט ידיעת החכמים והתרחבה מעלת החיבורים והפירושים מפני שמזמן פטירת רב האיי גדלו הצרות וגנב לב הבריות לתת את העולם בלבם מרוב צרתם אליו לרוב העולים והמסים והתשחורת והגזרות ומעמם האומות עלינו ועבר זמן הגאונות והגיע זמן הרבנות והוא שלא נתעסקו בישיבה מפורסמת רק בארבעה סדרי ומהם בתלתא סדרי לבד וגם מהם היו עוזבים קצת מסכיות. תמצא בתשובת שאלה לאחד מן הישיבות בענין נדר הביאה הרב הנשיא אלברצלוני בחיבורו הגדול וכתוב בה דעו נאמנה שלא נשנית מסכת נדרים בישיבה זה מאה שנה ונתמעטו החכמים. ובחמלת ה׳ על עמו בקום אחד מעיר ומוצא עצמו שלם רואה עצמו מחוייב לפי זמנו להועיל לאומתו כאשר יוכל והיה מתקין עצמו להרבות בחיבורו במכתבו מהם דרך פסק ומהם בדרך פירוש והיו החיבורים המפורסמים במעלה בדרך פסק בראשם וביאר הלכות הרב אלפסי ז״ל עם צירוף ספר ההשלמה אשר הוסיף והשלים עליו הרב הגדול אבי כל יושב אהל הרב ר׳ משולם בן הרב ר׳ משה ע״ה מבדריש ואעפ״ שיצא עליו ערער מצד החבור אשר חבר עליו הרב הגדול ר׳ זרחיה הלוי ז״ל הנקרא ספר המאור הנה נסעדו דבריו בספר העזר לאחד מגדולי משפחתינו הרב הגדול ר׳ מאיר בר יצחק מטראנקאטלייש הוליכו אביו מקרקשונה לארץ פרוונצנא לשנות עם הרב הגדול הראב״ד ז״ל ונתעכב שם כל ימיו ונעשה לו תלמיד חבר עד ששלח לו פעם בספרו על ענין גט מקושר[1] שאירע בו מחלקות בין שניהם והראב״ד כתב אליו כמיקל בכבודו והשיב לו אל יכפרני ארוני בשעת הדין ואל יקל בכבודי שאם הוא יתיד ברבנים אני אחריו יחיד בתלמידים וכל שאני מודה לרבינו ומסכים עמו כל הרוצה להשיב יבא וישיב ואם אני חולק עמו יודה מי שיודה ושמא עדיין המחלקות במקומה עומדת. ואף הוא הוליד בן כדמותו כצלמו עשה פרי למינו הרב הגדול ר׳ נתן דטראנקאטלייש. ועמנו נ״כ לזה הענין ספר המלחמות להרב הגדול הרמב״ן מגירונדה ומבין כולם יראה לך האמת בפסק רוב התלמוד בכל מה שיצטרך בזמנינו זה. וכן נתחבר חיבור כולל בדרך פסק לרב הגדול ר׳ יאודה בר ברזילי אלברגלוני ברוב ענייני התלמוד ארוכה מארץ מדתם ורחבה מני ים. וסוף לכל החיבורים האלה ר״ל שנתחברו דרך פסק ספר הרב הגדול נר מערבי עדות לכל העולם הרב רבינו משה ז״ל הודיע פסקי

---

[1] Ed. מאוסר; proposed מעושה.

כל התלמוד דרך קצרה ודרך קבלה בסידור נאה מאד עם קצת סמך מהירושלמי והתוספתא כמו שנודע ונתפרסם:

וראש לכל החיבורים שנתחברו דרך פירוש הם פי׳ רש״י ז״ל ואם רבו הלוחמים עליו כלי זיינו עליו ותשובתו מתוך דבריו כולם נכונים למבין אין מעלתו נכרת רק ליחידים כי במלה אחת יכלול לפעמים תירוצים של חבילי קושיות אלא שלא כיוון בהם לענין פסק הלכה כלל. וראש לכל החיבורים שנעשה דרך הרכבת פירוש הם פירושי הרב הגדול הראב״ד ז״ל ופירושי הרב אבן מיגאש ז״ל ופי׳ רבי מאיר הלוי מטוליטולא. ואחריהם כמה חיבורים מהם כלליים ומהם פרטיים לחכמי הדורות אשר לפנינו בנרבונה ובדירש ומונטפשליר וברצלונא וגירונדה ויתר סביבותיהם. ובצרפת ואשכנז הוציאו לאור כל תעלומה כי היתה כונתם להאיר לבאים אחריהם ולהשלימם בהודעת צפוני התלמוד על צד שביארנו.

ונשוב לדברינו והוא שבימי ר׳ חננאל היה נ״כ ר׳ נסים והוא נ״כ חיבר פירושים בקצת מסכתות הגיע לידינו מהם פירוש מסכת עירובין והוא היה מתלמידי ר׳ האיי ז״ל ואלו השלשה ר״ל ר׳ חננאל ור׳ נסים ור׳ שמואל הנגיד היה דור ראשון אחר הגאונות ונקראו רבנים. ובאחרית ימיהם מלאו מקומם הרב ר׳ יצחק ב״ר ברוך והרב ר׳ יצחק ב״ר יאודה ן׳ גיאת ז״ל והיה[1] הרי״ץ ב״ר ברוך והרב יצחק ב״ר יאודה והיה זה החכם גדול בחכמת התכונה נ״כ והגיע לידינו מספרו סוד העבור וביאור אותם השמועות שבמסכת ראש השנה בענין נולד קודם חצות ואחר חצות וכ״ד שעי מיכסי סיהרא הבא בארוכה ובא בקצרה ולאן קרנייא נוטות והדומות להן. וחיבר עוד ספר גדול קראו קופת הרוכלין בפי׳ הלכות חמורות שבתלמוד לא הגיע לידינו. והרב רבי יצחק ן׳ אבן גיאת גם הוא חבר הלכות קצרות בתלמוד והיה פייט גדול. ואחריהם הרב רבי יוסף ב״ר אבן צדיק. והרב רבי יצחק ברבי ראובן אלברצלוני והיה חכם גדול ופייט הגיע לידינו מפי׳ ביאור קצת פרקים מכתובות ואזהרות בקצת מועדות במנין המצות. ואחריהם הרב רבי יצחק ב״ר יעקב אלפסי בעל ההלכות והוא מתלמידי ר׳ נסים ור׳ חננאל ויצא טבעו הרבה בעולם ונתפרסמה חכמתו הרחבה ונסבה למעלה והעמיד תלמידים הרבה לאין קץ ומגדוליהם ר׳ אפרים והרב ר׳ יוסף הלוי אבן מיגאש. והרב יוסף הלוי זה הפלי׳ בפי׳ התלמוד בפי׳ מלא ובפסקים אמתיים יש מהם אתנו פי׳ מסכת שבועות ופי׳ מסכת ב״ב. ונפטר הרב אלפסי ז״ל בשנת ד׳ אלפים ותתפ״ג והרב אבן מגאש הנזכר ישב לפניו והיה נער בן י״ד שנה עד שנפטר הרב ז״ל והנחילו בחייו כסא כבוד ישיבתו וישב על כסא בסימן של אותה שנה ונפטר שנת ד׳ אלפים ותתק״א והשאיר אחריו ברכה וחיים עד עולם נר ישראל תלמידו הרב הגדול רבינו משה אבן מיימון ונפטר בשנת ד׳ אלפים ותתקס״ה סימן הפרט בכ״י אב״ל משה ואז שממו הישיבות מספרד מרוב המלחמות והגזרות ונלו הנה. והנה גם הרב הנזכר ע״ה יצא מארצו ונחלתו ומבית אביו לארץ נוף ונעשית לרגלו

[1] So Ed.

יפה נוף משוש כל הארץ האיר כל הגלות מכבודו ותהלת ספריו וחיבוריו מלאה כל הארץ. ואחריו היו גֹּכֹ חכמים גדולים בארץ המערב ובארץ ספרד אלא שלא כתבנו רק אשר יצא טבעם בעולם ונתפרסם פרסום כללי אלא שמהם נתפרסמו מצד מלאכות אחרות בחכמות ובמיטב השיר ובדקדוק כמו החכם רֹ יאודה חיוג והחכם רֹ מרינוס אבן גנח ומהם החכם רֹ שלמה בן יאודה גבירול אשר היה בימי רֹ שמואל הנגיד ובימי הרב רבי יצחק אבן נאיית והחכם הכללי רבי משה ןֹ עזרא והחכם רבי יאודה הלוי בֹּרֹ שמואל והחכם רבי אברהם אבן עזרא: ובארץ צרפת היו רבנים גדולים אחר רֹ שלמה זֹלֹ אשר כתבו ללמד ולהועיל בפירוש ובפסק כרביֹ יצחק הזקן בעל התוֹס ורביֹ שמשון אשר פירש סדר זרעים וסדר טהרות ורבינו יעקב אשר נודעה מעלתו הלא היא כתובה על ספר הישר ורֹ שמואל אחיו והרבה אחריהם עד אשר הגיע הזמן לרֹ מאיר מרוטינבורק ראש ישיבת כל ארץ צרפת הרביץ תורה והגדיל עד למעלה. ואחריו הרב רֹ פרץ עוד היום תלמידיו מאירים ומחזיקים בתלמוד בצרפת: וכן בארץ הזאת היו חכמים גדולים בימי הרב הגדול זקנינו הנבחר רבי אברהם בֹּרֹ יצחק אב בֹּדֹ ונפטר בשנת תֹּתֹּקֹּיֹּטֹ בעשרים במרחשון ותתנו הועלה בחכמתו מעלה מעלה וזקנינו הגדול הראֹבֹדֹ זֹלֹ. ומהם הרב רֹ זרחיה הלוי והרב רֹ מאיר דטרנקאטלייש והרב רבי יהונתן הכהן והרב הגדול רבי משה בר יאודה. ואחריהם בנו הרב רֹ משולם מבדירש והרב רֹ שלמה בֹּרֹ אברהם מן ההר ותלמידו הרב רֹ דוד בֹּרֹ שאול. ועוד בנרבונא כמה וכמה לאלפים ומהם הרב הגדול רבי יצחק בן מרון הלוי ונכדו הרב הגדול רבי משה ברבי יוסף בן מרון לוי והרב רבי יצחק בֹּרֹ יאודה והרב רבי אברהם בֹּרֹ חיים והרב זקנינו רבי שלמה הישיש:

ובראש כולם דגל מחנה הנשיא הגדול מרנא ורבנא טודרוש ובנו הארז האדיר מרנא ורבנא הנשיא רֹ לוי ויתר ראשי הנשיאים. ואחריהם הרב רבי יצחק הכהן אשר היה מתלמידי הרֹ הגדול הראֹבֹדֹ זֹלֹ ויסד פיֹ ירושלמי ברוב תלתא סדרי הגיע לידינו מהם קצתם והוא אשר ישב לפניו הרב הגדול אשר אני היום קטון אצבעותיו ומשירי מעשה ידיו החכם הכללי אדוני רבי סוהר החכם הכללי רבי ראובן בן כבוד החכם הישיש הנעלה רבי חיים היה בקי בכל התלמוד בקיאות מופלג וחכם ברוב החכמות וחדש סברות רבות בתלמוד מכח שכלו כי היה פלפולו מדלג על ההרים מקפץ על הגבעות. והרב הגדול רֹ יוסף בֹּרֹ גרשון והרב הנעלה והנשיא רֹ שמואל בֹּרֹ שלמה. ובבדריש אדר היקר הרב הגדול המופלג רֹ משולם בֹּרֹ גרשום חבר ספר כולל כל פסקי התלמוד קראו שלמן והרב הגדול רבי שמואל והרבה עמהם בכל המקומות חדל לספור. וכן בקטליוניה אחר הרב הנשיא אלברצלוני שמענו שמע הֹהֹ רֹ יונה ושמע הרב הגדול רֹ משה בֹּרֹ נחמן אשר נתפרסמה חכמתם בעולם:

ומתלמידיהם שמענו שמע הרב רבי יצחק בֹּרֹ אברהם נרבוני אשר חבר ספר פיֹ הלכות הרב אלפסי. ועוד אתנו פירוש מחשובי תלמידיהם שני המאורות הגדולים האחד הרב

הגדול נפן אדרת הה׳ ר׳ שלמה ברצלוני בכמהר״ר אברהם אדרת אשר הרביץ תורה והרחיב גבול התלמידים וחבר חיבורים הוציא לאור כל תעלומה ועל ידו החזקנו לבאר כמה הלכות עמוקות בכמה מסכיות בנדבת לבו אשר הטה חסדו עלינו בנועם תשובותיו מוסף על שלימות ספריו וחיבוריו. והרב ר׳ אהרן הלוי נ״ב ואחרים עמהם והן היום בגבולותינו מרביץ תורה במונטפשליר ויתר סביבותיה עד אשר הגיע הזמן עלינו אנחנו היום שהשלמנו מן השנים ה׳ אלפים וס׳ היא השנה אשר השלמנו בה זה החיבור הגדול בכל תלתא סדרי והיא שנת נ״א ללדתינו אשר היה בסוף השנה התשיעית לפרט האלף הששי[1] סימן השנה ובא לציון גואל כמנין ונ״א והתחלנו בו שנת ל״ה ללדתינו מלבד חידושין ופירושין וקצת חיבורים אחרים שחיברנו בס׳ בחסד עליון. יזכנו האל וישים חלקינו במביני סתריו ויודעי סודות תורותיו ויתן לנו מהלכים בין העומדים האלה אמן כן יעשה ה׳:

B. From the קרית ספר by David of Estella.

ואחר כך הקים לנו השם גאונים. ובימיהם של גאונים היה ר׳ שמעון קיירא[2] חבר הלכות גדולות ולא נסמך גאון כפי מה שנמצא בספר[3] הקבלה: ואחריו קם רב אחא משבחא וחבר ספר אחד נקרא שאלתות דרב אחא ולא נסמך גאון ובימיו נסמך רב ששנאי גאון וחבר קצת חבורים נמצאו בידינו תשובות שאלות בשמו: ואחריו קם רב יהודאי גאון וחבר הלכות פסוקות וכן נמצאו אחרים אך לא נזכור רק אשר חברו ספרים נמצאו אצלנו: ואחר זמן רב מן הגאונים היה רב עמרם בר ששנא וחבר סדור תפלות עם קצת ענינים אחרים נקרא על שמו סדר רב עמרם: ואחריו קם רבנו סעדיה חבר ספרים רבים לפי הנמצא בספר הקבלה ולא נמצא בידינו מהם כי אם ספר האמונות ופרוש משלי: ואחריו קם רבנו האיי גאון סמכו רבנו שרירא אביו גאון וחבר ספרים רבים נמצא בידינו מהם ספר מקח וממכר ותשובות שאלות בשמו: ואחריו קם רבינו חננאל וחבר פרושים כפי המקבל אצלו מן הגאונים נמצאו בידינו מקצת מסכויות[4]. ובימיו היה רבנו נסים וקבל ממנו ובאר קצת מסכויות באור רחב נמצא בידינו ממסכת ערובין וחבר גם כן מגלת סתרים לבאר קצת הלכות: ובימיהם היה רבנו יצחק ב״ר יעקב ממדינת פאס המכונה הרב אלפסי וקבל מרבנו נסים ורבנו חננאל ובטוב שכלו וזכות הבנתו ברר וצרף מחלקות התלמוד ודברי הגאונים והמפרשים אשר היו לפניו וחבר הלכות מתלתא סדרי בקצור מהנוהג בזמננו זה וחבורו זה פשט בכל גבול ישראל. ונמצא בידינו ממנו תשובות שאלות אשר מהם יתבררו ספקות רבות: ובימיו היה רבנו יצחק אבן גאית חבר הלכות מענין ימי המועדות ודברים אחרים: ורבנו יוסף ב״ר מאיר הלוי הנקרא אבן מגש היה מתלמידי רבנו יצחק אלפסי וחבר פרושים מקצת מסכתות:

---

[1] MS. החמישי. [2] MS. קוירא. [3] MS. בסדר. [4] So MS.

ומצרפת האיר לנו הש׳ם אור גדול היה אור לכל בני ישראל הוא הרב הגדול רבנו שלמה בׄרׄ יצחק וחבר פרושים מארבעת סדרי התלמוד הבבלי וחבר גם כן פרוׄש עשרים וארבעה ספרי המקרא: ואחריו קמו בצרפת וגבוליה אנשים חכמים בחכמת התלמוד והמיוחדים שבהם הם בני בנותיו של רבנו שלמה והם רבנו יצחק ורבנו יעקב ורבנו שמואל ודקדקו וחקרו בפרושיו ובדברי המפרשים הראשונים לברר וללבן עניני התלמוד ודיני התורה וחברו חבור אחד נקרא תוספות. ורבנו יעקב חבר ספר הישר לישר קצת נוסחאות היו מספקות בתלמוד. ורבנו שמואל פרש מקצת פסחים ומקצת בבא בתרא. ורבנו שמשון פריׄש סדר זרעים וסדר טהרות וקצת הסדרים האחרים אך לא נמצא בידינו כי אם שני סדרים אלו. ורבנו ברוך מצרפת חבר ספר התרומה. והרב רׄ אליעזר חבר ספר היראים:

ובעיר נרבוניה ונבוליה ולוניל וגבולו קמו חכמי חרשים ונבוני לחש שמשו בצרפת וספרד וחדשו דברים רבים לברר בדרי התלמוד ודיניו ולישב המאמרים הנראים כסותרים זה את זה. ומהם אשר בארו באור רחב קצת מסכתות מן התלמוד כגון רבנו אברהם אב בית דין והוא חבר ספר האשכול: ובימים ההם הופיע בגבול לוניל אור בהיר הוא הרב הגדול רבנו אברהם בר דוד מפושייקיירש היה חכם גדול בקי בשני התלמודים ותוספתא וספרא וספרי ופרש רב התלמוד וחבר גם כן פירוש תורת כהנים וכתב ענינים רבים על דברי המפרשים והגאונים לבאר ולצרף דבריהם: ובעת ההיא זרח אור גדול בלוניל הוא הרב רׄ זרחיה הלוי וחבר ספר המאור: ומרשיליה העיר הגדולה היתה בזמן ההוא בית ועד לחכמים לדרוש ולחקור בבאורי התלמוד ומן המיוחדים שבהם היה הרב רׄ יצחק בׄרׄ אבא מרי חבר ספר העטור מרוב דברי נשים ונזיקין ומקצת דיני אסור והתר ועשה חבור אחד על דרכי הרב אלפסי וקראו מאה שערים. וכן חבר חבור אחר קראו עשׂרת הדברות באר בו עניני המועדות: ובגלילות פרווינצה היו בזמן ההיא אנשים חכמים וידועים כגון חכמי אויניון וחכמי טרנקטלייש נמצא דבריהם כתובים בחדושין אשר לא נודעו שם מחבריהם ורבנו מאיר מטרנקטלייש חבר ספר העזר:

ובימים ההם הגדיל יי לעשות עמנו שלח אלינו מלאך הברית נר מערבי המאור הגדול הרב רבנו משה בן הרב הגדול רבנו מימון מספרד אשר אזן וחקר בכל דברי התורה ומבאריה ואליו נגלו סודותיה ורזיה והיה חכם גדול בטבעיות והאלהיות ובכל אשר יד שכל האדם משגת וחבר פרושין ממשניות שתא סדרי בדרך קצרה. ובתחלת החבור הזה הזכיר סדר התלמוד ושמות חכמי המשנה והתלמוד ומנינם ויחסם וסדר מעלתם וכן באר בו דברים רבים מענין נבואת הנביאים ונבואת משה רבנו והעיר בו הרבה העורות[1] מקצת מודרשים. וכן חבר ספר קראו ספר המצות באר בו בעקרים אמתיים ובראיות חזקות מה שראוי להמנות במצות עשה ובמצות לא תעשה מתׄריׄג מצות. ובחזקת יד אלהים הטובה

[1] So Ed.

עליו חבר ספר אחד כולל כל דיני מצות התורה מכל הנמצא בשני התלמודים ובבריתות ותוספתא וספרא וספרי ודברי הגאונים והמבארים וקראו ספר משנה תורה וחלקו לארבעה עשר ספרים כלם נקראו בשמות פשטו בכל גבול ישראל:

ובזמן ההוא קמו אנשים גדולים חקרי לב בספרד וגבול נרבונה וברצלונה וחקרו בדברי המפרשים והמחברים הראשונים מהם אשר חברו ספרים כגון הנשיא הרב ר׳ יהודה בׄרׄ ברזילי מברצלונה שחבר ספרים רבים נמצא בידינו מהם ספר העתים. והר׳ הלוי מטוליטולה הנקרא ר׳ מאיר אלעפיאה באר באור רחב בסדר נאה רב התלמוד. והרב ר׳ גרשם בׄרׄ שלמה מבדירש חבר ספר השלמן בסדר הלכות קרוב לסדר הרׄםׄ ולא השלים מה שיעד לחבר והשלימו במצותו הרב ר׳ שמואל בנו. והרב ר׳ יהונתן הכהן מעיר לוניל חבר פרושין כסדר הלכות הרׄיׄףׄ והשיב על ההשגות שהשיג הרׄאׄבׄדׄ על דברי הרׄםׄ לבאר ולהעמיד דברי הרׄםׄ. והרב ר׳ משלם מבדירש חבר השלמה מתלתא סדרי. והרב ר׳ משה בׄרׄ נחמן מעיר גירונה היה חכם גדול בחכמת התלמוד ובשאר חכמות הידועות בזמנו וחבר ספר תורת האדם ופרש חמשה חמשי תורה בשתי דרכים אחת ארכה ואחת קצרה וחבר הלכות נדרים והלכות ברכות וחלה: ואחריו קמו הרב ר׳ אהרן הלוי והרב ר׳ שלמה בׄרׄ אברהם בן אדרת מברצלונה הם העמידו תלמידים הרבה והחזירו התורה לישנה מהם חברו ספרים דרך פסק ובדרך הרחבה על דרך הראשונים נמצא בידינו ספר תורת הבית וספר עבודת הקדש חברם הרב ר׳ שלמה בן אדרת: והרב ר׳ משה בׄרׄ יעקב מצרפת חבר ספר המצות ולקח במספר המצות ברוב שטת הרׄםׄ זׄלׄ ובמקומות רבים לא שנה דבר מלשונו והביא דברים רבים מדברי הגאונות[1] ומסברות רבני צרפת. ורבנו יצחק לקח שטתו וקצר ספרו והרחיב בו קצת באור. והרב ר׳ פרץ אשר היה בזמנו זה העמיד תלמידים הרבה וקצר התוספות והרחיב בהם באור בפלפולו תיונו וכן הרחיב באור בספר המצות הקצר. והרב ר׳ מאיר דרוטמבורקש מארץ אשכנז העמיד תלמידים הרבה ועשה שטה אחרת בתוספות נמצא בידינו מקצת מסכתות:

ועתה מקרוב קמו חכמים בגלילנו זה גליל פרווינצה וויניישי ודרשו וחקרו בדברי הקדמונים ובפרט בספרי הרׄםׄ מורה צדק והרחיבו באור על לשונו והעמידו סברותיו בראיות עם משא ומתן רב זה עם זה ואנחנו נשאנו ונתנו עמהם וכתבו דעתם לישר דברי הרׄםׄ מהם דרך באור כולל ומהם דרך חדושין: ומאשר רב המחברים והמפרשים לא הביאו כל דברי המחלקות ולא כתבו בספר כל שיצטרך להרחיב בעניני ההוראות מאשר היה לבבם רחב ולא היו כותבים רק מה שחדשו מעצמם והיה כל מבקש יי דורש אלהים את תורותיו אשר ירצה לעמוד על דברי ההוראה יצטרך שיהיה בידינו כל אלה הספרים למען יצא לו הדבר על אמתתו ובעונותינו שכבו בעלי אספות נאספו מפני צרות הגלות ומהם נתפזרו אנה ואנה

---

[1] So Ed.

ונשארנו מעט צרות לבבנו הרחיבו ותקצר יד שכלנו ויצרו צעדי אוננו מלכת ברחובות התלמוד על אמתתו אין לנו פנאי להתעסק בתלמוד לדעת דרכי ההוראה כדרך הראשונים ויאות לנו קצור ונצטרך אל ספר כולל ימצא בו כסדר כל ענין וענין ממצות ומצות למען יודע בקלות הלכותיה ומשפטיה:

C. From the קרית ספר by Isaac Lattes.

ונמצא בזמן הגאונים שעברו[1] מן השנים ד׳ אלפים [ו]תׄנׄהׄ. ואז בטל התלמוד ותעבור הרינה. והוא שכל זמן רבנן סבוראי היה כבוד[2] גדול כעין מלכות לראשי הישיבות. והיו עדין מלמדין התלמוד על פה כי לא נתפשט מכל וכל חבור התלמוד: ואחר זה התחיל זמן הגאונים. ומראשוניהם [מר] רב חנן. ומר רב מרי. ומר רב הונא. ורב חנינא[3] מנהר פקוד ורב אהילי[4] הלוי. ורב יעקב מנהר פקוד. ורב הונא בר יוסף. ורב חייא [ממישן]. ורב יוסף. ורבא בר רב נטרונאי: ואחריהם מר רב יהודה גאון שכתב כמה סוגיות ופרקים בגמרא והיה בשנת ד׳ אלפים תׄצׄטׄ שנה. ועמו רב שמואל בר מרי ואחרים הרבה[5] עמהם: ואחריהם ר׳ שמעון קיירא[6] שחבר הלכות והן הנקראות הלכות גדולות והיה בשנת ד׳ אלפים תׄקׄאׄ שנה. ואחרים הרבה עמו: ואחריהם מר [רב] נטרונאי ואחרים עמו: ואחריהם רב אחא משבחא והוא חבר[7] ספר השאלתות כולל הרבה מדיני התלמוד והוא מן החבורים הראוים[8] לסמוך עליו ברוב דבריו. ובסוף ימיו הגיע ד׳ אלפים תׄרׄכׄבׄ: ואחריהם רב מרי הכהן. ורב צמח. ואחרים הרבה[9] עמהם: ובימיהם יצאו שני מינים בעולם ענן ושאול וחברו ספרים כנגד התלמוד והטעו הרבה[9] מבני אדם עד שהוכר טעותם. [ו]כלה ענן וילך. ושאול ירד שאול ומי יעלה: ואחריהם רב ביבי הלוי. ורב חנינא[10] בר משרשיא. ורב מלכיא[11]. ורב חייא הלוי. ורב יוסף בר שילא. ורב מרדכי הכהן. וכן הרבה דור אחר דור: ואחריהם [רב] נחשון. ורב משה הכהן. ואחרים הרבה עמהם: וכן דור אחר דור עד שהגיע זמן לרבינו סעדיה גאון הובא מארץ מצרים לספרד[12]. וחבר ספרים הרבה אין קץ בתורה שבכתב ובתורה שבעל פה ובדקדוק בחכמות חיצוניות. אמרו עליו שהיה מזרע ר׳ חנינא[13] בן דוסא והוא היה בימי דוד בן זכאי הנשיא ונתקוטט עמו הרבה. ובסוף ימיו הגיע ד׳ אלפים ושש מאות: (ואחריו החכם הכולל ר׳ יצחק בר׳ שלמה הישראלי והוא חבר ספרים רבים בחכמת הרפואה. כמו ספר המסעדים. וספר הקדחות. וספר היסודות. ורבים מלבד אלה כמו ספר הגבולים. וספר פרדס החכמה האלהות בשאלות מהחכמה האלהית.

---

[1] B. after ונמצא. [2] B. בסוד. [3] G. חיננא. [4] B. נהלאי. [5] B. רבים.
[6] B. קדרא. [7] B. כולל. [8] G. שראוים. [9] B. רבים. [10] G. חיננא.
[11] G. מלכיה. [12] So both. [13] G. חנניא.

וביאור[1] ספר יצירה ורבים כאלה. וכתב על ספר ההגיון דברים רבים ונכבדים ובכל חכמה ובכל מלאכה. ונעלה ענן כבודו בשנת תֹּתֹּפֹּ לחורבן הבית. יחיה חיים ארוכים יותר ממאה שנה. ולא נשא אשה לעולם ולא יכלו כל אוהביו לפתותו **על** זה: ואחריו רב אנאי גאון בר דוד): ואחריו [רב נהוראי], רב כהן צדק. ור׳ עמרם: ורב פלט[ו]י גאון חבר הלכות ברוב התלמוד: וכן דור אחר דור ודורשיו עד שהגיע הזמן לרב[ינו] שרירא גאון אביו של רבינו האיי. והוא מזרע רבה בר אבהו ומגזע בית דוד. והיה רבינו שרירא גדול מאד במעשה ובחכמה ובעושר ובנשיאות מזרע זרובבל. והאריך ימים עד שהגיע הזמן שסילק עצמו מן הישיבה והושיב במקומו בנו וקם תחתיו לכל דבר שבקדושה: ורבינו האיי יושב על כסאו ועיניו רואות והוסיף והרביץ תורה על כל אשר לפניו וחבר ספרים. מהם ספר הדינין. וספר השבועות. וספר מקח וממכר (וספר הפקדון). וכתב הרבה בתשובות שאלות. והיה מרובע בגאונות רב האיי גאון בר רב שרירא גאון בר חיננא[2] גאון בר רב יהודה גאון. וחיה תשעים ותשע שנה ונעלה ענן כבודו ערב יט אחרון של פסח שנת ד׳ אלפים תֹּרֹּפֹּחֹּ. ויא׳[3] תשצח. והוא היה סוף גאונים: ובימיהם יצא מחמד בשנת ד׳ אלפים תֹּתֹּמֹּדֹּ לבריאת עולם: ובימיו היה רב שמואל בן חפני וגם הוא חבר ספרים הרבה אלא שאין ענינם ראוי לסמוך עליהם כל כך: והיו[4] באחרית [ימיו] רב שמואל[5] הלוי היה[6] מקורטובא וברח מצר הגזירות למיליקא[6]. וחבר ספר בכל התלמוד קראו הלכתא גברתא. ונעלה ענן כבודו בשנת ד׳ אלפים תֹּתֹּטֹּוֹ: ואחריו היה רבינו חננאל ואביו היה מארץ ספרד ושמו ר׳ חושיאל ונשבה ונתגלגל הדבר שעבר *לארץ אפריקיא[7] במדינת קירואן[8] והוליד שם רבינו חננאל ופירש תלתא סדרי בגרסא ישרה אלא שקיצר בפירושו מאוד: ובאותו[9] הפרק נשבה גם כן ר׳ משה בר חנוך ופדאוהו קהל קורטובא. ורב שלום הכיר חכמתו ושלל עצמו מן השררה ומנהו לראש. והיו מתלמידיו ר׳ יוסי בן אביתור: והיה באותו הזמן רבינו נסים שקבל מרב האיי. ובזמנו רבו הצרות וגנב לב הבריות לתת את העולם בלבם לרוב צרכם אליו לרוב המסים והעולים והגזירות ומעמס האומות עלינו: ועבר זמן הגאונות והגיע זמן הרבנות והוא שלא התעסקו בישיבה מפורסמת רק בארבעה סדרי משנה. ומהם לתלתא סדרי וגם מהם היו עוזבים קצת מסכתות (ונתמעטו החכמים והיה מתלמידי רבינו האי גאון נ״כ רבינו חננאל והוא חבר גם כן פירושים בקצת מסכתות):

ובימיהם היה רב שמואל הנגיד. ואלה הג׳ ר״ל רבינו נסים ורבינו חננאל ורבינו שמואל היו דור ראשון אחר הגאונות ונקראו רבנים: ואחריהם מלאו מקומם הרב ר׳ יצחק בר׳ ברוך (והיה) חכם גדול בחכמת התכונה וחבר ספר גדול דרך פסק קראו קופת הרוכלים.

---

[1] Both וביאר. [2] B. חנניא. [3] B. וימש. [4] So both. [5] B. וישמואל.
[6] So both. [7] B. לפירקייא. [8] B. מוקיראן. [9] B. ואחר כן באותו.

ופירש גם כן רוב ההלכות החמורות מהתלמוד קבל מהרב ר׳ יצחק אבן גאיית[1]. גם הוא חבר הלכות קצרות בכל התלמוד: ואחריהם הרב [ר׳ יוסף אבן .. בר שמואל ראובן ברצלוני והיה חכם גדול ופי׳ קצת מסכתות ופרקים מהתלמוד. והרב ר׳ ..] יצחק בר׳ יעקב אלפסי בעל הלכות. והוא היה מתלמידי רבינו נסים ומתלמידי רבינו חננאל. ונתפרסמה חכמתו ויצא טבעו בעולם הרבה. והעמיד תלמידים רבים ונכבדים [עד] (לאין קץ. ומגדוליהם) רבינו אפרים. והרב רבינו יוסף הלוי אבן מינאש[2] והוא הפליג בפירושי התלמוד מאד בפירוש מעולה ופסקים אמתיים: ונעלה ענן הרב אלפסי בשנת ד׳ אלפים ותתקא. והשאיר אחריו ברכה וחיים עד עולם נר ישראל [תלמידו] הרב רבינו משה אבן מיימון: ואז שממו הישיבות מספרד מרוב המלכות והגזרות. וגלו הנה והנה. וגם הרב רבינו משה יצא מארצו וממולדתו (ומבית אביו לארץ נוף. ונעשה לרגלו) יפה נוף משוש כל הארץ. והאיר כל הגולה בתהלת ספריו וחיבוריו אשר עצמו מספר. ונפטר בשנת ד׳ אלפים תתקסה סימן בכי אבל משה:

והיו גם כן חכמים גדולים בארץ צרפת ורבנים גדולים כרבינו גרשום הזקן. ורבינו יעקב בר יקר. ורבינו לוי הזקן. והתייר הגדול רבינו שלמה בר יצחק. ור׳ יצחק הזקן בעל התוספות. והרב רבינו שמשון שפירש סדר טהרות וסדר זרעים [גם פי׳ על תכ׳]. ורבינו יעקב אשר נודעה מעלתו הלא היא כתובה על ספר הישר. ורבינו שמואל אחיו. ורוב כל החבורים שנתחברו דרך פירוש הם פירושי הרב רבינו שלמה בר יצחק הנזכר. ואם רבו הלוחמים עליו כלי זיינו עליו. ותשובתו מתוך[3] דבריו. כולם נכוחים למבין. אין מעלתו נכרת רק ליחידים. כי במלה אחת יכלול פעמים תירוצים של חבילי קושיות. אלא שלא כיון בהם הרב לענין פסק: ובימיו היו הגזרות בכל ארץ זעקן הוא טושקאנה ולומברדיא ולורני[4] על ידי הצורר גודרפיד בילו אשר כבש את ירושלים ומלך בה הוא ובנו ובן בנו. ובא מלך הישמעאלים וכבש המלכות מידו והרגו וכל חילו עמו: וגם רבינו יחיאל מפריש היה בימים ההם. וראש לכל החבורים [שנעשו] דרך הרכבת פירוש ופסק הם פירושי הרב אבן מינש הנזכר. וסוף לכל החבורים האלה ר״ל שנתחברו דרך פסק ספר[5] הרב הגדול נר מערבי עדות לכל העולם הרב רבינו משה אבן מיימון [הנזכר] (הוא) הודיע כל פסקי התלמוד דרך קצרה ודרך קבלה בסדור טוב ויפה מאוד עם קצת סעד מן הירושלמי והתוספתא וספרא וספרי ומכילתא כמו שנודע ומפורסם:

ובארץ אשכנז הרבנים הגדולים ונכבדים כתבו ללמוד ולהועיל בפירוש ופסק. כרבינו אליעזר ממיין[6]. וכרבינו שמעון קרא. ורבינו יהודה חסיד ורבים כאלה כתבו ספרים רבים ונכבדים:

וגם באינגליטירא היו רבנים גדולים:

---

[1] B. ניאת. [2] G. מגיש. [3] B. בתוך. [4] Both ולורקני. [5] G. ספרי. [6] G. ממייין.

ובארין המערב וספרד. כמו הרב רבינו מאיר הלוי מטוליטולא אשר חבר חבורים גדולים נפלאים דרך פירוש ופסק: והרב ר׳ יצחק ממרשילייאה בר׳ אבא מרי ממרשילייאה חבר חבורים גדולים, מהם ספר הנקרא בעל העטור. וחבור נפלא דרך פסק הנקרא עטור סופרים. ועשה חבור על דברי הרב אלפסי הנקרא מאה שערים. וכן חיבר חבור אחר הנקרא עשרת הדברות ובאר בו עניני המועדים: והחכם (ר׳ נתן) בעל הערוך אשר חבר גם כן חבורים ומהם ספר הערוך המוציא לאור תעלומות התלמוד: ורבים כאלה [ש]לא כתבנו רק מי שיצא טבעם בעולם:

ובארין הלזו נתפרסמו פרסום כללי אלא שמהם שנתפרסמו מצד המלאכות האחרות בחכמות ובמיטב השיר ובדקדוק כמו החכם ר׳ יהודה חיוג. והחכם ר׳ מרינוס אבן גנאח. ור׳ שלמה בר יהודה אבן גבירול אשר היה בימי הנגיד ר׳ שמואל ובימי ר׳ יצחק אבן גאיית[1]. והחכם הכולל ר׳ משה בן עזרא והחכם הכולל ר׳ אברהם אבן עזרא אשר חברו ספרים רבים ונכבדים בכל חכמה ובכל מלאכה וביאורים בתורה שבכתב ובתורה שבעל פה ובענינים אחרים. והחכם ר׳ יהודה הלוי בר שמואל הלוי והוא נ״כ חבר ספרים רבים ובתוכם ספר הכוזר והוא ספר יקר ונכבד מאד לא נודעה מעלתו כי אם ליחידים. והחכם ר׳ יהודה אבן ת[א]בון והוא נ״כ חבר חבורים רבים ונכבדים ובתוכם ספר חובת הלבבות לא [נודעה] מעלתו לכל:

ואחריהם הגיע הזמן לרב ר׳ מאיר מרוטינבורק[2] ראש ישיבה מכל ארין צרפת והרביין את התורה והגדיל עד מעלה מעלה. והרב הגדול ראש ישיבת ארין אשכנז ר׳ אליעזר הרביין את התורה והגדיל [את התורה] עד מעלה מעלה. ואחריו רבינו פרין:

ובארין הלזו בהר ובשפלה. הרב הגדול ר׳ אברהם בר׳ יצחק אב בית דין אשר חבר חבורים רבים נפלאים דרך חבור ופסק ומהם ספר האשכול. וחתנו הנעלה מעלה מעלה הרב הגדול ר׳ אברהם בר דוד אשר מלאה הארין חכמתו בתהלת ספריו אשר חבר חבירים גדולים דרך חבור ופסק לא נשמע בכל הארין כמוהו ומהם בעל הנפש. והרב ר׳ משה בר׳ יוסף מנרבונה. והרב ר׳ משולם בר׳ יעקב מלוניל. והרב הגדול הנשיא ר׳ יהודה בר׳ ברזילאי אלברצלוני חבר חבור גדול ונכבד בכל התלמוד דרך פירוש ופסק ארוכה מארין מדה ורחבה מני ים שם חשך לאור ומעקשים למישור ואשר ראיתי מספריו הוא ספר העתים. והרב הגדול ר׳ משה בר׳ יהודה מבדירש[3] ארבעה המה מטיבי לכת אבות התלמוד אשר חברו חבורים רבים ונכבדים להועיל תועלת כללי כל אחד בגבולו. והרב הגדול ר׳ זרחיה הלוי אשר האיר במאור תורתו כל הגולה הלא היא כתובה על ספר המאור. והרב ר׳ מאיר מטרנקאטאליש והוא גם כן חבר חבורים נאים ועזר לכל בספר העזר. והרב ר׳ יהונתן

---

[1] B. גיאות. [2] G. מרושטבורק. [3] B. מבידיאייש.

הכהן חבר חבורים נוראים ופירש הלכות רב אלפסי פירוש טוב ונאות. ואחריהם הרב הגדול אבי כל יושב באהל התורה זקננו הרב ר׳ משולם בן הרב ר׳ משה בר׳ יהודה מבדירש אשר צירף עם חבור הרב האלפסי ספר ההשלמה. והרב ר׳ אליהו בר׳ יצחק מקרקישונה ובנו הרב ר׳ יעקב בר׳ אליהו לבית לטאש[1] והוא קבל מאביו ומחתנו בעל ההשלמה וחבר חבורים נוראים לבאר ולהעמיד בפירש דברי הרב במ֗ז֗ל (ובפרט בספר המורה כי רבים הלוחמים עליו). והרב ר׳ שלמה בן אברהם מן ההר. ותלמידיו הר ר׳ דוד בר׳ שאול. והרב ר׳ אשר גם הוא חבר חבורים והוציא לאור כל תעלומות התלמוד ומהם ספר המתנות. והרב ר׳ אברהם מן ההר חבר חבור טוב ונאה דרך פירוש ופסק ברוב התלמוד. ואחריהם הרב הגדול זקנינו הרב ר׳ יהודה בר׳ יעקב לבית לאטש וחבר חבורים ופסקים וחבר ספר קטן הכמות ורב האיכות דרך שאלות ותשובות וקראו בעל אסופות. והחכם הכולל ר׳ שמואל[2] בן כבוד החכם ר׳ יהודה אבן תיבון גם הוא חבר חבורים נפלאים רבים ונכבדים ובתוכם ספר מאמר יקוו המים ובאר תורה שבכתב באור נפלא עד מאוד (וחבר חבורים נפלאים רבים ונכבדים בכל חכמה ובכל תבונה). והחכם הכולל ר׳ משה תיבון חבר חבורים גדולים ונכבדים (ובתוכם לקט שכחות וספר פיאה ו)ספר התנינים ובאר גם כן תורה שבכתב באור נפלא עד מאד. והחכם הכולל ר׳ שמואל בן הרב ר׳ משה מלגורי חבר חבורים רבים בכל חכמה (ובכל תבונה. והחכם ר׳ משה תיבון חבר חיבורים גדולים ונכבדים) [ובכל מלאכה] ובפרט בחכמת התכונה עשה ספרים הרבה ונכבדים ומהם הספר הגדול והנורא קין לתכונה להיותו תכלית כל מה שאפשר לבאר בו דרך נכונה וספר הכולל וספר המלך וספר העשרה דברים כל אלה ספרים רבים ונכבדים וזולת אלה רבים מאד:

והחכם ר׳ יוסף טוב עלם חבר ספרים רבים ונכבדים ופירש תורה שבכתב בפירש נכבד מאד. והחכם ר׳ שמשון בן אבטליון בעל המלמד (חבר חבורים רבים בכל חכמה]. ובאשכנז ובצרפת ובמערב אנשים רבים ונכבדים למאות ולאלפים. ומהם בצרפת הרב הגדול ר׳ משה בר׳ יעקב מקוצי אשר נתפרסמה חכמתו והודיע פסקי התלמוד בדרך קצרה ודרך קבלה עם סעד הירושלמי והתוספתא ומכילתא וספרא וספרי וקראו ספר המצות הגדול וחברו בשנת מ֗ב֗ לפרט האלף הששי. והרב ר׳ יוסף בכור שור הרביץ את התורה והעמיד תלמידים הרבה ופירש התורה שבכתב והתורה שבעל פה בפירוש נאה ומקובל מאד. והרב רבינו יצחק מקורבייל חבר חבורים רבים ומהם ספר הנקרא עמודי הגולה. ורבנים אחרים אין מספר. ומהם הר֗ר שמחה שחבר המחזור (הקטן) הנקרא [מחזור] דויטרי:

ובארץ קטלוניאה. הר׳ דוד קמחי חבר חבורים נאים ונכבדים בחכמת הדקדוק ופירש התורה שבכתב בפירש נאה ומקובל לכל שומעיו כל שכן לכל רואיו. וכן ר׳ משה קמחי גם

---

[1] G. לאטיש. [2] B. שלמה.

הוא חבר חבורים [גדולים ופירש תורה שבכתב. והרב ר̇ יוסף בן עקנין חבר חבורים גדולים] ומהם ספר תענוג הנפש. והחכם הכולל ר̇ גרשום בר̇ שלמה מארלד(י) והוא גֿכֿ חבר חבורים רבים ומהם ספר שער השמים כולל לימודיות טבעיות אלהיות:

ובנרבונה הרב ר̇ יצחק בן מרן[1] לוי. ונכדו הרב ר̇ משה בר̇ יוסף בן מרן הלוי. והרב ר̇ אליעזר בן זכריה. והרב ר̇ יצחק בר̇ יהודה. והרב ר̇ אברהם בר̇ חיים. והרב ר̇ שלמה הישיש. ובראש כולם הנשיא המופלג מרנא ורבנא משה בן מרנא ורבנא תודרוס[2] הנשיא. ובנו הארז האדיר מרנא ורבנא ר̇ לוי. ויתר הנשיאים. והרב ר̇ יצחק הכהן אשר היה מתלמידי הרב הגדול ר̇ אברהם בר̇ דוד ויסד פירוש הירושלמי ברוב תלתא סדרי. והיו מתלמידיו הרב ר̇ ראובן בן הישיש רבינו חיים היה בקי בכל התלמוד בקיאות מופלג וחדש סברות רבות בתלמוד מכח שכלו כי היה פלפולו מקפין על גבעות מדלג על ההרים בכל מדע ובכל חכמה. והרב ר̇ יוסף בן הרב ר̇ גרשום. והרב הנשיא ר̇ שמואל בר̇ שלמה. והרב הגדול בן בתו של זקינו הגדול ר̇ גרשום מבדריש חבר ספר כולל כל פסקי התלמוד קראו שלמן בסדר הלכות קרוב לסדר הרמבם זל ולא השלים מה שיעד לחבר והשלימם במצותו הרב הגדול בנו [הרב] רבינו שמואל: ובעיר לוניל הרב ר̇ יונתן הכהן חבר חבורים ופירושים על חיבור הריף והשיב על השגות שהשיג הראבד על דברי הרמבם זל לבאר ולהעמיד דברי הרם והרבה עמהם עד כי חדל לספור: וכן בקטלוניאה[3] אחר הנשיא אלברצלוני הרב הגדול ר̇ יונה. והרב ר̇ משה בר̇ נחמן אשר נתפרסמה חכמתם בכל העולם והרביצו את התורה וחברו באורים רבים וביארו את התורה שבכתב ותורה שבעל פה בפירש טוב ונכבר. ומתלמידיהם הרב הנכבד ר̇ יצחק בר̇ אברהם נרבוני [והרב ר̇ יצחק בנו נרבוני] אשר חבר פירש הלכות הרב אלפסי זל: ובטרשקו[ן] הרב הגדול [זקננו] ר̇ אל[י]עזר בן הרב הגדול הישיש ר̇ עמנואל. ואחיו המעולא מעלה הרב ר̇ יהושע בר̇ עמנואל. ובנו הארז האדיר זקינו הרב עמנואל בן הרב זקינו הגדול ר̇ אליעזר ומת בחיי אביו. ויצא אחד מתלמידיו למינות ונשתמד והציר לבני עמינו וחבר ספרים נגד אמונתינו הטהורה מכל חלאה וחבר להם ספר [תורת] הויכוח ורבו הצרות והמבוכות על חלומותיו ועל דבריו. והיה אז ר̇ מרדכי בן הרב ר̇ יהוספ[י]ה וחבר עליו ספר מחזיק האמונה ואז נשלמו מן השנים חמשת אלפי וארבעים ושתים ושמו היה פול דבעי[4] להשניא דת וחק בקש להדיחנו מעל ה̇ אלהי אבותינו ושאל לאחד מחכמי זמנו[5] היש לכם רמז בתורת משה רבכם ממני והשיבו (לו) כן יש רמז בתורתינו הקדושה בפרשת נצבים בראשי פסוקים הראשון פן יש בכם איש או אשה השני והיה בשמעו את דברי האלה והשלישי לא יאבה ה̇ סלוח לו. וימת המין במקום ששמו תבר מינא והסימן חבר מינא הפח נשבר ואנחנו נמלטנו.

---

[1] B. מורינו. [2] B. טודרוס. [3] B. בקטליאנה. [4] G. דבעא. [5] G. דורו.

והרב ר̇ מרדכי חבר חבורים רבים דרך פסק ומהם אבר מן החי ספר על איסור והתיר (וספר בית שערים) חיבר בהלכות כתובה *וברכת חתנים[1] וספר שערי נדרים. ואחריהם הרב הגדול נפן אדרת הר̇ר̇ שלמה בהר̇ אברהם אדרת ברצלונא אשר הרביין התורה והרחיב גבול בתלמידים וחבר חבורים להוציא לאור כל תעלומה מהנמצאים אצלינו ספר תורת הבית וספר עבודת הקודש. והר̇ ר̇ אהרן נ̇ב̇ חבר חבורים ופירש ברוב התלמוד. והר̇ ר̇ נתן מטרינקונטוליש. ואחרים אין מספר בארץ המערב ובספרד ובקאטאלוניאה ובצרפת ובאשכנז אנשים נכבדים הוציאו לאור כל תעלומה. ובבקעת יריחו היא עיר לוניל החכם ר̇ מגוח [הרחיב] ביאור על לשון הר̇מ̇ב̇ם̇ ז̇ל̇ והעמיד סברותיו בראיות נכוחות עם משא ומתן וקראו ספר מנות והוא טוב מאוד ומקובל לכל רואיו. ובהר הרב הגדול אדוני זקני חכם גדול כולל בכל חכמה הר̇ *ר̇ יצחק בן הרב ר̇ יהודה[2] לבית ל[א]טאש אביו של אבא מארי נ̇ע̇ חיבר חבורים רבים בכל מלאכה ובכל חכמה וחבר (פירוש) מהתלמוד בסדור טוב ונאה ומקובל בסדר טהרות לבד מנדה ומסכת קנים ותמיד בסדר קדשים ובמסכת כלאים ובמסכת כלה ובמסכת ערלה בסדר זרעים עם מה שנתקבל מימות רבינו הקדוש וכאשר השלים לחבר חבורים מהתלמוד (אשר) הפלגת[3] חבורו ועוצם תועלתו לעד נאמן עליו כי רוח אלהים בו [ו]חבר חבורים בחכמת הטבע והתכונה רבים ונכבדים. והרב ר̇ אברהם מהה̇ר חבר חבור שלם דרך פירוש ופסק ברוב תלתא סדרי אין למעלה הימנו. והרב ר̇ יצחק הנשיא חבר חבורים ומדרש בחמשה חומשי תורה. ואחריהם הרב הגדול ר̇ מנחם בן הרב ר̇ שלמה לבית מאיר בפירפינאן אשר האיר בחכמתו הנוראה כל הגולה בחדושין ובפירושין בכל תלתא סדרי ובפסקים גדולים ונוראים הלא המה כתובים על בית הבחירה וביאר כל התורה שבכתב ותורה שבעל פה בביאור נפלא מאוד ובימיו נגרשו היהודים *ממלכות צרפת[4] ורבו הצרות והמבוכות ונשארו מעט מהרבה והגיע אז מהשנים שנת חמשת אלפים וששים וששׁ סימן הפרט ויחר אף ה̇ בם וילך [סימן וילך]. ואחר אשר נגרשו היהודים מצרפת ונתבטלו עבודת הקודש נשארו בארץ פרווינצאה הרב הגדול ר̇ ישראל מאולוברינאה בטרשקו[ן] והוא קבל מהרב זקנינו ר̇ עמנואל מטרשקו[ן] וגם הוא הרביין תורה וחבר חבורים רבים. והחכם הגדול ר̇ לוי בר̇ אברהם בר̇ חיים חכם היה בכל חכמה חבר חבורים נוראים ונפלאים ומהם הספר הנכבד [ס̇] לוית חן [ספר] יקר ונכבד מאד לא נודע[ה] מעלתו כי אם ליחידים. והחכם הנשיא ר̇ קלונימוס בר̇ מאיר חבר חבור בחכמות ומהם ספר הנקרא ספר [כבוד] מלכים והוא ספר יקר ונכבד בחכמת המספר וההנדסא והמשפט: והחכם ר̇ יוסף כספי חבר חבורים רבים ובאר תורה שבכתב בחבור נאה. והחכם הכולל ר̇ דוד דאישטילה חבר חבורים *נאים ופירש[5] תורה שבכתב ותורה שבעל פה

---

[1] B. ובתורת כהנים. [2] B. ר̇ יהודה בן הרב ר̇ יצחק. [3] G. הפלגות. [4] B. אשר בצרפת. [5] G גדולים וביאר.

בסדור טוב ונאות ומקובל קבין והכריע הדיעות שהיו לפניו אין כמוהו בכל הארין וקראו (ספר) קרית ספר והיה סימן למחברו קרית חנה דוד וחלקו לחלקים והחלקים לבתים ואחר הבתים רחובות ושם הרחיב והכריע דעות הפוסקים ובתוך העיר בנה המגדול ביאר בו קצת כוונות ותורה והמצוה וקצת דברים סתומים מדברי התורה והנביאים [נב׳ קצת הגדות] וקראו ספר המגדול להיותו מגדל עוז ובית מצודות נגד הלוחמים על אמונתינו הטהורה והיה סימן למחברו מגדל דוד והוא חיבור[1] טוב ונאה מאוד מאוד: והחכם הכולל ר׳ (יקותיאל הכהן המכונה שין אשטרוק כהן חבר חיבור גדול ונכבד והביא בו רוב הדיעות ודעתו באחרונה והוא טוב מאוד. והחכם הכולל ר׳) ש(מעון קינן) אשר הרביין את התורה והעמיד תלמידים הרבה וחבר חיבורים לבאר קצת התלמוד באור טוב ומקובל ובכללם ספר הנקרא ספר הכריתות והוא ספר נכבד מאוד ומבאר סתרי[2] מדות. והחכם הכולל ר׳ יצחק בר׳ מרדכי קמחי המכונה מא׳ פיטיט נ״ע והוא חבר חבורים ופירוש וחדושים ופסקים ברוב התלמוד ובשאר החכמות. והחכם הכולל ר׳ אבא מרי אלינדור המכונה שין *אשטרוק דינובאש[3] חבר גם כן חיבורים בכל חכמה ובאר קצת מסכתות מהתלמוד דרך פירוש ופסק. וביאר התורה פירוש נפלא וספר איוב (וביאר פירש טוב ורחב בפרקי ד״ר אליעזר וביאר ספר ההגיון והטבעיות והאלהיות וכתב הרבה ספרים זולת אלה רבים ונכבדים): והרב ר׳ אברהם מנוטטריש[4] אשר הרביין את התורה והעמיד תלמידים רבים (וחבר חבורים רבים בתלמוד). והרב ר׳ יוסף טורנו[5] ובעונותינו הוא נהרג בשנת הגזירות שנת חמשת אלפים וק״ח. והרב הגדול ר׳ יצחק הכהן גם הוא הרביץ את התורה והעמיד תלמידים רבים וביאר תורה שבעל פה והניח ברכה וחיים עד עולם. הרב הגדול בנו ר׳ פרץ הכהן. והרב (רבנו) משולם הכהן בנו והרב רבינו פרין ביאר התלמוד [דרך פירוש] ופסק בביאור טוב ונכבד והוא כתב הרבה מאוד [אך] אמנה עדיין לא יצא[6] טבעם בעולם: ובטוליטלא הרב הגדול ר׳ אשר והוא חבר חבורים גדולים נפלאים וביאר התורה שבכתב ותורה שבע״פ והניח ברכה וחיים עד עולם. הרב רבינו יעקב בנו וגם הוא הרביין את התורה והעמיד תלמידים הרבה וחבר חבורים רבים מהם ספר אורח חיים ומהם חשן משפט וספר אבן עזר וספר יורה דיעה ורבים כאלה ונעלה ענן כבודו בשנת חמשת אלפים ושמונים: והרב הגדול הנשיא על כל מעלה הרב רבינו לוי בן הרב הגדול ר׳ גרשום המכונה מאש[טרי] ליאון דיבאניילש חבר חבורים רבים ונכבדים ופירש כל התורה שבכתב ושבעל פה וביאר ביאורים נוראים בכל חכמה ובפרט בחכמת ההגיון ובחכמת הטבע ובאלהיות ובלמודיות וברפואות אין כמוהו בכל הארין (וביאר תורה שבכתב בבאור נכבד מאוד) [והאיר בחכמתו הנוראת הנשאר מהגולה ובפרט בספרו הגדול המהולל בכל העמים קראו ספר מלחמות יי ספר נכבד ונורא מאד] לא נודעה מעלתו

---

[1] G. סידור. [2] B. סתם שלש עשרה. [3] G. אשטורג רנובש. [4] G. מנייראטש or מנייראטש. [5] G. טורנייו. [6] Both יצאו.

כי אם ליחידים: והארון אדוני המולידי הרב רׄ יעקב בן הרב רׄ יצחק לבית לטאש[1] חבר חבורים ופסקים ובאורים בענין התלמוד במסכת עׄז ושבועות ונדרים וכתב בענינים אחרים ונעלה ענן כבודו בשנת הגזרות. ואחריהם החכם הגדול רׄ מרדכי נׄעׄ ברׄ יהושע המכונה מאׄי *ויולאש דרודיש[2] חתן לאדוני זקני הרב רׄ יצחק ברׄ יהודה (הנזכר) וקבל ממנו והוא חבר חבורים רבים וביאר רוב הפסקים בדרך שאלות ותשובות: והרב רׄ נחמיה בן הרב רׄ יעקב המכונה שין מ[א]ציף יעקב דלוניל הוא חבר חבורים רבים כאלה בקאטאלוניה ובספרד. ובברצלונה הרב הגדול סיני ועוקר הרים רבינו ניסים בן רבינו ראובן ברצולונא והׄ אלהיו עמו אשר חבר חבורים רבים ונחמדים וביאר הלכות הרב אלפס ואמנם לא יצאו טבעי כל אלה החיבורים בעולם עד הניענו לזה הזמן היא שנת חמשת אלפים מאה ושלשים ושנים שנתבטלו הישיבות מכל ספרד על רוב המלחמות והגזרות עד שעמד אח ממזר ממלך דון (פירו והרגו) ולקח כל המלכות מידו עם עזר מלך צרפת והכהן הגדול. והוא רׄלׄ הממזר הרג רוב היהודים הנשארים בספרד והנשארים נסו גם נעו לחרפה ולשבי ולבזיון ישתבח בעל הרצון. ואז נתבטלו הישיבות מארץ אדום לבד מעט מזעיר לא כביר בברצלונה הרב רׄ נסים. ובפירפיניאן החכם רׄ שלמה ברׄ אברהם. ובפריש החכם רׄ מתתיה בן כבוד הרב הגדול רׄ יוסף בן הרב רׄ יוחנן אשכנזי והוא קבל מאביו ומאמו[3] וקבל נׄכׄ מהרב רבינו פרץ הכהן נׄעׄ ומהרב רבינו נסים עד אשר הגיע אלינו הזמן בחסד עליון:

יזכנו האל וישים חלקינו במודעי סתריו ויודעי סודות תורתו ויתן לנו מהלכים בין העומדים האלה. אמן כן יעשה הׄ:

D. From the צדה לדרך of Menahem ben Zerah.

ואחר חבור זה רׄלׄ חבור תלמוד בבלי לא חובר בלתי חבורים מהגאונים שהיו אחר רבנן סבוראי שהיו אחר האמוראים: רׄ שמעון קיירא שלא נסמך לגאון אבל חבר הלכות גדולות בשנת דׄ אלפים וחמש מאות ואחד ליצירה: ורב יהודאי גאון חבר הלכות פסוקות ומאור עינים היה ונפטר שנת ארבעת אלפים תׄקׄכׄגׄ. ורב אחא משבחא חבר השאלתות והם בסדר הפרשיות ושם כתב פסקיו בכל פרשה כפי המקום ומהם באו קצת הלכות חמורות ובלשון ערב ולא בסדר המסכתא: ואחריהם חבר רבינו יצחק אלפסי שהיה מקלעת חאמד[3] ובא לספרד שנת דׄ אלפים תׄתׄמׄחׄ ועמד מעט בקרטבה והלך למדינת אליסנא שהיא סמוכה לקרטובה יׄבׄ פרסאות והיתה העיר כולה מיהודים וקבלנו שהיו משארית גולת ירושלים שנתישבו שם ובנו העיר וישב שם רבינו יצחק וחבר הלכות בקוצר לתלתא סדרי ודומה לתלמוד קטן. ומימות רבינו האיי לא קם כמוהו ונתפזר חבורו בקצוי האדמה.

---

[1] G. לאטש. [2] B. ויילאיש דירודייש. [3] Both אחמד.

ואמר עליו רבינו יצחק בעל התוספות שילאה בן אדם לחבר חבור כמוהו זולתי ששכינה היתה שורה עליו וחי כתשעים שנה ונפטר בשנת ארבעת אלפים תתפג׳[1] והעמיד תלמידים הרבה: ומגדולי תלמידיו הר׳ יוסף בן מגש: ואחריו קם הרמבם בקרטבה והלך למצרים ועמד שם בכבוד גדול עם מלך אלקהרא הנקרא שולדן[2]. וחכם גדול היה בכל חכמה יונית וגברה ידו בתלמוד ולשונו בצחות לשון הקדש ובלשון הערב והוא חבר בבחרותו פי׳ למשניות ששה סדרים וקראו ספר המאור. ומי שלא ראה הקדמותיו לסדרים לא ראה מאורות מימיו. ובהקדמה שהקדים לזרעים בפרט ובספר[3] טהרות חבר חבור בלשון ערב. ואחר כך נדבה רוחו אותו וכתב וחבר ספר קראו משנה תורה וביאר שם כל העולה הלכה מששה סדרים בדברים הנוהגים בזמן הזה ובדברים שהיו נוהגים בזמן הבית בזבחים ובכל הדברים הדומים להם ובטהרות וכיוצא בו דבר מכל הכתוב בתלמוד איש לא נעדר. ומי ששקד בסדרי התלמוד והרואה סדרו בספרים ידע אשר ערך ותקן הלכותיו ופרקיו בלאוין ובמצות ובכתוב. ובמה שכלל בשטה אחת מפרקיו יודע כחו בתלמוד כמה היה גדול ומי יוכל לבא עד תבונתו ומי ישיג צחות לשונו בעברי קצר הבנין ורחב הענין והתפשטו ספריו בכל נפוצות הגלות וכן חבר פירושים בתלמוד[4] בלשון ערב ולא נתפשטו ממעוט עסק הבאים אחריו בתלמוד בבלי. וכן חבר בשאר החכמות ספרים אין קץ ובפרט בספרי הרפואה. ובימיו הושיע לכמה מדינות וארצות כל הקהלות שהיו שם בגלות ובכתביו ונחמותיו העמיד באמונה כמה קהלות מישראל והוא היה חסיד גדול נוסף על חכמתו ונדיב בעל אכסניא ועיני ראו לזקן אחד שמו ר׳ יצחק ארוטי שספר לי בשם אביו שעמד עם רמבם במצרים ימים רבים מהגדולות והמעלות והסדר שהיה מתנהג החכם הנזכר יבא שלום על משכבו: ואחריו היה רבינו מאיר הלוי שבא מבורגוש ונתישב פה בטוליטול. והיום יש פה בטוליטולה מבני בנותיו והוא היה חכם גדול בתלמוד וחבר פירושים ברוב התלמוד ארוכים ורחבים בפס׳ הלכות בקושיות ותירוצים ועשה מהדורא ארוכה ומהדורא קצרה. ובזמנו וכן קודם לזה לא היו לומדים בארץ הזאת זולתי הלכות רבינו אלפסי. ורבינו מאיר הלוי נפטר בחג המצות שנת חמשת אלפים וארבע ליצירה: ואחריו בא רבינו יונה מגירונדה וחכם גדול ובקי בתלמו׳ היה וחבר חדושין על הלכות רבינו אלפאסי וכתב בהם דעת התוספו׳ והוצי׳ חידושין ודקדוקין רבי׳ משכלו הזך: עד הנה דברנו בארץ בבל ובארץ המערב:

אבל בארץ צרפת היו מקדם בעלי תורה וידם חזקה בתלמוד וקודם זמן רבינו שלמה התייר הגדול מעיר טרוייש היו לומדים בפירושי ר׳ גרשום מאור הגולה והיו ארוכים מאד וישרתה רוח הקדש על ר׳ שלמה וגבר׳ ידו בתלמוד וחבר פירושים לתלמוד הבבלי בלשון צח וקצר אשר לפניו לא קם כמוהו. ואלמלא הוא נשתכחה דרך התלמוד בבלי מישראל

---

[1] תתסג׳. [2] ישלדין. [3] ובסדר. [4] S. בנמ׳.

והחזיקו על ידו ניניו מבני בנותיו רבינו יעקב מרומני[1] שהיה עיר שלש פרסאות מטרויש והוא מכונה ר̇ תם וחבר ספר קראו ספר הישר אשר לא יסולה בכתם אופיר. ור̇ שמואל שפ̇י בבא בתרא ורבינו יצחק בן אחותו של רבינו תם הנודע בעל התוספות אשר למד ולימד בישיבה כי העידו לי רבותי הצרפתים בשם רבותיהם כי נורע ונתפרסם שהיו לומדים בפניו ששים רבנים שכל אחד מהם היה שומע ההלכה שהיה מגיד. גם היה לומד כל אחד לבדו מסכתא שלא היה לומד חברו והיו חוזרים על פה ולא היה מגיד רבינו יצחק הלכה שלא היה בפיהם בין כולם כל התלמוד[2] בין עיניהם באותה הגרה עד שנתברר להם כל ספקות שבתלמוד. וכל הלכה ומאמר תנא או אמורא שנראה הפך או סתירה במקום אחר ישב ותקן על אופנו כאשר מבואר לכל מי שראה תוספותם ושאלותם ותשובתם ופירושם והחשנות שהשיגו על זקנם רבינו שלמה. ואחריהם כמה חכמים בקיאים וגדולים בתלמוד בצרפת ואשכנז אין מספר ובסבתם של רבינו שלמה ונינו למדו תלמוד ולומדים בכל המקומות ששמענו וידענו שלומדין תלמוד בבלי והם הסבה הרחוקה והקרובה:

ובשנת ה̇ אלפים וששים וחמש העיר השם את רוח הר̇ אשר בן הר̇ יחיאל לצאת מאשכנז הוא ובניו ובני ביתו לגור בטוליטולה וישב שם והרביץ תורה ברבים והעמיד תלמידים הרבה. ועל ידו החזיקו לומדי התלמוד בבלי ועשה חבור הפסקים על דרך אלפסי והוסיף בהם דברי התוספות ומדעות בעלי החדושים כר̇ מאיר הלוי והרמב̇ן ורבי יונה והר̇ אבר̇ שחרשו חידושים אחר בעלי התוספות גם חבר פרישה וקצר תוספות רבינו שמשון משנין שהיה תלמיד מובהק מרבינו יצחק בעל התוספות והוסיף בהן דקדוקין ופירושים משאר המחדשים ומרבי̇ מאיר מרוטנבורק שהיה רבו מובהק ונפטר בשנת פ̇א ליצירה וכבוד עשו לו במותו. והרביץ תורה במקומו בנו מורי הר̇ יהודה נ̇ע והיו לו ח̇ בנים הר̇ יחיאל גדול בתורה ונפטר על פני אביו. ואחריו רבינו שלמה החסיד ומשתדל במצות ובגמילות חסדים. ואחריו הר̇ יעקב שחבר ארבעה ספרים בפסקי הלכות וכתב שם שאלות רבות והתשובות של אביו. ואחריו מורי הר̇ יהודה והר̇ אליקים ור̇ משה ור̇ אלעזר ור̇ שמעון ז̇צ̇ל:

ואני המדבר המחבר הדל במשפחתי מנחם בן הקדוש ר̇ אהרן בן זרח נולדתי בארץ נבארה ואדוני אבי היה מן המגורשים מארץ צרפת אשר גורשו משם שנת חמשת אלפים וששים ושש ליצירה בחדש אב ואני כבן שש עשרה שנה נשאתי אשה בת הר̇ בנימין עביין נ̇ע והוא היה מרביץ תורה באישתיליא וגדולי תלמידיו מבני אסקרא משפחה חשובה בעלי תורה בעלי משנה בעלי עושר:

ובשנת חמשת אלפים ושמונים ושמונה ליצירה חרה אף ה̇ בעמו וימת מלך צרפת

---

[1] מרומרי.   [2] So Ep.; S. בלם כל הגמ̇.

שהיה מולך על נבארה. ויקומו עם הארץ ויועצו יחד להשמיד להרוג ולאבד את כל היהודים אשר במלכותם ויהרגו באישתיליא ובשאר המקומות בארץ כששת אלפים יהודים ואדוני אבי ומרתי אמי וארבעה אחים קטנים ממני קדשו את ה׳ ויהרגום על יחוד השם. השם ינקום את דמם ואמלטה רק אני לבדי מבית אבי נגוע מוכה אלהים ומעונה. כי עשרים וחמשה רשעים הכוני פצעוני והייתי מוטל ערום בין המתים מבין הערבים עד חצות הלילה בכ״ג לחדש אדר. ובחצות הלילה בא פרש א׳ מיודעי בית אדוני אבי והוציאני מבין המתים ויביאני אל ביתו וגמל עמי חסד. וכאשר העלה ארוכה למכתי רופא חנם יתברך קבלתי עלי לבא ללמוד תורה לטוליטולה: ויקם מלך חדש על נבארא וצעקנו בני המתים חמס אחריו לנקום דם אבותינו השפוך ולא שוה לנו:

ובימים ההם למדתי כשנתים שנה לפני מורי הר׳ יהושע בן שועיב נ״ע. ואחר כן באתי אל הארץ הזאת בשנת תשעים ואחד ועכבוני באלק[ל]עה ולמדתי שם עם הר׳ יוסף אבן אלעיש נ״ע והיינו חחרים תמיד יומם ולילה הוא ואני מראש המסכתא בתוספות ר׳ פרץ. ונפטר הוא שנת מאה ועשר לפרט היצירה ובקשו ממני נכבדי הקהל שארביץ תורה במקומו ואם לא הייתי ראוי עשיתי כדבריהם. ובאותו זמן ובעודו חי הר׳ יוסף נ״ע באתי ללמוד עם מורי הר׳ יהודה נ״ע בטוליטלה סדר זרעים וסדר טהרות בשטת הראש וחזרתי לפניו גרסת סדר מועד וסדר נזיקין וגמ׳ גיטין ונקדתי הגרסאות המשונות בקריאתו. ומשנת מאה ועשר עד שנת מאה ועשרים ושמונה על חמש אלפים למדתי עם חברי ואלופי ורעי תמיד באלקלעה ורוב למודינו בשטת רבינו פרץ:

ויהי בשנה ההיא העיר ה׳ את רוח המלך דון אנדריק בן המלך דון אלפונשו וילחם עם אחיו דון פידרו המולך בשנת מאה ועשר שנים אחרי מות אביו דון אלפונשו ויצר על הערים הבצורות וילכדם ויצר על טוליטולה בשנת מאה ועשרים ושמונה בחדש אייר. ויהי מקץ שנה יצא דון פידרו עם כל חילו מעיר אישביליה להלחם עם אחיו ולהמלט העיר טוליטולה ממצור. ויצא המלך דון אנדריק לקראתו ויהרגהו בעיר מונטיל והממלכה נכונה ביד המלך דון אנדריק ותכון מלכותו מאד: ובימים ההם אשר הלחמו ותהום כל הארץ ואיש הישר בעיניו יעשה שללו ובזזו עם הארץ רוב קהלות ספרד. וידל עד מאד ישראל והיתה עת צרה ליהודים אשר בכל מלכות קשטיליא אשר כמוה לא נהיתה מאז גלו שם אשר לחרב להרב ואשר לשבי לשבי הקהל הקדוש קהל טוליטולה לקו כפלים במצור עד אשר אכלו בשר בניהם ובנותיהם. וימותו במצור כשמונת אלפים איש גדולים וקטנים במצור ובמצוק מרעב וחוסר כל. וישארו מתי מעט וישם המלך מס עליהם עד אשר לא נשאר פת לחם ליושב בה: גם אני נותרתי ריקם מכל אשר היה לפני כי שללוני וחסרוני הכוני פצעוני נשאו את רדידי מעלי ולא נשאר לי מכל עמלי בלתי אם ספרי וביתי ואדמתי. והיו לי למשיב נפש ולכלכל את שיבתי [בעזר] הנעלה דון שמואל אברבנאל ישמרהו האל מתושבי אישביליא

אשר עזרני לצאת מתוך ההפכה ואבא אל העיר טוליטולה לגור שם כי הפצירו בי הנכבדים הנותרים אשר ידעוני מלפנים. והואלתי לשבת עמהם אולי יחנן השם צבאות שארית הפליטה ויתנו לי לחם חקי ולחברים הלומדים עמי וזכרתי כל הטובה אשר עשה עמי הנעלה דון שמואל. ומצאתי בעל שכל אוהב החכמים ומקרבן אליו ומטיב להם וחפץ ללמוד בימים אשר שוקט המיית הזמן מעליו בספרי המחברים והמדברים:

E. Cod. Gaster 83.

a.

דעו אחינו כי הקב״ה נתן תורה למשה ר׳ ע״ה. ומשה מסרה ליהושע תלמידו. ויהושע לשבעים זקנים. ושבעים זקינים לעתניאל בן קנז אחי כלב בן יפנה. ועתניאל לאהוד. ואהוד לשמגר. ושמגר לדבורה וברק. וברק לגדעון בן יואש. וגדעון לאבימלך. ואבימלך לאילון. ואילון לעבדון. ועבדון למנוח. ומנוח לשמשון. ושמשון לאלקנה. ואלקנה לעילי. ועילי לשמואל. ושמואל לגד. וגד לשמעיה. ושמעיה לעדוא. ועדוא לאחיה. ואחיה ליהוא. ויהוא לאליהו ז״ל. ואליהו לאלישע. ואלישע למיכיהו. ומיכיהו לעובדיהו. ועובדיהו ליונה. ויונה לאליעזר. ואליעזר ליהוידע הכהן. ויהוידע הכהן לזכריה. וזכריה להושע. והושע לעמוס. ועמוס לישעיה. וישעיה למיכה. ומיכה ליואל. ויואל לנחום. ונחום לחבקוק. וחבקוק לצפניה. וצפניה לירמיה. וירמיה ליחזקאל. ויחזקאל לחולדה. וחולדה לחגי. וחגי לזכריה. וזכריה למלאכי. ומלאכי הוא עזרא הסופר: ועזרא הסופר לאנשי כנסת הגדולה שהן זרובבל ישוע שריה רעליה מרדכי בלשן מספר בגוי רחום בענה אנשי עם ישראל. וכנסת הגדולה מסרו לשמעון הצדיק. ושמעון הצדיק לאנטיגנוס. ואנטיגנוס[1] ליוסי בן יועזר. ויוסי בן יועזר ליוסי בן יוחנן. ויוסי בן יוחנן ליהושע בן פרחיה. ויהושע בן פרחיה לנתאי הארבלי. ונתאי הארבלי לשמעון בן שטח. ושמעון בן שטח ליהודה בן טבאי. ויהודה בן טבאי ליוחנן. ויוחנן לשמעיה ואבטליון. ושמעיה ואבטליון להילל הזקן שעלה מבבל לראשונה והוא היה אב בית דין ומן הילל נקראו נשיאים: והילל מסר תורה לר׳ שמעון בנו. ושמעון ליודן. ויודן לרבן גמליאל הנשיא. וגמליאל לשמעון. ושמעון לר׳ יהודה הנשיא והוא רבנו הקדוש. ורבנו הקדוש לרבן גמליאל. ורבן גמליאל לר׳ יודן. ור׳ יודן היושב בטיבריה. ורבן גמליאל לר׳ יהודה הנשיא גדול הדור. ור׳ הילל[2] ור׳ יהודה הנשיא לר׳ הילל. ור׳ הילל לרבן שמעון בן גמליאל שנהרג עם ישמעאל בן אלישע כהן גדול הללו בבית שני: ובשנת שפ״ לשטורות[2] בעונות[ינו] חרב הבית שיבנה במהרה בימינו ואחר החרבן נהג נשיאות רבן גמליאל ור׳ שמעון וגמליאל ור׳ יהודה הנשיא בן

---

[1] MS. לאנטונגוס ואנטונגוס. [2] So MS.

EXTRACTS AND NOTES. 246

נמליאל ור׳ הילל ורבן נמליאל ור׳ יהודה ורבן גמליאל בתראה בשנת תקל. ובימי רבנו הקדוש ירד רב לבבל להורות איסור ולהתיר טומאה וטהרה כשר ופסול והלך בנהרדעא ומצא רבא מנהג שררות בבבל וכל זמן שהיה רבא קיים לא נהג רב שררה עד שנפטר רבא לגן ערן. ורב ושמואל ורב הונא קמא הם היו נוהגין שררה ונהג רבא בנהרדעא שררות בבית רבנו כה שנה ונפטר בשנת תקנה לשטרות. ונהג אחריו שררות שמואל שבע שנים ונפטר בשנת תקסה והיתה מדינת נהרדעא בישובה. ומן יהויכין מלך יהודה ועד שנאסף שמואל תרפ שנים. ובא פאפא בן נצר פלמוסא והחריב אותה בשנת תקע. והיה ביום ההוא ר׳ יוחנן מארץ ישראל והיה מנהג שררה ונאסף בשנת תקצ. ומלפניו נאסף ריש לקיש בשנה[1] אחת. ואחר כך רב הונא ורב חסרא עשו אותם ראשי ישיבה. ובנה בירב בשנת תרב. ומתיבתא דרב הונא בנהרדעא ונאסף רב הונא בשנת תרה ורב חסדא בשנת תרכ. ואחריו רב נחמן בר יעקב בשנת תרלא. ואחריו רבה בר בר חנה ונאסף בשנת תרלח. ואחריו רבא בר נחמני בשנת תרמה. ואחריו רב יוסף בשנת תר.. ואחריו אביי בשנת תרס. ואחריו רבה בריה דר׳ יוסף בר חאמא ונאסף בשנת תרפג ובו ביום נהרגו בניו שלרב פפא. ואחריו רב פפא בשנת תרפו. ואחריו רב זביד בשנת תרצו. ואחריו רב דימי מנהרדעא בשנת תרצט. ואחריו רב כהנא בשנת תשכב. ואחריו מר זוטרא בשנת תשכו ובו ביום היתה רעדה גדולה באדום ונזדעז[ע]ה הארץ. ואחריו בריה דרבא בשנת תשל ובו ביום בלע *התלי את השמש[2] ונראו כוכבים ברקיע ביום. ואחריו ר׳ ששת בשנת תשלג. ואחריו רב אשי בשנת תשלה ונאסף רב יימר[3] ונראה עמוד אש ברקיע ועמד שלשים יום. שנת תשלג נאסף מר הונא ראש גולה. שנת תשסה נאסף רב אידי בר אבון. שנת תשסו נאסף רב נחמן בר הונא וגזר יזדגרד[4] מלך פרס[5]. . . על אבותינו לחלל את השבת. שנת תשעט נאסף רב סמא בריה דרבא ונהרג הונא מר בר מר זוטרא ראש גולה ונמסרו[6] היהודים למלכות. שנת תשפח הרסו בתי מדרשות ואָחַזוּ את היהודים לדין פרסיים ונאסף רב[ה] תוספאה. שנת תשצה נדדה הארץ ונהרג פירוז מלך פרסיים. שנת תתיא נאסף רבינא סוף הוראה ונסתתם התלמוד: ואתו רבנן סבוראיי ואלה שמותם רב אחימן בני חתום ובנבואה מדאנירא רב אחי בר הנילאי רבנא סמא בר רב יהודה ורב שמואל מפום בדיתא רבינא מן אומציא רב אהא דאביי רב תייקא ומר זוטרא בריה דרב חנניה. ובימיהם יצא מחמד בן[7] עבד אללה ומלכו ישמעאלים בשנת תתקכה ולאחר חרבן הבית תתקנ שנה שנת [ת]תקל למנין יונים:

---

[1] MS. בשנה. [2] MS. החלו את הירח. See for the following words, p. 247, l. 16. [3] MS. רב יומר. [4] MS. ינזר זדגרד. [5] Supra פארסיא. [6] MS. ונאסרו. [7] MS. אן.

β.

דעת אחרת: ולאחר חרבן הבית קׄנׄ שנה בימי רבנו הקדוש ירד רב לבבל והורה טומאה וטהרה ולא היה ראש הישיבה בבבל אלא ריש סידרא. וכל ימיו שרבא בר הונא [חי] לא נהג שררות עד שנגנז רבא לגן עדן ונהג שררות ריש סידרא כׄחׄ שנים דקא אמר מַן ריש סידרא בבבל אמׄ ליה אבא אריכא ואריכא הוא ונפטר בשנת תׄקׄנׄהׄ למנין יונים ונהג אחריו שמואל שבע שנים ונאסף בשנת תׄקׄסׄהׄ. ולא היתה בבבל ישיבה מימי[1] יהויכין עד שמואל ובא בן נסר פלמוסא והחריב את נהרדעא בשנת תׄקׄעׄ. [רׄ יוחנן] וריש לקיש נאסף מלפניו שנה אחת. ועמד רב הונא מבבל ומנוהו ראש הישיבה ונהג שררות. ואחריו רב חסדא ארבעים שנה. ולא היה ראש ישיבה בבבל אלא בסוריא בלבד. ובסוף שררות רב חסדא הפליג עליו רבא בר נחמני ומנוהו ראש ישיבה בנהרדעא ועשו שתי ישיבות בבבל. ואחרי רב יוסף ורבא. כשנאסף רב גראה עמוד ברקיע ועמד שלשים יום. ואחריו אביי נהג שררות בבבל בריה דרב יוסף בר חמא במחוזא[2] ונעשה שם גדול לישיבות ונהג הוא לבדו שררות ועמדה לו ברכת יוסף ה..[3] רעוא ניתורם ריישך על כולי עלמ[3] כל ברכה ונאסף בשנת תׄרׄסׄנׄ ובאותו היום נהרגו בניו של רב פפא. ואחריו רב נחמן בר יצחק בנהרדעא ורב פפא בסורא. ואחריו רב זביד. ואחריו רב דימי מנהרדעא. ואחריו רפרם בסורא. ואחריו רב כהנא ורבא ורב אשי. ואחריו מר זוטרא בנו ובו ביום היתה זועה גדולה ונזדעזעה הארץ. ואחריו רב אחא בריה דרבא. שנת תׄשׄסׄוׄ בו ביום בלע התלי את השמש ונראו כוכבים. ואחריו אמימר בנהרדעא. ואחריו רב אשי. ומלך בגאונו[4] רב בסורא ורב יימר בנהרדעא. ואחריו רב הונא ראש גולה. ואחריו רב אידי בר אבון. ואחריו רב נחמן בר הונא. ובאותו הפרק עמדה מלכות פרסיים וגזר יזדנרד מלכא על אבותינו לחלל שבת ומר בר רב אשי בסורא. ואחריו רב *טב יומי[5] בנהרדעא ורב רחומא בסורא ואחריו רב ..מא[6]. ובשנת תׄשׄפׄבׄ נאסף רב סמא בריה[6] [ונ]הרג הונא מר בריה דמר זוטרא *ונמסרו [היהודים ל]מלכות[7]. בשנת תׄשׄפׄהׄ נאסף רבא ת..[8] ן בתי מדרשות ואחזו את היהודים בדין....

---

[1] MS. מפני. [2] MS. במוחזא. [3] Injured. [4] MS. סבנאונו. [5] So MS. [6] Injured. [7] MS. ונאסרו . . . מלכות, see p. 246. [8] Injured, תוספאה?

F. From a Bible in Tripoli.

זה נוסח ארבעה ועשרים ספרים שלימים טהורים בחונים ומזוקקים שבעתים והוא ליקרת מעלת גדולת קדושת מורינו ורבינו אבן בוחן נזר ועטרת כליל וכותרת צנצנת המן אור עם לא אלמן לכל טובה מזומן יחיד הדור עומד בפרץ כאבי גדור ראש הנגידים וגדול ליהודים משנה המלכים ומבחר הנסיכים הקצין הגדול המעוז המגדול אשר חכמתו כדניאל ולעם ה֗ מושיע וגואל חותם התורה ונוצר התעודה בימיו תושע יהודה הוא מורינו ורבינו ואדונינו כ֗ר֗ שר שלום הנשיא אשר ליהודה קונה כל מדה חמודה הסמוך מפי אדונינו ר֗ שלמה הנשיא ראש גליות ישראל המכונה מולא נפים אלדולא ואלדין ב֗כ֗ מורינו ר֗ פינחס בן יאשיהו בן יאורה בן עזיה בן שלמה הנשיא בן זכאי בן יאודה בן דוד בן יצחק בן שלמה בן חסדאי בן בוסתאני בן כפנאי בן מר חנה בן מר זוטרא בן רב הונה בן חנינא בן מרימר בן זוטרא בן כהנא בן הונא בן אבא בן עוקבא בן נחמיה בן נתן דצוציתא בן ענן בן שפט בן יוחנן בן יעקב בן חזקיה בן שמעיא בן שבניא בן עובדיה בן ישעיה בן חסדאי בן ברכיה בן חנינה בן משולם בן זרובבל בן שאלתיאל בן יהויכין המלך בן יהויקים המלך בן יאשיה המלך בן אמון המלך בן מנשה המלך בן חזקיהו המלך בן אחז המלך בן יותם המלך בן עוזיה המלך בן אמציהו המלך בן יואש המלך בן אחזיהו המלך בן יהורם המלך בן יהושפט המלך בן אסא המלך בן אביה המלך בן רחבעם המלך בן שלמה המלך בן דוד המלך בן ישי בן עובד בן בועז בן שלמון בן נחשון בן עמינדב בן רם בן חצרון בן פרץ בן יאודה בן יעקב בן יצחק בן אברהם אבינו בן תרח בן שרוג בן רעו בן פלג בן עבר בן שלח בן ארפכשד בן שם בן נוח בן למך בן מתושלח בן חנוך בן ירד בן מהללאל בן קינן בן אנוש בן שת בן אדם הראשון זכר הצדיקים לברכה :

ואלה שמותם לתולדותם ר֗ מלכי צדק הראש הבחור המכונה כ֗ו֗ג֗א כליפה הנשיא ומשנהו פרי עץ הדר פינחס המכונה כ֗ו֗ג֗א בדיע אלזמאן והשלישי חזקיהו המכונה כ֗ו֗ג֗א נ֗מהר והרביעי יאשיהו יסעדהו מלך אשר בידו נפשות החיים אלוהי ישראל יזכהו ללמוד וללמד לשמור ולעשות ולהבין כל דקדוקה לקיים מקרא שכתוב לא ימושו מפיך וכ֗ מעתה ועד עולם א֗נ֗ס֗ו֗ :

G. From Joseph al-Qirqisânî.

וקד כננא ביננא אן מנד כלק אללה אלעאלם אלי כרוג בני אסראיל מן מצר אלפין וארבע מאיה סנה וארבעין סנה ומן דלך אלי אן דכלו אלי אלארץ מ סנה יכון מנד כלק אללה אלעאלם אלי אן כתבת אלתוריה אלי אכר כבר פיהא והו כבר ופאה אלסיד עליה אלרחמה אלפין וארבע מאיה ותמאנין סנה: פארא קלנא דלך פלנדכר בקיה אלתאריך: פנקול אן מן דכול בני אסראיל אלי אלארץ אלדי הו ענד ופאה מוסי אלי אן בני אלבית תמ סנה עלי מא נטק בה אלכתאב אד יקול ויהי בשמונים שנה וארבע מאות שנה לצאת וגו פאכבר אן אלבני כאן אבתדי פי סנה תפ ללכרוג מן מצר מנהא ארבעין סנה פי אלבריה יבקא תמ ומנד בני אלבית אלי אן כרב תלב סנה. תפציל דלך. מלך סלימאן מ סנה מנהא ד סנין קבל אלבני יבקא לו. רחבעם יז סנה. אביה ג סנין. אסא מא סנה. יהושפט כה סנה. יורם אבנה[1] ח סנה. אחזיה סנה ואחדה. עתליה סת סנין. יואש סנה. אמציהו כט סנה. עזריה נב סנה. יותם יו סנה. אחז יו סנה. חזקיהו כט סנה. מנשה נה סנה. אמון סנתין. יאשיהו לא סנה. יהואחז ג אשהר. ואסרה פרעון ומלך אבנה אליקים והו יהויקים פמלך יא סנה. יהויכין אבנה ג אשהר. פגאז עביד מלך בבל פכרג אליהם פי סנה תמאן למלך נבוכדנצר. ומלך נבוכדנצר מתניה עם יהויכין והו צדקיהו פמלך יא סנה. פדלך מנד אבתדא שלמה בבני אלבית אלי אן אחרקה נבוכדנצר ואגלי צדקיהו תלט סנה. מנה ז סנין כאן יבני יכון מנד בנאה אלי אן אחרק וכרב תלב סנה: וקד קלנא אן מנד כלק אללה אלעאלם אלי אן דכלו בני אסראיל אלי אלארץ אלפין תפו. ומנד דכלו אלי אן אבתדי בבני אלבית תמ. ומן דלך אלי אלגלא וכראב אלבית תלת אלאף שכה סנה. ובקי כראב ע סנה אלנץ. ומנד בני אלבית אלתאני אלי אן מלך אלאסכנדר מ סנה. והדא מאכוד מן אלוראתה פדלך ג אלאף תעה סנה. פאדא אציף עלי דלך סני אלאסכנדר והי סני אלשטרות ונמלתה אלי סנה שכו מן סני אלערב צאר אלף רמט. פיכון מנד כלק אללה אלעאלם אלי הדה אלסנה א בע אלאף תשכד: ופיהא תם תאליף הדא אלכתאב ודלך פי שהר אדר והו שהר רביע אלאכר:

ואלרבאנין יזעמון אנהא סנה ארבע אלאף וסת מאיה וסבע ותסעין נקצאן כו סנה מנהא כ סנה מן מקאם אלבית אלאול וסבעה סנין לא אעלם אלסבב פיהא: והדא אלדי קלנא פי אלתאריך ליס הו עלי אלתחריר ואנמא הו עלי אלתקריב ואלאכד במא דכרתה

---

[1] MS. אביה.

EXTRACTS AND NOTES. 250

אלנצרין אד׳ כאן קד תקדם מן קולנא פי חסאב אלש׳[1] אלתי ד׳כרהא יפתח אנה קד ינוז אן יכון פי מא דפעה אלינא אלכתאב קד ד׳כ׳לת סנה ואחדה לנפסין מן אלשפטים ומת׳ל ד׳לך ילזם פי אלמלוך וכד׳לך פי גירהם ממן תקדם. מן אדם ומן בעד אד׳ כאן מן אלמחאל אן יכון שת ואנוש וקינן וג׳מיע מא כאן בעדהם אתפק אנהם ולדו באסרהם כל ואחד פי אול יום מן אלסנה חתי ג׳רי עליהם אלתאריך בלא זיאדה שהור או איאם ולא נקצאן שהור או איאם. וכד׳לך אלכ׳ב׳ מלוך יהודה אלד׳ין וקע אלתאריך עלי סני מלכהם מן אלמחאל אן כל ואחד מנהם מאת פי אכ׳ר יום מן אלסנה וקעד אלאכ׳ר פי אלמלך פי ד׳לך אליום או בעקבה ביום הד׳א מא לא ינ׳וז אן יכון ויוכד ד׳לך אן מלכין מנהם מלך כל ואחד מנהמא ג׳ אשהר והמא יהואחז ויהויכין: והד׳א מא אדל דליל עלי פסאד אלעבור וכ׳א ידעיה אהלה מן אנה ינ׳רי עלי סני תאריך אלעאלם מנד׳ אלכ׳ליקה ואלי הד׳ה אלגאיה: ואני לענ׳ב מן יהודה בן יוסף אלרקי אלמערוף באבן אלבלשאיא[2] כיף [לא][3] אעתמד פי פסאד אלעבור מן נ׳הה אלתאריך עלי אסקאטהם לסנה אלטופאן דון מא סוי ד׳לך ממא ד׳כרנאה אד׳ כאן הד׳א אלד׳י קלנאה אט׳הר ואבין: פאן תוהם מתוהם אן אלכתאב אד׳ קאל אן פלאן עאש כד׳י וכד׳י סנה או מלך כד׳י וכד׳י סנה פלא תכון אלא תאמה פפי מא קדמנאה מא יבטל הד׳א אלתוהם:

ת׳ם אנא נבין אן אלכתאב רבמא אסקט ד׳כר אלכסור ורבמא נ׳ברהא. פאמא אסקאטה להא פהו מת׳ל אכ׳בארה פי דוד אנה מלך מ׳ סנה ויקול פי אלתפציל בחברון מלך שבע שנים וששה חדשים ובירושלים מלך שלשים ושלש שנ׳ פאסקט פי ד׳כרה ללנ׳מלה אלו אשהר אלכסור: ומן אלדליל אלדאל[4] עלי מא קלנאה אן אלכתאב אד׳ ד׳כר נ׳מלה סנין כת׳ירה לם יקתצ׳א פיהא סנה וסנתין אד׳י כאנת זאידה עלי אלראס ק׳ו ויהי נח בן חמש מאות שנה ויולד נח את שם את חם ואת יפת ומן אלמחאל אן יכון ולד האולי אלת׳לאת׳ה פי סנה ואחדה בל אקל מא יכון ד׳לך פי ת׳לת׳ סנין פינ׳ב מן ד׳לך אנה ולד יפת ולה ת׳ק סנין וסנתין פלם יקתצ׳א ד׳לך אלכתאב בל אכ׳בר אן אלטופאן כאן פי סנה אלת׳כ׳ מן חיוה נח וכאן לשם אד׳ כאן ק׳ סנה ויקול שם בן מאת שנה ויולד את ארפכשד פינ׳ב מן ד׳לך אן יכון ארפכשד ולד פי סנה אלמבול. וליס ד׳לך כד׳לך בל אנמא ולד בעד אלטופאן בסנתין לאנה ול שנתים אחר המבול. פאעלם מן ד׳לך אן שם כאן לה חית׳ ולד לה ארפכשד ק׳ סנה וסנתין פלם יקתצ׳א אלכתאב ד׳כר אלסנתין בל אכ׳בר אנה אולדה ולה מאיה סנה:

---

[1] I. e. אלשפטים. [2] So MS. Dr. Harkavy suggests that this Judah is perhaps identical with Judah ابن ابى الثنا, mentioned as a disciple of Thabet ben Qorrah by Maçudi in his كتاب التنبيه. See De Goeje's *Bibliotheca Geographica Arabicorum*, viii. p. 113, l. 15. [3] Dr. Harkavy's emendation. This Judah wrote against the Rabbanitic calendar, and he was in consequence a Qaraite. [4] MS. אלוכיל?

ופי הדׄא כלה הדם אלעבור ופציהה מן ידעי אנה קדים מנד אול כׄלק אלעאלם יגׄרי עלי סנן ואחד אלי הדׄה אלגאיה:

פאמא בנימין פאנה אסתעמל מא דׄכרנאה מן אנה קד תדכׄל סנה ואחדה פי חסאב נפסין וקטע עליה פי בעץׄ חסבאנאת אלשופטים פזעם אן סנה ואחדה חסבת מן חסאב תולע בן פואה ומן חסאב יאיר הגלעדי. וכדׄלך סנה אכׄרי חסבת מן תאריךׄ אילון הזבולוני. ומן תאריךׄ עבדון בן הלל הפרעתוני. ולם ידׄכר מתׄל דׄלך פי גיר האולאי. ומתׄל דׄלך פעל אלרבאנין פי אלשופטים דון גירהם פיא לית שערי מן אין יגׄב הדׄא אלראי פי ה[א]ולאי דון גירהם מן אלמלוך ומן אדם ומן כאן בעדה: פאן ארעי מדעי אן בנימין אנמא פעל דׄלך ליכתוי לה חסאב אלשׄ סנה עלי מא ידׄהב אליה אנהא מן סנה אלמׄ קלנא פקד גׄעל סני יהושע כׄה סנה יסתוי לה חסאבה מן גיר אן יפעל פי האתין אלסנתין מא פעל אלדׄי פיה כׄלאף לגׄמיע מא דׄכרוה מן אלתאריךׄ:

ואלחמד ללה רב אלעאלמין כתׄירא והדׄא אכׄר אלכתאב:

II. From the Bodl. MS. Hebrew F. 48, Fol. 63.

שבח ותהלה לאל נורא הגדול אשר אין חקר לגדלותיו הגבור אשר אין תכל לן[גבורותיו][1] הנורא מצד מעשיו ונפלאותיו הפליא לנו פלאי עליל[ותיו] יום עשרים לחרש אדר שנת תתקצו וארבעת אלפי[ם] קמו עלינו כל עם העיר הזאת מנרבונה להשמי[רנו] [על]ו[1] ובאו בביתינו[2] ובחדרי משכבנו ולא השליטם אלהינו לפ[גוע ב][1]אחד מבני עמנו גם לא לעכב בידם אחד מכלי חמדתנו כי כאשר יגשו[2] אל שערי הבתים ושברום הכם השם בסנורים וה[יו][1] בבהלה עצומה בסבת אדננו השלטון דון איימריק אשר יחי[ה][1] לעולם אשר עלה אחריהם פתאם עם שוטריו ויועציו להפר מחשבותם הרעה אשר חשבו עלינו גם כל גדולי העיר היו על[ים][1] [ל]עזרנו ולבטל עצת הקמים עלינו ובביתי עלו תחלה ושברו הדלתים וספר פירוש התורה עם ספרים אחרים בזזו להם והכל [ה]שיב המהזיר אבדה לבעלים לידי. יתברך שמו ויתעלה זכרו עדי עד ולנצח נצחים והוא אשר הראנו את כל. אל יזכנו לבא אריאל חברים עם כל ישראל אמן: וזה הנס היה בסבת [יהודי][1] צרפתי שהכה שקין אחד דייג על ראשו בכלי עץ ועשה [ח]בורה ושמו אותו ביד רופא גוי ואותו רופא הרגו בעצת דייג שהיה שונא ישראל ושמו פוֹוֹלוִינַא ויקבצו אליו אנשים [רקים][1] ועשו מה שכתוב למעלה למען יהיה זה לזכרון בכל [העיר][1] ולא יעברו ימי הפורים האלה ככתבם וכזמנם [בבכל][1] שנה אמן אמן.

אני הכותב מאיר ביר יצחק זל:

---

[1] Injured. [2] So MS.

ADDITIONS AND CORRECTIONS.

I[1].

Preface. Page xiv, line 5, 1525 read 1510; l. 14, 1467 read 1487; note 2, read t. x. . . . 1887—P. xvii, to be added the chronological pages of Azriel Trabotte, published by Professor David Kaufmann in the *Revue des Études juives*, t. iv. p. 20 sqq.—P. xx, concerning the name of ירחמאל, see also *Monatsschrift für Geschichte und Wissenschaft des Judenthums*, 1882, p. 23 sqq.

Page 5, line 5 הלפתא read חלפתא—P. 6, l. 6 לר read לר׳—P. 10, l. 12 וכו read וכו׳—P. 11, l. 6 תלמירי read תלמידי—P. 16, l. 20 זהנך read והנך—P. 28, note 14 שלפים read אלפים—P. 40, l. 13 בפוס read בפום—P. 48, l. 14 נעריהו twice, read נעריהו—P. 49, ll. 8, 9 see Nehemiah vii. 7—P. 50, l. 25 כח perhaps כא—P. 52, l. 15 תרפא perhaps תרכא—P. 53, l. 15 נב perhaps שיב—P. 56, note 14 ואתרי read ואחרי—P. 59, l. 19 נבנח read נבנה—P. 60, l. 15 בבל read בכל—P. 61, l. 22 חתימה read חתימת—P. 62, l. 9 אבי perhaps אבו—P. 64, l. 11 שתי perhaps שתים עשרה; l. 19 דתקפו perhaps דתקצו; ibidem שבע perhaps שבע עשר; l. 20 דרה read תרה—P. 76, l. 16 אמונתו read אומנתו—P. 78, l. 11 וה read וח—P. 79, l. 4 עד read על; l. 22 מח probably לא; note 16 פורוצאל, see Catalogue of the Hebrew MSS. in the Bodl. Library, col. 650, No. 343—P. 80, l. 5 קול perhaps to be omitted; l. 19 כבהמות perhaps כבהמות—P. 81, l. 20 ורך read ירך; l. 21 צדיק probably צדוק—P. 82, l. 22 הדוד read הדור—P. 83, l. 6 מפתים read מפתים—P. 84, l. 16 perhaps ולא נראו כמותם; l. 23 שלמה perhaps גרשם—P. 86, l. 16 ולא perhaps ולח—P. 89, l. 2 תמ *so*; l. 14 תרפא perhaps תרכא; l. 16 ין perhaps ינאי—P. 90, l. 4 perhaps נתלה ישו—P. 91, l. 13 אסי read אשי—P. 92, l. 23 תשכו perhaps תשפו; l. 29 הא פירקא probably האפריקא (? באפריקא)—P. 93, l. 9 תתסב probably תתכד; ll. 10, 11 לנצרים probably לשיור; l. 11 תתפב probably תתמד; l. 14 נולת read גלות—P. 94, l. 13 after זל probably a lacuna, perhaps תתקנו; l. 16 תתקנה probably תתקנט; l. 18 תתקכו probably תתקנו; l. 21 כח read כה; l. 25 כולניל rather of Narbonne—P. 95, l. 3 קלו probably דלו; ll. 4, 5 ד rather ה; l. 7 וכן אויניני perhaps ובנאוינטי; l. 9 תתקסא, תתקסג perhaps תתקצא, תתקצג; l. 11 [ ]תתק perhaps תתקצו; l. 12 אברהם perhaps אליעזר; ibidem omit בעל to הברק and add בטולטילה after שראה—P. 96, l. 8 אברהם

---

[1] Selected from MS. notes made in pencil by the late Isidore Loeb on his printed copy. Some of them are not easy to read.

read אליעזר; l. 11 omit from נינו to זל; l. 14 אטרא perhaps אוורא (Evora); l. 27 הראבד probably הרשבא—P. 97, l. 6 באשבילא probably באשטיליא; l. 11 ק probably קק; l. 12 מרו probably מם; l. 23 מנואיל probably בלונטיאל—P. 98, l. 5 קלה read קלח; l. 7 כנ read כינ; l. 20 מדינת add הלך ל—P. 99, l. 2 דישאלינו probably דישאלניו; ll. 3, 4 רמ perhaps רר?; l. 5 רנ probably רכ; l. 6 רפנ probably רכנ; l. 17 נ probably ה; l. 18 אדר read אדר שני—P. 100, l. 4 תראנה perhaps מלאנה—P. 102, l. 13 אבן הירחי read אליעזר בן נתן; l. 18 התקנה read התקלה; l. 20 התקלה perhaps התקסה and הנקרא for חנקרא—P. 103, l. 1 ונפטר read ונפטרו; l. 7 התקפה rather התקסה and מלוניל rather Narbonne; l. 9 התקפה rather התקסה; l. 21 אברהם rather אליעזר—P. 104, ll. 13, 16 שמואל rather שלמה—P. 105, l. 6 ושלשים rather וששים; l. 16 probably שנטלו תיבש ידו—P. 106, 16 רב perhaps ערב—P. 107, l. 23 dates wrong—P. 108, l. 10 תשפו rather תשכו, נבארה perhaps לרידה בנבארה; l. 16 בא probably כח, התקנו rather התקנו; l. 19 ה rather ה כח; l. 20 בקאשטיליא וליאון rather מקאשטיליא ומליאון; l. 21 פוליפי read פיליפי; l. 22 וך read ויב—P. 109, l. 13 עת rather פח; l. 17 קיז read קסו; l. 21 אלפים probably אלפים וקי; l. 27 כח read רח—P. 110, l. 2 היראנדו probably הפידרו, פדריקי probably אנדיק, כנ perhaps כינ; l. 6 קכא probably קנא; l. 8 פידרו perhaps אנריק; l. 16 פדרקי probably אנריק; l. 20 בולונא probably די לונא; l. 22 כח perhaps כא; l. 26 רלא perhaps רלח; l. 28 רלח rather רלו, ועלה better עלה—P. 113, l. 25 ונכהידם read ונבהידם—P. 114, l. 10 דעהו better דעתו—P. 116, l. 18 על האדה אלפמויי read עלי הדה אלפתויי—P. 123, l. 5 המשת read ארבעת—P. 128, l. 19 ונצול read ונצל; l. 23 אלמאדרייא read אלמארייא—P. 129, ll. 1, 10 אלמדרייא read אלמרייא—P. 134, l. 18 חלקים read חלקים—P. 143, l. 7 ועמד read ועמדו—P. 144, l. 23 וקבין read יקבין—P. 146, l. 28 אחד read אחר—P. 150, l. 4 יכנו read יבנו—P. 157, note, read 117—P. 160, l. 24 כפוסי probably נפוסי—P. 170, l. 7, see p. 198, l. 3; ll. 21, 22 read הלל ושמאי ונמליאל ושמעון—P. 172, l. 20 read לפניו משמת—P. 174, l. 12 וסמכו perhaps יסכמו—P. 177, l. 21 תוספתא probably תוספאה; l. 26 התכח perhaps התקח, see p. 187, l. 13 (there is confusion ?)—P. 178, l. 2 אחרים perhaps אמוראים; l. 16 ותתו probably ותתר—P. 181, l. 1 סוף התנאים; l. 17 [ר] probably [משה]; l. 19 רבינו רב perhaps רב רבה—P. 182, l. 9 read בסופם; l. 27 probably תקסה—P. 184, l. 11 probably רבינא ברי דרב הונא סוף הוראה; l. 13 ושכים read ושכיב—P. 191, l. 6 משעול probably משאול; l. 13 מב"ה מרס perhaps to be omitted; l. 25 ושסר read ושפר; note 6 תה probably תר—P. 192, ll. 1 and 12 ח perhaps ה; l. 12 כור probably תרד, and סב read כב; l. 19 תשצט probably תצט—P. 193, l. 3 עולם read עולם. תשכר. read תשכר; l. 6 תפ read כח; l. 7 תתקלבין perhaps ש תקלבין; ll. 7, 8 תתכר probably תשכר—P. 194, l. 23 תשכ probably תשכר; l. 29 תתקכ probably תתכח—P. 195, l. 25 קכ probably קפ—P. 196, l. 9 כה perhaps בה and מת ישו; l. 11 הלידה read מיתתו; l. 23 קמו probably קח; l. 25 שלא probably שלח—P. 198, l. 3 תקלב perhaps תשכר.

II.

Page 3, line 11 probably שיהיו התקינו—P. 4, note l. 8 אוהב probably משה אהב—P. 5, l. 10 למנותם read לבנותם; l. 21 מצרים perhaps צרים—P. 6, l. 8 מה שהיו perhaps מפני שהיו כה; note 1 מלכות יון נוצחת probably in wrong place—P. 9, l. 2 from bottom בסלים perhaps הסלים; P. 10, l. 18 בין שלא probably בין עד שלא—P. 11, l. 1 כחי perhaps בחי; l. 9 כדיני perhaps בדיני; l. 20 התחתונה read העליונה—P. 12, l. 1 מצרים perhaps מצירים; l. 9 ובאותו variation ואותו—P. 19, l. 18 קרוכין perhaps קרובין—P. 22, l. 16 בצלו probably באלו—P. 28, l. 11 חרעב read הרעב—P. 29, l. 14 שנ read שׂנ—P. 33, l. 19 מפני variation מפני שהיו; l. 25 נאספה variation נא פה—P. 36, l. 16 המינין better ומנין—P. 39, l. 2 ובאן read ובאו; l. 8 ארץ read אל ארץ—P. 40, l. 1 באיי read בעיי; l. 4 נוג read עוג; l. 17 יהושוע read יהושע—P. 42, l. 9 חפסח read הפסח; l. 21 יוׄ read יׄד—P. 46, l. 14 שלש עשרה שנה או; l. 24 שלשים ושמנה שנה לאסא read שנה לאסא שלשים ושמנה; ביניז read בנין—P. 49, l. 4 l. 14 הׄ to be omitted—P. 55, l. 9 רקלא read רק לא—P. 63, l. 19 על ירושלם משל read משל על משל—P. 73, l. 21 בדורן read בדורו—P. 76, l. 16 פחרא read פחדא everywhere—P. 84, l. 10 דור שפוצה read דורש פוצה—P. 85, l. 27 וכך read וכן—P. 91, l. 14, and p. 97, l. 25 יקאל strictly יקאל לה—P. 92, l. 11 תופי read תופית—P. 93, l. 27, and p. 94, l. 15 סנה read סנׄהׄ—P. 96, l. 22 מואצעׄ read מואצׄע—P. 98, l. 18 נׄהׄ read נׄהׄ (ללׄ); l. 19 [הׄ]עאקר read עאקר—P. 99, l. 12 נׄנמה read נׄנמה—P. 100, l. 3 באיעו strictly פבאיעו; l. 6 ולה read ולד; l. 15 ראשה read ראשה (راسه)—P. 101, l. 15 אלמון perhaps אלמונׄהׄ—P. 102, l. 3 והוא read (א)והו; l. 16 מקומין read with the note מקימון—P. 104, l. 15 ידעי read ידעו—P. 105, l. 9 נׄפאפה read נפאפה; l. 18 ונׄלט read ונׄלט—P. 106, l. 4 בגׄיר read בניר; l. 25 אטאעה read אטאעׄהׄ—P. 109, l. 18 יואנטנום perhaps ואנטונינום—P. 110, l. 15 שנת read סנׄהׄ—P. 111, l. 5 strictly אתחיל לכתוב; l. 18 בתכונתו read בתבונתו—P. 112, l. 19 [יומם] perhaps ימים; l. 20, note 8 perhaps ותצאנה ואכנס—P. 114, l. 27 ובנכר perhaps ונעכר—P. 115, l. 7 ויצאו האנשים perhaps ותצאנה הנשים—P. 120, l. 27 ומירכתו read ומירכתי—P. 121, l. 14 להענתך perhaps להעוותך—P. 122, l. 3 לי read לו; l. 9 ואותם strictly ואותן; l. 17 בקברו perhaps לקברו—P. 123, l. 1 לאדר read לאדיר; l. 9 והביט perhaps והביע—P. 125, l. 26 בחין perhaps כהין (כהן)—P. 127, l. 24 תורתו perhaps מתורתו—P. 130, l. 4 המגנן perhaps המנגן; l. 5 העברים perhaps הערבים—P. 131, l. 5 אי נקי=אינקי; l. 6 תמוי perhaps תמחוי? l. 23 פקיד ישוע read פקידי שוע; l. 31 אחד read אדר—P. 132, l. 1 ברבים perhaps בׄרׄבׄיׄםׄ (814)—P. 133, l. 16 גדולים probably נמלים—P. 136, l. 9 החרש perhaps החדש—P. 140, l. 27 בו read כי; l. 28 אותנו read אתנו?—P. 145, l. 26 omission? after ואמרו לי—P. 146, l. 18 לשרח read לשרת—P. 147, l. 18 לי to be omitted?—P. 153, l. 25 מכל perhaps הכינה מכל—P. 154, l. 23 לך perhaps לי—P. 155, l. 9 שמה for שמו—P. 157, l. 12 והביא probably הביא—P. 159, l. 17 וראוי read וראו; l. 19 את to be omitted; l. 23 משרתו read משרתי; l. 29 לי read לו—P. 163, l. 13 אוכלי perhaps

וכלם or ואביונים ; l. 27 ושלח perhaps שלח—P. 164, l. 14 עושי probably עושים—
P. 166, l. 6 אחד read אחר—P. 171, l. 19 דרשות i.e. דרישות—P. 174, l. 11 וכי perhaps
אם תלכו ; l. 15 אלי הם read אליהם—P. 175, l. 21 מררכבם read מדרכיכם ; l. 26 וכן
והשיבו probably תלכו והשיבו אם ; l. 30 בערב probably בעדם — P. 182, l. 7 לפני
probably לפניו—P. 183, l. 3 נקראים in the sense of לקראת?—P. 184, l. 6 האנשים
probably אנשים ; l. 18 שלחת read שלחתי ; l. 29 מבטלי perhaps ממבטלי—P. 186, l. 28
יהודי probably יהודה—P. 187, l. 1 ואברהם מזימור read מזימור ואברהם ; l. 32 . . . אחד
אחד read אחר . . . אחר—P. 189, l. 20 בבית read בביתי—P. 190, l. 14 עליך in the
sense לפניך—P. 191, 16 המלך perhaps הַמֹּלֵךְ, ועושה perhaps ועשה—P. 192, l. 5 ונדר
read ונדר ; l. 11 אמרתי לו read אמרת לי ; note 3 to be cancelled—P. 193, l. 21
אם perhaps אותם ; l. 29 ברצוני probably ברצוני לקחת—P. 194, l. 9 עמד probably
ועמד—P. 195, l. 12 שלח read שלֹח—P. 196, l. 6 [2] מהכעם perhaps מֵהָכְעָם, if so note 2
to be cancelled ; l. 12 ועל perhaps וכל ; l. 13 לו read לי—P. 197, l. 9 זכו perhaps
זרו ; l. 23 ראינהו perhaps ראינוהו—P. 198, l. 26 נשארו perhaps נשאו—P. 200, l. 28
כי read בי — P. 204, l. 14 האמנתי read האמנת ; l. 18 לא perhaps לו — P. 206,
l. 27 והלכו probably ותלכו—P. 207, l. 2 אין probably איו ; l. 26 אחר read אחד ; l. 30
נותנים probably כותבים—P. 208, l. 6 עם probably לדבר עם ; l. 23 זה האיש אהר איש
read איש אחר—P. 211, l. 25 עמהם read עמנו ; l. 27 הסכמת read הסכמתי—P. 212,
l. 28 הנמולות read הגאולות—P. 213, l. 9 בעלי read בעל ; l. 10 אותם read אותו—
P. 214, l. 17 [1] המחנה perhaps המחנה—P. 215, l. 1 [ ] לכו probably [י]לכו ; l. 27
הוא read ההוא—P. 216, l. 26 ובלאנם perhaps ובלאנה—P. 217, l. 20 הנזכרת read
הנזכר ; l. 21 [1] טס perhaps אנוס—P. 218, l. 8 ואת אשר perhaps זאת אשר ; l. 28
בשכרי perhaps בשכרו or בעדי ; l. 29 משכון read משכן—P. 221, the blank between
ll. 28 and 29 to be cancelled ; l. 26 כל אילו gives no sense, the whole phrase
דוק . . . כל אילו is out of place here—P. 222, l. 1 [1]שאין probably שהן ; l. 8 מהטאפאנטיש
read מהטאפטאש ; l. 9 שקניתי שוה read שוה שקניתי ; l. 12 מן ים perhaps טובים ; l. 14
א perhaps יא , לאווראנטי read לוורואטי ; l. 21 שנים read שוים ; l. 26 כספים some-
thing missing ; l. 27 עוד read עור—P. 223, l. 5 קטינה right, note 1 to be cancelled ;
ll. 14 and 17 the numbers 1708 and 1573 do not seem to be correct—P. 224,
l. 9 ממשן better ממישן ; l. 24 האיי or אנאי (see p. 234, l. 3)—P. 227, l. 4
בנבולו or כל אחד בנבולו (see p. 236, l. 28) ; l. 25 המחלקות better המחלו ת —
P. 228, l. 19 אבן ׳ so ; l. 20 בֿר אבן so ; l. 31 הנה. והנה read הנה והנה—P. 229,
l. 24 סוהר read סֹוהר ; l. 29 קטליוניה better קטלוניה—P. 230, l. 28 נאית better
ניאת—P. 231, l. 11 בדרי read דברי ; l. 22 נמצא better נמצאו—P. 232, l. 2 לארבעה
read לארבעה ; l. 30 שיהיה better שיהיו—P. 234, l. 2 יחיה read וחיה—P. 235, l. 12
בכי אבל משה correctly בכי אבל משה ; l. 21 גורדפיר better גודפריד—P. 237, l. 5 הרב
במזל better הרם במזל—P. 239, l. 1 והתיר better והיתר.

INDEX TO I AND II.   liii

שנער 60, 75, 78, 126, 174, 190.
הר שעיר II. 4.
שפולבירא 99.
שפט 196; II. 71, 75, 77, 109, 248.
שפטיה II. 112, 114, 116–118, 122, 123, 125, 127, 132.
שפראן II. 78.
שפרום see חסדאי בר יצחק.
שפרעם 6, 56.
שר חסד (בן) 105.
שר שלום see שלום.
ר' שרביא (שרבייא) 15, 44.
שרה 86; II. 26, 27, 29, 93, 144, 145, 163, 164, 167, 196. שרי II. 26.
שרון 85, 194, 195; II. 27, 68, 77, 91, 248.
שריה 49, 165; II. 70, 245.
שריה ב' נריה II. 52.
שריף II. 180, 181.
ר' שרירא 41, 64, 66, 67–69, 92, 117, 178, 189, 190; II. 225, 230, 234.
שרפאדין II. 141, 142, 147 (see סרפאדין).
ר' שרשיה בר תחליפא 187 (see also משרשיא).
שרשן 185.
ר' ששנא (שישנא) 62, 187; II. 230.

ר' ששת 16, 17, 23, 29, 30, 57, 91, 128, 180–182; II. 72, 75, 246.
שת II. 68, 77, 89, 90, 248, 250.

אלתאסה II. 92.
תבני II. 49, 103.
חברמינא II. 238.
חברסטאן 190.
תגלת פלאסר II. 48, 54.
תדעל II. 92.
אלתהראב 190.
תובל II. 89, 92.
תוגר 99.
ארץ תוגרמה (התוגר) 79, 190; II. 92, 165.
תודוסיו 186.
תודוסיו בן ארקריו 186.
תודרום 175.
תולידה 96 (see טוליטלה).
תולע בן פואה 48, 86, 164, 195; II. 98, 251.
תופילו II. 121 (see פפוליאנו).
תורי 99.
תותירא ברא 35 (see also חיתירתא).
אלתוגנל II. 92.
בר' תחליפא 35.
ר' תחנא בר חיננא 34.
ר' תחינינא 61.
תיאופילו בן מיכאל 186.

תיופילום 167.
תילומיאו 185.
דון תיליאו 97.
ארץ תימן 169.
תירס II. 92.
תיתירתא 35 note (see תותירא ברא).
תלמי 169, 185, 197; II. 24, 71, 74.
תלמי אברניטש 167.
תלמי אפיפנש 167.
תלמי בן לאני 167.
תלמי פילאדלפום 167, 174.
תלמי פילופטור 167.
תלמיסאו II. 181.
ר' חם 94, 102, 103 (see also יעקב ר' חם).
חם אבן יחיא 154.
תננה 80.
תנדות 190.
תנים II. 92.
תענך II. 97.
תפוח 97.
תראנה 100.
סידי אלתראס 79, 93.
תרהקה II. 56.
תרח 85, 194, 195; II. 27, 68, 77, 91, 92, 248.
אלתרך II. 92.
תרכונה 69.
תרצה II. 48.
תרשיש II. 92.
תרתן II. 56.

INDEX TO I AND II.

שמואל בן דוד 84, 96, 105.
שמואל בן ויליסיד 154.
שמואל אבן וירנא 150.
שמואל ב׳ חננאל II. 127, 130–132.
שמואל אבן חנניא 156.
שמואל בן חפני 67, 92, 189; II. 225, 234.
שמואל בן יהודה 34.
שמואל אבן יחייא 156.
שמואל בר׳ יצחק 95.
שמואל בר׳ מאיר (רשב״ם) 84, 94, 102, 127; II. 229, 231, 235, 243.
ר׳ שמואל בר מר רבמר 35, 188.
שמואל בר מרי 63; II. 224, 233.
שמואל בר משה 84; II. 237.
שמואל בר נחמני 23, 57.
שמואל אבן סיד 140, 145, 152, 159, 161.
שמואל סעדיא 116, 133.
שמואל בן עמיאל 106.
שמואל אבן עמרון 153.
שמואל בר רבא 61.
שמואל בר שלמה מבדריש II. 229, 232, 238.
שמואל אבן תיבון II. 237.
שמואל די אוזידא 151.
שמואל די מדינה (רשד״ם) 155.
שמואל די קוריאל 154.
ר׳ שמונא 177.
ר׳ שמחה II. 154, 161.
שמחה מויטרי II. 237.
שמחה הכהן 154.
שמחה הלוי 150.

שמחה בן שלמה 133.
שמעון (ב׳ יעקב) 93, 179, 181.
ר׳ שמעון 3, 5–7, 9, 11, 20–22, 27, 41, 42, 45, 48, 56, 57, 90, 170, 176, 179–181, 190, 193, 198; II. 12, 181.
שמעון הגדול 167.
שמעון דוראן 106.
שמעון כיפא 191.
שמעון מימי 114, 143.
שמעון פנחס 154.
שמעון הצדיק 26, 51, 52, 88, 164–168, 176, 180, 197; II. 14, 15, 18, 245.
שמעון קיירא 63, 91; II. 224, 230, 233, 241.
שמעון קרא II. 235.
שמעון קשטילאן 159, 162.
שמעון בן אלעזר 6, 90, 179, 180.
ר׳ שמעון ב׳ אשר II. 243.
שמעון בן אשר משולם II. 150.
שמעון בן גמליאל 6, 9, 10, 27, 45, 48, 54, 56, 176, 179–181; II. 24, 33, 245.
שמעון בן הלל הזקן 176; II. 245.
שמעון בן זומא 5, 55.
שמעון בן יהודה 6.
שמעון בן יוחאי 56, 90, 164, 181.
שמעון בן יוחנן 56.
שמעון בן לקיש 44, 164, 180.
שמעון בן מתתיה (חשמונאי)

52, 89, 166, 169, 197; II. 71, 74, 75, 109.
שמעון בן נתנאל 55, 90.
שמעון בן עזאי 5, 55.
שמעון בן צמח (רשב״ץ) 106, 107, 130.
שמעון (בן הרא״ש) 243.
שמעון בן רבי 90, 182.
שמעון בן שטח 53, 89, 164, 169, 176, 180, 191, 196, 197; II. 12, 16, 17, 21, 245.
שמעי 168, 197.
שמעיה 164, 176; II. 52, 69, 73, 75, 77, 109, 245, 248.
שמעיה (מזונות) 4, 53, 89, 164, 180, 191, 196; II. 245.
שמעיה(ריש גלותא) 48,196; II. 71.
שמעיה די מדינה (מדינא) 155.
שמעיה ב׳ יעקב 76.
שמרון II. 13, 41, 49, 50, 55, 97.
ר׳ שמריה 68.
שמריא שרביט הזהב 154.
שמריה בר׳ אברהם 133.
שמשון 48, 86, 164, 195; II. 44, 98, 245.
שמשון (שמעון) קינון 195; II. 240.
שמשון משנץ 94, 102; II. 229, 231, 235, 243.
שמשון בן אבטלין (אנטולי) II. 237.
שמשון בר׳ צדוק 96, 106, 107.
שמשי 49.

INDEX TO I AND II.

שלמה מזל טוב 142.
שלמה מלכו 146.
שלמה הנשיא 37; II. 248.
שלמה סאנים 150, 160.
שלמה סאריליייו 151.
שלמה עדני 152.
שלמה קארו 154.
דון שלמה שניאור 112.
ר' שלמה בר אברהם (ן' אדרת הרשב"א) 96, 97, 105, 106, 132; II. 230, 232, 239.
ר' שלמה ב' אברהם מן ההר II. 229, 237.
ר' שלמה ב' אברהם לבית מאיר II. 239, 241.
שלמה בן (יהודה) גבירול 81, 93, 102, 127, 159; II. 229, 236.
ר' שלמה בן דוד 135.
שלמה ב' דוד (עם הראובני) 171.
שלמה ב' דניאל II. 148.
שלמה בן זכאי 133.
שלמה בן חסדאי 36, 39.
שלמה בן חסון 155.
שלמה בן טוארת 97.
שלמה בן יהודה 178.
שלמה ב' יהודה (אחי בעל הטורים) 144.
שלמה אבן מובחר 154.
שלמה ן' סהולה 96.
שלמה בן עובדיא 121.
שלמה בן עזרא 156.
שלמה בן עלי 96, 103.
שלמה בן פורמש 73.
שלמון II. 43, 69, 77, 248.
ר' שלמיה 84.

שלמינון II. 16, 17.
שלמנאסר II. 54, 55.
שם 85, 110, 163, 194, 195; II. 27, 34, 53, 68, 77, 90, 92, 248, 250.
ר' שם טוב 159.
שם טוב (עם הראובני) II. 154.
שם טוב לארמא 107, 114.
שם טוב עטייא 151.
שם טוב אבן שם טוב 98, 107, 110, 113.
שמאי (בית) 4, 5, 9, 22, 27, 42, 53, 54, 89, 90, 164, 170, 171, 173, 180, 181, 196, 198; II. 16, 24.
שמגר בן ענת 48, 86, 164; II. 43, 97, 245.
ר' שמואל 16, 18, 21, 23–26, 29, 30, 36, 39, 44, 46, 57, 84, 90, 91, 164, 174, 176, 177, 180–182; II. 72, 75, 98, 99, 148, 229.
שמואל (הנביא) 48, 87, 195; II. 23, 44, 45, 82, 89, 99.
מר רב שמואל 40.
שמואל (חבר לענן) II. 224.
רב שמואל מפומבכריתא 46; II. 246.
שמואל (עם הראובני) 148, 151.
שמואל אבודרהן II. 154.
דון שמואל אבראבניל 98, 106, 143; II. 244.

ר' שמואל אריפול 153.
שמואל אלבאלנסי 107, 113.
שמואל בהלול 160.
שמואל גאון 155.
שמואל ויטאל 152.
שמואל הזקן 132.
שמואל האדר 158.
שמואל חאכם (חכים) 158, 159.
שמואל חאקאן הלוי 140, 159.
שמואל חיון 155.
שמואל טאייטאצק 155.
שמואל יפה 154.
שמואל ירחינאה 25, 45.
ר' שמואל היישיש II. 238.
שמואל הכהן 69, 104.
שמואל הכהן בבולאק 162.
שמואל כוליף 153.
שמואל לאניאדו 153.
שמואל הלוי הנגיד 71–74, 78, 81, 92, 97, 108, 110, 154, 156; II. 225, 234–236.
שמואל אלמושנינו 140, 155.
שמואל טובי בניו של מרימר 63.
שטואל סאניש 154.
שמואל סבע 154, 159.
שמואל סבנדרי 156.
שמואל הסרדי 125.
שמואל עדילה 154.
שמואל עטייא 160.
שמואל פלורינטין 155.
שמואל פרחיא 155.
שמואל הקטן 118; II. 22.
שמואל קלעי 155.
שמואל בן גרשום II. 238.

g 2

INDEX TO I AND II.

רעליה 49; II. 245.
רעמה II. 92.
רעמסס II. 35.
ר' רפאל II. 151, 152, 162–164.
רפאל מטראני 152.
רפאל סופינו 158.
רפידים II. 36, 95.
רפרם 32, 34, 61, 183, 184; II. 247.
רפרם בן פפא 59, 91.
רציץ II. 102.
רקי II. 250.
רשיד 120.

שאול בן קיש 48, 63, 78, 85, 87, 92, 195; II. 44, 45, 99, 224, 233.
שאלטי נידרו 92.
שאלתיאל בן יכניה 48, 88, 128, 132, 196; II. 70, 74, 248.
אלישאם 118; II. 92, 109, 110.
בית שאן II. 6.
דון שאנגי 97.
שאנגי בן דון אלונשו 96, 109.
שאנט נילי II. 152.
שבא II. 133, 138, 179, 181.
שבור 60, 61; II. 72, 75.
שבחא 35, 63.
שביליא 95, 98, 107–109 (סביליא, אשביליא see).
שביסון 190.
שבניה II. 248.
ר' שבתי II. 127, 154, 165.
שבתי יונה 155.
שבתי מנשה 150.

שבתי פוליאסטרו 152.
שוח II. 93.
שומרון 168.
שועה II. 154.
שוריא 96.
שושן II. 64.
ר' שובי II. 72, 75.
הנהר השחור II. 179.
יוסף בן see אבן שטנאש אביתור.
שילא 23, 28, 57, 64, 69, 182.
שילה (שילהי) 65, 182, 183, 188; II. 43, 98.
ר' שימי בר אשי 57.
שינולי II. 182.
ר' שינואי 36, 37, 188.
שישק II. 47, 48, 52, 101.
שכם II. 41.
שכניה 48, 196; II. 71, 75, 77, 109.
שלאמנקה 95.
ר' שלום 165; II. 54, 70, 74, 140, 225, 234.
שלום אשכנזי 160.
שלום ירושלמי 150.
שר שלום 65, 178; II. 248.
ר' שלום בר בועז 39, 65, 189.
שלום בר יבש II. 103.
שלום בר מישאל 189.
שלום בר צדוק II. 108.
שלח 85, 194, 195; II. 27, 68, 77, 91, 248.
שלימון II. 66.
שלמה 48, 85, 87, 135, 165, 174, 176, 195, 196; II. 46, 47, 50, 52, 69, 73, 77, 110,

133, 146, 148, 170, 171, 173, 179 (סולימאן see).
ר' שלמה II. 170.
שלמה (המלך) II. 179.
שלמה (ריש גלותא) 196; II. 110.
שלמה מאטאלון 155.
שלמה אבסבאן 151.
שלמה אלאשקאר 150, 161.
שלמה בינבינישת 84.
שלמה נאביזון 160.
שלמה הנבאני II. 154.
שלמה לבית חזן 140, 155.
שלמה החסיר II. 243.
שלמה חרידה 152.
שלמה טאייטאצאק 140, 155.
שלמה מטראני 140, 155.
שלמה מטרוטיאל 101, 107.
שלמה מטרוייט בר יצחק 84 (שלמה יצחקי see).
ר' שלמה יצחקי (רש״י) 84, 93, 94, 99, 101, 102, 127, 140, 142, 159, 162; II. 75, 227, 229, 231, 235, 242.
ר' שלמה הישיש II. 238.
ר' שלמה הכהן (בעל שח) 155.
שלמה הכהן (עם הראובני) II. 167–223 passim.
(ר') שלמה הכהן 104, 132, 144, 155; II. 167–223 passim.
שלמה אברהם הכהן 154.
שלמה לוי 155; II. 199–203, 208, 219.
שלמה לוי סבנדרי 156.

INDEX TO I AND II.

רביה (רבא) בר ר׳ נטרונאי II. 224, 233.
רבין 23.
רבין בר׳ דימי 57.
רבינא 3, 25, 26, 34, 45, 46, 58, 61, 91, 178, 180, 181, 184, 187; II. 72, 76, 246.
רבינא בר (מן) אומצא 46; II. 246.
רבית II. 154.
רבלה II. 61.
רבקה II. 27, 93, 144, 145.
רבשקה II. 56.
רגלאן (ורגלאן) 79.
רגנשפורק 94, 95, 103.
רודאם II. 162.
רודיים 145.
דון רודרינו 99.
דון רודרינו מארקים בוקאליס 111.
רוטנבורק 96, 97, 104, 106, 143.
רוי דיאץ (סידי) 93, 95.
רום II. 109.
רומא (רומה, רומי) 53–56, 59, 87, 89, 94, 146, 160, 168–172, 175, 185; II. 146–151, 156–158, 160–164, 167–169, 172, 175, 177, 184, 186, 187, 191, 193, 195, 223.
רומולום 55, 56, 59, 87, 90; II. 109.
רומי הגדולה (רומי) 79, 190.
רומים (רומיים) II. 11, 66, 71, 75.

180–183, 187, 189; II. 72, 75, 77, 247.
רבא בר יוסף 58.
רבא בר נטרונאי 63 (see רביה).
ר׳ רבאי 25, 26, 34.
אלרבאנין II. 249, 251.
רבה 16, 18, 23–25, 29–31, 33, 38, 45, 46, 58, 90, 177, 180, 181, 183, 184; II. 72.
רבה נאון 36.
רבה תוספאה 34, 59; II. 246, 247.
רבה בר אבוה 23, 29, 67, 92, 167, 182; II. 225, 234.
רבה בר אמי 64, 188.
רבה בר הונא 58, 177, 183; II. 247.
רבה בר חייא 31.
רבה בר בר חנה 6, 23, 182; II. 246.
רבה בר יוסף (בר חמא) 59, 91; II. 246, 247.
רבה בר נחמני 31, 58, 91, 164, 177, 183; II. 77, 246, 247.
רבה בר נתן 23.
רבה בר רב 35.
רבה בר רבא 8.
רבה בר שאול 16.
רבי 3, 4, 6–16, 19–23, 25, 27, 28, 30, 32, 41–45, 48, 56–58, 60, 90, 91, 164, 165, 171–174, 176, 179–183; II. 4, 14 (see יהודה הנשיא).

רומנו 186.
רומנו בן קוסטנטינו 186.
רומנייא 153.
רומרוג (רומרי, רומרו), 78, 84, 94, 102; II. 243.
רונדה 99.
רונצלון II. 162.
רוסלם II. 97.
רופוס (רופס) 55, 174; II. 109.
אלרחבה II. 92.
רחבעם 48, 87, 176, 195; II. 47, 52, 69, 73, 77, 101, 248, 249.
ר׳ רחוא 164.
רחום 49; II. 245.
ר׳ רחומי (רחומא) 61, 178, 184 (see ריחומי).
ר׳ רחימו 184; II. 247.
רחל 86, 114; II. 28, 93.
רחמאן אבן עומאר 108.
ריאיטה II. 163.
ר׳ ריחומי (ריחומאי) 25, 34 (see ניחומאי and רחומי).
רייממון בנניניר 83.
רימרו 102 (see רומרו).
ר׳יוף II. 140 (see יצחק אלפאסי).
ריפת II. 92.
ריש לקיש 16, 23, 177, 181, 182; II. 246, 247.
רישיד 156.
רם II. 69, 77, 99, 248.
רמולאש 87 (see רומולוס).
רמות גלעד II. 50, 63.
רמי בר חמא 17, 24, 57.
רמי בר יחזקאל 58.
רעו 85, 194, 195; II. 27, 68, 77, 91, 248.

[II. 6.]

186. קוסטנטינו ב קוסטנטינו
192. קוסטאנטינופולו
186. קוסטס
קוסליקוס II. 20.
קוצי 96, 106; II. 237.
קורבייל 95, 96 ; II. 237.
קורה (נהר) 188.
קורטובה (קרטבא) 67-72,
74, 75, 92-95, 108,
117, 126, 127, 133;
II. 225, 234, 241.
קוריאל 151.
קוריון 168.
קורפו 145.
קושטה פאופר 186.
קושטנטינה (קושטנדינה) 79,
85, 95, 108, 110, 116,
117, 120, 138, 140,
145, 146, 149, 150,
152-155, 157, 159,
160, 186 (see also
קוסטנטינה).
קחטאן II. 92.
קטורה II. 93.
ר קטינא בר חנינא 46, 177.
קטיעא II. 109.
קטלוניא (קאטאלוניא) 125,
132, 140; II. 229,
237-239, 241.
קטלינא (דוניא) 98, 110.
קיופרילו מחמיד פאשה 150.
קיטום II. 66.
קיטינדיום 185.
ר קימוי 92, 189.
קימוי (קיומי) בר אחאי
(אחונאי) 40, 66.
קימוי(קיומי) בר איסי 39, 65,
189.

קין 85 ; II. 89, 90.
קינן 85, 194, 195 ; II. 68,
77, 89, 90, 248, 250.
קיסאריה(see)קסרי97,98.II
קיסר 60; II. 152, 169,
183, 184.
קיפרים 191.
קירבכר II. 109.
קירואן 41, 68, 73; II.
225-234.
קיש 195.
קלארמונטי II. 216, 221,
223.
קלבריאה II. 118, 125, 130.
קלדיאום (קלודיום, קלידום)
185, 195, 196; II. 109.
קלונימוס הנשיא 83.
קלונימוס ב מאיר II. 239.
קלסאנה 74.
קלעה חמאד (אחמד) 73, 75;
II. 241.
קמאדוס II. 109 (see
קומורוס).
קסונטינא(s.א.קושטנטינא)99.
קסרי (קסארה) 99 ; II. 6.
קפואה II. 125, 127, 131,
132.
בר קפרא 15, 44, 57, 90,
91, 174, 181.
קצר II. 79, 86.
קצר אלשמע 137.
קראים II. 5.
קרבליאה II. 183, 199,
200, 203-210, 217.
קרן 186.
קרוצה (קורוצה) II. 197,
198, 208.

קרח 174, 176 ; II. 52.
קרטאגינא (קרטנו) 99, 190.
קריטוס 186.
קרינוס 186.
קרישטופלי II. 200, 201,
203, 207-210, 214,
216, 219, 220.
קרית יערים II. 44.
קארלו (see 82 קרלייט).
קרמיסין II. 78.
קרפינטראש II. 223.
קרקסאני 51.
קרקשונה II. 227, 237.
קשטיליא (קאשטילייא) 67,
79, 81, 92-94, 97, 99,
108-111, 113, 129,
157 ; II. 244.

ראובן 87; II. 69, 93, 133,
179, 180.— עם הראובני
II. 157-159.
ר ראובני II. 43 ; ר דוד II.
133-220 passim.
ראובן האיצטרובולי 6, 56,
180.
ראובן ברצלוני II. 235.
ראובן בן חיים II. 229-238.
ר אשר בן יחיאל i.e. ראש.
רב 5, 18, 22-26, 28-30,
32, 33, 35, 42, 45, 46,
57, 90, 106, 164, 176,
177, 180-183; II. 72,
77, 224, 233, 246,
247 (see אבא אריכא).
רב בר מרי 187.
רבא 4, 19-21, 23-25, 29,
31-33, 41, 46, 58, 62,
91, 164, 165, 174,

INDEX TO I AND II.   xlvii

אלפרמא II. 92.
פרננה II. 92, 93.
פרניטוקוס 195.
פרס 49-51, 59, 62, 78, 88, 91, 123, 124, 141, 165-167, 170, 173, 185, 190, 192; II. 64, 66, 74, 86, 108-110, 246, 247.
פרסאי II. 75.
פרסבול 120.
פרסיים II. 76.
פרעה (פרעון) 120; II. 29, 58, 60, 61.
פרעה נכה II. 57, 58, 60, 249.
פרעון II. 94, 95, 249.
פרפנינון 98, 106; II. 239, 241.
פרץ ר׳ 133; II. 229, 232, 236.
פרץ הכהן II. 240, 241.
פרץ ב׳ יהודה 105; II. 28, 69, 77, 99, 105, 248.

ארץ הצבי 67, 78, 79, 155, 190.
צבתה 98.
צדוק ר׳ 52, 88.
צדוק ב׳ אחיטוב 165; II. 45, 69, 73, 108.
צדוק בר׳ אשי 39, 188.
צדוק בן צדיק 81, 93.
צדוקין II. 3, 8, 10, 16.
צדקיהו (צדקיה) 48-50, 88, 195; II. 24, 55, 59-63, 70, 74, 106-108, 249.

צואקין II. 133.
צומח (אבן) 137.
צוען מצרים 118-120.
צופר 163; II. 34, 54.
צוציתא II. 75, 77 (see נתן).
צור 133.
ציון II. 5, 147.
בן ציון II. 168 (see בן).
צימומינוס 186.
אלצין II. 92.
ציפורי 27, 45, 176.
צלע 77.
ר׳ צמח 106.
צמח גאון 178; II. 224, 233.
צמח הנרבוני 152, 154.
צמח בר׳ חיים 39, 65, 189.
צמח בר׳ כפנאי 40, 189; II. 83.
צמח בר ר׳ פלטוי 39, 64, 92, 188.
צמח בר שהין II. 80.
צפורא II. 94.
צפוריה 97.
צפניה ב׳ כושי הנביא 87, 176, 184; II. 52, 70, 74, 87, 245.
צפת 140, 151, 152, 154, 157, 159, 161.
צקלן 25.
צרב אלכניס אלמסתערב 137.
צרב אלנצארין 137.
צרידה 53, 88.
צרפת 74, 78, 79, 82-85, 97, 98, 102, 103, 105, 106, 109, 141, 143, 190, 192, 193; II. 162, 226-229, 231, 232, 236, 237, 239, 241.

צרפתי II. 152, 243.
צרצר II. 80.

קאדי אלעקיד 120, 121.
אלקאהרא 119, 158; II. 242.
קאלאברים(קאלאבריא) 150, 151.
קאלהורא 94, 102.
קאליצי II. 169.
קאליקוט II. 182.
קאנדריאה II. 150, 156.
אלקאקו II. 92.
קארטיינא (קראטיינא) II. 214, 215.
קיסר קארלו(ס) 130, 146; קארליש 82.
אלקארפא 121.
קאשטה מרינה II. 210.
קאשטיל נווה II. 151.
קאשטרו 94, 108.
קברס II. 92.
קדס II. 97.
קדש ברנע II. 4.
קהת 195; II. 29, 94, 98.
קואד II. 109.
קואימירה(קואמירה)II. 197, 198, 208.
קומדרום (קמאדוס) 56, 175;
קומודו (קומודו) II. 109.
קונסטינה 190.
קוסטנמס 186.
קוסטנטינא II. 116, 126-128 (see קוסטנטינא).
קוסטנטינו (קוסטנטינו) 192; II. 116.
קוסטנטינו ב׳ ארקיליס 186.

פורטון (פירטון) II. 66.
פורמוס II. 173.
פורפירו ניניטוס בן ליאו 186.
פורקא II. 214.
פושייקיירש 94; II. 231.
ר׳ פחדא II. 72, 76.
פי החירות II. 35.
פידה II. 109.
דון פידרו (פירו) 97, 98, 109; II. 241, 244.
פידרו בן גוואן 110.
דון פידריקי 109.
פיומי 40.
פיטום II. 109.
פיטון II. 109.
פיטרי גואן II.152,160,187.
פיטו 83.
פילארילפיאו 185.
פילו 190.
פילומיטורי 185.
(דוניא) פילונטי 95.
פילופטור 167, 185.
(דון) פילפי 95.
פינחס ב׳ אלעזר II. 38, 108 (see פנחס).
פיניהפייל (פינייאפייל) 97, 99, 107.
פיס 157, 161 (see פי׳ן).
פיסא II. 156, 157, 159–168,171,178,179,186, 187, 196, 209, 217.
פיפאנן 185.
פיפיאנוס 185.
פי׳ן II. 179–181, 189, 191, 192, 200, 203, 218 (see פאס and פים).
דון פיראנדו 92, 94, 95, 97–99, 101, 107.

דון פיראנדו בן שינאני 96.
פירוז II. 246.
פירוז שבור 187.
פירונטארה 108.
פירטון II. 66.
פירנא II. 155.
פירנטינה(בירנטינה)II.217.
פישקיירש 102 (see also פושייקיראס).
פלנ 85, 86, 194, 195; II. 26, 27, 68, 77, 91, 248.
פלג אבן הוד II. 92.
פלוריאני 186.
פלוריינצה (פלורינצו) II. 164, 166, 168.
ר׳ פלטוי (נאון) 64, 65, 92; II. 234.
פלטוי בר אביי 38, 188.
פלטיאל II.125–128,130–132.
פליאן 69, 71.
פלימו 6, 56.
פליפו 185, 196; II. 149.
פליפקו 186.
פלסטין II. 92.
פלסטיניין II. 98, 102.
ארץ פלשתים 60, 71.
פלשתים II. 6, 51, 98, 102.
פנחס (כהן) 167.
פנחס בן אלעזר 121, 164, 165, 176; II. 38 (see פינחס).
פנחס בר אביי (בר אבדימי) 73, 77.
פנחס בן יאיר 6, 57, 180.
פנחס ב׳ יאשיה II. 248.
פנחס בן משולם 133.
פסטט מצר 118, 135, 136.

ר׳ פפא 15, 32, 58, 59, 91, 165, 177, 181, 183; II. 77, 246, 247.
פפא בר נצרא (נצר) 29, 177; II. 72 (see פאפא).
פפוליאון II. 119, 127 (see תופילו).
פפוס II. 19.
ר׳ פפי 182.
פפי בר אבא 16.
פקוד (נהר) 36, 37, 62, 63, 91, 188.
פקח ב׳ רמליה II. 54, 103.
פקחיה ב׳ מנחם II. 54.
פראנה 83.
פראטו (פראטה) II. 168, 174, 216, 220–222.
פראנסיזה 152.
פראנסיקו דלימולו II. 219.
פראנצייא (פראנקיאה) 140, 141.
פראנציעקו II. 168 (see וראנצישקו).
דון פראנקו 97.
פראנקוש 157.
פרנודיתא 177.
פרגננה 93.
פרובינצה (פרווינצא) 84, 106, 134, 141; II. 227, 231, 232, 239.
ר׳ פרחייא 133.
פרחייא בר יוסי 133.
פרטא 57.
ר׳ פרינורס 74.
פרידא 6, 180.
פריש 96, 105; II. 235. 241.

INDEX TO I AND II. xlv

עזריה בֶ׳ אמציה II. 51, 54, 249.
עזריה אבן וילייסיד 152.
עזריה בֶ׳ חלקיה 165.
עזריה בֶ׳ יוחנן 165.
עזריה בֶר יצחק 95.
עזריה בֶ׳ מריות II. 108.
עזריה בֶ׳ עדוא II. 73.
עזריה בֶ׳ עודד II. 52, 69, 73.
עִי II. 42, 97.
הר עיבל II. 41.
עידוא (עידו) 164, 176 (see עדוא).
עילם 60, 78, 190; II. 92.
עינא 26, 34, 45, 62.
עירד בֶ׳ חנוך II. 89.
עכו 167, 192.
עלי 48, 86, 164, 165, 176, 195; II. 23, 44, 52, 245.
עלי אבן אבי טאלב 62.
עלי סכנדרי 156.
עמדריא 123.
עמון II. 44, 46, 61, 98.
עמום 87, 176; II. 64, 70, 74, 245.
עמורה 165; II. 92.
עמינדב II. 69, 77, 99, 248.
עמנואל II. 166, 179, 210.
עמנואל מטרישקון II. 238, 239.
עמראן בֶ׳ קהת II. 94.
עמרי II. 49, 103.
עמרם (עמראן) 195; II. 27, 29, 40, 94.

עמרם (המלך) II. 138.
עמרם ר׳ 41, 92, 189; II. 225, 234.
עמרם בֶ׳ שלמה II. 78.
עמרם בר ששנא גאון 39, 65, 189; II. 230.
ענן 51, 57, 63, 64, 78, 92, 196; II. 71, 75, 77, 109, 224, 233, 248.
ענתות II. 60.
עסיא 167, 168.
עקבא II. 109, 110.
עקביא בן מהללאל 10.
עקביה II. 72, 75.
עקבון בן נחמיה 196.
עקוב 196; II. 71, 75.
עקיבא צחלון 152.
ר׳ עקיבא (בן יוסף) 3, 5, 6, 8, 10, 11, 16, 20–22, 28, 41–43, 46, 55, 56, 90, 155, 161, 173, 179–181; II. 3, 21.
עקילם 174, 175.
ער II. 28.
אלערא׳יש 113.
אלעראק II. 109.
אלעראקין 118, 137.
ערב 78, 187, 190.
ערבים II. 6.
ערד II. 39, 97.
ערי נברכתא II. 13.
עשא בֶ׳ אחיה II. 48.
עשה II. 133.
עשו II. 27.
עתליהו 48, 195; II. 50, 57, 70, 74, 77, 249.
עתניאל (בן קנז) 48, 86, 164, 165, 195; II. 43, 245.

רונא פאלאטין בת המלך דון נאמי 108.
פאליחליר 99.
ר׳ פאלקון 151.
פאס 69, 101, 106, 107, 112–114 (see פיץ).
פאפא בן נצר II. 246, 247 (see פפא).
פארו II. 204, 205.
פארס II. 92.
פביאה II. 125.
פדיה (כהן גדול) II. 74.
פדיא בֶ׳ יבניה II. 70, 109.
ר׳ פדת 6, 16, 44, 56, 180.
פוטיפר II. 28, 94.
פוטרן II. 71.
פול II. 238.
פולנ 94.
פוליה (פוליא) 79, 190; II. 116, 118, 125, 148.
פוליניוו II. 151.
פוליפוס 167.
פולניא 146.
פום בריתא 16, 24, 29–37, 39, 40, 46, 58, 59, 61–66, 91, 182–184, 187, 188; II. 77–81, 83, 84.
פומפיום 169.
פוסטומיו 185.
פוק II. 97.
פוקט 186.
פורבו 186.
פורטוגאל 85, 98, 99, 101, 105, 107, 110–113, 142, 146, 192; II. 147–215 passim.

סֻכּוֹת‎ II. 28, 35.
סלא 190.
סליוקוס (סלוקוס, סליקוס)‎ 167; II. 66, 71, 109.
שלמה see סולימאן, סלימאן‎.
סלמא‎ II. 99.
סלמון‎ II. 71.
סלמי הנטופתי‎ II. 9.
ר׳ סמא (סמי)‎ 34, 187; II. 73.
סמא בר׳ יהודה‎ 34, 46, 177; II. 246.
סמא בר׳ רבא‎ 34, 46, 61, 184; II. 246, 247.
סמבטיון‎ II. 181.
סמורה‎ 95.
סנבלט‎ 51, 52.
סנואה ב׳ בנימין‎ II. 10.
סנחריב‎ 51, 89; II. 55–57, 106.
סנטירין (סאנטירין)‎ II. 173–219 passim.
סנטרוך‎ II. 71.
סנטרוק‎ II. 66, 109.
ר׳ סעדיה (ב׳ יוסף גאון)‎ 39, 40, 65, 66, 74; II. 77, 80–82, 179, 224, 226, 230, 233.
ר׳ סעדיה מלמד‎ 133.
סעריה בן ברוך‎ II. 179.
ספסתין‎ 67.
ר׳ ספרא‎ 27, 178; II. 72.
ספרד (ספרדי, ספרדים)‎ 60, 65, 67–76, 79, 80, 85, 92, 101, 106, 107, 111–113, 118, 127, 129, 130, 138, 141, 155, 157, 159, 175, 190, 192; II. 71,

112, 130, 154, 224–226, 228, 231–234, 236, 239, 241.
אלסקאלבה‎ 92.
סרביריום‎ 185.
סרנוסה (סראנוסה)‎ 93, 127, 139.
סרח ב׳ אשר‎ II. 40.
סרפאדין (שרפדין)‎ II. 141–143.
סרקוסטה‎ 67, 71, 98, 128.
עבד אלרולא‎ 156.
עבד אלוהב‎ II. 138.
עבד אלעזיז‎ 158.
עבד אלרחמאן אלנאצר‎ 67, 153.
עבד אלרחמאן בן עמר אסופי‎ 95.
עבריאל‎ II. 125.
עבריה‎ II. 109 (see also עובדיה).
עבדן בן הלל‎ 48, 86, 164, 195; II. 44, 98, 245, 251.
עבר‎ 85, 163, 194, 195; II. 26, 27, 34, 54, 68, 77, 91, 248.
עבר הירדן‎ II. 40, 41.
ענלון‎ II. 43, 97.
עדו(א)‎ II. 52, 69, 73, 74, 245 (see עירו).
עדוא (בן יהשע)‎ 51.
עדלם‎ II. 97.
עובד‎ II. 69, 77, 99, 248.
עובד אדום‎ II. 44.
עובדיהו (הנביא)‎ 176; II. 33, 51, 53, 69, 73, 245.
עובדיה (ראש גולה)‎ 48, 196; II. 71, 75, 77, 248.

עובדיה ירא (מברטנורא)‎ 150.
עובדיה מסופרנו (ספורנו)‎ II. 160.
עובדיה היר‎ II. 137.
עובדיה ב׳ דוד‎ 102, 155.
עובדיא בר שלמה‎ 121.
עוג‎ II. 96.
עודד‎ 176; II. 52, 70, 74.
עוזי‎ 165.
עזיהו‎ 23, 48, 176; II. 51, 70, 74, 77, 102, 248.
עולא‎ 23, 24, 57, 181.
עומאר בן אלכטאב‎ 62, 135, 136.
עומאר פאשה‎ 150.
עוסמאן‎ II. 139.
עוץ‎ 149; II. 54, 93.
עירן ב׳ נחור‎ II. 94.
עוקבא (מר)‎ 45, 195; II. 72, 75, 77–79, 248.
עוקבן (מר)‎ II. 72.
עזה‎ II. 143, 147, 148.
עזו נחמני‎ 156.
עזרא הסופר ב׳ שריה‎ 52, 55, 88, 119, 154, 164–166, 174, 176; II. 10, 65, 70, 74, 108, 110, 245.
עזרא (רבו של רמב״ן)‎ 95, 103, 125.
עזריאל‎ 125.
עזריה (עזריא)‎ 49, 88, 154; II. 19, 69, 70, 73, 74, 107, 108.
עזריה זאבי‎ 152.
עזריה יהושע‎ 154.
עזריה הלוי‎ 75.
עזריה ב׳ אחימעץ‎ 165.

INDEX TO I AND II.   xliii

ניקנור 167, 169, 197; II. 19, 71, 74.
נירבא 185.
נירון 54, 170, 185, 195, 196; II. 109.
נמרוד בן כוש II. 92.
נמרד הרשע 112.
נסי[ם] נהרואני II. 79, 80.
נסים (עם הראובני) II. 162.
נסים אגוזי 154.
נסים אגוסטרי 156.
נסים יעיץ 158.
נסים ענקארי 159.
נסים פריכה 159.
ר׳ נסים (ניסים) בר׳ יעקב 73, 75, 78, 92, 93, 126; II. 225, 228, 230, 234.
ר׳ נסים (ר׳ן) בן ראובן ברצלונא II. 106, 241.
נעריהו 48.
נפר II. 92.
נפתלי II. 93.
נציבים II. 92.
נציבין II. 75, 83.
נצר אלדולה 115.
נרבונה(נרבוני) 78, 82–84, 96; II. 128, 226, 228, 229, 231, 232, 236, 238, 251.
נריה II. 70, 74.
נרסי II. 109.
נרש 58, 183.
נתאי הארבלי 53, 88, 164, 176, 180, 191; II. 245.
ר׳ נתן 6, 10, 16, 22, 45, 56, 68, 180, 181, 196.

נתן אלוף 39.
נתן הבבלי בעל הערוך 93; II. 236.
נתן גוטא 162.
נתן (ריש גלותא) 196; II. 72, 75, 77, 86, 109, 110.
נתן הדרין 68.
נתן מטרינקונטולייש II. 227.
נתן הנביא 164, 176; II. 52, 69, 93.
נתן (עוקבן) דצוציתא 196; II. 71, 75, 77, 248.
נתן הכהן בר׳ יצחק II. 78, 83.
ר׳ נתנאל 105.
סאבור II. 109.
סאלאם II. 141.
סאלוניקי 140, 147, 155.
סאמורה 99, 110, 111.
דון סאנגו 109.
סבא II. 92.
סבאים II. 56.
סבילייא 107, 159, 162 (see שבילייא).
סבירוס 186.
סביריני 186.
סבכא II. 92.
סבתכא II. 92.
סגלמאסה 70.
סדום 86, 111, 165; II. 27, 66, 92, 93.
סהדרום II. 109.
סודן II. 118, 119.
סוכו 53.
סולימאן 144–147, 159;

II. 100, 101 (see שלמה).
סולימאן אבן אחוונא 151.
סומכום 6, 19, 56, 175, 178, 180.
סונאר II. 137.
סונבאט 119.
סופיאה 154; (Church) II. 116, 186.
ס(ו)פרנו II. 160.
סורא 29–32, 34–37, 57–59, 61, 62, 91, 103, 182, 183, 187, 188; II. 77–79, 81, 84, 86.
סורבה II. 214.
סוריא II. 20.
בר סטיא 40.
סיבדאת רודרינו 95.
סיבטא 110.
סידירירוי דיאין(רודיאז) 93,95.
סידי אבן אלתראם 79, 93.
סיחון II. 40, 96.
סיירנא אבן דאור 115.
סינה (סיניאה) II. 163.
ר׳ סילנו II. 115.
ר׳ סימא בר רבא 61.
ר׳ סימאי 55, 90.
ר׳ סימונא (סימנא) 26, 34, 45, 62, 91, 180, 181.
סיני (סין) 39, 48, 163, 171; II. 36, 38.
סיסיני 186.
סיסרא II. 43, 98.
סיקלייא (סקלייא) 186; II 126.
סירון 168.
בן סכוי 75.

מתא מחסיא 29, 30, 32, 33, 36, 39, 40, 45, 57, 63–66, 92, 177, 182–184, 188, 189.
מתושאל בן כיחאל II. 89.
מתושלח 85, 163, 194, 195; II. 26, 27, 68, 77, 90, 248.
מתיא 190, 191.
מתיא בן חרש 6, 180.
ר׳ מתנא II. 71, 75.
מתניה II. 59.
אלמתעמד see מתעמד.
מתתיהו 57, 64, 107, 167; II. 81, 93, 154, 156, 160, 161.
מתתיהו בן 167.
מתתיהו (עם הראובני) II. 154, 156, 160, 161.
ר׳ מתתיהו (אמורא) 57.
מתתיהו היצהרי 107.
מתתיה בן חשמונאי (יוחנן) 52, 166, 168, 197; II. 12, 71, 74.
מתתיהו בן יוסף II. 241.
מתתיהו בר מר רבי (ריבי) 38, 64, 92.

נאפולי II. 148, 156, 166, 183, 192.
נבארה 83, 97, 108; II. 243, 244.
נבוזראדן 56, 90; II. 109.
נבוכדנצר 49, 50, 59, 86, 88, 141, 165, 185, 195; II. 19, 51, 52, 58, 59, 61–63, 66, 70, 74, 249.
נבות II. 103.

נבח II. 40.
נביות II. 27.
אריך נבקרי 79.
דון נגלוו 109.
נגרופנטי 99.
אבן נגרילא (נגדילה) 71.
נרב 165; II. 38, 94.
[נהוגד] II. 251.
ר׳ נהוראי 42, 43; II. 45, 55, 234.
ר׳ נהילאי (הלוי) 36; II. 73, 76.
נהרדעא 16, 25, 26, 28–30, 32, 35, 57, 58, 91, 174, 176, 177, 182, 183; II. 72, 246, 247.
נהרואן II. 85.
נהרואני II. 79, 80.
נהר פקוד see פקוד.
נהר צובא II. 76.
נוב II. 44.
נוח II. 34, 89–92.
נוף II. 228, 235.
נח 85, 86, 163, 194, 195; II. 26, 31, 32, 34, 35, 53, 64, 68, 77, 89, 92, 248.
נחום 87, 176; II. 52, 70, 74.
ר׳ נחום 15, 44.
נחום (ר׳ גלות) II. 71, 75.
נחור 85, 86, 194, 195; II. 27, 29, 68, 77, 91.
נחמיה 52, 88, 176, 196; II. 65, 77, 108.
ר׳ נחמיא 128.
נחמיה אישאכפה 72.
נחמיה (גאון) 66, 189.

נחמיה בר הונא II. 246.
נחמיה בן חושיאל II. 132.
מאציף see נחמיה בן יעקב.
נחמיה בן מינם II. 73.
נחמיה בן נתן II. 72, 75, 76, 110, 248.
נחמיה בר צדק 41, 189.
ר׳ נחמן 16, 23, 24, 29, 30, 45, 46, 57, 177, 180–183.
נחמן בר הונא 33, 45, 59, 177, 184; II. 246, 247.
נחמן בר יעקב 183; II. 246.
נחמן בר יצחק 32, 58, 183; II. 247.
ר׳ נחשון גאון 178, 189; II. 224, 233.
נחשון בן עמינדב II. 43, 69, 77, 99, 248.
נחשון בר צדוק 39, 65.
נטירא (נטירה) II. 78–80, 83.
ר׳ נטרוי 36.
נטרוי בר אמונה 188.
רב נטרונאי 63, 64, 178, 224, 233.
נטרונאי בר אחנאי 35.
ר׳ נטרונאי בר הילאי 39, 65, 188, 189.
נטרונאי בר חביבאי 36, 188.
נטרונאי בר נחמיה 35, 187.
ניגרופונטי 85.
ר׳ ניחומאי (ריחומי) 34, 45.
נילום 136; II. 133, 137–139, 179, 181.
ר׳ נינא II. 76.
נינוה II. 92.
ניקיפור(וס) 186.

INDEX TO I AND II.

משה הכהן 162.
משה הכהן (דֹמָךְ) 127, 132.
ר׳ משה הכהן (בעל עזר האמונה) 98.
ר׳ משה הכהן (גאון) II. 224, 233.
ר׳ משה כהן (עם הראובני) II. 200.
מר רב ר׳ משה כהנא בּר יעקב 39, 65, 189.
משה II. 125, (עם הראובני) 155.
משה (דוד ר׳ יהודה נשיא) 80.
משה אבודרהאם 160.
משה אבודרהין II. 154, 155.
משה אבולעפייא 152.
משה אגימאן 156.
משה אלאשקר 140, 159.
משה אלמושנינו 155.
משה אלשיך 151.
משה אפנעים 154.
משה ארניש 160.
משה ארוך 154.
משה אלבאלנסי 107.
משה באסן 154.
משה אלבילדה 140.
משה בנבנשת 154.
משה גאלאנטי 151.
משה ניסו 132.
משה (הכהן) ניקטיליא 81.
משה אלדמוהי 120, 160.
משה המון 147–149.
משה ורוק 151.
משה חאלינואה 107.
משה טיוולי 156.
משה טרינקי 150.
משה יונה 160.
משה לאטין II. 158.

משה הלוי 160.
משה לונזאנו 126.
משה די ליאון 126.
משה מעלי הכהן 153.
משה הממציר II. 151.
משה נאגארה 151, 153.
משה סאניש 152.
משה סכנדרי 156.
משה סמחון 162.
משה סעדי 151.
משה סרגוסי 162.
משה עובדיא 155.
משה עניו 84.
משה אלפאראנגני 107, 140, 161.
משה מפולייניו II. 154.
משה הפרנס 83.
משה צרפתי II. 152.
ומשה קאשטלאין 151; II. 150.
משה קאטטרו 160.
משה קוטוניאה II. 155.
משה קורדיבירו 151.
משה די קוריאל 151.
משה קמחי II. 237.
משה קפסאלי 138, 153.
משה רקי 153.
משה תיבון II. 237.
משה ן׳ אבודרהם 156.
משה בר׳ אבון 83.
משה בר׳ אברהם 135.
משה בׁ אשר 144.
משה אבן זיוא 156.
משה אבן חביב 140.
משה בן חיים 155.
משה אבן חנוך 68, 69; II. 225, 234.
ר׳ טשה בן בנו של טודרום הנשיא 83.

משה בר׳ יהודה 84; II. 229, 236.
משה בר׳ יוסף בן מרן (הלוי) 78, 84; II. 226, 229, 236, 238.
משה בר׳ יעקב (מקוצי) 95, 96; II. 232, 237.
משה בר׳ מימון (רֹמבַּם) 94, 101–104, 116–118, 121–127, 131–133, 135, 137, 156, 158, 159, 162, 192; II. 228, 231, 242.
משה בר נחמן (רֹמבַּן) 94–96, 103, 108, 125, 126, 142; II. 227, 229, 232, 238, 243.
משה בר סעדיא 133.
משה בן עזרא 81, 93; II. 229, 236.
משה אבן שושן 156.
משה בר׳ שם טוב 96.
משה בר׳ שמואל 155.
משה אבן שנני 154.
משה בן תודרום הנשיא II. 238.
משולם הכהן II. 240.
משולם בר׳ גרשום II. 229.
משולם בׁ זרובבל 48, 196; II. 71, 74, 77, 248.
משולםבר׳יעקב 132; II. 226.
משולם בׁ משה II. 227, 229, 232, 237.
משך II. 52, 92.
ר׳ משרשיא 61, 64.
ר׳ משרשיא בר פקוד 34.
ר׳ משרשיא בר תחליפא 62, 91.

מנחם בר זרח 98, 106; II. 243.
מנחם בר יוסף 38, 64.
מנחם בר עזריה 160.
מנחם בר עמיאל II. 132.
מנחם בר שלמה לבית מאיר II. 239.
מנטובה 140.
מנלוסיא 190.
אלמנצור בן אבי עמר 70.
מנצור אלריים 158.
מנשה (המלך) 48, 87, 164.
מנשה (דוד אלעזר) 167.
מנשה (אחי ידוע) 166.
מנשה (שבט) II. 133, 180.
מנשה גאון 37, 46.
מנשה בן יהושע 52.
מנשה בר יוסף 36, 64, 133, 188.
מנשה בן שמעון הצדיק 167.
מסעוד אזולאי 151.
מספר II. 245.
מסקם II. 181 (see מרסקם).
מסתערב 119, 157.
אלמעוז II. 125, 128.
ארץ המערב 67, 68, 72; II. 242.
אלמציצה II. 92.
ר' מצליח II. 150, 151.
מצפה II. 61.
מצר אלעתיקא 118, 119, 136.
מצר אלקאהרא 118.
מצרים 40, 47, 48, 51, 53, 60, 65, 67, 68, 72, 76, 78, 79, 85, 86, 89, 103, 115–122, 126, 128, 133–137, 140, 145, 150–153, 155–157, 159–161, 163, 167, 168, 174, 190, 192, 194–196; II. 6, 20, 26, 28, 29, 33–36, 40, 46, 48, 52, 53, 56–58, 60, 61, 68–70, 92, 94, 95, 100, 101, 106, 119, 120, 128–130, 133, 138–141, 146, 148, 157, 161 passim.
מצרים החדשה 119.
מצרים הישנה 119.
מצריים II. 7.
מקדה 157; II. 97.
מקלינו 185.
מקרינוס II. 109.
מר בר ר' אסי 91.
מר בר ר' אשי 33, 34, 45, 46, 59, 184, 187; II. 77.
מר בר ר' הונא 35, 46, 187.
מר בר רבה 35.
מר בר רביא 35.
מרביליא 99.
מרדכי 49, 57, 88, 164, 176; II. 20, 33, 52, 64, 245.
מרדכי מאטאלון 155.
ר' מרדכי בעל מירא רביא 52.
ר' מרדכי בעל המנהיג 195.
ר' מרדכי (עם הראובני) II. 148, 149, 159.
מרדכי הכהן 64, 154; II. 224, 233.
מרדכי קלעי 155.
מרדכי בן יהוסופיה II. 238, 239.
מרדכי בן יהושע II. 241.
דון מרטין II. 167.
מרטמנוס II. 109.
ר' מרי 34, 35, 39, 62, 178, 188; II. 72, 224, 233 (see מארי).
מרי הכהן 37, 63; II. 224, 233.
ר' מרי הלוי ב' משרשיא 37, 92.
מרי בר דימי 35, 187.
מרי בר יוסף 187.
מרידה 74.
מריות 165.
מרים 86; II. 23, 30, 33, 39, 41, 53, 94, 96.
מרים בת חנה 191.
מרימר 32, 59, 63, 91, 183; II. 77, 248.
ר' מרינוס (יונה) אבן גנאח 81, 229, 236.
מריניאנוס 186.
מרסקם 146 (see מסקם).
מרקוס (רומי) 195.
מרקוש (המבשר) 191 (see also יצחק ב' שלמה).
מרשיליאה II. 231, 236.
משה 9, 16, 25, 42, 44, 48, 49, 76, 85, 86, 117–120, 122, 138, 144, 148, 149, 163, 164, 171, 174, 176, 194–196, 198; II. 4, 13, 20, 24, 29, 33, 34, 36, 38–41, 45, 52, 53, 166, 171, 245.
משה (ריש גלותא) 196.

INDEX TO I AND II.

מאישטרו ליאון דיבאנוולש
see לוי בן גרשם.
מאישטרו פטיט II. 240.
מאישטרו שאנטיינו
(דישלינו), note 1 (99, 110.
מאלקה 71; II. 225, 234
(see מלאנא).
מאנוייל (מנואיל) 97, 101, 113.
מאסה II. 138.
מאציף יעקב (שין) II. 241
(see also נחמיה בר׳ יעקב).
מארי (מרי) ר׳ 64; II. 76, 110.
מבורך חיים גאלפפת 154.
מבריקיו 186.
מבשר ר׳ 41, 189.
מבשר בר קוזמי 40, 66.
מגדל צור II. 6.
מגנג II. 49.
מגינסיא 79, 190 (see
מאינצה).
מדמיאן II. 92.
מדובר II. 199.
מדון II. 97.
מדי 50, 51, 54, 165, 185, 190, 192, 195; II. 74, 92.
מדין (מדיניין)II.43,93,98.
מדין ב׳ אברהם II. 94.
מדינה 162.
מדן II. 93.
מהדיה see אלמהדיה.
מהללאל 85, 194, 195;
II. 68, 77, 90, 241.
מואב 163; II. 40, 43, 61, 97.
מוגרבה 134.

מונבז 51, 170; II. 71, 75.
מונטיל II. 244.
מונטפשליר II. 228, 230.
מוסי II. 89, 91, 94–97, 99,101,108(see משה).
מורה II. 41.
הר המוריה II. 14, 46.
מורסיא 95; II. 215, 216.
מוש II. 92.
ארץ מורח 75.
מחוזא 58, 136, 137, 183;
II. 247.
אלמוחלה 133.
מחיאל ב׳ עירד II. 89.
מחמד II. 140, 146.
מחמד בן אלשיך 101.
מחמד אבו נור 150.
מחמד בן עאבד אללה 187;
II. 246.
מחמד פאשה 150.
שולטן מחמד 138, 153.
מינם ר׳ II. 73, 76.
מיורקא (מיורנא) 95, 98
(see מאיורקא).
מייאשא ר׳ 42.
מיבאל ר׳ 105, 186.
מיכאל הכהן 154.
מיכאל כורו פלטים 186.
מיכה (הנביא) 87, 176;
II. 51, 52, 69, 70, 73, 74, 245.
מיכה II. 57.
מיכיהו 176; II. 52, 245.
מיכל II. 99.
מימון 108.
מימונגלי 157.
מיסא ר׳ II. 76.

מיץ II. 235.
מיציאנוס 185.
מיקא II. 134, 135.
דון מיקיל II. 156–209
passim.
מישאל 88, 49; II. 19, 107.
מישון 63, 187.
מכיר ר׳ 82, 105.
מכיר ב׳ מנשה II. 40.
מכסימו 186.
מכסימיאנו 185, 186.
מערת ה)מכפילה) II. 144.
מלאנה 100 (see מאלקה).
מלאכי 49–51, 78, 86, 88, 164–166, 176; II. 52, 71, 74, 245.
מלנורי 237.
מלבה) מלבא) ר׳ 39, 189;
II. 33.
מלבא בר אחא 36, 188.
מלכי צדק 174; II. 248.
מלכיה 64,65;II.224,233.
מלכירם 70.
מלכישוע II. 99.
ממרא 26.
מנואיל see מאנואיל.
מנוח 164; II. 245.
מנוח ר׳ II. 239.
מנחם 53, 54.
מנחם הארוך ר׳ 110.
מנחם דורא 126.
מנחם הבהן 160, 162.
מנחם סולם 155.
מנחם לבית מאיר(רמׄה) 126.
מנחם די לונזאנו 118, 152.
מנחם בר׳ אהרן 113.
מנחם בר בנימין II. 132.
מנחם בן נדי II. 54, 103.

103, 124, 132, 191; II. 226, 231, 232, 236, 238, 239, 241.	מאיר (ר׳) 3, 5, 6, 10-12, 14, 15, 19-21, 25, 41-45, 56, 90, 96, 106, 164, 179-181.	לאווה II. 164.
לוקוש (הרופא) 191.	מאיר אנאשאבון 140.	לאטאש (בית) II. 237, 239, 241.
לוקיום 185.	מאיר בנבנשת 155.	לאטינוס 86, 87.
לוקינוס 186.	מאיר ברזילי 152.	לבן 163; II. 93.
לוקציום 185.	מאיר נאביזון 161.	הנהר הלבן II. 179, 181.
לורני II. 235.	דון מאיר אלנוארייש 98, 110.	לבנה II. 97.
לושה 95.	מאיר דבוטון בנאליפול 154.	לעורי II. 237.
ליאון 67, 92, 94-96, 104, 107, 108, 126, 186.	מאיר דטרנקאטליש II. 229, 236.	לוד II. 92.
ליאון איסרו 186.	מאיר הכהן מנרבונה 96.	לודא 92.
ליאון ביזארו 186.	ר׳ מאיר הלוי אלעפיא (מטולטילה) 103, 126; II. 228, 232, 236, 242, 243.	לודקייא II. 19.
ליאון (נדול) 186.		לוט (לוטא) 198; II. 28, 29, 91, 92.
ליאון דיבאניולש II. 240 (see לוי בן גרשם).		לוי 86, 191; II. 28-30, 69, 93.
ליאון (קטן) 186; II. 117.	מאיר ב׳ ברוך מרוטנבורק 96, 104-106; II. 229, 232, 236, 243.	ר׳ לוי 15, 21, 46, 57.
ליאונור (דוניא) 97.		לוי (בסלוניקי) 140.
לינורנה (ליגורנא) II. 167-169, 205, 208, 213, 214.	מאיר בן ביבש 74.	לוי הזקן II. 226, 235.
	מאיר בן וירנא 139.	לוי הכובונה מתיא 191, 195.
לימנטום II. 109.	מאיר בן טודרוס 93, 126, 132.	לוי קוזין 155.
ליפרוטירה 95.	מאיר בן יוסף ן׳ מינאש (בנרבונה) 76, 78, 84.	לוי בר אברהם ב׳ חיים II. 239.
לישבונה II. 172, 183, 186, 203, 208.	מאיר בן יצחק 76, 154; II. 227, 251.	לוי בן גרשום 98, 106, 110; ליאון די (see II. 240 באניולש).
לכיש II. 97, 102.	מאיר בן מהאנר 75.	לוי בן חביב 105, 155.
למואל II. 133, 137, 139.	מאיר בן משרשיא 64, 188.	לוי בן יצחק 46.
למך 85, 194; II. 68, 77, 89, 90, 248.	מאיר בן עזרא 81.	לוי בן משה II. 238.
לרידה 98.	מאיר בן עראמה 155.	לוי בן שם רע 114.
לשרון II. 97.	מאיר בן שושאן 105.	לולאה II. 199, 200.
מאונג II. 92.	מאיר בן שמואל 84.	לוליינוס II. 19.
מאורינוס 186.	מאיר בן שרתמיקיט (שרתיקיט) 81, 93.	לומברדייא 79; II. 235.
מאיורקא 106, 110, 128 (see מיורקא).		לונבריא 190.
מאינצה 96 (see מגינסיא).	מאישטרי ויאולש דרודיש (מרדכי בן יהושע) II. 241.	לונגברדיאה II. 130.
		לונדרייש 130.
		לוגיל 84, 93, 94, 102,

INDEX TO I AND II.

ישוע כהן גדול 167.
ישי II. 69, 77, 99, 248.
ישמעאל (ר׳) 5, 6, 16, 18, 42, 44, 55, 56, 90, 167, 180, 181, 198; II. 4.
ישמעאל הכהן 160.
ישמעאל מריאיטה II. 163.
ישמעאל בן אברהם II. 8.
ר׳ ישמעאל בן אלישע 27, 54, 121, 176; II. 24, 245.
ישמעאל בר׳ יונקא 91.
ישמעאל בר׳ יוסי 179, 182.
ישמעאל בר נתניה II. 61.
ישמעאל, ישמעאלים (both with ארץ) 62, 67–69, 74, 80, 85; II. 6–8, 26, 27, 118, 125, 130, 133, 135, 139, 143–149, 156, 157, 174, 178–181, 184, 246.
ישעיה (ישעיהו) 48, 50, 87, 113, 164, 167, 174, 176; II. 51, 54, 56, 70, 71, 74, 102, 106, 245, 248.
ישעיהו (ריש גלותא) 176; II. 75, 77, 109, 248.
ישעיהו מטראני 154.
ישעיהו הלוי 64, 92, 152.
ישעיהו בר אבא (אבא שאול) 37, 64, 188.
ישראל 106.
ישראל מאולובריגאה II. 239.
ישראל בנימין 152, 156.
ישראל זאבי 152.
ישראל די קוריאל 151.
ישראל בר׳ יצחק 118.

ישראל (ארץ) 16, 23, 27–30, 36, 48, 54–58, 63, 67, 118, 134, 150, 157, 159, 160, 162, 174, 175, 177–179, 181, 183, 192; II. 21, 61, 75, 114, 129, 130, 246.
יששכר 118, 158; II. 69, 93, 98, 102.
יששכר בער 151.
יששכר הלוי 97.
יששכר בר יקותיאל 106.
יתרו II. 94.

אלבאמל 121.
כדרלעמר II. 26, 92.
ר׳ כהן צדק 63, 189, 190; II. 78–81, 83, 224, 234.
כהן צדק בר אבימי (איסומאי) 39, 65.
כהן צדק בר׳ יוסף 40, 66.
ר׳ בהנא 23, 24, 32, 46, 57–59, 105, 165, 177, 181–183, 196; II. 72, 75–77, 246–248.
כהנא בר׳ חנינאי 37, 188.
כחיבא (כזבא) 55, 56, 90, 198; II. 66, 109.
כוחסתאן II. 92.
כוט אלמצאצא 136.
כולבים 133.
כוסקאייני (בוסקאייני) II. 206, 207.
כורש (כורס) 49–51, 59, 88, 165, 166, 185, 195; II. 63–65, 70, 74, 108.

כוש II. 56, 92, 133, 134, 179, 181.
כושן רשעתים 112; II. 43, 97.
כותי II. 92.
כותיים II. 8, 13–15.
כזבר II. 109.
כיתנאי (כתנתאי) 35.
כלב שמואל 154.
כלב ב׳ יוסף II. 83.
כלב ב׳ יפונה II. 40, 42.
כלב ב׳ שרנארו II. 80, 82, 83 (see אהרן בן סרנארו).
בלוארי 37.
בלוש II. 109.
בלח II. 86.
בלבל 163.
כלפה בן אלאענאב 75.
כנא II. 110.
ארץ כנען 47; II. 7, 41, 43, 92.
כנעני II. 6, 7, 39, 96.
כסבר II. 92.
כסיאה II. 122, 125, 127.
ר׳ כפנאי (כפנא) 196; II. 77, 110, 248.
כרמל II. 97.
כרסאן (בראסאן) 40; II. 78, 92.
כשריים II. 62, 65.
כחים II. 92.

לאגה II. 183, 204–220 passim.
לאה II. 28, 93, 145.
לאון II. 117.

ר' יצחק הנגיד II. 147.
יצחק נפחא 23.
יצחק הנשיא II. 239.
יצחק סגי נהור 125.
יצחק סלע 152.
יצחק פארדו 155.
יצחק (ב' יעקב) אלפאסי 75-78, 93, 124-127, 132, 143; II. 228, 230, 235, 241.
יצחק קאנפאנטון (קנפנטון) 97, 99, 101, 107, 110, 141.
יצחק קארו 140.
יצחק קאיסטרו 162.
יצחק קולון 151, 153.
יצחק מקורבייל 104; II. 232, 237.
יצחק קרדינאל 94.
יצחק קרישפין 152.
יצחק ראובן 150.
יצחק (הישומר) II. 192, 194.
יצחק בי רב 151.
יצחק בר אבא מרי 102; II. 231, 236.
יצחק בר אברהם נרבוני II. 229, 238.
יצחק בר אישאן 57.
יצחק בר אשר 93.
יצחק בר ברוך אלבאליה 71, 74-78, 93, 102, 126; II. 228, 234.
יצחק בר יהודה (נאית) ניאת 74-78, 81, 93, 126, 191; II. 228, 230, 235, 236.
יצחק בר דוד 135.
יצחק בר חייא 64, 188.

יצחק בר חנניה 38.
יצחק ב' יהודה לבית לאטיש II. 239, 241.
ר' יצחק בר' יהודה (אמורא) 17, 24, 182.
יצחק בר יהודה (בנרבונה) 84; II. 229, 238.
יצחק בר ישי 65.
יצחק בר לב 140.
יצחק בן (מרן) לוי 83; II. 229, 238.
יצחק בן ליאון 72.
יצחק בן מאיר II. 231.
יצחק ב' מרדכיקטוחי (מאיישטרו פטיט) II. 240.
יצחק בן משלם 132.
יצחק בן משה בן סכרי 75, 126.
יצחק בן סהל 81.
יצחק בן עאזמה 140.
יצחק בן ראובן מברצלנה 75, 93, 126, 127, 132; II. 228.
יצחק בן שלמה הישראלי II. 233.— מרקוש 118.—סהולה 96.
יצחק בן שמואל 94, 102; II. 242, 243.
יצחק בן שפרוט 78, 190.
יצחק בן שר חסד 105.
יצחקבן ששון 116, 133, 154.
יצחק בן ששת 106, 128.
יקותיאל הכהן II. 240.
יקטן II. 26.
יקשן II. 93.
ירבעם בן נבט 113, 176; II. 47, 48, 101-104.—בן יואש II. 51, 64, 103.

ירד 85, 194, 195; II. 68, 77, 90, 248.
ר' ירוחם 97, 106.
ירוחם בן אליהו II. 98.
ירונימוס 175.
ירושלים 26, 49-54, 73, 74, 80, 88, 92-94, 96, 102, 103, 107, 108, 117, 118, 123, 140, 141, 145, 146, 152, 154, 161, 165-170, 175, 178, 190-192, 194, 195; II. 5, 6, 8-11, 14, 15, 18-20, 45, 46, 48-51, 56, 57, 59-61, 63-66, 70, 71, 74, 113, 129, 130, 141, 142, 145, 147, 148, 153, 154, 157, 163, 166, 167, 178, 179.
ירחמאל 174.
יריחא II. 97, 105.
יריחו II. 42, 53.
ירמות II. 97.
ירמיה (הנביא) 49, 50, 87, 88, 114, 164, 174; II. 24, 52, 57-59, 61, 64, 67, 70, 74, 106, 245.
ר' ירמיה 22, 23, 182.
ירמיה מאברונגאטו 154.
ירמיה בר אבא 24.
ר' ישבב 6, 55, 56, 90, 180.
ישבק II. 93.
ישו (הנצרי) 53, 60, 89, 114, 170, 191-194, 196, 198.
ישוע (מאנשי כהנ) 49; II. 245.

יעקב בן אליהו II. 237. | יצחק ר׳ 178; II. 73, 76.
יעקב (עם הראובני) II. 144,
147, 165, 166.
יעקב בן אלפאסי 75. | יצחק מר רב 35, 62, 187.
יעקב אבוהב 142. | יעקב בן אשר 97; II. 240. | יצחק רבנו II. 232.
יעקב אבולעפייא 151. | יעקב בן ברוך 74. | יצחק (עם הראובני) II. 199.
יעקב אבוקאייא 162. | יעקב אבן ג'ן 69, 70, 71. | יצחק אבודרהיןII. 154, 155.
יעקב אבושערה 162. | יעקב בן דוד 135. | יצחק אבוהב 107, 113, 142,
יעקב איש כפר חטיה 6, 57,
180. | יעקב בן דוסאי 6. | 143, 159.
יעקב ב׳ מר זוטרא II. 73. | יצחק אברבנאל 112, 139.
יעקב איש כפר חנניה 182. | יעקב אבן חביב 140, 155. | יצחק אדרבי 155.
יעקב די בוטון 155. | יעקב בן חזקיה 248. | יצחק איספאנייא 154.
יעקב ביבאש 150. | יעקב אבן חיים 116, 157,
160. | יצחק אראמה 150.
יעקב בירב 140, 157, 162. | יצחק ארוטי II. 242.
יעקב נאבישון 128. | יעקב בן חסא 180. | יצחק אשכנזי 154.
יעקב נאון ר׳ 65. | יעקב בר׳ יוסף 158, 191. | יצחק בדרשי 155.
יעקב גייוזו 151. | יעקב בר׳ יצחק לאטש II.
241. | יצחק די בוטון 152.
יעקב נקטיליא 96. | יצחק בוכפזי II. 149.
יעקב דאנון 154. | יעקב בר׳ יקר 93, 101; II.
226, 235. | יצחק בעל התוספות II. 242,
243.
יעקב טאיטאיצאק 155.
יעקב לואל 107, 114. | יעקב בר׳ מרדכי 39, 65, 188. | יצחק ניקאטיליא 107.
יעקב לבנה 156. | יעקב (הנביא) בר׳ משה 83. | יצחק דון דון 140.
יעקב (הכהן) מנהר פקוד 36,
63, 91, 188; II. 224,
233. | יעקב ב׳ משולם 132. | יצחק הדרבל 102.
יעקב בר׳ נטרונאי 39, 189. | יצחק הזקן (בעל התוספות)
94; II. 229, 235, 242,
243.
יעקב הסופר II. 191, 192,
203, 218. | יעקב בר׳ נתנאל 122.
יעקב בר׳ סהל 75. | יצחק ן׳ אלתריב 162.
יעקב סמוט 155. | יעקב בר׳ עזרא 81. | יצחק חיון 141, 142.
יעקב עובדיא 154. | יעקב אבן עראמה 155. | יצחק חיים 152.
יעקב פאלקון 152. | יעקב בן קרשאי 10. | יצחק חנניא 178.
יעקב צהלון 151. | יעקב בן שאהון 73. | יצחק מטרני 142.
יעקב צמח 152. | יפו II. 112. | יצחק היהודי II. 218.
יעקב קאשטרו 160. | יפת 163; II. 53, 90, 92. | יצחק ישראל 97, 106.
יעקב קומינטו 144. | יפתח 48, 86, 164, 195;
II. 44, 46. | יצחק הכהן 156; II. 229,
238, 240.
יעקב מקורבייל 95. | יצחק 47, 86, 142, 163,
194–196; II. 8, 26,
27, 34, 68, 69, 144–
146, 248. | יצחק הלוי 101, 155.
יעקב רוביו 155. | יצחק לורייא 151, 153, 160.
יעקב רושאלין II. 218. | יצחק די ליאון 107, 113,
142, 143, 159.
יעקב ששון 151.
יעקב (ר׳ תם) 78, 84; II.
229, 231, 235, 243. | ר׳ יצחק (דוד ר׳ יהודה הנשיא)
80. | יצחק מולינא 160.

יוסף טוב עלם II. 237.
יוסף טורנו II. 240.
יוסף נוטראני 140, 154.
יוסף יעבץ 140.
יוסף כספי II. 239.
יוסף מלירייאה 152.
יוסף מלכי 170.
יוסף נחמיאש 156.
יוסף סאגיס(סאניש)150,156.
יוסף סארנוסי 151.
יוסף (הדיין בר׳ יעקב) אבן סהל 75.
יוסף סבנדרי 155,156, 158.
יוסף עוזיאל 107.
יוסף עמשי 133.
יוסף פאדוואל 93.
יוסף פאסי 140, 155.
יוסף הצדיק 119.
יוסף הצורף 144.
יוסף צרפתי II. 147, 151, 154,155,158,162,167.
יוסף קורדיליאה II. 180, 186, 192, 194.
יוסף קורקום 140.
יוסף קראסו 155.
יוסף (ראובני) II. 133, 212 passim.
יוסף שרגא 140.
יוסף בר׳ אבא 37, 188.
יוסף (יוסי) בן אביתור 69; (אביתום), 234. II. 225
יוסף אבן אלעיש II. 244.
יוסף אבן אלפרוג׳ 79.
יוסף בר׳ ביבי 64.
יוסף אבן גו 69, 70.
יוסף בן גוריון 190.
יוסף בר׳ גרשון II. 229, 238.
יוסף בר׳ זכריה 133.

יוסף בר׳ חייא 24, 164.
מר יוסף ב׳ מר ר׳ חייא 38, 64.
יוסף בר׳ חמא 29, 38, 177; II. 72.
יוסף בר׳ חנניה 167.
יוסף בר׳ יהודה 64, 92, 122.
יוסף בר׳ יוחנן 164, 176.
יוסף בן יועזר 164,176,180.
יוסף אבן יחיא 140, 155.
יוסף בר׳ יעקב 34, 37, 40, 65, 66; II. 81-83.
יוסף בר׳ יצחק 81.
יוסף אבן לב 154, 155.
יוסף (בר׳ מאיר) בן מהאנגר 75.
יוסף (הלוי) בן מיגש 72, 75, 76, 93, 101, 127; II. 228, 230, 235, 242.
יוסף בן משה II. 155.
יוסף בן משלם 132.
יוסף בן מתיא 190.
יוסף עוברדיא 121.
יוסף (הנשיא) אבן עזרא 80, 155.
יוסף אבן עקנין II. 238.
יוסף אבן פלט 94.
יוסף אבן פנחס II. 78, 79.
יוסף אבן צדיק 94.
יוסף בר רבי 38.
יוסף בר שילא 37, 64, 92, 188; II. 224, 233.
יוסף ב׳ שמואל הנגיד 67, 73, 74, 77, 78, 93.
יוסף אבן שני 154.
יועזר 167.
יורם 48; II. 69, 74, 249.
יושע בן נון II. 97, 107 (see יהושע).

יותם 48, 176, 195; II. 51, 54, 70,74, 77, 102, 248, 249.
יודינרד 62, 184, 187; II. 109, 246, 247.
יחזיאל ב׳ זכריה II. 52.
יחזקאל 57, 113, 140, 163, 164, 167, 176; II. 52, 60, 61, 70, 243.
יחזקאל בן זכריה II. 73.
יחזקיה II. 77 (see חזקיה).
יחיא 108, 140.
יחייא בן עבד אלהים II.143.
ר׳ יחיאל 96, 104-106, 143, 144; II. 243.
יחיאל באסן 154.
יחיאל הזקן 144.
יחיאל ענבי 154.
יחיאל מפיסא II. 162-169, 196, 204, 212.
יחיאל מפריש II. 235.
יחיאל רפאייא 156.
יחיאל בר אשר 96,103,104.
יחיאל בר זכריה II. 69.
ר׳ יימר 33, 177, 184, 187; II. 246, 247.
יכניה 49; II. 70, 107.
ר׳ ינאי 7, 22, 23, 57, 182, 198; II. 16, 17.
ינאי המלך 53,60, 89, 169; II. 16, 17, 71, 75.
מר ינוקא(ינקא) בר מר זוטרא 35, 61, 63, 73, 187, 188; II. 224.
יסכה II. 29, 33, 53.
יעקב 47,86,163,188,194- 196; II. 27-29,40,69, 77, 93, 94, 145, 248.

INDEX TO I AND II.

197; II. 71, 245, 246, 248.
יוחנן אשכנזי II. 241.
יוחנן סופר 54.
יוחנן בן ברוקא (ברוקה) 5, 55, 56, 180.
יוחנן בן גודגדא 14, 44.
יוחנן בן זכריה 191.
ר׳ יוחנן בן זכאי 4, 5, 9, 12, 16, 18, 19, 27, 45, 46, 53-55, 78, 90, 159, 164, 173, 181; II. 3, 4, 10, 11, 13, 14.
יוחנן בן נורי 5, 55, 90, 179; II. 30.
יוחנן בן עזריה 164, 165.
יוחנן בן פנחס 56.
יוחנן בן שמעון 89, 197; II. 71, 74, 109.
יוחנן בן שמעי 168, 197.
יוחנן בן שפט II. 248, 277.
יוכבד בת לוי II. 40.
יולום II. 109.
יוליאנוס 60, 185, 195.
יוליאנוס אפוסטאטא 186.
ר׳ יום טוב 65; II. 153.
יום טוב בארקו 160.
יום טוב ברביניא 154.
יום טוב מוטבאני 156.
יום טוב בר יעקב 39, 189.
יום טוב אבן יעיש 154.
יום טוב אבן יקר 51, 52, 54, 60, 67, 88, 89, 166, 168, 169, 170, 190, 192, 193, 195, 197; II. 5, 6, 9, 10, 12, 22, 63, 65, 66, 71, 74, 92.

יונאן II. 92, 108.
יונאנין II. 108, 109.
ר׳ יונה (מגירונדה) 96, 103, 106, 164, 176; II. 229, 238, 242, 243, 245.
יוונים (היוני) II. 6, 12-15, 66, 130, 246.
ר׳ יונתן 46, 182; II. 69, 73, 74.
יונתן נאלאנטי 84, 102, 152.
יונתן הכהן 94, 167; II. 229, 232, 236, 238.
יונתן מֻכֻּבִּי 52, 166, 168, 169.
יונתן בן דוד 132.
יונתן בן עחיאל 4, 53, 90.
יונתן בן עמיהו 87.
יונתן בן שאול II. 99.
יוסטינוס 186.
יוסטיניאנוס 186.
ר׳ יוסי 3, 5, 6, 9, 10, 15, 20, 34, 41, 42, 44, 45, 56, 61, 90, 91, 164, 167, 179, 180-182, 187; II. 10, 17, 23, 26, 37, 42, 49, 55, 56, 62, 63, 66, 77.
יוסי בר בון 28.
יוסי הגלילי 5, 55, 90; II. 17.
ר׳ יוסי הכהן 90.
יוסי בר דוסחאי 5; II. 17.
יוסי בן חלפתא 164; II. 245.
יוסי בן יהודה 179, 182; II. 37.
יוסי בן יוחנן 53, 88.
יוסי בן יועזר 53, 88; II. 245.
יוסי בן קיסמא 5, 55.
יוסיניאנוס 186.

ר׳ יוסף (אמורא) 13, 17, 18, 23-25, 30-33, 46, 58, 80, 91; II. 77.
יוסף (ב׳ יעקב) 48, 86, 163; II. 28, 29, 67, 69, 94, 97.
ר׳ יוסף (בפומבדיתא)—יוסף 35, 63; II. 78.—ר׳ 132.—(מחכמי לוגיל) ר׳— 75, 81.— יוסף גאון 46. יהוסף—34. רבה יוסף גאון II. יוסף כהן—.167 (כנ)—162. הכהן 190. הכהן—יוסף הלוי—.154 חסיד 191. — (ברנבש) (עם II. 162-164, הראובני)—155. לבית לוי—.168 יוסף המלך II. 133.
יוסף מאטאלון 153.
יוסף אישקאפה 154.
יוסף אבאיוב 140.
יוסף אלבו 107.
יוסף אלטון 151.
יוסף אלפלט 103.
יוסף אלצאייח 153.
יוסף אשכנזי 151; II. 151, 152, 159.
יוסף באנילאר 161.
יוסף בואיסמא 109.
יוסף בכור שור II. 237.
יוסף ברוך 162.
יוסף נאנסו 154.
יוסף נקטיליא 97, 109, 140.
יוסף דונאסינה 97.
יוסף ויטאל 150.
יוסף חיים 153.
יוסף טאיטאייצאק 140, 155.
יוסף טבולי 161.

[II. 6.]

90, 164, 180, 181; II. 5, 20, 23.
יהודה (בר דוד) אלפאסי 81.
יהודה בן אשר 96–98, 103, 105, 106, 109; II. 243.
יהודה בן בבא 5, 6, 55, 90, 180, 181.
יהודה בּ בולאט 140.
יהודה בּר ברזילי 93, 102, 132, 191; II. 227, 232, 236.
יהודה בן בתירא 55; II. 4.
יהודה בן גיאת 74, 81, 93.
יהודה בן גמליאל 180.
יהודה בן דוד II. 248.
יהודה בן דימא (רמא) 55, 181.
יהודה בן זכאי II. 81.
יהודה בן חכינאי 180.
יהודה בן טבאי 53, 89, 164, 176, 180, 191, 196; II. 245.
יהודה בן יאשיהו 116, 133.
יהודה בן יחזקאל 57, 181; II. 72.
יהודה בן יעקב II. 237.
יהודה בן משה 83.
יהודה בר יוסף (הנשיא) 80.
יהודה בן יוסף אלרקי (אלבלשאיא) II. 250 (see).
יהודה בן שושן 140.
יהודה בן שמוע II. 22.
יהודה בן שמעון 122.
יהודה בן חבון 132; II. 236.
ארץ יהודה 28, 170, 190; II. 2, 6, 58, 77.
יהוידע 87, 164, 166; II. 50, 70, 74, 102, 245.

יהויבין 48–50, 87, 177, 192, 195; II. 58, 59, 62, 63, 70, 74, 77, 246–250.
יהויקים 48, 49, 87, 166, 191, 195; II. 24, 57, 58, 63, 66, 70, 74, 77, 106, 248, 249.
יהויריב II. 66, 69.
יונתן see ר' יהונתן.
יהוסף בּן 167 (see also יוסף).
יהוצדק 51, 52; II. 70.
יהורם 87, 195; II. 52, 69, 73, 77, 102, 103, 248.
יהורם בּ אחאב II. 49, 50, 103, 105.
יהושבע II. 50.
יהושע (יאושע) (ר') 5, 16, 20, 27, 45, 55, 91, 164, 181; II. 4, 5, 31, 45, 55, 74.
יהושע בונפוש 140.
יהושע בנבנשת 154.
יהושע חנדלו 152.
יהושע צונצין 154.
ר' יהושע בּ דוד 135.
יהושע בן זריז 25.
יהושע בן חנניה 90, 181.
יהושע בן הוצדק 52, 88; 166; II. 70, 74.
יהושע בן לוי 23, 42, 181, 182.
יהושע בן נון 4, 48, 49, 85, 86, 163, 164, 171, 174, 176, 195; II. 6, 23, 24, 40, 42, 43, 67, 69, 245.

יהושע בן נשרף II. 71.
יהושע בן סירא 167.
יהושע בן עמנואל II. 238.
יהושע בן פרחיה 53, 88, 89, 164, 169, 170, 176, 180, 191, 196–198; II. 245.
יהושע בן קרחא 6, 56, 180, 181; II. 20, 56.
יהושע אבן שעיב 94, 98, 102, 106; II. 244.
יהושפט 25, 48, 87, 176, 195; II. 48–50, 52, 69, 70, 73, 77, 101, 248, 249.
יואב II. 100, 162.
יואב בּ צרויה II. 100.
יואחז II. 69.
יואל 87, 102, 164, 176; II. 52, 70, 74, 245.
ר' יואל העזורי 94, 95, 103, 139.
יואנטנום II. 109.
יואש בן אחזיהו 48, 87, 164, 176, 195; II. 50, 70, 74, 102, 103, 106, 248, 249.—בן יהואחז 50; II. 103, 106.
יובאנגום 186.
יודאי 64 (see יודאי).
ר' יורן 176; II. 245.
יוחנן (כהן גדול) 166–168; II. 71.
ר' יוחנן 5, 10, 14, 16, 17, 21–24, 29, 30, 42, 44, 45, 54, 57, 58, 60, 91, 164, 168, 169, 173, 174, 177, 180–183,

INDEX TO I AND II.

טורײנוס II. 19.
טושקאנה II. 235.
טטרנאן II. 109.
טיאודװיאו 175.
טיבירוס (טיבריאוס) 170, 185, 195, 196.
טיבריה 192; II. 245.
טיבריש 60.
טיטוס 50, 51, 54, 56, 74, 90, 107, 170, 185, 190, 195, 196; II. 66, 109.
טלימון II. 66, 109.
טליקוס II. 66.
טלמיוס 56, 90; II. 109.
טמירינוס 186.
טננאר 99 (see מאנגר).
טעאר 98.
טקיטוס 186.
טרניאנוס 185, 195.
טרוטיאל 101.
טרויאש 93, 94, 127; II. 242.
טרײנוס 191.
טרנטו 190.
טראנקאטלײש II. 227, 229, 231, 236, 239.
טרסיס II. 92.
טרפון ר׳ 55, 90, 179, 181.
טרשקון II. 238, 239.

יאגוג II. 92.
יאודה see יהודה.
יאוחן(י)/אחי כהן גדול II. 69, 73.
יאושע ר׳ see יהושע.
יאיר 48, 86, 164, 195.
יאיר אבידרע 156.

יאיר הגלעדי II. 43, 98, 251.
יאיר ב׳ מנשה II. 40.
יאשיהו (המלך) 48, 87, 176, 195; II. 57, 70, 74, 77, 106, 248, 249.
יאשיהו הנביא 116.
ר׳ יאשיה רמן הוצל 22, 182.
ר׳ יאשיהו (מפאס) 69.
יאשיהו פינטו 153.
יאשיהו בן זכאי 65, 81.
יבום II. 43.
יבין II. 43, 98.
יבל II. 89.
יבנה 27, 45, 54.
ידוע 166.
ידרותן 176; II. 52.
יהו(א) ב׳ חנני 176; II. 52, 69, 73, 245.
יהו(א) ב׳ נמשי 176; II. 50, 63, 103.
יהואחז 48, 87, 195; II. 50, 57, 70, 73, 77, 103, 249, 252 (see יואחז).
יהואש see יואש
ר׳ יהודאי גאון 36, 37, 63, 64, 78, 91, 92, 188; II. 224, 233, 234, 241.
יהודאי ב׳ נחמן 37, 188.
ר׳ יהודה II. 28, 69, 77, 93, 248.
ר׳ יהודה (אמורא) 21, 23–25, 29, 31, 33, 57, 58, 91, 164, 183, 188; II. 75, 240.
מר רב יהודה 35, 188.
יהודה (הרופא) אסקלי II. 160.

יהודה אפנעים 154.
יהודה הבבלי 174.
יהודה ביטון 154.
יהודה בנבנשת 155.
יהודה ברזילי 152 (see בר ברזילי).
יהודה (יהודאי) גאון 39, 40, 63, 64, 66, 92, 178; II. 225, 234.
יהודה האמי 160.
יהודה מזימור II. 187.
יהודה זכאי 196.
יהודה חיון II. 229, 236.
יהודה חייט 140.
יהודה החסיד 95, 102; II. 235.
יהודה חסן 161.
יהודה הכהן 133, 162.
יהודה הלוי (ב׳ שמואל) 81, 94, 102; II. 229, 236.
יהודה לירמה 154.
יהודה מבגי 52, 166–168, 197; II. 74.
יהודה מנחם 158.
יהודה מסעוד 160.
יהודה משאל 156.
יהודה הנשיא (רבנו הקדוש) 56, 164, 174, 176 (see also רבי).
יהודה הנשיא 48; II. 245.
יהודה פירינטי II. 194, 196, 207, 209, 218.
יהודה קוטוביא II. 154, 155.
יהודה קורדיליאה II. 194.
יהודה קרישפין 132.
יהודה משנץ 153.
יהודה (בר׳ אילעי) 3, 10–12, 19–21, 41–43, 56,

INDEX TO I AND II.

חנינא בׄ גמליאל 6.
חנינא בׄ דוסא 65; II. 224, 233.
חנינא בׄ הונא 37.
חנינא בׄ חכינאי 6.
חנינא בׄ חמא 7, 14, 57, 182, 183.
חנינא בׄ פפי 23.
חנינא בׄ תרדיון 5, 55, 56, 90; II. 24.
חנינאי כהנא נאון בׄ אברהם 36, 64.
חנינאי בׄ אדוי 196.
חנמאל בׄ שלום II. 60.
רׄ חנן 35, 62, 167, 196; II. 224, 233.
חנן מאשקיא 91, 187.
חנן בן פנחס 180.
רבנו חננאל 67, 68, 73, 75, 78, 92, 126; II. 225, 227, 228, 230, 234.
רב חננאל II. 71, 72, 75.
רׄ חננאל (מפרש התורה) 143.
רׄ חננאל בׄ אמתיי II. 112, 114, 119, 120, 123, 125, 130-132.
רׄ חננאל ברׄ חסדיא II. 132.
חננאל בׄ פלטיאל II. 125, 127.
חנני הרואה 164, 176; II. 52, 69, 73.
חנניה 49, 88; II. 19, 107.
חנניה (כהן גדול) 167.
מר רב חנניה II. 76.
חנניה ברהון 162.
חנניה נאון II. 225.
חנניה אבן יקר 154.
רׄ חנניה (נאון) בר׳ יהודה 40, 66, 178, 189; II. 225.
חנניה בר משרשיא 36, 64, 188.
חנניה בן עזור II. 59.
אבו חסאיני עבד אלרחמאן 108.
רׄ חסדא 17, 23, 30, 31, 58, 164, 177, 180, 182, 183, 196; II. 77, 246, 247.
רׄ חסדאי (ריש גלותא) 6, 77, 123, 196; II. 77, 248.
רׄ חסדאי הלוי ספרדי 133.
רׄ חסדאי בסרקוסטא 98.
חסדאי פרחיא 155.
חסדאי קרישקאש 106, 107, 142.
חסדאי בר׳ יצחק 66, 69, 78, 81, 190.
חסדיהו (חסדיא) בׄ ברכיה 48, 196; II. 71, 74, 75, 77, 109.—חננאל 123, 125, 127, 132.
חסן II. 81.
חפר II. 97.
חצוב II. 73, 77.
אבו חצירה 152, 153.
חצרון II. 28, 69, 77, 99, 248.
חקרא II. 5.
חרמה II. 97.
חרן (חראן) 47, 86; II. 26, 92, 93.
חשבון II. 44, 46.
(בית) חשמונאי 52-54, 60, 89, 168, 170, 192, 194,
195, 197; II. 5, 6, 13-16, 19, 66, 109.
חשמונים II. 71, 74, 75, 153, 156, 158, 159.
חשמן II. 159, 167, 182.
טאוילה (טוילה) II. 163-220 passim.
טאיע אלכליפא 115.
טאנגר (טאנגיר) 110; II. 178 (see טנגאר).
טאריפה 109.
טביומי בר אשי 33, 45, 59, 177, 184; II. 77, 247.
טבירו 186.
טביריא 134, 176 (see טיבריה).
טברונוס II. 109.
טברסטאן 78.
טוביה II. 162-185 passim.
טוביה הלוי 151.
טודילה 105 (see תודילה).
רׄ טודרוס 82, 83.
טודרוס הלוי בר׳ יהודה 95; II. 229.
טולושה 83.
טולידו 108.
טוליטולא (טליטלה) 71, 80, 93-98, 102, 103, 105, 106, 110, 118, 126, 132, 140, 141, 143, 157, 190, 197; II. 228, 236, 240, 242-245.
טומאש 112.
טורו 95, 111.
טורטושה 93, 108.

INDEX TO I AND II. xxix

66. חוי אלכלבי (אלבלבי)
חוילה II. 92.
חול II. 92.
חולדה II. 33, 53, 70, 74, 245.
חולה II. 92.
חונא II. 110.
חוני המעגל II. 21.
חוניא 182.
חוניו 166, 168, 197.
ר' חוצפית 55, 56, 90.
חורב II. 4.
ר' חושיאל 67, 68, 73; II. 225, 234.
חזאל II. 50, 63, 103, 106, 109.
חזקיהו (חזקיה) 48, 59, 87, 174, 195; II. 51, 55–57, 70, 71, 74, 77, 102, 104, 248, 249.
חזקיה (ראש גולה) 196; II. 75.
חזקיהו (בונא נמהר) II. 248.
חזקיהו ב' גרון II. 23.
חזקיה בן בנו של דוד ב' זכאי 67, 178.
חזקיהו בן נעריהו 48.
חזקיה בן שמעיא II. 248.
חטיא 6, 7, 57, 180.
חטר II. 179.
ר' חידקא II. 20.
חיון 81 (see יהודה).
ר' חיון 143.
ר' חייא 3, 7, 8, 13–16, 18, 21, 22, 27, 30, 41, 43, 44, 46, 57, 90, 164, 181, 182; II. 72, 75, 150, 233.

155. חייא אבראבאניל
64. ר' חייא נאון
153. חייא דיין
חייא מוניציא II. 150.
חייא הלוי II. 224, 233.
חייא ממישן 35, 63, 187; II. 224, 233.
28. חייא רבה
151. חייא רופא
45. חייא בר אבהו
חייא בן אלדאודי 67, 94.
57. חייא בן אשר
ר' חיים 65, 97, 104, 106, 161.—(עם חיים הראובני) II. 156, 157, 159–161.
154. חיים אגוני
154. חיים אלנאוי
140. חיים אלחדִיב
154. חיים אלפאאנדארי
153. חיים אלשיך
154. חיים בנבנשת
חיים ויטאל 150, 151, 153.
152. חיים יעקב חאניז
151. חיים חבר
161. חיים חברייא
חיים עובדיא 140, 155.
150. חיים פרץ
155. חיים שבתי
128. חיים בן ר' אברהם
חיים בן יחיאל 97, 104, 106.
75. חיים בן כלפה
חיים בן שמואל 96, 105.
155. חיים די בועל
ר' חינא II. 75.
חיננא II. 75.
חיננא גאון 92; II. 234.

II. 62; חיננא מנהר פקוד 224, 233.
II. 64; חיננא בר משרשיא 224, 233.
71. חירום
69. אלחבים
30. ר' חלבו
חלואן II. 86.
133. חלפון בר עולא
55. חלפתא
II. 165; חלקיה ב' שלום 70, 74, 108.
חם 163; II. 90, 92.
ר' חמא 7, 32, 45, 58, 59, 183; II. 76.
57. חמא בר גוריא
177. חמא בר רבא
חמול II. 28, 69.
חמי II. 130.
חמת 60; II. 61.
ר' חנא גאון 35; II. 248.
חנה II. 53, 98.
191. חנה בת יהויקים
חנוך 85, 194, 195; II. 26, 68, 77, 90, 248.
ר' חנוך (הבבלי) בן ר' משה 68–71, 92.
חנוך בן קין II. 89.
חנילאי II. 72.
6. חנין בן פנחס
ר' חנינא (חנינה) 7, 11, 17, 22, 23, 29, 30, 36, 62, 180–183, 188, 190; II. 24, 25, 71, 248.
16. רב חנינא בן אחי ר' יהושע
ר' חנינא גאון 35, 46, 187.
מר חנינא רבא 72, 73, 76.

INDEX TO I AND II.

הרוסוס (?הורדוס) ב׳ אנריפס
II. 109.
הרמז II. 109.
הרן II. 28, 29, 53, 91.
השאם 70.

ואלייאדוליה 110.
ואלידי נאמישי 150.
ודאן II. 109.
וורנקוורט 193.
ויטירבו II. 156, 162, 164.
ויטרי 93; II. 237.
ווילה נאווה II. 205, 206.
וילונא (ולונא) 110, 140.
וילנסיאה 95.
וויניציאה 144, 155; II. 147, 148, 150, 151, 153, 164.
וויניציאן II. 158.
וויניישי II. 232.
ויסינטי 98.
ויקיאנוט 98.
וירונא 140, 141.
וראנצישקו II. 168 (see פראנצישקו).
ורנלאן see רנלאן.
ורדינאוס 186.
בית זבדאי II. 20.
זבולן II. 69, 93.
זביד ר׳ 32, 35, 46, 59, 178, 183; II. 246, 247.
אלונאוה II. 92.
זונמאר 73.
מר זוטרא 32, 46, 177, 178, 183, 187, 196; II. 72, 73, 76, 77, 110, 246–248.

מר זוטרא בן בוסתנא 178.
מר זוטרא בר גוריא II. 73.
מר זוטרא בן הונה II. 72, 73, 248.
מר זוטרא ב׳ מר זוטרא II. 73.
מר זוטרא בן חנניה (חנינא) 46, 177; II. 246.
מר זוטרא בר׳ כהנא II. 247, 248.
זוילה II. 92.
זיטן 186.
זימור II. 186, 189, 192, 200, 203.
ר׳ זירא 22–24, 58, 182.
זירא ן׳ ששון 105.
ר׳ יוחנן 18, 9 (see ב׳ זכאי).
זכאי בן רב אחונאי 36, 188.
זכאי בן דוד 65; II. 110.
זכאי בן יהודה II. 248.
זכרי II. 54.
זכריה (המלך) 51, 54; II. 103.
זכריה (הנביא) 49–51, 78, 86, 87, 88 (בן עדוא), 164, 166, 176; II. 52, 65, 70, 71, 74, 108, 143, 245.
זכריה אשכנזי 151.
זכריה יחיא II. 143.
זכריה המבין 176.
זכריה ב׳ בניה II. 52.
זכריה ב׳ יהוידע 76, 87, 164, 176; II. 70, 74, 245.
זכריה בן הקצב 6, 180.
זלפה II. 93.
זמרי 163; II. 48.

זמרן II. 93.
זעקן II. 235.
זרד II. 40.
זרובבל 26, 48, 49, 54, 61, 66, 88, 90, 92, 117, 166, 176; II. 70, 71, 74, 109, 225, 245, 248.
זרח 163; II. 51.
זרח הבושי II. 48.
זרח בן אהרן 98.
זרחיה 165.
זרחיה נוטה 162.
זרחיה הלוי 102, 124, 125, 132; II. 227, 229, 231, 236.
זרחיה מליריא 152.
זרחיה בן עזי II. 108.
זתואל ב׳ יהודה II. 8, 10.
ר׳ חאנא 187.
חבום 71, 72, 80.
חבור II. 133, 147–149, 178–180, 216, 220.
ר׳ חביבא 178; II. 75.
אבן חביב 92, 107.
אלחביר II. 139, 140.
חבקוק 87, 176; II. 21, 52, 70, 74, 245.
חברא II. 97.
חברון 152; II. 26, 27, 44, 144, 145.
ר׳ חגא 30.
חגי 49–51, 78, 86, 88, 164, 166, 176; II. 52, 70, 71, 108, 245.
חוי II. 70.
חויא II. 74.

דניאל נשיא 38.
דניאל (מעזה) II. 148.
דניאל מפיסא II. 156–212 passim.
דניאל אישטרומשה 155.
ר' דניאל אבן חסדאי 115.
דניאל בר' יוסף 133.
דניאל פרחיא 155.
אלדרסם II. 92.
דפתי II. 72, 76.
דריוש 185.
דריוש בן אחשורוש (המדי) 50, 51, 59, 88, 165, 195; II. 63, 70.
דריוש בן אסתר (אחשורוש) 49, 51, 88, 164, 167, 176, 195; II. 52, 63, 65, 74.
ר' יהודה(see) 83 רשא דוניולא (בר' משה).

ה
ר' האיי בר' דוד 65, 66, 188; II. 224. — בר' נחשון 39, 189. — בר' שרירא II. 80. קיומי 41, 46, 66, 67, 69, 71, 75, 76, 92, 93, 117, 126, 178, 189, 190; II. 225, 227, 230, 234, 241.
הבל 85; II. 89.
הגר II. 26.
ההר II. 237.
הר ההר II. 39.
הוד (i.e. עבר) II. 91.
ר' הונא (אמורא) 4, 13, 23, 27, 28, 30, 43, 46, 57,

58, 164, 174, 177, 180–183; II. 75, 77, 246, 247.
ר' הונא (סבוראי) 61, 62.
מר הונא 62.
מר רב הונא גאון 35, 62; II. 224, 233.
הונא קמא II. 246.
רב מר הונא הלוי 36, 37 (הונא בר יצחק see).
ר' חונא בר' אבא II. 248.
הונא בר מר זוטרא 34, 177, 184; II. 246, 247.
הונא בר מר חייא 31.
ר' הונא בר' חנינא II. 248.
הונא בר ר' יהושע 58, 165, 181.
הונא בר ר' יוסף 35, 63, 187; II. 224, 233.
הונא בר ר' יצחק 64, 188 (הונא הלוי see).
הונא בר ר' נתן 32, 183, 196; II. 71, 75, 76.
הונמאר (הונא מר?) II. 75.
הורדום (אורדום) 53, 54, 89, 169, 170, 192, 194, 198; II. 14, 17, 66, 71, 75.
הורמיז (הרמז see) 61.
הורקנום 41, 52, 89; II. 74, 75 (אורקנום see).
הורקנום II. 169.
הושע 87, 176; II. 51, 55, 70, 74, 245.
הושע ב' אלה II. 54, 55, 104.

ר' הושעיא (הושעיה) 57, 174; II. 11, 70, 74.
ר' הילאי 188, 189.
הילאי הלוי 62.
הילאי בר' ר' חנניה 39, 65.
הילאי בר' ר' מישאל 65.
הילאי בר' ר' מרי (מארי) 39, 65, 188, 189.
הילאי בר' ר' נטרונאי 39, 189.
הילוני 194 (הלני see).
הימיר II. 199.
הימן 163, 176; II. 52.
אבן הירחי 102.
דון הירואנדרו 108–111.
דון הירואנדרו בן שאני 109.
הלל (הזקן) 4, 9, 16, 26–28, 42, 45, 46, 48, 53, 54, 89, 90, 164, 170, 171, 172, 176, 180, 181, 191, 193, 194, 196, 198; II. 246.
ר' הלל II. 245.
הלל בריח דר' ואלם 8.
בית הלל 5, 10, 22, 179; II. 16, 34.
אלהללי 126.
הלני II. 75.
המדאן II. 92.
המן 166; II. 64, 71.
ר' המנונא 58, 174.
הנאמד (הונא מר?) II. 110.
אלהנד II. 92.
אלהרב II. 92.
הרון II. 94, 98, 100, 102, 108, 109 (אהרן see).

אלוּגראמקה‎ II. 92.
גראנאטה (גראנאדה)‎ 67,
71, 73, 74, 76, 80, 93,
94, 99, 101, 111, 138;
II. 212.
גרנאן‎ 78.
אריץ הגרנישי‎ 78, 190.
הר גריזים‎ II. 14, 15, 41.
גרמיזא‎ 102, 103, 125.
גרמישה‎ 94, 95.
גרנאדיליא‎ 95.
גרציאנוס‎ 186.
גרשם‎ II. 94.—רבינו גרשם‎
83, 84, 93; II. 226,
232, 235, 242.
גרשם בּר שלמה‎ II. 238.
גתר‎ II. 92.

דאוד‎ see דוד‎.
דאמיאה‎ 120.
דאניא‎ 126.
דבורה‎ 48, 86, 164, 195;
II. 33, 43, 53, 167, 245.
דביר‎ II. 97.
דואג‎ 25.
לו אלקרניון‎ II. 109.
דון‎ 98.
דוד (דאוד)‎ 27, 41, 46,
48, 53, 55, 63, 65, 85,
87, 115, 116, 133,
150, 164, 174, 176,
178, 179, 195; II. 5,
6, 33, 44, 45, 47, 52,
69, 70, 73, 77, 94, 97–
104, 107, 108, 115,
133, 146, 147, 179,
183, 185, 248.

רב מר דוד‎ 65.
דוד (משרת הראובני)‎ II.
183, 185.
דוד אבי ראב״ד‎ 124, 125.
דוד אבודרהם בּר יוסי‎ 97,
106.
דוד אנחי‎ 154.
דוד אלרואי‎ 123.
דוד ארוך‎ 152.
דוד ראשטילה‎ II. 239.
דוד ביואש‎ 160.
דוד חביליו‎ 152.
דוד חברייא‎ 158.
ר׳ דוד הכהן‎ 106, 154, 155.
דוד הלוי‎ 152.
דוד נאבארו‎ 151.
דוד פיראני‎ II. 154, 155.
דוד קמחי‎ 94, 125; II.
237.
דוד (בּ׳ שלמה) הראובני‎ 146,
147, 151; II. 133–223
passim.
דוד הרומאי (הרומאני)‎ II.
164, 167–170, 174–
176.
דוד בן זכאי הנשיא‎ 33, 39,
40, 65–67; II. 77, 79,
81, 86, 224, 233.
דוד אבן אבי זמרא (רדב״ז)‎
140, 151, 157, 158,
160.
דוד בן יהודה נשיא‎ 38, 196.
דוד בּ׳ יצחק‎ II. 248.
דוד דיי מדינה‎ 162.
ר׳ דוד הנגיד בן בנו של רמב״ם‎
125, 134, 135.
ר׳ רודאי בר נחמן‎ 36, 188.
דוד בן ציון‎ II. 185.

ר׳ דוד בר שאול‎ II. 229,
237.
דוד אבן שושאן‎ 105.
דודנים‎ II. 92.
נהר דוירנא (דורנא)‎ 70,
79.
דולקיפיאנוס‎ 196.
דומיציאנוס‎ 190.
רונגול(א)ה‎ II. 138.
דוסא בּ׳ אלעזר‎ 174.
דוסא בּ׳ הרכינס‎ 5, 11, 43.
ר׳ דוסא [בן סעדיה]‎ 66.
דוסאי‎ 6.
ר׳ דוראן‎ 106.
דיאופריאנו‎ 186.
דיאמנט‎ II. 164.
דילם‎ 78.
ר׳ דימי‎ 32, 59, 177, 183;
II. 246, 247.
דינה‎ II. 93, 153, 154,
158.
דיניאה‎ 75.
דיקיאוס‎ 185.
אבן דמאחן‎ 67.
דמיאט (דמייאט)‎ II. 92,
148.
דמיטיאנוס‎ 195.
דמשטיאן‎ 55.
דמשק‎ 69, 119, 133, 152,
153; II. 50, 55, 102,
103, 106.
דמשקין‎ II. 106.
דן‎ II. 57, 69, 92, 93.
דניאל‎ 49, 50, 56, 88,
119, 139, 164, 176;
II. 52, 63, 67, 107,
108.

INDEX TO I AND II.

ר׳ ניוא II. 73, 76.
ניואי 180, 181.
ניזאייר (ניזאיר) 129, 130 (see אלנאויר).
ניחון II. 57.
ניחזי II. 50.
ניטא II. 150, 151.
דון נייאמי 95.
ניראל בן מונטי 108.
נירנאם II. 140.
נירנום 153.
נירונדה (נירונא) 94, 96, 102, 103; II. 227, 228, 232.
נלבא 185.
נלגל II. 42, 97.
נליאנום 185.
נליל 152, 154, 159.
גלעד 48.
נלקאם II. 109.
נמום II. 86.
ר׳ נמליאל הזקן I. 27, 45, 48, 54, 90, 170, 176, 181, 191, 193, 196, 198; II. 245.—II. 4, 5, 27, 45, 48, 54, 55, 176, 181; II. 245.— III. 7, 9, 176; II. 245.—IV. 48, 57, 176, 182; II. 246.— V. 176; II. 245, 246.
נמריה II. 70.
ננכת 79.
נסקלנם II. 18, 66, 71, 109.
אלנעל II. 38, 138.

נדי II. 43.
ר׳ נדל 30.
נדליא חיון 154.
נדליה הלוי 151.
נדליה ב׳ אחיקם II. 24, 61, 107.
גדעון בן יואש 48, 86, 164, 195; II. 43, 98, 245.
נדר II. 97.
נהינם 79, 93.
נז אבן נז 70, 71.
נובאר 152, 153.
נונ II. 30, 49.
נוזר 121.
נורפריד בילו II. 235.
נורשאל ב׳ מונשי קונשיבל 95.
דון (נואן) נואן 97, 98 (מפורטוגאל), 99, 106 (דישביליאה), 109–113.
דון נואן בן דון אנריק 98.
דון נואן בן פדריקי 110.
דון נואן שאנניש די שביליא 98.
נוטה II. 92.
נויש 195, 196.
נוליאו II. 151, 152, 156.
נוליאן 112.
נוליום 89.
נולנון II. 97.
נונסאלו מארטיניש 97, 109.
ר׳ נוריא II. 73.
נוריון 190.
נושטריש II. 240.
נזר II. 97.
ניבראלטאר 97, 109.
נידו II. 133.
נידרו 107, 108.

(דון) ברנראד דאנדרושה 83.
ברס II. 92.
ברצלונה 75, 83, 93, 96, 98, 106, 110, 127, 132, 135, 137; II. 228, 232, 239, 241.
ברק 48; II. 43, 98, 245.
בשן II. 40.
בשר בן אהרן II. 82.
בתואל II. 93.
(בני) בתירא 4.
בתר 90 (see ביתר).
בת שוע II. 28.

נאנו II. 92.
נאויום 185.
נאין 109.
דון נאלמיש 94.
נאלינום 90, 134.
נאליפול 154.
דון נאמוש 108.
נארן 190.
ר׳ נביאה מאגריותא 146.
ר׳ גביהא מאזניק 177.
ר׳ נביהה מבי כתיל 34, 61, 184.
ר׳ גביהא ב׳ פסיסא II. 6–8.
גבישן 185.
נבע רבה 80.
גבעון II. 42–45.
גבריאל אישפיראנסה 152.
נבריאלה אליא 154.
גבריאלה בולה II. 221, 223.
גד 87; II. 69, 93, 133, 179, 180.
גד החוזה 164, 176; II. 52, 69, 73, 245.

d

[II. 6.]

בוקי 165.
בורגוש 103, 143; II. 242.
בורגניא 87.
ר' בחיי בן אשר 96, 106.
ר' בחיי בן בקודה 94.
בטליא 190.
הלוי ר' ביבי 64; II. 224, 233.
ר' ביבוי בר אבא 37, 64, 92, 188.
ר' ביזא 178.
בית חיסי 177.
בי חתים 46.
(דוניא) ביטארים 95 (see באיטרים).
ביטיליו 185.
(שולטן) בייאזיט 140.
ביישה II. 171, 199.
בייתוס 52, 88; II. 3, 8.
בי כתיל 61, 184.
בילנראדו 145, 154.
ביניבינטו 186; II. 113, 119, 127.
פראי ביסינטו 110.
בירואנטינה II. 204.
בירארדין II. 149.
ביתאל II. 28, 34, 91, 93.
בית לחם 195.
בית צדיא 191.
בית שערים 27, 45.
ביתר 4, 55, 56, 90, 170, 175; (בית תור) II. 24, 71, 75, 109 (בית תר).
בלבתנאצר II. 106, 107.
בלבינו 185.
בלדר 163; II. 34, 54.

בלהה II. 93.
בלהירינוס 185.
בלטיאנוס (בלטינוס) 186.
בלטיניאנוס 186.
בלינצה II. 210.
בליקו(ס) II. 20, 109.
בליריאנוס 185.
בלעם 163, 174; II. 34, 54.
בלץ 186.
בלקון 72.
אבן אלבלשיאא II. 250 (see יהודה).
בלשיד II. 109.
בלשצר (בלשאצר) 50, 51, 59, 88, 165, 185, 195; II. 63, 107.
בן הדד II. 48.
בן נצר see פפא.
בניבינטו see ביניבינטו.
בניולש II. 240.
בנימין 191; II. 28, 33, 53, 62, 69, 93, 149, 153, 156, 179, 181.
בנימין הלוי 152, 155.
בנימין מלמד 154.
בנימין אלנהאונדי II. 251.
בנימין עביץ II. 243.
בנימין קאגיז 161.
בנימין בר יפת 24.
בן ציון II. 168, 169, 173, 174, 183, 184, 216.
בסילי 186; II. 115, 116, 124, 132.
בספנוס 185 (see אספסינוס).
בענה II. 245.

בעסא (בעשא) 176; II. 48, 102.
בצלאל אשכנזי 115, 160.
בצלאל בן אורי II. 45, 96.
בצרה 66; II. 86.
בקי (בן אבישוע) 174; II. 108.
בקעתא II. 6.
ברנאן II. 92.
ברנגלונא 75 (see also ברצלונה).
ברוט II. 143.
ברוך (ר') 75, 77; II. 125.
ברוך אנגיל 155.
ברוך אשכנזי 154.
ברוך בנימין 152.
ברוך ברוילי 152.
ברוך מנרמויא 94, 95.
ברוך מצרפת 231.
ברוך קלעי 155.
ברוך בן אלבאליה 74, 102.
ברוך אבן חביב 156.
ברוך אבן חיים 154.
ברוך אבן יעיש 154.
ברוך בר יעקב 74.
ברוך בר יפת II. 179.
ברוך בר' יצחק 75, 77, 78, 102.
ברוך בן נריה 61, 88; II. 24, 52.
ברוך בן עבדיאל II. 125.
ברומה ב' אשר 160.
ברוסה 154.
ברנוס 195.
ברכיה 48, 196; II. 61, 71, 74, 77, 109, 248.
ברנבש 191.

INDEX TO I AND II.   xxiii

78, 190; II. 78, 126, 127, 225, 234.
ארבאל II. 71, 75.
ארגון (אראנון) 94, 95, 98, 99, 103, 108, 110, 142.
ארדשיר בן באבך 60; II. 109.
ארודוס 170 (see הורודוס).
ארוסלם 97.
אריִלא 99, 107, 110, 112.
יצחק לוריא see אֲרִ״י.
אריוך II. 92.
אריסטובלום 53, 89, 166, 169, 198; II. 71, 75.
ארם 167, 168; II. 50, 92.
ארם נהרים II. 27.
ארם צובא 87, 153.
ארמן II. 92.
ארנן II. 40.
ארסדיינו 98.
ארסטו(ארסטוטלום) 60, 88.
ארסינה 185.
ארפכשד 85, 194, 195; II. 27, 68, 77, 91, 92, 248, 250.
ארקילים 53, 89, 170, 186.
ארקילנוס 186.
אירקליו 186.
ארתחשסתא (ארתחששתא) 51, 166, 185, 195; II. 65.
אשביליא 72, 74, 76, 97-99, 106, 110, 143; II. 244 (see שבילא).
אשדוד II. 56.
אשור II. 48, 54, 55, 92.

אשטוראציו 186.
אשטרוק דינובאש (שין) II. 240 (see אבא מרי בן אלינדור).
אשטרוק כהן (שין) II. 240 (see יקותיאל).
רב אשי 24, 25, 32, 33, 45, 46, 58, 59, 61, 63, 91, 165, 174, 177, 180, 181, 183, 184, 189; II. 77, 246, 247.
אשכנז 79, 85, 94, 102, 104, 106, 118, 143, 190; II. 92, 227, 228, 236, 237, 239, 243.
רונה אשמניריאין 83.
אשפילנו 97.
אשקלון (אשקלונייא) 141, 167.
אשר II. 69, 93.
אשר (בן) 118.
אשר משולם II. 164.
אשר (כהן) אבן ארדוט 155.
אשר בן יחיאל 96-98, 104-106, 143; II. 240, 243.
אשר בן משולם 132; II. 237.
אתיניה II. 92.
אתל (אבול) 78, 190.
אלבאבירה II. 127.
באננה (אי) 69.
באדים 72, 112.
באדים בן חבום 80.
באיטרים בת פוליפי 108 (see ביטארים).
באלידרולית 98 (see also ואלייאדרולית).

בארי 67; II. 118, 119, 124, 127.
בבא בן בוטא 169, 198.
בבל (באבל) 16, 18, 23, 26, 27, 29, 34, 40, 41, 43, 48, 49, 53-55, 57, 59, 62, 63, 68, 70-72, 76, 82, 83, 85, 88, 90, 92, 115, 116, 118, 137, 141, 156, 164-167, 173, 174, 176, 178-182, 185, 195; II. 55, 57-61, 63, 70, 77-80, 82, 86, 92, 106, 107, 109, 242, 245-247, 249.
בנאנה 74.
בנדר 35, 38, 123, 188; II. 130.
בנוי II. 245.
בנרים II. 109.
בדריש (בדרוש) II. 227-229, 232, 236-238.
בהאראן II. 181.
בהנסא II. 92.
בהרם 61.
בוגרנייא 145.
בוטין 155.
בולוניאה II. 126.
בולסינאה II. 162, 164.
בוסטי (ים) II. 13.
ר׳ בוסנאי (בוסאי) 62, 187.
ר׳ בוסתנאי (בסתנאי) 62, 91, 178, 196; II. 77, 110, 248.
בועז II. 69, 77, 99, 248.

INDEX TO I AND II.

אלקדיטי 96.
בני אלקורשיין 187.
אלקיראן 73 (see קיראן).
אלקלעא 97, 98, 109; II. 244.
אלקנה 163, 176; II. 52, 98, 245.
אלקצאר 112, 113 (see קצר).
אלשאמיין 118 (see שאם).
אבן אלתראס see סידי.
אמון 48, 195; II. 57, 70, 74, 77.
אמון בן מנשה 87.
אמוץ 164,176; II. 52, 70, 74, 248, 249.
ר' אמי 15, 17, 23, 25, 30, 57, 58, 64, 164, 181, 183.
אמימר 36, 63, 187, 188; II. 247.
אמימר בר ינאי 34, 61.
אמיר אלמומנין 115, 123.
אמיתי II. 112, 114, 123–125, 127, 131.
אמלפי II. 127, 128.
אמציה 48, 164, 176, 195; II. 50, 51, 70, 74, 77, 102, 103, 248, 249.
אמציה בן יואש 87.
אמריה בן עזריה II. 108.
אמרפל II. 92.
אנגליטירה 192 (see also אינגליטירה).
אנדריינוס 170, 171, 175.
אנריק see דון אנדריק.

אנוש 85, 194, 195; II. 68, 89, 90, 248, 250.
אנטוכיא (אנטאביה) II. 71, 74, 109.
ר' אנטולי 133.
אנטוניאוס 185.
אנטונין 185.
אנטונין קרניירו (קורניריו) II. 193,195,196,200,201, 204, 207, 208, 219.
אנטונינוס (אנטונינו) 8, 42, 56, 60, 90, 155, 172, 175, 195.
אנטינגנוס 169; II. 71, 75.
אנטיגנוס איש סוכו 26, 52, 53, 88, 164, 176, 180; II. 245.
אנטיוכוס (אנטיוך) 52, 60, 166–169, 174; II. 18, 66, 71, 74, 109.
אנטיופיאו 185.
אנטינוס II. 109.
אנטיפוס 56, 170.
אנטיפטר 169.
אנטיפרס II. 15, 18, 109.
אנטיקי II. 71.
איוב 83.
אניסולום II. 109.
אנסטסיו(אניסטסיאום)186.
דון אנפוט 83.
אנקונא II. 128.
דון אנריק (אנדריק) 98; II. 244.
דון אנריק בן ד' אלונשו 97, 109.
דון אנריק בן ד' גואן 98, 99.
אנתכרוס וטרלום II. 109.
אסא 25, 48, 87, 176; II.

47–49, 52, 69, 73, 77, 248, 249.
אסוירוס 172, 175; II. 66, 109.
אסום II. 180.
אסחק II. 91, 93, 94 (see יצחק).
ר' אסי 17, 23, 28, 45, 57, 181.
אסיר 163, 176.
אסכנדריא 120, 133, 155, 156 (see אלכסנדריא).
אסמאעיל II. 110.
אסף 174, 176; II. 52.
אספמייא II. 71 (see also איספמייא).
אספסיינוס 27, 45, 50, 51, 54,170,176,190,195; II. 66, 71, 109.
אסקד II. 110.
אסקוי (איסקוי) 196.
אסקרא II. 243.
אסתר 51, 57, 88, 159; II. 20, 33, 53, 64–127.
אפולוניאוס 168.
אפוסטמוס 134; II. 24.
אפיון 190.
אפיפנש 167, 168.
אפליפו 185.
ר' אפס 7, 30, 57,174,182, 183.
אפרים 48; II. 147, 148, 228, 235.
ר' אפרים מחכמי צור 133.
ר' אפרים קארו 140.
ר' אפרים מרנגשבורג 94, 95, 102, 103.
אפריקא 67, 68, 72, 73,

INDEX TO I AND II.

125, 140, 164, 171, 179, 181; II. 4, 5, 31, 167, 231, 236.
אליעזר אזיקרי 150, 151.
אליעזר אראחה 152.
אליעזר ארובים 155.
אליעזר הגדול 90.
ר׳ אליעזר מגרמיזא 103, 125; II. 236.
אליעזר ממיץ II. 235.
אליעזר השמעוני 155.
אליעזר בן אשר 144; II. 243.
אליעזר בן דודוהו II. 52, 69, 73.
אליעזר בן הורקנוס 12, 55, 90, 181.
אליעזר בן זכריה II. 238.
אליעזר בן חיננא II. 23.
אליעזר בר חלפון 133.
אליעזר בן יעקב 7, 179; II. 12.
אליעזר אבן מזאח 94, 103.
אליעזר בן עמנואל II. 238.
אליעזר אבן שושן 154.
אליפז 163; II. 34, 54.
אליקים II. 56, 249.
אליקים 95, 144; II. 57, 243.
אלישבע II. 38, 94.
אלישה II. 92.
אלישיב 166, 167.
אלישמע II. 97.
אלישע 55, 87, 114, 128, 152, 164, 176; II. 33, 34, 50, 52, 53, 70, 74, 103, 105, 245.
אלישע גאליפו 151.

אלכורניפיש 137.
אלכסנדר 175,185,186,195.
אלכסנדר (אלאסכנדר)— המוקדוני 51, 59, 60, 88, 164, 166, 194, 197; II. 7, 8, 14, 15, 65, 66, 71, 74, 108, 249.
אלכסנדר(וס) בן הורקנוס 52, 89, 166, 169.
אלכסנדריא (אלאסכנדריא) 53, 68, 89, 122, 167; II. 19, 109, 148, 150, 166.
ר׳ אללה | נאצר 152.
אלמהדיה 73, 77, 80, 94, 108, 128.
אלמועלמה (אלמעלמה) 79, 93.
אלמריאה(אלמרינה.אלאמרין. אלמרין) II. 172, 175, 186, 188, 193, 196, 211–214 passim, 216, 220.
אלמתעמד 74.
אלסכנום II. 71.
אלעזר (עזרא) II. 108, 109.
ר׳ אלעזר 6, 23, 30, 32, 56, 104, 164,167,174,181 –183; II. 25, 33, 112.
אלעזר אזיקרי 150, 151.
אלעזר האמי 160.
אלעזר חסמא 5, 55.
אלעזר המורעי 5.
אלעזר מונזלאו 161.
אלעזר סכנדרי 156, 160.
אלעזר הלוי פורים 156.

אלעזר הקפר 6, 57, 180.
אלעזר בן אהרן 121, 165; II. 38, 43, 94, 97, 108.
אלעזר בן יהודה 6, 180.
אלעזר בן יוחאי 151.
אלעזר בן יעקב 16, 44, 179.
אלעזר בן ירמיה 6, 180.
אלעזר אבן נחמיאש 154.
אלעזר בן עזריה 5, 10, 27, 45, 55.
אלעזר בן ערך 42, 55, 90.
אלעזר בן פרת 57, 181.
אלעזר בן פרטא 56.
אלעזר בר צדוק II. 10.
אלעזר בן שמוע 5, 6, 8, 42, 56, 90, 164, 173, 179–182.
אלעזר בן רשב״י 56, 180.
אלעזר בן שמשון 95, 180.
אלעזר בן תראי 6, 180.
אבן אלעריף 71, 72.
אלפאסי (אלפס) 93, 101, 103, 108; II. 226,230, 235 (see also ר׳ יצחק יעקב אלפאסי).
דון אלפונסו II. 244.
דון אלפונשו האינפיראדור 80.
דון אלפונשו בן דוארטי 98, 110 (see אלונשו).
דון אלפונשו בן רימונדו 79.
דון אלפידירקי בן גואן 110 (see פידרו).
אבו אלפרנ׳ see אבו.
אלקאהרא(קהרא)119,158; II. 242.

אי קריטים 186.
(איבוראה איביירה)
 II. 171, 177, 198–200,
 219.
איברהים פאשה 145, 150,
 160.
ר׳ אידי בר אבין 33, 59,
 177; II. 246, 247.
אידריאנופולי 149 (see
 אדריאנופולי).
איוב 140, 163, 174; II.
 29, 30, 34, 54, 94.
איזבל 99, 111; II. 33, 53.
איזמיר 154.
איטלייא 139, 146, 186; II.
 125, 127, 157, 163,
 177, 179, 187, 212.
איי העברים II. 40.
דון איימריך (איימריק)
 82; II. 251.
איילה II. 48.
אילוברין 186.
אילון 48, 86, 164, 195;
 II. 42, 44, 245, 251.
ר׳ אילעאי 19.
אינגליטירא (אנגליטירה)
 192; II. 235.
אינדיאה II. 179, 180, 182.
איסאפי II. 178, 179, 181,
 186–212 passim.
איסי בן היני 29.
איסי בן יהודה 6, 180.
איסמאי 65, 178.
איספאן (איספמיא, איספנייא)
 141, 143; II. 128, 137.
אירקלי 186.
איש בושת II. 100.

אישטורנא 95.
אישטיליא (אישתיליא) II.
 239, 243, 244.
אישקיא 62.
אישתדרוק | שנני 154.
איחם II. 35.
איתמר II. 94, 98.
איתן 163.
אכבאס II. 109.
אבמים II. 92.
אבסמיאנום 196.
אבשף II. 97.
אלאבבירה II. 127.
דון אלבארו 110.
אלבהנסא II. 92.
אלבוחתאני 95.
אלביום 185, 195.
אלבימא II. 92.
אלבירא 74, 109.
אלברצלוני II. 227, 229,
 238 (see ברצלונה and
 ברנלונא).
אלנואיר (אלמירה, אלנאייר)
 97, 106, 107, 128 (see
 ניואיר).
אלנוארש 98, 110.
אלראורי 116.
אלדולא 157.
אלדילס (אלידס) 78, 190.
אלדיקא II. 188–220 passim.
אלהאמה 99, 111.
אלוארדו דילונה 99.
אלון II. 98.
אלונטו 93–95, 97, 99, 108–
 110 (see אלפונטו).
אלורשי II. 183.
אלוש II. 36.

אלזהרה 69.
אלויין אלדין 124.
אלחנן (ר׳) 68; II. 150.
אלחסן see אבו.
ר׳ אליא אלצייח 152.
ר׳ אליא באסן 154.
ר׳ אליא די וידאש 151.
ר׳ אליה הלוי 154.
ר׳ אליא מזרחי 159.
ר׳ אליא עוברייא 154.
ר׳ אליא עזיאל 155.
ר׳ אליא פאלקון 152.
ר׳ אליא פרנס 154.
ר׳ אליא קאפסאלי 154.
ר׳ אליא רוסאנו 155.
אליא ששון 151.
אליהו 64, 87, 118, 121,
 147, 149, 152, 159,
 160, 164, 176; II. 13,
 27, 33, 49, 52, 53,
 69, 74, 102, 104, 146,
 245.
אליהו הסופר II. 167.
אליהו בן ברכאל 163; II.
 34, 54.
אליהו | חיים 154.
אליהו בן יואב II. 156.
אליהו בן יצחק II. 237.
אליונאן II. 92, 109.
אלים II. 36.
אלימלך II. 43.
אלימנייא 84, 87, 141, 153.
אלכסנדריאה see אליסאנדרייא.
אליסאנה 73–77, 93, 110,
 126; II. 241.
אלעזר 176.
ר׳ אליעזר 5, 18, 20, 45,

INDEX TO I AND II.

מר אהוני II. 76.
אהליאב II. 96, 224, 233.
אהרן 52, 86, 163, 165, 176, 196.—(עם הראובני) II. 13, 23, 24, 39, 41, 108, 152, 163.
אהרן גאון 40.
אהרן ניקיטוליייא 156.
אהרן המון 154.
אהרן מטראני 140.
אהרן יצחקי 154.
אהרן הלוי 96; II. 230, 232, 239.
אהרן לפפא 154.
אהרן מפולנ 94.
אהרן קופינו 154.
אהרן ששון 155.
אהרן אבן זרח 143.
אהרן אבן חיים 161.
אהרן אבן חסון 155.
אהרן בר יוסף הכהן 40, 189.
אהרן בר משולם 103, 132, 191.
אהרן בן סרנארדה 66, 92, 190 (see בלב בן שרנארדה).
אהרן אבן תיפח 153.
אובות II. 40.
אודרנטו 190; II. 116, 127.
אוטוביאנו (אוקטוביאנוס) 196.
אוטריאו 186.
איא 6, 180.
אויל מרודך 50, 88, 165, 185, 195; II. 63, 70, 74.
אויניון II. 223, 231.
אויניני 95 (see p. 253).
אורי II. 116, 118, 120, 125, 127, 130, 132.

אולוברינאה II. 239.
אולוירא 97.
אולינסיא 98.
אומצא 61, 177.
אונן II. 28.
אונקלוס 90, 174.
אופיר II. 86.
אוקטוביאנוס 170, 185 (see אוטוביאנו).
אורי בן חור II. 45, 96.
אוריה 176; II. 58, 70, 74.
אוריה בן שמעיהו II. 52.
אורייניגס 175.
אור כשדים 86, 195.
אורלינש 94.
אורלונייאש 103.
אורמוס II. 180.
אורקנוס 166, 167, 169, 198 (see הורקנוס).
אור שרגא 152.
אושא 6, 56, 176.
אושעיא ר' 14-16, 44, 91, 164.
אחא ר' מדפתי 11, 17, 25, 35, 37, 63, 178, 188; II. 72, 75, 76, 225.
אחא משבחא ר' 63, 188; II. 224, 230, 233, 241.
אחא בר הונא ר' 61.
אחא בר חנילאי ר' 178; II. 246.
אחא בר חנינא 30, 43.
אחא בר יעקב 30.
אחא (אחי) בר נהילאי ר' 46, 177.
אחא בר רבא ר' 32, 34, 59,

177, 183; II. 246, 247.
אחאב 176; II. 49, 50, 52, 103.
אחאי מבי חיסי ר' 177.
אחאי בר הונא ר' 34.
אחאי בר משרשיה ר' 38, 45, 64, 188.
אחא רבי) ר' אחרבויי 46, 177; II. 246.
אחונאי ר' 37, 64.
אחז 48, 87, 176; II. 24, 48, 52, 54, 64, 74, 77, 102, 248, 249.
אחזיהו 48, 87, 195; II. 49, 50, 51, 70, 74, 77, 102, 103, 105, 248, 249.
אחי מבי חתים ר' 46.
אחייה השילוני 87, 164, 176; II. 27, 47, 52, 69, 73, 245.
אחיטוב ב' אמריה 165; II. 108.
אחימן ר' II. 246.
אחימעץ ר' 165; II. 69.—ר' 113-115, 131, 132.
אחיקם II. 24, 58, 61.
אחיתופל 25.
אחשורוש 51, 60, 122, 165, 166, 185, 195, 197; II. 63-65, 70, 74.
אטאקקי II. 138.
אטבאן II. 109.
אטינוס קומדרוס 185.
אי באננה 69.
אי סקיליאה 72, 79, 190; II. 126.
אי פרמוס 191.

אברהם ב׳ שרירא 38, 64,
65, 188.
אברהים II. 90-94 (see
אברהם).
אברוננאטו 154.
אבשלום 140; II. 45, 100.
אגוסטוס 53, 60, 89, 170,
185, 195, 196; II. 109.
אגיוק 177.
אגילום 196.
אגירדיאנו 185.
אגם 58.
אגריותא 46.
אגריפס 51, 80, 198.
אגריפס בן אגריפס 170.
אגריפס בן אורודוס 170; II.
71.
אדא ר׳ 63, 174; II. 72, 75.
ר׳ אדא בר אהבה 23, 91,
182.
אדרי II. 216, 221, 223.
אדום 67, 80, 87, 92, 94,
108, 121, 128, 129,
194; II. 50, 75, 126,
156, 241, 247.
אדריגיסיו 185.
אדם 47, 163, 174, 195,
197; II. 27, 34, 53, 67,
68, 77, 89, 90, 248, 250.
אדנה II. 92.
אדריאנוס 56, 90, 174, 185,
196; II. 109.
אדריאנופולי 149, 154.
אדרייטי 185.
אדרים II. 90.
אדרתרשן 185.
אהוד 48, 86, 164, 195;
II. 43, 245.

אברהם סבאע 107, 114, 140.
אברהם סיראלוו 155.
אברהם סכנדרי (אסכנדרי)
155, 156, 158, 162.
אברהם פירנטי II. 192.
אברהם קאטלאן 147.
אברהם קאשטרו 145, 159,
161.
אברהם רות מאיספי II.
202, 218.
אברהם שלום 140, 151.
דון אברהם שניאור 112.
אברהם שרביט הזהב 154.
אברהם בן ר׳ אשר 151.
אברהם בן ברוך II. 179.
אברהם אבן נאמיל 154.
אברהם ב׳ר דוד (ראב״ד) 47,
84, 94, 101, 102.—
ראב״ד (בעל השגות) 96,
124, 125, 135.
אברהם בן חיים II. 229,
238.
אברהם ב׳ר יואל 96, 103.
אברהם אבן יחיא 130.
אברהם אבן יעיש 140.
אברהם ב׳ר מאיר בן שרתיקש
(אוהב) 81, 93.
אברהם בן רמב״ם 102, 120,
125, 131, 134.
אברהם אבן נאקוה 105.
אברהם בן עזרא 81, 94,
102, 130-132; II. 229,
236.
אברהם אבן צור 156.
אברהם בן (דוד) שושן
105, 140, 159.
ן־ אברהם ב׳ שלמה 101.—
טוארת 97.

אברהם אבודרהין II. 155.
אברהם אוריזה 162.
אברהם אזולאי 152.
אברהם איספניא 154.
אברהם אלינרי 154.
אברהם אמינו 154.
אברהם אישבנזי 154.
אברהם אלאשקאר 161.
אברהם די בוטון 152, 155.
אברהם בוקראט 140.
אברהם בינבינישטי 98.
אברהם בעל המטבע 141,
142.
אברהם גאון 38, 188.
אברהם אלנאוי 154.
אברהם גאלאנטי 153.
אברהם גאנסו 154.
אברהם גדליה 152.
אברהם מנושטריש II. 240.
אברהם הגר II. 157.
אברהם דונאין II. 143, 144.
אברהם מן ההר II. 237, 239.
אברהם זימורי II. 178, 179,
181, 187, 192, 212.
אברהם זכות 101, 139.
אברהם חנניא 152.
אברהם טאריקה 162.
אברהם יצחקי 155.
אברהם ירושלמי 140.
אברהם כהן II. 216, 220,
221.
אברהם הכהן פרחיא 155.
אברהם כהנא גאון 36, 188.
אברהם (אל)כולי 150.
אברהם הלוי 130, 140.
אברהם כותאל 155.
אברהם מונסין 154, 160.

MEDIAEVAL JEWISH CHRONICLES,

INDEX TO I AND II[1].

אאיופטרון 185.
ר׳ אבא 23, 176, 182, 188.
אבא=אברהם בן אשר 151.
אבא (מר רב) 38, 188.
אבא אריכא 29, 182; II. 77 (see רב).
אבא חלפתא 5.
אבא חנין 6, 180.
אבאמר 72, 75; II. 110, 248.
אבא מרי 196.
אבא מרי [בן] אלינדור II. 240.
אבא מ(א)רי אבן כספי 130.
אבא סיקרא 54.
אבא (אלעזר) סכנדר 156, 160.
אבא בר רב אמי 39.
אבא בר דודאי 36.
אבא בר הונא II. 77.
אבא בר זבדא 30.
אבא בר חני 182.
אברימי II. 73, 77.
ר׳ אבהו 15, 19, 23, 44, 181, 182.
אבו אהרון II. 112, 119.
אבו אלחסן 99.
אבו חצרה 152, 153.
אבוטאלב 35, 187.
אבו אלפרג׳ 79, 81, 93.
אבו אלקאסם ן׳ אלעריף 71.
אבול 190 (see אחל).
אבולעפייא 151 (see יעקב).
ר׳ אבומאי בר׳ אברהם 37.
אבו עמר 71.
אבו עקרב II. 138.
אבו קאמיל II. 133–138.
אבוקראט 57, 88, 134.
אבטימו 186.
אבטליון 4, 53, 89, 164, 176, 180, 191, 196; II. 245.
אבי אבי גאון 37.
אביאסף 163, 176.
אבינאדור קאשטלאין 162.
אביגיל II. 33, 53.
אביה 48, 195; II. 73, 77, 248, 249.
אביהוא 165; II. 38, 47, 69, 94.
אביומא 188.
אביחיל II. 33, 53, 64.
אביטום 186.
אביי 4, 16, 19, 23, 24, 26, 29, 31, 33, 46, 58, 91, 164, 177, 180, 181, 182, 183; II. 72, 73, 75, 77, 246, 247.
ר׳ אבימי 39.
אבימלך 48, 86, 164, 195; II. 43, 48, 245.
אבינא 34.
אבינדב II. 99.
אבישוע 165; II. 108.
אביתור 69.
אביתר II. 45, 69, 73.
אבנר בׄ נר II. 99, 100.
אבצן 48, 86, 195.
אבר[הם ?] די פראויש 96.
אברבנל 192.
אברהם 47, 86, 163, 174, 194–196; II. 7, 8, 26–29, 33, 34, 53, 54, 69, 77, 144–146.
אברהם (עם הראובני) II. 154.
אברהם (בר׳ יצחק) אב בׄד׳ 78, 84, 94, 103; II. 226, 227, 231, 236.

[1] The numbers refer to the pages of the two volumes, I. not being indicated. Geographical names (not adjectives) are overlined. Repetitions of names in the same page are not indicated. The Arabic article אל is sometimes disregarded.

ABRIDGED WORDS.

א׳=אחר. אחת. ראשון
או׳. אומ׳=אומר
ואו׳=ואומר
אומר׳=אומרין
אמ׳=אמר
דאמ׳=דאמרי. דאמרינן
אעפ״כ=אף על פי כן
בה״כ=בית הכנסת
ב״ינ״ו=בעזרת יי נתחיל ונגמור
ביר׳=בירבי
ב״כ=בן כבוד
בנל״ך=ברוך נותן ליעף כח
בע״ה=בעזרת השם
ב״ר=בן רבי
בש״ס=בשערים
גו׳. וגו׳. וג׳=גומר. וגומר
נ״כ=גם כן
ד״א=דבר אחר. דעת אחרת

דוק׳=דוקאט
ה׳=השם. יי
ה״ה=הרב הגדול
הנז׳=הנזכר. הנזכרים. הנזכרה
הנק׳=הנקרא
הר׳=הרב. הרב רבי
ואע״י=ולאין אונים עצמה ירבה
וכו׳. וכול׳=וכולי
ח״ו=חס ושלום
יז״יא=יראה זרע יאריך ימים אמן
ית״ש=יתברך שמו
כמה״ר. כמהר״ר. כמ״ר=כבוד מורי הרב רבי. כבוד מורי רבי
נ״כ=נוחו כבוד
נ״ע=נוחו עדן

ן׳=אבן
ס״א=ספרים אחרים
סוה״ר=סיני ועוקר הרים
ס״ת=ספר תורה
ע״א=עבודת אלילים
ע״כ=על כן
עמ״י=עזרי מעם יי
פי׳=פירוש. פירושי
ק״ק=קהלה קדושה
ר׳. הר׳=רבי. הרב
ר״י=ראש ישיבה
שי׳=שיורי
שנ׳=שנאמר
שה״ש=שיר השירים
ת״כ=תורת כהנים
ת״ל=תלמוד לומר
תמ״א=תבורך מנשים אמן

PREFACE.   xv

H. A note concerning a calamity which befel the Jews at Narbonne in the year 4996 A.M.=1236 A.D., written by Meir ben Isaac, to be found in the Bodleian MS. Hebr. f. 48, fol. 63, recently acquired.

I express my best thanks in the first instance to Dr. (now Professor) A. Büchler (who during his temporary stay at Oxford helped me in copying and collating MSS., and continued to do so at Vienna) and to the Rev. Dr. Immanuel Löw, Rabbi at Szegedin (Hungary), who read the proofs (when my eyes began to fail) and suggested many corrections. The help for the Arabic chronicle I have mentioned above (p. xi). Dr. M. Friedländer, Principal of the Jewish College, London, has read the final sheets and suggested many corrections, which I have inserted in the additions and corrections; Dr. W. H. Greenberg, student at the Montefiore College, Ramsgate, kindly offered his services, under the direction of the Rev. Dr. M. Gaster, Principal of this College, to compile an index of both parts of the Chronicles, which has been entirely revised and completed by Dr. M. Friedländer and by myself; I hope it will be useful to students of Jewish mediaeval history. I have to thank also my learned friend Herr A. Epstein, of Vienna, for his permission to use his MS. for Nos. II and III. Finally, I am obliged to the Delegates of the Clarendon Press for the hospitable reception accorded me in their Anecdota Series, and express my hearty thanks to the excellent Oriental reader, Mr. J. C. Pembrey, for the attention which he has paid to the present publication.

A. N.

OXFORD:
September, 1895.

Dr. M. Gaster, are to be found in the MS. No. 83 of his library, containing Midrashic texts. "*a.* is preceded by the following blessing:

ברכתא לדברי חכמ׳ זל׳[1]

ברוך אתה יוי אלהינו מלך העולם אשר בחר בחכמים ובצריקים ומסר להן רזי חכמה ונתן להן תורה הוא ברחמיו הרבים יזכה אותנו לכל מדה טובה ללמוד וללמד לשמור ולעשות ברוך אתה יוי נותן התורה׃

F. From a MS. belonging to the family Scrour at Tripoli (in Africa), containing nearly the whole text of the Old Testament, in square characters, written and provided with vowel-points by Shem Tob ben Abraham ben Gaon at Soria (Spain), and finished in the year [50] 72 A.M. = 1312 A.D. This MS. is a model codex, not only having the Masorah, the rules of *plene* and *defective*, of the spaces between the sections all according to careful tradition, but the scribe has put also the tittles above the letters according to the Book of Tittles (ספר תגין), different from those used now for the Pentateuch scrolls. On the verso of a leaf, where on the recto are found Masoretic notes, our piece is written in Magrebi cursive, probably by an owner belonging to an important family in Magreb[2]. This MS. is still regarded by the family as a talisman. I may add that the family Gaon at Soria was not only a learned one, but contained scribes of renown. The Bodleian Library possesses a MS. of the Old Testament, which was once Kennicott's property, written by Joshua ben Abram ibn Gaon, and finished at Soria 5066 A.M. = 1306 A.D., according to the oral tradition of Isaac son of Gershom[3]. But this MS. has not the tittles.

G. Biblico-chronological chapter by the Qaraite Joseph al-Qirqisâni (of Circessium) to be found at the end of his Arabic commentary on the Pentateuch MS., St. Petersburg[4]. I am indebted for this document to my friend Dr. A. Harkavy.

---

[1] On the margin מן מאמר ר׳ עמר.

[2] See M. Cases' article in the *Revue des Études juives*, t. xx. p. 78 sqq.

[3] See *Catalogue of the Hebrew MSS. in the Bodleian Library* (1886, No. 2323).

[4] See *Jewish Quarterly Review*, t. vii. p. 348 sqq.

without scrutiny. My task at present is to make this diary accessible to historians. With reference to the historical value of Reubeni's diary I refer to Graetz's *History of the Jews*[1]. The description of the MS., i.e. according to the facsimile, will be found in the continuation of the *Catalogue of the Hebrew MSS. in the Bodleian Library*, which is in the press. Small MS. fragments of David Reubeni's diary which are extant, are described in Dr. Biberfeld's Dissertation, p. vi. All I can say with certainty is that the Hebrew style of David's diary is that of a German Jew; David might have been such, although a native of Egypt, who knew Arabic as his mother-tongue.

VII. Extracts and Notes:

A. The passage concerning the literary history of the Jews in the middle ages, by Menaḥem Meiri of Perpignan (died 1306 A. D.), to be found in his introduction to his commentary on the Mishnah, part *Aboth*, which I give according to the first edition[2].

B. A similar literary history by David of Estella (lived about 1320 A. D.) in his theological work, called קרית ספר[3].

C. Another similar literary history by Isaac de Lattes of Montpellier (written 1372 A.D.) in his theological work with the same title, according to the MS. of the Bodleian Library, Mich. 602 (Catalogue, No. 1298) (B.), and another in the possession of Baron de Günzburg of St. Petersburg (G.). ( ) means words from B., and [ ] from G.[4]

D. Another of the kind to be found in the Halakhic treatise with the title צדה לדרך by Menaḥem ben Zerah[5], a descendant of an exile of France after 1206 (written about 1370 A. D.), according to the editions of Ferrara (Ep.) and Sabionetta (S.).

E. Two pieces of literary history, α. from Moses to Mahomed, and β. another from the epoch of the compiler of the Mishnah (about 220 A. D.), incomplete. These two pieces, communicated to me by the Rev.

---

[1] *Geschichte der Juden*, Bd. ix (2nd edition), p. 545 sqq.
[2] See *Histoire littéraire de la France*, t. xxvii. p. 541 sqq.
[3] *Ibidem*, t. xxxi. p. 472 sqq.
[4] *Ibidem*, p. 683 sqq. See also *Revue des Études juives*, t. ix. p. 60 sqq.
[5] *Ibidem*, p. 708.

Salerno[1], and of the first occurrence of the title of 'prince' (נגיד) given to eminent Jews. It was composed in the year 4814 A.M.=1055 A.D. in rhymed prose by Ahimaaz, and completed (copied?) by Menaḥem son of Benjamin. This chronicle exists in a unique MS. preserved in the Cathedral Library of Toledo, No. 86/25, of which my learned friend D. Fidel Fita, Member of the Spanish Academy, kindly procured, first, a facsimile (not very satisfactory), and later on a photograph. For this, as well as for other kindnesses during my stay at Madrid, I express to him my best thanks.

VI. The diary of the famous David Reubeni during his travels, from the time of his departure from the desert Habor, through Egypt, Palestine, Italy, Spain, and Portugal, in the years 1522 to 1525, according to the unique MS. in the Bodleian Library, which is incomplete. To judge from the many clerical mistakes and frequent omissions in the Bodleian MS. it cannot be the original written by David. This MS. came to the Library among the Michael MSS. in the year 1848, being then numbered 560. But strange to say, it has been missing since 1867, and our text is printed from a facsimile which fortunately had been made by the Rev. J. Cohen, and which now occupies the place of the lost original (numbered MS. Hebr. f. 14). Mr. Cohen also made a copy of it in German cursive character. This was bought for the library of the Rabbinical School of Breslau, and from it Dr. Edward Biberfeld published a part (to מלך, p. 169, l. 10) with a German translation, notes, and excursus as his Doctor's Dissertation at Leipzig[2]. It will be seen that the transcript is not always correct, and the facsimile renders many of Dr. Biberfeld's emendations superfluous. Dr. Biberfeld's notes are valuable for the geographical names given by Reubeni, as well as for historical names. It is not my object to take off the mask of Reubeni and declare him a falsificator, or, on the other hand, to accept his facts

---

[1] See *Histoire des invasions des Sarrazins en Italie, au VIIe ou XIe siècle*, par César Famin (Paris, 1843), t. i. p. 187 sqq.

[2] *Der Reisebericht des David Reubeni. Ein Beitrag zur Geschichte des XIV Jahrhunderts*, Leipzig, 1892.

at the beginning, the latter (MS. Hebr. c. 45, ff. 21 to 32, marked μ. in the notes and [ ] in the text) consists only of fragments, which are very often difficult to read. Both were discovered lately in Egypt, and purchased by the Bodleian Library. The anonymous author has used some *Midrashim* now and then. It is divided into seven parts, of which the last may have some value for the history of the chiefs of the captivity. It is possible that the author made use of S^eadyah Gaon's chronological treatise[1], which had the same title as the present one, according to the following quotation of Judah ben Bal'ām in his Arabic commentary on the first Prophets, which is to be found in the MS. of the Imperial Library of St. Petersburg, II. Firkowitz, No. 20. He says on 1 Kings vi. 1 as follows: וראית רב סעדיה גאון זל יוכר פי כתאב אלתאריך אן בעד [עב]דון מלכהם פלש[תים] עשרין סנה והי פי אלנץ ארבעין סנה לקול[ה] ויוסיפו בני ישראל לעשות הרע בעיני יי ויתנם יי ביד פלשתים ארבעים שנה. 'I see that R. S^eadyah Gaon mentions in the *Book of Chronicle* "that the Philistines ruled over them after Abdon twenty years;" in scripture (Judges xiii. 1), however, it is said "forty years.'" Compare our text, p. 98, ll. 13 and 14. Indeed, the Arabic translation of geographical names in the Bible agrees mostly with S^eadyah's translation. I regret to state that this part of the chronicles is not always satisfactory, in spite of the friendly help of eminent scholars, such as Professors Ignaz Goldziher and W. Bacher of Budapest, and Professor D. S. Margoliouth of our University, though there is not much doubt about the sense in general.

V. ספר.... יוחסין, 'the Book of.... Genealogy,' which contains the history of the early settlements of the Jews in the South of Italy, viz. Bari, Otranto, Capua, &c.[2], of the invasion of the Saracens in the year 872 A.D., in agreement with the report of the chronicle of

---

[1] See Graetz, *Geschichte der Juden*, t. v. p. 486 *e* (2nd edition).

[2] See *Jewish Quarterly Review*, vol. iv. p. 621 sqq.

the variations will perhaps show better than in our edition. To his critical introduction to our treatise[1] I refer for information concerning the relation of the text in the quotations from the chronicle in the Talmud and Midrashim to the present text. Herr Ratner also discusses fully the authorship of the chronicle, which is usually attributed to R. José ben Ḥaleftha[2], who cannot, however, be the author of the present text. Our chronicle finishes with the war of Bar-Cochba (135 A.D.). It would be impossible to take notice of all minor variations to be found in MSS. and in editions; it would swell out the volume with little profit. The numerals in the dates are expressed in full in some MSS. and editions; others express them by letters. I have chosen the former method as concerns the Biblical quotations.

III. For completeness sake I have given A., 'the Smaller Order of the World,' without any variations, since it contains little historical matter[3]. For further information on this text I refer to Dr. Felix Lazarus' monograph on this chronicle in N. Brüll's *Jahrbücher für jüdische Geschichte und Literatur*, x. p. 157 sqq. Mr. Schechter lately discovered another MS. which contains this chronicle, which he published in *Monatsschrift*, &c.[4], vol. xxxix (October, 1894), p. 23 sqq. B. The text of the *Yoḥasin*[5], according to the first edition (ep.), MS. Hunt 504, Catalogue, No. 2202 (H.), and the MS. Hebr. d. 16 (d.). C. A chronicle from Adam to Sᵉadyah[6] Gaon (born 892 A.D.), according to the first edition of the *Yoḥasin* (E.), and the MS. in the possession of Herr A. Epstein[7] (MS.).

IV. An Arabic chronicle from the creation to 1159 A.D., according to two MSS. in the Bodleian Library; the first (MS. Hebr. f. 40) is injured

---

[1] See *Jewish Quarterly Review*, vol. vii. p. 348.
[2] See part I, p. vi.   [3] See part I, p. viii.
[4] Parma, No. 541, 10, which De Rossi (Catal., vol. ii. p. 77) identified with No. II of this publication, trusting the colophon of the MS., which says סליק סדר עולם אשר עשה ר׳ יוסי.
[5] See part I, p. xiv.   [6] Pointed in Yemen MS. סְעַדְיָה.
[7] See above, p. vii.

following words לסתום את מימי העינות אשר מחוץ לעיר ויעזרוהו ואומ׳ למה יבאו מלכי אשור ומצאו מים רבים הוא חזקיה סתם את מימי גיחון בן כה שנה חזקיהו במלכו. וכט שנה מלך בירוש ושם אמו אבי בת זכריה to xxv (ed. xxiv) דברין (ed. p. 58, note 3); fol. 41 יי כתאנים (ed. p. 59, l. 5) to את שני עונם מספר ימים שלש מאות ותשעים יום ונשאת את עון (ed. p. 60, l. 2); fol. 42 שבעים לחרבן (ed. p. 63, last line but one) to ושציא (ed. p. 65, l. 4, obliterated); fol. 43 from פלמוס של אספסינוס (ed. p. 66, l. 6).—3. e. = MS. Hebr. e. 8[1].—4. ep. = editio princeps.—5. f. = MS. Hebr. f. 27 (thirteenth century), beginning (fol. 28) לאחר ירידתו (ed. p. 27, l. 5 from below). At end of the chapter the MS. has סליק פירקא, but no figure for the following. The passage from אמר ר׳ אלעזר (ed. p. 33, l. 2 to the end of chap. iv) figures in this MS. as a chapter. Chap. v[1] does not follow in the MS. The fragment ends with ממרה נסיעו לאי (ed. p. 35 last line).—6. h. = MS. Halberstam, identical with that mentioned in No. I of the first part, and in I and III. C. of this part.—7. H. = Hunt 487 (Catalogue, No. 2196). In this MS. the fifth chapter is identical with the twenty-first in other MSS. and editions. I have left it as the fifth (see p. 33) according to MS. H., and repeated it as the twenty-first (see p. 53) according to other MSS.—8. O. = Opp. 317[2].—9. P. = Parma, No. 80[10]; p. = Parma, No. 117[3]. There is another MS. at the Royal Library of Munich, viz. in the famous Talmud codex, where several entire chapters are missing. Of this I could not procure a copy. I hope that notwithstanding this present edition, Herr Ratner will go on with the one he has prepared, in which he will give the variations of the Munich MS. Perhaps this scholar will put in parallel columns the two texts, viz. the Eastern and the French, a method by which

[1] See part I, p. xiii, note 2. [2] See above, p. viii.

[3] For the variations from the Parma MSS. I am indebted to Abbate Pierre Perreau, emeritus Librarian of the Library of Parma.

edited by the Rev. G. Margoliouth, London, 1893, p. 102 a, it contains only the last part, beg. ואלו (p. 23 of our edition), which is a later addition, and is found in numerous MSS. With regard to the passages from this chronicle quoted in the Talmudic literature, I refer to the commentary of Rabbi Judah (Löw), son of Menahem (of Krotoschin), in the edition of Warsaw, 1874, 8vo. The *variae lectiones* in the Babylonian Talmud according to MSS. not having been completed by the late R. N. Rabbinovicz, not to speak of old MS. fragments of the Babylonian Talmud discovered since his death in 1891, I have not even attempted to give these variations concerning our chronicle. As to the modern literature, I refer to p. vi of the first part of this publication.

II. סדר עולם, 'the Order of the World,' usually entitled סדר עולם רבא[1], 'the Larger Order of the World,' a title which originated probably after the composition of No. III. In fact the MSS. d. and O. have not the word רבא. The present edition is made up principally from the text of the edition of Amsterdam, 1711, which seems to contain the Hispanico-Eastern text, and from that which is found in the MS. of the Bodleian Library, Opp. 317 (Catalogue, No. 692, 8), which may perhaps be the text of the Franco-Germanic school. This MS. was written by a French scribe in the year 5075 A.M. = 1315 A.D., according to the note on fol. 114 b^2. The readings of the edition are marked by ( ), and that of the MS. O. by [ ]. In some cases I have given both readings in their entire form, when there were too many variations. In the notes I have employed the following abbreviations for other MSS. and editions: 1. c. or C. = MS. Hebr. c. 18 (twelfth century), fol. 1, beginning with המבול (chap. iv) and v[1] to והוא היה (ed. p. 35, l. 7). — 2. d. = MS. Hebr. d. 47 (twelfth century), fol. 40, end of xxiv (ed. xxiii) with the

---

[1] It is strange that none of these titles is mentioned by Qirqisâni (see below, p. xiv. G).

[2] See the Catalogue, No. 692, 8.

PREFACE.

THE Delegates of the University Press having kindly granted me the publication of another volume of Mediaeval Jewish Chronicles, I have selected the following:

I. מגלת תענית, 'the Scroll of Fasting,' text (in spaced type) and the scholia, both of them according to the first edition and that of Amsterdam, 1711, and the abridged text found in the De Rossi MS. in the Library of Parma, No. 117, 4[1], with variations from MS. fragments in the Bodleian Library. The passages in the text marked by ( ) are taken from the edition, and those marked by [ ] from the Parma MS. In the notes this MS. is marked by P. I have used the following letters for the MS. fragments in the Bodleian Library: 1. M. for Mich. 502 (Catalogue, No. 882); 2. m. for Mich. 260 (Catalogue, No. 902, beg.); 3. μ. for Mich. 388 (Catalogue, No. 867, 2); 4. O. for Opp. Add. fol. 55 (Catalogue, No. 2421, 10); 5. o. for Opp. Add. 34 (Catalogue, No. 641, 13); 6. M 1. for the MS. used in the article published in the *Monatsschrift für Geschichte und Wissenschaft des Judenthums*, Jahrgang xxiv (1875), pp. 43 and 139, now in the possession of my learned friend Herr A. Epstein (see below, Nos. II and III. C). As to the MS. in the British Museum, Add. 11,639 (fol. 79), enumerated in the *Descriptive Catalogue of the Hebrew and Samaritan MSS.*,

---

[1] For this text I have to thank Mr. S. Schechter, M. A., Reader in Talmudic and Rabbinic Literature in the University of Cambridge.

CONTENTS.

	PAGE
PREFACE	vii
ABRIDGED WORDS	xvi
MEDIAEVAL JEWISH CHRONICLES, INDEX TO I AND II	xvii

CHRONICLES :—

I. THE SCROLL OF FASTING	3
II. THE ORDER OF THE WORLD	26
III. THE SMALLER ORDER OF THE WORLD	68
IV. AN ARABIC CHRONICLE FROM THE CREATION TO 1159 A.D.	89
V. THE BOOK OF GENEALOGY	111
VI. THE DIARY OF THE FAMOUS DAVID REUBENI, 1522–1525	133
VII. EXTRACTS AND NOTES. A TO H	224
ADDITIONS AND CORRECTIONS	252

DS
124
.A2 N4
v.2

IN MEMORIAM.

THE REV. DR. ALEXANDER KOHUT, NEW YORK

M. ISIDORE LOEB, PARIS

THE REV. DR. JOSEPH PERLES, MUNICH

THE INSTITUTE OF MEDIAEVAL STUDIES
10 ELMSLEY PLACE
TORONTO 5, CANADA.

OCT 3 1 1931

956

London
HENRY FROWDE
OXFORD UNIVERSITY PRESS WAREHOUSE
AMEN CORNER, E.C.

New York
MACMILLAN & CO., 66, FIFTH AVENUE

Anecdota Oxoniensia

MEDIAEVAL JEWISH CHRONICLES

AND

CHRONOLOGICAL NOTES

EDITED FROM PRINTED BOOKS AND MANUSCRIPTS

BY

AD. NEUBAUER

II

Oxford
AT THE CLARENDON PRESS
1895

[*All rights reserved*]

www.ingramcontent.com/pod-product-compliance
Lightning Source LLC
Chambersburg PA
CBHW022058230426
43672CB00008B/1213
9783337103613